KB234568

Social welfare counselor

사회복지상담

에듀웰 4

Social welfare counselor

사회복지상담

한만봉 지음

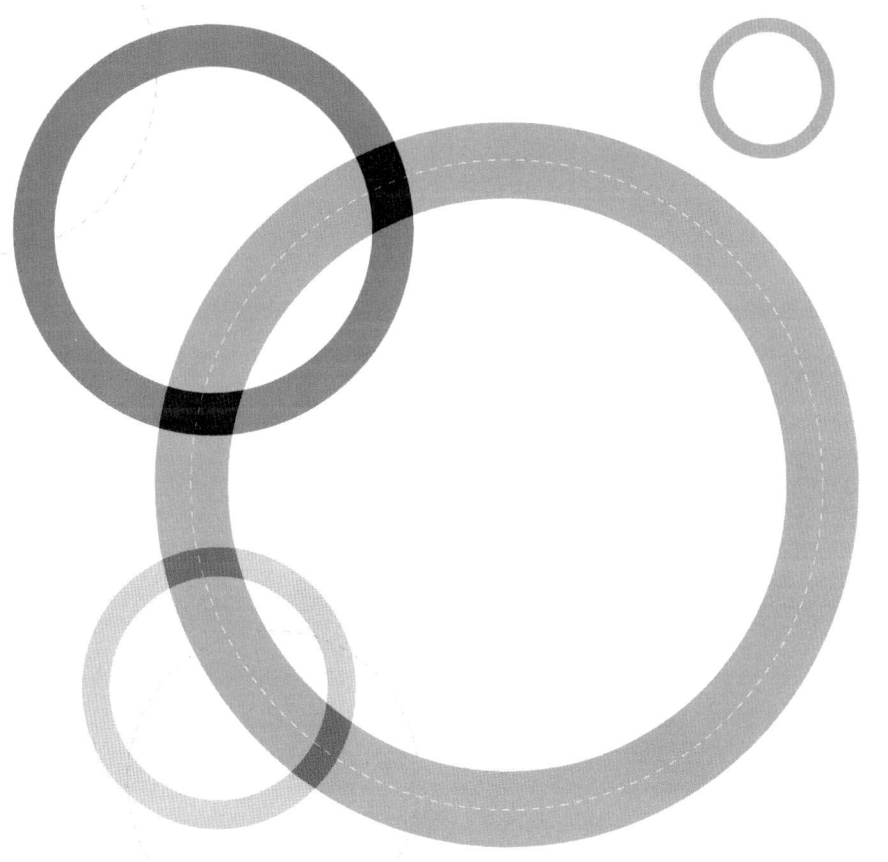

이담 Books

┃ 자료 수집 및 교정을 도와준 석지연, 김아람 선생님과 함께 가야산 정상에서

┃ 자료 수집 및 교정을 도와준 김아람, 석지연, 전유나, 전지수, 최선월 선생님들

이 책은 사회복지기관 또는 단체에서 활동하는 상담전문가 또는 복지사, 복지 일을 하는 일반 서비스 종사자 또는 학생, 일반인이 알기 쉽게 사회복지상담이 무엇인지를 밝혀 놓은 책이다.

사회복지에 있어서 상담은 중요한 역할을 한다. 아이들을 상담하는 아동상담, 청소년을 상담하는 청소년상담, 성인을 상담하는 성인상담, 장애인을 상담하는 장애상담, 특수교육으로 상담하는 특수상담, 노인을 상담하는 노인상담 등 다양한 상담이 사회복지에서 이루어지고 있다. 그럼에도 불구하고 사회복지상담에 대한 책들이 많이 나오지 않았고 다루어지지 않았다. 이에 상담학과 사회복지를 접목시켜 사회복지상담이라는 이름으로 접근하여 풀어 보려고 한다.

누군가를 상담하여 그를 바른길로 인도한다는 것은 참으로 힘든 작업이다. 가정에서도 즉 몇 안 되는 사람을 관리하고 상담하고 조언하여 주기도 힘든데 그것을 공적인 차원에서 상담을 하여 준다는 것은 그만큼 스트레스를 많이 요구하는 일이다.

어떤 사람은 지시적으로 상담을 하여 주어야 할 것이고, 어떤 사람은 비지시적으로 상담을 하여 주어야 할 것이다. 그것이 어느 것이 맞고 틀리고의 문제가 아니라 적용을 어느 상황에서 어떻게 하느냐가 관건인 것이다.

시대적 여건, 상황적 여건 등을 살피고 그의 적용을 그 상황에 맡겨야 할 것이다.

모쪼록 본 책을 통하여 맡은 바 분야에서 진정한 사회복지상담자가 되길 바란다. 내적 성공, 외적 성공, 자아실현을 동시에 모두 이루며 행복한 삶이 되었으면 한다.

본 책을 출판함에 있어서 전적으로 도움을 주신 한국학술정보(주) 채종준 사장님과, 강태우 팀장님께 감사드리며, 늘 지식적인 면에서 도움을 주신 고려대학교 인문대학 학장님이셨던 김동규 박사님, 고려대학교 부총장님이셨던 표시열 박사님, 박사과정 은사님이신 성균관대학교 정덕희 박사님, 성남기능대학 학장님이셨던 민영오 박사님, 공주대학교 산업과학대학원 석사과정 조명연 선생님, 신화수산의 박명순 선생님, 홍농연의 사무국장 조복화 선생님, 삼성병원 이재금 선생님께도 감사를 드린다. 또한 자료를 찾아 주고 도움을 주신 최선월 선생님, 수례문학회 이순덕 선생님, 김아람, 석지연, 전유나, 전지수 학생들에게도 고마움을 표한다.

훌륭한 복지상담가는 강압적이거나 혼내는 지도자가 아니라 의욕을 북돋아 주고, 희망을 주며, 자부심을 북돋아 주는 자여야 한다. 21세기 진정한 사회복지상담가가 우리나라에서 많이 나오길 바란다.

2009년 6월 고려대학교 중앙도서관에서

저자 씀

차 례

사회복지상담의 개념

I
사회복지상담의 개념

01 사회복지의 개념

1) 사회복지의 개념

사회복지상담의 개념을 이해하기 위해서는 사회복지에 대한 개념과 상담의 개념을 이해하고 있어야 한다. 우선 사회복지에 대한 개념으로 일반적인 개념정의는 서비스를 통하여 국민이 국민다운 삶을 유지할 수 있도록 지원해 주고, 정책적으로 혜택을 주는 것이라고 할 수 있다. 다시 말해 일반적 정의(social welfare)는 인간이 사회에 적응하지 못하는 문제를 해결하기 위한 조직적이고 사회적인 활동이라는 것이고, 사회 전체적인 공동 노력에 의해 상호 부조기능을 수행함으로써 사회구성원의 충족되지 않은 욕구를 충족시키는 사회의 제반 활동을 말한다. 어의적 정의로 설명하면 다음과 같다. 간단한 이해를 위한 요약이다.

사회(social) + 복지(welfare): well[successfully/satisfactory/property/fittingly/reasonably] + fare[state of thing]이다. 이념적 정의로는 훌륭하고 바람직한 사회를 만드는 노력과, 빈곤이나 불행이 없는 사회를 만드는 힘, 국민 대다수가 자유롭고 평등한 생활을 영위할 수 있는 사회를 건설하는 것이다.

기능적 정의로는 윌렌스키와 르보의 잔여적 개념과 제도적 개념을 들 수 있다.

(1) 잔여적 개념

개인의 욕구가 일차적으로 가족이나 시장을 통해 충족되고 이것이 안 될 때: 잠정적, 일시적으로 그 기능을 대신하는 구호적 성격의 사회복지를 말한다.

(2) 제도적 개념

욕구원칙에 입각하여 시장 외부에서 제공되는 보편주의적 서비스: 사회변동과 사회적 평등에 관한 이론에 근거를 두고 소득 재분배 체계와 같다. 사회복지제도가 가족, 경제, 정치, 교육, 종교 등의 사회제도와 동등한 수준에서 일차적, 정상적으로 제도화되어 있는 것을 말한다. 이것의 변화는
- 역사적으로 잔여적(for) → 제도적(with)으로 변화

(3) 협의의 사회복지

구체적 대상에 대한 사업으로서 사회사업 또는 사회복지사업(잔여적 사회복지)
한정된 사회적 약자나 요보호 대상자들에 대한 보호·치료 등 정책이나 방법을 실천하는 활동이다.

(4) 광의의 사회복지

로마니신: 개개인과 사회 전체 복지를 증진시키려는 모든 형태의 사회적 노력을 포함하여 사회문제의 치료와 예방, 인적 자원의 개발, 인간 생활의 질적 향상에 직접적인 관련을 맺고 있는 일체의 시책과 과정의 포함(제도적 사회복지)이다.
- 협의 + 사회정책, 사회보장, 보건 의료, 주택, 소득, 노동, 교육, 안전, 거주환경, 환경 보전 등.
- 국민적 최저한 또는 평균적인 욕구가 충족되지 않은 개인, 가족, 집단 등에 대한 여러 가지 사회적 서비스를 체계적으로 조직화하고 총체화

한 개념이다.

(5) 초광의의 사회복지

- 전 국민의 사회생활 안정과 발전에 공헌하는 일체의 사회적 시책을 말한다.

(6) 법적 의미의 사회복지

- 헌법 제34조 1항 – 6항
① 모든 국민은 인간다운 생활을 할 권리를 가진다.
② 국가는 사회보장·사회복지의 증진에 노력할 의무를 진다.
③ 국가는 여자의 복지와 권익의 향상을 위하여 노력하여야 한다.
④ 국가는 노인과 청소년의 복지향상을 위한 정책을 실시할 의무를 진다.
⑤ 신체장애자 및 질병·노령 기타의 사유로 생활능력이 없는 국민은 법률이 정하는 바에 의하여 국가의 보호를 받는다.
⑥ 국가는 재해를 예방하고 그 위험으로부터 국민을 보호하기 위하여 노력하여야 한다.

- 사회복지 사업법 제2조
이 법에서 사용하는 용어의 정의는 다음과 같다. [개정 2004.1.29 법률 제7151호(농어촌주민의보건복지증진을위한특별법), 2004.3.22 법률 제7212호(성매매방지및피해자보호등에관한법률), 2006.3.24 제7918호(식품기부활성화에관한법률)] [시행일 2006.9.25]
① '사회복지사업'이라 함은 다음 각 목의 법률에 의한 보호·선도 또는 복지에 관한 사업과 사회복지상담·부랑인 및 노숙인 보호·직업보도·무료숙박·지역사회복지·의료복지·재가복지·사회복지관 운영·정신질환자 및 한센병력자 사회복귀에 관한 사업 등 각종 복지사업과 이와 관련된 자원봉사활동 및 복지시설의 운영 또는 지원을 목적으로

하는 사업을 말한다.

　가. 국민기초생활보장법

　나. 아동복지법

　다. 노인복지법

　라. 장애인복지법

　마. 모부자복지법

　바. 영유아보육법

　사. 성매매방지및피해자보호등에관한법률

　아. 정신보건법

　자. 성폭력범죄의처벌및피해자보호등에관한법률

　차. 입양촉진및절차에관한특례법

　카. 일제하일본군위안부피해자에대한생활안정지원및기념사업등에관한법률

　타. 사회복지공동모금회법

　파. 장애인노인임산부등의편의증진보장에관한법률

　하. 가정폭력방지및피해자보호등에관한법률

　가. 농어촌주민의보건복지증진을위한특별법

　거. '식품기부 활성화에 관한 법률'

② '사회복지법인'이라 함은 사회복지사업을 행할 목적으로 설립된 법인을 말한다.

③ '사회복지시설'이라 함은 사회복지사업을 행할 목적으로 설치된 시설을 말한다.

④ '사회복지 서비스'라 함은 국가·지방자치단체 및 민간부문의 도움을 필요로 하는 모든 국민에게 상담·재활·직업소개 및 지도, 사회복지시설의 이용 등을 제공하여 정상적인 사회생활이 가능하도록 제도적으로 지원하는 것을 말한다.

⑤ '보건의료서비스'라 함은 국민의 건강을 보호·증진하기 위하여 보건의료인이 행하는 모든 활동을 말한다.

- 사회보장 기본법 제3조

① '사회보장'이라 함은 질병·장애·노령·실업·사망 등의 사회적 위험으로부터 모든 국민을 보호하고 빈곤을 해소하며 국민생활의 질을 향상시키기 위하여 제공되는 사회보험·공공부조·사회복지 서비스 및 관련 복지제도를 말한다.

② '사회보험'이라 함은 국민에게 발생하는 사회적 위험을 보험방식에 의하여 대처함으로써 국민건강과 소득을 보장하는 제도를 말한다.

③ '공공부조'라 함은 국가 및 지방자치단체의 책임하에 생활유지능력이 없거나 생활이 어려운 국민의 최저생활을 보장하고 자립을 지원하는 제도를 말한다.

④ '사회복지 서비스'라 함은 국가·지방자치단체 및 민간부문의 도움을 필요로 하는 모든 국민에게 상담·재활·직업소개 및 지도·사회복지 시설 이용 등을 제공하여 정상적인 사회생활이 가능하도록 지원하는 제도를 말한다.

⑤ '관련복지제도'라 함은 보건·주거·교육·고용 등의 분야에서 인간다운 생활이 보장될 수 있도록 지원하는 각종 복지제도를 말한다.

2) 사회복지의 가치

(1) 가치의 개념

- 다수의 사회구성원들에 의해 좋거나 바람직하다고 여겨지는 것 또는 개인의 주관적인 선호로서 윤리와 구별된다. 윤리는 어떤 행동에 대한 옳고 그름을 나타내는 판단·기준, 인간이 마땅히 행하거나 지켜야 하는 도리이며 규범을 말한다.
- 바트렛: 가치는 선(good)이며 바람직한 것(desirable).

(2) 사회복지의 가치

① 사회복지의 가치

사회복지가 궁극적으로 추구하는 바람직한 목표나 목적 또는 이상적인 방향성을 나타내는 것으로서 사회복지사들이 준수하여야 할 믿음 체계.

② 사회복지 가치의 중요성

사회복지사는 자신의 개인적인 목적에 따라 클라이언트에게 원조하는 것이 아니라 사회복지 궁극적인 목적과 가치에 따라서 전문적이고 과학적인 원조를 제공하여야 하기 때문에 사회복지사가 전문가로서 정체성을 유지하기 위해서는 사회복지의 기본적인 가치와 실천방법을 공유할 필요가 있다.

③ 사회복지 가치의 기본원리

가. 개인 존중의 원리

모든 사람은 인간으로서 가치 품위 존엄을 가진다는 것으로 사회복지의 기본 철학이며 가장 중요한 기본원리.

나. 자기결정의 원리(자발성의 원리)

개인이 무엇을 요구하며 그것을 어떻게 충족할 것인가를 자기 스스로 결정할 권리를 가진다는 것.

각각의 자기능력과 판단에 따라 자신의 태도와 행동을 결정할 권리가 있다는 기본적 인권을 존중하는 사회복지철학.

다. 기회균등의 원리

모든 인간에 대하여 균등하게 기회가 주어져야 한다는 것.

인간은 누구나 평등하고 균등한 기회가 주어져야 한다는 기본원리.

라. 사회연대의 원리

사회적 책임의 원리, 상호부조의 원리.

인간은 자기 자신과 가족 및 사회에 대하여 책임을 진다는 것.[1]

다시 말해서 사회복지의 원천은 상호부조인 것이다. 이것을 시대별 구분을 하면 다음과 같다. 시대적 구분은 발생부터 그 근원적인 이해를 돕는 근거가 된다.

- 근대적인 사회복지의 대두

자본주의 경제체제: 사적 재산 소유 인정, 시장 원리를 통한 자유경쟁, 영리 추구

영국 18C 산업혁명 이후 자본주의 경제체제 등장.

우리나라의 근대화는 언제부터 시작되었을까? 영정조시대? 갑오경장 이후? 일제강점기? 박정희정권하 경제개발 이후? 다양한 논의가 있을 수 있다.

자본주의 경제체제 이래 활발한 경제 성장을 가져옴. 창의력과 경쟁을 기초로 자본가 VS 노동자 간의 계급 분화 → 계급 간의 갈등(국가 개입의 동기)

- 산업사회

해롤드 윌렌스키(H. Wilensky) 전통적인 상호부조에 의한 사회복지가 가능한 것은 가정, 시장의 역할이 많은 문제를 해결 가능했기 때문이다. 그러나 근대적인 사회복지는 가정의 기능이 약화되면서 그로 인해 나타나는 문제점을 가정, 혹은 이웃, 지역사회가 자발적으로 해결하기에는 한계를 느끼게 되었고 복지 서비스가 필요하게 되었다.

- 도시화와 핵가족화

저출산 고령화와 인구학적 특성.

농경시대 다산다복사상 출산율 高 영아사망률 高.

산업화로 인한 의료기술 발달로 인한 영아 사망률 低 이로 인해 인구 폭발.

정부의 가족계획을 통한 출산율 감소.

평균수명의 증가 여성 81세 남자 73세 고령화 사회로의 도래 7%(65세 이상).

프랑스 고령 사회로의 전환 100년, 일본 25년, 한국 20년 → 급속한 고령화 사회의 전환 등이 사회복지에 대한 관심과 복지 서비스를 강화하는 계기

---

1) http://blog.daum.net/milalsamo/10136087

가 되고 있다.

사회복지의 개념은 가정 내에서 자체 해결을 하는 잔여적, 사적 복지에서 제도적, 공적 복지로 변화 확대되어 가 종래에는 복지국가를 출범하게 되었다. 20세기 말에는 신자유주의의 조류로 사회복지국가의 위기를 맞이하고 있다.

사회복지를 소극적이고 한정된 협의의 개념으로 받아들이는 견해로서 개인과 그 가족의 삶에 대한 일차적 책임은 먼저 그 개인에게 있다는 자유주의적 사상과 삶을 위한 모든 재화는 시장에서 얻어야 한다는 시장경제의 원칙을 바탕으로 하며, 국가와 사회의 공동체적 책임과 노력은 그 다음의 문제로 인식한다. 이 한정적 의미의 사회복지는 최소한의 복지를 지향하여 지금 당장 현저하게 삶의 질이 떨어져서 개인이나 그 가족의 노력으로는 정상적인 사회생활을 영위할 수도, 회복할 수도 없는 상태에 이르러 삶 자체가 파괴될 정도에 이른 경우에만 한정하여 국가가 개입해야 한다는 입장이 한정적 사회복지이다. 이것은 소극적인 경우가 많다. 문제발생 이후의 대처인 것이다. 사회복지를 자신이나 그 부양자에게 스스로의 노력으로써는 도저히 물질적 자원이나 건강유지가 곤란하거나 불가능한 개인 또는 가족들에게 일정한 서비스를 실시·제공하는 일로서 정의하는 이 한정적 개념은 사회복지를 일시직·대체적·보충적인 것으로 이해하고 비상대책적인 기능으로 인식함으로써 요보호자가 사회적 기능을 회복하여 시장으로부터 삶을 위한 재화와 용역을 공급받을 수 있게 되면 그 개입을 중단하게 된다.

이 개념에 의하면 사회복지의 혜택을 받는 사람은 비정상적이며 병리적인 사람으로 간주되어 사회적 낙인(stigma)이 찍히게 할 위험이 따르게 된다.

협의적인 개념의 문제점을 보완하여 광의적인 사회복지 서비스를 발생시켰다.

사회복지를 넓은 의미로 받아들이는 광의적 개념은 국민 또는 사회 성원 일반을 대상으로 하여 그 생활의 각 측면에 나타나는 비복지(diswelfare)를 다루거나 해결하고자 하는 것이다. 사회복지는 특수한 처지에 놓인 요보호자만을 대상으로 하는 일시적·선별적·보충적 개념이 아니라 모든 사회구성원을 대상으로 하는 항구적·보편적·제도적 개념으로서 모든 인류가 생애의 전 과정을 통해서 언제, 어디서나 제공받게 되는 개념이 되는 것이다.

사회복지를 적극적인 면에서 위에서와 같은 광의의 개념으로 이해할 수 있겠지만, 소극적인 면에서도 광의의 개념을 도출할 수 있다. 즉, 사회의 성원들이 비복지에 떨어지지 않게 하기 위한 최저의 기초적인 요건을 확보·충족해야 한다는 생각이다. 여기에서 의미하는 사회복지는 최저 수준의 확보(minimum standard)로서 예방적이며 사전적 조치를 의미하게 된다.

협의나 광의나 모두 몇 가지씩의 문제점을 가지고 있게 마련이다. 이것을 극복하기 위하여 협의적인 사회복지 서비스를 추구하게 되었다.

로마니신(Romanyshyn)의 정의에 의하면 사회복지란 용어는 적극적인 의미와 한정적인 의미를 공히 내포하고 있다. 사회복지는 사회문제에 대한 조치와 예방, 인적 자원의 개발, 생활의 질적 향상 등에 직접적으로 관심을 갖는 서비스나 과정을 포함하며, 사회제도의 강화 및 수정에 대한 노력과 개인이나 가족에 대한 서비스까지 포괄한다고 보는 것이다

프리더랜드(Friedlander)의 사회복지 개념 사회복지는 법령, 프로그램, 급여 및 서비스의 제도이고 그것은 인간의 복지와 사회질서의 기능을 위하여 기본적인 것으로 인정된 사회적 욕구를 해결하기 강화시키거나 보증하는 것으로 보는 입장이다.

3) 사회복지의 목적

(1) 인간다운 생활보장

사회복지의 목적은 무엇보다도 모든 국민의 인간다운 생활을 보장하는 것이다. 이는 곧 생존권적 기본권을 의미하며 이 생존권은 1919년 바이마르 헌법을 통해서 처음으로 등장하였다. 즉, 종래 자유권에만 머물러 있던 기본적인 인권을 확대하여 인간이 인간답게 살아갈 권리이자, 국가에 대하여 생

존을 유지할 수 있는 최소한의 요구를 할 수 있는 권리를 법적으로 확립한 것이다.

우리나라는 국민의 생존권을 보장하기 위해 헌법 제34조 제1항에 "모든 국민은 인간다운 생활을 할 권리를 갖는다."라고 규정하고 있다. 사회복지는 바로 이러한 인간의 생존권을 규정한 헌법 제34조를 구체적으로 구현해 가는 제도인 것이다.

(2) 자립적 생활 추구

사회복지의 주요한 목적은 개인이 의존에서 벗어나 자기 스스로 삶을 영위하도록 하는 데 있다. 사회복지제도나 정책 차원에서의 사회복지의 궁극적인 목표는 공공부조제도나 사회보험제도를 통한 각 개인의 경제적 자립이라고 할 수 있다.

동시에 사회복지는 각종 제도적 보장과 함께 요보호자가 스스로 판단하고 결정하며 스스로 책임지는 능력을 기를 수 있도록 요보호자에게 내재되어 있는 잠재적 능력을 최대한 발휘되도록 도와주는 것을 포함한다.

프리들랜더(W. A. Friedlander)가 말하는 사회복지의 기본적 가치관은 바로 이러한 점을 잘 말해 준다고 하겠다.

① 개인존중의 원리
② 자발성 존중의 원리(자기결정의 원리)
③ 기회균등의 원리
④ 사회연대의 원리(상부상조의 원리)

결국 사회복지의 가치는 개인이 지니고 있는 성장의 가능성을 최대한으로 실현하는 것을 강조하고 있으며, 따라서 사회복지는 사회의 복지이기 이전에 개인의 사회적 복지라고 할 수 있는 것이다.

4) 사회통합

사회통합이란 사회 성원 간 또는 인간사회 내의 여러 집단, 단체, 기관들 간에 서로 결속력을 갖도록 해 주는 것을 말한다. 현대사회에서의 사회복지는 요보호자를 사회에서 제거시키려는 것이 아니라 그들을 경제적으로 자립시키거나 신체적으로 재활시켜 생산적인 인간으로 만들어 사회통합을 이루려는 데 목적을 두고 있다.[2]

사회복지는 탈상품화인 것이다. 탈상품화는 시장의 기능에서 사고파는 물건으로 인식되지 않는다는 것이며, 공적인 측면이 강하다는 것이다.

사회복지에 있어서 개념규정은 사회복지의 가치, 사회복지의 주체, 사회복지의 대상, 사회복지 방법이 있다. 사회복지의 가치는 일반적인 봉사와 차원이 다르며, 공적이면서 국민적인 지원이기에 인간존중의 가치 안에서 이루어져야 한다는 것이다. 그리고 사회복지의 주체는 사회복지를 누가 하느냐의 문제이다. 국가가 하느냐, 개인이 하느냐, 아니면 종교단체가 하느냐, 기업이 하느냐의 주체성을 구분하여 바라보는 것이다. 사회복지의 대상은 복지대상으로서 누가 대상이 될 것인가이다. 어린이인가, 노인인가, 장애인인가, 저소득층인가, 실업자인가를 구분하는 것이다.

복지방법으로는 국민들에게 어떠한 방법으로 혜택을 주고, 도움을 주는가의 문제이다. 이러한 사회복지에 대한 개념을 이해한 후 이번에는 상담에 대해서 이해하여야 사회복지상담을 제대로 파악할 수 있을 것이다. 사회복지상담은 사회복지와 상담을 다원적인 측면에서 접목시킨 것이다. 혼합적인 의미를 내포하지만 가장 중요한 이론들이라는 것을 잊어서는 안 된다. 상담이 없는 복지는 있을 수 없다.

---

2) http://blog.naver.com/brightdonggy.do

02 상담의 개념

　상담이란 상담자가 사람들이 삶의 과정에서 직면하는 개인적 문제를 촉진적 의사소통으로 다룸으로써 그 문제를 현실적으로 해결할 수 있도록 할 뿐만 아니라 반복적으로 일어날 수 있는 여러 가지 삶의 문제를 해결하기 위해 공통적으로 필요한 용기, 성숙의 의지, 자아관 확립, 창조의 지혜, 수월성 추구와 같은 힘을 기르는 학문적 이론과 실천적 적용의 통합적 체제이다.

　상담에 있어서 말은 그 자체의 내용에서 의미를 드러낸다. 그러나 말 그 자체가 드러내는 의미는 극히 작은 부분에 지나지 않고 오히려 말로 표현되지 않은 것에 말의 의미가 담겨져 있는 경우가 많으며 상당 시간 침묵으로 일관될 수도 있다. 이때 상담자는 상담과정에서 내담자가 말로 나타내지 않고 있는 것도 중시하고 마음속에 남아 있는 것들에까지 관심을 가지고 이해하려고 노력해야 한다. 말을 넘어 마음과 정황을 파악하여 내담자에게 삶의 힘을 북돋우어 주는 것이 곧 상담이며, 상담자의 말은 내담자가 그 말을 듣고 힘과 능력을 되찾고 적극적이고 건설적인 방향으로 새로워지는 변화를 촉진하는 의사소통을 말한다. 변화대처에 있어서 지시적이냐 비지시적이냐가 상담에 있어서 관여 결과가 다르게 나타날 수 있다. "상담이란 내담자로 하여금 어떤 문제를 해결하도록 돕거나 또는 그의 능력을 효과적으로 활용하는 방법을 발견하도록 돕거나 혹은 중요한 생의 결정을 하도록 돕는 목적으로 이루어지는 상담전문가(counselor)와 내담자(client) 사이의 일대일의 상호작용이다."(Osipow, 1980)

　"상담은 도움을 필요로 하는 사람(내담자)과 전문적 훈련을 받은 사람(상담자) 사이의 대면관계에서 생활과제의 해결과 사고(행동 및 감정) 측면의 인간성장을 위해 노력하는 학습과정이다."(이장호, 1982)

　"상담은 심리학, 사회학, 문화인류학, 교육학, 경제학, 정치학 및 종교와 철학 등 여러 학문 분야로부터 다양한 지식을 망라한 통합적인 근거 위에 형성, 발전된 하나의 전문직이다."(Glanz, 1974; Hansen, 1977)[3]

1) 상담의 개념

첫째, 상담은 정상범위에서 심각하게 일탈하지 않는 사람들을 대상으로 개인의 정상적인 발달 과업의 문제나 적응문제를 주로 다루게 된다. 그러므로 강조점이 본격적인 치료보다는 성장과 적응에 주어진다.

둘째, 상담은 도움을 필요로 하는 사람과 도움을 줄 수 있는 사람의 관계이다.

상담은 내담자와 상담자가 동시에 존재할 때 성립된다.

셋째, 상담은 상담에 관하여 전문적 훈련을 받은 사람이 도움을 주는 관계로서 상담자는 인간적 자질과 더불어 전문적 지식을 소유한 사람이어야 한다.

넷째, 상담은 내담자 스스로 자신의 문제를 해결하도록 조력하는 관계이다. 상담은 내담자 의 문제를 상담자가 해결해 주는 과정이 아니라 내담자 스스로가 자신의 문제를 통찰하여 현명하게 선택하고 결정해 나가는 과정으로 이루어진다.

다섯째, 상담은 일방적 관계가 아니라 상호작용의 역동적 관계이다. 내담자와 상담자는 상호협력관계로서 상담자는 효과적 상담을 통하여 내담자가 객관적인 자기 자각하도록 돕는다.

여섯째, 상담은 사적이고 비밀이 보장되는 관계이다. 상담에서 내담자는 무엇이든 자유롭게 말할 수 있는 권리가 있고 상담자는 내담자가 털어놓은 사적 정보를 내담자의 허락 없이 제3자에게 알려서는 안 되는 의무가 있는 신뢰롭고도 수용적인 관계여야 한다.

일곱째, 상담은 궁극적으로 내담자의 성장과 발전을 안내하는 관계이다. 즉, 상담은 오직 내담자의 복리만을 위해서 이루어져야 한다.

여덟째, 상담은 내담자의 현명한 선택과 결정을 돕는 관계이다. 상담과정에서는 반드시 내담자가 선택하고 결정하게 되는 과정이 있게 마련인데, 상담자는 이러한 선택과 결정을 합리적으로 하도록 안내하는 역할을 한다.

---

3) http://blog.naver.com/ayjt?Redirect=Log&logNo=130020760309

2) 상담의 기본원리

(1) 개별화의 원리

내담자에 대해 편견이나 선입견을 갖지 않아야 한다.
인간행동의 유형과 원리에 대하여 전문적으로 이해하고 있어야 한다.
내담자의 말을 세밀하게 경청하여야 한다.
내담자의 보조에 맞게 상담을 하여야 한다.
내담자와 견해가 다를 때에는 적절하게 선택하도록 하여야 한다.

(2) 감정표현의 원리

(3) 통제된 정서 관여의 원리

정서변화이해, 적절한 반응 등 내담자의 정서에 적극적으로 관여

(4) 수용의 원리

내담자를 인격체로 존중
만약 내담자의 의견에 동의하지 못할 일이 있더라도 동의하지 않는다는
점은 분명하게 전하되 그것을 표현하는 말이나 자세는 어디까지나 온화하여
야 한다는 것이지 내담자의 말에 무조건 동조하여야 한다는 것은 아니다.

(5) 비심판적 태도의 원리

(6) 자기결정의 원리

내담자는 스스로의 가치와 존엄성을 지니고 있으며 스스로 문제를 해결할
수 있고 성장할 수 있다는 신념을 가져야 한다. 그러기 위해서는 자신의 선
택과 결정에 필요한 광범위한 정보에 접할 수 있도록 안내하는 것이 필요하다.

(7) 비밀보장의 원리

3) 상담의 기본형태

(1) 위기상담: 위험에 처한 사람을 구하는 데 목적이 있다.
(2) 촉진상담: 어떠한 상황 또는 문제를 해결하고, 좀 더 나은 방향으로 촉진시키는 것이다. 발전에 대한 의미를 가지고 있다.
(3) 예방상담: 문제가 발생한 후 해결하는 것이 아니라 문제 발생의 예방적인 차원의 의미가 강하다.
(4) 발달상담: 성장하도록 도와주고 지원하는 것이다.

4) 상담의 목표

(1) 행동변화의 촉진
(2) 대처기술의 형성
(3) 의사결정력 증진
(4) 대인관계 능력 신장
(5) 잠재능력 촉진
(6) 자유롭고 책임 있는 행동의 증진
(7) 부정적 감정의 이해와 관리

5) 상담자의 자질

(1) 전문적 자질

① 지식 및 이해 측면
  가. 상담 활동 자질
    - 개인 및 사회문화에 대한 이해
    - 상담의 이론과 기법

- 상담자의 윤리
- 심리검사
- 진단 및 평가체제

나. 상담 지원 자질
- 상담자 교육 및 훈련에 대한 지식 및 이해
- 연구활동 관련 지식(통계 및 양적, 질적 연구방법)

② 기술적 측면

(2) 인간적 자질

① 인간에 대한 긍정적인 관심
② 자신에 대한 이해와 수용
③ 정직성(진실성)
④ 공감적 이해 능력
⑤ 평정심과 인내력
⑥ 유머감각

6) 상담자의 윤리

(1) 개인정보의 보호
(2) 상담권한의 제한
(3) 내담자의 복지 우선
(4) 내담자의 차별 금지
(5) 내담자의 권리와 자유의 존중
(6) 내담자와의 개인적 관계 금지

* 윤리요강의 기능(이장호, 1995)
- 상담자가 직무수행 중의 갈들을 어떻게 처리해야 할지에 관한 기본

입장을 제공한다.

- 내담자에 대한 상담자의 의무를 분명히 하고 이러한 의무를 이행하도록 함으로써 내담자를 보호한다. 즉 내담자의 복지를 증진시키고 내담자의 인격을 존중하는 의무기준을 제시한다.
- 각 상담자의 활동이 전문직으로서의 상담의 기능 및 목적에 저촉되지 않도록 보장한다.
- 상담자의 활동이 사회윤리와 지역사회의 도덕적 기대를 존중할 것임을 보장한다.
- 상담자로 하여금 자시의 사생활과 인격을 보호하는 근거를 제공한다.

* 상담윤리요강 활용의 한계(Mabe와 Rollin(1986))
- 상담윤리요강으로 해결할 수 없는 문제가 있음을 알아야 한다. AACD윤리요강(1988년 개정)에는 "회원의 최우선 의무는 내담자를 존중하고 내담자의 복리증진에 힘쓰는 것이다(Section. B. I)."라고 되어 있다. 그러나 이 조항을 잘 살펴보면 내담자를 존중한다는 즉 내담자의 '자율성'을 인정한다는 원칙과 내담자의 복지증진(내담자를 보호하기 위해서 자율성을 제한할 수 있다.)을 위해 노력해야 한다는 원칙 사이에 갈등이 있음을 알 수 있다.
- 상담윤리요강을 회원들이 지키도록 강요하는 것이 그리 쉽지 않다. 처벌을 내린다고 윤리요강이 지켜진다는 보장이 없다. 즉 상담윤리요강을 꼭 지키도록 하는 적절한 방법이 없다.
- 상담윤리요강을 제정하는 과정에서 내담자의 관심을 체계적으로 반영할 수 있는 길이 막혀 있다는 점이다. 상담이 내담자를 도와주는 것을 중요한 목적으로 하기 때문에 내담자의 관심을 고려해서 상담윤리요강이 제정되는 것이 당연하다. 그러나 내담자가 상담윤리요강의 제정에 참여하여 그들의 과심을 표시할 기회를 가지지 못했고, 그들이 소외된 상황에서 제정된 상담윤리요강에는 내담자의 관심이나 요구, 권리 들이 잘못 전달되었을 위험성이 있다는 것이다.

- 상담윤리요강으로 인해 갈등이 일어날 수 있다는 점이다. 즉 상담자의 가치와 윤리요강의 내용이 불일치할 때 문제가 일어날 수 있다. 예를 들면 임신중절을 죄악으로 생각하고 있는 상담자가 내담자의 복지를 위해야 한다는 윤리요강과 갈등을 일으킬 수 있다. 또 내담자가 타인에게 피해를 줄 우려가 있을 때, 내담자의 비밀을 보장해야 한다는 항목과 타인이 해를 입어서는 안 된다는 상담자의 가치 사이에 갈등을 일으킬 수 있다.
- 법정판결과 같은 공개석상에서 상담윤리와 관련된 결과가 상담윤리요강에서 기대했던 결과와 다르게 나타나는 경우이다. 즉 내담자가 제3자에게 피해를 줄 위험이 있을 때 법에서는 상담자가 제3자에게 그 사실을 알려야 할 의무가 있다고 규정하고 있지만 상담윤리요강에서는 비밀을 보장해야 할 의무가 강조되고 있다(Applebaum, 1981).[4]

03 사회복지상담의 개념

앞에서 언급한 사회복지의 개념과 상담의 개념을 조화롭게 서로 섞은 것이 사회복지상담의 개념이다. 모든 것이 합침으로써 긍정적인 효과를 가지는 것은 아니지만 사회복지에 있어서 상담은 필수적이며, 복지마인드에 있어서 없어서는 안 될 문구들이다. 그리고 복지에 있어서는 반드시 상담이 필수적인 테크닉인 것이다.

사회복지상담은 복지 일을 위해 내담자 또는 복지 대상자들과의 긴밀한 상담과 조사가 이루어져야 정책적으로, 또는 제도적으로 지원하여 줄 수가 있다.

사회복지상담은 복지와 상담이 결합되어 좀 더 발전적인 방향으로 나아가는 기능적인 테크닉인 것이다. 복지에 있어서 상담이 없어서도 안 되고, 상

---

4) http://blog.naver.com/rudtladl1?Redirect=Log&logNo=40052713084

담에 있어서도 그 내담자를 지도해 주고, 삶의 질 향상을 위해 도움을 줄 수 있는 복지가 필수 불가결한 것이다. 복지에 있어서 상담이 필수적이듯이, 상담에 있어서 봉사정신과 복지마인드, 책임감, 소명감이 필수적인 마인드인 것이다.

복지상담은 개인 대 개인, 개인 대 전체, 전체 대 조직 간의 복지상담이 이루어지며, 그 상황과 여건은 상황이론에 근거하여 적합성을 따지면서 적용되어야 할 것이다.

무조건적이거나, 천편일률적으로 적용하는 것은 무리가 있다. 그리고 그 상황과 개인, 조직, 단체의 여건과 조건에 맞지 않는다.

다양성 속에서 적용하여야 바람직한 복지상담이 이루어질 수 있다.

구체적인 내용들은 본론에서 세부적으로 다루면서 사회복지상담에 대해서 분석하고, 논리적, 이론적, 실증적, 현장적으로 살펴보도록 하겠다.

사회복지상담의 전반적 이론들

II
사회복지상담의 전반적 이론들

01 발달이론과 상담

사회복지상담에 있어서 발달이론은 성장과 발전에 대한 이론이라고 할 수 있다. 학자들이 그 논의와 주제를 구체적으로 언급하고, 세밀히 주장하지만 진정한 발달이론은 아직도 학자들의 주장에 의존하고 있는 실정이다. 어쨌건 학자들이 주장하는 발달이론에 포함시켜 사회복지상담을 보도록 하겠다.

1) Super의 발달이론

Ginzberg 이론의 미흡성을 비판, 직업선택 및 직업발달에 대한 지식을 충분히 분석·종합하여 포괄적이고 발전된 이론을 정립하려 한 것이다. 이것에 대한 비판은 ① 흥미의 본질을 고려하지 않고 ② 선택－조작적으로 받아들여질 수 있는 방법으로 묘사하지 못하였으며 ③ 선택과 적응 분리 ④ 타협의 과정을 설명하지 못한 부분이 있다.

- 진로 발달 G 아동 초기부터 성인 초기에 국한된 과정
  　　　　　 S 인생의 전 생애에 걸쳐 이루어지고 변화되는 것

• 직업선택 G 타협의 과정

　　　　　　 S 타협과 선택이 상호 작용하는 일련의 적응과정

발달이론은 당연히 성장 지향적이라는 데 있다.

2) 자아개념

• Super 이론의 기저
• 자신의 이미지와 일치하는 직업을 찾게 됨
• 자아개념 – 유아기부터 형성, 전환, 실천의 과정을 거쳐서 계속발달 보완되었다 – 청년기 이후 큰 변화 없다.

3) 진로발달 요인과 주요 명제

(1) 진로발달 요인

① 개인차 ② 다양한 가능성 ③ 직무 능력의 유형 ④ 동일시와 모델의 역힐
⑤ 적응의 계속성 ⑥ 생애 단계 ⑦ 진로 유형 ⑧ 발달의 지도 가능성 ⑨ 상호작용의 결과로서의 발달 ⑩ 직무만족
인간의 진로발달은 다양성의 차원에서 다원적인 접근이 필요한 것이다.

(2) 진로발달 명제

① 개인차 – 능력, 흥미, 성격
② 적합성 – 개인차로 인한 특정한 직업
③ 직업(군) – 각기 요구되는 일정 범위의 능력, 흥미, 인성 특성
④ 직업의 선택과 직업에의 적응은 계속적인 과정 – 직업적 선호와 능력,

생활 장면 및 자아개념은 시간의 경과와 경험에 따라 변화

⑤ 성장기, 탐색기, 확립기, 유지기, 쇠퇴기의 과정

⑥ 개인의 진로 유형의 본질 – 부모의 사회·경제적 수준, 정신능력 및 인성특성, 주어진 직업기회 등에 의해 결정

⑦ 발달단계를 통한 성장 – 능력과 흥미의 성숙과정을 촉진, 자아개념의 발달을 도와줌으로써 지도될 수 있다.

⑧ 직업발달 과정 – 자아개념을 발달시키고 실천해 나가는 과정이다.

⑨ 사회적 요인(자아개념과 현실성 간의 타협) – 역할수행의 하나 – 환상, 상담, 면접, 학급, 클럽, 여가활동, 취업 활동 등에서 수행

⑩ 자신의 직업과 인생에 대한 만족 – 능력, 흥미, 성격특성, 가치관에 맞는 길을 찾느냐에 달려 있다.

4) 발달의 단계와 과업

(1) 발달의 단계 – Super의 이론에서 중요한 개념

① 성장기(growth stage. 0 – 14세)
- 주요 인물과 동일시함으로써 자아개념을 발달
- 초기 – 욕구와 환상이 지배적
- 사회참여와 현실검증이 증가 – 흥미와 능력을 중요시
  가. 환상기(fantasy substage. 4 – 10): 욕구가 지배적, 환상적인 역할 수행을 중요시
  나. 흥미기(interest substage. 11 – 12): 취향 – 활동의 목표 및 내용을 결정하는 요인
  다. 능력기(capacity substage. 13 – 14) 능력 중요시, 직업의 요구조건 고려

② 탐색기(exploration stage. 15 – 24)
- 학교생활, 여가활동, 시간제 일 – 자아검증, 역할시행, 직업적 탐색을 한다.

가. 잠정기(tentative substage. 15 – 17)

● 욕구, 흥미, 능력, 가치, 직업적 기회 등을 고려하기 시작

● 잠정적인 진로 선택 – 환상, 토의, 일, 기타 경험을 통해서 시행해 봄

나. 전환기(transition substage. 18 – 21)

● 취업, 취업훈련, 취업교육을 받으며 자아개념을 실천하려고 함에 따라 현실적 요인을 중요시

다. 시행기(trial substage. 22 – 24) – 최초의 직업

③ 확립기(establishment stage. 25 – 44)

● 적합한 분야 발견 – 영구적인 위치 확보 위한 노력

가. 시행기(trial substage. 25 – 30) – 적합한 일을 발견할 때까지의 변동

나. 안정기(stabilization substage. 31 – 44) 안정된 위치를 굳히기 위한 노력

다. 유지기(maintenance stage. 45 – 65) 직업에 정착 유지하기 위한 노력

라. 쇠퇴기(decline stage.65 이후) 은퇴 후 다른 활동

(2) 발달 과업

〈표 1〉

발달 과업	연 령	일반적인 특징
구체화 (Cystallization)	14~17	● 삶에 대한 것을 인식하여 일반적인 목적을 형성하는 지적 과정 단계의 과업 ● 선호하는 진로에 대한 계획, 실행을 고려
특수화 (Specification)	18~21	● 잠정적인 선호 – 특정한 선호로 옮김 ● 선택을 객관적으로 명백히 하고, 선택된 것에 대해 구체적으로 이해하여 진로 계획을 특수화하는 것
실행화 (Implementation)	22~24	● 교육훈련을 끝마치고 다음 단계의 과업
안정화 (Stabilzation)	25~35	● 삶에서 실제 일을 수행 ● 자신의 위치를 확립
공고화 (Consolidation)	35~	● 승진, 지위 획득, 경력개발 – 자신의 진로를 안정되게 하는 단계

● 직업적 성숙과정을 체계적으로 기술

- 많은 실증적 자료의 확보
- 너무 광범위하고 자아개념을 지나치게 강조

02 가출 부랑아와 사회복지상담

1) 가출 부랑의 개념

현대의 가출아는 비생산적인 목적으로 무단가출하여 유흥비를 마련하기 위해 찌라시나 껌팔이, 앵벌이, 절도 등의 비행을 하는 특성을 보이므로 가출과 부랑은 밀접한 관계를 갖는다고 볼 수 있다. 일반적으로 가출이란 보호자의 허락 없이 가정으로부터 임의로 이탈하여 하루 또는 그 이상의 시간을 보내는 것으로 가정생활이나 학교생활 등에서의 불만족과 함께 기타 생활여건에서의 감내키 어려운 압력과 충동에 대한 반응으로 표출되는 것으로 생각할 수 있다. 가출은 일반적으로 가족이라는 집단에서 이탈, 또는 탈출하여 독자적인 길을 걷는 상태를 말한다. 가족이 그 내적 요인이나 외부환경의 영향으로 인해 서로 의지하고 동고동락할 수 있는 조건이 못 되고 오히려 견딜 수 없는 고통이나 불안정을 줄 때, 또는 외부세계에서의 유혹이 클 때 일어난다. 이근후(1978)는 "청소년들의 가출은 그들의 방황현상을 단편적으로 표출하는 것인데, 이 가출로 인하여 그들이 불량자가 되기 쉽다. 왜냐하면 비행집단이 노리는 대상이 바로 가출 청소년들이기 때문이다. 가출은 가족의 냉담한 분위기와 생활의 불안정을 참지 못하고 현재 자신이 꿈꾸고 있는 생활목표 달성을 위해 그리고 자신이 직면해 있는 정신적 고갈의 해결을 위해 가족과 동거하고 있는 생활환경에서 벗어나서 안주할 수 있는 새로운 장소를 구하려고 하는 일종의 도피행동이다."라고 하였다. 최재석(1965)은 가출을 "가족의 찬바람 생활의 불안정을 참아 내지 못하고 현재 자기가 꿈꾸고 있는 생활목표를 달성하거나 자기가 직면하고 있는 정신적 갈등의

해결을 위해 가족을 떠나 안주의 장소를 구하려는 일종의 도피행위이다."라고 하였다. 손직수(1978)는 "가출이란 다수 의식적, 혹은 충동적으로 부모와 가정으로부터 일탈 또는 도피하는 것으로 여러 차례 반복되는 경향이 있으며 따라서 비행에 대한 일련의 한 증상이 되는 경우가 많다."라고 하였다.

이소희, 주정일(1982)은 "가정의 냉담한 분위기와 불안정한 생활환경에 적응하지 못하고 자신이 직면하고 있는 정신적 갈등을 해소하기 위해 부모의 승낙 없이 환경으로부터 벗어나는 행위이다."라고 하였다. 가출의 개념을 집약해 보면 "자신 및 자신을 둘러싼 주위환경에 대한 불만이나 갈등에서 비롯된 문제점에 대한 반발이나 해결을 위해 보호자의 승인 없이 최소한 하룻밤 이상 무단으로 집을 나가 돌아오지 않는 충동적 혹은 계획적 행위"라고 공통적으로 규명하고 있다. 또한 보사부가 부랑인 대책을 주관하면서 새로운 지침으로서 부랑인이란 "일정한 주거가 없거나 무의무탁한 사람 또는 연고자가 있어도 가정보호를 원하지 않는 사람으로 거리를 방황하면서 시민에게 위해와 혐오감을 주는 등 건전한 사회질서의 유지를 곤란하게 할 뿐 아니라 신체적, 정신적 결함으로 정상적인 사고와 활동 능력이 결여된 정신착란자, 알코올중독자, 걸인, 앵벌이, 18세 미만의 부랑아, 불구 폐질자 등을 대상으로 한다."고 정의하고 있어 복지의 대상보다는 통제의 대상으로 간주하고 있음을 볼 수 있다. 반면 부랑인을 '생활수단과 생활공간을 포함한 살 권리를 잃고 거리를 헤매면서 구걸하거나 탈선행위를 하게 되는 사회보호대상자'로도 정의하고 있어 부랑인을 복지의 대상으로 강조하고 있음을 알 수 있다. 한편 청소년문제 관련 학자들은 비행집단이 노리는 대상이 가출아이기 때문에 청소년들은 가출로 인하여 불량자가 되기 쉬우며 가출이란 의식적, 충동적으로 부모와 가정으로부터 일탈 또는 도피하는 것으로 반복되는 경향이 있으며 따라서 비행에 대한 일련의 한 증상이 되는 경우가 많다고 함으로써 가출행동이 비행으로, 더 나아가 부랑생활로 발전될 수 있는 현실을 지적하고 있다. 이처럼 가출 부랑아는 가출하여 또는 생활공간이 없어 거리를 돌아다니면서 생계유지를 위해 구걸하거나 탈선행위를 하는 자들로 성인부랑인과 유사한 점이 많긴 하나 성인부랑인처럼 게으르거나 비생산적이거나 혹은 노숙을 주로 하지 않는다는 점이 성인부랑인과 다르다. 현대의 가출 부랑아의 특성은 먹고사는 것 이외에 충분한 오락과 따뜻한 잠자리를 마련하기 위해 스스로 부랑의 생활을 연장하려 한다는 데에 있다.

2) 가출 부랑의 원인

부랑아, 부랑인의 발생원인은 개인의 자립, 자활 능력의 결여, 나태성 등의 개인적 요인과 가정의 보호능력 상실, 무능력, 결손 등의 사유로 적절한 가정보호가 미진함 등의 가정적 요인, 사회적 적응능력의 결여가 지역사회에서 필요한 보호를 제공받지 못하여 사회에 부적응하게 되는 등의 사회적 요인으로 구분할 수 있다.

우리나라의 부랑아 가출 원인을 보면 가정적 원인, 사회문화적 원인, 개인적 원인 순으로 가정적 원인에 그 비중이 많은 데 반해서 외국의 경우는 주택의 부족, 실업과 빈곤, 탈시설화, 가정불화와 학대 순으로 주로 경제문제, 도시재개발 사업으로 인한 이주 등과 같은 구조적 원인에 부랑의 초점을 두는 것으로 보인다.

따라서 우리나라의 부랑인에 대한 시각은 외국의 경우에 비하여 사회병리학적 시각과 낙인론적 시각에 상당히 기울어져 있음을 알 수 있다. 그러므로 사회문제를 보는 시각에 따라 책임의 소재(개인, 국가)와 해결방법에 차이가 발생할 수 있으므로 몇 가지 시각에 비추어 부랑아, 부랑인의 발생 원인을 고찰하기로 한다.

(1) 사회병리학적 시각

사회병리학적 시각은 '바람직한 사회적 조건과 장치들은 건전한 것으로 보이는 반면, 도덕적 기대에서 이탈하는 사람들 내지 상황들은 병들었으며 나쁘다고 간주된다. 따라서 사회병리학적 시각에서 볼 때 사회문제는 곧 도덕적 기대의 위배이다. 이러한 정의를 토대로 할 때 가출 부랑아는 사회대

중의 도덕적 기대에 대한 위반행위를 하는 문제대상이 된다. 그들은 사회화가 어렵고 사회문제를 유발시키며 때때로 사회적인 비행아로 취급되어 단속의 대상으로 삼는다. 따라서 이들에 대한 보호방법도 가정보호보다 사회와 격리된 시설보호에 역점을 둔다. 이렇게 가출 부랑아에 대한 생각은 그 행위가 부도덕하다는 비판이 짙게 깔려 있다.

부랑아, 부랑인이 되는 조건은 선천적으로 기질이 부랑인의 성격을 가지고 태어나거나 사회환경의 영향(사회의 병리현상)으로 부랑인이 된다고 볼 수 있는데, 우리나라에서는 급속한 산업화와 도시화에 적응하지 못한 자들이 부랑인으로 전락하게 되는 후자의 경우가 많다고 볼 수 있다.

(2) 사회해체론적 시각

사회해체론적 시각으로 볼 때 가출 부랑아나 부랑인은 급격한 도시화, 산업화 및 이주로 인하여 1차 집단에서 2차 집단으로 이행하면서, 1차 집단에서 행하여진 집단통제와 전통이 붕괴되어 사회해체 현상이 일어나고 이 가운데 사회적 기준이 없어지면서 인간의 성취수준도 낮아지고 사회에 대한 적응력이 떨어져 부랑인이 될 수 있다는 것이다. 또한 사회변화와 더불어 문화갈등과 문화지체 현상으로 이에 적응하지 못한 사람들이 비행, 범죄, 약물 및 알코올중독 등의 사회문제를 일으키고 부랑인이 될 수 있다고 보는 것이다.

대부분 부랑아는 사회에 적응을 잘 못하는 사람들이며, 사회에 대한 불신, 좌절, 고통, 금전적, 정신적 가치가 나약한 사람들이 많다. 이것을 개인적인 측면에서의 문제로만 볼 것이 아니라 사회 조직적이고 국가적인 측면에서도 볼 수 있어야 하겠다.

(3) 일탈행위론적 시각

일탈행위론적 시각에서의 정신이상자, 알코올 및 마약 중독자, 나태한 성격의 소유자 또는 우범지역에 사는 부랑인은 아노미 이론에서 도피주의와 관계가 깊다. 이들은 순화적 목표와 제도화된 규범을 방관하고 현실에서 도피하는 생활을 즐긴다. 우리나라에서도 빈곤가정이나 만성질환을 가진 가정의 구성원이나 사회의 급속한 변화에 낙오된 자 중에서 이와 같은 아노미 현상이 일어나 부랑인이 되는 경우가 있다. 1981년 정부가 조사한 부랑인 중에는 습관성 구걸 행위자가 상당수 포함되어 있는 것으로 나타나 있는데 이는 도피주의의 예에 속한다고 볼 수 있다.

(4) 낙인론적 시각

낙인론적 시각에서는 부랑인이라는 개인의 구걸행위 등을 일탈이라고 규정하는 사회과정으로서 사회집단은 부랑인의 행위를 사회적 일탈로 간주하는 법을 제정함으로써 부랑인을 일탈자로 간주하고 이 규정을 특정인에게 적용함으로써 국외자로 낙인을 찍는다. 사람이나 상황을 문제성을 띤 것으로 혹은 일탈적인 것으로 규정하게 되면 낙인찍힌 자들은 일탈을 더 촉진시키는 방향으로 인간관계를 재정립하게 된다. 부랑인으로 낙인을 받은 사람들은 생활의 기회를 제한받으며 사회의 진출도 힘들 것이기 때문에 생계유지를 위해 부랑생활을 계속하게 되는 수도 있다. 부랑아의 경우도 이미 심한 가출로 가정에서도 더 이상 교정을 기대하지 않고 관심을 쏟지 않게 된다. 오랜 가출 생활 후에 가끔 귀가하더라도 가족들의 냉랭함에 다시 가출을 시도하게 되고 자신들의 생계유지를 위해 또래집단을 형성, 절도나 껌팔이, 앵벌이, 찌라시 등을 하는 것이다. 사회 저면에 있는 보호의 대상, 복지의 대상이 부랑아로 전락할 수가 있는 것이다.

3) 가출 부랑아의 특성

(1) 형태별 특성(용어는 일반적으로 통용되는 말임)

① 앵벌이 및 구걸아

지하철 계단이나 육교 등에서 쓰러져 있거나 또는 운행하는 지하철 안에서 구걸하는 대부분의 이들을 앵벌이라고 한다. 이 방법은 아동, 청소년들이 자신의 노출을 어려워하기 때문에 대부분 약물에 의존하기도 한다. 이들의 수입은 비교적 많은 편이라 가출 부랑아가 많이 이용하는 방법이다.

② 찌라시(도움요청 전단지)

지하철이나 기차에서 전단을 주고 돈을 받는 행위나 부랑아를 지칭하는 말이다. 찌라시는 주로 '고아이며 혼자 신문을 팔며 생활을 하였으나 어려우니 도와 달라.'는 내용이며 이들은 가출 부랑아를 상대하는 전문적인 복사가게에서 파는 것을 이용한다.

최근에는 부랑아들의 찌라시 활동인구가 많아짐에 따라 내용의 다양성을 보이기도 한다.

③ 초콜릿, 껌팔이

초콜릿, 껌팔이는 가출 부랑아뿐만 아니라 구걸 노인까지 많이 사용하는 방법인데, 도벽이나 소매치기처럼 위험하지 않으면서 충분한 용돈을 벌 수 있다는 장점이 있다. 이들 가운데 껌을 살 돈이 없는 경우에는 일시적으로 구걸을 하여 돈을 얻어 껌과 초콜릿을 사서 판매를 하기도 한다.

④ 신문판매

가출 부랑아들은 숙식을 해결할 장소가 필요하기 때문에 신문 가두판매를 이용하기도 한다. 이들은 가판행위를 주선하는 어른들이 제공하는 곳에서 합숙하며 신문을 판매한다. 제공된 곳에서 숙식을 하며 신문 판매 대금의 일부는 숙박비 명목으로 어른에게 상납하고 나머지는 오락실이나 만홧가게,

심야극장, 비디오방 등에서 유흥비로 사용한다.

⑤ 절도 및 소매치기

도벽은 가출 부랑아의 심화된 비행형태이다. 가출상태가 장기화되고 돈을 구하기 위해 오락실 주변에서 돈을 뺏거나 빈집 털이, 가게털이, 차 털이를 하며 붐비는 역 주변이나 지하철 등지에서 소매치기를 하기도 한다.

⑥ 아리랑치기

만취되어 길에 쓰러져 있는 일반인을 대상으로 지갑과 돈을 가져가는 행위를 말한다.

이 방법은 대부분 훔쳐 간 사람에 대해 알 수 없고 절도행위 중 안전하다고 생각하기 때문에 가출 부랑아들이 쉽게 이용할 수 있다.

⑦ 삥 뜯기

길 가는 아동, 청소년들에게서 돈을 갈취하는 행위를 말한다. 절도의 행위 중 하나이며 힘을 이용해서 협박이나 위협으로 그들에게서 쉽게 돈을 얻어 낼 수 있다.

⑧ 빈대

어린 부랑아들이 주로 앵벌이, 찌라시, 초콜릿ㆍ껌팔이, 신문판매 등을 하여 생활하는 반면 큰 형격인 17, 18세 부랑아들이 어린 부랑아들을 대상으로 이익금을 빼앗아 쓰는 것을 말한다.

이들은 앵벌이, 찌라시 등으로 돈을 버는 일은 하지 않고 주로 힘과 의지력이 약한 아동들을 이용하여 일을 시키기도 한다.

⑨ 삐끼

주로 유흥업소에서 손님을 끌기 위한 호객행위를 하는 청소년을 말한다. 대학가의 락카페(rock cafe), 술집 등에 주로 취업하여 자신의 생활고를 해결하고 있다.

(2) 일반적 특성

가출 부랑아들은 대부분 가난하고 사회적 무질서(anomic) 상태이며 생기가 없고 책임감도 없다. 그들에게는 자원이 필요하지 않으며 타인을 존중할 줄 모르고 상호적인 의무의 짐을 책임지려 하지 않는다. 그러므로 그들은 사회적인 행동이 거의 불가능한 것으로 나타나고 있다.

부랑아들에 대한 공통적인 특성은 다음과 같다.

① 욕구불만: 본능적인 욕구에만 강하고 감사할 줄 모른다.
② 낭비성: 장래에 대한 생각은 없고 소비와 탕진하는 생활을 한다.
③ 역마성: 방랑적 생활에 집착하여 정서의식이 부족하다.
④ 자포자기: 신체적, 정신적 결함 때문에 자신감을 잃고 의욕이 없다.
⑤ 열등의식: 실패와 소외됨으로 인해 책임감도 적고 반항의식이 높다.

4) 가출 부랑의 실태 및 현황

(1) 가출 부랑아

가출 부랑 청소년의 현황을 정확히 파악하기에는 상당한 어려움이 있다. 대개의 가출 부랑아의 통계는 가출 후 단속이나 보호의 손에 포착된 일부이거나 가출자로 신고된 경우이기 때문이다. 서울시립아동상담소의 연도별 가출 부랑아 단속 및 조치 현황 통계에 의하면 가출 부랑아 단속 수가 최근 몇 년간 감소하고 있음을 나타내 주고 있다. 1970년에 시립아동상담소에 단속 송치된 가출 부랑자의 수가 총 6,490명이던 것이 1980년에는 6,863명으로 다소 증가를 보이다가 1981년에 6,022명, 82년에 4,500명, 83년에는 4,026명으로 줄기 시작하여 85년에는 2,803명으로 대폭 감소했다. 그 후 계속적인 감소를 보이다가 1992년 전에는 1,082명으로 큰 감소를 보였으며 1993년과 1994년에는 각각 752명과 761명의 가출자만이 단속됨으로써 현저한 감소를 보였다.

반면에 다음 <표 2>의 경찰청 1995년도 통계에 따르면 가출 부랑자 수는 1992년의 39,431명에서 93년에는 40,203명으로 증가했으나 95년에는 35,865명으로 줄었다는 것을 알 수 있다.

이것은 정부의 방침이나 단속강화의 정도에 따라 변하여 나타나는 것으로 풀이된다.

〈표 2〉 가출인 발생 현황

(단위: 명)

구 분	발 생	연 령	
		20세 미만	20세 이상
1992년	39,431	12,479	26,952
1993년	40,203	11,933	28,270
1994년	35,865	13,522	22,343

자료: 문화체육부, 「청소년 백서」, 1995. 경찰청 통계 인용.

이와 함께 나타난 현상은 1985년 이전의 가출자 연령은 13세에서 17세 사이에 많은 분포를 보이던 것이 1985년 이후부터는 9세에서 13세 사이에 많은 분포를 보이는 양상으로 바뀌었다는 것이다. 다시 말해 단속된 가출 부랑자의 평균 연령이 낮아졌다는 사실이다. 월별 가출 현황을 보면 과거에는 날씨가 포근한 봄에 집중적으로 일어나던 가출이 1994년의 경우, 추위가 심한 12월, 1월, 2월을 제외하고는 3월부터 11월 사이 거의 비슷한 수준으로 항시 발생하고 있음을 보여 주고 있다. 이는 레저산업의 급증과 다양해진 생활환경에서 오는 것으로 보인다. 이와 같이 보호 처리된 숫자만을 가지고 가출 부랑의 실제 수를 파악하는 데는 명백한 한계가 있다. 단속이나 보호에 포착되지 않은 가출 부랑아가 많기 때문이다. 따라서 위에서 나타난 추이는 가출 부랑의 실제적인 감소라기보다는 단속 보호권에 들어오는 가출 부랑의 수가 감소하고 있다고 보아야 할 것이다. 단속 보호권에 들어오는 가출 부랑아의 수가 감소하고 있는 이유는 가출 후 취업 가능한 여러 가지 산업들의 발달로 인하여 가출 부랑아들이 신속하게 그쪽으로 흡수된다는 것이다. 다른 시각으로는 청소년 가출은 비록 그 양에 있어서는 줄었지만 가출의 성격상 자유나 독립의 추구, 생계유지를 위한 적극적 생활참여 등의 긍정적 의미의 가출은 줄고 비행이나 탈선을 위한 부정적 의미의 가출이 늘어나고 있다는 견해도 있다. 이들의 생활실태를 살펴보면 음주, 흡연, 부탄가스나 본드 흡입 등을 하며 시간을 보내고 노래방, 비디오방 등에서 시간을 보낸다. 가출생활이 부랑생활로 이어지면서 앵벌이, 찌라시, 신문판매, 삐끼 등으로 생활을 하게 되며 때로는 폭력으로 분노를 분출하기도 하고 환락과 유흥 속에 빠져들어 미래에 대한 설계나 걱정 없이 하루하루를 살아가는 모습을 볼 수가 있다. 이들의 생활 상태를 볼 때 가출의 대부분은 목적지향적 가출이기보다는 회피형, 가족 비관형, 탈출형 및 맹목적 형태라고 볼 수 있다. 집을 나온 후에는 기성세대의 추한 모습 속에 끼어서 퇴폐 향락산업의 이용자인 동시에 공급자의 생활을 해 나가고 있는 것이다. 이와 같은 생활은 청소년 범죄의 출발점이 될 뿐만 아니라 퇴폐 향락 산업에 젖은 황금만능주의 및 도덕 불감증의 팽배를 가져와 건실하게 일하고 있는 근로 청소년들에게 가치관의 전도, 나아가서 위화감까지도 야기하여 근로 의욕을 상실케 할 가능성을 갖고 있다.

시설 내 부랑아 중에는 장애아도 상당수 포함하고 있는데 보건사회통계연보에 의하면 총 1,315명 중 232명으로 정신박약, 기타, 정신질환 순이며 이것은 장애아에 대한 개별적인 적절한 대책이 필요함을 니타내고 있다.

아동 부랑시설 내의 입소자를 보면 행정기관 의뢰 전입이 가장 많았고 퇴소자는 연고자 인도, 직업 자활, 도망 순으로 퇴소자 중에는 도망하는 아동, 청소년도 상당수 많은 비중을 차지하였다. 이는 그들이 여러 도시에 돌아다니면서 부랑생활을 하는 것으로 예측할 수 없는 부랑아들의 실태를 알 수 있다고 하겠다.

1) 대상

pick up이란 가출 부랑아를 주로 역이나 거리에서 단속하는 것이며, 그 대상은 8세~18세 이하의 아동 및 청소년으로 부모의 허락이나 동의 없이 가정 또는 학교에서 이탈한 아동과 걸인생활, 앵벌이, 찌라시, 초콜릿 팔이, 껌팔이, 약물남용 등의 문제를 지닌 단순가출 및 상습화된 가출 부랑아로 정의한다.

● pick up 당시 보이는 가출 부랑아의 외부적 특징

(1) 단순가출일 경우

용모는 비교적 단정해 보이나 동행한 보호자가 없으며, 역내에서 장시간 혼자 앉아 있는 경우, 또는 지방에서 보호자 없이 올라왔거나 내려가는 경우, 늦은 시간까지 귀가하지 않아 불안해 보이는 경우, 큰 가방을 메고 혼자 기차표를 구입하는 경우, 부모가 찾는 아동(가출로 신고된 아동), 여러 명이 무리를 지어 다니는 집단가출의 경우, 복장이 불량해 보이는 경우, 심한 사투리로 말하는 경우, 지방에서 역내 출입구로 상경하는 경우 등으로 이를 종합적으로 관찰하여 비위생적인 모습 및 불안한 행동을 하는 아동 및 청소년을 pick up한다.

(2) 상습화된 가출 부랑아 경우

몸에서 심한 냄새와 계절에 맞지 않는 옷, 불결한 옷을 입은 경우, 운동화 속에 양말을 신지 않거나 운동화가 지저분한 경우, 머리를 감거나 이발을 한 지 오래된 아동, 세면과 세족을 하지 않아 냄새가 나는 경우, 찌라시를 가지고 있거나 껌, 초콜릿을 파는 경우, 약물에 취해서 역내에서 잠을 자는 경우, 다른 기관에서 가출한 아동 등으로 종합적으로 관찰하여 비위생적인 모습 및 거침없이 행동을 하는 아동 및 청소년을 pick up한다.

2) 모집방법

① pick up 팀이 직접 역, 지하철 등을 돌아다니며 거리 상담을 통하여
   pick up한다.
② 지하철 수사대, 지구대, 지역관공서, 경찰서를 중심으로 한 홍보활동을
   통하여 pick up한다.
③ 자원활동자를 통하여 pick up한다.
④ 간이 상담실이나 본 상담소에 직접 상담하기 위해 오는 아동.

3) 운영방법

본 상담소 내에 사회교육과 상담원들로 구성되어 있는 pick up 팀이 주 3
회에 걸쳐 pick up을 나가며, 활동지역은 주로 역 주변, 지하철 내 또는 지
하철을 탑승하여 운영된다. 활동시간은 19～24시까지이며 지방에서 가출이
심한 방학 전후에는 오전, 오후에도 활동을 하고 있다. 역내에서는 2인 1조
가 되어 가출 부랑아로 보이는 아동을 pick up을 하고, 지하철이나 영등포
의 중앙로 등에서는 구걸을 하거나, 직접 찌라시를 돌리거나, 껌이나 초콜릿
을 파는 아동을 pick up한다.

4) pick up 과정

여기에서는 위의 모집방법 중 공공기관을 통한 pick up과 거리상담을 통
한 pick up 과정을 다음과 같이 설명하고자 한다.

(1) 공공기관을 통한 pick up

공공기관에서 단속된 가출 부랑아의 경우 본 상담소에 직접 전화통보를
하고, 상담소에서는 전화상담을 통해 주·야간 상담원이 연락기관, 아동현
황 및 아동상태를 파악한 후 pick up 팀을 운영한다. pick up 팀은 공공기관
에 도착하여 인수인계서를 작성하고, 아동에 대한 정보 및 182신고 유무를
파악한 후 아동을 인수한다.

〈표 3〉 공공기관 통한 **pick up**

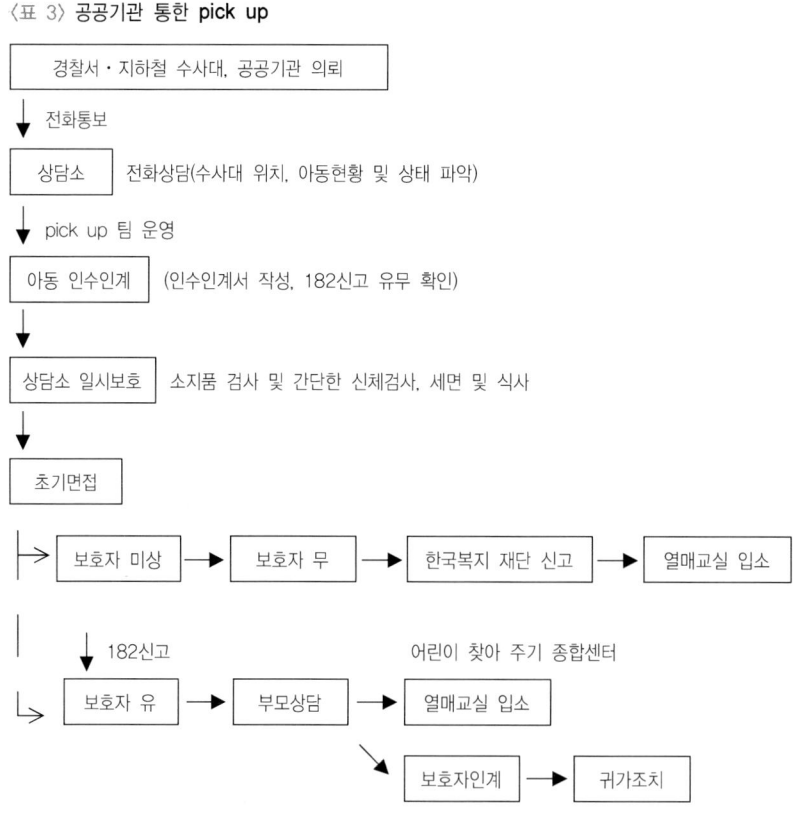

아동은 상담소에 도착 후 간단한 신체검사 및 소지품 검사를 하며, 세면
및 식사를 한 후 초기면접을 통해 인적 사항 및 가출 부랑 확인, 가출동기
등 아동의 전반에 대한 신원파악을 하고, 보호자가 있을 경우 보호자에게

연락하여 인계하면서 동시에 위기개입을 통한 부모상담을 한다. 또는 상황에 따라 보호자 동의하에 열매교실에 곧장 입소할 수도 있다. 아동이 보호자를 모르는 경우는 182신고를 하여 후에 보호자와 연락이 되면 위와 같은 방법으로 아동을 처리하며, 보호자가 없을 경우 한국복지재단에 신고한 후 열매교실에 입소한다.

(2) 거리상담을 통한 pick up

주 3회에 걸쳐 서울역, 청량리역, 영등포역 주변과 지하철 역내에서 운영되며, 서울역에서는 중부 부녀상담소를 임시 간이상담실로 사용하고 있다. 영등포역에서는 상담소 차량 안에서 거리상담실이 운영된다. 서울역에서의 운영은 역 주변의 광장, 역내 대합실, 오락실, 음식점, 2층 백화점 등에서 2인 1조가 되어 관찰하는데, 이때 아동의 비위생적인 모습 및 행동을 통해 가출 및 부랑아라고 판단될 때 신분증을 제시하고, 몇 가지 질문을 통해 가출 여부를 판단한다. pick up된 아동의 확인을 위해 간이상담소로 인솔하고 즉시 보호자와 연락하는 등 거리상담 및 적절한 조치를 취하게 된다. 만약 아동이 연락처를 숨기는 경우 또는 거짓말할 경우(전화번호가 틀리는 경우, 개교기념일이라 학교에 등교하지 않았다고 할 경우 등)는 소지품 검사를 통해 연락처를 알아낼 수도 있다. 연락처를 확인한 가출아동은 지방아동과 서울아동으로 나눌 수 있는데, 지방아동일 경우 보호자 동의하에 보호자에게 인계될 때까지 일시보호를 하기도 하며, 서울아동일 경우 보호자에게 연락한 후 상담을 통해 인계한다. 또한 가출 부랑아일 경우도 공공기관을 통해 pick up된 경우와 같이 처리한다.

〈표 4〉 거리상담을 통한 pick up

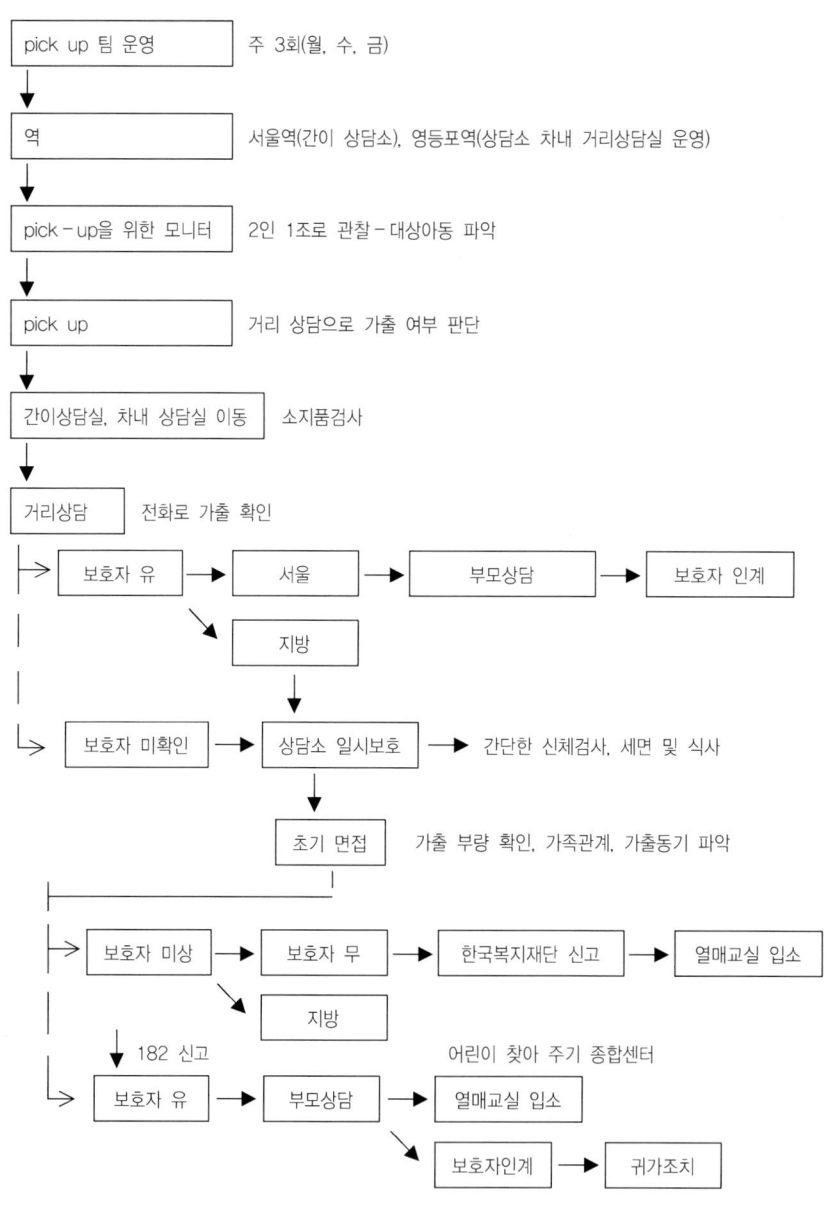

| pick up 팀 운영 | 주 3회(월, 수, 금) |

역   서울역(간이 상담소), 영등포역(상담소 차내 거리상담실 운영)

pick - up을 위한 모니터   2인 1조로 관찰 - 대상아동 파악

pick up   거리 상담으로 가출 여부 판단

간이상담실, 차내 상담실 이동   소지품검사

거리상담   전화로 가출 확인

보호자 유 → 서울 → 부모상담 → 보호자 인계

지방

보호자 미확인 → 상담소 일시보호 → 간단한 신체검사, 세면 및 식사

초기 면접   가출 부량 확인, 가족관계, 가출동기 파악

보호자 미상 → 보호자 무 → 한국복지재단 신고 → 열매교실 입소

지방

182 신고   어린이 찾아 주기 종합센터

보호자 유 → 부모상담 → 열매교실 입소

보호자인계 → 귀가조치

5) pick up 배경

(1) 홍보

1995년 4월부터 실시된 열매교실과 pick up이 시작될 당시 한국일보 1995년 3월 13일자 20면에 가출 부랑아에 대한 현 실태가 소개되었고, 이 때부터 심각한 사회문제로 대두되면서 매스컴에서 소개되는 등 새로운 문제로 인식되었다. 또한 상담원들의 거리상담, 지하철 수사대 각 출장소의 공문 및 협조 팸플릿과 청소년 선도위원 등의 활동으로 공공기관과 주변 환경에 대한 홍보가 이루어졌으며, 지속적인 pick up으로 열매교실의 홍보가 이루어졌다. 그리고 매년 발간되는 상담사례집을 통해 pick up과 열매교실에 대한 내용을 홍보자료로 활용하였다.

(2) 수사대, 경찰서, 공공기관의 활동

① 지하철 수사대의 상황 및 활동

지하철 수사대는 한양대 본대를 중심으로 4개의 지구대(종로 3가, 사당, 건대, 신도림)가 있으며, 예하 21개의 출장소로 구성되어 있다. 이들은 지하철 내의 경찰의 역할을 담당하고 있으며, 모든 사건을 처리한다. 그중에서 가출 부랑, 앵벌이, 소매치기, 아리랑치기, 폭력, 강도, 약물남용 등으로 단속된 아동 및 청소년들은 조사과정을 거친 후에 3가지 경우로 처리된다. 즉 보호자 인계, 지상 경찰서로 전원조치, 상담기관으로 인계된다. 주로 상담기관의 인계는 대방동에 위치한 서울시립아동상담소와 본 상담소로 한정된다. 종로 3가 제1지구대의 예를 들면 정복 경찰과 사복형사가 한 조를 이루어 시간별로 지하철에 탑승하며, 지하철 운행이 마감될 때까지 근무를 한다. 그들은 주로 지하철에서 일어나는 사건을 단속하는데, 만약 가출 부랑아, 앵벌이일 경우 조사해 본 후에 본 아동상담소로 인계한다.

본 상담소에 가출 부랑아를 인수받은 수사대를 각 지구대별로 보면 1지구대와 종로 3가 출장소가 있고, 2지구대는 신림, 서울대입구, 사당, 교대이며, 3지구대는 청량리, 동대문, 동대문 운동장, 왕십리, 신천, 4지구대는 신촌, 시청, 충무로, 서울역, 신도림 등이 있다.

② 경찰서 상황 및 활동

경찰서 및 파출소는 각 지역마다 분포되어 있는 만큼 pick up에 대한 충분한 홍보가 부족한 실정이다. 그러나 본 상담소에 입소했던 아동들이 퇴소 후 다시 단속될 경우 아동들에 의한 초기 홍보가 이루어진다. 그때부터 다른 가출 부랑아들도 본 상담소로 인수인계된다.

현재까지 가출 부랑아를 인수받은 경찰기관으로는 천호 4동, 둔촌 2동, 선릉, 신림 5동 파출소, 남대문 경찰서 소년계, 서울역 파출소, 난우, 노량진, 도봉산, 성수 2가, 영등포역, 중앙, 동자, 와룡, 장안, 장안 3동, 미금파출소, 성남시 중동, 하대현파출소, 인천역, 수원역 파출소 등이 있다.

③ 공안실 상황 및 활동

서울역 내 지하 1층에 공안실 본부가 있으며, 역내에는 공안분실이 있다. 공안원들은 역내에 상주하고 있으며, 무임승차한 가출아동이나 역내 순찰을 통해 역내 부랑인 및 가출 부랑아를 단속한다. 가출 부랑아를 단속할 경우 주로 본 상담소에 인계하며, pick up 과정 중에 아동이 심한 거부를 할 경우 함께 단속하는 경우도 있다.

본 상담소에서 가출 부랑아를 인수받은 공안은 서울역 공안본부, 서울역 공안분실, 청량리 공안분실이 있다.

④ 공공기관

그 밖에 공공기관에서 가출 부랑아를 인수받기도 하는데, 시·도는 가정복지과, 청소년과이며, 각 시·군·구청에서는 가정복지과 또는 아동상담소를 통해 보호를 요청해 올 경우 인수인계한다. 본 상담소에서 가출 부랑아를 인수받은 공공기관들은 강남구청, 강북구청, 동대문구청, 도봉구청, 성북구청, 수원시청, 남양주시청 등이 있으며, 그 밖에 수원부녀상담소, 청소년대화의 광장, 롯데월드 등이 있다.

⑤ 자원활동자 실태 및 활동

본 상담소에서 관련 맺고 있는 자원활동자는 주로 서울역과 영등포역에서
활동을 하고 있다. 한 명은 서울역을 중심으로 약 30년 동안 청소년 선도위
원으로 활동하면서 가출 부랑아를 pick up하여 본 상담소에 인수인계하며,
다른 한 명은 영등포역에서 가출 부랑아를 pick up하여 본 상담소에 인계한다.

(3) 주변 환경

① 서울역

서울역은 역 파출소가 있고, 역 맞은편에 남대문 경찰서가 위치하고 있으
며, 지하에 공안실 본부와 역내에 공안분실이 있다. 또한 중부 부녀 상담소
는 야간에 본 상담소의 간이 상담실로 사용된다. 서울역 내에는 공안원들이
역 외에는 경찰들이 근무하고 있다. 그러나 이런 환경에도 불구하고 호남선
과 경부선, 전라선, 장항선을 타고 상경하는 가출아들과 고속버스를 타고 상
경하는 아동들이 많이 있으며, 이들에게 취업을 알선하는 사람(가출 부랑아
들 사이에서 이들을 '하이타이'라고 부름)이 하루 종일 역 주변을 맴돌며 가
출 부랑아들을 양말공장이나 구두공장, 중국집 배달원으로 취업시키며 소개
비를 받고 있다. 다른 성인 부랑인들은 노상에 신문지를 깔고 잠을 자기도
하고, 역내 대합실 의자에 몸을 기대어 잠을 자기도 하며, 부랑인끼리 무리
지어 텔레비전을 시청하거나, 부랑인끼리 싸우는 모습도 자주 보인다. 또한
성인 부랑인이 가출한 어린 아동에게 식사를 제공하면서 여관 등지에서 혼
숙하는 경우도 있다.

② 영등포

영등포는 역내에 공안분실과 주변에 역 파출소가 있으나, 서울역과 같이
지하철 수사대가 없기 때문에 가출 부랑아들이 많이 모여 있다. 역 뒤의 컨
테이너 박스에는 노숙하는 곳이 있으며, 철로 지역의 휴지 소각장에 본드

및 유해약물을 흡입하는 곳도 있다. 특히 영등포 주변에는 벌집이라는 곳이 있어 혼숙을 하는 아동 및 청소년들을 볼 수 있으며, 찌라시 복사하는 곳, 비디오방, 목욕탕, 만홧가게가 밀집되어 가출 부랑아들이 자주 돌아다니기도 한다. 또한 이곳은 경부선, 호남선을 타고 상경하는 아동 및 청소년과 부랑인, 하이타이들도 흔히 볼 수 있는 곳이다. 그리고 역 주변에 거미줄처럼 연결된 중앙로는 디스코텍, 술집, 포장마차들이 밀집되어 있어 삐끼들도 많이 볼 수 있고 포장마차, 술집 등을 돌아다니는 껌팔이, 초콜릿 팔이도 볼 수 있다. 그리고 구걸행위나 찌라시, 껌팔이나 초콜릿 등을 팔아 돈을 모으지 못하는 경우에는 지하철 입구에 있는 종교단체에서 월, 금요일에 음식을 제공하기 때문에 그곳으로 가출 부랑아들이 모이기도 한다.

③ 청량리

청량리역은 강원도, 경상북도 북부 지방의 아동 및 청소년들이 중앙선, 경춘선, 영동·태백선을 타고 상경하는 곳으로 전농동 588번지, 만홧가게, 오락실이 있어 지방의 가출아들이 많이 모이는 곳이다.

④ 기타

그 밖에도 가출 부랑아들이 자주 모이는 곳은 종로 3가 부근 오락실, 한양대, 동대입구, 까치산, 노량진, 남대문시장 등이 있으며, 여기에는 구걸행위나 찌라시를 통해 모은 돈을 사용할 수 있는 곳들이 있다. 또한 요즘은 지방 및 수원, 인천 등지에서도 가출 부랑아들이 많이 모이기도 한다.

열매교실은 가출 부랑 문제에 적극적으로 개입하여 이들을 사회로 복귀시킨다는 궁극적 목적을 가지고 시작되었으며, 이를 위하여 길거리에서 가출 부랑아들을 만나 거리상담을 통한 pick up, 거리에서 상담소로의 환경 변화 후의 초기적응과 주요문제에 대한 사정, 신뢰 관계 형성과 주요문제에 대한 변화 동기 유발, 본격적인 상담치료(상담과로의 전원조치에 대한) 동기 유발, 상담과로의 전원조치 등의 부분에 걸쳐 개입하는 단기 집단상담 프로그램이다. 열매교실에서의 Ct에 대한 개입은 크게 pick up단계, 적응 및 문제 치료 동기 유발 단계, 사정 및 상담과 전원조치의 3단계로 나뉜다. 본 상담실제는 이 3단계 중 적응과 변화동기 및 치료동기 유발 단계에 해당된다. 이러한 열매교실의 특성을 살펴보면 다음과 같다.

첫째, Ct의 자발적인 참여가 제한된다는 점이다. 가출 부랑아들은 자신이 속했던 공동체에서 이탈한 경험이 있고, 그 이탈 원인은 공동체 생활에 대한 두려움 내지는 부적응에서 비롯된다. 가출 부랑아가 스스로 열매교실에 참여를 결정하는 경우는 매우 드물다. 대부분 상담원에 의한 pick up, 지하철 수사대 및 일선 경찰의 위탁, 일선 복지행정기관에서의 위탁에 의해 참여가 결정지어지게 된다. 이러한 제한점으로 인해 Ct의 자주적인 결정에 의한 참여와 변화노력이 부족한 경향이 드러나게 된다.

둘째, 흥미 위주의 프로그램 및 상담이 주로 이루어지게 된다. 열매교실에 참여하는 가출 부랑아들의 대부분은 열매교실에서도 이탈하려고 하는 경향이 강하고, 가출 부랑 생활로 인한 경험 부족으로 전반적인 능력이 떨어지는 특성을 보인다. 이들에게 초기적응과 변화동기를 제공하기 위해서는 일단 구성원들 스스로가 재미를 느껴야 하고, 이러한 재미 속에서 변화가 가능하다.

셋째, 상담 이외의 생활지도 부분에 대한 개입이 필요하다. 대부분의 문제를 가진 청소년들도 그러하겠지만 가출 부랑아들의 경우는 공동체에서의 일탈로 인해 학습·생활 및 전반적인 경험이 부족하다. 문제에 대한 상담과 생활 전반적인 부분에 대한 생활지도가 균형을 이루어 개입이 이루어질 때 효과적인 치료 및 변화 효과를 볼 수 있다.

상담 1(반갑다 친구야)

◉ 목표

집단상담 과정에 대한 설명과 집단에서의 기대 행동에 대한 설명, 참석에 대한 계약 및 초기 모임에서 접하게 되는 문제들에 대한 이야기와 이해를 통해서 열매교실 집단상담 프로그램에 대한 마음의 준비를 한다. 집단활동 초기에 서로를 소개하고, 자연스러운 분위기를 만들어 각자가 느끼는 긴장감을 푼다. 또 자신의 모습을 새롭게 자각하는 기회로 삼는다.

⊙ 내용

〈표 5〉 별칭 짓기 상담내용

	A	B	C	D	E	F	G
A	웃음맨: 맘에 들어서		스마일: 웃으니까	크로마뇽인: 외모가 비슷해서	웃음맨: 자주 웃어서	찐빵: 뚱뚱해서	복숭아: 얼굴이 포동포동해서
B		깝죽이: 솔직히 인정돼서	깝죽이	고자:	점백이:	점백이: 점 때문에	깝죽이:
C	천재: 기억을 잘해서		천재: 그중 제일 마음에 들어서	천재: 기억을 잘해서	축구황제: 축구를 잘하니까	인상맨: 인상을 잘 써서	모범생: 성실해서
D	부시맨 3: 살색이 까매서		스타: 별을 잘 접어서	까불쟁이:	까불쟁이:	깜돌이:	깜식이:
E	구렁이: 용이 되기 전	멍눈이: 그냥	얌전이: 얌전해서	콧수염: 수염이 있어서	얌전이	맹구: 실실 웃어서	
F	울보: 자주 울어서	삼순이:	여자: 잘 울며 고자질을 잘 해서	후장아파: 성적인 문제	부시맨: 피부가 검어서	부시맨: 수녀님이 그렇게 불러서	
G	빼죽맨:	똘똘이:		잘난 맨: 잘난 척을 해서	키다리	못난이:	빼죽맨: 말라서

〈표 6〉 반갑다 친구야 상담내용

	A	B	C	D	E	F	G
되고 싶은 것	개그맨	경찰	경찰	공무원	등산가	도미노 선수	사장
자신에게 힘이 된 말	어머니: 넌 할 수 있어	없음	선생님: 힘내라	가출 시 힘내라	없음	자전거를 잘 탄다	어머니: 용기를 라
좋아하는 음악	스피드	이슬	아이스맨	애모	모두 좋다	개구리 왕눈이	영원히 내게
좋아하는/ 싫어하는 음식	돈가스/ 생선	생선/ 김치찌개	피자/ 호박	생선/ 파	김칫국/ 없음	피자/ 가지	시금치/ 생선
가장 소중한 것	가족	생명	아대, 반지	부모님	목걸이	도미노	생명

	A	B	C	D	E	F	G
고치고 싶은 것	없음	없음	동생들을 때리는 것	없음	없음	욕하는 것	욕하는 것
가장 자신 있는 것	자전거	농구	오락	축구	등산, 탁구, 배드민턴	도미노, 자전거	농구
존경하는 사람	에디슨	유자영 선생님	임꺽정	유관순	이순신장군	유자영 선생님	명성황후
감명 깊게 본 책/영화	리틀 빅 히어로	빠삐용	나의 라임 오렌지나무	리틀 빅 히어로	리틀 빅 히어로	포레스트 검프	태극권
1년 내 하고 싶은 일	축구, 공부	축구연습	학교진학	운동, 컴퓨터	등산, 볼링	도미노, 사이클	영화감상, 레크레이션
지금 가고 싶은 곳	세계일주	없음	하늘	세계일주	한라산	강원도 바다	귀가
가고 싶은 반	열매	열매반	진로반	열매반	진로반	개구쟁이반	열매

○ 평가

집단초기 단계라서 어색해한다. C, D, G는 적극적으로 참여하는 모습을 보였으며, A, B, E, F는 수동적인 참여 자세를 보였다. 수동적인 참여 그룹 중 E는 수동적이지만 상담원의 지시를 따르려고 노력하였으나, 다른 구성원들은 장난을 치고 집중을 하지 못하였다. 힘 행사에서는 C, E가 두드러졌고 D는 집단을 주도하려는 모습을 보인다. 별명 짓기에서 B의 경우 잘 모르겠다며 대답하지 못하는 경우가 많았으며, E의 경우 어려워하는 모습을 보인다.

상대방에 대한 잘못을 지적하거나, 신체적 결함을 빗대어 별명을 이야기하는 등 긍정적인 집단협응보다는 부정적인 모습이 많이 보인다. 집단상담의 장점인 집단역동성을 살리기 위해서 ① 집단상담에 대한 이해를 도와주고, ② 규칙을 숙지시키며, ③ 지지와 격려하는 분위기의 형성, ④ 각자 자신을 개방할 수 있는 분위기의 형성 등에 중점적으로 노력하여야 할 것이다.

상담 2(지금 나는)

○ 목표

평소 자신에 대해서 생각하고 있는 바를 확인해 봄으로써, 자신을 있는 그대로 인정하고 받아들이는 노력의 시작으로 삼을 수 있도록 한다.

○ 내용

〈표 7〉 지금 나는 상담내용

	현실긍정문항 총 8문항	현실부정문항 총 14문항	일반적 자기긍정도 총 13문항	집단 내 자기긍정도 총 9문항
A	2	6	8	5
B	6	3	6	6
C	3	5	4	3
D	3	5	4	3
E	5	4	5	4
F	5	8	6	7
G	5	6	6	7

※ 척도
- 긍정적 문항 부정적 문항의 수

  긍정적 문항: 4, 5, 7, 8, 10, 13, 17, 22

  부정적 문항: 1, 2, 3, 6, 9, 11, 12, 14, 15, 16, 18, 19, 20, 21
- 일반적 자기측정문항과 집단 내 자기측정문항의 수

  일반적 자기측정문항: 1, 3, 4, 7, 9, 11, 12, 14, 16, 17, 20, 21, 22

  집단 내 자기측정문항: 2, 5, 6, 8, 10, 13, 15, 18, 19

○ 평가

1회 상담에 비해 지루해하고, 전반적으로 집중을 하지 못하였다.

A, C, D, G가 집중하는 반면 B, E, F는 부담스러워하며 어려워하였다. D 와 G는 평소 자신이 알지 못하던 스스로의 모습을 알 수 있어서 좋았다고 표현하였다. B와 F는 장난을 치며 집중을 하지 못하였으며 내용을 이해하지 못하였다. A와 C는 중간적인 입장을 취하며 열중하기도 하고, 때로는 B와 F 의 장난에 휩쓸리기도 하였다. 반면 E는 의욕이 없는 모습으로 조용히 따라 하기만 하였다.

F는 집단 내에서 자신의 나이에 맞는 대우를 받지 못하며, 지속적으로 A, B, F와 갈등을 일으킨다.

전반적으로 산만한 분위기였으며, 내용을 잘 이해하지 못하는 모습을 보였다. 상담의 내용 자체의 난해함에 기인한 점도 있지만, 자기 자신의 모습을 인식해야 하는 심적 부담이 큰 것 같다. 구성원 대부분은 장난스럽게 시작한 상담 내용에서 잘 알지 못했던 자신의 모습을 발견하자 힘겨워하였다.

자신의 현실에 대한 인지도에서 G와 F를 제외한 구성원들 모두가 평균치를 밑도는 모습을 보였으나, 일반적 자아긍정도 부분에서는 과반수(A, B, F, G)가 평균치에 근접하였다. 또한 집단 자아긍정도 부분에서는 5/7(A, B, E, F, G)가 평균치를 넘어서는 모습을 보였다.

평소 구성원들의 생활 속에서 집단 내 갈등이 많았음을 고려해 볼 때, 평가 기준에 대한 재고가 요구된다.

상담 3(느낌)

○ 목표

자신이 남을 얼마나 신뢰하고 있는지, 또 다른 사람은 나를 얼마나 신뢰하는지를 활동을 통하여 느끼고 깨닫는다. 또한 집단에 대한 소속감, 공동체 의식, 사랑하는 마음은 신뢰에서 비롯됨을 이해한다.

○ 내용

〈표 8〉 느낌 상담내용

	내 용
장님 넘어지기	전체적으로 동작이 불안한 분위기였다. A: 상대방을 믿고 자신의 몸을 의지할 수 있었다. C: 상대방을 믿을 수 없었다. D: 불안했지만 재미있었다. E: 상대방을 믿을 수 있었다. 재미있었다. B, F: 아무런 생각도 없었다.
이인삼각 걷기	A-D: 서로 약속을 하고 걸어서 잘 맞았다. B-C: 서로 약속을 하고 걸었지만 잘 안 맞았다. E-F: 서로 마음이 안 맞았고, 발을 맞추려고 노력하였지만 잘되지 않았다.

	내 용
장님 인도하기	A‑D: 무서웠다. 평소의 길이었지만 눈을 가리고 걸으니 잘 알 수가 없었다. 잘 가리켜 주지 않아서 넘어질 뻔했다. B‑C: 겁이 났지만, 잘 인도해 주었다. E‑F: 겁나지 않았고 재미있었다. 인도자 입장: 길을 인도해 주어도 잘 따라오질 않아서 답답했다. 장님 입장: 인도자의 말에 믿음이 가질 않아서 무서웠다.
느낌 나눔 후 공동창작	활동을 종료한 후 서로의 느낌을 나누고 피드백을 주고받은 후, 구성원들끼리의 자율적인 공동창작을 과제로 주었다. 구성원들은 이 시간에 공동으로 그림(바다 속 풍경)을 그렸다.

○ 평가

전체적인 분위기는 재미로 즐기려는 그룹과 진지하게 참여하려는 그룹으로 양분되었다. 이런 분위기 속에서 A는 때에 따라 양 그룹의 분위기를 오고 가며 즐기는 모습을 보였다. B는 아무런 생각 없이 장난을 치는 모습을 많이 보였으며, C와 D는 진지하게 참여하는 모습을 보였으며 피드백에 있어서도 집단에 대한 것을 느꼈다고 표현했다. E와 F는 서로 마음이 맞지 않고, 능력이 떨어져서인지 다른 구성원들에 비해 뒤쳐지는 모습을 보였다.

초반 집단의 분위기는 야외에서의 활동이 상담이라고 인지하지 못하고, 평소처럼 놀이하러 나온 것으로 생각하고 웃고 즐기려는 모습을 보였다. 그래서 상담자는 이 시간의 의미를 설명해 주었으며, 조금 진지하게 임해 주었으면 좋겠다는 이야기를 하였다. 장님 넘어지기에서는 전체적으로 가벼운 놀이로 즐기려는 모습을 보였다. 하지만, 이인삼각 걷기부터는 자신의 짝에 대해서 인식하고 협동하려고 노력하는 모습을 보이기 시작했다. 자신의 느낌을 정리하는 시간의 초기에는 자신의 입장에서만 이야기하려고 하였다. 상담자가 이솝 우화에 나오는 '뱀의 머리와 꼬리의 싸움'을 비교해 우리에 대해 이야기해 주자 쉽게 수긍하며, 자신의 입장과 상대방의 입장을 바꾸어 생각하고자 하는 모습을 보였다. 또한 피드백 후 주어진 자율적인 공동창작 시간에 처음으로 시간을 지키며 공동 활동하는 모습을 보였다.

상담 4(내가 원하는 나, 타인이 본 나)

◎ 목표

자신의 모습이 다른 사람들에게는 어떻게 비추어지고 있는가를 자각하고, 자신이 갖고 싶은 이미지는 어떤 것인가를 표현해 봄으로써 자신을 되돌아볼 수 있는 시간을 가지며 타인과의 관계에 대해서 생각해 볼 수 있는 기회가 되도록 한다.

◎ 내용

〈표 9〉 내가 원하는 나, 타인이 본 나 상담내용

	내가 본 너	내가 되고 싶은 나의 모습	내가 받은 돌림 글
A-D	A: 웃는 모습 D: 웃는 모습	A: 나는 착하고 칭찬을 많이 받고 싶다. 그리고 공부도 잘하고 싶다. D: 나는 남들이 보았을 때 활기차고 멋있다고 보였으면 좋겠다.	A는 자기가 하고 싶은 것만 좋아한다. 그런데 장난을 아주 잘 친다. A는 웃는 모습이 좋다. 좀 진지해졌으면 좋겠다. A는 너무 잘 삐진다. 그리고 형들에게도 존댓말을 쓰지 않는다. 그래서 나쁘다. A는 항상 웃는 표정이 보기 좋다. 왜냐하면 웃으면 보기가 좋다. A는 매일 웃는다.
			D는 웃을 때가 즐겁게 보인다. 말 타기 때 즐겁게 보여서이다. D는 말 타기 할 때 웃는 모습. D는 오락을 하고 싶어 하는 아이가 오락을 할 수 있게 해 주었으면 좋겠다. 자기가 하고 싶은 것은 남도 하고 싶다. 형에게 존댓말을 하였으면 좋겠다. D는 매일마다 웃는다. D는 맡은 일을 잘하고 매사에 충실하다.
B-C	B: 웃는 모습 C: 웃는 모습	B: 없음. C: 매사에 충실하고 동생들을 위해주고 정직한 사람.	B는 깝죽거리기 때문에 좋다. B는 장난을 잘 치고 아이들을 때리는 것을 고쳤으면 좋겠다. 아이들을 몽둥이로 때려서 울린다. B는 깝죽이는 너무 시끄럽고 단체활동을 할 때 장난을 많이 친다. 좀 고쳐라. B는 너무 개개어서 탈이다. 그리고 호모질을 너무 많이 해서 고쳤으면 좋겠다. B는 너무 까분다.
			C는 인상이 너무 무섭다. 왜냐하면 인상만 써도 애들이 졸기 때문이다. C는 얼굴이 잘생겼다. 왜냐하면 남들보다 인상이 잘생겼다. C는 매일 웃고 다닌다. C는 매일 인상을 찡그린다. C는 아이들을 괴롭히지 않고 아이들을 때리지 않았으면 좋겠다. 아이들을 울리지 말자.
E-F	E: 우울한 표정 F: 화난 모습	E: 항상 웃는 표정의 사람 F: 친하고 울지 않으며 형다운 사람	E는 비디오를 보고 있을 때 때린다. E는 매일 성질이 나면 화를 낸다. E는 아이들을 막 쥐어 팬다. E는 조용해서 좋지만 삶의 의욕이 없는 것 같다. 삶의 애착을 좀 가져라. E는 화를 잘 안 내서 좋지만, 농담을 받아 줄 줄 모른다. 그리고 먹을 것을 좀 달라고 하면 잘 안 준다.
			F는 매일 고자질을 한다. 고쳤으면 좋겠다. F는 만날 조금만 쳐도 울고 고자질하고 호모질을 너무 많이 하는데 고쳤으면 좋겠다. F는 한 대만 때려도 운다. F는 너무 까맣다. 한국 사람이 아닌 것 같다. F는 너무 까맣다. 한국 사람이 아닌 것 같다(반복).

○ 평가

전체적으로 안정적이고 개방적인 분위기와는 달리 B는 자기개방 및 자기표현이 전혀 이루어지지 않고 있다. 질문에 대한 답변이나 대화에서 "잘 모르겠다.", "생각 안 난다."라는 말을 자주 사용하며 귀찮아하며 산만한 모습을 보인다.

F와 A, B 간의 갈등이 두드러진다. F는 집단 내에서 인정을 받지 못하고 있으며, 집단 내에서의 희생양 역할이 많다.

집단 구성원 간의 이해와 지지의 분위기보다는 지적과 갈등의 모습이 많다. 타인의 잘못에 대해 지적하는 분위기이다. 하지만 대체적으로 타인이 지적한 자신의 모습의 모습에 대해서 인정한다. 타인이 보는 자신의 모습에 대해서 불만족스러워하지만 고쳐야겠다는 인식을 갖는다.

집단역동에 있어 A, B, F 간의 힘겨루기 및 갈등관계에 개입이 요망된다. 또한 E의 자포자기하는 성향에 대해서도 개입이 되어야 할 것이다.

상담 5(가치관 경매)

○ 목표

사람은 누구나 중요하다고 느끼는 것들이 있다. 이러한 가치 판단 개념은 일상생활에서 스스로 결정하고 행동하는 데 중요한 결정 요인이 된다. 이렇게 중요한 가치관이 혼미할 때 실생활에 있어서 여러 가지 문제를 불러오게 된다.

가치관 경매는 자신의 가치관을 정리해 보는 자리이며, 타인의 가치관도 이해해 볼 수 있는 경험의 장이다. 경매라는 매개체를 이용한 간접 경험을 통해 자신의 가치관 형성 및 타인의 가치관을 이해해 볼 수 있도록 한다.

● 내용

〈표 10〉 가치관 경매 상담내용

	내가 가치 있다고 생각하는 5가지 가치관					실제 구입한 가치관(개)	계획대로 구입한 가치관(개)
	1	2	3	4	5		
A	지식	우정	사랑	건강	정직	우정, 안정, 직업적 성취(3개)	우정(1개)
B	사랑	책임감	건강	우정	지혜	지식(1개)	(0개)
C	지혜	성실성	책임감	자기존중	사랑	성실성, 지혜(2개)	성실성, 지혜(2개)
D	책임감	지식	정직	직업적 성취	지혜	권력, 건강(2개)	(0개)
E	건강	직업적 성취	우정	책임감	정직	자기존중, 용모(2개)	(0개)
F	우정	정직	책임감	성실성	건강	책임감, 여가, 직업적 성취(3개)	책임감(1개)

● 평가

매개체(경매방식 도입, 모형 지폐 사용, 구입할 가치관을 형상화)가 있어서 전체적으로 참여적이며 역동적이었다.

A의 경우 초반에는 아무런 생각 없이 즐기다 종반부에 이르러 가치관 경매의 의미를 알아채고 자신이 선정했던 가치관을 구입하기 위해서 노력하였다. B는 초기에 95만 원짜리 가치관을 구입한 후 심심해하였다. C와 D는 나름대로 적극적으로 참여하였다. E와 F는 아무런 생각 없이 재미로 하였다고 표현한다.

초기에는 가치관에 대한 개념이 이해되지 않아서 상담이 어려웠다, 가치관을 한 문항씩 읽으며 이해를 가진 후 실시하였다. 경매라는 매개체가 사용되어서인지 집단의 역동성이 두드러졌다. 초기에는 가치관의 의미도 모른채 경쟁에만 몰두했지만, 시간이 지나갈수록 의미에 대해서 관심을 갖고 경쟁에 몰두하였다.

가치관 경매를 하며 무슨 생각을 하였냐는 상담자의 질문에 구성원 중 4명이 아무런 생각 없이 재미로 했다고 표현했다. 그러나 피드백을 통하여 자신이 소중하다고 생각하는 것, 자신이 이루고 싶은 소원들을 돈으로 사려고 하는데도 이렇게 힘이 드는데, 경매가 아닌 자신의 노력으로 이루어야 할 때 얼마나 어려움이 많을까에 대해서 이야기를 나누자 상담의 의미를 공감하는 모습을 보였다.

상담을 종결하며 상담자가 "너희들은 왜 사니?"라는 농담을 던지자, 상담이 끝난 이후에 만나는 상담원들에게 "선생님은 왜 사세요?"라고 묻는 등, 아직 가치관에 대한 정리는 되지 않았지만 되새겨 생각해 볼 여지를 준 것 같은 모습을 보였다.

경매라는 매개체를 이용하였기에 역동적이고 재미있어 하는 분위기를 만들 수 있었다. 그러나 구성원들의 특성상 각각의 가치관 자체에 대한 의미를 이해하지 못하는 모습을 보였다. 구성원들에 쉽게 이해될 수 있는 방법을 고민하여야 할 것이다.

상담 6(아낌없이 주는 나무)

◉ 목표

무엇이든 친구에게 아낌없이 주는 나무의 이야기를 슬라이드로 보면서 자신의 친구관계를 되돌아보는 경험을 갖도록 한다.

◉ 내용

〈표 11〉 아낌없이 주는 나무 상담내용

	내 용
소 감	A: 나무가 말을 한다는 것이 신기했다. 상대방이 행복하면 자기도 행복하다고 생각하고 모든 것을 바치는 것을 배웠다. B: 느낀 점을 발표하기 어렵다. C: 늙어서 나무에 앉아 있는 것이 감명 깊었다. 친구 간에는 주고받는 것이 있어야 하는데, 나무는 주기만 했다. 그래서 이상했다. D: 나무는 도움을 많이 준다. 배, 집 등을 만들 수 있다. 나무라는 자연이 필요하다는 것을 알았다. E: 그들은 친한 친구 같았다. F: 다른 나무와 달리 이 나무는 모든 것을 허락하여 준다. 나무는 자기를 잘라 내는 것을 싫어하는데, 이 나무는 좋아한다. 보통의 나무는 자기 열매를 좋아하고 따 가는 것을 싫어하는데 이 나무는 자기 열매를 주면서도 좋아하고 행복해한다.

		장 점	단 점
짝지어 장단점 이야기하기	A-D	A: D는 친구들하고 잘 어울린다. 또 잘 웃 고 힘들 때는 도와준다. D: A는 형 말을 잘 들으며 농담을 잘 받아 들인다.	A: D는 장난이 심하고 자기 혼자 말한다. D: A는 너무 잘 운다. 그리고 꾀병이 심하 고 자기가 맡은 일을 잘 못한다.
	B-C	B: C는 학 종이, 공기놀이, 술래잡기 등 여 러 가지 놀이를 같이 잘 놀아 준다. 집 단상담도 잘하고 농구도 잘한다. 나를 귀여워 해 준다. C: B는 골키퍼를 잘 본다.	B: 무응답. C: B는 애들을 잘 괴롭히고 매사에 적극 적이지 못하다. 장난을 잘 친다.
	E-F	E: F는 까불면서도 착하다. F: E는 농구를 잘하고, 자기 실내화를 신어 도 화를 안 낸다. 장난을 잘 쳐 준다.	E: F는 장난이 심하고 고자질을 잘 하고 잘 운다. F: E는 욕을 잘 한다. 짜증을 잘 내고 장 난을 치면 잘 때린다.
친구에 대한 정의 내리기		A: 서로의 마음을 잘 알아야 주고받을 수 있다. 서로의 마음을 잘 알아야 한다. B: 잘 놀아 줘야 한다. C: 의리가 있어야 한다. D: 자기가 줄 수 있는 것 모두를 줄 수 있어야 한다. E: 서로 도와야 한다. F: 장난을 잘 받아 줘야 한다.	

◎ 평가

　체육시간 이후여서 집중력이 떨어진 상태였다. 산만한 분위기였다. 참여
는 적극적이지 않았고 수동적이었지만 질문에 대한 대답은 성실하려 노력하
였다. A는 행동은 소극적이며 수동적이나 친구관계에 관해서는 긍정적인 표
현을 하였다. B는 졸린 듯한 모습으로 비참여적인 태도를 보이고 있다. 개
인적인 성향에도 문제가 있지만, 자신이 발표할 때 더듬거리는 것에 열등감
을 표출하였다. 발표 자세에 대한 적극적인 지지가 필요하다. D는 다른 집
단구성원들에 비해 표현도 잘하며, 적극적이다. 자기의식이 강하며 긍정적
사고방식을 가지고 있어 변화 가능성이 많다. C와 E는 소극적인 참여 자세
를 보였으며, F는 집단에 있어 희생양 및 광대 역할을 한다.

　집단은 침체되어 있으며 회피나 무응답의 모습을 많이 보였다. 그러나 구
성원들의 생각을 표현하고 친구관계에 대하여 구체적으로 생각해 볼 수 있
는 기회를 가질 수 있었으며 긍정적인 판단력을 보여 주었다는 것이 긍정적
인 부분이라 할 수 있다.

상담 7(나의 변화)

○ 목표

자신의 반 이동 시 좋아진다고 느껴지는 점과 나빠질 것이라고 느껴지는 점 등의 반 이동 시에 일어날 수 있는 상황에 대해서 예측해 보고 마음의 준비를 할 수 있도록 한다.

○ 내용

〈표 12〉 나의 변화 상담내용

	좋은 점	나쁜 점
반 이동 시 예측상황	빵 기술을 배울 수 있다 – 6명 외출과 귀가를 할 수 있다 – 3명 아이들을 많이 사귈 수 있다 – 3명 공부를 할 수 있다 – 1명 놀이실을 더 좋은 데 갈 수 있다 – 1명 별종이를 자기가 가질 수 있다 – 1명 가고 싶은 반이 있다 – 1명	아이들이 약을 올릴 것이다. 자유시간이 별로 없다. 동생들이 반말을 해서 싫다. 잠을 일찍 자야 한다. 열매반에 정이 들어서 싫다.
이동하고 싶은 반	A: 상록수반 B: 무응답 C, E: 진로반 D: 참반 F: 개구장이반	
서로 격려해 주기	A: D야 반 이동해서 잘 먹고 잘 지내라. D: A야 상록수반에 잘 갔으면 좋겠다. 공부 열심히 하고 선생님 말 잘 들어라. 우리 반 이동해서 도 잘 지내자. 열매반에서 말뚝 박기 재미있었지. 잊지 못할 거야. B: C야 반 이동해서 잘 지내. C: 무응답. E: F야 빵 잘 만들고 잘 생활하고 잘 있고…. 착하게 지내고 가출하지 마. F: E야 형들 말 잘 듣고 잘 지내라. 까불지 마라.	

○ 평가

대부분 반 이동에 대해서 긍정적으로 받아들이고 있으나, 반 이동 후에 다가올 새로운 관계 형성에 대해서는 불안해하고 있다. C는 또래들의 힘과 보살핌을 믿고 있었으며, D는 형들과의 관계를 어떻게 할 것인지 생각 중이라고 하였다. 나머지는 새로운 변화에 대해서 막연히 불안해하고 있다. 반 이동 시에 새롭게 변할 생활부분과 마음가짐에 대해서 미리 준비할 수 있도

록 개입이 필요하다. 마음의 준비가 어느 정도 이루어진 후 반 이동을 하여
야 할 것이다.

- **시청각 교육 및 포름**

제1회: 상담소 여름 캠프 비디오 시청. 상담소에서 실시하는 프로그램을
보고 홍미를 갖도록 한다.

제2회: 씨앗의 비밀, 병아리의 탄생, 송사리와 올챙이. 동물이나 식물의
생명탄생의 과정을 보면서 탄생과정이 단순하지 않고 복잡한 과정
을 거치면서 비로소 탄생하게 된다는 것을 알게 한다. 또한 동식
물의 탄생과정이 사람의 탄생과정과 유사함을 느끼며 간접적으로
사람의 탄생을 이해하게 한다.

제3회: 담배와 약물에 대한 비디오 시청. 담배 및 약물이 심신에 미치는
영향을 알아보고, 아무런 생각 없이 해 왔던 약물에 대해서 다시
한번 생각해 볼 수 있도록 한다.

제4회: 미션. 비디오 시청을 통해서 자신의 인생목적에 대해서 생각해 보
고 자신의 변화 가능성에 대해서 생각해 본다.

제5회: 직업과 노동. 직업과 노동에 대해서 이야기를 나누고 장래 계획에
대해서 생각해 본디.

- **야외학습**

◎ 제1회: 광릉 수목원

① 목적: 새롭게 변한 환경의 변화에 대한 두려움을 줄이고 적응을 돕는
다. 1주차에서의 가출유혹이 가장 심하기 때문에 자연 속에서 자신의
마음을 정리하고 편안히 할 수 있도록 돕는다.

② 과정: 오전 10시경 상담소를 출발하여 버스를 3번 갈아 타고 오후 1시
경 수목원에 도착하였다. 중식 후 놀이를 하고 동물원 구경을 한 후
복귀하였다. 중식 후 놀이를 하던 중 화장실에 간다던 G가 가출을 하
였다.

③ 소감

　A: 스무고개도 하고 독수리·사슴·염소·백두산 호랑이 구경도 하였다. 재미도 있었지만 힘들었다.

　B: 백두산 호랑이도 보고 장기자랑도 하고…. G형이 가출을 하였다.

　D: 버스를 타고 갔다. 소나무가 많은 곳이고…. 금붕어·부엉이·백두산 호랑이도 보았다. 다른 호랑이와 다른 점이 없었다. 수목원은 공기가 좋았다. 여기는 누가 어떻게 보호하며 이렇게 맑은 공기가 존재하는지 궁금하였다. 사람들에게 보여 주기 위해서 동물을 잡는 것은 잘못된 일이라고 생각한다.

　E: 수녀님께 인사드리고 버스 타고 갔다. 밥 먹고 놀았다. G가 도망을 갔다. 백두산 호랑이가 무서웠다.

　F: 힘들었다. 산이 맑았고…. G형이 가출을 하였다. 물고기 보고, 백두산 호랑이를 보러 가고, 식사하고, 참 재미있었다.

④ 평가: 버스를 3번이나 갈아타고 도착하여서인지 전체적으로 지친 모습이었다. 시간제한에 쫓기다 보니 힘들어하였다. 하지만, 상담소에 있기만 하는 것보다는 가끔 이렇게 나오는 것이 좋다고 하였다.

　집단 초기여서 구성원 대부분이 타인을 배려하는 면이 부족하였다. 성원 간의 응집력이 부족한 상태에서 자신의 욕구가 채워지지 않을 때는 반동형성이나 이탈(가출)하려는 모습을 보였다.

◉ 제2회: 경기도 수원 광교산

① 목적: 집단 구성원들의 미지의 장소에 대한 동경심을 도보여행이라는 형태로 대리충족시켜 경험을 준다.

② 과정: 96.09.13. 오전 9시 30분경 상담소를 출발하여 3번에 걸쳐 교통수단을 갈아타고 수원시 이목리에 도착, 광교산 시루봉에서 중식을 한 후 백운산을 등반한 후 하산, 고천 버스정류장까지 도보여행을 한 후 상담소로 귀소하였다. 개인 배낭에 필요한 물품들을 소지, 개인적으로 관리하게 하여 조절경험을 갖게 하였다.

③ 소감

    A: 차를 탈 때 몹시 기분이 좋았다. 목적지점에 도착하니 재미있을 것 이라 생각했으나 막상 올라가니 힘들고 지쳤다. 끝까지 올라갔기 때 문에 힘든 만큼 보람도 있었다. 내려올 때는 위험하기도 했지만 재 미있었다.

    B: 다리가 아파서 못 올라갔다. 벌한테 물렸다. 나는 다리가 아파도 무 조건 올라갔다. 내려올 때는 쉬웠다.

    C: 여러 번 차를 갈아타서 지겨웠다. 올라갈 때 힘들었다. 밥을 먹고 나 니 힘이 솟았다. 내려갈 때는 재미있었다. 힘도 들지 않았다. 도저히 끝까지 못 올라갈 것 같아서 열심히 노력하면 무엇이든지 할 수 있 을 것 같은 느낌을 받았다.

    D: 이제까지 등산을 한 번도 해 본 적이 없었다. 등산을 한다고 하기에 마음이 붕 떠 있었다. 근처에 도착할 때까지 마음이 조마조마했다. 몇 발도 안 가서 나는 힘이 들었다. 별로 힘들지 않았지만 숨은 가 빴다. 내려갈 때 내가 제일 앞서 형과 애들을 이끌고 나갔다. 상담 소 앞에 오니 마음이 가라앉기 시작했다. 등산은 나에게 기억이 남 을 것 같다. 오늘 하루는 희망찬 하루인 것 같다.

    E: 목적지를 출발히여―――올리기면서 디리기 이퍼 힘들었지만 참으 면서 올라가니 기분이 좋았다. 오늘 하루는 힘이 들었지만 좋은 점 이 많았다.

    F: 등산을 가서 재미있었다. 약수를 먹고 시원해서 좋았다.

④ 평가: 바라보이는 산이 무척 높아 보이고 출발지가 너무 떨어져 있어 서 구성원들 모두 처음부터 긴장하였다. 그러나 등산로가 완만하게 이 루어져 있어서 한계상황에 도달하지 않을 수 있었다. 인적이 끊기고 소음이 사라지자 구성원들끼리의 집중력이 높아졌다. 하산 후 상담소 복귀까지의 길은 시골길로 40분 정도가 소요되었으며 풍경을 보며 어 린 시절을 이야기하기도 하였다.

모험의 의미로 도보여행을 실시했고, 모두가 별다른 문제없이 완주하였다는 사실에서 자신감을 얻은 것 같다. 특히 B의 경우 다친 발을 아픔을 참고 여행을 해냈다는 것에서 자신감 및 충족감을 느낀 것 같다.

● 제3회: 대방동 성 이냐시오의 집
① 목적: 평상시 생각해 보지 못했던 타인에 대한 봉사를 실천해 봄으로써 자신도 타인에게 도움이 될 수 있다는 긍정적인 경험과 자신의 모습에 대한 객관적 평가를 할 수 있도록 한다.
② 소감: 할아버지·할머니들의 이야기를 듣고 내 마음이 미워졌다. 이야기해 주신 것을 마음에 깊이 새겨 놓겠다. 할머니께 감사드린다. 어떤 분들은 살날도 얼마 남지 않았다고 한다. 그 장면을 보고 마음이 아팠다. 그리고 우리보다 훨씬 어려우신데 조그만 일에도 투덜대는 내가 부끄러웠다.
③ 평가: 자신보다 힘들게 살고 있는 할아버지·할머니들을 보고 자신의 처지에 대해서 생각해 보는 기회가 되었다고 한다. 또한 자신들도 타인을 도울 수 있다는 점에서 긍정적인 경험을 얻어 냈던 것 같다.

● 제4회: 도봉산 등반
① 목적: 3주차까지 이루어진 자기성찰, 타인에 대한 이해, 자기 변화에의 동기 유발을 기초로 극한 상황 및 유혹받는 상황에서 자신을 이겨 낼 수 있는 경험을 가질 수 있도록 하자.
② 소감
  A: 오늘 도봉산에 가서 기분이 좋다. 왜냐하면 힘든 만큼 보람이 있기 때문이다 내려와서 차를 타는데 아주 힘이 들었지만, 그만 한 보람이 있다.
  B: 오늘 도봉산에 가서 재미있게 놀았다. 그리고 내려와서 하드 다 먹고 장한평에 왔다. 도봉산에 가서 재미있었다.
  C: 올라갈 때는 조금 힘이 들었지만 내려갈 때는 별로 힘이 안 들었다. 끝나고 차를 타고 상담소에 올 때 좀 피곤했다. 하지만 좋은 경치도 보고 보람이 있었던 것 같다.

D: 우리가 간 곳은 만월암이었다. 그곳에서는 서울시가 꼭 장난감 도시처럼 보였고, 우리가 생각할 수 없을 정도였다. 밥을 먹고 연극연습을 하였다. 강당에서 하는 것보다 산에서 연습을 하는 것이 재미있었다.

E: 올라가면서 약수터에서 물을 마시고 올라갔다. 힘이 들지만 올라가니까 마음이 상쾌했다.

F: 도봉산에 올라갔는데 너무나 힘이 들었다. 그리고 재미있었다. 나는 여자 선생님이랑 같이 손을 잡고 내려왔는데 재미있었다.

③ 평가: 등산을 할 때는 조금 힘들어하는 모습을 보였다. 그러나 2번째 등산이어서인지 익숙해하는 모습을 보였다. 산을 올라가면서도 오르막길이 있으면 내리막길도 있을 것이라고 이야기하기도 하는 등 안정과 적응된 모습이었다.

- **집단활동**

◉ 목표: 축구는 특성상 집단의 소속감과 협동심을 키울 수 있다. 그리고 체력단련으로 심리적 정신적 균형을 찾을 수 있고 심적인 갈등들을 격렬한 운동을 통해서 해소할 수 있다. 대체적으로 열매반 구성원들은 일상생활에 있어 소극적이고 부정적인데, 격렬한 운동에 침여힘으로써 생활에서의 적극적인 태도 형성과 다른 이들과의 개방적인 태도를 경험할 수 있도록 한다.

◉ 과정: ① 연습과정 – 초기에는 대부분의 구성원들이 소극적이고 위축된 모습을 보이기 때문에 많은 활동이 요구되는 게임에 거부감을 보이고 다른 반과의 시합에서 패할 확률이 높다. 이 경우 좌절감을 느끼게 되고 더욱 소극적이 되기 때문에 생활 자체까지 위축될 우려가 있다. 따라서 약간의 활동과 오락적인 기본 연습으로 즐거운 분위기에서 축구에 익숙해질 수 있도록 하고 시합에 대한 동기를 부여한다. ② 정식시합 – 실력이 비슷한 반이나 약간 우세한 반을 골라서 게임을 한다. 그래서 자신감과 팀 승리에 대한 열의를 고취하여 소속감을 경험하게 하

고 협동심을 배우도록 한다. 점차적으로 강한 팀을 골라서 시합을 한다. 집단이 승리하기 위해서 무엇이 요구되는지 스스로 느끼게 한다.

- 종결 시 소감: 처음에는 축구를 잘 못했다. 그러나 연습을 많이 하다 보니 우리 반도 축구를 잘하게 되었다. 축구를 이길 때마다 기분이 좋았다. 집단상담을 할 때 축구연습을 했는데 재미있었다. 대나무반하고 시합을 하다 보니 전보다 잘되어 연습한 보람이 있었다. 인내심을 키우려고 하였다.

- 평가: pick up 초기의 어색해하고 소극적이던 모습은 거의 사라지고 하기 싫었던 축구에서 열성적인 모습을 보이고 자신도 잘할 수 있다는 자신감을 얻게 된 것 같다. 그리고 축구시합이 기존의 입소아동과의 공식적인 접촉 기회가 될 수 있어서 입소아동들과 친밀감을 형성하여 반 이동에 있어서도 긍정적인 효과를 줄 것으로 사료된다.

- **역할극 발표**

- 목표: 구성원 자신들이 살아오며 겪었던 일들을 가상의 공간에서 재구성해 봄으로써 과거를 객관적으로 평가해 볼 수 있는 기회를 갖도록 한다. 이를 통해 자신이 처한 상황을 파악하고 대처할 수 있는 능력을 형성한다. 또한 자신의 이야기를 타인에게 전하는 연습을 해 봄으로써 자기표현을 하는 경험도 얻을 수 있도록 한다. 발표를 통해 각자의 집단에서의 각자의 역할의 중요성을 인식하여 노력함으로써 자기존중감을 향상시킨다.

- 준비과정: 역할극에 대해서 공감을 갖은 후, 발표내용에 대해서 자유로운 분위기에서 토의를 하고 다수결로 결정을 하였다. 대본은 C와 D가 대부분을 정리하였다.

- 줄거리: 주인공은 일시적 충동으로 슈퍼에서 물건을 훔치다가 주인에게 잡혀 부모에게 인계되어 매를 맞던 도중 가출을 하게 된다. 그 후 거리를 배회하다 서울역에서 부랑아를 만나 앵벌이를 배우게 되고 본드 흡입도 배우게 된다. 그렇게 생활하던 중 서울역에서 pick up되게

되고 가정으로 돌아가 부모님과 화해하게 된다.

○ 소감: 처음에는 어떻게 해야 할지를 몰랐다. 그러나 막상 해 보니 좀 쉬웠다. 우리가 집 나와서 겪었던 일을 주제로 하는 것이었다. 할 때는 쑥스럽기도 하고 하기가 싫었었다. 그러나 끝나고 나니 기분도 좋고 마음도 뿌듯하다. 발표를 하루 앞두고 우리들의 마음이 합쳐졌다. 발표로 우리가 하나라는 것을 알았다.

○ 평가: 짧은 연습기간이었지만 내용을 잘 소화해 내었다. 타인들에게 공식적인 발표회를 갖는다는 것을 부담스러워하는 모습을 보이기도 하였다. 하지만 실제 발표회가 시작되자 몰입된 모습으로 자신을 표현하였다. 발표가 끝나고 자신들을 자랑스러워하는 모습을 보였다.

- **촛불의식**

○ 목적: 3주간의 열매교실 생활에 대해서 정리한다. 자신을 돌아보고 변화에 대한 자신감을 갖도록 한다.

○ 진행순서: 촛불의식, 자서전/나에게 쓰는 편지 발표, 세족식

○ 소감

A: 친구나 형들에게 슬픈 기억이 있는 줄 몰랐는데 촛불의식을 하고 나서 알 수 있었다. 발도 씻고 손도 씻었는데 내 친구들이 무엇을 했고 어렵고 힘들었던 기억을 알 수 있었다. 친구를 알 수 있었다 - 집을 나오면 배고프고 돈이 없어 힘들다는 것도 알았다.

C: 촛불의식 때 친구, 동생들의 자서전을 듣고 '나만 힘든 게 아니고 다른 아이들도 다 힘들게 자랐구나'라고 생각했다. 그리고 선생님이 발을 씻어 줄 때 선생님의 사랑을 느꼈다. 그리고 남을 생각해 주고 힘들 때 위로해 줄 줄 아는 사람이 되어야겠다고 생각했다.

D: 동생, 형들의 발표를 들으면서 - 그들에 대해 더 깊숙이 들어가 볼 수 있었다. 부끄러움을 다 깨고 발표를 잘해 주었다. 슬픈 이야기가 많이 나왔다. 그 형은 슬픈 감정이 없을 거라고 생각했는데 비로소 알게 되

었다. 내 자서전을 돌이켜 보면 꿋꿋하게 살아야겠다고 느꼈다. 발표
가 끝나고 세례식을 하였다. 선생님께서 우리들을 잘되게 해 주시는
것만이 아니라 우리들을 사랑하시는구나 하고 생각했다. 왠지 짜릿하
다. 우리들을 사랑해 주셔서 그렇게 짜릿했다고 생각했다. -중략-
나는 선생님을 더 잘 알게 되어 기뻤다. 고맙습니다.

  F: 발 씻기 할 때 창피했다…. 그러나 좋았다. …꼭 예수님이 씻어 주는
    줄 알았다.

(4) 상담평가

가출 부랑이라는 사회문제는 전반적인 부분에서 개입이 필요한 것이 사실
이고, 개입에 있어 현실적인 어려움을 지니고 있는 것 또한 사실이다. 그러
나 중요한 것은 사회에서 가출 부랑아들을 쉽게 만날 수 있다는 것이고 미
흡하더라도 이들에게 현실적으로 가능한 가장 효과적인 서비스가 제공되어
야 한다는 것이다.

본 상담의 제한성에도 불구하고 가출 부랑아들에게 제공되었던 서비스를
평가하면 다음과 같다.

〈표 13〉 집단구성원들의 단기상담에 대한 평가

상담소생활에 적응이 되었는가?	많이 익숙해졌다.	5명
	조금 어색하다.	1명(1주차 가출 1명)
프로그램 진행 도중 가출욕구를 느꼈는가?	자주 느꼈다.	1명
	2-3번 정도	1명
	1번 느꼈다.	1명
	못 느꼈다.	3명
가출하고 싶었던 이유	자꾸 가출 생각이 나서	1명
	답답해서	2명
	만나고 싶은 사람이 있어서	1명
	상담소 생활이 도움이 안 될 것이라고 생각해서	1명
상담소에 남아 있게 된 이유	상담소가 편해서	2명
	나에게 도움이 될 것 같아서	3명
	갈 데가 없어서	1명
상담소에 남아 있는 것에 대한 생각	잘한 것 같다. 6명	

초기에 상담소에 대해 불안해하거나 거부반응을 보였었던 구성원들이었지만 시간이 지나며 관계 형성과 신뢰가 구축되자 적응하는 모습을 보였다. 또한 항시 가출에의 유혹을 느끼고 있지만 자신을 조절하려고 노력하는 모습을 보여 주었다. 시설에서의 이탈은 이들의 또 다른 비행의 강화, 재학습을 불러온다. 그렇기 때문에 이들의 시설에서의 이탈에 어떻게 개입할 것인가가 중요한 문제이다. 하지만 상담자와의 신뢰관계 형성과 상담소 구성원들과의 관계 형성이 이루어져 Ct 스스로 자기인식을 하려고 하고 자기관리를 하고자 노력할 수 있도록 도와주고 일시적 사건이나 유혹에 의한 이탈만 방지한다면 초기상담의 목적을 무난히 달성할 수 있을 것이다. 일단 구성원들의 이탈을 막은 후, 자기 자신에 대한 정리, 변화동기, 상담과로의 전원조치 후의 생활동기를 제공할 수 있게 된다면 이들의 궁극적인 사회복귀에 도움을 줄 수 있을 것이다.

① 상담이란?

도움을 필요로 하는 사람이 전문적인 훈련을 받은 사람과의 관계에서 자기의 생활과정상의 문제를 해결하고, 생각·감정·행동 측면의 '인간적 성장'을 위해 노력하는 학습과정이다.

② 생활지도, 심리치료, 상담의 차이점

* 생활지도: 주로 교육 장면에서 학생 전체를 대상으로 한 교도활동(직업적, 사회적, 개인적 적응 면에서 청소년이 보다 바람직하게 성인기로 발달하도록 하는 지도활동)
* 심리치료: 대체로 정신과 의사나 임상심리 전문가들이 병원장면에서 정신장애를 가진 환자의 문제를 해결하는 전문적 활동
* 상담: 생활과제의 해결과 적응 문제를 다룸

③ 내담자에 관해서 상담자가 알아야 할 요소

내담자의 자아개념, 욕구, 감정상태, 대인관계의 폭, 상담에 대한 기대, 문제에 대한 생각과 반응양식 등 내담자의 문제뿐만 아니라 내담자가 자기의

문제를 어떻게 평가하고 있느냐에 주목해야 한다.

④ 상담자의 자질
* 인간적 자질: – 원만한 성품에 소신이 있고 인간문제에 대한 예민한 관심
              – 모호한 것에 대한 인내, 감수성, 이해력, 내담자와의 의
               사 및 감정소통 능력
* 전문적 자질: 지적 능력, 경험과 숙련성 등

⑤ 상담면접의 원리
(1) 내담자의 모든 행동은 이유와 목적이 있다는 사실에 주목해야 한다.
(2) 내담자의 반응 중에는 즉각적으로 관찰되는 것뿐만 아니라 관찰될 수 없고 지연되는 반응이 있음을 주목하고 이를 가능한 한 정확히 예측해야 한다.
(3) 상담의 최종목표와 중간목표를 구별하여 먼저 중간목표를 달성하도록 노력해야 한다.

⑥ 상담의 촉진적 관계
(1) 공감적 이해: 자신이 직접 경험하지 않고도 다른 사람의 감정을 거의 같은 내용과 수준으로 이해하는 것을 말하며, 내담자가 말하는 것으로 부터 그의 감정, 태도 및 신념에 대하여 정확하게 의미를 포착하고 내담자에게 전달하는 것이다.
(2) 수용적 존중: 긍정적 태도로 내담자의 가치, 행동에 대해서 중립적인 관심을 나타내는 것으로, 내담자를 평가하지 않으려는 태도이다. 그리고 내담자가 현재 그대로 느끼고 행동할 권리가 있음을 인정하는 것이다. 따라서 내담자에게 따뜻하고 수용적인 자세를 말과 음성의 억양, 비언어적 단서, 얼굴 표정으로 전달해야 한다.
(3) 일괄적 성실성: 내담자와의 관계에서 상담자의 경험이나 감정을 솔직하게 표현하는 것으로, 상담자는 자신의 가치관과 신념이 무엇이며 자기의 태도와 가치관이 내담자에게 어떤 영향을 주고 있는지

항상 예민하게 파악하는 것이 중요하다.

(4) 전문적 능력: 내담자가 상담자에 대해서 자기를 도와줄 수 있는 전문적 훈련을 받은 사람으로 인식하는 것이 중요하다.

⑦ 상담자의 책임

(1) 비밀보장: 내담자의 사적인 정보나 경험담에 대해 비밀을 보장한다.

(2) 전문적인 책임: 내담자에 대해 어떠한 행동을 취해야 할 것인가의 문제로 소속기관에 대한 책임과 상담노력에 대한 가치판단, 자신의 한계에 대한 인식을 고려해야 하고, 상담에 대해 충분히 기록해야 한다.

⑧ 상담자의 준비

(1) 담자의 첫인상과 자기소개

(2) 면접에 대한 준비

(3) 자료수집

03 아동발달과 아동상담

1) 아동연구와 사회복지심리학

아동심리학은 심리학뿐만 아니라 다른 인접과학 즉 유전학, 태발생학, 정신의학, 생태학, 가족관계학, 사회학, 문화인류학 등의 발달에 힘입어 1960년대 이후에 비약적으로 발전하였다. 과거에는 아동의 발달 현상을 기술하고 각 발달단계의 특징을 밝히거나 아동의 심리가 성인과는 다르다는 사실을 밝혀내는 데 중점을 두어 발달규준을 만든다든지 각종 심리검사를 발전시키는 데 관심을 기울였다. 그러나 오늘날에는 발달현상을 지배하고 있는 일반적 법칙을 밝혀내려 하고, 이런 발달을 규정하는 조건들이 무엇인지에 크게 관심을 기울이고 있으며, 인지적 발달과 함께 정의적, 인성적 연구도 활발하다. 또한 정상적인 발육에서 일탈한 아이들(정신지체, 학습장애, 비행, 적응장애, 정서장애, 소아정신장애 등)의 교육과 치료문제가 제기되면서 이 부분에 대한 연구도 계속 발전하였다.

2) 아동상담의 입장

아동상담에서 상담자는 아동을 고친다는 입장을 취하지 않아야 한다. 아동을 문제아로 취급하지 말고 그 아동 속에 있는 자아성장의 힘을 북돋아 주어 자기 생활의 방향을 재조정할 수 있도록 도와주어야 한다. 다시 말해서 단지 특수한 기술이나 기법에 머무는 것이 아니라 스스로 올바르게 나아갈 수 있도록 해 주어야 한다.

3) 아동상담의 대상

아동들은 행동, 정서, 인지, 지능적 적응문제 중 어느 하나, 혹은 여러 가지를 함께 가지고 있을 수 있다. 즉 정신지체, 자폐증, 공포감, 반사회적 행동, 과잉행동 등의 심각한 문제나 배변훈련, 불복종, 분노발작, 형제간 갈등 등의 덜 심각한 어려움을 겪는다. 따라서 아동상담은 다음에 제시하는 모든 문제들을 다룬다.

* 유아 · 아동 · 청소년기에 빈발하는 정신장애

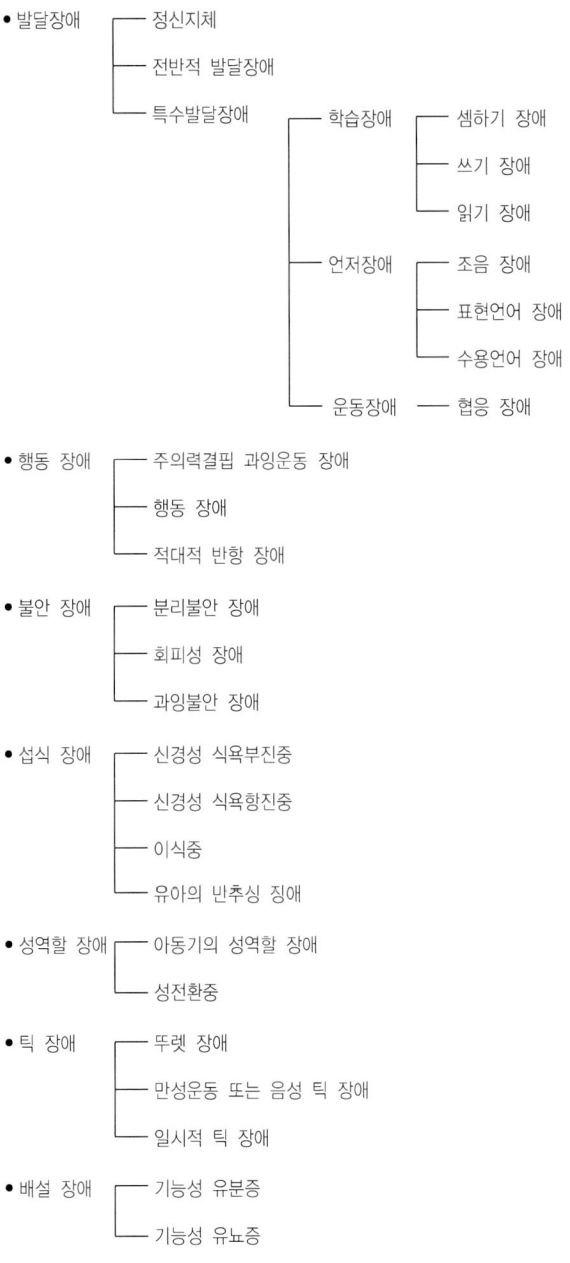

- 발달장애 ── 정신지체
　　　　　├─ 전반적 발달장애
　　　　　└─ 특수발달장애 ── 학습장애 ── 셈하기 장애
　　　　　　　　　　　　　　　　├─ 쓰기 장애
　　　　　　　　　　　　　　　　└─ 읽기 장애
　　　　　　　　　　　　── 언저장애 ── 조음 장애
　　　　　　　　　　　　　　　　├─ 표현언어 장애
　　　　　　　　　　　　　　　　└─ 수용언어 장애
　　　　　　　　　　　　── 운동장애 ── 협응 장애

- 행동 장애 ── 주의력결핍 과잉운동 장애
　　　　　├─ 행동 장애
　　　　　└─ 적대적 반항 장애

- 불안 장애 ── 분리불안 장애
　　　　　├─ 회피성 장애
　　　　　└─ 과잉불안 장애

- 섭식 장애 ── 신경성 식욕부진중
　　　　　├─ 신경성 식욕힝진중
　　　　　├─ 이식중
　　　　　└─ 유아의 반추싱 징애

- 성역할 장애 ── 아동기의 성역할 장애
　　　　　　└─ 성전환중

- 틱 장애 ── 뚜렛 장애
　　　　├─ 만성운동 또는 음성 틱 장애
　　　　└─ 일시적 틱 장애

- 배설 장애 ── 기능성 유분증
　　　　　└─ 기능성 유뇨증

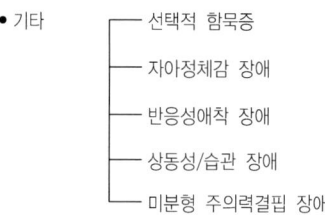

● 기타 ┬─ 선택적 함묵증
      ├─ 자아정체감 장애
      ├─ 반응성애착 장애
      ├─ 상동성/습관 장애
      └─ 미분형 주의력결핍 장애

* 성인에서 빈발하나 소아, 청소년기에도 발병하는 장애

- 불안 장애(공황 장애, 사회공포증, 단순공포증, 강박 장애, 외상 후 스트레스 장애, 범불안 장애)
- 정동 장애(조울증, 우울 장애)
- 뇌기질성 장애
- 약물남용 장애
- 망상 장애
- 신체화 장애(전환 장애, 건강염려증, 신체화 통증 장애)
- 적응 장애
- 충동조절 장애(병적 도벽, 병적 방화, 병적 발모)
- 인격 장애
- 아직 장애의 범주에 들지 않으나 주의를 기울일 필요가 있는 문제(학업 문제, 경계선 지능, 소아·청소년의 반사회적 행동, 부모-자식 관계의 문제)

4) 아동 사회복지상담 발달상담

오늘날의 아동은 빠르게 변화하는 현대사회 속에서 좌절과 불안, 그리고 끊임없는 긴장상태에 놓여 있다. 이러한 환경에 효과적으로 대처하고 건강하게 성장해 나가도록 돕기 위해서 '발달상담'이라는 방법을 사용한다. 발달상담이란 아동의 자기이해와 자신의 잠재력에 대한 지각, 그리고 자신의 능력을 이용하는 방법들을 발달시키는 데 그 목적이 있으며 아동으로 하여금 자신을 알고, 이해하고, 수용하도록 도와주는 데 중점을 둔다. 그리고 발달 상담은 교육적이고 예방적이지만, 경우에 따라서는 치료적일 수도 있다. 상담자는 아동의 발달적, 사회적, 정서적 학습양상에 대한 철저한 지식과 이해를 가져야 하며, 갈등을 진단하고, 문제영역의 개입을 위한 가설을 설정하고, 개인적 성장을 향상시키기 위한 개입의 목적, 목표, 전략 등을 개발하고, 내담자의 경과를 평가하는 여러 과정과 절차를 거쳐서 발달상담을 진행해야 한다.

5) 상담의 절차와 과정

(1) 초기면접

부모와 아동을 함께 상담하여야 하는데, 상담자는 부모의 관심사뿐 아니라 아동의 복지에 우선적으로 관심을 두고 있음을 아동이 알도록 하는 것이 중요하다. 아동에게 상담이 아동 중심적이라는 이미지를 고양시켜 주고 조력관계를 위해 유대관계를 형성하도록 해야 한다. 초기 면접 시 주어진 상황에 대한 부모의 지각뿐만 아니라 아동의 지각을 알아보고, 가족들의 책임과 관심을 높여 주어야 한다. 또한 상담에 적용되는 전문적이고 윤리적인 한계를 알려 주어야 하는데, 특히 아동의 프라이버시 보호 등의 권리를 이해시켜야 한다.

(2) 초기면접에서 다루어야 하는 내용

현재 나타난 문제, 출생배경, 운동발달, 병력, 식습관, 사회성 발달과 또래관계, 정서발달, 가족배경과 가족관계, 학교생활 등을 파악하고, 이용 가능한 검사결과와 같은 정보수집을 한다.

(3) 개입을 위한 계획

아동이 가진 문제의 주요 원인에 관한 가설을 설정하고 그에 따라 목적을 설정하며 목적달성을 도와주는 구체적인 목표나 전략, 활동을 설정한다. 각 상담회기를 평가하고 상담이 진전되는 상황과 다음 회기의 상담방향에 관한 상담자의 생각을 간단하게 기록하여야 한다.

6) 아동 중심상담

아동 중심상담은 Rogers의 자아이론, 내담자중심치료, 인간중심치료로부터 발전된 것으로 인본주의 학자들에 의해 대중화되었다. Rogers의 인간중심상담에서는 내담자의 개인적인 성장을 격려하는 분위기를 제공하는 촉진관계가 유일한 치료절차이며, 기법이란 솔직함, 무조건적인 긍정적 관심, 공감을 전달하는 것이다. 그러나 아동상담의 경우 상담자는 적극적이고 지시적인 참여자가 되어 관계를 촉진하고 저항을 극복하며 근본적인 문제를 파악하고 내담자 행동의 구체적인 과정들을 격려해 주는 데 더 많은 책임을 져야 한다. 아동 중심상담의 3단계 중 첫 번째 단계는 촉진관계 형성 단계로, 치료자가 아동과의 일체감을 보여 주고 안전하고 긴장되지 않는 분위기를 조성하여 아동이 자신을 상담시간에 가장 중요한 사람으로 느껴 상담실의 상담자를 피난처로 받아들이게 한다. 두 번째 단계는 변화단계 또는 전이단계로 적절한 자기노출과 그에 대한 해석, 개인화 작업을 통해 아동이 상담 중 한 말이나 행동의 의미를 상담실 밖에서의 아동의 생활과 연결시키도록 도와주어 아동이 그 문제에서 자신의 역할을 인정하며 문제에 대한 통제력을 갖도록 돕는다. 세 번째 단계는 행동단계로 아동이 문제가 있다는 것을 인정하고 변화하고자 마음을 먹었다면, 상담자는 아동이 특정한 개인적인 문제에 대해서 파악하고 행동하게끔 도와준다.

7) 연령별 상담 유형

(1) 취학 전 아동의 상담

① 아동발달의 특성

아동을 상담할 때 먼저 아동이 성인과 어떤 점에서 다른가를 파악하여 아동에 맞는 상담기법을 사용해야 할 것이다. 상담자는 무엇보다 아동의 사고나 추리과정의 한계를 있는 그대로 인정하고 아동의 사고방식을 이해해야 한다.

가. 사고의 발달: 자기중심성 / 물활론적 사고

나. 언어의 발달: 아동과 적절한 의사소통을 이루기 위해선 말보다는 행동이나 동작에 의존하는 것이 좋다.

다. 자아의 발달: 아동의 행동은 즉각적인 욕구만족을 요하는 '충동에너지'에 의해 일차적으로 지배된다.

② 아동상담의 목표 및 접근방법

가. 아동상담의 목표: 아동이 자기 자신과 주위환경에 보다 성공적으로 대처할 수 있는 능력을 길러주는 데 있다.

나. 상담관계: 아동 자신이 하나의 가치 있는 인간임을 믿도록 믿음과 수용, 자기존중을 전달한다. 관계 형성을 위해 아동의 생각과 감정부터 수용해 주는 것이 중요하다.

(2) 초등학생 상담

① 발달특징에 따른 접근

가. 6~9세 아동의 상담: 움직이는 상담 장면이 필요하다. 게임이나 토막 맞추기, 인형놀이, 표적 맞추기 등의 활동 및 놀이병행이 도움이 된다.

나. 10~13세 아동의 상담: 이들에게는 동성의 상담자가 효과적이며,

집단상담이 가장 적당하다. 왜냐하면 집단상담을 통해 성인의 권위에 대한 갈등발산의 기회를 제공하고 동료의 지지를 얻을 수 있으며, 자기 행동에 자신감을 갖게 되고, 협동적 문제해결의 태도를 학습하게 되기 때문이다.

② 초등학생 상담의 목표

　가. 자기이해

　나. 건전한 자아개념의 발달

　다. 학습과정의 촉진

　라. 대인관계의 발달

　마. 정서문제의 해소

③ 초등학생 상담에서 고려할 점

　가. 성숙 수준에 대한 고려: 입체적 접근이 필요

　나. 상담과정에서의 고려점

　－ 초등학생들은 청소년이나 성인에 비해서 환경적 요소를 극복할 능력과 기회가 훨씬 제한되어 있다.

　－ 언어 이외의 행동이 의미하는 바를 파악해야 한다.

　－ 아동의 추리력, 기억력 등의 수준을 감안해 상담해야 한다.

　－ 계획을 세우고 결론에 도달하는 사고능력의 개발이 장려되어야 한다.

④ 초등학생의 집단상담

구성인원은 6~7명 정도, 동성의 아동들로 구성되며, 유사한 문제를 갖고 사회성숙도가 비슷할수록 좋다. 집단상담 시간은 1회 30분 정도가 좋은데 초등학교 고학년들은 45분 정도도 괜찮다.

8) 아동상담의 방법들

(1) 놀이치료

아동이 언어로는 자기 자신을 잘 표현할 수 없다는 점을 고려하여 놀이치료를 많이 사용한다. 놀이를 통해 아동은 주위 사람들에 대한 증오나 두려움 등의 감정을 쉽게 발산할 수 있다. 또한 놀이장면은 현실의 모형 상황이기 때문에 놀이과정에서의 경험을 통해서 환경적응력을 키울 수 있게 된다.

* 놀이의 역할: - 감정발산의 수단
　　　　　　　 - 놀이를 통해 자신의 갈등뿐만 아니라 생각과 행동의
　　　　　　　　 다양한 측면을 나타낸다.
　　　　　　　 - 중요한 의사소통의 매체

(2) 미술치료

미술치료는 놀이치료와 마찬가지로 아동에게 매력적이고 재미있는 치료 분위기를 제공한다. 미술활동은 분노, 적대감 등의 감정을 해소할 수 있는 정화의 기능을 가지며, 미술재료의 선택, 미술활동 자체, 완성된 작품을 통해 아동은 성장과 성취감 및 개인적인 만족감과 친밀감을 느끼게 된다. 미술치료는 주저하거나 말이 없는 아동의 경우 치료관계 형성에 유용하며 아동에 대한 보충적 자료가 되어 아동진단에 도움이 된다. 그러나 문제를 가지고 있는 아동일수록 그림 그리기에 일종의 저항이나 혐오감을 가지고 있는 것이 보통이기 때문에 이 저항을 완화하는 것 자체가 하나의 치료과정이 될 수 있다. 치료 장면에서 치료자는 아동의 그림이나 작품에 대해 평가적인 견해를 갖지 않고, 오직 그들의 표현을 있는 그대로 받아들이도록 노력해야 한다. 그림내용에 대해서도 지나치게 진단적인 해석을 가하려고 하지 않아야 한다. 그렇지만 작품이 완성된 후 그 작품에 대해 이야기를 나눌 때는 마음의 흐름에 공감하면서 아동의 내적 세계를 파악하는 것이 중요하다.

(3) 음악치료

음악치료란 음악이나 음악과 관련된 활동들을 사용하여 상처 입은 사람을 긍정적으로 변화시키는 것을 말한다. 노래하고, 연주하고, 감상하고, 창작하는 데 사용되는 음악의 종류는 매우 다양하다. 음악치료에 사용되는 음악은 물론 '좋은 음악'이어야 하나 그 종류나 유형은 아동과 상담자의 기호에 따라 달라진다. 즉 상담자의 상상력이나 이용 가능한 자원의 유무에 따라 상담에 사용되는 음악이 달라지고, 상담받는 아동이나 집단에 따라서도 달라진다. 음악은 그 성격상 전통적인 1:1의 상담 상황에서보다 집단에 적용될 때 더욱 효과적일 수 있다. 즉 한 상담자당 3∼15명으로 구성된 집단에서 더욱 효과적인데, 왜냐하면 음악이 집단의 상호작용을 향상시키기 때문이다.

(4) 독서치료

독서치료는 책을 통해 치료하는 것으로 역사가 가장 오래된 치료법이다. 독서치료는 상담자와 내담자 사이에 상호작용을 이루는 기술이며, 상호작용은 문학작품을 같이 이해하고 나누는 것을 바탕으로 한다. 시에서부터 단편소설, 자서전, 개인의 일기, 생활사 등에 이르기까지 가능한 한 모든 문학적 형태가 독서치료에 사용된다.

독서치료 시 주의할 점은 독서치료의 본질, 역동성, 주요 개념, 기본기술 등을 검토하고 이들이 적용하고자 하는 상담이론과 잘 맞는지를 고려해야 한다. 그리고 내담자가 사용하게 될 문학작품에 친숙해야 하고 적절한 시기에 독서치료 기술을 사용해야 한다.

(5) 행동치료

행동치료란 일상의 발달적 문제에 대처하는 아동의 능력을 향상시키기 위해 바람직한 행동은 계속 유지하고 증진시키며, 바람직하지 않은 행동은 감소시켜 감으로써 아동의 행동을 변화시키고자 하는 행동주의 개념과 기법을 상담에 조직적으로 응용하는 것을 말한다. 대부분의 경우 부적응 행동을 통제하는 것이 일차적인 목표이며, 그 다음 목표가 아동 중심적 방법을 사용하여 자기인식 및 자기이해, 태도발달을 증진시켜 주는 것이다. 행동치료를 계획하면서 변화되어야 할 행동을 정할 때 아동도 의사결정 과정에 참여시켜야 한다. 그러면 아동은 자신의 행동을 세분화해 가는 것을 배울 기회를 갖게 되며 실제로 자기가 무엇을 하고 있는지 확실하게 알 수 있게 되어 자기 나름대로 자신의 발달을 조절할 수 있게 된다. 기본기법: 행동형성과 행동연쇄, 모방학습, 행동연습, 행동계약, 타임아웃, 소거, 체계적 둔감법, 긴장이완, 유도된 상상, 잠복조건화, 인지행동훈련, 자기주장훈련

(6) 집단상담

① 성장중심 집단상담

아동들이 발달적 문제에 대처해서 좀 더 자기 충족적인 생활을 이끌어 갈 수 있도록 아동 자신의 내적 자원을 깨달아 이용하는 것을 도와주도록 구조화한다.

② 문제 중심 집단상담

개인적인 갈등을 현재 경험하고 있거나, 지금 해결되시 않으면 앞으로의 건전한 성장과 발달에 장애가 될 수 있는 과거의 개인적 갈등을 극복하려고 시도하는 아동들을 대상으로, 이들의 개인적 갈등과 부족한 점들을 치료하는 데 초점을 둔다. 그래서 이 집단은 상담자에 의해 고도로 구조화되고, 조직되며, 통제된다.

(7) 가족치료

아동들의 많은 행동문제들이 부적절한 유형의 가족 상호작용에 근거한다는 인식이 더욱 증가하면서 아동상담을 가족이란 맥락 안에서 보려는 경향이 점점 강해지고 있다. 가족치료는 성원 개개인보다 가족 전체를 대상으로

보고 개입의 목표를 정하는데, 지적된 환자로 낙인찍힌 아동이 보여 주는 일탈행동을 역기능적인 가족 체계의 증상으로 간주하여 치료의 목표를 전체 가족의 기능향상에 둔다.

참고문헌

김재은(1986), 아동의 심리요법, 박영사.
김태련 외 3인 공역(1994), 아동치료접근: 이론과 실제, 이화여자대학교출판부.
이장호(1986), 상담심리학입문 제2판, 박영사.
이재연 외 2인 공역(1990), 아동상담과 치료, 양서원.

04 관계중심 모델과 사회복지상담

1) 서론: 과제 중심 모델의 개요

사회문제가 심각해짐에 따라 다중문제를 가진 클라이언트가 본 대학 상담소를 찾아온다. 그동안 클라이언트 치료의 대부분은 많은 시간을 필요로 했다. 물론 클라이언트 중심으로 전개하나 막연히 치료 장면을 맞으면서 상담을 진행해 갔다. 그러나 많은 클라이언트가 중도에 면접을 포기하는 반면, 상담을 기다리는 클라이언트의 수는 증가되었다. 또한 실제 상담보다는 클라이언트가 기관에서 머물고 있는 셈이 되기도 했다. 이러한 가운데 과제 중심 접근방법이 실시되었다. 과제 중심 접근방법의 몇 가지 의도된 사항은 다음과 같다.

① (시간제한적인)단기치료로
② 클라이언트와 워커가 표면적으로 계약한 구체적인 문제들을 해결하는

데 개입의 초점을 두며

③ 클라이언트의 문제해결 활동은 그가 수행하고자 동의한 과제를 중심으로 조직되며

④ 조사에 근거한 경험적 자료는 전체 서비스 구조의 한 부분이며 이를 기초로 모델의 수정이 이루어져야 한다는 점이다. 결국 이 접근방법의 특징은 시간 제한적이고 문제 지향적이며 과제 중심적으로 또한 조사에 기반을 둔다는 점이다. 즉, 계획적이며 의도적인 과정을 통해서 클라이언트의 문제를 구체적인 과제로서 해결해 나가고자 하는 것이 바로 이 접근법의 목표인 것이다(장인협, 사회사업실천방법론(하), P205).

과제 중심접근에 대한 이론적 배경은 Laura Epstein의 Brief Treatment and a New Look at the Tadk – Centered Approach를 번역하여 요약 전개했다. 임상사회사업에 활용되어 많은 문제를 가진 클라이언트들이 문제해결과 동시에 새로운 문제를 스스로 해결해 갈 수 있도록 돕는 데 의의를 가진다.

(1) 이론적 배경

1970년대 초반 미국 시카고 대학을 중심으로 William J. Reid와 Laura Epstein에 의해 개발된 과제 중심 사회사업은 60년대 중반 case work 모델에서 고안되었다. case work 모델의 시험으로 단기 사회심리 case work이 전통적인 장기 사회 심리치료보다 더 효과적인 문제해결 수단이라고 제시하게 되었다. Laura Epstein은 더 포괄적이고 더 체계적이고 더 효과적인 단기치료 모델을 개발하려고 했다. 과제 중심 접근에서는 시간제한 구조와 단기 사회심리 case work의 기술을 이용했다. case work를 문제해결 과정으로 본 Helen Perlman과 내담자의 과업에 서비스의 초점을 둔 Eliot Studt가 특히 많은 영향을 미쳤다. 이러한 것을 발단으로 해서 과제 중심체계는 성장하고 변화했다. 사실 처음의 의도는 끊임없이 발전하고 변화하는 지식과 기술에 응답하려는 것이었다. 미 모델은 다양한 이론과 기술을 통합할 수 있는 개방복수 실제체계를 만들기 위해서 고안되었다. 그래서 이 모델은 어떤 특정

한 이론이나 개입방법에 고정되지 않는다. 오히려 많은 기본원칙들을 통합한다. 기본원칙을 보면 ① 경험적인 자세이다. 연구에 기초한 지식이 가장 우선적이다. 즉 내담자가 체계에 관한 가설과 개념들은 Case 자료에 입각할 필요가 있다. 사색적인 이론은 피하고 발달적인 연구를 강조한다. ② 내담자 지향으로 도움의 초점은 내담자가 정의하는 문제와 목적이다. ③ 문제의 초점은 개입에 있어서 내담자의 구체적인 문제를 직접 해결하는 데 집중한다. ④ 상황(맥락)을 보면, 문제는 개인이나 가족 환경체계의 맥락에서 생긴다. 문제의 변화, 상황적인 변화를 야기하기도 하고 변화를 요구하기도 한다. ⑤ 상호협력적인 관계를 보면, 실천가와 내담자가 목적 성취를 위해 함께 노력하고 문제해결 전략 개발에 내담자를 투입시킨다. ⑥ 치료 및 개입 프로그램은 구조화되어야 한다. ⑦ 내담자와 실천가가 함께 과업을 실행하는 문제해결 과정을 통해 가장 크게 변화가 일어난다.

이 모델은 이론과 방법에 있어 많은 발전을 했는데 발전의 원천은 학습이론, 행동주의적 기술, 인지이론과 구조적 가족 치료 접근 등이다. 이 모델은 집단작업과 기관 경영의 방법을 위해 많이 변화되었다. 또한 이 모델의 사회사업의 특징적인 기능과 요구에 주의하면서 사회사업적인 초점을 유지해 왔는데 특히 아동복지, 공공사회서비스, 학교사회사업, 교정, 의료, 산업, 노인, 가족서비스, 정신건강 등의 사회사업실제에 구체적으로 적용시키면서 발전해 왔다.

(2) 실제 모델

① 전략

실천가는 내담자가 구체적인 문제를 찾도록 도와주는데 도움작업은 계약의 구조 안에서 내담자가 함께 동의한 문제, 목적, 서비스에 대해서 명료하게 한다.

문제를 분석할 때 문제해결에 요구되는 행동들은 촉진시키고 실행할 때 장애물을 고려해야 한다. 실천가는 내담자가 과업을 선택하는 것을 돕는다.

또한 과업실행 계획과 실행동기를 부여함으로써 과업작업을 촉진시키고 과업성취의 장애물을 분석하도록 돕는다. 실천가 전략은 문제해결 수단인 과업을 내담자와 함께 과업의 구조, 실행, 검토에 전념하여 과업을 성공적으로 이끄는 것이다. 이것은 내담자가 앞으로 어려움에 대해 건설적인 행동을 취하는 능력을 기르고자 하는 것이다. 다시 말해서, 실천가는 내담자가 행동을 확인하고 수정하도록 돕고 피드백을 주고, 필요한 기술을 가르치고, 문제해결을 방해하는 신념을 바꾸도록 하고, 사회체계로부터 자원을 제공하고 구체적인 과업을 제시한다. 그러나 무엇이든지 함께 해야 하면 내담자가 동의하고 내담자 스스로 자신의 방법으로 하는 행동이어야 한다. 과제 중심 모델의 전략에 실천가와 내담자의 최적치료관계는 목적 달성을 더 쉽게 이끄는데 즉 공간 비소유적 사랑, 진실성 등이다. Perlman은 좋은 치료관계란 지지와 기대 둘 다를 내포하고 있다고 한다. 지지는 사회사업실제 이론에 큰 비중을 차지하고 있다. TC에서 실천가가 내담자에게 갖는 기대는 지지와 똑같이 치료적인 힘이 있다고 본다. 실천가는 동의한 문제와 과업에 대해 내담자에게 기대하고 이러한 기대를 내담자에게 솔직하게 또는 함축적으로 전달한다. 실천가는 내담자가 서비스를 거절할 권리를 존중하지만 또한 체결된 계약을 따를 책임을 요구한다. 그러나 관계의 질은 구체적인 문제해결 방법과 조화를 이루어야 한다. 관계는 완성품이 아니라 원료제공이다. 더욱 중요한 목적은 내담자가 자신의 한계를 인정하면서도 내담자의 힘과 능력과 자원을 발견하여 자신의 문제의 해결 방안을 고안해 내는 것이다.

② 실천가 - 내담자의 중요한 활동

가. 문제탐색 및 구체화

문제는 첫 면접에서 실천가와 내담자에 의해 탐색되고 분류되는데 초점은 내담자가 원하는 것이어야 한다. 물론 실천가는 내담자가 알지 못하는 잠재적 문제로 인해 결과를 지적할 수 있다. 달리하면 표적문제는 반드시 내담자가 말하는 우의적인 것에 의해서만 정의되는 것이 아니라 실천가가 자신의 지식과 견해로 고려한 후에 정의되어야 한다. 문제는 구체적이고 난해한 것이 아닌 내담자가 이해할 수 있는 언어로 써야 한다.

과제 중심 접근에서 가장 중요한 활동은 문제의 경위와 가족, 일, 학교 등 상황유도를 탐색하는 것이다.

나. 문제 및 과업검토

session 시작 때마다 내담자의 문제 및 과업에 대한 진보를 검토한다. 검토함으로써 문제 및 과업의 발달을 알 수 있다. 실천가의 과업도 비슷하게 검토된다. 검토결과에 따라 실천가는 다음 일을 하게 된다. 과업이 완수되었다면 실천가는 내담자와 함께 같은 문제 혹은 다른 문제에 대한 또 다른 과업을 설정한다. 과업이 완수되지 않았거나 부분적으로만 성취되었다면 실천가와 내담자는 장애요소를 포착해서 다른 계획을 짜든가 다른 과업 실행활동을 한다. 과업은 수정될 수 있고, 다른 과업으로 대치될 수 있으며 문제 그 자체를 다시 설정할 수 있다.

다. 상황분석

과업 및 문제 검토 과정에서 보통 장애요소와 직면하게 된다. 표적문제와 장애의 근본적인 차이는 표적문제는 변화를 위해 계약한 어려움이고 장애는 표적문제 해결과정에 있는 어려움이다. 장애는 진보를 방해하는 반면 자원은 진보를 촉진시킨다. 자원은 보통 내담자의 장점과 능력, 가족에 대한 충실과 사랑, 외적 체계가 제공하는 가시적 또는 비가시적 지원 등에 있다. 그러나 타고난 성격은 장애가 되기도 하고 자원이 되기도 한다. 상황분석에서 실천가는 내담자가 자원을 배치하고 이용하는 것을 도울 뿐만 아니라 장애를 확인하고 해결하는 것을 돕는다. 역기능적인 행동이나 상호작용 과정을 지적할 수 있다. 장애요소들을 명확히 하고 자원을 찾을 수 있다.

라. 계약 맺기

이 모델에서는 실천가와 내담자가 함께 계약 맺는 것을 강조한다. 계약에는 내담자의 목적이 들어 있다. 즉 내담자가 어떤 문제를 해결하고 싶어 하는가?

계약에는 내담자와 실천가가 함께할 문제가 적어도 한 가지는 있다. 계약에는 치료의 기간이 명시되어 있는데 보통 session의 수와 시간의 길이로 표현한다. TC에서는 치료기간을 8～12회 면접하는데, 주 1회 혹은 주 2회로 한 달 이상 세 달까지로 정한다. 계약은 새로운 문제와 서비스 기간을 더 연장하는 것을 타협할 정도로 개방적인데 타협할 때는 내담자와 함께해야 하고 내담자의 동의가 있어야 한다.

마. 과제 계획하기

표적문제와 치료기간이 정해지면 내담자와 함께 과업을 선택하고 실행 계획을 세운다. 과업은 내담자가 해결하고 싶어 하는 문제로 정한다. 과업은 구체적인 행동계획이 아니라 행동방향을 제시해 주는 일반적인 것이다.

내담자가 과업을 성취하기 위해 전념하는 것은 매우 중요하다.

어떤 경우에는 문제의 본질과 환경이 특정한 행동의 과정을 나타낸다. 또 어떤 경우에는 대안 행동을 생각하고 평가해야 한다. 실천가와 내담자가 너무 많이 생각하지 않고도 적당한 대안을 내놓을 수 있다면 가장 좋다. Brain storming이 효과적인 문제 해결 수단이라는 연구가 있는데 이는 아마 더 폭넓은 상상력을 자극하기 때문일 것이다. 이를 통해 더 진지하게 최선책을 선택할 수 있다. 실천가는 내담자 자신의 대안책을 내놓도록 하려고 애쓴다. 이때에 실천가는 내담자가 제안한 대안책에 대해 가급적 비평을 하지 말아야 한다. 실천가가 종종 우선적인 대안 제시자가 된다. 더욱이 실천가는 어떤 문제에 어떤 과업이 좋은지에 대한 지식을 가지고 있다. TC에서는 과업에 대한 아이디어를 내는 사람과 과업성취와의 관계에 대해서는 언급하지 않는다. 염두에 두어야 할 것을 실천가가 제안하는 과업에 대한 생각이 내담자의 마음에도 드는 것이어야 한다. 실천가는 내담자에게 과업을 부여해 주지 않는다.

대안을 분류하고 선택한 후에 실천가와 내담자는 과업을 정해야 한다.

건설적인 행동 대안이 과업으로서 선택되자마자 실천가와 내담자는 계획 실행에 들어간다. 대부분의 과업은 시행의 단계나 순서, 하부과업을 가지고 있다. 과업은 어떤 시행을 선택할 것인가? 어떤 방법으로 실행할 것인가에 따라 매우 다양한 방법으로 수행될 수 있다. 일반적으로 과업을 계획할 때는 순서를 정하고 여러 단계로 나누어 시행한다. 첫 과업이 너무 어려운 것보다는 쉬운 것이 낫다. 왜냐하면 처음에 성공을 경험하는 것이 중요하기 때문이다. 처음에 성공하게 되면 자신감을 얻어 문제해결을 위해 더 노력하게 된다. 과업실행계획을 짤 때는 내담자가 자신이 해야 할 것을 명확하게 하는 것이 필수적이다. 실천가는 면접 끝에 계획을 요약해 주면서 확실히 한다. 계획을 요약함으로써 실천가는 내담자에게 기대하고 있는 것을 전달할 기회를 갖는다. 내담자의 사회체계를 변화시키기 위해 실천가가 해야 할 과업을 계획하는 데도 같은 원칙이 적용된다. 자세하게는 아니라 하더라도 내담자와 함께 고려함으로써 내담자를 이해할 수 있고 실천가의 환경개입을 도울 수 있을 뿐만 아니라 실천가는 과업수행에 대해 설명할 수 있게 된다.

바. 종결

종결과정은 초기 단계에서부터 시작된다. 마지막 면접에서 실천가와 내담자는 문제에 대한 진보를 검토한다. 내담자는 과업을 계속하는 방법을 계획하고 새로운 과업을 개발하는 데 도움을 받는다.

예) 가족은 아버지, 형, 병철 세 식구였다. 부는 중졸로 하는 일 없이 놀고 있으며 알코올중독으로 거의 매일 술을 마셨다. 아이들에게는 전혀 관심이 없으며 술만 마시면 난폭해져서 아이들을 심하게 때렸다(밧줄로 묶어 놓고 때리기도 했고 칼 등으로 쳐서 머리에 상처가 많음). 부는 주벽이 심하며 매일 싸움질만 하여 이웃에서도 방을 세주려고 하지 않았다. 그 지역에서 부를 요양원으로 보내려고도 했으나 부가 동의하지 않아서 행해지지 못했다. 모는 부의 구타가 심하여 아동이 초등학교 1학년 때 가출했다. 모가 작년에 한 번 왔었는데 그 당시 아동은 모가 돌아온다고 무척 좋아했다고 한다. 그러나 부가 여전히 술 마시고 모를 심하게 구타하여 다시 집을 나갔다. 현재 서울에 있다고 한다(?). 불구인 조모가 함께 살았다. 조모는 1년 전쯤 어디론가 가 버렸다고 한다. 2살 위인 형이 하나 있는데 아동과 마찬가지로 문제행동이 많았다. 형은 1년 전쯤 가출하여 서울로 왔다가 현재 천주교에서 운영하는 한 교육원에서 생활하고 있다. 아이들이 어디로 갔는지 전혀 찾지 않는다. 병철은 가출과 도벽행동이 취학 전부터 나타났으며 본드 흡입은 국교 1학년 때 중학교 형이 가르쳐 주었다고 한다. 그 형은 수감되기 전까지 매일 병철을 찾아와서 본드를 했다. 병철은 본드상태에서 지역 내의 불량조직의 아이들과 어울려서 훔치고 다녔으며 훔친 돈으로 돌아다녔다. 교사나 아이들의 돈도 훔쳤으며 칼을 들고 다니기도 했다. 아버지는 병철에게 자신의 용돈을 벌어 오라고 하면서 훔치는 일을 부추겼다. 본드 흡입 등 문제행동이 점점 더 심해지면서 주변 환경으로부터의 보호가 필요하던 차에 이웃의 소개로 93년 12월 그 지역의 천주교회에서 운영하는 어린이집으로 가게 되었다. 이때에는 도벽과 본드 흡입이 전혀 없었으나 거칠게 굴고 자기 멋대로 행동하여 아이들과 마찰이 잦았다. 병철은 어린이집에서 3주가량 머물다가 신부님의 의뢰로 본 상담소에 오게 되었다. 학교생활을 보면, 병철은 초등학교에 입학하면서부터 무단결석이 잦았다. 생활기록부의 아동의 교과학습 및 행동발달 상황에 의하면 1학년 때에는 기초학력이 매우 부진하고 학습의욕이 없으며 노력하지 않는다. 인애심이 없고 정서가 불안정하다. 2, 3학년 때에는 학습준비물을 갖추지 않아서 활동에 지장이 많다. 기초적 생활습관이 매우 미흡하다. 소극적이며 매사에 관심이 없다고 기록되어 있다. 병철은 4학년까지 마쳤으며 그 이후로는 등교하지 않았다. 학급에서 병철은 반 아이들에게 잘하려고 했으나 아이들이 거부감을 나타내어 늘 소외되었다.

위 사례의 TC 모델 적용 동기는 바람직한 social skill 습득과 바람직하지 못한 행동을 바람직한 행동으로 바꾸기와 기초학습 다지기(한글 익히기)를 도모하기 위해서이다. 개별학습으로 학습을 향상시키고 생활교육으로 잘못된 행동을 개선하여 학교로 돌아가서 적용하는 데 도움이 되도록 과제 중심 단기개입을 적용하기로 했다. 상담원과의 친밀감이 잘 형성이 되어 시기상으로도 적절하다고 여겨졌다. 따라서 정서적인 부분은 지금과 마찬가지로 주 1회의 놀이치료로 접근하며 구체적인 생활상의 행동문제는 과제 중심접근을 하여 매일의 만남을 통해 확인, 검토하기로 한 사례이다.

(3) 실제 모델 제시

① 1단계: 문제의 규명(Problem Identification)

역사적으로 '문제'란 말의 본질을 개념화하기 위해서 혼란이 있었다.

'제시하는 문제'(Presention Problem), '근본적인 문제'(underlying problem), '진짜문제'(real problem), '기초적인 문제'(basic problem), '요구'(requests), '초점문제'(focal problem), 'target problem' 등의 말을 했다. 이러한 다양한 말의 차이를 명확하게 구분 짓는 것은 없다. '제시하는 문제'라는 말은 잘못된 것, 해야 할 것, 원하는 것에 관해서 처음 접할 때 나타내는 불평을 말할 때 사용한다. 그래서 내담자가 인식한 문제와 도구의 결합으로서 제시하는 문제의 용어를 사용한다. 그러나 '제시하는 문제'라는 말은 중요한 근본적인 문제를 함축하고 있다. basic problem이라는 말은 underlying problem 혹은 real problem과 비슷하게 사용된다. requests는 presenting problem의 약화된 의미이다. focal problem과 target problem은 둘 다 치료의 초점적인 문제에 관심을 갖는다는 점에서 비슷하다. 과제 중심접근과 관계있는 target problem 은 내담자가 동의하고 인식하고 있는 문제이다.

가. 표적문제 선정에서의 실천가의 역할과 임무

실천가는 CT가 문제를 어떻게 보는지를 완전하고 상세하게 끌어내는 것을 비롯하여, 문제가 자신에게 가지는 의미를 이해할 수 있도록 돕는 것, 문제규명에 대하여 전문적인 견해를 형성하는 것, 그리하여 저항을 최소화하고 협력을 최대화하면서 상호적인 견해를 형성(mutual formulation)하는 역할을 수행한다.

가) 표적문제의 원칙

- 실천가는 문제를 확인하고 규명할 의무가 있다. 일반적으로 인간 봉사 기관은 문제를 해결하고 완화하려는 것이다.
- 실천의 목표에 도달하는 방법은 CT의 문제규명에서 출발하고 그것과

함께하는 것이다.

- CT의 상황에 대한 느낌과 부합하는 문제규명을 말로 분명히 하는 것이 유용하다.
- CT의 문제규명과 함께 하는 것이 동기를 촉진할 수 있다. TC접근은 CT가 동기화되는 영역에 우선순위를 둔다.
- CT의 동기는 저절로 증진되는 것이 아니고, 원치 않는 변호, 수용할 수 없는 변화에 대해서 진실한 관심을 기울일 수 없다.
- CT는 일상생활에서 유용하고 자신의 문제에서 벗어날 수 있도록 하는 원조에 대해 가치를 준다. TC 모델에서 CT에 의해 규명된 표적문제를 강조하는 목적은 그것이 CT의 동기를 최대화할 수 있기 때문이다.
- CT가 이야기하는 표적문제는 탐색과 개입에서 필요한 경계를 제공한다.
- 사정은 표적문제가 비교적 분명히 되었을 때 시작한다.
- CT의 표적문제가 초점을 결정한다.

나) 표적문제를 탐색하기(explore the target problems)

표적문제의 사회적 맥락을 세밀히 관찰하고 문제에 영향을 미치고 있는 CT의 특성을 가려내는 것을 말한다. 사회적 맥락(배경)은 문제의 의미를 사정하는 데 기초적인 정보가 된다. 사회적 맥락과 그 안에서 맺고 있는 CT의 상호작용은 문제를 일으키고 있는 스트레스와 역기능을 이해하는 데 단서가 된다.

면접에서의 관찰을 통해 CT의 특성에 대한 정보를 얻을 수 있다. 때로 CT가 혼란되어 있을 때는 그를 아는 다른 사람과 접촉해야 한다.

보기 병철이의 표적문제

---

① 남의 것을 훔친다.
② 친구들과 싸운다.
③ 공부시간에 선생님 말을 잘 듣지 않는다.

다) 우선순위의 결정

문제에 의해 압도당하여 동기를 상실하거나, 문제에 격분해 버리지 않기 위해서는 현실적으로 문제의 우선순위를 설정해야 한다.

CT의 우선순의를 결정할 때 "당신의 문제 해결에 있어서 어떤 세 가지의 문제들이 가장 큰 차이를 가지고 오겠습니까?"라는 질문으로 파악할 수 있다. 즉 CT가 가장 중요하게 생각하는 세 가지 문제를 가지고 목록을 만들고, (위임된 문제가 있다면) 그중 하나로 위임된 문제를 포함시킨 다음, 그것을 다시 CT에게 상기시킨다.

CT의 우선순위를 선정하기 위해서 먼저 CT의 문제 목록으로 출발하여 실턴가의 제안을 소개하고 필요하다면 위임된 문제를 포함시킨 다음 논리적인 조합을 통해 문제를 분류한다. 이때에는 행동적, 상황적 특성의 유사성을 기준으로 하거나 기대되는 결과를 기준으로 하여 분류한다.

나. 신속한 초기사정

가) 신속한 초기사정의 열쇠
- 적절한 면접분위기를 제공할 것: 솔직하고 적당히 주장적이고 친숙하고, 진실하고, 예의 바른 분위기는 CT의 방어를 줄이고 확신을 증가시킨다.
- 주요한 사정 가설 설정을 위한 자료를 수집하는 것은 면접상황에 의존한다.
- 표적문제와 현재에 제한하여 자료를 모은다.
- CT의 개인적 성향, 그때그때의 환경, 문화와 인종, 가족관계와 대인관계 직장이나 학교상황 등의 영역을 선별적으로 탐색한다.
- 탐색은 극도로 절약되어야 한다.

나) 면접상황에서 얻을 수 있는 사정의 자료
- 실천가는 스트레스를 겪고 있는 CT의 성격특성과 전형적인 행동에 대해 전반적인 관심을 가진다. 이는 세부적이고 특별한 관심을 가지기보

다는 전반적인 관찰을 의미하는데 이를 통해 CT가 외부에서 행하는 사회적 기능(예컨대 권위적인 대상과의 관계)을 엿볼 수 있다.

- CT가 어떤 사람이고, 그의 배경은 어떻고, 현재의 문제는 무엇인지를 설명하는 행동이론이나 실천적 경험에 근거하여, 관찰내용으로부터 CT의 개략적인 방식과 윤곽을 그려 내야 한다.
- CT에 대한 인상은 매우 빨리 그려진다.

보기 병철이의 초기사정

초기에 위탁 측이 의뢰한 문제 가운데 본드 흡입과 가출은 해결이 되고 도벽문제만 남아 있었다. 그리고 현재 상황에서 참여자들(생활교사, 개별교사)이 인식한 아동의 문제를 알아보기 위해 이들과 개별면담을 실시했다. 이들이 문제시하는 순서대로 보면 ① 한글을 모른다. ② 학습태도가 나쁘다(산만함, 말할 때 쳐다보지 않음. 대답을 잘 하지 않음). ③ 욕심을 부린다(뭐든지 자기 것이라고 함) – 친구관계에서 어려움을 낳는 주요인. ④ 항상 손에 무엇인가 들고 다닌다. ⑤ 잘 안 되면 짜증. 신경질을 많이 낸다. ⑥ 자기 잘못을 시인하지 않고 우긴다였다.
또한 몇몇 아이들과도 면접한 결과 아이들이 인식한 병철의 문제는 물건을 빼앗아 가는 행동이었다.

다. 관계의 유지관리

치료적 관계는 CT와 실천가 사이의 의사소통과 사회적 상호작용을 말하는데, 이는 그들의 배경, 조직을 포함한 현재의 환경에 의해 영향을 받는다.

가) 좋은 관계 형성을 위한 실천가의 행동

- 솔직하고 진실하고 친숙할 것. 그러나 감정을 토로하는 것이어서는 안 된다.
- CT의 주요한 감정과 태도에 대해 이해한 바를 언어화할 것. 즉 이해하고 있다는 것과 이해한 바를 이야기한다.
- 자신이 느끼는 스트레스, 지배적인 감정, 딜레마를 언어화할 것.
- 자신과 CT 사이에 동일성(identification)을 키울 것.
- 확신에 차고, 지지적인 입장을 취할 것.
- CT와 자신이 서로에 대해 가지는 의미를 사실적으로 토의하고 명확히 할 것.

2) 2단계: 계약(Contraction)

(1) 재사정(두 번째 단계의 사정)

사정은 사례진행의 전 기간에 걸쳐 지속된다. 항상 정보를 알고 상황을 자세히 조사하고, 무엇이 진행되고 있는가를 평가해야 한다. TC 모델의 첫 번째 단계에서 실천가는 문제의 정의와 초기사정을 수행하였다. 시간계획과 치료계획을 세우는 시점에서 실천가는 한두 번의 추가적인 면접과 가족구성원, 다른 전문가들, 가정방문 등과 같은 부가적인 자료원으로부터 더 많은 정보를 얻게 될 것이다. 이러한 부가적인 정보의 많고 적음에 관계없이, 실천가는 어떤 식으로든지 초기사정을 재검토하여 가능한 한 분명한 형태로 만들어야 한다. 이것이 바로 두 번째 단계의 사정이다.

초기사정과 재검토는 치료계획을 만들 수 있을 만큼 충분해야 한다. 그러나 상황이 불명확하거나 이해할 수 없을 때, 그리고 잠재된 중요한 문제들이 조사, 자문, 평가를 필요로 할 때에는 예외가 될 수 있다. 이런 경우, 사례계획과 계약은 연기될 수 있고 융통성 있게 수정, 적용되어야 한다.

(2) 계약(서면 또는 구두)

계약은 CT와 실천가 간의 명확성을 이루기 위한 수단이다. 주의 깊은 토론과 계획과정을 경험한 CT는 자신의 문제를 효과적으로 완화시키기 위해 무엇을 해야 하는가에 대한 더 많은 이해를 가진다.

① 서면계약

서면계약은 CT가 기대할 수 있는 것에 대해 잘못 인지되는 것을 막는다. 또한 책임부분에서 분명한 이점을 갖는다. 실천가가 서명한 서면계약은 무엇이 이루어지고, 누가 책임을 질 것인가를 알려 주는 지침이 된다. 직원의 교체가 많은 경우 새로운 직원에게 사례에 대한 중요한 정보를 신속히 전달할 수 있다.

② 서면계약의 목적
- 질에 대한 통제: 진행과정이 기준에 맞춰지고 쉽게 감득될 수 있게 하기 위하여
- CT에 대한 통제: 계약을 지키지 않을 때 제재가 있을 수 있음을 보여주기 위하여
- 직원에 대한 통제: 계약수행에 대한 책임을 지우기 위하여

③ 서면계약의 장점
- CT에 대해: 기관이 무엇을 원하고 의도하는지, 무엇을 할 것인지, 누가 그것을 할 것인지, 어떻게 할 것인지, 최종적인 결과에 대한 기대는 어떤지 등에 대한 정보를 제공하는 수단이 될 수 있다.
- 기관에 대해: CT, 실천가, 기관 자체의 직무수행을 감독하는 수단이 된다. 통제를 위해 계약을 사용한다는 것은 윤리적인 딜레마를 남긴다. 즉, 실제적인 수행 없이 의견상 보기 좋게 계약내용을 조작할 수도 있기 때문이다.

④ 구두계약

구두계약은 신사적인 합의로 여겨진다. 신뢰를 기반으로 하여 서로 믿는 사람들 간의 이해를 반영한다는 것이다. 그러나 구두계약은 유동적인 합의이므로, 서면계약의 경우처럼 명확하게 이야기되지 않는다면 책임감이 많이 부족할 수 있다. 구두계약에서는 치료의 내용, 목적, 결과에 대한 명확화를 피할 수 있으므로 CT와 실천가 두 당사자들이 서면계약에서만큼 솔직하지 못한다. 구두계약은 서면계약보다 다루기 쉽고 융통성 있고, 적용되기 쉽다. 사실 구두계약도 반서면식(semiwritten)으로, 실천내용은 기관의 기록으로 남겨지고, CT에게 보이고, 적어도 CT와 실천가에 의해 시작되어야 한다. 구두계약의 기록도 행정적인 통제의 목적을 위해 사용될 수 있다.

계약서

▶ 표적문제
  ① 남의 것을 훔친다.
  ② 친구들과 싸운다.
  ③ 공부시간에 선생님 말을 잘 듣지 않는다.

▶ 목표   ▶ 아동의 구체적 과제
  ① 나는 친구들과 사이좋게 지낸다.   →   ① 나는 하루에 한번 친구의 마음을 기쁘게 한다.
  ② 나는 선생님 말씀 을 잘 듣는다.   →   ② 내가 찡그릴 때 이름을 부르면 웃는다.(학습 시에)
  ③ 나는 한글공부를 한다   →   ③ 나는 하루에 단어를 10개씩 외운다.
                                -생활교사가 매일 그날 배운 단어 10개씩 시험실시

▶ 상담원의 과제
  ① 과제수행 매일 검토 및 평가(참여자들과 아동의 보고에 의존)
  ② 과제 수행하도록 격려, 지지 등의 자극 제공
  ③ 참여자들을 통하여 TC와 관련되어 아동의 생활상에서 나타나는 문제의 변화를 확인
  ④ 과제 재구성 및 새로운 과제 추가
  ⑤ 필요한 자원 활용

▶ 상담 시간표
  주 1회의 놀이치료와는 별도로 매일 만나서 과제수행 확인

▶ 기간
  94년 5월 7일-7월 22일

▶ 참여자
  문제와 그 해결에 직접 관련이 있는 사람들 포함: 생활교사와 개별교사

▶ 장소
  사무실

---

(3) 계약 맺기

① 표적문제의 우선순위를 진술하기

TC과정의 첫 단계에서 열거된 문제들을 배열한 후 3개 정도의 표적문제를 정하였다. 이제 CT가 선호하는 대로 우선순위를 정해야 한다. 실천가는 CT가 우선순위를 결정하는 것을 돕고 CT의 선택의 적절성에 대해 토론하거나 필요하다면 우선순위를 추천한다. 만약 위임된 문제가 있다면 이 문제들은 우선순위에 포함되어야 한다.

② 우선순위를 결정하는 데에서의 지침

가. 첫 번째 활동

문제 정의 단계에서 CT가 인식한 문제들을 열거하면 열거된 문제들을 집단으로 나누어 분류하고 범주화해야 한다(문제를 그 하위 문제들로 이루어진 우선으로 묶음).

나. 두 번째 활동

- 가장 관심이 많고 욕구가 많고, 상황을 개선시키는 데 많은 기여를 할 것이라고 주장하는 문제에 우선순위를 부여한다.
- CT와 실천가 상호간에 이루어진 판단에 따라 우선순위를 정한다.
  만약 CT가 진심으로 토론하는 과정에 참여했다면 만족스러운 결과를 얻을 수 있다.
- 우선순위를 정하는 것을 당분간 연기하고, 그동안에 참여자들은 다양한 관점으로부터 의문점을 탐색한다. 잠정적 연기는 문제가 불명확할 때 적절하다. 그러나 이는 일의 추진력을 떨어뜨리고 원조과정을 비효율적으로 만들기 때문인데 아주 애매한 상황에서만 사용되어야 한다.

- 계약에서 문제를 진술하는 지침
  문법: 주어, 술어, 목적어를 명확히 하여 진술할 것.
  문제를 설명하는 긴 문장은 피하라, 설명은 계약에서는 불필요하다.

- 여러 사람이 관여하는 상황에서 표적문제를 진술하기
  한 사람 이상 참여자가 관여할 때, 각 개인의 의견에서 세 가지 문제를 정하는 것이 가능하다. 보통 각 참여자들의 의견들은 서로 관련되어 있다. 예컨대 전 가족 또는 가족의 일부를 다룰 때 표적문제에 대한 각 개인의 의견을 알아보기 위해 먼저 개별면접을 실시하고 이후에 집단으로 함께 만났을 때, 각각에 대한 언급이 이루어진다. 의견의 차이를 시간에 발표하고 계약을 맺기 전에 상당한 정도로 협의한다.
  개인의 표적문제가 집단에서 공개될 때 문제들 간에 차이가 있는 경우에는 집단 Session 동안에 협의가 이루어져야 한다. 이런 차이가 협상될 수 없는 경우가 있을 수 있는데, 이는 갈등상태에 있는 사람들이 똑같은 상황에서 일어난 문제를 서로 다르게 진술하는 것뿐이다.

- 여러 사람이 관여하는 사례에서 문제의 긴 나열을 줄이기

여러 사람이 관여하는 사례에서 진술된 문제들을 세 가지로 줄이기 위해서 ① 가장 많이 합의한 세 가지 문제를 선택하는 방법 ② 참여자들의 합의 여부에 상관없이 세 가지 문제를 선택하는 방법(모든 참여자들이 서로 관련은 되지만 똑같지는 않은 별개의 문제를 가지고 있을 때 사용된다) ③ 극도의 불일치가 존재할 때 집단 Session에서 다루어야 하는 세 가지 문제를 정하고 부가적인 개별 혹은 하위 집단 Session을 제공하는 방법 등이 있다.

③ 목적을 진술하기

- 기관이나 실천가의 입장이 아니라. CT의 입장에서 개입의 목적을 정해야 한다.
- 목적의 수는 적어야 하고 우선적인 표적문제를 언급해야 한다(문제와 목적 간의 직접적인 연결을 보여 줘야 한다.).
- 기관이 CT의 목적과 별개의 목적을 기록하는 경우, 기관목적 또는 기관서비스의 목표로 지칭되고 따로 기록되어야 한다. CT에게 기관의 목적을 부과하는 것은 피할 것.

④ 개입을 계획하고 진술하기

개입을 계획하는 것도 계약과정의 일부이다. 개입을 계획하고 선택, 조직하는 데에는 전문적인 의견과 기술을 필요로 하므로 실천가들은 이 과정에서 가장 많은 책임을 가진다. 실천가는 개입에 대한 타당한 근거를 CT가 이해할 수 있도록 설명하고 제시해야 한다. 또한 CT가 계획에 기여하고 문제제기를 할 수 있는 기회도 제공해야 한다.

⑤ 과제를 계획하고 진술하기: CT와 실천가의 과제

과제는 특별한 유형의 문제해결 활동으로, CT와 실천가 간의 합의에 의해 계획되고, 그들에 의해 Session 도중이나 밖에서 수행되는 것이다. CT과

제는 표적문제를 완화해 가기 위해 CT가 수행하는 활동이고, 실천가의 과제는 똑같은 문제를 해결하기 위해 CT 입장에서 실천가가 취하는 활동이다. 문제는 패러다임에 과제를 적용할 때 다음과 같은 도식이 만들어진다.

〈표 14〉

문제해결의 패러다임	TC 모델
일반적인 오리엔테이션 대안을 만들기 시험해 보기와 수행하기 평가하기	문제를 탐색하기 가능한 과제를 개발하기 과제를 수행하기 결과를 비교하기

⑥ 과제의 유형

가. 일반적 과제

활동의 방향을 제기할 뿐 무엇을 해야 하는가에 대해 정확하게 언급하지 않는다. 일반적 과제는 항상 CT의 목적(goal)을 반영한다. 일반적 과제와 목적은 동전의 양면으로, 일반적 과제가 무엇이 이루어져야 하는가를 말한다면 목적은 과제가 달성되었을 때의 상태를 말한다.

일반적 과제는 통일된 전체 활동을 이루고 있는 별개의 분리된 활동들의 집합으로 구성되어 있다. 예컨대 'medical care'를 얻는 것이 일반적 과제라면 '내일 의사에게 전화를 건다.' '미리 약속을 한다.' '다음 medical appointment 이전에 아이들에게 자신의 건강문제에 대해 설명한다.' 등이 하위과제가 된다.

나. 조작적 과제

조작적 과제는 명확한 활동에 대한 정보를 포함하고 있기 때문에 또 하나의 하위 과제이다. 이는 다시 하위과제로 쪼개진다.

예) 잘된 과제: 기관에 지원서를 작성하여 제출하기

기관을 방문하기

심리검사 약속하기

하숙을 얻기 위해 신문 광고하는 일로

정보담당사무원과 면담하기

하숙집을 방문하기

잘못된 과제: 정기적 상담에 응하기

심리적, 사회적 사정을 받기

(너무 광범위하고 모호하다.)

- 다른 유형의 과제

  분석을 위해 일반적 과제의 하위과제를 분류한다.

- 과제들 간의 상호관련성

  조작적 과제는 보통 일반적 과제로부터 도출된다.

  조작적 과제는 계약이 필요하지는 않다. 조작적 과제는 문제해결, 과제 수행 단계 동안 중요한 활동으로서 지속된다.

⑦ 과제를 계획하는 방법

과제를 계획하는 것은 표적문제를 명확화한 후에 시작한다. 과제계획은 계약과 함께 시작하여 필요한 경우 실천가와 CT의 동기화를 유지하기 위해 과제는 중요한 활동을 고려하여 계획되어야 하고 작고 사소한 문제들은 상식 수준에서 다루어야 한다. 과정을 지나치게 계획하거나 지나치게 도식화하는 것은 활동을 어수선하게 할 뿐이다.

가. '하나씩 하나씩' 계획하기(piecemeal planning)

- 한 면접의 몇 단계에 걸쳐 또는 두 번 이상의 면접에서 하나씩 하나씩 과제를 계획하는 것이 더 유용하다.

- 사례가 진행되는 동안 표적문제가 계속 남아 있다면, 과제를 바꾼다.

- 과제는 그것이 수행되었을 때, 수행되지 않았을 때, 수행될 수 없을 때, 불필요한 것으로 판명되었을 때 바꾼다.

- 달성되지 않은 과제는 과제 수행을 방해하는 장애물에 대한 정보를 얻어 분석해 본 후 수정되거나 탈락되어야 한다.

나. 과제 계획하는 데 필요한 정보의 원천

- CT 자신의 경험(기본적 자료원): 과제를 계획하는 첫 번째 단계는 표적문제의 완화를 위해 CT 자신이 할 수 있다고 생각하는 것에서부터

찾아진다.

- 신뢰할 만한 타당한 근거가 있는 전문적 지식: 자신의 사례에 사용할 지식을 얻기 위해 잘 알고 있는 몇몇 치료 방법에 의존하는 것이 일반적이다. 책이나 사례회의, 슈퍼비전을 통해 얻은 조언 등도 사용된다.
- 실천가가 자신의 경험: 이전의 실천경험과 유사한 상황을 연결시키는 것이 특히 중요하다.

다. 과제를 공식화하기

대안적인 과제들이 CT에 의해 제안된 다음의 단계는 수행해야 할 과제에 대한 분명한 합의에 도달하는 것이다. 과제수행에 있어 세부사항도 논의되어야 한다. 즉 무엇을 언제 누구와 어디에서 어떤 조건하에서 어떻게 해야 하는가 대한 합의이다. 각각의 과제에 대해 합의한 후, 어떻게 과제를 시작하고 지속할 것인가에 대한 토의를 가져야 한다. 특히 새로운 활동을 포함하는 과제를 시작하고 지속할 것인가에 대한 토의를 가져야 한다. 특히 새로운 활동을 포함하는 과제인 경우 자세하게 한 단계 한 단계씩 토의할 필요가 있다. 과제에 대한 모든 합의 내용을 Session 끝 무렵에 간략히 요약한다.

종합: 대안 마련하기

- 과제에 대해 CT와 합의하기
- 과제수행과정을 상세히 계획하기
- 요약해 주기

〈표 15〉 (보기) 과제수행표

	나는 하루에 한 번 친구의 마음을 기쁘게 해 준다.	
	아동명	상담원
월		
화		
수		
목		
금		

	찡그릴 때 내 이름을 부르면 웃는다.				나는 하루에 단어 **10개** 외운다.		
	아동명	상담원	개별교사	생활교사	아동명	상담원	생활교사
월							
화							
수							
목							
금							

라. 실천가의 과제

협의하고 의견을 나누는 것이 실천가의 주요과제이다. 협의는 기관과 지역사회, 그리고 CT의 주변인물과 토의하는 것을 포함한다.

협의(Negotiation)는 자원, 서비스, 선의를 CT의 표적문제의 완화를 위해 조직하고 전달하기 위해 수행된다. 의견을 나누는 것(Conferring)은 협의와 유사하지만 필요한 정보를 전달한 것과 개별적인 관계를 강조한다는 점에서 차이가 있다. 즉 CT의 가족, 친구, 의사, 변호사 등 관련된 사람들로부터 CT를 돕고 존중하고 보상을 제공하도록 하기 위해 수행하는 것으로, CT의 사정에 도움이 되는 정보를 끌어낼 수 있는 기회이기도 하다.

보기 병철이의 표적문제에 대한 실천가의 과제

과제 1: 구체적 행동을 이야기하게 한 후 TC표에 쓰도록 했다. 병철이가 스스로의 상황을 적는 것이 문제에 대한 인식을 도울 것으로 여겨졌기 때문이다. 하지만 아직까지 모르는 글자가 많기 때문에 쓰는 것 자체를 부담스러워했다. 친구에게 무엇을 빌려 준 행동이 주를 이루었다

마. 자원을 제공하기

어떤 자원이 CT를 돕는 데 포함되어야 하는가와 자원조달의 일반적 방법이 계약에 포함되어야 한다. 이런 자원의 유형은 물질적인 것과 상담서비스 등이 있다.

⑧ 개입을 선택하고 계획하기

개입(intervention)은 치료(treatment)라는 용어에 함축되어 있는 의료적 실

천과 관련되기를 원치 않는 실천가와 이론가들 사이에서 사용되는 용어이다. 개입을 선택하는 것은 과학이라기보다 예술(art)이고 습관과 선호에 달려있다.

- 유사한 사례에서 신뢰할 만한 성공경험이 있어야 한다.
- 모든 참여자들이 받아들일 수 있는 것이어야 한다.
- 합리적인 비용과 시간에 실행될 수 있는 것이어야 한다.
- 개입을 하는 데 요구되는 변화를 최소화한다. 그것이 부정적인 부작용의 위험을 감소시킬 것이다.
- 긍정적인 오리엔테이션을 가져야 한다.
- 일반화되고 지속되고, 문제해결기술을 증진시켜야 한다.
- 상황적 차이, 개인 간의 차이를 고려하여 개별화되어야 한다.

개입은 순간적인 통찰에 의존하기보다는 조직화된 방식으로 계획되어야 한다. 대부분의 개입계획은 유동적이고, 초기, 중기, 종결의 전통적인 순서로 진행된다. 계획에서 가장 중요한 것은 어떤 개입이 이루어지고, 어떤 효과가 기대되는지, 언제쯤 개입이 끝날 것인지에 대해 CT와 다른 중요한 참가자들이 결정한 것을 포함해야 한다는 것이다.

개입계획은 제일 먼저 무엇을 하고, 그 다음으로는 무엇을 할 것인가를 항목화하는 깃으로 시작된다.

⑨ 면접을 계획하기

면접 시간, 빈도에 대해 계획하는 것이다. 이는 이후에 바뀔 수도 있는 것이지만, 초기에 체계적인 계획을 만들어 놓지 않으면 불확실, 부주의, 오해를 낳을 수도 있다.

⑩ 지속기간이나 시간제한을 정하기

- TC 개입은 CT와 면접을 8~12회 계획하고 2~3달 동안 이루어진다.
- 협의하고 주변 사람들과 의견을 나누는 일은 필요에 따라 포함될 수도 있고 배제될 수도 있다.
- 계획된 면접의 수는 날짜와 시간도 함께 계약에 명시되어야 한다.

- 면접 횟수는 가감될 수 있다.
- 지속기간이나 시간제한은 엄밀한 연구결과에 의존하기보다는 경험적 판단에 의존한다.

시간제한으로 끝이 정해짐으로써 노력을 집약시킬 수 있다. CT와 실천가는 목표를 향해 에너지와 기대를 조직화할 수 있게 된다. 실제로 open－ended 방식과 비교해서, 분명하고 시간제한적인 단기 개입이 조기 종결을 상당히 감소시키는 것으로 보인다. 시간제한은 CT의 불필요한 의존을 막는다.

⑪ 특별한 경우의 시간제한
- 위탁보호, 만성적 보호, 장기보호 상태에 있는 CT의 경우: 상담과 별도로 생활계획이 제공되어야 한다. 상담은 TC 개입의 일반적 규칙을 따른다.
- 법원 명령하게 법률적 보호상태에 있는 CT의 경우: 법원에서 정한 기간이 TC 모델의 일반적인 시간제한을 초과하는 경우도 있다. 그런 경우에 계약은 일반적인 TC 모델의 시간제한을 따르고, 그런 후 추가적인 과정이 계약될 수 있다.
- 의료, 정신보건 치료를 받는 CT의 경우: 의료기관이 더 많은 시간을 선택하고 복지기관이 이에 동의할 때 개입계획은 의료기관의 권고에 따라 진행된다. 그러나 생활사의 문제와 관련된 개입은 TC과정에 따른다.
- 직접 치료를 받는 어린아이의 경우: 어린이는 상대적으로 주의집중 시간이 짧기 때문에 한 번의 면접을 두 번으로 나누어 실시해야 한다.
- 아동양육 기술을 재교육받는 부모의 경우: 2～3달 동안 지속되는 TC 개입보다 1년 정도 지속되는 부모교육이 더 효과적이라는 결과가 있다. 이런 결과로부터 실천가의 판단과 CT의 관심 정도에 따라 개입기간을 늘리는 것이 바람직하다.

⑫ 연장

명백한 증거가 존재할 때 시간제한을 연장하는 것은 무리가 없다. 그러나 구체적인 증거 없이 많을수록 좋다는 일반적인 믿음하에 계획을 연장하는 것은 가치 없는 일이다. 시간제한을 연장하는 이유는 다양하게 있을 수 있으나 오늘날의 경향은 개입기간을 단축하는 것이다(비용문제, 효과성의 입증 문제와 관련하여).

⑬ 참여자들을 결정하기

개입에 참여하는 사람들은 가족성원, 친구, 동료, 관련된 조직이나 집단, 또는 CT에게 영향력을 행사하는 개인 등이다. 가능하다면 문제와 그 해결에 직접 관련되는 사람들은 계약에 포함되어야 한다. CT와 지속적인 관계를 맺고 있고 문제를 촉진, 유지시키는 위치에 있는 사람들은 포함되어야 한다.

⑭ 면접장소

CT 집에서 면접하는 것은 실제 생활의 장에서의 상호작용을 관찰할 수 있게 하고 사정을 위한 좋은 기회가 된다. 그러나 방해받기 쉽고 사생활을 침해하는 문제가 있다. 사무실에서의 면접은 실천가에게 가장 편리하고 비용이 덜 드는 방법이시만 CT는 불변해할 수도 있다. 면접은 때로 거리에서, 공공장소 등에서 이루어질 수도 있다.

(4) 계약을 수정하기

서면계약은 결정화되는 경향이 있어, 그것을 수정하는 것은 어려워 보인다. 그러나 서면계약도 부적절하다고 판단되면 수정되어야 한다. 계약이 많은 세부사항으로 이루어지기보다 몇몇 주요 항목으로 이루어진 경우에는 수정이 용이하다.

(5) 여타의 계약 활동들

계약은 계속되는 개입을 조직하고 계획하고 감독하는 데 도움을 주는 살아 있는 문서이다. 따라서 언급되지 않는 많은 활동들도 포함될 필요가 있고 포함되어야 한다.

3) 3단계: 사정, 문제해결, 과제의 달성

(1) 3단계에서의 사정

TC 모델에서 3단계인 수행단계에는 많은 시간이 할애된다. 8Session 가운데 2~7Session을 차지하는 것이 전형적이다. 이 단계에서의 목적은 CT가 과제를 달성하도록 돕는 것이다. 일반적으로 과제가 달성됨에 따라 문제는 경감, 완화된다.

원래의 사정을 정제하고 세련화시키는 것은 재사정이 의미하는 바와 유사하다. 이 과정은 원래의 사정에 기초하여 초점이 잘 맞도록 그것을 고치고 조정하는 것이다. 단기치료에서 재사정은 보통 치료의 초점이 되는 문제로 제한된다.

① 기초선 설정과 사정(행동주의에서 많이 쓴다.)

기초선의 설정은 문제를 세밀하게 이해하고 관련된 개입을 설계하는 데 도움이 된다. 기초선 설정의 기법은 행동주의에서 나온 것으로, 진전과 변화에 대한 경험적인 평가를 위해 필요한 것이다.

일반적으로 기초선은 계약이 이루어지고 나서 설정된다. 그러나 기초선을 설정하는 것이 표적문제를 보다 정교화하는 데 유용하다면 더 일찍 설정될 수도 있다. 기초선은 현재에, 또는 과거를 회고해서 그려질 수 있다.

기초선을 더는 방법에는 직접관찰과 기입(Logging)이 있다. 직접관찰은 실천가가 문제가 발생하는 때와 장소에 직접 참가해서 관찰 내용을 체계적으로 기록하는 것이다. 기입(Logging)은 기록에 실천가와 CT 그리고 다른 사람이 참여하는 것이다. 스스로의 상황을 적는 것은 문제에 대한 인식을 돕고 CT로 하여금 신속하게 변화전략을 세울 수 있도록 돕는다.

② 사회적 맥락에 대한 사정

사회적 맥락이란 물리적 환경, 사회적 관계망, 사회경제적 조건, 문화, 인종, 지역사회, 그리고 국가경제 같은 광범위한 체계까지를 포함하는 것이다. 사회적 맥락의 특성 부분은 문제를 촉진하고 유지하는 것으로 판단될 수 있다. 이런 영향력이 규명되고 이해된다면, CT의 조건을 개선시키기 위한 변화를 위해 유용한 사회적 맥락의 특정영역(또는 영역들)을 정확히 집어낼 수 있게 될 것이다. 문제와 가장 밀접하게 관련되어 있는 것으로 판단되는 부분만이 초점 있는 탐색의 영역으로 선정되어야 한다.

즉 CT가 무엇을 생각하고, 믿고, 가치를 두고, 원하는지에 대해서, 그리고 CT가 처한 사회체계에서의 위치 때문에 그가 어떤 박탈을 당하고 있는지가 고려되어야 하는 것이다.

③ 인지적 – 정서적 상황에 대한 사정: CT의 성격과 기능수행 방식

이 사정을 통해 실천가는 CT가 문제를 촉진하고 악화시키는 데에 어떤 역할을 하는지, 그리고 개인(즉 CT의 성격, 특질, 생활방식, 대인관계 양상, 문제해결, 인지 등)이 변화되는 데도 어떤 잠재력과 한계를 가지고 있는지를 이해하기 위한 열쇠를 얻게 된다.

이러한 개인에 대한 사정과정은 정신의학적 조사와 심리검사 등을 실시하고 그런 조사와 검사는 많은 상담장면에서 이용되고 있는 가치 있고 유용한 정보를 제공해 줄 수 있다. CT를 특수화된 진단으로 전원(Reffer)시킬 것인지 여부의 판단기준은 CT의 행동이 극도로 이상하고 이해할 수 없는지 여부, 감정적으로 모순되거나 극도의 불일치가 있는지 여부이다. 그런 환자들은 정신의학적인 치료를 통해 원조받고 적절하게 보호받을 수 있는 실질적인 가능성이 있다면 그런 자원이 이용되어야 한다.

(2) 문제해결 과정

실천가와 내담자는 수행단계에서 토론을 통하여 Open-Ended로 점차로 문제를 좁혀 가며 대안을 탐색한다. 또한 타인, 기관과의 재협의로 CT가 과제 수행에 도움이 될 것으로 보이는 다른 사람들과 적극적으로 협의를 제안해야 한다.

① 목표(Goals)

목표는 실현 가능한, 수행될 수 있는 것이어야 함을 명심해야 한다. 목표의 결정은 CT의 능력과 자원에 대한 사정, 기관의 능력, 사명, 실천방식에 대한 사정의 결과로 이루어져야 한다. 동시에 사소해 보이는 목표를 선택하지 않도록 조심해야 한다. 왜냐하면 그런 목표는 쉽고, 기계적인 것으로 여겨지기 때문이다. 목표는 의미 있는 방식으로 CT의 상황에 중대한 영향을 미치는 것이어야 한다.

② 개입전략의 실행

가. 과제 수행을 지지하기

과제수행을 지지하는 것은 필요한 자원을 얻고 이용하도록 하는 것, CT에게 과제수행을 어떻게 하는지 보여 주는 것, 과제수행을 방해하는 장애요인을 찾는 것, 이 장애요인을 바꾸는 것, 인지적인 장애를 완화시키는 것 등을 의미한다.

나. 과제수행의 가능성을 증가시키기 위한 지침

• CT의 이해를 공고히 할 것: 과제에 대한 CT의 이해와 동의를 공고히 하기 위해 충분한 토의 시간을 가질 것, 일반적으로 실천가는 과제를 제시하지만 그것을 CT가 잘 수행하는지는 그의 행동에 달려 있다.

• CT를 동기유발시킬 것: CT가 노력해 보는 것이 가치 있는 일임을, 그리고 그것이 문제를 경감시킬 것임을 믿게 해야 한다.

• 이론적 근거를 분명히 할 것: 과제의 어려움에도 불구하고 왜 시도되어야 하는지에 대해 이해되어야 한다.

- 나타날 수 있는 어려움을 예견할 것: 과제를 수행하는 동안 CT가 직면할 수 있는 장애요인에 대한 CT의 두려움을 끌어내고 토론할 것
- 과제를 요약해 줄 것: 주기적으로, 특히 중요한 토의의 말미나, 면접의 말미에 다음번에는 무엇이 이루어져야 하는지에 대해 간결하면서도 정확히 요약해 줄 것.
- CT가 수행할 수 있는 구체적인 과제를 고안할 것: CT가 무엇을, 언제, 어디에서, 누구와 함께 해야 하는지를 구체화시키기 위해 가능한 한 상세하게 계획에 대해 토의할 것.

다. 자원을 제공하기
- 적절한 지역사회의 자원을 선택하기
- CT와 자원을 연결해 주기
- 자원제공에서의 장애요인을 찾아내기
- 교육, Simulation, 실행 안내 등을 통해 과제를 어떻게 수행하는지 보여 주기: 여기에서는 역할놀이나 시뮬레이션, 실행안내(치료 Session 중에 모델링 등의 방법을 통해 잘못된 행동을 고쳐서 실행하도록 하는 것) 등이 이용될 수 있다. 또는 필요하다면 실천가가 CT를 따라다니면서 과제수행에 동행할 수도 있다.

(3) 과제수행에서의 장애요인들

과제가 수행되지 않을 때 무엇을 해야 하나?
가. 사회적 환경
  자원의 결핍, 외적 압력으로 인한 스트레스(갑작스러운 질병, 실업, 실패, 사랑하는 사람의 상실 등), 만연되어 있는 불평등, 역기능적인 구조적 문제
나. 대인관계의 상호작용
  필요로 하는 친밀감, 안전감, 강화의 결여
다. 내적 심리적 상태

① 저조한 과제수행의 대략적인 이유

- CT가 과제수행을 촉진하기 위한 구체적인 자원(예: 의료서비스, 적절한 주거, 직장이나 학교 등)을 결여하고 있는 것.
- 가족, 동료, 권위자 등 중요한 타인으로부터 적절한 강화를 받지 못하는 것.
- CT가 과제수행을 어떻게 할 수 있는지 모르거나 과제수행을 위한 기술을 가지고 있지 않은 것
- CT가 상반되는 신념을 가지고 있는 것: 과제가 별로 가치가 없거나 부정적인 결과를 가지고 올 것이라고 믿는 경우. 또는 과제수행을 두려워할 수도 있다.
- CT가 과제수행의 능력을 결여하고 있는 것
- 실천가가 편견을 가지고 있거나 기술적이지 못한 것.

(4) 효과적 증명(verification)과 모니터링: 진보 또는 난관에 대해 점검하기

효과성을 증명하기 위해 개입은 주기적으로 모니터링되어야 한다. 실천에서 주기적으로 행해지는 모니터링은 과학적인 방법에 의해 다른 변인이 아닌 그 개입에 의해 특정의 효과가 나타남을 검증하는 것을 의미하는 것은 아니다.

가. 모니터링의 지침
- 각 면접에서 다음이 점검되어야 한다.
- 과제의 수행
- 문제의 현 상태와 변화
- 새로운 또는 정정된 문제

나. 주의

엄청난 개선을 기대하지 말라. 아무런 변화가 없더라도 놀라지 말라. 새로운 문제가 나타나는 것에 대해 놀라지 말라. 이 모든 것은 면접과 면접 사이의 공백기에 일반적으로 나타나는 것들이다. 문제의 현 상태를 모니터링함으

로써 문제가 변화되는 것의 양상을 그릴 수 있게 될 것이다.

사례를 모니터링하는 방법은 세련화된 연구기법을 필요로 하는 것부터 단순한 것까지 다양하다.

보기 모니터링

① 효과성 검증을 위해 해야 할 일

과제 수행을 모니터링할 때 완전히 수행되지 않고 부분적으로 또는 최소한도로 수행된 것은 장애요인이 어떤 것이 있었는지 조사해 보아야 한다는 신호가 된다.

장애요인은 위에 제시한 점검목록을 통해 점검할 수 있다. 또 다른 방법은 과제를 변경하는 것이다. TC 모델의 연구들에서는 과제가 3번 시도 끝에도 이루어지지 않는다면 그 과제를 변경해야 한다고 말한다.

② 과제수행 척도의 점수를 해석하기

문제의 현 상태에 대해 '문제해소'에서 '악화'에 이르는 5점 척도를 마련하였을 때 '약간 개선됨'과 '변화 없음'에 체크되었다면 과제는 변경될 필요가 없다. '악화'에 체크된 경우라면 과제는 변경될 필요가 있다. '악화'에 체크된 경우라면 개입의 책임이 있을 수도 없을 수도 있는데, 왜냐하면 그런 평가가 환경적인 스트레스의 결과일 수도 있기 때문이다.

(5) 개입전략의 개선

개입하는 동안 문제를 재정의하고 새로운 계약을 맺어야 할 만큼 문제의 양상이 변화할 수 있다. 진전이 만족스러울 만큼 일어나고 있는지, 새로운 문제가 발생하지는 않았는지, 과거의 문제가 상이한 성격을 띠고 나타나는지 않는지를 모니터링한 후 재계약이 맺어지게 된다.

4) 종결 - 중단, 연장

(1) 계획에 따른 종결

목표가 달성됨에 따른 종결은 가장 일반적인 종결기준의 하나이다. 그러나 실제에서는 어느 수준에서 실천가와 CT가 종결에 합의할 수 있는지가 불확실하다. 많은 경우에 CT들은 완전히 목표를 달성한다기보다는 목표에 근접해 가는 것이다. 첫 면접에서 구조화된 시간제한이 종결의 기준이 된다. 시간제한은 CT로 하여금 자신의 참여 정도를 스스로 통제할 수 있게 해 준다. 실제로는 종결할 때 불행하거나 방황하는 CT는 드물다. 실천가들은 CT의 복지에 대한 자신들의 가치를 과대평가하는 경향이 있다. CT의 종결에 따르면 보상은 지대한 것이다. 그들은 돈과 시간을 아낄 수 있고, 실천가들의 영향력으로부터 자유로워질 수 있다.

① 상기시키기
각 면접 때마다 지금 이루어진 면접에 대해 CT에게 상기시킬 필요가 있다. 최종면접의 직전면접, 또는 최종면접이 진행되고 있다는 사실이 실천가나 CT 모두에게 놀랍거나 충격적인 일로 받아들여져서는 안 된다.

② 최종면접의 직전면접에서 끝내기
문제를 다루는 실질적인 작업은 최종면접의 직전면접에서 마무리되어야 한다.

③ 회고와 미래에 대한 지적
최종면접(종결면접)에서는 지금까지 무슨 일이 있었는지 회고해 보아야 하고, 이것은 미래에 문제해결을 위해 이용될 것이다.

과제 1: 병철은 일상생활에서 자기 것을 친구들에게 빌려 주고 나누는 행동이 많아졌다. 병철에게 친한 친구도 몇 명 생겼고, 아이들과의 관계도 원만해졌다. 아이들과 잘 지내게 된 이유에 대해 묻자 병철은 "안 싸우고 안 때리니까"라고 대답했다. 아이들은 "병철이가 훔치지도 않고 성질도 덜 내며 행동도 잘하기 때문"이라고 설명했다.

과제 2: 학습태도와 관련되어 참여자들에게 스트레스를 주는 병철의 행동을 연결시킨 과제였다. 병철의 전반적인 학습태도가 호전되었지만 병철의 기분에 따라서 많이 좌우되었고 여러 상황에까지 일반화되지는 못했다.

과제 3: 한글의 단계가 높아지면서 힘들어했지만 아는 글자가 늘어나면서 읽고 쓰려고 하는 욕구가 나날이 더해졌고 자신감도 얻을 수 있었다.

(2) 계획되지 않은 중단

종결계획 없이 조기 종결되는 CT는 또 다른 문제를 야기한다. 그중 하나는 약속 시간의 조정을 어렵게 하여 직원의 시간과 기관자원의 낭비를 가져온다는 것이다. 이런 자원의 낭비를 막기 위해서는 과잉예약을 할 수도 있지만 그것은 또 다른 문제를 야기할 수 있다. 계획되지 않은 중단을 최소화하기 위해서는 실천가와 CT 간의 표적문제에 대한 합의, 계약을 체결하고 접촉을 짧게 하는 것이 좋다.

(3) 계획에 따른 연장

기간을 연장시키는 것은 CT가 종결에 대해 만족하지 못할 때, 실천가가 치료의 효과를 높이기 위해 더 많은 시간을 필요로 할 때, 어떤 도움을 받을 수 있는 상황이나 사건이 곧 있을 것임을 알고 있어서 그때까지 접촉을 연장하는 것이 필요할 때 가능하다.

몇 번의 추가적인 면접이 있을 것인지는 새로운 계약을 통해 CT와 실천가 사이에 명확하게 합의되어야 한다.

(4) 계획되지 않은 연장

실천가는 기간이 장기화되거나, 명확한 계약이 없이 open-ended로 치료가 진행되는 것을 경계해야 한다. 이런 경우를 계약되지 않은 연장이라고 할 수 있는데 여기에는 문제가 많다. 예컨대 실천가와 CT의 관계가 지나치게 주요해져 버린 경우, 또는 CT가 일어날 수 없는 결과를 기대하는 경우에 그렇게 될 수 있다. 이렇게 되면 실천가들은 아무런 진전이 없는 사례들로 채우게 될 것이고 대기자 명단은 꽉 채워질 것이고 새로운 CT는 아무런 도움도 받지 못하게 될 것이다.

(5) 모니터링

모니터링은 CT가 아닌 실천가와 기관이 주도하게 되는 과정이다. 이것은 특정의 목적을 위해 관찰하고 점검하는 것, 그리고 제재를 가하고 통제하는 것을 의미한다. 사회복지기관에서 모니터링이 요구되는 상황은 크게 두 가지이다. 하나는 법원의 명령에 의해서, 또 하나는 전문적인 이유에서 모니터링이 요구된다.

전자의 예로서 입양, 보호관찰 등의 상황이 있고, 후자는 전문가가 문제를 재빨리 간파하고 신속한 개입을 제공하기 위해 필요한 경우이다.

(6) 재입소(Reopenings)

CT가 기관을 다시 찾아오는 것은 바람직하지 않은 '회전문'으로 받아들여져서 실천가의 얼굴을 찌푸리게 만든다. 그러나 시간이 허락한다면, 노력해 볼 만한 가치가 있고 CT에게 변화할 수 있는 생산적인 기회를 제공할 수 있을 가능성이 있다. 가장 중요한 것은 다시 찾아오는 것이 '두 번째 예방주사(booster shots)'를 제공할 기회가 된다는 것이다.

과제 중심 단기치료 접근방법은 치료의 유일한 혹은 우선적인 방법으로 충분히 사용한다면 그 적용의 범위는 매우 넓어서 임상사회사업의 대부분의 내담자에게 기본적인 접근이 될 수 있다. 그러나 모든 내담자에게 적용되는 것은 아니다. 과제 중심 접근은 실천가의 도움을 원하지 않는 내담자에게도 사용될 수 있다. 이러한 내담자들은 위임된 문제를 가지고 있다. 위임된 문제는 내담자가 정의한 문제가 아니라 지역사회나 지역사회대표자 및 실천가들이 정의한 문제이다. Tina Rzepnicki는 문제 정의를 협상할 때는 관계된 모든 사람들이 수용할 수 있게 내담자와 관계 지역사회 기관과 함께 작업을 해야 한다고 제안하였다. TC치료는 내담자와 실천가의 행동이나 과업을 통해서 내담자의 구체적인 문제를 돕는 것을 강조하는 단기치료 체계이다. 면접할 때 문제를 구체화하고 적당한 과업을 찾고 계획하는 데 전념한다.

적용의 범위는 한계가 있지만 임상사회사업가가 다루는 대부분의 내담자들에게 서비스를 제공한다. 단기과제 중심 접근의 핵심방법들(내담자가 문제해결과업을 계획하고 실행하도록 돕기 위해 고안된 활동들)은 대부분의 실제에서 사용될 수 있다.

다음은 과제 중심 단기치료 접근방법을 활용하여 상담 실제를 전개한 사례 9편을 소개한다. 과제 중심 단기치료로 다중문제를 가진 내담자가 문제해결 방법을 경험해 봄으로써 앞으로 자신의 문제를 하나씩 하나씩 해결해 나갈 수 있기를 기대한다.

소개되는 사례는 비행행동을 했던 아동과 청소년, 정서장애로 활기찬 생활을 하고 싶어 하는 아동과 그의 부모를 대상으로 과제 중심 모델을 적용한 사례들이다.

본 사례는 서울시립동부아동상담소에서 상담 진행 중에 있는 사례로 치음에 호소했던 주요 문제들을 어느 정도 해결해 가고 있는 과정 중에 아직 미해결된 문제 중심으로 단기과제 중심 접근을 한 것이다. 그리하여 아동사례의 경우는 놀이치료(Play Therapy)를 동반했고, 부모의 사례에는 모래놀이치료(Sand Play Therapy)와 그 외의 다른 방법들을 적용했다. 청소년의 경우는 사회학습이론을 동시에 적용했다. 단기과제 중심 접근은 문제 해결을 위하여 내담자에게 다양한 상담기법을 활용할 수 있다는 강점을 가지고 있다. 이렇게 단기과제 중심 접근으로 약 3개월간 진행하는 동안 사례 9편은 이론을 공부하면서 실제 사례를 전개하느라고 시행착오와 많은 어려움을 겪었다. 단기과제 중심 모델 접근은 CT가 문제해결의 책임을 지고 상담이 진행되는, 즉 CT의 책임성에 단기과제 중심 모델의 성패가 달려 있다는 것이 실천가들의 소감에서 명료해졌다. 앞으로 단기과제 중심 접근의 CT에게 적용한다면 상당히 좋은 효과를 보리라 사료된다.

05 교정사회사업과 사회복지상담

범죄자에 대한 형벌제도는 초기의 범죄자의 자유를 박탈한 자유형으로부터 강제노동을 과한 노역형으로 발전하였다가 다시금 참혹한 형벌이 가해진 응보형으로 발전하였다. 응보적 차원의 처벌은 인간의 잔악성을 표현하는 것에 지나지 않으며 처벌의 정당성을 사회의 유익성에 두고자 하는 공리주의적 인식이 반영되면서 범행을 사전에 예방하고 억제하는 의미로 처벌에 대한 인식이 변화되었다. 그 후 도적성이나 공리주의에 입각한 처벌의 정당성을 배격하고, 모든 인간의 행위는 개인의 자유의지 또는 윤리적 양심의 기준에 의해 결정되기보다는 개인이 속해 있는 시회환경(인간관계, 사회제도, 문화 등)의 산물이라고 전제하게 되면서 개인의 비행 또는 범법행위를 그 개인의 사회적인 기능과 역할에 대한 적응의 결여라는 측면에서 받아들이면서 처벌보다는 재활에 관심을 두고 범죄인의 사회적응, 교육, 정상적인 시민생활을 영위할 수 있도록 준비하는 데 그 인식의 변화를 가져오게 되었다.[5] 이런 인식을 토대로 환경조정과 심리요법에 의한 사회적 치료를 하고자 한 것이 교정사회사업이라고 할 수 있다.

1) 교정사회사업의 기본원리

(1) 인도주의 – 절대적 응보사상에 따른 비인도적 행형에 대한 반성을 촉구하고 고통증대의 금지, 구금기간의 활용, 개선수단의 개별화, 사형폐지,

---

5) 김만두, 「현대사회복지개론」, 홍익제, 1993.

고문의 금지 등 인간성의 존중과 인권의 보장을 제창한다.

(2) 과학주의 - 범죄의 원인, 범죄자에 대한 과학적 분석 및 분류, 인격조사, 교정처우, 사회복귀를 기본구조로 삼고 처우의 과학화·개별화를 중요시한다.

(3) 교정의 사회화 - 사회에 복귀하여 잘 적응하게 하려면 부자연한 사회환경 속에 고립시키기보다는 일반사회와 상호 작용하게 함으로써 범죄자 자신의 결정에 의한 사회복귀를 돕고 재범을 방지한다.[6]

2) 교정처우의 방법

처우의 방법은 처음에는 시설 내 처우(Institutional Treatment)가 중심이 되었다. 이것은 처우개념이 성립하던 시기에 교도소가 가장 중요한 형벌수단이었고, 따라서 범죄인 처우도 자연스럽게 교도소에 수용된 범죄인을 중심대상으로 하였기 때문이다. 그러나 범죄인을 교도소에 수용하고 개선, 교육하기 곤란하고, 오히려 교도소가 범죄인의 양성소로 전락하고 말았다는 사실이 지적되면서 이로 인해 범죄인을 교도소에 수용하지 않고 개선, 교육하는 방법이 제시되었는데 이것이 사회 내 처우(Community Treatment)이다.

(1) 시설 내 처우

① 범죄자를 수용하여 교정 교화하는 시설로서는 교도소·소년교도소·구치소·보호감호소 소년원이 있는데 소년교도소 및 구치소는 징역형, 금고형, 노역장유치 및 구형을 받은 자와 미결구금자를 주로 수용하고 보호감호소는 사회보호법에 의한 보호감호처분을 받은 자를 수용하고 있다. 이 밖에도 치료감호처분을 받은 자를 수용하여 치료하는 치료감호소가 있으나 엄밀한 의미의 교정시설로 볼 수 없다.

---

6) 김형방, 「소년범 처우에 있어서 사회사업개입에 관한 연구」, 한국사회복지학회, 1989.

현재 전국의 교정시설은 교도소 28개소(개방교도소 1개소·여자교도소 1개소 포함) 교도소 지소 1개소, 소년교도소 2개소, 구치소 5개소, 구치소지소 1개소, 보호감호소 2개소가 있다.

(2) 사회 내 처우

① 가석방·가출소 - 가석방은 시설에 수용되어 있는 범죄자들의 갱생을 촉징하기 위해 수용 기간 만료 전에 석방하여 사회복귀의 기회를 부여하는 제도로서 징역 또는 금고형의 수형자에 대한 가석방과 소년원 수용자에 대한 가퇴원 및 피보호감호자에 대한 가출소가 있다.

② 보호관찰 - 유죄가 인정된 범죄자에 대하여 교도소 또는 소년원 등 교정시설에 수용·처벌하는 대신 일정한 기간을 정하여 사회 내에서 정상적인 자유활동을 허용한 상태에서 전문지식과 소양을 갖춘 보호관찰관의 지도·감독과 원호를 받게 하여 건전한 사회복귀를 도와줌으로써 재범의 방지와 범죄로부터 사회를 보호하는 새로운 형사정책이다. 1983. 2. 4.부터 가석방자와 가퇴원자를 대상으로 보호관찰의 시험실시를 시작하였으며 그 성과를 바탕으로 1988. 12. 31. 보호관찰법이 규정되어 1989. 7. 1.부터 우선 소년범죄자에 대한 전면적이고 체계적인 보호관찰제도를 실시하게 되었다. 성인범죄에 대하여서는 1989. 3. 25. 사회보호법 개정으로 보호감호가출소자에 대하여 한정적으로 보호관찰이 시행되고 있다. 보호관찰소는 법무부 보호국 산하에 전국 대도시마다 보호관찰소 및 지소를 설치하여 12개 보호관찰소와 9개의 지소가 있다.

③ 갱생보호 - 갱생보호사업은 형의 선고유예, 집행유예, 가석방 또는 형기의 종료 등으로 출소한 자에 한하여 자립의식을 고취하고, 경제적 자립기반을 조성시켜 건전한 사회복귀를 추진함으로써 재범의 위험을 방지한다. 갱생보호회는 서울에 소재하고 있는 본소 이외에 전국 대도시에 12개의 지부가 있고, 교도소, 구치소, 소년감별소, 감호소에 52개의 지소를 두고 있으며 각 지부에 민간 갱생보호위원이 위촉되

어 갱생보호업무를 돕고 있다. 그 밖에 4개의 민간갱생보호법인이 법
무부장관의 허가를 받아 갱생보호사업을 수행하고 있다.[7]

3) 사법절차에 따른 교정사회사업의 역할

교정은 범죄자에 대한 현대적 의미의 처우개념으로서 그 안에는 범죄자
자신과 그가 속한 사회를 보호하고자 하는 의미가 있다고 보인다. 이번에는
사법 절차 안에서 교정처우의 내용과 전문사회사업의 역할을 살펴보려고 하
는데 내용 면에서는 사회 내 처우로 대상에 있어서는 청소년 범죄로 제한하
여 보기로 한다. 이것은 현재 사회사업적 개입이 가능하고 제도적이고 체계
적인 교정사업이 이루어지고 있는 분야가 청소년 비행의 분야이기 때문이
다. 그리고 이것을 사회복지상담으로서 교정하여야 할 필요가 존재한다.

(1) 경찰단계에서의 교정사회사업

경찰은 소년법상의 비행 청소년은 물론이고 아동복지법의 요보호아동과
미성년자보호법상의 불량행위소년을 대상으로 주로 선도보호 차원에서 훈방
하거나 봉보한다. 소년범죄는 소년경찰이 전담하여 저리절자도 일원화되어
있으나 아직까지는 미흡한 실태이다. 이 단계에서는 전문사회사업가를 소년
경찰로 채용하거나 기존의 소년경찰에 대한 직무교육을 통해 소년비행업무
를 보다 전문화시키고 지역사회사업가들은 경찰과 관계를 통해 선도과정에
서 상담, 조언, 자문, 지역사회자원동원 등 경찰업무에 조력할 수 있다.

(2) 검찰단계에서의 교정사회사업

검찰에서의 소년범죄의 처리는 범법소년 개개인의 주변 환경, 개성, 심성,
범행유발원인, 등을 조사하여 죄질이 매우 나쁘고 개선의 가능성이 적은 경

---

7) 법무연수원, 「범죄백서」, 1994.

우에는 중벌을 가하고 선도가 가능하다고 판단되는 경우에는 선도·보호에 중점을 두어 '선도조건부 기소유예'제도를 적극적으로 활용하고 있다. 이 단계에서의 전문사회사업가의 역할은 민간선도위원을 조직·관리·교육하는 일, 검찰과 상호 연계하여 비행 청소년의 조사활동에 참여하여 사회심리적 자료를 제공하므로 청소년을 이해하고 사건의 처리가 합리적으로 되도록 조력한다.

(3) 재판단계에서의 교정사회사업

소년범죄자의 처리과정은 크게 형사사건과 보호사건으로 구분하여 처리되며 형사처분은 일반 형사법원에서 담당하고 보호처분과 벌금 이하의 형에 해당하는 경미한 범죄에 대해서는 소년법원에서 담당하게 된다. 소년보호처분은 처벌이 아닌 비행 청소년의 건전육성과 보호의 필요성을 강조하며, 이를 위한 현행 소년사법처리 절차는 경찰, 검사, 법원에 의한 통고나 송치 그리고 보호자, 학교, 보호시설의 장에 의한 통고 등으로 소년법원에 송치되고 소년부 판사가 소년의 성격, 환경, 비행경위, 재범 여부, 등에 대한 법원소년조사과의 조사결과와 분류심사원의 의견 및 필요한 경우 전문가의 조언을 참고하여 1호에서 7호까지의 처분 중 적절하다고 판단되는 처분을 한다.

이 단계에서는 판결 전 범죄사실과 범죄소년의 특징 및 상황을 파악하고 이해할 수 있도록 사전 조사하는 조사관과 진단자의 역할과 교정사회사업가가 법정에 참석하여 전문가 증인으로 범죄소년의 입장을 대변하고 판결에 영향력을 미칠 수 있다.

* 처분의 종류와 내용
1호 처분: 소년의 보호자 또는 보호자를 대신하여 보호할 수 있는 자에게 감호를 위탁하는 처분
2호 처분: 소년을 보호관찰관의 단기(6개월) 보호관찰받게 하는 처분
3호 처분: 소년을 보호관찰관의 장기(2년) 보호관찰받게 하는 처분

4호 처분: 소년을 아동복지시설이나 기타 소년보호시설에 감호를 위탁하
        는 처분

5호 처분: 병원, 요양소에 위탁하는 처분

6호 처분: 소년원에 단기(6개월 이내)로 송치하는 처분

7호 처분: 소년원에 장기(부정기형으로 23세까지 수용가능)로 송치하는
        처분으로 요보호소년에 대한 가장 강력한 처분

(4) 교정단계에서의 교정사회사업

① 시설 내 처우

소년교도소는 현재 김천과 천안 두 곳에 있으며 처우방식은 교육내용에
있어서 학과교육과 직업훈련이 다른 성인수형자에 비해 강조되고 있다. 소
년원은 법원소년부로 송치된 비행소년을 맡아 정규교육을 담당하는데 전국
에 11개소가 설치되어 있고 성행의 교정과 특수교육적 기능을 강조하여 교
과교육, 직업훈련, 생활지도, 특별활동 등을 기본교육으로 삼고 있고 이 외
에 초기 입원자에게 필요한 생활안내, 정신교육, 심성훈련, 체육훈련, 처우
심사와 같은 입원자교육과 퇴원을 앞두고 이루어지는 사회복귀와 사후지도
가 있다.

이 단계에서는 입원자교육의 경우 소년범 자신과 환경에 대한 과학적인
조사평가 후 분류심사를 통해 교정의 개별화를 이루고 기본교육단계에서의
처우를 이원화하여 교과교육과 직업훈련은 교육부서에서 담당하고 소년범의
성행을 교정하는 생활지도와 상담을 사회사업부서에서 담당할 수 있다. 마
지막으로 가퇴원이나 퇴원을 앞둔 경우의 사회복귀·사후처리는 사회사업
가의 영역으로 사회적응훈련, 진로지도, 가족개입, 지역사회자원의 연결 등
다양한 역할을 할 수 있다.

② 사회 내 처우

시설 내 처우과정에서 생기는 낙인화, 부정적인 역학습으로 재범우려, 자

유박탈에 의한 인권침해, 시설병 등 청소년 교정에 악영향과 문제점에 대한 대안으로서 시도하는 사회 내 처우로는 가석방과 보호관찰을 들 수 있다. 보호관찰의 주요 활동은 보호관찰법이 제시하고 있는 지도·원호·응급구호와 소년법에서 제시하고 있는 사회봉사명령과 수강명령을 들 수 있는데 그 내용은 다음과 같다.

- 지도: 보호관찰대상자와 항상 긴밀한 관계를 가지고 그 행동 및 환경을 관찰하여 적절한 지시를 내리며 필요한 조치를 취한다.
- 원호: 숙소 및 취업알선, 직업훈련의 기회제공, 환경개선, 등 건전한 사회복귀에 필요한 원조를 제공한다.
- 응급구호: 질병, 부상 기타 긴급한 사유의 발생으로 보호관찰대상자의 생명, 신체에 중대한 위험이 예상되거나 보호자 또는 부양의무자의 부양능력이 없어 구호가 불가피할 때 적절이 구호한다.
- 사회봉사명령: 비행소년으로 하여금 일정한 시간 무보수로 봉사작업과 노등 등의 사회봉사활동을 하게 하여 건전한 근로정신과 시민정신을 함양케 한다.
- 수강명령: 가벼운 비행을 한 청소년에 대하여 교통규범, 약물오남용으로 인한 해독을 강습하거나 교도소 견학, 전과자 체험담, 강의 등을 받도록 하며 비행성을 교정한다.

이 단계에서는 보호관찰의 취지, 대상, 내용, 업무의 성격 등으로 볼 때 보호관찰 자체가 사회사업적 성격을 지닌 것으로서 보호관찰관은 교정 분야에서의 전문사회사업가를 일컫는다고 볼 수 있다. 보호관찰의 사회사업적 업무를 제시하면 피보호관찰 대상자에 대한 판결 전 조사와 환경조사 등을 실시하여 대상자를 돕고 교정처우 후 평가나 연구의 기초자료로 활용한다. 또한 사회사업의 지식과 기술을 적용하여 사회봉사명령이나 수강명령 대상자들에게 각각의 특성을 감안한 적절한 프로그램을 계획, 편성하고 효과를 극대화시키는 일, 비행 청소년을 도울 수 있는 사회자원을 개발하고 연결하는 자원 활용자로서의 역할을 기대할 수 있다.

(5) 사후관리단계에서의 교정사회사업

　소년교도소를 출소하였거나 소년원을 가퇴원 또는 퇴원한 비행 청소년들이 가정, 직장 등의 사회생활로 복귀할 경우 그간의 격리생활과 괴리감으로 인한 심한 심리적 갈등과 사회부적응으로 어려움을 격을 수 있고 이로 인해 사회로부터 소외당하고 재범을 저지를 가능성도 배제할 수 없기 때문에 사후보호와 관리가 매우 중요하다. 갱생보호활동과 중간처우소에서 이루어지는 활동들은 교정시설과 사회생활과의 중간 가교의 역할을 하여 출소자가 사회인으로 재활하는 데 도움을 주는 데 그 목적을 삼고 있다. 현재 갱생보호회가 활동하고 있으며 그 외에도 출소하고 퇴원한 무의무탁한 비행 청소년들을 수용하여 교호하는 한국기독교 교화복지원, 나사로복지관, 광주보이스타운, 광주직업훈련원 등의 교호시설이 운영되고 있다.

　이 단계에서는 단기적인 숙식제공과 취업 등의 물리적 지원인 '직접보호' 활동과 사회적응능력의 향상을 위한 정신적, 조정적 성격의 원조인 '관찰보호' 활동이 있다.

4) 교정사회사업의 문제점 및 개선방안

　(1) 교정의 전문화를 위한 인적 자원의 부족과 전문성 부족의 문제를 들 수 있다. 교정공무원의 경우 처우직과 교화직의 정원상 불균형 문제로 처우업무를 담당하고 있는 정복교도관이 전체 정원의 89%를 차지하는 반면 교화업무를 담당하는 사복교도관은 4.2%에 불과하다. 교정공무원의 선발과 임용에 있어서도 일반공무원의 채용방식이 적용되어 임용대상자가 담당할 직무의 내용이나 역할에 대한 분석과 자질을 선별할 기준이 마련되어 있지 않다.
　(2) 교정의 개별화 비행 청소년들에 대한 개별처우가 이루어지지 않고 있어서 개개인의 연령, 비행동기, 범행경험, 과거경력, 상황적 조건 등 개인의 특성에 따른 개별화되고 다양한 교정처우가 이루어져야 한다.

(3) 교정의 사회화를 통해 민간의 참여를 촉진시키고 대상자들에 대한 적절한 원조를 할 수 있는 지역사회조직을 형성하여 보호관찰관 한 사람이 모든 사항에 대한 점검과 지원을 하는 것이 아니라 각 분야의 전문가로 구성된 팀 접근체계로 전환하고 지역사회의 자원을 보호관찰에 활용할 수 있도록 조직화해야 한다.

참고문헌

김만두, 「현대사회복지개론」, 홍익제, 1993.
김영모, 「사회복지학」, 한국사회복지정책연구소, 1991.
오영근, 「범죄인의 사회내 처우와 그 문제점」, 교정교화 제3호, 1991.
이기형, 「소년범죄와 그 대책에 관한 연구」, 한양대 행정대학원 석사학위논문, 1991.
장인협, 「사회복지학개론」, 서울대 출판부, 1991.
한국청소년개발원, 「청소년복지론」, 인간과복지, 1994.
이윤호, 「비행 청소년의 교정교화」, 오늘의 청소년, 1993년 9월호.

06 놀이치료와 사회복지상담

놀이치료는 심리치료(psycho therapy)의 한 방법으로 놀이가 아동의 자연스러운 자기표현의 매개체라는 사실에 기초를 두고 있다. 성인의 경우, 자신의 어려움을 말로 표현할 수 있으나 아동은 언어가 미숙하기 때문에 언어 대신 놀이로써 자신의 감정이나 문제를 발산하게 된다. 놀이치료실에서 아동은 자기 안의 억압되었던 긴장감, 불안감, 공격심, 좌절감 등을 표출할 수 있는 기회를 갖고 그런 감정들을 조절, 해소하는 과정을 경험하게 된다. 놀이치료의 시작은 Sigmund Freud(1909)가 한스라는 어린 소년의 치료과정을 통해 아동의 마음속에 쌓인 좌절이나 갈등이 정신치료적 방법에 의해 해결될 수 있는 가능성을 보여 준 것으로부터라고 할 수 있다. 특히 놀이를 정신치료에 도입했다는 점에서 놀이치료의 시작이라고 볼 수 있다. 하지만 Freud 자신이 직접 한스와 놀이를 하면서 치료한 것이 아니고 아동의 아버지가 치료자가 되어 Freud의 지시 아래 치료했다는 점에서 요즘 전문가들이 하는 놀이치료와 다소 거리가 있다. 오히려 Filial Therapy의 효시라고 하겠다. 그 이후 Hug – Hellmuth(1919)는 처음으로 놀이 상황을 아동의 정신치료에 도입했고 Anna Freud 또한 이 방법을 지지하였다. 이 두 사람은 놀이를 치료 자체로서의 가치보다는 정서적 문제를 치료할 때 치료자와의 친밀한 관계를 형성하는 데 유용하다고 생각했다. 그리고 실제 정신치료는 자유연상법을 적용해야 한다고 믿었다. 놀이치료를 독자적 가치로서 인정한 사람은 Melanie Klein(1932)이다. Klein은 놀이를 아동의 자연적인 표현 매체로 보았다. 따라서 언어가 발달하지 않은 아동의 경험, 정서, 복잡한 사고의 표현 등의 수단으로서 놀이가 중요하다고 강조하였다. Klein 이후 Levy(1938)는 Release Therapy라는 놀이치료를 시도하였다. Release Therapy는 아동이 과거에 경험했던 비참한 경험들을 놀이를 통해 그대로 재연함으로써 치료가 되는 것이다. 따라서 놀이 상황은 과거의 고통스러웠던 상황을 재연할 수 있도록 의도적으로 구조화되어야 한다고 주장하였다.

Solomon(1938)의 Active Play Therapy도 Levy의 Release Therapy와 유사하지만 비참한 경험의 재생보다는 긍정적 방향으로 놀이를 적용하였다. Solomon은 아동이 과거의 상처받은 경험을 그대로 재연하지 않더라도 놀이를 통해 공포나 분노를 발산할 수 있으며 놀이방에서 치료자와 새로운 인간관계를 맺음으로써 사회적으로 용납되는 방향으로 행동하는 것을 배우게 된다는 적극적이고 능동적 의미에서의 놀이치료를 강조하고 있다. 놀이치료 학자들을 살펴보았으나 현재의 놀이치료를 이론화한 사람은 Virginia Axline(1947)이다. 그 이후 심리학이 발달하면서 놀이치료의 방법과 다양한 기법들이 발달하고 있으나 비지시적 놀이치료 방법이 현재의 놀이치료에 많은 영향을 주었으며 현재의 전문적 놀이치료의 시작이라고 본다. 현재 놀이치료 방법을 이론적 배경에 따라서 크게 나누면 정신분석학적 놀이치료, 아동 중심 놀이치료, 가족 참여 놀이치료, 치료자 동참 놀이치료 등이 있다.

1) 놀이치료의 대상

놀이치료는 아동의 정서적 부분에 대해서만 도움을 줄 수 있다. 따라서 정서상의 어려움을 지닌 아동의 경우, 최대한의 효과를 보게 된다. 예를 들면, 유치원이나 학교에 적응하지 못하는 아동, 다른 아이들과 어울리지 못하는 아동, 공격적인 아동, 분리불안이 있는 아동, 주의가 산만한 아동, 야뇨나 틱이 있는 아동, 말을 더듬는 아동 등이다. 그 외에 발달장애 아동들이 놀이치료를 받기도 한다. 이러한 경우, 놀이치료 한 가지에만 의존해서는 안 되며 특수교육과 함께 병행이 될 때 가장 효과적이다. 다시 말해서 발달장애 아동은 전반적으로 발달이 지체되었기 때문에 그 부분에 대해서는 특수교육을 받아야 한다. 하지만 이 아동이 정서 면에 관련된 부분, 예를 들어서, 위축이 되어 있으며 정서적으로 불안하다면 그 부분에 대해선 도움을 줄 수 있다. 이러한 아이들도 정서가 안정이 되고 자신감이 생기면 그들 나름대로의 한계가 있기는 하지만 그 안에서 자신의 잠재력을 최대한 발휘할 수가 있다.

2) 놀이치료의 방법

놀이치료에는 기본적으로 지시적 방법과 비지시적 방법이 있다. 지시적 방법은 치료자가 놀이를 유도하고 비지시적 방법에서는 아동이 놀이를 리드해 나간다. 비지시적 방법에서는 우리 내부에 자신의 문제를 해결해 나갈 수 있는 능력이 있다고 본다. 비지시적이라고 해서 치료자의 역할이 수동적인 것만은 아니다. 치료자는 아동의 행동을 잘 관찰해서 아동이 말로, 놀이로 표현하는 감정을 민감하게 발견하고 정확하게 반영해 주어야 한다. 주로 비지시적인 방법을 사용하고 있지만 아동의 연령, 문제 유형, 아동의 수준 등을 고려해서 치료자가 그때그때 융통성 있게 대처해야 한다.

3) 놀이치료의 효과

놀이치료과정을 통해서 insight가 생기고 관계에서 왜곡된 부분들이 풀린다. 치료과정을 통해서 아동과 치료자 모두 서로 변화해 나간다. 아동은 치료과정 속에서 나쁜 감정을 다 쏟아 붓고 나면 긍정적인 면들이 나온다.

4) 놀이치료의 절차

(1) 횟수와 시간

놀이 시간은 보통 20 - 60분으로 일주일에 1번 내지 2번이 원칙이다. 본 상담소에서는 주 1회 50분을 기본으로 하고 있다.

치료 종결까지의 횟수는 그 증상이나 치료 목표에 따라서 일정하지는 않지만, 일반적으로 20회를 기준으로 하며 그 시점에서 전체 과정을 점검해서 다시 그 횟수를 연장하게 된다.

(2) 치료과정

① 초기

초기에 아동은 불안, 긴장을 보이는 경우가 많다. 이러한 상황에서 치료자는 어떻게 해서든 아이와 관계를 맺으려고 시도하기 쉽다. 하지만 낯선 곳에서 낯선 사람과 둘만 있을 때의 아동의 심리를 생각해 보면 오히려 긴장하지 않는 것이 이상한 일이다. 따라서 이와 같은 아동의 심리를 이해하고 처음 몇 세션 동안은 아동의 불안을 자연스러운 것으로 받아들인다. 치료 초기에는 아동과 라포를 형성하는 일에 중점을 두어야 한다. 이 시기엔 지시나 요구는 하지 않는 것이 좋다. 우선 치료자는 아동이 안정감을 느끼도록 수용적 태도를 취한다. 그리고 아동이 무슨 놀이를 하는지 잘 지켜보면서 정서 상태를 관찰해 볼 필요가 있다. 제한(limit)도 될 수 있는 한 주지 않는 게 좋다. 초기엔 제한받을 행동이 잘 나타나지 않지만 이와 같은 행동이 보일 때라도 최대한으로 허용을 한다. 그래서 제한을 하기보다는 오히려 아동의 관심을 다른 데로 돌리도록 한다.

가. 모자 분리의 문제

대부분의 아이들이 장난감에 현혹되어 별 무리 없이 들어오지만 간혹 엄마와 분리가 잘 안 되는 아동이 있다. 접수(intaking)단계에서, 엄마에게 모자 분리에 대해 충분한 정보를 얻어 둔다. 분리 불안이 예상되는 경우에는 미리부터 그것을 위한 준비를 해 둔다. 엄마가 아동을 처음 데리고 올 때는 납득하는 방법에 대해 서로 합의를 해 주는 것이 좋다. 아동이 주저하는 태도를 보이면 엄마도 함께 놀이실 앞까지 같이 간다. 그리고 엄마를 방 밖에서 기다리게 하고 또 기다릴 것을 약속하며 아동을 데리고 들어간다. 문은 조금 열어 놓는 게 좋다. 가끔 엄마가 있는지를 보려고 문밖으로 나가서 보는 일이 있는데 이는 허용하는 것이 좋다. 만일 모자 분리가 불가능하다면 모자를 놀이실 안으로 들어오게 할 수 있다. 대신에 아동에게 어떠한 반응도 보이지 말도록 미리 이야기해 준다. 보통은 책을 보면서 앉아 있도록 한다.

나. 치료자가 초기에 해야 할 것들

가) 아동에게 놀이실의 성질에 대해 설명해 준다. 이때 시간과 횟수도 알려 준다.

나) 놀이가 끝나는 시간을 알려 준다. 이것은 매회마다 반드시 해야 한다.

다) 장난감 정리 문제

처음에는 굳이 치우게 하지 않도록 한다. 치료자가 장난감을 치울 시간이 되었다고 하는데 아동이 싫다고 하면 "그래 됐어. 다음에 도와줘" 하면서 가볍게 넘어가도록 한다.

라) 장난감을 놀이실 밖으로 가지고 나가는 것을 제한한다.

마) 화장실이나 엄마가 있는지 확인하러 나가는 것 외에는 방 밖으로 나가는 것을 제한한다.

② 중기

이 시기에 아동은 치료자와 동일적 감정이 형성되고 놀이실에도 어느 정도 적응이 되면서 행동이 활발해지고 자신의 내재되어 있던 억압된 부분들을 표출하기 시작한다.

아동이 스스로 변화하는 시기로, 이때 아동은 성장을 위한 혼란(struggle, turmoil)을 겪게 된다. 그래서 struggle의 단계라고도 한다. 변화에 대한 불안으로 힘이 드는 시기이다.

가. 제한 도입

가) 치료자에 대한 신체적 공격

치료자를 때리는 아이들이 있다. 이럴 땐 "이 방에서는 서로 때릴 수 없다."는 것을 단호하게 이야기해 주어야 한다. 단, 욕설이나 사회적 비난 등의 언어적 공격은 허용한다.

나) 다른 멤버에 대한 공격

다) 물건 파손 제한

유리창, 전등이나 놀이 도구를 닥치는 대로 부수는 행동은 허용될 수가 없다.

라) 위험한 행동 제한

놀이실은 최대한의 자유가 주어진 곳이기는 하나 위험한 행동은 못하게 하고 다치지 않도록 옆에서 지켜보도록 한다.

마) 놀이실 자체에 대한 규칙에 관한 것

- 시간제한
- 놀이실에 먹을 것 또는 자기 장난감 가지고 들어오는 행동
- 허락 없이 친구와 동생을 데리고 들어오는 행동(때로는 허용)
- 놀이실의 물건들을 가지고 나가는 행동

나. 제한을 주는 방법

가) 관심이행 방법

치료 관계가 성립된 후에는 아이들에게 제한의 개념을 형성시키는 일이 중요하다. 제한을 이해하고 이를 지키는 것은 현실생활에서 필요한 기술이며 그것을 학습시키는 것도 놀이 세션에서의 큰 과제의 하나이다.

나) 상하 관계가 아닌 횡적 규제의 이해에 바탕을 둔다.

치료자가 아동을 지배하는 형태(명령, 금지, 비난, 질책)여서는 안 된다. 이 방에서는 모두 다 같이 지켜야 될 규칙이 있고 이것을 한쪽이 다른 쪽에 전달하는 식이 좋다.

다) 명확한 태도를 취한다.

제한을 줄 때는 우호적이고 명확한 태도로 해야 한다. 애매모호하고 불확실한 표현은 아동을 혼란스럽게 하고 치료자에 대한 불신감을 주게 된다.

다. 아동의 감정 표출을 촉진시키고 욕구를 행동화

중기에 적극적으로 아동의 감정 표출을 촉진시키는 것은 치료자의 중요한 역할이다. 이를 위해서 세 가지의 노력이 필요하다.

가) 아동이 감정 표출을 쉽게 하도록 적절한 계기를 마련해 준다.

나) 아동이 표출한 감정이나 욕구가 아무리 사회적으로 인정되지 않는 것이라고 할지라도 그것에 공감하고 받아들여 주어야 한다.

다) 그 욕구들을 사회화된 패턴으로 표출할 수 있도록 지향해 준다. 이를 위해서는 아동과의 깊은 신뢰 관계를 지주로 해서 아동들에게 욕구 좌절의 대리적 해소를 가르쳐 주는 일, 공격성의 표출의 보다 성숙된 패턴(신체적 공격 → 언어적 공격)을 사용하도록 학습시키는 일이다.

③ 종결기

문제행동이 사라지고 현실생활에서의 적응이 좋아지는 등 아동에게 변화가 생기고 발전하는 시기이다. 종결이 다가오면 아동은 놀이실에 대한 매력을 잃어 가게 된다.

종결 시기는 반드시 4주 전쯤 미리 알려 주고 적절한 시기에 종결을 해야 한다. 이 시기엔 일상생활에 필요한 적응 기술과 문제 해결의 방법을 학습시킨다. 예를 들어서, 놀이 후의 정리 정돈 등과 같은 일상생활에서의 교육적 측면이 가미가 된다.

○ 치료자

놀이실에서 치료자는 중요한 존재이다. 치료자는 될 수 있는 한 자기 감정을 개입시키지 않고 중립적 입장에서 놀이를 지켜보아야 한다. 또한 최소한 도움을 주는 역할을 하며 긍정적 시선과 부드러운 미소로 아동을 대해야 한다.

(1) 치료자가 갖추어야 할 8가지 기본 원칙(Axline)
① 치료자는 아동과 좋은 관계(라포)를 형성한다.
② 치료자는 아동을 있는 그대로 받아들인다.
③ 치료자는 아동이 자신의 감정을 자유로이 표현할 수 있도록 허용적인 분위기를 만들어 준다.
④ 치료자는 아동이 표현하는 감정을 민감하게 느끼고 인정하며 그것을 아동에게 반영시켜 줌으로써 아동 자신이 자기 행동에 대한 통찰력을 얻도록 지지해 준다.
⑤ 치료자는 어떠한 방법으로든 아동의 행동을 지시하지 않는다.
⑥ 치료자는 기회만 주어진다면 아동이 자신의 문제를 스스로 해결해 나갈 수 있는 능력이 있음을 항상 존중해야 한다.
⑦ 치료자는 서두르지 않는다. 치료가 점진적인 과정임을 치료자는 인식해야 한다.
⑧ 치료자는 제한을 가할 수 있다. 놀이실이란 아동에게 최대한의 자유가 주어진 곳이기는 하나 제한이 필요한 때에는 가할 수 있다.

(2) 치료자의 행동 원리

① 보다 더 좋은 의존 대상이 될 것

치료자와 바람직한 인간관계를 성립하기 위해서 건전한 의존적 태도
가 요구된다. 조력을 구한다(seeking help), 신체적 접촉을 구한다
(seeking physical contact), 친근감을 구한다(seeking proximity), 승인을
구한다(seeking approval), 안전을 구한다(seeking safety)와 같은 형태의
의존적 행동을 생각할 수 있다.

② 아동의 감정 표출이나 욕구의 행동화를 꾀한다.

③ 새로운 행동 패턴의 학습을 원조할 것.

④ 치료자의 감정이나 의지의 비언어적 표출에 힘쓸 것.

● 부모

놀이치료에서 빼놓을 수 없는 부분이 바로 부모상담이다. 대개의 경우, 부
모에게 문제가 있어서 자녀에게 정서장애가 일어나게 된다. 가정 내의 갈등
이나 부모에게 어떤 문제가 있을 때는 아이들이 제대로 자랄 수가 없다. 따
라서 놀이치료로서 아동의 정서적인 문제를 다루어 주면서 동시에 지속적인
부모상담을 통해 가정의 분위기가 조절이 되어야 치료 진전에 도움을 받을
수 있다.

관찰실의 일방경(one way mirrow)을 통해 엄마가 아동이 노는 모습을 보
면서 엄마 자신이 통찰력을 키워 갈 수 있다.

● 놀이실과 장난감

놀이치료를 하는 데 필요한 것이 놀이실과 장난감인데 그 시설이 완벽해
야 하는 것은 아니다. 장난감이 많지 않더라도 숙련된 치료자의 경우 좋은
치료 결과를 얻을 수 있다.

(1) 놀이치료실

① 방은 환하고 밝은 분위기를 제공할 수 있게끔 방의 위치, 벽지 색깔

등을 고려하고 방음이 되면 더욱 좋다. 바닥과 벽은 쉽게 청소할 수 있는 재료를 사용한다. 조명과 환기가 잘되어야 한다.

② 수돗물이 나오는 싱크대를 구비하면 좋다.

③ 장난감은 쉽게 볼 수 있고 손에 잘 닿는 선반에 두어 원하는 도구는 서슴지 않고 선택하게 할 수 있어야 한다.

④ 관찰이나 교육용으로 일방경(one way mirror), 녹음시설, 비디오카메라를 설치할 수 있다.

⑤ 상담에 들어가기 전에 방을 깨끗이 정리해 둔다. 또한 마치고 나올 때에도 잘 정리하여 다음 상담에 영향이 가지 않도록 주의한다.

⑥ 아동이 편안한 옷을 입고 오도록 하여 옷에 신경을 쓰지 않고 자유롭게 마음대로 놀 수 있도록 한다. 상담자 자신도 활동에 지장을 받지 않는 옷차림을 하도록 한다.

(2) 장난감

장난감은 아동이 자신의 감정을 잘 표출하면서 긴장, 불만을 해소시키고 자신의 문제를 해결해 나가는 데 도움을 준다.

Axline이 권하는 전형적인 장난감은 인형 집, 가족 인형, 인형 집 안에 넣은 몇 가지 가구, 양탄자, 점토, 크레용, 도화지, 장난감 동물, 군인, 차, 아기 인형, 2대의 전화기, 우유병, 손 인형, 권위를 나타내는 인형(예: 경찰, 의사), 무언가 조립하거나 쌓을 수 있는 재료들(예: 레고, 블록), 모래상자 등이다.

논쟁이 되고 있는 장난감은 한 예로 총을 들 수 있다. Axline은 아동의 공격성을 표출해 내기 위해서 총의 사용을 권장했지만 일부 학자들은 총이 아동의 공격성을 조장한다고 보고 있다. Guerney는 놀이실 안에 총이 구비되어 있지 않으면 아이들이 다른 장난감이나 손가락을 총으로 사용하기 때문에 장난감 무기를 제공하는 것이 좋다고 하고 있다. 아동은 그들의 발달 수준에 맞는 장난감을 제공받아야 한다. 그리고 좀 더 큰 아동들을 위해 몇 가지 게임들(예: 장기, 카드 게임)을 준비해 두는 것이 좋다.

참고 문헌

김재은, 아동의 심리치료, 배영사, 1986.

강위영 송영혜 변찬석, 놀이치료, 특수교육, 1992.

엑슬린(서영숙 역), 놀이를 통한 아동 심리치료, 학문사, 1987.

이재연 서영숙 이명조, 아동상담과 치료, 양서원, 1990.

주정일, 놀이치료로 좋아졌어요, 샘터사, 1990.

Axline, V. M. Play therapy, New York: Ballantine, 1947.

Landreth, G. L. Play therapy, charles c. Thomas publisher, 1983.

O'Connor, K. J. The play therapy primer, John wiley & Sons, 1991.

O'Connor, K. J. & Schefer, C. E. Handbook of play therapy, John wiley & Sons, 1983.

O'Connor, K. J. & Schefer, C. E. Psychoanalytic psychotherapy with children, in

M Herson, a.kazdin, A.Bellak(Eds.), The clinical psychology handbook, New york: Prgamon, 1983.

Rogers, C. Counseling and psychotherapy, Boston: Houghton Mifflin, 1942.

Rogers, C. Client - centered therapy. Boston: Houghton Mifflin, 1951.

Schaefer, C. E. Therapeutic use of child's play, New york: Aronson, 1979.

Schaefer, C. E. & Reid, s(Eds.), Game play: Therapeutic use of childhood games, New York: Wiley, 1986.

〈표 16〉 놀이치료 기관

기관명	☎ 전화번호	비 고
남 부 장 애 인 종 합 복 지 관	841 - 2077	유료
목 동 청 소 년 회 관	646 - 0181	유료
본 동 사 회 종 합 복 지 관	817 - 8052	유료
삼 전 종 합 사 회 복 지 관	421 - 6077	유료
서 울 시 립 동 부 아 동 상 담 소	248 - 4567	무료
서 울 장 애 인 종 합 복 지 관	441 - 5002	유료
원 광 아 동 상 담 센 타	561 - 2082	유료
원 광 장 애 인 종 합 복 지 관	438 - 2691	유료
이 대 언 어 청 각 임 상 센 타	312 - 9656	유료
이 화 어 린 이 정 서 발 달 연 구 원	338 - 0730	유료
인 간 발 달 복 지 연 구 소	584 - 9358	유료
한 국 소 아 정 신 건 강 클 리 닉	393 - 7745	유료

이 외에 일부 소아 정신과 내에서도 놀이치료를 하고 있다.

* 위 기관에서 놀이치료를 하고 있는 사람들 대부분은 아동상담과 관련된 석사과정을 마치고 일정 기간 동안의 교육과정을 거친 자로서, 각 기관의 성격에 맞추어 치료 대상을 선정하여 놀이치료를 진행하고 있다.

07 　개성화의 과정과 사회복지상담

　개성화의 작업은 인간의 삶 내면에 있는 가치성과 심리성을 분석하여 인간으로서 인간다운 삶이 무엇인지를 찾아가는 작업인 것이다. 그러므로 대부분 내면에 있는 자아에 초점을 둘 수밖에 없다. 사회복지상담에 있어서도 융이 말하는 꿈을 이해하면 내면화된 개성화를 통해 봉사 정신과 헌신 정신을 분석하거나 연구할 수 있다. 우선 융에 대해서 구체적으로 알아보도록 하겠다.

　Carl. G. Jung은 매우 많은 사람을 관찰하고 그 꿈을 연구함으로써(그는 적어도 8만의 꿈을 해석했다고 한다.) 모든 꿈이 정도의 차이는 있지만 꿈은 꿈을 꾼 본인의 인생에 관계하고 있을 뿐 아니라 심리적 요소인 하나의 큰 조직의 모든 부분을 구성하고 있음을 발견했다. 그는 또 꿈이 전체로서 하나의 배열이나 패턴을 따르는 것처럼 보인다는 사실도 발견했다. 그 패턴을 융은 '개성화의 과정'이라고 불렀다.

　우리들의 꿈의 생활은 뒤엉킨 하나의 패턴을 만들고, 그것에 우리들의 소질 혹은 성향이 나타나든가 사라지든가 재현되는 것이다. 이 뒤엉킨 패턴을 장기간 관찰한다면 일종의 숨겨진 규칙성 또는 방향성이 작용하고 있어 눈에 보이지 않을 만큼 더딘 마음의 성장 과정, 즉 개성화의 과정을 만들어 내고 있음을 발견할 수가 있다.

1) 의식과 무의식

인간의 마음에는 어떠한 것들이 있는가.

우선 '나', Ego(자아)라는 것이 있다. '자아'가 없는 정신이 있을 수 없는 것은 아니다. 그러나 그것이 강하든 약하든 '나'란 있게 마련이다. '나'의 둘레에는 의식이 있다. 내가 의식하고 있는 모든 것, 나의 생각, 내 마음, 내 느낌, 나의 이념, 나의 과거, 내가 아는 이 세계, 무엇이든 자아를 통해서 연상되는 정신적 내용은 의식이다. '나'는 이 의식의 중심에 위치한다. 의식은 마치 피부와 같은 표면이다. 그 밑에 끝없는 미지의 영역이 있다. 우리는 결코 무의식적인 정신을 직접 탐구할 수 없다. 왜냐하면 무의식은 진정으로 무의식적이기 때문이다. 자아의 탄생 – 이것은 엄청난 일이다. 자아는 마치 자석과 같은 큰 매력을 가지고 있다. 그것은 무의식의 내용을 우리가 모르는 어둠의 세계에서 끌어당긴다. 그것은 또한 밖에서 오는 여러 인상들을 끌어당긴다. 그것들이 자아와 관련을 가지게 되면 그것들은 의식이 된다. '내'가 아는 세계가 의식이라면 내가 가지고 있으면서 내가 아직 모르는 정신세계를 무의식이라 부른다. 자아에 속하지 않으며 자아와 아직 연관되지 않고 있는 모든 심리적 경향, 내용들을 통틀어서 무의식이라 부른다. '무의식'이라는 말은 썩 좋은 말도 아니고 오해받기 쉬운 말이지만 달리 더 적합한 표현이 없으므로 그대로 이 말을 빌려 표현하는 것이다. 무의식이란 아직 의식되지 않은 정신세계로서 자아의 통제 밖에 있는 것이다. 그것을 '미지의 정신세계'라 불러도 상관은 없는 것이다. 무의식은 혹이 아니고 샘물과 같은 것이다. 거기에는 무한한 가능성으로 향하는 에너지가 저장되어 있다. 그것은 떼어 버리거나 없애야 할 성질의 것이 아니라 생명의 원천이며 창조적 가능성을 지닌 것이다. 무의식은 방어해야 할 위험한 충동이기보다는 체험하며 의식의 것으로 동화해야 할 것들이다.

(1) 개인적 무의식

한 사람이 이 세상에 태어나서 자라는 동안 겪은 개인 생활에서의 체험 내용 가운데서 무슨 이유에서든지 잊어버린 것, 현실세계의 도덕관이나 가치관 때문에 현실에 어울리지 않아 억압된 여러 가지 내용으로서 반드시 성적인 것에 국한되지 않은, 그것을 포함한 모든 그 밖의 심리적 경향, 희구, 생각들, 고의로 눌러 버린 괴로운 생각이나 감정, 그리고 의식에 도달하기에는 강도가 미약한 내용들이다. 다시 말해서 개인의 특수한 생활 체험과 관련되고 개인의 성격상의 특성을 이루는 것들이어서 이것을 융은 개인적 무의식이라 했다.

(2) 집단적 무의식

개인의 특성보다는 인류 일반의 특성을 부여하는 요소, 누구에게나 보편적으로 존재한다는 뜻에서 융은 집단적 무의식이라고 말했다. 집단적 무의식은 인간에게 문화나 인종의 차이와 관련 없이 존재하는 인간의 가장 원초적인 행동 유형을 말하는데 이것은 신화를 산출하는 그릇이며 우리 마음속의 종교적 원천이다. 이렇게 개인의 출생 이후의 특수한 경험을 바탕으로 이루어지며 개인에 따라 서로 다르나는 뜻에서 개인적 무의식이라 불리며, 또한 선천적으로 존재하고 시간과 공간을 초월해서 모든 인간에 있어 보편적인 성격을 띠고 있다고 해서 집단적 무의식(또는 의식적 무의식)이라고 부른다.

2) 마음의 성장 패턴

규칙성을 주는 조직화의 중심은 우리들 마음의 조직에 있어서의 '핵원자(核原子)'와 같은 듯싶다. 혹은 그것은 꿈의 이미지의 발명가·조직자·원천이라고도 부를 수 있을 것이다. 융은 이런 중심을 '자기'라 일컫고 마음의 전체성으로서 기술했으며, 마음의 일부만을 형성하고 있는 '자아'와 구별했던 것이다.

인간은 이와 같은 내적인 중심 존재를 고대부터 직관적으로 인지해 왔다.

- 그리스인 – 인간 내부의 다이몬(Daimon)
- 이집트 – 바의 넋(Ba – Soul)
- 나스카피 인디언 – 위대한 사람(The great man), 이스터페오

자기는 마음의 내부에 있는 안내의 요인으로서 정의된다. 그것은 무의식적인 인격과는 다른 것이며, 꿈의 연구를 통해서만 파악할 수 있다. 꿈은 자기를 인격의 끊임없는 발전과 성숙으로 인도하는 조정의 중심으로서 제시된다.

그러나 이 마음의 보다 넓은, 보다 전체적인 양상은 먼저 선천적인 한낱 가능성으로서 출연한다. 그 가능성은 일생 동안에 극히 조금밖에는 현실로 생기지 않을 경우도 있고, 거의 완전히 발전하는 경우도 있다. 그것이 어느 정도 발전하는가는 자아가 자기로부터의 메시지에 기꺼이 귀를 기울이는가의 여부에 달렸다.

자아란 본래 그 자신의 임의의 욕구에 한정 없이 따르도록 되어 있지는 않으며, 전체의 마음 – 전체성 – 의 현실화에 힘쓰도록 되어 있다고도 생각된다. 마음의 전체 조직에 불을 켜고 그것을 의식화하여 현실화시키는 일에 조력하는 것은 자아인 것이다.

이를테면 내가 예술적인 재능을 갖고 있다고 하더라도 그것에 관해 나의 자아가 의식하지 않는다면 아무런 일도 생기지 않을 것이다. 그 재능은 없는 것이나 다를 바 없다. 나의 자아가 그것을 인정하는 한에 있어서만 나는 그것을 현실화할 수 있다. 그러나 천성의 잠재적인 마음의 전체성은 충분히 자각되고 실천화된 전체성과 같은 것은 아니다. 예를 들어, 산의 잣나무 씨는 잠재적인 모습으로, 그 나무로서의 미래의 모든 것을 숨기고 있다. 그러나 개개의 씨는 어느 때 어떤 장소에 떨어진다. 그곳에는 토양이나 석질이나 토지의 경사 및 햇빛과 바람을 타는 정도 등 각가지 특수한 요인이 있다. 씨 속에 있는 잣나무의 잠재적인 전체성은 이러한 상황에 대해 돌을 피하든가 태양 쪽으로 기울든가 하여 실재화하고 그 전체성의 충족을 이룩하

며, 현실세계에 모습을 나타낸다. 이 실재의 나무가 없이는 잣나무의 이미지는 한낱 가능성이고 추상적인 개념에 지나지 않는다. 개인 속에 있는 이러한 개성의 실현이 개성화 과정의 목표인 것이다. 즉 인간이 자기의 내적인 인간성을 살아 나가는 하나의 과정인 것이다. 그렇지만 엄밀히 말하면 개성화의 과정이란 개인이 그것을 인지하고 있으며 의식을 갖고서 그것과 살아 있는 연관을 가질 경우에 한해서만 진짜인 것이다. 인간은 확실히 자기의 발전에 의식을 갖고서 참가할 수가 있다. 그는 이따금 자유로운 결정을 함으로써 그 발전에 적극적으로 협조해 갈 수 있다고 느끼기조차 한다. 좁은 의미에서의 개성화의 과정에는 이 같은 협조가 존재하는 것이다. 그렇지만 더 이상의 것을 체험하는 데 개성화의 과정은 선천적인 전체성의 배종(胚種)과 운명에 의한 외적인 작용과의 타협 이상의 것이다. 주관적인 체험에 의해 우리들은 어떠한 초인적인 힘이 창조적인 방법으로 적극 개입하고 있다는 느낌을 받는다. 때로는 숨겨진 계획에 따라 무의식이 자기를 이끌고 있다고 느껴진다. 그것은 흡사 무언가가 자기를 보고 있는 것과 같다. 그것을 나는 볼 수가 없지만, 그것은 나를 보고 있다. 아마도 꿈에 의해 나에 대한 의견을 알리는 마음속의 '위대한 사람'일 것이다. 그러나 이 마음의 중핵(中核)인 창조적이고 적극적인 면은 자아가 모든 의도적인 혹은 소망에 의한 목표를 내던지고 보다 깊이 보다 기본적인 존재의 형대에 이르고지 노력할 때에 있어서만 작용하는 것이다. 자아는 어떠한 계획이나 목표를 갖지 않고 성장에의 내적인 요청에 주의 깊게 귀를 기울이고 몸을 맡길 수가 있어야만 한다. 많은 실존주의 철학자가 이런 상태를 기술하고자 노력하고 있지만, 그들은 의식의 환상을 벗기는 데에 머물러 있다. 즉 그들은 무의식의 입구까지 육박하면서도 그것을 열지는 못하는 것이다.

우리들의 태도는 앞에서 말한 산의 잣나무와 같아야 한다. 성장하는 데 돌에 의해 방해되어도 화를 내지 않고, 또한 그것을 어떻게 극복할 것인가 하는 계획을 세우지도 않는다. 다만 왼쪽으로 뻗을 것인가, 오른쪽으로 뻗을 것인가, 혹은 비탈을 등질 것인가, 그렇지 않을 것인가를 감지하고자 할 뿐이다. 잣나무처럼 우리들은 거의 눈에 보이지 않는 창조적인 자기실현으로 향하는 충동에서 생기는 어떤 힘에 몸을 맡겨야만 할 것이다. 그리고 이것은 개인이 반복해서 탐색하고 그 속에서 아직까지 누구에게도 알려져 있지 않은 무언가를 발견하는 하나의 과정인 것이다. 지도적인 힌트나 힘은 자아로부터 생기는 것이 아니고 마음의 전체성, 즉 자기로부터 생기는 것이다. 더군다나 다른 사람을 엿보는 일은 무용하다. 왜냐하면 자아실현에 관한 일은 독자적인 것이기 때문이다. 타인과는 다른 것, 즉 자기 자신의 고유한 무언가를 이룩하지 않으면 안 된다. 실제의 개성화 과정 – 자기의 내적인 중심(마음의 핵), 즉 자기와의 의식에 의한 대화 – 은 일반적으로 인격이 상처 입고 그것에 따르는 고뇌에 의해 시작된다. 이 최초의 충격은 자주 그것이라고 깨닫지 못하지만, 일종의 '계시'가 된다. 반대로 자아는 그 의지나 욕망이 방해되었다고 느끼고, 대체로 그 방해를 어떠한 외적인 것에 투영한다. 즉, 자아는 신이나 경제 상태나 윗사람이나 배우자를 어떠한 방해가 된 것의 책임자로서 비난하는 것이다. 다가오는 어둠의 숨겨진 목적은 너무나도 특수하고 독자적이며 예상을 초월하는 것이므로, 그것이 무엇인가는 일반적으로 꿈이나 무의식에서 샘솟는 공상을 통해서만 발견된다. 지레짐작을 하거나 거부감을 느끼지 않고 무의식에 대해 주목한다면, 그것은 자주 유용한 상징적 이미지의 흐름이 되어 출현하는 것이다. 그렇지만 언제나 그러한 것은 아니다. 때로 그것은 먼저 자기 자신 및 자기의 의식적인 태도의 결점에 관해 일련의 고통에 찬 인지를 제기한다. 그리하여 우리들은 모든 종류의 쓰디쓴 진실을 마심으로써 이 과정을 시작하지 않으면 안 되는 것이다.

3) 내적 인격

내적인 인격은 일상적으로 표출되지 않는 즉, 어떠한 상황에서 돌발적으로 그 본성이 나올 경우가 있다. 술에 취해서 인사불성이 되어서 그의 본래적인 악의성, 저질성이 나오는 것이라든지, 어떠한 극단적인 상황이 발생했을 때 일반적인 그의 모습이 아닌 도발적이고 혁신적이거나, 획기적인 행동이 나오는 것들을 말할 수 있다.

(1) 콤플렉스(Complex)

콤플렉스란 우리 사고의 흐름을 훼방 놓고 우리로 하여금 당황하게 하거나 화를 내게 하거나 또는 우리의 가슴을 찔러 목메게 하는 마음속의 어떤 것들이다. 사람들은 감정적으로 동요하거나 흥분하게 되는 이유를 곧잘 "그 사람의 아픈 데를 찔렀기 때문이다."라고 하거나 '약점'을 찔렀다고 한다. '콤플렉스'란 바로 그 '아픈 곳'에 자리하고 있다. 그런 뜻에서 보통 사람들은 열등의식과 '콤플렉스'를 같은 말처럼 생각하고 있다. 그래서 누구는 무엇에 대해서 "열등감을 가지고 있다."는 말 대신에 "콤플렉스를 가지고 있다."고들 말한다. 그러나 콤플렉스 가운데는 열등감을 일으키며 또한 그런 열등의식으로 말미암아 생긴 것들이 있지만 모든 콤플렉스가 열등의식과 동일한 것은 아니다. 콤플렉스는 하나가 아니고 여럿이다. 무수히 많은 체험이 무수히 많은 콤플렉스를 만들어 낸다. 콤플렉스란 그것이 의식을 자극할 때 대개 불쾌한 감정 반응을 일으키는 것이 보통이지만 그렇다고 콤플렉스의 내용이 열등감과 관계있는 것만은 아니다. 그것은 열등감뿐 아니라 희로애락 모든 감정 작용을 일으킨다. '콤플렉스'란 '감정적으로 강조된 심리적 내용' 또는 '그 내용을 중심으로 한 심적 요소의 어떤 일정한 군집'을 말한다고 융은 정의한다. 우리의 마음속에 여러 개의 '나'의 분신이 있다는 것은 일상적인 현상을 관찰하거나 정신 병리적인 해리 현상을 통해서 볼 수 있다. 이와 같이 부분 인격이라는 것과 콤플렉스란 본질적으로 같은 말이다. 다만 콤플렉스와 같은 작은 심상군에도 부분 인격에서 보는 또 하나의 의식이 있는가 하는 것은 의문이라고 융은 말한다. 그러나 콤플렉스의 작용을 자세히 관찰하면 그것이 마치 그 자체의 의지를 가지고 있는 것처럼 작용한다고 융은 말한다. 콤플렉스는 또한 우리의 꿈에 나타나서 행동하는 사람들이다. 그것은 콤플렉스가 인격화한 것, 다시 말해서 인격상으로 나타난 것들이다. 콤플렉스란 정신적 체질이다. 누구에게나 그것은 '절대적으로 선결된 것'이다. 바꾸어 말해서 절대적인 선입견이다. 이런 체질적으로 선결된 심리적이라든가 그 밖의 다른 학문의 이론상의 성격을 제약하는 것은 피할 수 없는 일이다. "편견 없이 객관적으로 보는 어떤 연구가도 자기 자신의 콤플렉스를 외면할 수는 없었다. 왜냐하면 콤플렉스가 그를 외면하지 않기 때문이다."라고 융은 말한다. 콤플렉스란 정신 현상을 서로 연결 짓고 갈등을 일으키게 하고, 또한 생동적인 움직임을 정신에 부여하는 '매듭'과 같은 것이다. 에너지론적으로 말하면 이것들은 그 각각 가지고 있는 에너지의 강도에 따라 정신적 격차를 형성하여 정신의 활동을 활발하게 하는 것이다. 무의식으로 통하는 길은 꿈이 아니라 콤플렉스다. 콤플렉스가 꿈과 증상을 만들어 내는 것이기 때문이다. 콤플렉스에 사로잡히는 현상은 반드시 그 본인에 의하여 의식되는 것은 아니다. 자기도 모르게 어느덧 자아가 콤플렉스에 의하여 동화되는 경우도 많다. 콤플렉스에 사로잡혀 있으면 콤플렉스와 그 자신을 구별할 수 없다. 그는 앞을 못 보는 장님이거나 까만 안경을 통해서 세상을 보면서 그것이 세상의 실상이 아니라는 것을 모르는 사람과 같다. "사람들은 자기가 콤플렉스를 가지고 있다는 것을 안다. 그러나 콤플렉스가 그를 가지고 있음을 모른다."고 융은 말했다. 콤플렉스를 의식화한다는 것은 그러므로 인격 성숙에 중요한 과제가 된다. 콤플렉스가 의식을 자극하게 되는 것도 사실은 주관적으로는 불쾌한 일이지만 콤플렉스가 의식 속에 제대로 받아들여지기를 요구하는 데서 생기는 것이다. 꿈에서 나를 쫓아오는 검은 그림자란 반드시 나를 해칠 목적이 있어서가 아니라 나와 가까워지기를 바라는 무의식의 콤플렉스인 것이다. 그러므로 무의식의 콤플렉스를 깨달으려면 불쾌감과 고통을 감수하는 용기가 필요하다. 콤플렉스란 迷路의 禁域이며 사람들은 다소간 콤플렉스 공포를 가지고 있다. 그러나 이런 공포는 무의식에 이르는 나쁜 길잡이라고 융은 말했다. 콤플렉스에 대한 공포감은 결국 낯선 것, 이상한 것, 새로운 것에 대한 공포감이다. 자아는 마치 어떤 새로운 사상, 새로운 학설, 새로운 유행이 들어왔을 때 보수적인 사회가 보여 주는 공포감과 의혹, 불신감과 같은 것을 갖게 되며 그것을 없애 버리든지 외면하려고 한다. 여기서 편견이 싹튼다. 콤플렉스에 대한 저항으로 의식이 그의 일방성을 강화하기 때문이다. 콤플렉스는 일시적으로는 의식 표면에서 억압할 수 있으나 그것이 생명의 일부를 차지하고 있는 이상 아주 없앨 수는 없는 것이다. 콤플렉스의 깨달음, 의식으로의 소화는 그리 쉬운 작업이 아니다. 물론 이 어려움은 콤플렉스가 공포의 대상이 되기 때문이기도 하지만 또한 의혹의 대상도 되기 때문이다. 콤플렉스가 의혹의 대상일 때 그것의 올바른 인식과 소화, 즉 깨달음은 거의 불가능해진다. 그는 콤플렉스에 사로잡혀 도취되고 말기 때문이다.

그러므로 콤플렉스를 남김없이 다 알 수는 없는 것이며, 언제나 모르는 부분이 남아 있다는 것을 알아야 하고, 이것은 결국 무의식이 남김없이 다 파헤칠 수 있는 성질의 것이 아니라는 것과 마찬가지다.

(2) 그림자의 자각

무의식이 처음에 유용한 형태로 생기든 부정적인 모습을 취하든, 혹은 늦든지 빠르든지 간에 의식적인 태도가 무의식의 요소에 보다 좋은 방법으로 재적응함에 따라서 무의식으로부터의 '비판'이라고 생각되는 것을 받아들여야 할 필요가 생긴다. 사람은 갖가지의 이유로 엄밀하게는 응시하고 싶지 않은 자기 자신의 인격이라는 측면에 관해 꿈을 통해서 알게 된다. 이것이 융이 말하는 '그림자의 자각'이다. 그가 인격의 무의식적인 부분을 그림자라는 용어로 표현하는 이유는 그것이 곧잘 꿈속에서 인간상으로서 나타나기 때문이다. '나'는 스스로를 지나치게 열등하다고 생각하고 '좋은 것'은 남에게만 있다고 믿는다. 그림자는 흔히 외계에 투사되며 대개는 투사됨으로써 우리는 비로소 그림자의 존재를 알 수 있는 기회를 갖게 된다. 그림자가 투사될 때 사람들은 '왜 그런지 모르게', '공연히', 어떤 대상에 대하여 혐오감이나 그 밖의 부정적인 감정 반응을 일으킴을 알게 된다. 그림자는 자아의 바로 밑바닥의 어두운 그늘 속에 있는 심리적 경향 또는 내용이므로 그 특징은 상당히 자아의식의 특징과 닮았다고 볼 수 있고 비슷하면서도 전혀 예기치 못했던 열등한 경향을 띠게 된다. 그래서 그림자의 투사는 곧잘 자아와 비슷한 대상에 향하는 것이 보통이다. 이를테면 같은 성의 친구 사이, 형제간, 자매간, 동료 사이, 상사와의 관계, 같은 성의 가족 사이, 예를 들면 시누이와 올케 사이 등에서 "왜 그런지 모르게 그 사람은 보기만 해도 싫다, 거북하다, 긴장이 된다, 화가 난다."고 할 때, 여기에는 그림자의 투사가 일어나고 있는 것이다. '왜 싫은가' 하는 것을 설명할 수도 있다. 그러나 그것은 현실에 꼭 무슨 인과관계가 있어서 그런 것이라기보다는 그 사람이 '공연히 잘난 체하니까' '덮어놓고 조속하고 시시하니까' '뭔가 비굴하고 천해 보이니까' '미욱하고 돼지 같으니까' '영악스럽고 교만해서' '너무 쌀쌀맞아서' 하는 등 상당히 부정적인 감정을 우리가 우리의 마음속에 그림자들을 하나씩 소화시켜 나갈 때 우리의 의식은 그만큼 넓어지며 자기 자신의 통찰은 그만큼 깊어진다. 그러면 우리는 종국에 완전히 소위 부정적인 측면은 하나도 가지지 않는 사람이 되는가 하면 꼭 그렇지는 않다. 인간 정신의 심층은 아직 완전히 밝혀지지 않은 어둠 속에 있다. 다시 말해서 무의식적인 것은 끝내 무의식적이다. 그것은 생명의 최후의 비밀은 우리가 아직 모르고 있는 것이나 마찬가지다. 무의식의 겉을 알고 도를 통했다고 느끼거나 해탈했다고 생각하는 것은 어리석은 일이다. 원시민족에게 그림자는 생명력의 일부로서 무척 소중히 여겨진다. 남의 그림자를 밟는다는 것은 커다란 불경을 뜻하며 전투 중에 적의 그림자를 창으로 찌르면 상대방은 미구에 죽게 된다고 믿는다. 그림자에 대한 믿음은 중국인 사이에도 있다. 장례 때 하관할 때 묘지에 자기의 그림자가 비치지 않도록 참석자들은 조심스럽게 비켜선다는 말이 있다. 그림자가 없는 존재란 죽은 자 영혼의 특징일 뿐이다. 그러므로 그림자가 있다는 것은 살아 있다는 증거다. 그림자는 의식의 바로 뒷면에 있는 여러 가지 심리적 내용이다. 그것은 마치 어두운 창고에 내버려진 곡식이나 연장과 같은 것으로 오래 두면 곰팡이와 녹이 슬게 된다. 다시 말해서 의식될 기회를 잃었으므로 미분화된 채로 남아 있는 원시적인 심리적 경향, 심리적 특징들이다. 그러므로 그림자는 그것이 외계의 대상으로 투사되거나 자아가 그것을 처음 의식할 때는 미숙하고 열등하고 부도덕하다는 등 부정적인 인상을 주는 것들이어서 좀처럼 자아가 자기의 일부분으로 받아들이기를 꺼리는 것들이다. 그러나 그림자는 본래부터 그렇게 악하고 부정적이고 열등한 것이 아니라 그늘에 가려 있어서, 다시 말해서 무의식 속에 버려져 있어 분화될 기회를 잃었을 뿐이며, 그것이 의식되어 햇빛을 보는 순간, 그 내용들은 곧 창조적이며 긍정적인 역할을 하게 되는 것들이다. 그러므로 그림자의 부정적 측면은 대개 상대적인 것이다. 드물게 그림자가 긍정적인 측면을 띠는 경우도 있다. 그것은 자아의식의 좋은 면이 억압되었을 때이며, 이때 사람이 자기의 그림자를 보려고 할 때 그는 자기 자신에게는 없지만 타인에게는 명백히 발견된다고 생각되는 성질이나 충동을 인지하게 된다. 친구가 당신의 결점을 책망했을 때 당신이 억누를 수 없는 분노를 느꼈다면 거기에서 당신이 의식하고 있지 않는 자기 그림자의 일부를 발견하게 되리라는 것은 거의 확실하다. 그림자가 벗이 되는가 적이 되는가의 여부는 거의 우리들 자신에게 달려 있다. 실제로 그림자는 그 상태에 따라 굴복하든가 저항하든가 친해지든가 하여 일상적으로 접하는 사람들과 마찬가지로 사귀지 않으면 안 되는 것이다. 그림자는 무시되고 오해되었을 때만 적대적이 된다. 그림자가 어떠한 형태를 취하든 그것은 자아와 대립하는 측면을 나타내고, 그 사람이 타인 속에서 가장 싫어하는 특성을 제시한다. 만일 성실하며 자기 통찰을 하고자 노력하는 것만으로도 그림자를 의식적 인격에 통합하는 것이 가능하다면 그것은 비교적 용이한 것이다. 그러나 불행히도 그와 같은 시도가 언제나 성공한다고는 할 수 없다. 우리들의 그림자의 부분에는 이성으로써는 억누를 수가 없는 격렬한 힘이 존재한다.

외계로부터의 쓰라린 경험이 그림자의 통합에 도움이 되는 일도 있다. 그러므로 그림자의 욕망이나 충동을 저지하기 위해서는 머리를 치는 일도 필요할 것이다. 때로 영웅적인 결정이 그림자를 멈추게 하는 데 도움이 되지만 그러한 초인적인 노력은 인간의 내부에 존재하는 위대한 사람(자기)의 도움을 빌릴 때에 가능해진다. 그림자의 이미지가 유용하고 생명력 있는 힘을 가지고 있을 때, 그것은 실제의 체험 속에도 동화되어야만 할 것이지 억압되어야 할 것은 아니다. 자아는 그 자존심이나 기품을 버리고서 나쁜 것처럼 보이면서도 실제로는 그렇지 않은 것은 끝까지 살려 나가지 않으면 안

된다. 이 점은 자신의 정욕에 대해 승리를 거두는 일과는 반대의 것이긴 하지만 그것과 똑같은 영웅적인 희생을 필요로 하는 것이다. 어두운 이미지가 우리들의 꿈에 나타나 무슨 일인가를 원할 때 그것은 단지 우리들의 그림자의 부분을 인격화한 것인가 혹은 자기의 인격화인가, 아니면 그 양자인가는 알 수 없는 것이다. 그 어두운 동반자가 우리들이 극복해야 할 결점을 상징하고 있는 것인지, 받아들여야 할 의미 있는 생활 방식의 하나를 상징하고 있는 것인지를 미리 구별하는 것은 우리들이 개성화의 과정에서 만나는 가장 곤란한 문제의 하나이다. 그리고 꿈의 상징은 곧잘 지나치게 미묘하고 복잡하게 나타나는 까닭에 누구도 그 해석에 확신을 갖지 못한다. 이러한 경우 우리들이 할 수 있는 유일한 것은 그 윤리적인 미혹이라는 불쾌함을 받아들여 최종적인 결론이나 행위를 하지 않고 꿈의 관찰을 계속하는 일이다. 이것은 신데렐라에게 계모가 산더미 같은 콩을 내놓으며 좋은 콩과 나쁜 콩을 가려내라고 명령했을 때의 상태와 매우 유사하다. 여기서 비둘기나 개미는 도움이 되는 깊은 무의식을 상징하는데 그것은 말하자면 신체에서만 느낄 수 있는 것이며 해결에의 길을 제시하는 것이다. 그러한 결정을 하기 위해 자아가 필요로 하는 강함과 내적인 명확함은 내부의 '위대한 사람'에서 그 근원을 갖는다. 그러나 '위대한 사람'은 자기 자신을 그다지 명확하게 제시하려고 하지 않는 것 같다. 아마도 자기는 자아가 자유로이 선택하기를 원하고 있을지도 모르고, 혹은 자기는 그것을 구현하기 위해 인간의 의식과 그 결정에 의존하고 있는지도 모른다. 그 같은 곤란한 윤리적인 문제에 관해서는 누구도 타인의 행위를 정말로 관장할 수가 없다. 각자는 자기 자신의 일을 문제로 삼아, 자기 자신에게 있어 무엇이 정당한가를 결정하지 않으면 안 된다. 어떤 늙은 선사(禪師)가 말했듯이 우리들은 '자기의 소를 막대기를 든 채 지켜보며 타인의 목장을 망가뜨리지 않도록 하고 있는 목동'의 예를 본받지 않으면 안 된다. 무의식을 진지하게 취급하고 그것에서 생기는 문제의 해결을 위해 고심하는 일은 대단한 용기를 필요로 한다. 많은 사람은 너무나도 나태하고, 그들이 무의식적으로 하고 있는 행위의 도덕적인 면에 관해서조차 생각해 보지 않는다. 따라서 무의식이 어떻게 영향을 미치는가에 관해서는 너무나도 게으른 것이다.

(3) 마음속의 여성

곤란하고 미묘한 윤리적 문제는 그림자의 출현에 의해서만 생겨나는 것이 아니며, 곧잘 다른 '내적인 이미지'가 출현한다. 꿈을 꾼 사람이 남성이라면 그 무의식이 여성상으로서 인격화하고, 여성의 경우에는 남성상으로서 인격화함을 볼 수가 있을 것이다. 자주 그림자의 배후에 이 제2의 상징적인 이미지가 나타나고 새로이 곤란한 문제를 제기한다. 융은 이 여성상을 '아니마(anima)', 남성상을 '아니무스(animus)'라고 명명했다. 아니마는 남성의 마음의 모든 여성적인 심리 경향이 인격화한 것으로서, 그것은 막연한 느낌이다. 무드, 예컨대 육감, 비합리적인 것에의 감수성, 개인에 대한 사람의 능력, 자연물에의 감정, 그리고 마지막으로 그렇다고 중요하지 않은 것은 아니지만 무의식과의 관계 등이다. 남성의 아니마의 특성은 일반적으로 그 어머니에 의해 형성된다. 어머니가 자기에게 나쁜 영향을 주었다고 느끼는 사람들에게 있어 그 아니마는 자주 화를 냄으로써 음산한 느낌이나 불확실하고 불안정하며 심술궂음을 나타낸다. 그러나 만일 그가 그 부정적인 아니마의 공격을 극복했을 경우에는 그것은 그의 남성다움을 강화하는 데 도움이 되기도 한다.

① 아니마의 부정적인 면

남성의 마음속의 이 같은 부정적인 모성(아니마)의 이미지는 다음과 같은 주제를 끊임없이 반복한다. '나는 아무런 가치도 없다. 세상의 일은 모두 무의미하다. 다른 사람은 별개이지만……, 즐거운 일은 아무것도 없다.' 이러한 '아니마 무드'는 권태감이나 병에 대한 두려움, 혹은 무력감이나 사고의 원인이 된다. 인생의 모든 것은 슬프고 답답한 면을 보여 준다. 이러한 어두운 기분은 사람을 자살로까지 이끌고, 그 경우 아니마는 사령(死靈)이 된다. 남성의 인격 속의 부정적인 아니마는 모든 것의 가치를 절하시킬 목적으로 조롱과 악의에 찬 연약한 의견으로서 표명되는 일이 있다. 그러나 이 같은 인생극에 있어서의 해결책은 아니마가 내적인 힘이라는 것을 인식함으로써만 발견할 수가 있다. 그 같은 얽힘을 생겨나게 하는 무의식 내의 비밀스러운 목적은 그 사람을 발전시키고 무의식의 인격을 보다 통합하며, 그것을 실생활에 끼치도록 함으로써 그 사람 자신의 존재를 성숙시키는 데 있다.

② 아니마의 긍정적인 면

아니마는 남성이 올바른 결혼 상대를 찾아낼 수가 있다고 하는 사실에 도움이 된다. 적어도 똑같이 중요한 다른 기능으로서는, 남성의 윤리적인 정신이 무의식 내에 숨겨진 사실을 식별할 수가 없을 때, 아니마는 그것을 발굴하는 데 도움이 된다는 점이다. 아니마가 담당하는 보다 중요한 역할은 남성의 마음을 참된 내적 가치와 조화시키고 심원한 내적 깊이에로 이끌어 가는 일이다. 그것은 마치 내적인 '라디오'가 어떤 유의 파장에만 동조하고 관계가 없는 것은 배제함으로써 '위대한 사람'의 목소리만을 듣도록 하는 것 같다. 이 내적인 '라디오'의 수신을 확립하는 데 있어 아니마는 내계(內界) 및 자기에의 안내자가 되고 중개자가 된다.

③ 아니마의 4단계

아니마의 발전에는 네 가지의 단계가 존재한다. 제1단계는 이브의 상에 의해 가장 적절히 상징되고, 제2단계는 『파우스트』의 헬레네에게서 보게 된다. 즉 그녀는 로맨틱하며 미적인, 그러나 성적 요소에 의해서도 특징져져 있는 수준을 인격화한 것이다. 제3단계는 동정녀 마리아에 의해 제시된다. 그것은 사랑(애로스)을 신성한 헌신으로까지 고양한 이미지이다. 제4의 형태는 사피엔티아(Sapientia), 즉 가장 성스럽고 지순한 것까지도 초월하는 예지에 의해 상징된다. 이 단계를 나타내는 다른 상징으로는 「아가(雅歌)」에 있어서의 술람미(Shulamite)의 여자가 있다(근대인의 마음의 발전에 있어 이 단계에까지 도달하는 경우는 드물다. 모나리자가 예지의 아니마에 가장 가까운 것이다.).

④ 아니마의 역할

내적 세계로 향하는 안내자로서의 아니마 역할의 바람직한 기능은 남성이 그 아니마로부터 보내지는 감정·무드·기대·공상 등을 진지하게 선택하고 그것들을 어떠한 모습-이를테면 문장·그림·조각·작곡·무용 등-으로 정착시킬 때에 활동하게 된다. 그가 이런 일을 함에 있어 인내심을 가지고 초조해하지 않도록 힘쓴다면 다른 보다 깊은 무의식의 소재가 깊은 곳에서 솟아올라 이전의 소재와 관련을 갖게 될 것이다. 공상이 어떠한 형태로 정착된 뒤에 감정 반응에 의한 평가에 비추어서 그것을 절대적으로 현실의 것으로서 간주하는 일이 중요하다. 즉, 그것은 '단순한 공상일 뿐이야'라고 하는 숨겨진 의혹을 가져서는 안 되는 것이다. 이 점이 오랜 시간에 걸쳐 헌신적으로 이루어질 때에는 개성화의 과정이 차츰 현실로 되고, 그 본래의 형태를 나타내게 되는 것이다. 자기의 공상이나 감정을 진지하게 다루고자 하는 괴로운(그러나 본질적으로는 간단한) 결의에 의해서만 개성화 과정에 있어서의 이 단계의 완전한 정체(停滯)를 방지할 수가 있다. 즉, 이 같은 방법에 의해서만 아니마상이 내적 현실로서 무엇을 의미하는가를 찾아낼 수가 있기 때문이다. 이리하여 아니마는 또다시 그 본래의 것, 즉 '내면인 여성', 자기로부터의 메시지를 전달하는 것이 되는 것이다.

(4) 아니무스 – 마음속의 남성

여성에게 있어서의 무의식이 인격화한 것으로서의 남성상, 즉 아니무스는 남성에게 있어서의 아니마가 그러했던 것처럼 선과 악이라는 양면을 나타낸다. 그러나 아니무스가 에로틱한 공상이나 무드의 모습을 취하여 나타나는 경우는 그리 흔하지 않다. 그것은 곧잘 숨겨진 그리고 성스러운 확신의 형태를 취한다. 그 같은 확신이 소리를 높여 집요하게 남성의 목소리를 갖고서 역설되든가, 혹은 잔혹하고 감정적인 방법에 의해 다른 것에 과해질 때에는 여성의 마음 저변에 내재해 있는 남성적인 면이 쉽게 인정된다. 그렇지만 외적으로는 매우 여성스러운 여성에게 있어서조차 아니무스는 마찬가지로 단단하고 잔혹한 힘일 수가 있다. 어떤 여성의 내면에 아주 완고하고 차가우며 결코 가까이하기 어려운 무엇인가가 존재하고, 누구라도 갑자기 그것과 마주치게 되는 경우가 있을 것이다. 남성의 아니마의 성격이 그 남성의 어머니에 의해 형성되는 것처럼, 아니무스는 기본적으로 그 여성의 아버지에 의해 영향을 받는다. 아버지는 자신의 딸의 아니무스에 대해 논쟁의 여지가 없는 '참된 확신'이라고 하는 색조를 부여한다. 그러나 그 확신은 그 여성이 정말로 있는 그대로인 자기 자신의 현실을 결코 포함하고 있지는 않다.

① 아니무스의 부정적인 측면

부정적인 아니무스는 죽음의 화신으로서만 나타나는 것은 아니다. 신화나 옛날이야기에서 그는 도둑이나 살인자의 역할을 맡는다. 아니무스는 자주 한 떼의 남성으로서 인격화된다. 부정적인 아니무스의 그룹은 난파선의 약탈자와 같은 위험한 범죄자의 무리로서 나타난다. 약탈자는 불빛에 의해 배를 암초로 유혹하고 생존자를 죽이며, 그 표류물을 약탈한다. 또한, 아니무스는 반의식적인 차갑고 파괴적인 생각을 인격화하고 있다. 모든 감정의 기묘한 수동성(受動性)이나 마비, 혹은 자기의 존재를 거의 느끼지 않을 만큼의 깊은 불안정감은 때로 무의식인 아니무스의 의견으로부터 생겨나는 것이다. 여성의 존재 깊은 곳에서 아니무스는 속삭인다. "이미 희망은 없다. 해보았자 소용없다. 어떤 일을 해도 무의미할 뿐, 세상이 나아지는 일은 결코 없으리라"고. 불행히도 이러한 무의식의 인격화된 것 가운데 하나가 우리들의 마음을 사로잡을 때에는, 마치 우리들 자신이 그 같은 생각이나 감정을 갖고 있거나 한 것처럼 된다.

② 아니무스의 긍정적이고 가치 있는 면

아니무스는 창조적인 행위를 통해 자기에의 다리를 형성할 수 있다.

많은 신화나 옛날이야기는 주술에 의해 야성의 동물이나 괴물로 바뀌어버린 왕자가 소녀의 사랑을 받음으로써 구제된다는 내용을 담고 있다. 그것은 아니무스가 의식화되는 방법을 상징화하고 있는 하나의 과정이다. ex) 미녀와 야수

실생활에서 이것과 대비되는 일은, 여성이 자기의 아니무스로 향해야만 할 의식적인 유의(留意)는 매우 오랜 기간을 필요로 하고 많은 고뇌를 포함한다는 점이다. 그러나 그녀가 자기의 아니무스가 대체 누구이며 또 무엇인지, 그리고 그 아니무스가 그녀에게 무엇을 하는지를 알거나 아니무스에 사로잡히는 것을 허용하지 않고 그 현실에 직면한다면, 그녀의 아니무스는 둘도 없는 내적인 동반자로 변용된다. 그리하여 그것은 주도성·용기·객관성·정신적인 지혜 등 남성적인 기질을 그녀에게 주는 것이다. 이미 설명했던 것처럼 아니무스의 긍정적인 면은 기획성이라든가 용기라든가 진실성, 그리고 가장 높은 형태에 있어서는 정신적인 깊이를 인격화할 수가 있다. 그 아니무스를 통해 여성은 그녀의 문화적, 그리고 개인적이며 객관적인 상태에 저류(底流)하고 있는 과정을 체험할 수가 있다. 여성은 자기의 성스러운 확신을 의심할 만큼의 용기와 내적인 마음의 넓이를 찾아내지 않으면 안 된다. 그런 경우에 한해서만 그녀는 무의식의 시사를 받아들이고, 특히 그것이 그녀의 아니무스의 의견과 모순될 때라도 그것을 받아들일 수가 있을 것이다. 그런 경우에 한해서만 자기(self)의 표명이 그녀에게 전해지고, 그녀는 그것들의 의미를 분명히 의식하여 이해할 수가 있을 것이다.

③ 아니무스의 네 가지 발전 단계

아니무스는 처음에는 단순한 신체적인 힘의 인격화로서 나타난다. 이를테면 스포츠에서의 우승자나 힘살이 혹처럼 늠름하게 솟아오른 남성이다. 다음 단계는, 아니무스는 주도성과 계획된 행위를 달성하는 능력을 소유한다. 제3의 단계에 있어서는, 아니무스는 '말[言]'이 되고 곧잘 교수라든가 목사로서 나타난다. 마지막으로 제4단계에 있어 아니무스는 의미를 구현화한 것이 된다. 이 최고의 수준에 있어(아니마와 마찬가지로) 아니무스는 종교적 경험의 중개자가 되고, 따라서 그것에 의해 생명은 새로운 의미를 획득한다. 아니무스는 여성에게 정신적인 확실성을 주고 그녀의 외적인 부드러움을 보상하는, 눈에 보이지 않는 내적인 지지를 보낸다. 가장 발전된 형태를 취한 아니무스는 때로 여성의 마음을 그 시대에 있어서의 정신적인 개혁과 관련

짓는다. 그리고 그것에 의해 새로운 창조적인 관념을 남성보다도 더욱 잘 받아들이게 된다. 이 때문에 먼 과거에는 여성은 많은 나라에 있어 신탁(神託)을 주는 존재였고 예언자였다. 그녀들의 긍정적인 아니무스의 창조적 대담성은 때로 남성을 자극함으로써 새로운 기도를 가지게 하는 생각이나 관념을 표명한다.

4) 외적 인격(페르소나, persona)

페르소나란 고대 그리스의 연극에서 배우들이 쓰던 가면을 말한다. 그러나 탈이 탈을 쓴 사람의 개성이 아닌 것과 같이 '페르소나'라 하면 진상(眞相)이 아니라 가상(假相)이라는 뜻도 포함된다. '페르소나'는 집단정신의 한 단면이다. 그것은 흔히 개성이라고 착각하기 쉬운 가면(Maske)이다. '페르소나'는 내가 나로서 있는 것이 아니고 남과 다른 사람들에게 보이는 나를 더 크게 생각하는 특징을 가지고 있다. 이것은 진정한 자기와는 다른 것이다. '페르소나'에 입각한 태도는 주위의 일반적 기대에 맞추어 주는 태도이며, 외계와의 적응에서 편의상 생긴 기능 콤플렉스이다. 그리하여 그것은 환경에 대한 나의 작용과 환경이 나에게 작용하는 체험을 거치는 동안 형성된다. 우리나라 말 가운데 '페르소나'에 해당되는 말은 '체면', '얼굴', '낯'과 같은 것이다. 어른의 체면, 남편의 체면, 교육자의 체면, 선생의 체면, 숙녀의 체면 등 그것은 모두 어떤 사회집단이 그 집단의 특수한 성원에게 한결같이 요구하는 일정한 행동상의 규범이며 제복과 같은 것이다. 체면이라는 말은 '사명, 역할, 본분, 도리'라는 말로 바꾸어도 같은 설명이 성립된다. '페르소나'는 집단 공유의 보편적 원칙이기 때문에 때로는 어느 집단에만 적용되고 다른 집단에는 적용되지 않는 행동 양식도 있다.

집단과의 관계를 유지하는 동안 자아는 차츰 자기도 모르게 집단정신에 동화되어 그것이 자기의 진정한 개성인 것으로 착각하는 경우가 있다. 이것을 우리는 자아가 페르소나와 동일시되어 있다고 말한다. 이렇게 되면 집단이 요구하는 역할에 충실히 맞추어 주는 사람이 된다. 집단이 옳다고 말하는 규범은 무엇이나 지키는 사람이 된다. '페르소나'와의 동일시는 가벼운 인격의 해리를 일으킨다. 자아가 외적 인격과 동일시되면 외적 인격과 의식된 관계를 맺지 못하기 때문에 오히려 그 영향을 받아 외적 인격에 의하여 자아가 동화된다. 밖에서는 누구에게나 친절하고 활달하고 인정 많은 사람으로 통하지만 집에 돌아오면 그와는 전혀 다르게 흔히 무뚝뚝하고 때로는 소심하고 잔소리가 많고 짜증 내고 작은 일에 집착하는 소인이 되는 것은 그러한 예인데, 여기서 우리는 외적 인격에 의한 외적 인격의 무의식적인 대상작용을 보게 된다. 그리고 외적 인격이란 평소에는 볼 수 없던 집에서의 '딴사람' 같은 성격에서 나타난다. '페르소나'나 '마음'이 그러한 것처럼 하나의 관계 기능이다. '마음'의 자아와 무의식의 깊은 곳을 연결하는 기능을 가졌다면 '페르소나'는 자아로 하여금 외계와 관계를 맺게 하여 주는 기능이다. '페르소나'를 분류하면 자아가 지금까지 자기 것이라고 생각했던 것이 자기 것이 아니라 남들의 것이었음을 알게 되며, 이러한 자각이 때로는 심각한 충격과 위기를 마련한다. 페르소나가 한 번도 제대로 형성됨이 없이 자라난 사람은 거의 외계와의 관계 상실 상태에 빠지며, 그렇게 되면 무의식적인 여러 충동에 사로잡히며 타인과 사회에 대하여 아무런 고려도 하지 않고 자기의 기분에 의해서 행동하는 완고하고 무지비한 인격을 니디낸다. 언신군과 같은 존재는 왕의 페르소나를 못 쓴 사람이며, 청소년 범죄에서도 이와 같은 유형을 볼 수 있다. 페르소나의 상실은 때로는 개체로 하여금 도덕적인 혼란을 일으키게 하기도 한다. 문화 변동에 따르는 가치관의 혼란도 그 한 예라고 할 수 있다. '페르소나'는 가상이다. 그러나 그것은 없애야 할 것이라기보다 구별되어야 할 것이다. 그것이 자아의 궁극적인 목표가 아니라는 것에 대한 자각은 페르소나를 사회생활에서 필요한 수단이라고 보고 거기에 절대적인 중요성을 부여하지 않는다는 말이다. '페르소나' 자체가 나쁜 것이 아니라 '페르소나'와의 맹목적인 동일시가 문제 되는 것이다. 사회적 역할, 의무, 도덕규범, 예의범절, 이러한 것을 없애야 하는 것이 아니라 그것을 맹신하지 않는 것이다. 인간이 집단 속에서 생을 영위하는 이상, 가정과 사회의 교육을 통해서 페르소나를 형성하고 그것을 강화하는 것은 필요한 것이고 또한 필수적인 것이다. 사회적 역할을 충실히 해 나가거나 어떤 직업을 천직으로 알고 수행하는 것이 페르소나와의 맹목적(무의식적)인 동일시를 말하는 것일까? 그것은 아무도 단언하기 어렵다. 그렇게 사는 것이 그의 가야 할 길, 그 자신의 길일진대 그에게 있어 개성화란 그렇게 사는 것이다. 그럴 때 그것은 동일시가 아니라 자각된 선택이다. 개성화란 나에게 씌운 모든 칭호(명함에 인쇄된), 지위, 출신, 배경을 벗어던지는 것임에는 틀림없으나, 결국 의식과 무의식을 통틀어 그 사람 전체를 실현하는 것이기 때문에 페르소나의 존재가 완전히 무시되는 것이라 볼 수는 없다. 그러나 개인 개인의 무의식적인 경향을 파악하지 않고 겉에 나타나는 현상만으로 그가 그의 길을 가고 있는가 아닌가를 구별하는 것은 쉽지 않을 때가 많다.

5) 자기 정체성의 상징

아니마 혹은 아니무스의 문제에 대해 충분하고도 성실하게, 그리고 오랫동안 맞서 간다면 그 사람은 이미 그 아니마 또는 아니무스와 부분적으로 동일화하지 않게 되고, 무의식은 또다시 그 지배적인 성격을 바꾸어 새로운 상징적인 형태를 취한 채 나타나게 된다. 그것은 자기, 즉 마음의 가장 깊은 내적인 중핵을 나타낸다. 여성의 꿈에 있어서는, 이 중심은 일반적으로 높은 여성상으로서 인격화한다. 즉 무녀라든가 마녀라든가 대지의 어머니라든가, 자연 혹은 사랑의 여신 등이다. 남성에게 있어서는, 그것은 남자 지도자, 수호자(인도의 구루: 숲에서 살며, 힌두교의 성자), 늙은 현인, 혹은 자연의 요정 등에 의해 제시된다(늙은 기타 연주자, 난쟁이 여인).

자기-마음 전체의 내적 중심-는 꿈속에서 우월한 인물로서 인격화되는 경우가 많다. 여성에게 있어 자기는 현명하고 활기에 넘친 여성으로서 나타나기도 한다. 남성의 꿈속의 자기 인격화는 '늙은 현자'의 형태를 취하는 경우가 많다.

자기는 우리의 의식적인 시간의 경험(우리들의 시간과 공간의 차원)에 포함되지 않을 뿐 아니라, 그것은 온갖 곳에 동시에 편재(偏在)하고 있다. 뿐만 아니라 자기는 공간적인 편재성을 시사하는 형태를 취하며 나타난다. 그러므로 자기는 거대한 상징적인 인간으로 전 세계를 포용하는 것으로 제시된다. 이런 이미지가 어떤 개인의 꿈에 나타난다면, 곤란을 극복하기 위해 마음의 가장 중요한 중심에 활동성이 주어졌기(즉 전 존재가 하나로 응집된) 때문에 그 갈등에 대한 창조적 해결이 있는 것이 아닐까 하는 기대를 갖게 된다. 이 같은 우주적 인간(Cosmic man)의 이미지가 많은 신화나 종교에 있어서의 교의에 생기는 것도 당연하다.

• 우주의 인간: 전 우주를 포함하고 그것을 인격화한 거대하고도 모든 것을 포함하는 이미지: 신화나 꿈에서 흔히 볼 수 있는 자기의 표상이다. 이 우주의 인간은 모든 생명의 모든 창조의 시작일 뿐 아니라 최종의 목표이기도 하다.

"보리는 모든 곡물의 성질을 의미하고, 금은 모든 재물의 성질을 의미한다. 그리고 사람은 모든 생명을 의미한다."고 중세의 현자 에크하르트(Eckhart, Meister Johannes: 1260?~1327)는 말했다. 이것은 심리학적 관점으로 보아도 확실히 그러하다. 각 개인의 모든 내적인 마음의 현실은 궁극적으로는 이 원형적인 상징, 즉 자기를 지향한다. 실제적인 용어를 사용한다면, 이런 일은 인간 존재는 분리된 개개의 본능이라든가 목적을 가진 메커니즘, 이를테면 기아·권력·성·적자생존·종(種)의 보존과 같은 말로써는 결코 완전하게 설명될 수 없음을 의미한다. 그러므로 인간의 주된 목적은 먹는 일도 마시는 일도 아니고, '인간이 되는 것'이다. 이런 욕망들을 초월하여 우리들의 내적인 마음의 현실은 살아 있는 신비를 나타내는 것이다. 그리고 그것은 상징에 의해서만 표명되고, 그 표현으로서 무의식은 자주 힘찬 우주적 인간의 이미지를 선정하는 것이다. 우리 서양의 문명에 있어서는 이런 우주적 인간은 많은 부분에서 그리스도와 동일시되고 있으며, 동양에 있어서는 크리슈나라든가 불타와 동일시되고 있다.

• 꿈속에서 거울: 개인을 객관적으로 '반영하는' 무의식의 힘을 상징.

● 자기: 종종 도움이 되는 동물로 표현된다.

돌은 자기의 이미지로서 곧잘 생긴다(그것은 돌이 완전하고, 즉 불변하고 영원하기 때문). 성지(예루살렘, 모퉁이의 머릿돌, 제대, 기념비)

인간이라는 것은 돌과는 온갖 점에서 다른 존재이지만, 인간의 가장 내적인 중심은 이상하고도 특별한 의미로서 돌과 닮고 있는 것이다(아마도 돌은 자아의식의 정서·감정·공상, 또는 산만한 생각 등에서 가장 먼 존재를 상징하고 있기 때문이리라). 이 같은 의미에서 돌은 아마 가장 단순하면서도 가장 깊은 체험, 즉 인간이 불사이고 불변의 것으로 느끼는 순간에 가질 수 있는 무언가 영원한 체험을 상징하고 있을 것이다. 한마디로 꿈을 통한 인간 내면의 심리를 이용하는 복지가 되어야 한다는 것이다. 복지를 제대로 알려면 심리를 이해하여야 하며 내면의 정체성을 분석할 줄 알아야 한다. 그러므로 이러한 심리를 배우는 것이다.

6) 자기의 인격화

(1) 능동적 상상(명상)

자기의 인격화의 다른 예로서 어떤 여성의 이른바 능동적 상상 속에서 보고된 것이 있다. 능동적 상상은 상상적으로 명상하는 하나의 방법이며, 그것에 의해 의도적으로 무의식과의 접촉을 꾀하고, 그리하여 마음의 현상에 의식적인 관련을 갖는 일이다. 능동적 상상은 융이 발견한 것 가운데에서도 가장 중요한 것의 하나이다. 능동적 상상에 있어서의 명상은 하나의 자유로운 개인의 단독 실험이 되고, 그것은 무의식에 통달하기 위한 지도된 시도와는 반대의 것이 된다.

(2) 꿈

나스카피 인디언의 위대한 사람은 단지 내적인 진실을 명백히 할 뿐 아니라 어디서 어떤 때에 사냥을 하면 좋은가 하는 힌트까지도 준다. 나스카피의 사냥꾼은 그런 꿈에서 얻은 마술적인 노랫말이나 멜로디를 발함으로써 동물을 유인한다. 무의식으로부터의 이런 특수한 도움은 미개인에게만 주어지는 것은 아니다. 융은 꿈이 문명인에 대해서도 내적·외적 세계의 문제를 통하여 자기의 길을 찾아내는 데 필요한 안내를 해 줄 수 있다는 사실을 발견했다. 우리들은 차갑고 비개성적이며 무의미한 우연성의 세계에서 살아가는 것이 아니므로, 자신의 꿈에 주의를 기울인다면 중요한 숨겨진 규칙을 갖는 현상으로 충만한 자기 자신의 세계에 들어갈 수가 있을 것이다. 우리들의 문명세계에 있어서는 대개의 꿈이 자기에 대한 '바른' 내적인 태도의(자아를 통한) 발전에 관계되고 있다. 왜냐하면 이 관계가 문명인에게 있어서는 미개한 사람들의 경우에 비해 근대적인 사고방식이나 행동에 의해 보다 심하게 방해되고 있기 때문이다. 미개인은 일반적으로 내적인 중심과 직접적으로 결부되어 살고 있지만, 우리들은 뿌리로부터 분리된 의식을 갖고서 외적이며 참으로 관련성이 없는 일에 휩쓸리고 있으므로, 자기로부터의 메시지를 우리들에게 가져다주는 일에 많은 곤란을 겪는 것이다. 우리들의 의식은 명확히 형성된 '참된' 외적 세계의 환상을 의문 없이 만들어 내고, 그것이 다른 많은 지각을 방해하고 있는 것이다. 그럼에도 불구하고 우리들의 무의식의 성질에 의해 우리들은 자기의 심리적·신체적 환경과는 설명하기 어려운 관련을 맺고 있다.

7) 자기와의 관계

근대인에게 있어 아직도 가치가 있는 유일한 모험은 무의식적인 마음의 내부에 존재한다. 이 같은 생각을 막연하게 품은 채 많은 사람이 요가나 그 밖의 동양적인 행위에 관심을 보낸다. 그러나 이것들에 의해 사람들은 이미 인도인이나 중국인에게 알려져 있는 것을 받아들일 뿐이며, 자기 자신의 내적인 생명의 중심과 직접적으로 만나는 일은 하지 않으므로 참으로 새로운 모험을 얻는 일이란 없다. 동양의 방법이 마음을 집중시키고 내게로 향하게 하는 데 도움이 되는 것은 사실이지만(그리고 이 방법은 분석적 수법의 내향성과 어떤 점에서는 같은 것이지만), 그곳에는 중요한 차이가 존재한다. 융은 어떠한 도움 없이 혼자서 자기의 내적인 중심에 다다르고 무의식의 생생한 신비에 접촉하는 방법을 발전시켰다. 그것은 우리가 늘 다니는 까닭에 익숙했던 길과는 전혀 다른 것이다. 자기의 생생한 현실에 날마다 한결같은 주의를 기울이도록 힘쓰는 일은, 두 가지의 수준 혹은 두 가지의 다른 세계에서 동시에 살고자하는 것과 같다. 그 사람은 이전과 마찬가지로 외적인 의무에 마음을 기울여야 하지만, 동시에 꿈이나 외적 사상 속에서 자기가 그 의도를 상징화시켜 제시하는 암시나 신호에도 주의를 기울이지 않으면 안 된다. 자기는 생명의 흐름이 움직이는 방향을, 그것들에 의해 나타내고 있기 때문이다. 중국의 고전에서는, 쥐구멍을 엿보고 있는 고양이 비유가 자주 사용되고 있다. 어떤 고전은, 잡념이 끼어들지 않도록 해야 하지만 지나치게 예리한 주의를 기울여서는 안 된다―그러나 무디게 해서도 안 된다―고 말한다. 거기에는 꼭 알맞은 지각의 수준이 존재하고 있는 것이다. 수행(修行)이 이 같은 방법으로 행해진다면, 시간이 지나감에 따라 효과적으로 되고, 목적이 달성될 때에 이르러서는 농익은 열매가 저절로 떨어지듯이 그것에 닿는 것은 무엇이든 돌연 그 개인의 지극히 높은 자각의 원인이 된다. 이것은 물을 마시면서 그것이 차가운지 따뜻한지를 자신만이 아는 그와 같은 경지에 수행자가 도달할 때이다. 그 사람은 자기에 관한 모든 의문을 해결하고, 자기 자신의 아버지와 길모퉁이에서 만난 듯한 위대한 행복감을 체험한다. 인간이 그 영혼의 중심과의 접촉을 상실한 데에는 다음과 같은 두 가지의 주된 이유가 있다. 그 한 가지는 어떤 단일한 본능적 힘이나 정동적(精動的) 이미지가 사람을 일방적인 방향으로 향하게 하고 평형을 깨뜨리는 경우이다. 이것은 동물에게도 생기는 일로서, 예를 들어 성적 흥분에 빠진 수사슴은 굶주림이나 안전을 완전히 잊고 만다. 이런 일면성과 그 결과로 생기는 평형의 상실을 미개인들은 '넋의 상실'이라 부르며 매우 두려워한다. 내적 평형에 대한 다른 위협은 보통 특정한 콤플렉스의 둘레에 은밀히 쳐지는 지나친 공상에 의해 생긴다. 실제로 백일몽은 사람을 그 콤플렉스와 결부시키기 때문에 생긴다. 그리고 동시에 그것은 의식의 집중과 연속성을 위협하는 것이다.

8) 자기의 사회적 측면

우리들의 성숙의 수행은 개인적인 일이다. 우리들이 반응해 가는 일은, 자신의 영혼을 소중히 고려함으로써 집단적인 편견의 흐름에 대항하여 헤엄쳐 나가는 강함을 획득하는 데 도움이 된다(예: 크리스토 폴).

• 신비적인 어린이: 자기의 상징이고 일상적인 인간에게 '업혀' 있다.

그러나 그것이 그를 구제할 수 있는 유일한 것이다.

많은 미술 작품에 있어 어린이로서의 그리스도는 지구로서 혹은 그것과 함께 그려져 있다. 어린이와 구체(球體)는 모두 전체성의 보편적인 상징이므로, 그 주제는 명백히 자기를 상징한다. 자기 자신을 찾기 위해서는 자기가 좋아하는 것만 하고 있을 수 없다. 또한 타인이 그 사람에게 바라는 일만을 할 수는 없는 경우도 자주 있다. 그 사람은 자기의 그룹 – 가족이나 배우자, 혹은 다른 인간관계 – 으로부터 떨어지지 않으면 안 되는 일이 곧잘 있다. 이 때문에 무의식에 주목하는 일은 사람을 반사회적으로 만들고 자기중심적으로 만든다고 간주되는 것이다. 그러나 실제적인 면에서 말하면, 자기의 꿈을 오랫동안 따라온 사람은 타인과의 인간관계에 대해 관심을 갖는 일이 많다는 사실이 존재한다. 이 일은 자기의 사회적 측면을 나타내고 있다. 꿈은 그 사람에게 어떤 사람을 지나치게 신용하는 데 대해 경고를 할 것이다. 혹은 이전에는 의식적으로 주목하고 있지 않았던 누군가와의 바람직한, 유쾌한 만남을 꿈꾸는 일도 있을 것이다. 만일 꿈이 어떠한 방법으로 타인의 이미지를 다룬다면, 그 점에 관한 한두 가지의 해석이 가능하다. 첫째로 그 이미지는 투영이고, 꿈속의 그 이미지는 꿈꾼 사람 자신의 내적 측면의 상징이다. 예를 들어 불성실한 이웃 사람의 꿈을 꾸었을 때, 그 이웃 사람은 꿈

꾼 사람 자신의 불성실함을 나타내기 위해 꿈에 의해 이용된 것이다. 그 사람 자신에게 있어 불성실함의 어떤 면이 관계되고 있는가를 찾아내는 것이 해몽의 일이 된다(이것은 주체 수준에 있어서의 해몽이라고 불리는 것이다.). 그러나 꿈이 순수하게 타인에 관해 무언가를 알려 주는 경우도 있다. 이와 같이 하여 무의식은 이해를 초월한 역할을 담당하는 것이다. 모든 생명의 좀 더 차원 높은 형태와 마찬가지로 인간은 자기 주변에 있는 생물과 두드러진 조화를 이루고 있다. 사람은 자기 주위의 사람들이 가지고 있는 고민이나 문제, 긍정적·부정적인 속성이나 가치를 무의식적으로 타인에 대한 의식적인 생각과는 완전히 독립하여 보고 있는 존재이다.

(1) 성숙의 방법

성숙의 방법은 꿈을 해석하고 꿈이 직시하는 바에 직면해 가는 긴 과정만이 무의식을 서서히 변용시키는 것을 가능하게 한다. 그리고 의식의 태도 역시 이 과정 중에 변화할 것이 분명하다. 개성화 과정에 대해 맹목적으로 헌신하는 것이 최고의 사회적인 적응을 가져오는 일이다. 다시 말해서 인간의 신체적·정신적·심리적 건강이나 동물의 영역을 초월한 문화적인 효력은 이러한 사회적 형태에 있어 최대로 발휘되는 것 같다. 지금까지 우리들이 개성화의 과정을 이해해 온 한에 있어서는 자기는 이 같은 소단체를 만들어 내는 경향을 가지며, 또한 개인 간의 명백한 결부의 감정과 동시에 모든 사람과 관계되고 있는 감정을 만들어 낸다. 이들 관계가 자기에 의해 만들어지고 있을 때에만 동경이나 질투나 투쟁 등 모든 부정적인 투영이 그 단체를 파괴하지 않음을 확신할 수가 있다. 물론 이것은 '올바른' 도에 관한 의견 충돌이나 의무 간의 갈등이나 불일치가 존재하지 않음을 의미하는 것은 아니다. 그와 같은 경우에는 후퇴하여 내적인 목소리에 귀를 기울이고, 자기가 의도하고 있는 개성적인 견해를 찾아낼 수 있도록 해야만 한다.

(2) 무의식

무의식은 이런 양극, 즉 지나치게 찬란한 빛과 지나치게 깊은 어둠을 재통합하려는 것 같다. 변용을 지향하는 무의식의 경향 중 가장 두드러진 것이 종교의 중심적인 상징, 즉 신의 이미지임은 말할 나위도 없다. 우리들이 알고 있는 종교적 상징과 부분적으로 다른 것이 어떤 개인의 무의식에서 생길 때, 그것들이 공인되고 있는 종교적 상징을 그릇되게 바꾸든가 없애 버리든가 하는 게 아닐까 하여 두려워진다. 그러한 저항을 심리학적 관점에서 보면, 종교에 관계되는 한 인간은 세 가지의 형태로 구분된다고 할 수 있을 것이다.

9) 개성화의 과정(자기실현)

자기 원형이 그 사람으로 하여금 그 사람 자신이 되게끔 하는 인간의 무의식에 존재하는 근원적 가능성이라면, 자기실현은 이러한 가능성을 자아의식이 받아들여 실천에 옮기는 능동적인 행위를 말한다. 여기에는 자아의 결단과 용기와 인내심이 필요하며 이것이 있음으로써 비로소 무의식과 의식과의 합일이 가능해진다. 자기 원형은 언제나 누구에게나 상징을 보내서 자아로 하여금 진체로서의 생을 발휘하도록 촉구한다. 때로는 저절로 의식에 충격을 가하여 창조적인 인격의 변환을 초래하는 경우도 있다. 그러나 자기실현이 되느냐 되지 않느냐 하는 데는 대부분 그 개체의 자아의 태도 여하에 달려 있다. 자아가 무의식에 관심을 두고 그 뜻을 이해하여야 한다. 그렇지 않고는 상징의 의미를 파악할 수 없다. 개체가 사회적 평가나 사회적인 이상상에 맞추어 살기만 하면 그는 필연적으로 자기소외, 또는 자기부정에 빠지게 된다. 그는 다만 외부적인 역할이나 집단적인 이상을 위해서 사는 사람이 되며, 자신의 외적 추구, 자신의 개성을 소홀히 하기 때문이다. 그러므로 개성화 또는 자기실현은 첫째로 집단정신과 삶의 목표를 구별하는 데 있다. 이와 같은 구별은 하나의 자학된 인식을 바탕으로 이루어지는데, 이것이 결코 집단정신 페르소나 Persona를 부정하는 것이 아님을 알아야 한다. 개성이라든가 개성화라는 말을 쓰면 곧 사회규범을 무시하고 세속을 떠난 초속적인 세계에서 고고한 생을 누리거나 아니면 개인 지상주의를 말하는 것처럼 오해되기 쉽다. 그러나 개성화(Individuation)는 개인 지상주의(Individualism)와는 다르다. 개인 지상주의는 집단적 원리나 의무에 대하여 고의적으로 자기의 개인적 특수성을 강조하거나 내세우는 것이다.

자아 성숙의 궁극적인 목표가 페르소나가 아니라는 자학으로 나의 사명과 집단정신을 구별하되 사회적 의무와 규범의 필요성을 자기의 전체성에 합치되는 범위에서 인정하며, 때로는 능동적으로 사회에 참여하여 때로는 여기서 물러나 안의 세계에 자신을 맞추는 것이다. 자기실현은 간단히 말해서 농부로 하여금 농부로, 서양인으로 하여금 서양인으로, 한국인으로 하여금 한국인으로 만드는 과정이다. 자기실현이 되면 될수록 그는 지극히 평범한 사람의 모습을 갖출 것이다. 그렇다고 반드시 원만하고 선하다고 다른 사람들로부터 칭찬받는 존재가 되는 것은 아니다. 그가 속하고 있는 사회의 윤리관에 비추어 볼 때 그는 때로는 이기적이라는 평을 받고, 때로는 냉정하다는 평을 받고, 때로는 일관성이 없다고 비난을 받을지 모른다. 때로는 무한한 정열로 이웃을 돕고, 때로는 권력의 도가니에서 싸우고, 금욕과 정욕에 사로잡히며 고민하고, 때로는 질투와 증오와 감정으로 허덕일 것이다. 다만 그의 머리에는 집단적 투사에 의하여 생기는 명성이라는 후광이 없고, 구태여 스스로 그 후광을 만들고자 하지도 않는다. 그러나 만일에 누가 그것을 만들어 씌워 주면 그는 또 구태여 거부하지 않고 그것을 받아들일 것이다. 그것이 인생에서 대수로운 것이 아니기 때문이다. 그는 평범하나 분수를 아는 사람이다. 그는 그가 하여야 할 바를 마음속에 묻고, 그것이 그가 가야 할 길이면 그렇게 간다. 그것 때문에 그가 대인 관계에서나 세속적인 이권에 반해서 손해를 보게 된다 하더라도 그는 진정으로 고독한 사람일 수도 있다. 또한 그는 세속적인 의미에서 진정으로 무력한 사람일 수도 있다. 그러나 그는 자기와의 일치라는 점에서 가장 강한 사람이다. 그러나 강하다 약하다 하는 의식을 그는 가지지 않는다. 그는 반성할 줄 알며 그런 의미에서 종교적인 인간이다. 무엇이 나의 갈 길인가를 항상 마음속에 물으나 그 해답이 늘 분명하지 않음을 알며, 때때로 인간은 그 불분명한 혼돈 속에서 찾아 헤매는 고통을 겪어야 하며, 그러나 그 물음과 찾음에 응답이 있을 것임을 믿는다. 어쨌든 자기실현을 하는 데 있어서는 첫째는 자아에 덮어씌운 '페르소나'를 벗기는 일이며, 둘째는 자아를 무의식의 내용의 암시적인 힘에서 구출하는 일이라고 융은 말한다. 사람이 자기 성찰과 거의 맞는 행동을 통해서 자기를 의식하게 되면 될수록 집단적 무의식에 중첩된 개인적 무의식의 층은 사라진다. 그리하여 하나의 의식이 생기게 되는데, 그 의식은 이미 작은 개인적이며 예민한 자아 세계에 갇혀 있지 않고 보다 넓은 세계, 객체에 참여하고 있는 의식이다.

이러한 의식은 나의 조그마한 공명심, 이기적인 욕망과 희망과 기대에서 벗어나 사적인 것이 아닌 '객체인 세계와 결부된 관계 기능'이라는 것이다. 자기실현은 무의식을 의식화함으로써 가능하다. 그러나 자기실현은 결코 유쾌한 작업은 아니다. 때때로 그것은 전혀 자아의 욕구나 의지에 반해서 실천되어야 한다. 무의식의 내용을 깨달아 나가는 단계에 누구에게나 일정한 공식이 있는 것은 아니지만, 마음의 구조에서 말한 여러 가지 내용들, 즉 그림자, 아니마, 아니무스의 의식화가 이루어져야 비로소 그 개체는 전체의 실현을 가능하게 할 수 있다. 그림자의 의식화는 비교적 쉬운 편이므로 성숙한 단계의 사람이라 할 때는 대게 여기까지는 외 있다고 볼 수 있다. '그림자가 나의 친구가 되느냐 적이 되느냐 하는 것은 순전히 나(자아)에게 달렸다.' 그림자는 우리에게 윤리적 갈등을 일으킨다. 무엇이 옳고 무엇이 그르며 무엇이 선이며 무엇이 악이냐 하는 의문 사이에서 방황하게 된다. 융에 의하면 인간의 마음에는 집단 규범에 의한 도덕적 규준이 있고, 이와는 다른 그 개체의 원초적인 양심이 무의식 속에 있다. 이것은 바로 자기 원형의 도덕적 측면이다. 그림자 다음에는 남성에 있어서는 사랑과 감정의 분화, 여성에서는 정신적인 지혜의 발달이라는 과제 앞에 서게 된다. 맹목적인 본능적인 사랑, 불모의 윤리성에서, 보다 성숙한 통합된 사랑과 지혜로 분화를 지향하게 되는 것이다. 남성으로서의 우월감이나 여성으로서의 열등감, 합리적 사고에 대한 과도의 집착, 또는 감정에만 치우칠 때 아니마, 아니무스의 의식화를 통한 분화 작업은 어려움에 부닥친다. 그러나 어느 경우든 자기실현은 일반적인 원칙에 따르는 것이 아니라 개인에 따라 그 과정과 그때그때의 과업이 다르게 마련이다. 이렇게 무의식의 의식화가 진행되면 결국 무의식화란 없어지고 완전히 깨달은 상태가 되어 전인이 된다고 믿는다면 그것은 잘못이다. 무의식은 무변의 세계이다. 아무리 의식화해도 미지의 세계는 남아 있게 마련이다. 그러므로 자기는 언제나 '나'(자아)를 넘어선다. '나'는 오직 그 커다란 원 속에 포함되어 있으므로 자아가 자기를 알 수는 없다. 그러므로 융은 자기실현은 반드시 완전해지는 것이기보다는 비교적 온전해지는 것이라고 한다. 자기실현은 한 인간의 과제일 뿐 아니라 전 인류의 과업이다. 그런 뜻에서 그것은 역사와 시대의 사명이기도 하다. 극소수의 사람들이 긴 인류의 역사에서 거의 완성에 가까운 자기실현을 성취하였다. 사회에 따라서는 자기실현을 억압하고 유일절대의 원칙 밑에 개성을 누르는 집단도 있다.

그러한 전체주의 경향이 한 시대를 지배하는 때도 있는가 하면, 자기실현에 적합한 풍토를 제공하는 시대와 사회도 있다. 자기실현을 막는 규범적 교조적 권위주의 사회에서는 오히려 자각된 인간들이 사회로부터 이해받지 못하며 때로는 박해의 대상이 되는 수도 있다. 그러나 이러한 박해나 몰이해가 자기실현의 귀중한 조건이 되는 수도 있다. 그것은 보다 성숙되기 위해서 먹어야 할 쓴 약이다. 상업주의 문화, 매스컴의 집단 암시, 그 밖의 집단적 행동은 그 성원에게 똑같은 생각과 똑같은 행동을 하기를 강요한다. 자기와 비슷하지 않으면 불안해지기 때문이다. 그리하여 모든 사람이 손에 손을 잡고 '사이좋게' 어린 시절의 단꿈 속에서 잠들고자 한다. 개성화는 이 긴 잠을 깨게 하는 것이다. 그러기 위해서 개체나 집단이 다 같이 고통을 겪고 때로 사회적 물의를 감수 않을 수 없게 된다. 모든 개인이 자기실현을 하면 하나의 이상적인 성숙한 사회가 실현될 것이다. 그러나 이것은 아직 이상이다. 인간의 무의식 속에 권위적으로 개성화 과정이 존재하고 그것이 의식이나 사회환경과 관계없이 자동적으로 작용하고 있는 것이라면, 언젠가 인류의 역사에는 그러한 시대가 올 것이다.

사회복지상담에 있어서 모래상자놀이가 왜 필요한지를 생각하여 볼 때, 복지 대상자들의 심리적 적응과, 장애복지, 정신복지에 있어서 필요하기에 다루는 것이다. 사회적응을 잘 못하는 복지대상자에게 다양한 적용을 통하여 그의 재활의지를 심어 주고 복지대상으로서 관리를 위하여 모래상자놀이도 적용하는 것이다.

1) 역사적 배경

London에서 1929년 Lowenfeld에 의해 창시된 세계기법(The World Technique)은 스위스의 Kalff에 의해 발전되어 Sand－Play(Sand spiel)라고 명명하였다. Kalff에게서 배운 일본의 河合準雄은 1965년 Sand－Play를 일본에 소개하였다. 이 후 Sand－Play를 일본에서는 箱庭療法이라고 부르게 되었다. 현재 Sand－Play Therapy는 심리요법의 한 수단으로 활발하게 활용되고 있으며 국제 Sand－Play Therapy학회는 일본의 京都에서 제1회가 열렸으며 현재까지 영국, 스위스, 일본을 중심으로 발전하고 있다. 우리나라에서는 약 2년 전부터 서울, 대구의 몇몇 상담소에서 치료기법으로 활용하고 있다. The World－Technique를 창안한 Lowenfeld는 분석가가 치료에 필요하다고 생각하는 전이나 해석 없이 아이들을 치료할 수 있는 방법으로 이 기법을 고안해 냈다고 말하고 있다. Lowenfeld는 어린이의 생각은 성인과 달라서 '사상, 감정, 감각, 관념, 기억 등 모든 것이 이상할 정도로 서로 엉켜 있는 것'이어서 이것을 충분히 표현하기 위해서는 '시각뿐만 아니라 촉감과 같은 감각의 요소'도 포함해야 한다고 생각하고 이를 고안했다고 한다. Lowenfeld

의 입장에 대하여 그녀의 제자인 Kalff는 Jung으로부터 받은 훈련을 응용하여 箱庭療法을 다시 발전시켰다. Kalff의 입장으로서 중요한 것은 Jung의 가르침을 받아 상담자와 내담자와의 관계를 중시한 것, 내담자의 자기치유(Self – Healing)의 힘을 최대한으로 이용하려고 한 것, Jung이 연구한 象徵이나 心象의 의미를 Sand – Play Therapy에 적용시키려 했던 점을 들 수 있겠다. Kalff는 내담자의 자기치유의 힘을 이용하여 상담자와 내담자의 관계를 중요시했다. 그녀는 이 양자의 관계를 '母子의 一體性'이라는 표현으로 나타내고 있다. 그리고 이와 같은 관계가 성립하면 내담자 자신이 자기치유의 능력을 발휘하기 시작하여 '全體性의 象徵을 표현하기 시작한다.'라고 생각했다. 즉 Jung이 말하는 自己(Self)의 상징이 나타나는 것이다. 이와 같은 상징체험은 치료과정의 중요한 핵심이 되는데 Kalff는 이것을 내담자가 언어를 수단으로 하지 않고 '보호된 장면에서의 상징체험'에 의하여 치료가 진행되어 간다고 설명하고 있다. 그리고 그 경우에 상징이 의미하는 것을 굳이 '해석'해서 내담자에게 전하지 않더라도 치료가 되는 수도 있고 특히 아동의 경우는 실제로 아무런 해석도 필요하지 않을 것이라고 한다. 또한 그녀는 상징적 표현이 이루어졌을 때 그것을 계열적으로 모아야만 한다고 강조한다.

2) Sand Play Therapy의 본질

Lowenfeld가 생각한 것처럼 전이나 해석 없이 아이들을 치료해 가는 체험이 잘되어 갈 때는 클라이언트가 Sand – Play Box를 놓기만 해도 치료가 된다. 그러나 여기서 발전하여 Kalff가 치료자 – 클라이언트 관계의 중요성을 명확히 했었듯이 Sand – Play에는 치료자 – 클라이언트 간에는 인간관계가 존재한다. 이러한 관점에서 Sand – Play Therapy의 전이/역전이라고 하는 관점을 살펴보아야만 한다. 치료자가 "모래상자를 만들어 보지 않겠는가?"라고 물어 왔을 때 거기에는 Image의 세계를 클라이언트와 함께 공유하고 함께 시행한다고 하는 결의가 표현되어 있다. 이러한 출발부터 전이/역전이가 생긴다고 말할 수 있을 것이다. 치료자와 클라이언트의 관계가 성립되면 그것을 토대로 클라이언트는 Sand－Play를 시작한다. 이것은 클라이언트가 필연적으로 무의식의 세계를 활성화하고 거기에서 생기는 것에 표현의 수단을 부여함을 의미한다. Sand－Play Therapy가 주목하는 것은 무의식이 자아가 배제되고 억압된 심리적 내용만이 아니고 Jung이 자기(Self)라고 부른 인간 마음의 중심 및 그 작용에 의해 생기는 심적 내용까지 포함한다는 것이다. 그리하여 그 작용이 자아에 의해 파악되고 거기에 표현되는 수단(Sand Play)이 발견되면 클라이언트는 자발적인 자기실현 활동에 의해 저절로 치유되어 가게 된다. Sand－Play Therapy의 본질은 클라이언트 자신이 Sand－Play 과정에 자기실현의 기능(활동)을 표현하고 그것에 의해 저절로 나아가게 된다는 것이다. 그러나 그와 같은 과정이 생기는 토대로서 치료자－클라이언트 관계가 존재하며 전이/역전이라고 하는 관점으로 보는 것이다. Freud와 달리 Jung은 치료에 있어 역전이의 유효성에 대해 지적하고 있다. 요점만 말하자면 치료가 깊어짐에 따라 치료자는 클라이언트와 더불어 그 개성화의 과정에 깊이 관여해 가게 되는 것이라고 할 수 있다. 이러한 생각은 무의식에 대한 긍정적인 견해를 배후에 깔고 있는 것이다. 즉 무의식에는 물론 파괴적인 힘이라든가 부정적인 내용도 존재하나 그것은 오히려 인간의 창조활동의 원천이며, 무의식과의 접촉을 지속시킴으로써 인간의 개성화 과정은 촉진된다고 생각하는 것이다. 깊은 전이관계는 치료에 도움이 된다. "나는 당신을 깊이 사랑하고 있다."라고 말해 보아도 전이관계가 없으면 소용이 없다. 무의식의 깊숙함에 도달하려고 할 때 우리는 적절한 통로를 필요로 한다. 통로 없이 무의식에 도달하려고 하면 커다란 위험에 봉착해 버리거나 둘레를 맴돌고 있게 될 뿐이다. 이와 같이 생각하면, 단순한 Sand－Play Therapy의 Sand Box가 그 중요한 통로의 역할을 하고 있다는 것을 알게 된다. 치료자가 클라이언트에게 Sand－Play를 권하고 클라이언트가 그 Sand－Play Box에 무언가를 하려고 시작할 때 그것은 무의식계의 문을 살짝 연 것이 된다. 거기서 클라이언트가 모래에 접할 때 그는 제2의 문을 열었다고 해도 좋을 것이다. 이때 모래상자(Sand Box)가 통로로서 얼마만큼 클라이언트와 치료자를 지키고 있는지 예측할 수는 없지만 이러한 적절한 '통로'를 준비함에 의해 비로소 우리는 '깊숙함'에 도달할 수가 있고 또 돌아올 수도 있다. '통로'는 그것을 통과할 때 일상적인 세계와 '연장'하여 진기한 세계가 존재한다는 것을 분명하게 해 준다. 이러한 세계가 '통로'에 의해 평범한 일상적 세계와 연결되어 있는 것에 의미가 있다. '통로'는 얼핏 보아 두개의 세계로 나뉘는 것처럼 보인다. 그러나 '통로'는 분리감을 맛보기보다 자기가 속해 있는 현실과 진기한 세계와의 '연장－이어짐'의 연속감을 맛보게 한다. '연장－이어짐'은 대단히 중요한 것이다. 깊은 세계에서의 체험은 일상적인 세계와 연결된 것이 아니면 안 되기 때문이다. Sand－Play Therapy에 있어서도 클라이언트가 일상 세계 속에서 치료실로 들어와 Sand－Play Box에 접할 때 그것이 '통로'가 되며 그것을 통해서 '왕복운동'이 클라이언트의 자기실현 과정이 일상생활과의 연결 속에서 달성되는 것이다. 또한 깊은 세계에 도달하는 '통로'로는 단순히 Sand－Play Box뿐만 아니라 그 옆에 서 있는 치료자의 인간성이 크게 관련되어 있는 것이기 때문에 치료자로서는 '깊은' 전이가 생기는 만큼의 '통로'로서 자기 자신을 단련시켜 가는 데 힘을 다해야 한다. Sand－Play Therapy의 본질은 Jung이 개별화(Individuation)라고 명명한 자기 발전 과정으로서 사람이 스스로 '그림자'의 측면을 받아들이고 경험하기 시작할 때에만 시작된다고 Jung 자신이 지적한 대로이다. 클라이언트가 많은 Symbol 중에서 자유롭게 고를 수가 있다고 하는 것과 병행하여 중요한 것은 Symbol을 응축하여 '자기표현'의 형태를 만들 수 있게끔 길을 터 주는 '통로'(Channel) 상황을 만들어 준다고 하는 것이다. 반면에 내적 수준에서 치료자는 자유로운 분위기와 보호적인 수용이 가능한 상태를 스스로 자기 내부에 만들려고 노력하지 않으면 안 된다. 이것은 치료자 자신이 스스로 자유롭게 하고 또 사랑하는 마음을 배우려고 노력하는 것과 같다. 이런 종류의 중요한 측면의 하나는 판정적인 존재 방식을 피하는 것과 클라이언트의 있는 그대로의 모습을 수용하는 것에 자유로운 것이다. 치료자가 목표로 해야 할 '자유의 상태'는 다만 치료자가 거기에 있다고 하는 것뿐으로 이 자유가 클라이언트에게 비언어적으로 전달되는 것이어야 한다. 이와 같은 상황에 있으면 클라이언트는 천천히 스스로의 내부에 자유로운 변용의 힘(Transformative Power)을 발견하게 된다. 치료자가 클라이언트를 보는 관점에 있어 한 사람의 인간으로서 클라이언트를 받아들이는 것은 치료자로서 중요한 자질이 된다.

3) Sand - Play Therapy의 기법

Sand - Play Therapy는 클라이언트의 자기 치유능력을 최대한으로 발휘할 수 있도록 하는 기법이기 때문에 그것은 치료자 자신의 잠재력을 최대한으로 개발하게 한다는 점 또한 포함한다. Sand - Play Therapy는 모래를 사용함으로써 클라이언트의 치료적 퇴행을 용이하게 한다. Sand - Play를 시행하는 과정에서 환자 자신이 어느 정도 자기의 작품을 객관적으로 볼 수 있으므로 자연스러운 feedback이 작용하게 된다. Sand - Play Therapy는 치료자와 클라이언트의 관계를 중시하고, 그것을 기초로 하여 클라이언트가 만든 Sand - Play 작품을 그의 세계의 표현으로서 어디까지나 존중하려 한다. Sand - Play는 치료자가 Sand - Play를 토대로 '해석'이라든가 '지시' 등을 클라이언트에게 부여함으로 해서 치료가 진행된다고 생각한다. 그러나 실은 그러한 태도를 치료자가 취했을 때 치료는 잘 진전되지 않는다. 단적으로 말하면 치료자는 Sand - Play 표현을 '푼다'는 것보다도 '음미한다'고 할 수 있다. 다시 말해서 치료자의 임무는 '자유롭게 하여 보호된 공간'(Frein und zugleich eschuzten raum)을 관계 속에서 만들어 내는 일이다. 치료자와 클라이언트에게 있어 rapport가 이루어져 있음을 전제로 하여 Sand - Play의 'Box'라고 하는 더욱 한정된 공간이 클라이언트에게 주어진다. 즉 클라이언트는 말없이 거기에 '하나의 정돈된 표현'을 나타내도록 안내받을 것이다.

치료 상황이라고 하는 한정된 공간 속에 주어지는 또 하나의 제한이 클라이언트에게 '정돈된 세계'의 표현을 가능케 하는 것이다. 따라서 치료자는 해석을 부여하지 않으면서 그 과정에 내적으로 함께 작품을 만들어 간다. 또 하나 중요한 것은 언제나 치료의 흐름에 따라 클라이언트의 자유를 존중하며 시행한다는 사실이다.

(1) 재료

① 모래상자

Sand-Play를 만들 때 모래를 접한다고 하는 것에 대해 바람직한 퇴행이 생기기 쉬우며 마음의 심층 표현이 생기기 쉬운 것 등의 이유 때문에 Sand-Play 표현에서 모래라는 material은 사람에게서 Numinous한 것의 표현을 쉽게 불러일으킨다. Numinous라고 부른 것은 Jung이 독일의 신학자 Rudlut Otto의 설을 빌려서 종교체험의 중핵을 나타내기 위해 자주 사용하는 용어이다. 우리는 일상생활 속에서 대체로 그 日常性 속에 자기를 매몰시키고 살고 있다. 그러나 비일상적인 세계는 그 배후에 존재하며 거기에는 무언가 불가해한 두려움과 매력을 느끼게 하는 것이 꽉 차 있다. 그것과 접촉했을 때 우리가 느끼는 것이 Numinous 체험이고 그것을 종교 체험의 근본이라고 생각하고 있다. 현대인은 이와 같은 종교체험으로부터 멀리 떨어져 살고 있다. 그러나 어떤 심리적 장애로 고민하게 됨으로써 일상생활의 꽉 막힘(답답함)을 체험하고 그것과 직면하려 하는 과정 속에서 무언가 Numinous한 존재와의 접촉이 일어나 그것과의 적절한 접촉을 통한 회복에 의해 새로운 힘을 얻어 문제가 해결되는 체험을 하는 경우가 많다. 이런 것은 이미 기술한 자기 치유력의 발현으로 생각해도 마찬가지이다. 모래상자의 크기는 모래상자의 안치수가 57* 72* 7㎝이며 모래상자의 안은 하늘색이고 바깥쪽은 검은 색으로 칠한다. 안쪽을 파랗게 칠하는 것은 모래를 팠을 때 물이 나오는 느낌을 주기 위한 것이다. Lowenfeld는 갈색 굵은 모래와 고운 모래, 흰모래 3종을 사용하고 있으며 Kalff는 갈색과 백색의 2종류를 사용하고 있다. 모래는 적당히 물을 축인 축축한 모래와 마른 모래 2종류를 준비한다. 이는 젖은 모래가 쌓아올리기에 좋고(예) 산, 언덕…….) 어떤 아동의 경우에는 모래가 젖어 있는 것조차 싫어할 수 있기 때문이다.

② 장난감

Sand‑Play Therapy에서 장난감은 특별히 지정되어 있지는 않지만 가능하면 많은 종류를 준비한다. 또한 가능한 다채로운 표현을 창출할 수 있도록 같은 종류의 장난감이라도 다양한 크기와 색깔, 다수를 갖추는 것이 좋다. 꼭 준비해야 될 장난감으로는 다음과 같은 것들이 있다. 사람, 동물, 나무, 꽃, 자동차, 자전거, 건축물, 다리, 담, 철책, 돌, 괴물 등이다. 사람은 군인, 경찰, 악대 등의 특수 인물과 그 외에 남녀, 노약자 등 보통 인물도 필요하다. 군인의 크기나 색깔 등을 서로 다른 것으로 준비하면 아군과 적을 식별하는 데 이용할 수 있다. 다음은 보통 사용하는 장난감들이다.

사람: 불상, 그리스도, 마리아상, 천사, 십자가.

동물: 가축, 야수, 새 물고기, 그리고 뱀이나 개구리 등 또는 바다생물.

탈것: 자동차, 구급차, 소방차, 기차, 비행기, 배, 전차, 군함 등.

집: 한옥, 양옥, 절, 교회, 성당 등(구조물: 집, 다리, 터널, 깃발, 내부 가구 등).

방어(Defence)를 나타내는 것: 담이나 철책 등.

나무, 식물: 산 것과 죽은 것.

무기: 총, 탱크 등.

자연물: 풀, 돌, 조개 등.

로봇, 텔레비전 만화의 등장인물.

Sand‑Play를 통해서 비일상적 Numinous한 것에 뿌리박은 체험이 많이 나타나는데 인형이라든가 완구는 무한한 fantasy의 가능성을 나타내고 있고 Sand Box의 제한은 그러한 Numinous 체험이 일상적 현실에 반영되기 위한 필요성을 나타내고 있다. 그렇기 때문에 사람이 Sand‑Play를 할 때 생기는 이 두 가지 측면의 통합은 그 사람이 많은 내적인 가능성을 받아들이는 것과 외계와의 필요한 적응을 몸에 익히는 것을 자력으로 조절하게 되는 것이다. 특히 인간의 커다란 과제는 자신 안에서의 대립 상황 즉 日常과 非日常, 生과死, 善과惡, 意識과 無意識, 文化와 自然, 마음과 몸을 수용하느냐

통합하느냐인데 Sand – Play Therapy에 자주 생기는 것이고 당연한 것이다. Jung은 인간 의식의 중심으로 자기(Self)와 의식의 장(ego)을 구별하여 생각 했으나 Sand – Play Therapy에 있어서는 자기(self)란 소위 자기상의 자아와 자기 구축(중심)상에 존재하는 변화하고 성장해 가고 있는 자아의 상으로 보는 것이 적절하다고 생각된다.

③ 치료자

치료자는 아동이 모래상자와 장난감을 사용할 수 있도록 간단하게 "모래와 장난감을 이용해서 마음 내키는 대로 무엇을 만들어도 좋다."라고 말한다. 이때 어떤 강요도 지시도 내리지 말고 허용적인 태도를 취하는 것이 바람직하다. 치료자는 내담자가 작품을 만들고 있는 동안 그 옆에서 허용적인 태도로 그 작품이 만들어지는 과정을 내담자와 함께 음미하고 즐거워하는 기분을 가지도록 해야 한다. 내담자에 따라서 "선생님도 함께 만들어요."라고 말할 경우도 있다. 또는 손으로 모래만을 만지작거리면서 작품을 만들 생각도 하지 않고 이야기를 시작하는 아동도 있다. 이런 경우 무엇보다도 중요한 것은 Sand – Play Therapy의 목적은 치료에 있는 것이지 작품을 만드는 것이 아니기 때문에 치료자는 자유롭게 판단해서 대처해 나가는 것이 좋다. 쓸데없이 치료자가 작품을 만드는 것을 고집하면 치료 상황을 혼미 상태에 빠지게 할 것이다. 무엇보다 중요한 것은 치료자가 항상 아동에게 자유롭고 보호된 장면을 제공하는 일이다.

Sand – Play 작품에 대해 치료자의 마음에 저절로 생기는 감정을 귀중하게 생각하지 않으면 안 된다. 특히 Sand – Play에서 클라이언트가 나타내는 공격성, 잔학성 등에 대해 치료자가 견디기 어렵다고 느끼더라도 그 파괴성, 살인, 사고 등이 Sand – Play Box에서 이루어지는 한 허용된다. 과격한 역동들이 허용되는 공간 속에서 표현들은 통합되는 과정들을 거친다. 그러나 이러한 Sand – Play Therapy의 특징 속에서도 어떤 한계는 있다. Sand – Play Therapy에서 가장 중요한 것은 클라이언트가 Sand – Play를 시행하는 동안 치료자도 거기에 함께 있다는 것이다. Sand – Play Therapy의 치료자가 되는 자격을 얻기 위해서는 Sand - Play의 기초로 되어 있는 Image에 대해 잘 아는 것도 중요하다. 그러나 Image라고 하는 것은 개념과는 달라 그것을 체험적으로 파악해야 하는 것으로 지적 학습에 의해서만 이루어지는 것이 아니라는 것도 잘 알아야 한다. 치료자가 클라이언트의 진행 과정을 함께하기 위해서는 그것을 어느 정도 이해하는 것이 필요하다. Jung이 상징이라고 하는 것은 "우리가 언어로 완전하게 표하기 어려운 것"이라고 지적한다는 점은 중요한 것이다. Sand - Play의 작품이 갖는 의미를 가능한 한 언어적으로 파악하려고 시도하는 것은 좋은 것이다. 그러나 그것으로 의미를 알았다고 단정하는 것은 잘못이다. 치료자는 작품을 클라이언트의 모든 상태와의 관련, 작품 전후의 흐름 속에서의 관련 등에 의해 파악하려 하지 않으면 안 된다.

(2) Sand - Play Therapy의 공간배치

Sand - Play Therapy에 있어서 내담자가 표현하는 '自己'라는 것은 의식적으로 상당히 명확하게 파악된 경우가 있고, 그의 이상상이나 미래상이 무의식적으로 생기는 경우도 있어 이런 것들은 상호 관련을 가지고 있기 때문에 매우 복잡하다. 모래상자의 공간을 어떻게 이용하느냐에 따라서 그 의미가 다르다고 말하고 있다. 왼쪽과 오른쪽을 무의식과 의식, 내계와 외계로 대응시키고 위와 아래를 정신과 육체, 미래와 과거, 아버지와 어머니로 대응시키고 있다. 동물, 인물, 강등의 움직임이 모두 일정 방향으로 향했을 때, 왼쪽으로 향했을 때는 퇴행(Regression)으로, 오른쪽으로 향했을 때는 진행(Progression)으로 나타내고 있는 것으로 생각하고 있다. 모래상자 밖에 완구를 놓는 의미에 대해서는 먼저 작품을 상자 안에 만들어 놓고 그 후에 상자 밖에 놓는 경우 그 존재를 희미하게 느끼지만, 자기 자신을 시인할 수 없는 심적 내용을 나타내는 경우가 많다고 한다. 한 작품 속에서 영역이 분할되고 폐쇄되는 경우 그 폐쇄된 영역, 어떤 것은 꼭 지켜야만 되는 매우 중요한 것으로 의미를 가지는 경우와 그 반대로 그 중요한 것을 아주 폐쇄함으로써 안전을 유지하려고 하는 의미를 가진다고 말하고 있다.

(3) Sand – Play Therapy의 틀

① 상징체험: '母子의 一體性'(Mutter – Kind – Einheit)의 표현으로 관계
  가 성립된다.
② 클라이언트 자신이 자기 치유의 능력을 발휘하기 시작하여 '全體性
  의 象徵'을 표현하기 시작한다.
③ 개성 기술적(Idiographic) 접근: Sand – Play Therapy는 개인의 치료를
  목적으로 하고 있기 때문에 개성 기술적 접근이 Sand – Play Therapy의 본
  질이다. 따라서 완구도 '표준화'하지 않고 치료자 각각에게 그 선택
  을 맡긴다.
  치료할 때 개인을 하나의 세계로 보고 거기에 自己를 관련시키는 것에
  의해 생기는 事象을 충실하게 관찰하는 태도를 취하고 있다. 다시 말해
  서 치료의 실제에서는 주관의 세계에 관련한 태도가 필요하다.
  상징적 표현이 행해질 때 치료과정에 따른 전체의 흐름 속에서 표현
  의 의미를 생각한다. 이러한 흐름이 생길 때, 경박한 해석을 하거나
  작품을 비평하거나 하는 것은 치료의 흐름을 망가뜨리는 것이기 때
  문에 해서는 안 된다. 치료자로서 중요한 것은 항상 클라이언트에게
  자유롭고 보호된 장면을 제공하는 것이다.
④ '自己'의 표현이 나타난 뒤에 모래상자놀이의 다음과 같은 단계가 생
  긴다고 Kalff는 말한다.
  이것은 Neumann E.의 생각에 따른 것인데 그것은 다음과 같다.
  1단계: 동물적, 식물적 단계(die animalische vegetative Stufe)
  2단계: 투쟁의 단계(die Kampfphase)
  3단계: 집단에의 적응의 단계(die Anpassung an das Kollektive)
  이것은 먼저 동물이나 식물에 의한 표현이 있고 다음에 어떤 것과의
  대립이라든지 투쟁의 표현이 나타나며 이와 같은 대립자의 통합을
  거쳐 자아가 그 환경에 적응해 가는 단계가 생기게 된다고 보고 있
  는 것이다.

4) 적용범위의 확대

「상정요법입문」에서 사례 연구를 통하여 분석을 해 본 결과 현재는 유아에서부터 노인에 이르기까지 넓은 영역 범위에 적용되고 있다. 물론 이것은 상정요법이 누구에게나 유효하다는 것은 아니다. 어디까지나 치료자의 기본적인 태도가 클라이언트에게 상징표현으로 작용할 수 있다는 것을 잊어서는 안된다. 강제적으로 상정을 만들게 하여도 의미가 없는 경우가 많다. 모든 계층에 상정요법이 실시되는데 그 가운데서도 사춘기의 어린이들에게 의미는 크다. 아동에게는 유희요법, 청소년과 성인에게는 Counselling이 행해지는데 그 중간에 존재하는 사춘기의 클라이언트에 대해서는 우리들이 어떻게 접근해야 좋을지 풀지 못하고 고민할 때가 많다. 또한 그들도 자기의 내적 체험을 언어적으로 표현하는 것은 거의 불가능하다. 거기에 대해서 상정이라는 비언어적인 Communication의 장을 제공해 줌으로써 지금까지 이해가 제대로 되지 않아서 곤란했던 사춘기 아동의 심성이 상당히 생생하게 표현되어 온 것으로 생각된다. 상정요법의 적용범위는 많이 확대되어 현재는 정신분열증, 심신증 등에도 이용되며 발달지체아·자폐증 등에도 적용되고 있다. 물론 이와 같은 것은 상정요법이 소위 특효약과 같은 효과를 올린다는 것이 아니고 그것에 상응하는 효과를 올린다는 것이며 본시 정신 분열병이나 자폐아가 상정에 대해서 전연 흥미를 나타내지 않을 때는 아무리 해도 할 수 없는 일이다. 심신증에 상정요법을 적용하는 것도 심신증의 설명에 크게 이바지한다고 생각한다. 일반적으로 심신증에 걸린 사람은 image의 표현이 빈곤하다고 말하고 있다. 그렇다 하더라도 치료자와 환자 사이에 이미 말한 바와 같은 깊은 관계가 성립될 때는 상당히 상정의 표현이 가능해진다. 인간 존재가 마음과 몸이라는 2분할에 의해서 파악되는 것이 아니고 그 중간에 혼이라고 하는 제3영역의 존재를 가정하는 생각이 Greece 이래 있었다는 것은 이미 말한 바 있는데 심신증의 상정표현에서는 3영역으로 분할한다는 표현이 잘 인정된다는 사실은 흥미 깊은 일이다. 또한 normal한 사람의 자기실현의 과정을 촉진하는 수단으로서 상정요법을 사용하는 일도 있다. 이와 같은 목적을 위해서는 여러 가지 형태의 그룹 활동을 하고 있는데 이때 비언어적인 표현수단을 사용하고 후에는 그룹의 member하고 대화도 하고 잠시 동안 혼자서 자기의 '세계'에 침잠할 수 있다는 것 등의 특징을 가지고 있는 상정요법이 이용된다. 각자는 제각기 작품을 교대로 만드는데 그 후 그것에 대해서 Group – member하고 이야기를 나눈다. 이와 같은 생각을 가지고 심리요법자를 위한 훈련에 상정요법을 이용하고 있다. 다만 normal한 사람은 그의 깊은 심적인 것은 그다지 표현하지 아니하고 방위하려고 하면 그것을 쉽게 할 수 있는 사람들이기 때문에 깊은 인간관계를 기반으로 하지 않고 다만 흥미로 상정을 만들어 보았자 그다지 흥미가 없기 때문에 그 점을 유의하지 않으면 안 된다.

5) 차후의 과제

상정요법은 극히 넓은 범위에 적용되고 효과를 보고 있다. 다만 앞에서 말했듯이 그다지 전문적 훈련을 받지 않은 사람이라도 어느 정도의 치료를 할 수 있는 것은 사실이지만 앞으로 이 요법을 발전시켜 나아가기 위해서는 치료자의 성장, 훈련 문제가 크게 있다고 본다. 제일 곤란한 것은 어느 정도 성공 예를 배경으로 해서 자의적인 해석을 하는 사람이다. 이와 같은 것을 없애고 치료자의 역량을 높이기 위해서는 훈련과 연수의 기회를 증가하여 전문화가 되도록 노력하지 않으면 안 될 것이다. 그러나 연수라 하더라도 지적인 것뿐만 아니라 소위 '심리학'의 틀을 넘어서 광범위한 지식을 가지는 것도 필요하게 되므로 상정요법의 치료자 훈련의 일환으로서 문학, 예술, 철학, 종교학 등에 있어서 뛰어난 사람들의 말을 들을 수 있는 기회를 가지는 것이 중요하다고 본다. 앞으로 상정요법을 발전시키기 위해서는 상정요법이 심리요법의 기법 중 하나라는 것을 염두에 두고 다른 영역의 인간의 표현 활동에 관계되는 사람들하고 넓은 접촉을 가져 나가야 할 것이다. 상정요법을 통해서 창조성에 대한 연구를 하는 것도 흥미 있을 것이다. 일반적으로 '창조적'이라고 보이는 사람들이 어떤 상정표현을 하는가에 대해서는 창조성에 관한 시사를 해 줄 것이지만 여기에서도 인간관계를 매개로 하지 않으면 표현이 성립하지 않는다는 점에 유의할 것이다.

상정요법에 있어서 하나의 큰 문제는 소외 개성 기술적(idiographic)인 방법과 법칙 정립적(nomothetic)인 방법과의 관련에 대한 것이다. 물론 상정요법은 개인의 치료를 목적으로 하는 것이며 그런 의미에서 어디까지나 개성기술적 접근법이 그 본질이라고 생각하고 있다. 따라서 상정에서 사용하는 완구도 굳이 '표준화'를 하지 않고 치료자 각 개인의 선택에 맡기고 있는 것이다. Lowenfeld의 생각을 사롯데. 뿌라가 법칙정립방법으로 발전시켜서 세계 Test를 만들었는데 그 때문에 미국에서는 그 기법이 치료적으로는 전연 발전하지 못했던 사실을 시사하는 바가 크다. 우리들이 치료할 때는 개인을 어디까지나 하나의 세계로서 파악하고 거기에 자신을 연관시켜감으로써 일어나는 사상을 충실하게 보는 태도를 취하고 있는 것이다. 따라서 거기에는 법칙정립적인 자세는 불필요하며 오히려 해롭다고 생각된다. 실제로 법칙정립적 태도를 전면으로 밀어내면 치료는 진행하지 않을 것이다. 그렇기는 하지만 상정요법 그 자체를 법칙정립적 입장에 보는 것은 가능하다. 따라서 그와 같은 입장에서 상정표현을 연구한다는 것은 가능히며 현재까지도 어느 정도의 연구가 발표되고 있다. 그러나 이 양자를 간단하게 통합해서 생각하는 것은 어려운 것이며 양자의 사이에는 상당한 차이가 있다는 것도 누구나 인정한다. 이와 같은 것을 계속해서 연구해 나가는 것이 앞으로 남겨진 큰 과제일 것이다.

참고문헌

1. 분석심리학, 이부영 著, 일조각.
2. C. G. 융 심리학 해설, 야코비 외 著, 권오석 옮김. 홍신사상신서.

3. Kalff. Dora. M. Sandspiel. Fasher Verlag 「Kalff 상정요법」 성신신방.
4. Otto, Rudlut. Das Heilige. Trewendt & Granier 「성스러운 것」.
5. 河合準雄. 山中康俗(1983 - 1985). 箱庭療法研究 1, 2, 3. 誠信書房.
6. 일본상정요법학회(1962). 상정요법학연구, 4 - 1, 4 - 2.

09 미술치료와 사회복지상담

미술치료도 사회복지상담에 적용하여 내담자의 심리파악과 심리치료에 이용할 수 있다. 마음의 안정과 복지마인드를 심어 주기 위한 미술치료는 장애극복의 복지 기술인 것이다.

1) 미술치료의 정의와 다른 치료와의 관계

미술치료라는 용어는 1961년 『Bulletin of Art Therapy』의 창간호에 Ulman의 논문에서 표현되었으며, 미술치료를 시각예술이라는 수단을 이용하여 인격의 통합 혹은 재통합을 돕기 위한 시도라고 하였다. 또한 정신분석학자이며 1971년 게임법을 개발한 Winnicott의 정의에 따르면 시각적 이미지에서 상실, 왜곡, 방어, 억제되어 있는 상황에서 보다 명확한 자기상, 자기 자신의 세계를 재발견하여 자기동일화, 자기실현을 깨닫게 된다고 하였다. 이러한 미술치료가 이루어지는 장소는 내면세계(무의식)와 외면세계(의식)의 중간지점에서 의식과 무의식을 반복 통과하면서 이루어지며, 이 지점은 투사검사의 기점과 유사하나 미술치료는 능동적인 자기표현이라는 것에서 차이점을 가지고 있다. 미술매체와 재료를 통해 능동적 표현을 함으로써 의식과 무의식의 갈등을 다루어 주며 통제와 충동, 자유와 질서 등을 전체성 안에서 통합시킨다. 이런 통합성은 양극적인 성질인 강약, 명암 등과 조화를 이루면서 통합된 작품을 만들어 내며, 이런 작품은 자기 자신 그 자체이며, 자기이해,

자기지도, 자기성장을 촉진시킨다. 미술치료와 미술교육이나 놀이치료, 모래놀이치료와 간략히 비교해 보면 미술치료는 미술과 치료와 진단을 모두 포함한다. 미술치료의 1차적 목표가 진단과 치료, 내적 갈등을 표현함으로써 문제해결을 돕는 것이라면 2차적 목표는 교육이다. 이에 비해 미술교육은 미적 경험을 통해 기술을 습득하는 것이다. 만약 미술치료사가 기법을 가르치는 것은 기술이 아니라 더 높은 승화의 성취를 돕거나 자존심을 높이기 위한 것이다. 또한 Rubin은 놀이치료가 미술재료를 제공할지라도 영역과 다양성에서 제한되어 있고, 놀이장비와 함께 제공된다고 하였으며, 미술치료사는 아주 다양한 미술매체나 도구를 사용하도록 하며, 놀이치료사가 갖추지 못한 재료들의 사용을 가르치고 촉진시킨다고 하였다. 놀이치료는 시간과 장소에서 제한되지만 모래상자와 미술치료는 공간까지 제약되며 이런 제약과 교육의 영향, 즉 잘 그리려는 생각 때문에 그리기를 어려워하는 내담자가 많다. 그러나 기본적으로는 아동들은 그리기를 좋아하며 싫어하는 아동들은 교육의 영향이나 그리는 것에 대해 난화기 때의 규제, 정신적 장애나 신체적 장애, 열등감, 심리적 외상 등의 이유로 그리기를 힘들어 할 뿐이다. 이런 점은 진단에서도 유용하게 적용되며, 미술치료가 다른 치료에 비해 인격의 변화양상 및 관찰에 유용하게 사용된다.

2) 적용과 대상

미술의 힘은 고통 속에서 자신을 표현하게 하고 억제되었던 잠재력을 신장시키는데, 이런 이유로 미술치료는 어려운 상황의 사람들을 위한 표현도구로 정신병원에서 시작되었으며, 여러 상담이론과 기법이 합쳐지면서 상담분야에서 확산 발전되었다. 인지, 정서에 초점을 맞춘 발달적 미술치료가 특수교육, 조기교육 분야에서 사용되고 있으며 인성계발을 목적으로 교도소나 일반인에게도 사용된다. 또한 양로원에서 노인을 대상으로 삶을 정리하는데 미술치료가 도입될 수도 있다.

3) 발전

미술치료의 근원적인 뿌리는 선사시대로 거슬러 올라간다. 원시인들은 자신과 세계의 관계를 동굴벽화에 표현하고 심상으로서 실존의 의미를 추구하였다. 그 예로 암각화에 황소나 여러 기하학적 문양을 그리는 행위에서 성공적인 사냥의 바람과 풍요를 바라는 마음을 투사시켜 종교적, 정신적 의식을 상징적인 도형으로 많이 표현하였다. 우리나라에서도 불안한 마음을 극복하기 위해 부적을 통해 믿음으로서 심리적 안정과 액땜의 의미로서 사용하였으며 민화를 통해 무병과 장수, 부귀와 영화 등 바람을 상징적인 동식물로 표현하였다. 또한 인디언들은 질병에 따라 다른 그림을 그림으로써 질병을 완치하려고 하였다. 미술행위에 대한 심리적 인식은 Plato의 글에서도 볼 수 있다. Plato는 인간의 정서를 변화시키는 미술행위의 힘을 인식하였지만 미술행위가 올바른 정신을 해치고, 격정을 불러일으키는 부정적 측면을 이야기하였다. 오늘날의 미술치료가 치료적인 측면으로 이해되기 시작한 것은 19세기부터이며, 무의식과 상징화의 중요성을 부각시킨 Freud와 Jung, Prinzhorn의 역할이 컸던 현대 정신의학과 함께 성장해 왔다. Freud는 꿈과 같은 경험을 시각적으로 사람들이 받아들이기 때문에 그것을 언어로 표현하기보다는 그림으로 표현하기가 더 용이하다고 하였고, Jung은 무의식적 환상이나 느낌을 의식적 노력을 통해 시각적인 형태로 표현하였다. Prinzhorn는 정신질환자의 고독과 가까운 자폐적 성향과 반대되는 창조적 충동이 폭발하고 있다고 하였으며, 질환이 진행되는 동안 외부세계와 대화할 수 있는 매체로 미술이 사용된다고 언급하였다. 그 이후 심리학자, 정신의학자 등에 의해 많은 논문과 문헌이 발간되면서 미술치료는 발전하게 되었는데, 1872년 Tradieu: 정신질환자 그림에 관심을 갖고 갈등을 해소하려고 함. 1887년 Ricci: 어린이 예술과 이태리 볼로냐의 아동 그림해설 출판. 1893년 Barnes: 아동화 연구 논문 발표. 1905년 Freud: 한스 아동치료 시에 그림 그리기 실시, 특히 안나 프로이트는 그림의 의사소통 유용성 측면 강조 1914년 Naumburg: Walden 학교에서 미술치료를 실시하였으며, 1940년대 정신분석 미술치료를 실시하였다. 1926년 Goodenough: 인물화에 의한 지능검사개발(DMT). 1940년 Mosse: 핑거페인팅 성인 내담자에게 적용. Despert: 아동화의 성격진단 유용성 강조. 1948년 Buck: HTP 성격검사개발. 1949년 Machover: 인물화에 의한 성격검사개발 (DAP) 등이 있다. 그 외에도 Lowenfeid, Kwiatkowska, Kollogg, Bing, Burns, Kaufman, Winnicott, Ulman, Rubin. Weadson 등에 의해 발전해 왔다.

4) 미술치료를 보는 견해

정신역동적 접근: 프로이트의 정신분석접근, 승화, 상징, 자아심리, 융학파의 분석적 방법
인간중심적 접근: 아들러, 현상학, 게스탈트 인간주의적 접근
행동, 인지, 발달적 접근

(1) 정신역동적 접근

정신분석적 미술치료의 Naumburg는 초기 융의 이론과 후기에 프로이트의 정신분석이론을 줄기로 미술치료를 분석직으로 집근하였으며, 뉴욕의 월든학교에서 자발적인 그림(자유화를 관찰로 어린이의 자유화가 언어를 대신할 수 있다고 생각하고 자발적인 미술표현이 심리치료의 기본이라고 결론내림)을 시도하였고 1940년대 정신분석 지향적 미술치료의 모델을 정립하였다. 이것은 치료자와 내담자의 치료적 관계 형성과 전이와 역전이의 해결, 자유연상, 자발적 그림표현과 그 해석, 그림의 상징성을 중요시하고 무의식 내용을 의식화시켜 이해할 수 있는 형태로 만드는 방법을 제시했다. 이것을 심리치료과정에서 그림을 매체로서 이용하는 방법(art in therapy)이라 하였다. 한편 kramer는 Naumburg와 다른 입장을 취했는데, 그녀는 미술치료를 상징적 대화에 비중을 두지 않고 창조적 행위 그 자체가 치료적 가치가 있다는 입장을 취하였고 'art as therapy'라고 하였다. 그녀의 견해는 그림의 치료

적 속성은 그림에 대한 치료자의 연상을 통해 자기표현과 승화작용을 함으로써 자아가 성숙한다고 보고 미술작업을 통해 자신의 파괴적, 반사회적 에너지를 분출함으로써 그것을 감소시키거나 전화시킨다고 주장하였다. 즉 원시적 충동이나 환상을 접근하면서 갈등을 재경험하고 자기훈련과 인내를 배우는 과정 속에서 그 갈등을 해결하고 통합한다고 하였다. 그러므로 미술치료의 역할은 환자의 자아를 통해 일어나는 승화과정을 돕는 것이며 미술 그 자체가 치료적이다. 그리고 미술치료사의 역할은 기술적인 보조자이며 정서적으로 지지자로서 내담자가 정서적 의미를 많이 내포하는 작품을 만들 수 있도록 도와주는 것이라고 하였다. 또한 Jung학파의 분석적 미술치료는 무의식적인 이미지와 관계하는 것으로 보고 미술을 매체로 하여 무의식과의 접촉, 대화를 통해 심리적인 균형을 회복하도록 하였다.

(2) 인간중심적 접근

인본주의적 미술치료은 정신분석적 미술치료 다음으로 많이 시행되고 급속한 성장을 하고 있는 미술치료이다. Rogers는 "사람은 자신의 운명을 변화시킬 수 있는 능력이 있다."고 했다. 따라서 자기실현적 요소를 줄 수 있는 창조과정을 치료의 본질로 보고 미술을 창조과정으로 활용하였다. 또한 인간을 분해할 수 없는 통합된 실체로서 사회체계 속의 한 구성요소로 보아 치료도 개별적으로 하기보다 집단으로 많이 시행하였다. 그러므로 인본주의적 미술치료는 미술의 창조적인 과정을 통해 서로 상호 관계를 가지면서, 자아를 높이고 동일감을 발달시켜 사회적응력을 키우게 하는 것이다. 또한 게스탈트 미술치료에서는 전체성, 통합, 지금-여기, 느낌에 대해서 미술치료를 사용하였다.

(3) 행동, 인지, 발달적 접근

행동주의적 미술치료에서는 모든 행동은 환경이나 상황에 의해 법칙으로 결정되며 예측과 통제가 가능하다는 이론으로 여기에는 행동치료와 행동수정이 있는데 특히 행동수정은 목표행동과 체계적인 단계를 정해 놓고 강화와 자극을 통해 행동을 변화시켜 나간다. 이러한 이론을 바탕으로 한 행동주의적 미술치료는 특수교육장에서 발달장애 아동, 정신지체아, 정서장애아에 많이 활용되는데, 장애 아동에게 표현력을 증진시키거나 새로운 재료를 적응시키는 데 효과적이다. 예를 들어 행동주의식 접근은 핑거페인팅을 할 때 거부하는 아동에게 물놀이 → 비눗물 → 마른모래 → 젖은 모래 → 점토 → 핑거페인팅 순서로 점진적으로 행동형성을 할 수 있다. 또한 인지주의적 미술치료는 인지학습을 통해 일반적인 성숙을 도모할 수 있다는 이론으로 특수교육장에서 언어능력에 장애가 있는 아동에게 많이 활용된다. 정상아동이 언어능력의 발달에 의해 자연스럽게 얻을 수 있는 기본적 인지 기능인 분류(Class), 공간(Space), 연속적 등급(Sequential Order) 개념을 시각적인 개념을 시각적인 매체 즉 미술을 통해 발달시키는 것이다.

5) 미술치료의 장점

① 미술은 심상의 표현이기 때문에 언어로써 표현하기 어려운 꿈이나 환상, 경험을 표현한다.

② 미술은 방어를 감소시킨다. 미술치료는 비언어적 수단이기 때문에 통제를 적게 받으며 미술이 의식 수준에서 처리되기보다 전의식 수준에서 표현되는 경우가 많아 무의식적 내용이 통제를 덜 받는다. 즉, 무의식으로 쉽게 접근할 수 있다. 이것은 저항과 지적 검열을 줄일 수 있기 때문에 자기통찰이 용이하다.

③ 미술은 저항을 감소시킬 수 있다. 미술이라는 매체가 사용되므로 좀 더 저항을 덜 받고 내담자에게 접근할 수 있으며 내담자는 자기표현이 용이하다.

④ 미술은 유형화된 대상을 즉시 얻을 수 있다. 눈으로 보고 만질 수 있는 자료가 내담자로부터 생산되고, 이런 자료가 치료자와 내담자 사

이에 하나의 다리의 역할을 하고 자신의 작품을 보고 각 개인은 실존을 깨닫게 할 수 있다.

⑤ 미술은 영속성이 있어 회상할 수 있다. 보관이 가능하고 필요한 시기에 재검토하여 치료효과를 높일 수 있다. 또한 작품을 통해 내담자에게 새로운 통찰이 일어나기도 하고 치료자는 주관적인 왜곡을 방지할 수 있다. 이것은 작품변화를 통해 치료과정을 한눈에 이해할 수 있다.

⑥ 미술은 창조성 및 에너지 발산시킬 수 있다. 미술은 단순한 신체적 운동이라기보다 창조에너지의 발산함으로서 작업이라기보다는 놀이에 가깝고 따라서 흥미가 수반되므로 대체로 활기찬 모습으로 참여하게 된다.

● 미술치료의 실제

1) 환경

(1) 물리적 환경

① 자연광 – 색채를 조절할 수 있는 블라인드가 필요하며, 만약 그렇지 않을 경우 충분히 밝게 해 주어야 한다.

② 물 사용 – 물을 쉽게 사용할 수 있어야 하며, 냉·온수 모두를 사용할 수 있도록 하는 것이 좋다.

③ 작품, 작업보관대 – 언제든지 작품을 볼 수 있게 작품보관대가 필수이며, 전시를 통해 내담자가 만든 작품을 존중할 수 있게 배려해야 한다. 또한 작품의 변화과정을 잘 관찰하는 것도 중요하며, 아동의 경우에는 작품에 대한 진정한 이해는 내담자에게 자부심을 갖게 하지만 작품에 대한 너무 많은 칭찬은 불건전한 자아도취와 타인의 반응에 대한 의존성을 촉진시킬 수 있다. 또한 작품을 망치는 아이는 파손 전에 수거하는 것이 좋으며 파손된 것을 붙여서 보관하여 작품 존중감(자기 존중감)을 가지도록 해야 한다.

④ 공간 - 집단치료 시 또는 개별치료에 적당한 크기의 작업공간과 재료 보관, 재료를 전시할 수 있는 공간이 필요하다. 또한 구조화된 공간인 책상과 의자 그리고 이젤 등이 필요하며, 비구조화된 공간인 엎드려서 작업할 수 있는 공간도 필요하다.

⑤ 시간 - 치료는 주 1회 내지 2회가 적당하며, 치료시간 45 내지 50분이 적당하다. 치료 중도에 작품을 끝내지 못하는 것은 좋지 않으며, 강박아동에게는 시간을 충분히 주어야 하며, 시간이 끝나기 몇 분 전에 작품을 정리할 시간을 인식시켜 주는 것이 필요하다.

⑥ 매체 - 미술치료에 있어서 매체가 상당히 중요한데 내담자에 따라 즉, 발달 수준, 협응 수준, 이전의 경험, 특별한 욕구와 흥미에 맞게 매체 및 재료들을 적당히 고려해야 한다. 재료들은 그리고 칠하고, 모형을 만들고, 조립하는 것을 준비해야 하며 재료들은 간단한 것, 적절하고 쉽게 제작할 수 있는 것, 다루기가 용이한 것 등을 고려해야 한다. 또한 매체와 재료는 촉진과 통제를 일으키는 것이기 때문에 선택에서 주의해야 한다.

촉진할 수 있는 매체와 재료는 충분한 공간(크기별 종이, 점토), 여러 가지 재료, 다양한 색상, 독특한 표현을 최대한 허용하는 비구조화된 재료 등이다. 통제는 만약 아동이 충동적인 아동일 경우 매체와 재료의 선택에서 촉진시킬 수 있는 핑거페인팅이나 질퍽한 찰흙, 쉽게 부수어지고 찢기는 것은 좋지 않으며 딱딱한 재료가 좋고 지나치게 과잉행동아동이나 소심한 아동에게는 재료선택에서 처음엔 적은 양을 사용하여 점점 촉진시킬 수 있는 재료나 매체로 늘이는 것이 좋다. 또한 아동의 성격과 재료는 질감 및 양이 상반되는 것이 좋다.

(2) 심리적 환경
① 치료자의 역할
치료자는 정신적 지지자이면서 동시에 기술적 보조자의 역할을 해야 하며 유능한 치료자란 아동의 자아를 향상시킬 뿐만 아니라 치료자의 자아를 통

제할 수 있어야 한다. 또한 정신적으로 내담자를 따뜻하게 대하고 내담자의 내면 그 자체를 좋아해야 한다. 아동의 경우 아동과 같은 사고, 감정, 충동에 익숙해져야만 한다. 기술적 보조자라는 것은 아동이 어떤 것을 그리지 못한다는 경우에 그리지 못하는 것이 심리적인 것이라면 수용해 주고 반응해 주어야 하며, 기술적으로 그림을 못 그리고 그려 주기를 원한다면 그리는 방법을 제시해도 좋다. 그러나 아동은 그것을 거부할 권리도 있으며 치료자는 거부하는 것을 인정해야 한다. 또한 치료자가 기술이 뛰어나면 아동은 모방만 하고 사기가 떨어지기 때문에 각 아동의 수준에 맞게 그릴 수 있는 능력만 있으면 된다.

② 안전, 존중, 관심, 즐거움, 지지

안전에서는 현실적인 것, 기괴한 것, 진보적인 것, 퇴행적인 것, 긍정적인 것은 물론 부정적인 것에 이르는 많은 표현 활동이 수용될 수 있는 분위기 조정이 필요하며, 또한 내담자가 타인들의 방해로부터 보호받을 수 있는 것도 필요하다. 존중은 내담자가 미술치료에 참가할 것인지에 대한 선택의 자유와 의사의 존중도 필요하며, 매체와 주제를 선택하는 것, 생각과 연상을 정확히 말하도록 격려와 의견에 대한 존중, 자기 확대와 작품에 대한 존중도 필요하다. 흥미는 내담자가 치료자의 도움, 지지, 평가에 대한 욕구를 표현한다면 치료자는 창조적인 과정 동안에 촉진자로서 내담자에게 관심을 표현해야 하며 이것은 내담자에게 즐거움을 줄 수 있다. 그리고 작품에 대한 인정이 필요하다. 또한 내담자의 창조적인 노력에 대한 지지 및 사려 깊은 이해가 필요하다.

③ 평가와 토론의 중요성

아동이 그림을 그리면 필요로 하지 않는 질문은 그리는 것에 방해되기 때문에 하지 않는 것이 좋으며 끝난 후에 궁금한 것에 대해 PDI(질문)을 한다. 그러나 작업 중에 이야기하는 것은 가능하며 작업하면서 이야기하면 어떤 면에서는 아동의 방어를 감소시킬 수 있다. 작품을 완성하고 나서 무엇이 가장 맘에 들어, 고친다면 어떤 것을 고치고 싶어 등 여러 가지 질문과 치료자가 궁금한 부분을 질문할 수 있다. 미술치료는 제작과정 자체가 자가치료의 기회를 제공하기만 평가와 토론을 통해 작품에서 받은 느낌과 제작과정의 감정을 다룸으로써 더 깊은 자기인식의 기회를 마련할 수 있다.

2) 미술치료기법 및 검사

(1) 기법
① 지시적 미술치료 & 비지시적 미술치료

내담자의 의지로 이루어지는 비지시적 기법은 치료 초기에 아동에게 적용하여 아동이 편안한 마음으로 그리기나 만들기, 찍기 등을 하도록 배려하고 치료자는 그것을 수용하면 된다. 또한 지시적 기법은 치료자의 중재가 강화된 것으로 프로그램에 사용할 수 있다. 상호작용을 향상시키기 위해 사용하거나 특별한 목적에 맞게 사용할 수 있다. 예를 들어 자아기능을 향상시킬 목적이나, 집단 적응력을 기르기 위한 목적으로 프로그램을 사용할 수 있다.

② 통찰적 미술치료 & 지지적 미술치료

자아기능이 정상적인 사람에게는 미술의 전체성과 상징성을 강조한 통찰적 미술치료가 적당하며, 자아기능이 결여된 사람에게는 미술매체를 통한 감정이입 과정을 중요시하는 지지적 미술치료가 필요하다.

③ 구체적인 기법
- finger fainting – 저항을 감소시키고 이완의 효과가 있다.
- starter sheet – 그림 그리는 데 저항이 있거나 공포 수줍음 등을 줄여서 그림 그리기를 자극, 촉진하는 데 사용한다. 치료자가 직접 잡지에서 얼굴사진을 오려 붙여 주거나 그려 준다.
- T셔츠 – 집단 마크를 만들고 T셔츠에 염색하여 함께 입는다.
- 가면 만들고 역할하기 – 정서적 가면 만들기, 내가 되고 싶은 얼굴, 버리고 싶은 얼굴 만들기 등을 할 수 있다.
- 각자 만들어 합치기
- 감정선 그리기

- 감정차트 만들기 – 칸을 만들고 최근의 감정을 그리거나 색종이로 표현한다. 또는 우울, 기쁨, 슬픔, 분노 등등 표현할 수 있다.
- 거울상 – 자신의 얼굴을 비추어 보면서 다양한 표정을 지어 보고 그림을 그린다.
- 곡물로 붙이기 – 소근육 발달에 도움을 주며, 곡물은 크기별 필요하다.
- 공동자유화
- 과제화법 – 인물, 가족, 친구 등을 주고 상상해서 그리게 한다. 내면욕구와 그 욕구를 저지하는 압력을 알 수 있다.
- 그림완성법 – 미완성 그림을 주고 그림을 완성시킨다. 예를 들어 T가 ○를 그린다면 Ct가 ⑪을 그릴 수 있다.
- 콜라주기법 (과거 · 현재 · 미래 나타내기) – 거부의 감소, 분노의 표출, 희망에 대한 상징 등 다양하게 활용하며 자기감정 나타내기, 가족이나 친구에게 말하고 싶은 것, 선물 주고받고 싶은 것, 타인에 대한 느낌을 표현하게 한다.
- 나를 변화시키고 싶은 것 – 모습이나 행동, 나를 상징할 수 있는 것을 그리게 한다.
- 난화게임법(난화이야기법 + 테두리법) – 난화를 그리게 하고 완성하여 다 그린 후에 질문을 하고 이야기를 꾸며 나가게 함.
- 돌려서 그리기(3 ~ 4명) – 자신의 그림 위에 다른 사람이 함께 그리는 것으로 각자 그림을 그린 후 바꾸어서 다른 사람의 그림에 더 그리게 한다. 각자 자신의 그림을 받고 그림 정리 후 내용을 설명한다.
- 등 돌려 듣고 그리기 – 먼저 각자 그린 다음 설명해 주고 나중에 얼마나 비슷한지 평가한다.
- 마음 – 검은 도화지, 흰 도화지를 사용하며 그리거나 붙이기 작업을 한다. 이 세상을 아름답게 하는 것, 이 세상을 힘들게 하는 것을 표현하게 한다.
- 만화 그리기 – 서로가 이야기하거나 다음 장면을 그림으로 그린다. 상대의 감정 의도를 인식하는 능력이 요구되고 상대방에 대한 존중감을 필

요로 한다.

- 묘사화법 – 똑같이 그리게 한다. 이것은 눈 손 협응, 뇌손상 문제, 정서적 문제를 파악할 수 있다.
- 상상화 그리기 – 주제 없이 상상화를 그리게 한다. 또는 사람, 집, 태양이 있는 상상화를 그리게 한다.
- 상자 만들기 – 상자는 자신이다. 상자에 자기 자신을 표현하세요. 밖은 다른 사람이 보는 나이고 안은 내가 보는 나이다.
- 색물총 쏘기 – 색깔 + 색깔의 결합은 집단 응집력을 길러 준다.
- 셀로판지 구성 – 여러 색을 오려서 붙이기. 결합은 집단 응집력을 길러 준다.
- 교환 – 두 집단에 필요하며 한 집단엔 가위, 풀, 붓 등을 주고 다른 집단에 물감, 종이 등을 주어 서로 교환해서 그리게 한다.
- 소망 – 강을 건너고 있는 그림을 제시하면서 강 건너 다른 쪽에는 무엇이 있는지 표현하게 한다. 또한 기적이 일어나 나의 모습이 바뀐다면, 창문을 그려 놓고 창문을 통해 보이는 장면을 그리게 한다.
- 씨앗 – 난 막 성장하려는 씨앗이다. 나에게 필요한 것이 무엇인지 표현해 보세요.
- 달나라 – 만약 우주선을 타고 달나라에 여행을 하려고 한다. 만약 자리에 한 사람을 더 데리고 갈 수 있다면 누구를 데리고 가고 싶은지 그리게 한다.
- 손가락 기법 – 해 보고 싶은 것, 소망, 자신을 바꾸어 보고 싶은 것 5가지, 선생님에게 부탁하고 싶은 것 5가지 등등 여러 가지로 응용해서 사용한다.
- 스크래치
- 신체상 그리기 및 본뜨기 – 큰 화지에 몸의 외곽선을 그리고 그 몸 안에 자신이 좋아하는 것, 싫어하는 것을 표현해 본다. 여러 가지로 필요한 것을 응용해서 사용한다.
- 역할교환법(만화기법, 서로 보완해 주기)

- 은유적 초상화 – 자신을 동물, 식물, 색, 꽃, 음식, 집, 나무 등으로 표현하게 한다.
- 음악 듣고 그리기
- 자기 집 평면도 그리기 – 유아 때 산 집 평면도를 그리게 하고, 자신이 가장 무서웠던 곳, 비밀 장소, 누구와 함께 살았는지 그리게 한다.
- 자소상 – 한 손에는 그림, 한 손으로 자기 얼굴을 더듬어 찰흙 또는 그림을 그린다.
- 자아감각발달법 – 도장 찍기, 모양 찍기, 발도장 찍기를 한다.
- 자유화법 – 제재나 방법을 스스로 결정하여 그리게 한다.
- 자화상 – 충분한 시간을 주고 그림을 그릴 수 있게 할 수도 있고, 2분 내에 자기의 특징만 그릴 수도 있다.
- 집단 데칼코마니 $1+2+3$

  새로운 작품을 탄생시켜 집단 응집력을 길러 준다.
- 집단 상상화(과제화) 그리기
- 집단 콜라주
- 테두리 기법 – 그림을 자극하고 공포를 줄일 수 있어 자아가 허약한 아동에게 많이 사용되며, 원으로도 할 수 있다.
- 풍경구성법
- 협동화법 – 채색선택법, 곡물 콜라주
- 화살표, 길 그리기 기법

  프로그램의 목적에 맞게 여러 가지 기법을 만들어 사용할 수 있다.

(2) 검사
- TREE TEST(나무그림 검사)
- HTP(House – Tree – Person 집, 나무, 사람 그림 검사)

  HTP – R

  KHTP(Kinetic – House – Tree – Person 동적 집, 나무, 사람 그림 검사)

- DAP(The Draw - A - Person 인물화 지능, 성격검사)

  Draw - A - Person - in - The Rain(비 속의 DAP)

  Draw - An Animal(동물화)

  Draw - A - Member - of - Group(집단의 구성원화)

- LMT(Landcape Montage Technique 풍경구성법)

- FCCD(Family - Centered - Circle - Drawing 동그라미 중심 가족화)

  PSCD(Parents - Self - Centered - - Drawing 동그라미 중심 부모자녀화)

- HFD(Human - Figure - Drawing 인물화 검사)

- FDT(Family - Drawing - Test 가족화 검사)

- DAF(Draw - A - Person 가족화 검사)

- KFD(Kinetic - Family - Drawing 동적 가족화)

  KBD(Kinetic - Business - Drawing 동적 사업화)

  KRD(Kinetic - Religions - Drawing 동적 종교화)

  KPD(Kinetic - Political - Drawing 동적 정치화)

- KSD(Kinetic - School - Drawing 학교생활화)

- CFD(합동가족화)

- KCFD(동적 합동가족화)

  목적에 맞게 여러 가지 검사를 사용할 수 있다.

본 사례는 놀이치료 및 미술치료를 겸한 아동들과 미술치료를 하는 입소 아동들을 대상으로 한 개별 미술치료를 실시한 것으로, 아동들은 가출과 도 벽, 허언, 약물남용 등의 성향으로 입소한 아동들이다. 또한 초기에 비지시 적 기법을 적용하였고 필요에 따라 지시적인 기법으로 접근하였다. 특히 가 출 부랑아동들은 자기표현이 안 되고 자긍심 낮으며 미술에 대한 부담감을 가지고 있는 아동들이라 아동이 편안한 마음으로 그리기나 만들기, 찍기 등 을 하도록 배려하고 치료자는 그것을 수용하고 지지하는 역할을 하였다.

사례 1)

- 성명: ○○○(남, 14세)

■ 주 내용: 가출, 도벽

■ 입소일: 95년 9월에 입소하였으며 96년 2월에 퇴소하였으나 또다시 가출하여 96년 3월에 재입소하였다. 그리고 97년 3월에 다시 복학하기 위해 퇴소하였다.

■ 가족력: 가족은 친부, 계모, Ct, 계모가 낳은 남동생 4명이며, 친모는 고교 졸업 직후에 부를 만나 동거하였다. Ct가 돌이 지나고 모가 가출하였다고 한다. 모는 호적만 신고하고 지내다 아동 5세경에 정식으로 이혼하였다. 이후 아동의 양육은 조부모가 담당하였고 부는 직업으로 아동과 거의 함께 생활하지 못했고 용돈을 자주 주는 것으로 부의 역할을 대신하였다고 한다. 계모는 계조모의 중매로 결혼하였고, 당시 조부모가 아동을 키운다는 조건 하에 결혼하였으나 아동의 도벽문제가 심각하여 계모가 아동의 양육을 담당하기로 하였고 아동이 초등학교 1학년 2학기 때부터 함께 살게 되었다. 재혼 초기에 아동은 스스럼없이 엄마라고 표현하였으며 아동의 문제가 심각해지자 94년에 친모가 아님을 밝혔다고 한다. 모는 아동의 교육에 열의를 보였으며 아동의 문제행동으로 인해 자주 학교에 찾아가 교사와의 관계를 잘 유지하기 위해 노력하였다고 한다. 아동은 학교 급우 및 교사의 돈을 가져오기도 하여 학교 방문이 필요했었다고 한다. 아동은 친모가 아니었음을 이미 알고 있었다고 한다.

■ 문제력: Ct는 문제행동이 보이지 않았다가 2학년 때에 학급에서 도벽사건으로 다시 문제를 일으켰으며, 3학년부터는 주위를 배회하는 가출을 시작하였다. 그때 도벽이 점점 심해졌다고 한다. 도벽은 월 2, 3회 발생하였으며, 5학년부터는 가출의 지역이 점차 멀어지고 스스로 귀가하지 않았다고 한다. 또한 남의 집을 터는 것으로 파출소를 통해 귀가하였고, 가출 시에는 또래와 어울려 차 털이, 집 털이, 빈병 주워 팔기 등으로 돈을 구해 오락실을 전전하거나 백화점 등지를 배회하여 값비싼 음식을 사먹었다고 한다.

■ 미술치료과정

미술치료, 놀이치료, 말 상담, 외출상담 중 미술치료 한 부분의 기록이다. 풍선가족화와 찰흙 만들기를 실시하였다. 찰흙 만들기는 은유적으로 자신의 별명을 표현하여 자신에 대한 자아감을 상승시킬 목적으로 가족화는 가족관계를 알아보기 위해 사용하였다.

* 20분 늦음

> T: 왜 이렇게 늦었어.
> Ct: 탁 구치다가 늦었어요. 담임선생님하고 탁구 치다가 잊어버렸어요.
> T: 앉아 보렴. 오늘은 장난감보다 선생님하고 그림 한 장 그려 볼까? 자! ○○ 가족들 있지. 가족들이 무언가를 하고 있는 그림을 그려 보렴.
> Ct: 보고 그리는 것은 그리는데 생각해서 그림을 그리지 못해요. 그러 본 적도 없고.
> T: 그럼 잘되었네. 선생님은 ○○의 그림을 보고 싶고 또한 하지 않은 것을 한번 해 보는 것도 좋다고 생각해. 보고 그릴 수 있으면 어느 정도 그림을 그릴 수 있는데.
> Ct: (침묵)
> T: 가족은 누가 있어?
> Ct: 엄마, 아빠, 동생
> T: 엄마, 아빠, 동생 그리고 ○○가 있지.
> Ct: 예.
> T: (테두리 그려 주면서) 그럼 풍선으로 가족을 그려 보렴.
> Ct: 동그라미 못 그리는데.
> T: 완전히 둥글게 그리지 않아도 돼. 풍선이 동그랗지는 않잖아.

* 그림에서 순서는 동생, Ct, 엄마, 아빠의 순으로 그림을 그렸고 그림의 크기는 동생이 제일 크고 Ct, 엄마, 아빠 순으로 그렸다. 위치는 중앙에 동생, 왼쪽에 나, 오른쪽에 부모를 그렸으며, 동생을 그리고 난 후 다른 종이에 다른 가족들을 그리려고 했다.

> T: 가족들에게 대해 하고 싶은 말이 있어?

동생에 대해서는 동생이 보고 싶고, 보지 못한 것이 3개월 정도 되었다고 이야기 했다. 또한 동생하고 친했는지에 대해서는 동생을 많이 괴롭혔고 먹을 것도 뺏어 먹었는데 보고 싶다고 얘기를 했다. 또한 자신에 대해서는 나쁜 짓을 하기 싫다고 했으며 "무엇이 나쁜 것인데"의 질문에서는 훔치는 것, 가출하는 것이라고 대답했다. 엄마에 대해서는 처음엔 할 말이 없다고 얘기했지만 나중에 솔직히 때리면 짜증 난다고 말하고 동생이 자신을 더욱 괴롭히는데 동생이 울면 엄마는 자신에게만 잔소리한다고 했다. 또한 아빠에 대해서는 나랑 같이 얘기도 하지 않고 놀아 주지도 않는다고 얘기하고 나이가 많아 그렇다고 했으며 엄마와 같이 잔소리도 한다고 했다. 또한 풍선 속 얼굴을 그리면서 "집에서는 보고 그렸어요. 보고 그리는 것은 똑같이 비슷하게 그릴 수 있는데 얼굴밖에 못 그리겠어요."

> T: 잘 그렸어요. 만들기는 좋아해.
> Ct: 침묵
> T: 그럼 좋아 ○○라고 생각될 수 있다고 생각되는 것을 한번 그려 봐.

* 장화를 그림

> T: "왜 장화가 자신이라고 생각해"
> Ct: 학교에서 장화라고 별명을 불러요 또는 호빵이라고도 해요.
> T: "어떤 별명이 좋아?"
> Ct: (침묵)
> T: 둘 다 싫은 모양이구나?
> Ct: (침묵) 또 한개 더 있는데.
> T: "뭔지 가르쳐 줄래"
> Ct: "돼지, 아이들은 ○○○ 선생님 보고도 돼지라고 말해요."라고 하면서 웃었다.
> T: 자 그럼 장화를 찰흙으로 만들어 볼까?
> Ct: 못 만들어요.

찰흙을 조금씩 손에 익히게 한다면 책상에 치고 이젤에 던지고 하였다. Ct에게 T의 찰흙까지 뭉쳐서 책상에 치게 하고 다시 나누고 하는 과정을 반복했고, Ct는 소리 내며 웃으면서 기뻐하였다.
(만들기 함)

> Ct: 선생님은 무엇을 만들어요.
> T: ○○가 장화를 만들면 달릴 수 있는 스케이트보드를 만들고 있어. 시계는 왜 자주 보지?
> Ct: 다 못 만들 것 같아요.

풍선가족화에서는 부정적인 말이 계속되었으며, 그림을 그리면서 '잘 못 그리는데'라고 중얼거렸다. 또한 만들기에서도 못한다는 말을 계속하였고 표정도 상당히 힘들어 보였다. 하지만 찰흙 만들기에서 이완으로 찰흙 치기 및 던지기를 했는데 아동은 굉장히 즐거워했다. 또한 뒷정리로 화장실에 보냈는데 찰흙을 가지고 나왔고 벽에 던지고 있었다. 상담할 때만 던질 수 있다고 주의를 준 다음 버렸는데, 여기에서도 아동의 도벽의 경향을 느낄 수 있었고 또한 가족 중에서는 동생을 가장 보고 싶어 하고 아버지나 어머니에 대해 부정적인 시각을 가지고 있다는 것을 알 수 있었다. 그리고 마음속에서 차지하는 비중도 동생이 우선적이지만 어머니의 사랑을 더욱더 받고 있는 동생에 대해 양가감정을 표현하였다. 특히 돼지 코라고 말하면서 그리다 지우고 다시 그렸다. 또한 자신의 별명을 모두 싫다고 했으며, 특히 돼지라는 별명을 제일 싫어하고 숨기려고 하였다. 그러나 어느 정도 그런 별명들에 대해서 인식하고 이해하고 있다고 판단된다. 즉 싫지만 어느 정도까지는 아동이 수용할 수 있다고 느낄 수 있었다. Ct는 소극적이며, 자아상이 낮으며, 자신을 좀처럼 표현하지 않고 잘 삐치며 눈물이 많은 등 약한 아동이나 미술을 통해 자신과 가족을 표현하도록 하였다. 또한 치료자는 Ct가 장화를 만들 때 나는 스케이트보드를 만들어 합치기를 하면서 Ct의 보조자적인 역할을 하였다.

사례 2)

- 성명: ○○○(남, 10세)
- 주 내용: 가출, 도벽
- 입소일: 96년 7월 재입소: 96년 10
- 가족력: Ct의 부는 음주와 여자문제, 모는 도박으로 1994년 이혼했으며, 이혼 후 Ct와 여동생은 부와 생활하였다고 한다. 부는 Ct와 Ct의 여동생을 부양하지 못하고 자주 구타하였으며, 발·주먹으로 심하게 때린다고 하였다. 95년 12월에 Ct의 동생을 조부모가 부양하게 되었고, 모와는 이혼 후 연락은 되었으나 부가 Ct와 여동생과 만나지 못하게 차단했다고 한다. Ct의 모는 동네 다방에서 일했다고 하나 현재 행방을 알 수 없다.
- 문제력: 96년 5월부터 학교에 빠지기 시작하여 자주 가출하였고 돈이 부족하면 집에 가서 부의 지갑에서 돈을 꺼내 가기도 하였다. 이번 가출도 21일 정도 되었으며 주로 청량리 부근을 배회하였다. 파출소에 2번 붙잡히

기도 했으나 그때마다 보내 주었다고 한다. 청량리 역전 파출소에서 구청 사회복지과에 인계되어 본 상담소에 의뢰되었다.

■ 치료과정

미술, 놀이, 말 상담, 외출상담 중 미술치료 한 부분의 기록이다. 아동이 가족화를 그리기 힘들어하여 starter sheet의 방법을 사용하였다. 이것은 그림 그리는 데 저항이 있거나 공포 수줍음 등을 줄여서 그림 그리기를 자극, 촉진하는 데 사용한다. 그리고 자유화의 부분인데 자유화에서 추후질문을 하여 손가락기법을 사용한 예이다.

Ct는 웃는 아버지 모습을 그렸고 어머니는 화가 난 모습을 그렸다. 그러나 부의 얼굴에 빨간색으로 술을 먹은 모습을 아버지 상에 그렸다. 엄마의 모습은 "아빠가 술 먹고 들어와서 화가 났어요."라고 말하였다. "그때 ○○ 기분이 어때서"라는 질문에 기분이 나빠서 싸울 것 같다고 대답하였다. 또한 놀이에서는 경부고속철도를 만들었고 "같이 만들어요."라고 말하였다. 골프, 농구, 가족인형 놀이 등 여러 가지 놀이를 하였다. Ct는 가족인형 놀이에서 여자인형의 옷을 벗기고 목욕을 시켰고, 응아 합시다라고 말하면서 변기에 인형을 앉혀 놓기도 하였다. 그리고 나서 옷을 입혔다. 전화놀이를 하면서 상담소 생활과 가출을 하지 않겠다는 말을 하였다.

놀이실의 흥미를 주기 위해 여러 가지 놀이를 통해 자극을 주었으며, 부모에 대한 감정을 알아보기 위해 그림을 그리게 하였다. 아동은 부가 술을 먹고 오는 것에 대해 거부감을 보였고, 모에 대한 느낌도 부정적 감정으로 나타냈다. 또한 자신은 아직 유아적인 애착관계에서 머무르고자 하는 욕구가 있는 듯하였다.

■ Ct에게 자유화를 그리게 했는데, Ct는 도깨비를 그렸다. 도깨비는 웃는 얼굴이었지만 이빨이 길게 나온 도깨비였고 양팔을 벌리고 있었고 다리는 불균형한 것이었다. "만약 Ct가 도깨비였다면 도깨비 방망이로 무엇이 나왔으면 좋겠어요."라는 질문에 Ct는 금이라고 말하였고, 자신이 도깨비가 된 모습을 그려 보여 주었다. "금이 있으면 무엇을 사고 싶은데"라는 질문에 오락기라고 하였다. 그래서 Ct가 지금 무엇을 원하는지 알기 위해 손가락기

법으로 자신의 손을 그리게 해 소원 5가지를 말해 보라고 하였다. Ct는 엄지에서부터 오락기, 기차 탄다, 빌딩사장, 가족을 새로 만들고 싶다, 상담소를 차리고 싶다고 적었다. 가족을 새로 만들고 싶다는 말은 아빠보다 싸우지 않고 더 좋은 환경을 만들고 싶다고 하였고, 상담소를 만들고 싶다는 말에서는 불쌍한 아동들을 위해 상담소를 만들고 싶다고 하였다.

Ct는 자신의 욕구를 잘 표현하는 편이며 상담자와 친해지려고 노력하는 듯하다. 또한 자신의 소망을 그대로 표현하는 등 적극적인 모습을 보였다. 그리고 가족을 다시 만들고 싶다는 말에서 자신의 가족 상황을 인식하고 억압된 가족에 대한 감정을 인정하는 듯하였다.

사례 3)

- 성명: ○ ○ ○(남, 12세)
- 주 내용: 가출, 부랑(앵벌이)
- 입소일: 96년에 여러 차례 픽업되었다가 가출. 97년 2월에 재입소.
- 가족력: 가족은 4명이고 부모 여동생이 있다. 친부는 술, 담배로 Ct가 초등 2학년 때 사망. 현재 계부와는 초등학교 3학년 때부터 함께 거주하였으며, 구타가 심하다고 한다. Ct의 기억에 의하면 친부와의 어린 시절은 좋았다고 하나 회상하는 내용이 허무맹랑하여 현실과 꿈을 혼동하는 것으로 관찰되었다. Ct는 중학교 2학년이라고 말하나 외형상으로도 실제로 초등 4학년이며, 왜소하게 보이며 사고력도 떨어진다. 그 예로 "부와 함께 낙하산 타고 우이동에서 서울역까지 갔다."라고 표현한다. 혼자 떨어져 생활하는 경향이 많으며, 왼쪽 뒷머리에 손바닥 크기의 혹이 있다. 모 또한 앵벌이로 생활을 하며, 아동과 같이 앵벌이를 한다.
- 문제력: 초등학교 1학년부터 친부의 처벌 시 가출하여 전국을 떠돌아다녔다고 한다. 주로 앵벌이로 생활을 하며, 모 또한 아동과 함께 앵벌이를 한다.
- 치료과정

미술치료 한 부분의 기록이며, 이 그림을 그린 후 가출하였고 다시 픽업되었을 때 모에 의해 강제로 퇴소된 경우이다. 이 그림을 통해 아동이 정신적으로 환상을 경험하고 있으며, 정신적으로 혼란되어 있다는 것을 알 수 있다.

Ct는 자유화를 그렸는데 노란색 사인펜으로 그림을 그렸고, 아동은 대마라는 섬이 있는데 나쁜 놈의 땅이라고 하였다. 50년이 되었는데 그곳은 죄 없는 사람을 죽이고 나쁜 놈은 돈이 많다고 했다. 그리고 아빠(왕 – 카노스카 왕)와 제자가 있는데, 아빠는 나쁜 놈이라고 했고 제자는 더 나쁜 놈이라고 했다. 그리고 창고 비슷한 것을 그렸는데, 2명의 제자가 지키고 있고 그 놈들은 나쁜 놈의 제자라고 하였다. 그 속에는 돈이 많이 있고, 금사리, 보석이 있는데, 금 하나에 오백만 원인데 싸우고 죽인다고 하였다. 그리고 제자 중에 1명은 비밀무기를 들고 있고 그 밑에는 돈을 훔치려다 잡혀서 벌을 받는다고 하면서 벌 받는 사람을 그렸다. 그리고 6방 맞고 죽었다고 한다. 옛날에는 더 많이 죽었다고 한다. 그리고 중앙의 위쪽에는 힘이 센 왕초가 있는데 2명이 되게 나쁜 놈이고 돈만 많이 있다고 하였으며, 그 돈은 억 원 있다고 표현하였다. 그곳은 물과 술이 있는데, 5억 원짜리라고 하고 비싸다고 하였다. "물을 빼아 가다 걸리면 패고 사망이야"라고 하였다. 얘네들은 물이 귀해 비 속에서 추출한 것으로 술하고 마찬가지라고 하고 귀한 것이라고 하였다. 그리고 물과 술을 섞었다고 하였으며, 물을 먹으면 힘이 세진다고 하였다. 그리고 왼쪽 하단에 "비밀인데 물과 소금, 닭고기를 4일 재면 강하게 된다."라면서 그렸는데 물만 넣고 며칠 있으면 힘이 세어진다고 한다. 그리고 창고는 비밀통로가 있는데 일본과 연결되어 있다고 하였으며, 그곳에는 레일기차가 있어 일본나라로 건너갈 수 있는 곳인데 4일 걸린다고 하였다. 그리고 왼쪽 상단에 문을 그렸는데 애들을 막는 것이라고 표현하였으며, 그곳에는 문지기가 있으며 돈이 있으면 문이 열린다고 한다.

Ct는 자유화에서 현실과 동떨어진 그림을 그렸고 심리적으로 몹시 혼란을 겪고 있는 듯하다. 사고는 비약적으로 발전한 그림을 그렸다. 그림을 그리면서 설명하였다. 집중은 하지만 현실감이 많이 떨어져 있었다. 또한 주제는 죽이는 것이었으며, 돈과 보석 등 물질적인 것을 강조하였고, 나쁘다는 말을 많이 표현하였다. 그리고 힘이 세어졌으면 하는 욕구를 표현하였다. 현실에서 도피하고자 하는 욕구도 표현하였다.

사례 4)

- 성명: ○○○(남, 14세)
- 주 내용: 부랑, 약물남용
- 입소일: 96년 2월에 입소한 이후 반복적으로 가출을 하였다.
- 가족력, 문제력: Ct는 현재 고아이며 7살 때 옆집 누나와 서울에 올라오다가 옆집 누나가 자신은 놔 두고 돈만 갖고 도망쳐 버리는 바람에 길을 잃고 보육원에 보내졌다고 한다(이 과정은 명확지 않음). 보육원에서는 초등학교 3학년까지 다니다가 너무 가출이 잦아 다른 곳에 보내졌다고 한다. 그곳에서 가출을 하여 주로 수원에서 또래들과 같이 다녔으며, 자신을 데리고 다니려는 형이 많았다고 한다. Ct는 자신이 구걸이나 찌라시 등은 잘못하기 때문에 다른 또래아동들이 많이 보살펴 주었으며, 약물 역시 옆에서 다들 하니까 한다고 대답하였다. 수원역에서 앵벌이하다가 보호소를 통하여 보육원으로 오게 되었고, 다시 약 3년 동안 있었는데, 가출이 심했으며 문제 또한 많은 아동이었고 허언이 능수능란하며 보육원에서 너무나 다루기가 힘이 들어서 다른 곳으로 보내지게 되었다. 그곳에서 며칠 되지 않아 다른 아동들과 함께 가출하였으며 오락실에서 만난 다른 아동들과 찌라시 및 초콜릿 팔이를 하면서 배회하다가 인천파출소에서 의뢰하였다. 가족력은 알 수 없음.
- 치료과정

미술치료 중 3회기 동안의 기록이며, 가출 부랑이 심하고 정서적으로 불안하여 미술치료를 실시하였다.

HTP 검사에서 아동은 진지하게 검사를 했다. 검사 후 학 종이로 날개 달린 학을 만들었고 T는 옆에서 따라서 하면서 Ct와 친밀감을 형성하려고 하였다. T가 만든 거북이를 이름을 적어 Ct에게 주었고 Ct도 T에게 선물로 이름을 적어 주었다.

검사에서 아동은 위축되어 있고 불안한 심리상태를 보였다. 인물화의 그림 크기는 아주 작은 편이며 45도 각도로 기울어진 그림을 그려 넘어진다는 인상을 받았다. 또한 나무도 작으며 빈약한 그림을 그렸고 수관과 줄기밖에 없는 단순한 그림을 그렸다. 전반적으로 정서가 빈약하며 감정이 없어 보인다. 자아상도 낮으며 표현력도 약한 것 같다.

■ Ct는 처음에 찍기를 하였는데 동물 양, 뱀, 멧돼지, 개, 호랑이 등을 스탬프로 찍었고 해바라기, 집도 찍었다. 그리고 나서 그것을 오렸고 T는 오린 것을 도화지에 붙여 보라고 하였다. 아동은 양 두 마리를 왼쪽 상위에 붙였고 오른쪽 상위에는 뱀과 멧돼지, 왼쪽 하단에 호랑이, 오른쪽 하단에는 개를 그렸다. 그리고 그리고 싶은 것을 그려 보라고 하였는데 아동은 비행기, 나무, 강, 길, 다리, 차, 별, 산, 해, 해바라기 등을 그렸다. Ct가 그리는 동안 T는 덧붙여 주기를 하여 작품의 완성도를 높였다. 특이할 것은 뱀과 멧돼지를 테두리에 가두어 버렸다.

■ 자유화를 그렸는데 작은 물고기 네 마리와 큰 물고기 한 마리를 그렸다. 큰 물고기가 작은 물고기를 잡아먹으려고 따라가는 그림이었다. 제목을 붙여 보라는 말에 Ct는 상어가 잡아먹는 것이라고 말하였고 큰 고기를 고래라고 하였다. 그리고 작은 물고기는 도망을 가고 큰 물고기는 커서 못 쫓아온다고 하였다. "도망은 어디로 가는데"라는 질문에 Ct는 네 마리 모두 도망을 가고 집으로 숨는다고 하였다. 그리고 그 집은 '돌막'이라고 하였다.

도망가는 물고기 그림에서의 느낌은 아동이 심리적으로 불안하고 외부에 대해 나아가고 싶은 것이 강한 것 같다. 그러나 Ct는 가출하지 않는다는 계약서를 작성하고 잘 지내고 있었지만 이 그림에서 느낄 수 있듯이 다음 날 아동은 가출을 하였다.

참고문헌

서울시립동부아동상담소(1993), 동부아동상담소 상담사례연구집 4호.
한국미술치료학회 편(1994), 『미술치료의 이론과 실제』 동아문화사.
한국미술치료학회 편(1996), 『아동미술치료』 제11회 연수외 자료.

10 사정(assessment)과 사회복지상담

1) 사정(assessment)의 정의

사정이라는 용어는 지금까지 진단이라는 용어로 많이 사용하여 온 개념이다. 이것은 1970년대 이후 의학 모형에 대한 비판이 강하게 일면서 그때까지 사용되어 온 진단에 대신하여 일반적으로 사용된 개념이다. 사회복지사전(1985)에 의하면, 사정은 클라이언트가 그가 직면하고 있는 문제와 상황을 확인하고 이해하기 위하여 자료를 수집하고 분석함과 동시에 문제해결을 위한 계획을 수립하는 과정을 말한다. 이와 같이 사정은 조사과정과 분리할 수 없는 계속적 과정이며 치료과정으로 이어지는 것이다. 인테이크와 구체적인 조사결과에서 수집된 자료와 정보를 분석·검토하여 문제의 성질과 내용 및 원인에 관하여 종합적인 해석을 내리고 문제해결을 위한 치료계획을 세우는 일련의 과정으로 진단 및 평가(evaluation)라고도 한다(전재일, 김상규, 1996).

2) 사정의 특징

사정은 사회사업과정의 핵심적이고도 복잡한 과정이다. 이런 사정과정의 중요한 특징을 살펴보면 다음과 같다(Johnson, 1983).

첫째, 사정은 원조노력이 이루어지는 동안 계속되는 것이다.

둘째, 사정은 상황 속의 클라이언트에 대한 이해와 함께, 계획과 행동을 위한 기준을 제공해 주는 데에 모두 초점을 두고 있으므로 두 가지 요소를 포함한다.

셋째, 사정은 클라이언트와 사회사업가 모두가 포함되는 상호적 과정이다.

넷째, 사정과정은 서비스 상황의 일부분에 대한 관찰로부터 시작하여, 이해를 필요로 하는 정보를 규명하고, 서비스 상황에 대한 사실을 수집하고, 수집된 사실이 의미하는 것에 대해 설명하고, 전체적 상황을 이해하기 위해 각 부분들에 대한 의미와 사실을 통합하는 과정이다.

다섯째, 수평적인 탐색과 수직적인 탐색 모두가 중요하다. 수평적 탐색은 규명할 수 있는 가능한 모든 부분, 상호작용, 그리고 관계를 통해 넓게 보는 것이며, 수직적 탐색은 가장 중요한 상황이나 문제해결에 가장 중요한 부분을 깊이 있게 탐색하는 것이다.

여섯째, 사회사업가는 자신의 지식기반을 상황 속의 클라이언트에 대한 이해의 도구로 삼아야 한다. 그러므로 사회사업가는 폭넓은 지식체계를 갖추어야 한다.

일곱째, 사정은 생활상황에서의 욕구를 규명하고 문제를 정의하고, 문제의 의미와 패턴을 설명한다.

여덟째, 사정은 개별화되어야 한다.

아홉째, 많은 결정이 사정의 결과를 통하여 이루어지기 때문에 사정에 있어서 판단은 매우 중요하다.

마지막으로 어떠한 사정도 완벽할 수 없다.

3) 사정의 목적

문제사정의 목적은 사회사업가가 클라이언트를 정확하게 처리하거나 효과적인 치료를 위하여 사례가 가진 중요한 의미를 발견하는 데 있다. 환언하면, 문제사정의 목적은 워커가 취급하고 있는 상황을 이해하고, 개별화하며, 특수한 상황 속에 관련된 요인들을 확인하고 분석하는 데 도움을 받고자 하는 것이다. 이러한 이해의 기초 위에서 사회사업가는 그가 다루어야 할 상황, 변화노력의 목표 및 이 목표 달성의 방법을 결정할 것이다. 그러므로 사정에 있어서 중요한 목적은 클라이언트가 제시한 중요 문제와 문제에 관한 그의 감정을 신체적·심리적·경제적·문화적인 제 요인들의 상호작용의 측면에서 명백히 하는 것이다(Hamilton, 1951).

4) 사정의 내용 요소

Hepworth와 Larsen(1990)은 클라이언트와 중요한 타자들이 수행하는 데 어려워하는 역할을 중심으로 한 클라이언트의 문제의 성질과 클라이언트와 중요한 타자들의 기능(강점, 한계, 성격요인, 그리고 결핍요인), 그리고 클라이언트가 문제에 대해 작업할 동기, 문제에 영향을 미친 관련 환경요소, 클라이언트의 어려움을 감소시키거나 이용할 수 있는 자원을 사정에 필수적인 요소로 보았다.

이에 덧붙여 이들은 사정 영역을 문제체계, 클라이언트 내적 체계, 클라이언트 상호작용 체계, 환경체계의 네 부분으로 나누고, 각 영역을 세분화시켰다.

첫째, 문제체계에서 사정하는 것은 문제를 명확히 규명하는 것이다.

둘째, 클라이언트의 내적 체계를 사정하기 위해서는 생리신체적 기능, 인지/지각 기능, 정서적 기능, 행동적 기능을 살펴보아야 한다.

셋째, 클라이언트의 상호작용 체계의 사정은 클라이언트와 관련을 맺는 중요 체계에 대한 사정이다. 이런 체계에는 가족, 또래, 학교나 직업, 지역사회가 있다.

넷째, 환경체계의 사정은 긍정적, 부정적 사회지지체계, 개인과 사회적 지지체계와의 상호작용 등에 대해서 파악해야 한다.

5) 비행 청소년 사정(assessment)

(1) 비행 청소년의 사정

청소년의 비행행위는 다음의 세 가지로 구분하여 생각할 수 있다. 우선 첫째는 비행자 중심이다. 통계적으로 문제행동을 일으키는 아동의 출현율을 보면 최소 2~3% 선에 이르고 있는 것으로 나타나고 있는데, 이는 문제행동을 하는 사람이 성장과정에서 문제를 가지게 된 상태를 말한다. 결국 청소년 비행은 기본적인 발달심리과정에서 내적 체험을 통한 성장이 알맞게 이루어지지 못했기 때문이라는 관점이다. 둘째는 비행행위 중심 개념이다. 이는 태어날 때 인간의 마음은 백지와 같아서 자라나면서 경험하고 배운 모든 것들을 그 위에 써 내려가는 것이 그 한 인간의 삶의 형태이며 학습된 인생의 총체라는 관점이다. 그러므로 비행은 잘못 써 내려간, 즉 잘못 학습된 삶의 일부일 뿐이므로 궤도 수정에 의하여 얼마든지 교정이 가능한 것으로 볼 수 있는 것이다. 셋째는 비행자 자신과 비행행위의 상호작용 내지는 절충형으로 생각할 수 있다. 이는 천성과 환경의 상호작용으로 인한 심리적 영향력을 인정하는 개념으로 이해될 수 있다(최현, 1992). 지금까지 설명한 바와 같이 비행 청소년은 심리적인 갈등과 방황 속에서, 역기능적인 가족구조와 부모자녀관계에서의 갈등을 겪고, 자신의 준거집단인 또래집단의 부정적인 영향을 받음과 동시에, 자신이 속한 사회문화적 환경과 서로 상호 작용하며 영향을 주고받는다.

(2) 비행 청소년 사정 변수

① 문제의 성질

사회사업에 있어 문제(problem)는 어떤 사람의 욕구충족을 위한 사회적, 기능적 상황이 방해가 되었거나, 개인의 힘으로 욕구충족에 방해가 되는 것을 제거할 수 없는 사회적, 기능적 상황을 말한다(Johnson, 1983). 또한 문제가 어떻게 정의되느냐에 따라 그것에 대해 어떤 식으로 진행되는지가 결정된다. 즉 문제(problem)는 사회사업의 개입의 초점이 되는 것으로서 한 개인이 주변 환경과의 상호작용 속에서 정상적으로 기능을 하는데, 고통을 받고 있거나 불만족스러운 것 혹은 그 상태를 말한다.

② 클라이언트

클라이언트는 보통 사회사업가에게 도움을 구하러 온 사람 혹은 체계라고 정의된다. 도움을 구하러 온 사람은 걱정거리, 충족되지 않은 욕구, 사회적 기능상의 문제를 가지고 오게 된다. 그런데 사정 작업은 클라이언트에 대한 이해의 과정을 포함하는 것이고 클라이언트는 독립된 개체로서의 클라이언트와 주변 환경과 상호 작용하는 클라이언트로 나눌 수 있다. 특히 청소년기는 신체적·생리적·심리적·사회적으로 급격히 변화하는 시기이다. 따라서 이러한 급격한 변화가 청소년 문제의 원인이 되기도 한다. 청소년이 빈번하게 상호 작용하는 체계는 가족, 또래, 학교가 있는데, 가족의 발달과정과 가족들이 기능하는 방법 및 가족성원들 간의 관계를 맺는 패턴 등은 청소년들의 심리적 성장 혹은 장애에 큰 영향을 미칠 수 있다. 또한 학교는 청소년들이 대부분의 하루 일과를 보내면서 사회화 과정에 필요한 지식과 기술을 습득하고 있기 때문에, 이들에게 가장 중요한 사회환경이 되고 있다. 마지막으로 또래관계에 대한 탐색을 통해 현재 문제의 원인에 대해서 알 수 있을 뿐만 아니라 클라이언트가 처한 사회적 환경, 그리고 클라이언트의 대인관계기술, 환경 적응능력 등 클라이언트에 대한 다양한 정보를 제공해 주므로 이에 대한 사정이 필요하다.

③ 사회적 상황과 사회적 지지망

클라이언트의 사회적 상황은 물리적 환경, 문화적 환경, 그리고 심리사회적 환경을 들 수 있다. 심리사회적 환경은 위에서 논의된 것으로 클라이언트와의 직접적인 상호작용으로 클라이언트에게 영향을 미치는 환경을 말한다. 특히 비행 청소년의 경우에 있어서 물리적, 사회문화적 환경은 문제를 촉발시킬 수 있는 요인으로 작용할 수 있다. 또한 비행 청소년의 사회적 지지망에 대한 탐색을 통해 비행 청소년에게 사회적 지지망이라는 자연발생적인 자원을 발견하고 사용하도록 도와 문제해결을 이루어 나아갈 수 있도록 하여야 할 것이다(Maguire, 장인협, 오세란 譯, 1996).

6) 비행 청소년 사정도구

(1) 문제(Problem)의 성질

〈표 17〉

실천 모델 사정 변수	심리사회적 모델	문제해결 모델	행동주의 모델	과제 중심 모델	생활 모델	의사소통 모델	구조적 가족치료
문제 (Problem)의 성질	문제의 성질을 구체화하기보다는 특정 클라이언트의 특정문제가 발생하게 된 원인. 즉 문제에 대한 전반적인 사정을 실시한다.	• 문제에 대한 개인적 의미)와 사회사업가가 생각하는 의미 • 클라이언트가 생각하는 문제의 원인 • 문제를 위한 노력과 결과 • 클라이언트와 협상을 통한 문제의 우선순위	• 문제의 시작 시기 • 문제의 지속 정도 • 문제의 빈도 • 문제의 강도 (10점 혹은 100점 척도) • 문제행동 이전의 사건 • 문제행동 이후의 결과	• 문제의 시작 시기 • 문제의 지속 정도 • 문제의 빈도 • 문제의 강도 (10점 혹은 100점 척도) • 문제행동 이전의 사건 • 문제행동 이후의 결과 • 문제행동의 기준선 (baseline)	• 문제 자체에 대한 평가. • 클라이언트의 문제 인식 정도	• 확인된 환자(Identified patie-nt)의 증상에 대해 구체적으로 기술 • 신청이유 • 누구 혹은 무엇에 대한 문제인가 • 문제 발생 시기 • 문제의 지속 정도 • 문제에 대한 가족성원들의 인식 및 반응 • 문제를 해결하기 위한 노력	

(2) 클라이언트

① 개인 내적인 부분

〈표 18〉

실천 모델 사정 변수	심리사회적 모델	문제해결 모델	행동주의 모델	과제 중심 모델	생활 모델	의사소통 모델	구조적 가족치료
개인 내적 측면	• 리비도적, 공격적 특징 • 자아의 기능 • 초자아의 특징: 클라이언트의 역할과 역할 수행상의 갈등 평가 • 증상: 신경증과 정신병의 특징 ※ 의식 수준에 있는 것에 대해서만 관심	• 정서적 능력: 타인과 긍정적 관계 형성 능력 • 지적 능력: 판단, 지각 (perceptive eness) 느낌과 생각을 정확히 표현할 수 있는 능력 • 신체적 능력: 신체 에너지 • 동기와 능력의 평가 • 임상적 요인: 인성에 장애가 되는 요인	• 개인의 과거력 • 클라이언트의 능력 (ability) • 변화하고자 하는 동기 (motivation) • 자기관리능력 (self-manage-ment)	• 심리적인 장애 • 개인의 장점과 단점	• 개인의 발달 단계와 과업 성취도 • 개인의 자기상 (혹은 정체감), 목표(혹은 능력), 활동성(혹은 자율성)과 대인관계에 대한 영향	한 개인에 대한 내적인 사정 평가보다는 개인과 가족과의 상호적용적 측면에서 보아야 한다.	

② 대인관계적 부분

〈표 19〉

실천 모델 / 사정 변수	심리사회적 모델	문제해결 모델	행동주의 모델	과제 중심 모델	생활 모델		의사소통 모델	구조적 가족치료
가 족	• 가족의 기능이 클라이언트에게 스트레스로 작용하는 부분에 대한 탐색 • 청소년들에 있어서는 학교와 또래의 의미를 중요시 • 대인간의 의사소통 패턴을 상호작용의 중요한 측면으로 활용	개인이 대인관계 속에서 기대되고 허용되는 것에 대한 역동적 상호작용	클라이언트에게 중요한 영향을 미치는 사람의 문제행동강화, 처벌, 모델링 방법 및 클라이언트의 행동에 미치는 영향 탐색	• 권력의 배치 • 위계질서 • 의사소통 패턴 • 경제적 구조 • 갈등과 위기관리 기술 • 문제해결 패턴	• 가족의 발달단계 • 발달 과업 성취정도 • 가계도	생태도	• 가족성원의 의사소통 유형 • 가족 내의 병리적인 의사소통 유형 탐색	가족도(가족의 구조와 상호 역동에 대해 체계적이며, 전체적으로 파악하기 위해 상징으로 표현)
또 래				개인의 또래집단에 대한 정보	• 관계의 빈도, 강도, 균형성 • 관계 형성에 대한 사회적 규범과의 갈등		–	–
학 교				클라이언트의 학교환경에 대한 탐색			–	–

(3) 사회적 상황 및 사회지지망

① 심리사회적 모델: 물리적 환경 중 주거상태, 거주지역 등이 클라이언
트에게 외부적 압력으로 작용해 클라이언트의 욕구불만, 결손, 부적
합에 영향을 미친다고 보고 있다. 또한 문화적 영향을 중시하여, 사
회전반의 문화와 부합되는지에 대한 평가도 필요하다(Hollis, 김만두
역, 1985).

② 문제해결 모델: 클라이언트 자신의 재량 범위 내의 자원과 기회, 현
재 부족한 것들을 충족시켜서 훌륭하게 대처하여 그를 원조하기 위
해서 활용할 수 있는 자원과 기회에 대한 내용이 포함되어야 한다고
주장한다.

③ 행동주의 모델: 물질적 자원에 대한 평가는 치료계획을 새우는 데 필
수적이라 하였다. 예를 들어 빈곤은 행동적 기법에 많은 장애가 될
수 있으므로, 이에 대한 세심한 주의를 기울여야 한다고 주장하고 있
다(Hudson & Macdonald, 1986).

④ 과제 중심 모델: 사회망, 사회경제적 조건, 지역사회와 문화적 배경 등이 클라이언트에게 어떤 영향을 주는지 그것들과의 관계하에서 고려되어야 하며, 부정적인 측면뿐만 아니라 긍정적인 측면도 함께 규명해야 한다(Epstein, 1992).

⑤ 생활 모델: 클라이언트의 물리적 환경이 문제에 어떤 영향을 미치며, 이와 함께 문화적 요인에 대한 고려도 포함하였다(Allen-Meares & Lane, 1987).

⑥ 의사소통 모델과 구조적 가족치료 모델: 클라이언트의 사회적 환경과 지지망에 대해서 논하고 있지는 않으나 가족의 물리적 환경, 예를 들어 누가 누구와 같은 방을 쓰고, 어떤 방을 누가 사용하는지와 같은 것은 가족의 위계나 가족 하위체계와 같은 가족구조를 대변해 줄 수 있으며, 이는 결국 클라이언트에 대한 전반적인 이해와 개입계획을 수립하기 위해서 필수적이라 할 수 있다.

(4) 표준화된 검사 도구의 활용

청소년들을 사정할 때, 지능, 혹은 특별한 문제나 능력을 측정하기 위해 고안된 표준화된 검사를 할 수 있다. 사회사업가는 보통 이런 검사를 수행하지는 않지만 다른 검사 전문가에게 클라이언트를 의뢰할 수 있다. 그러나 검사를 의뢰할 때에는 다음과 같은 것에 주의를 해야 한다. 첫째, 클라이언트를 의뢰하는 충분한 사유가 있어야 한다. 둘째, 심리학자에게 사회사업가가 얻고자 하는 것에 대해 설명해 주어야 한다. 셋째, 심리학자에게 클라이언트에 대한 정보를 알려 주어야 한다. 넷째, 검사하기 전에 클라이언트를 준비시켜야 한다. 다섯째, 검사는 클라이언트를 사정하기 위한 단지 하나의 도구일 뿐, 검사가 제공하는 결과에 대해 비현실적인 기대를 하지 말아야 한다. 마지막으로 클라이언트에게 행해진 검사가 갖는 한계에 대해서 심리학자에게 물어보아야 한다. 클라이언트를 사정하는 데 있어, 표준화된 검사도구가 클라이언트에게 필요한 이유가 명확해야 하며, 검사결과로만 개인을 평가하거나 단정 지어서는 안 되며, 개인의 행동이나 성격을 과학적이고 체계적으로 이해할 수 있고 이를 바탕으로 하여 개인의 문제해결에 도움을 주는 것으로 받아들여야 할 것이다.

(5) 사정결과

사정결과는 지금까지의 클라이언트의 사정단계를 총정리하고 요약하여 다음의 개입계획을 세우는 데 지표로 삼는 것이라 할 수 있다. 사정결과에 들어갈 내용으로는 ① 클라이언트의 주요 문제의 원인에 대해서 진단하고, ② 클라이언트가 가지고 있는 능력과 잠재력, 그리고 ③ 문제해결에 방해가 되는 측면과 어려움에 대한 사항이 포함되어야 할 것이다. 물론 위의 세 가지 사항은 사회사업가의 주관적인 판단이기는 하지만 사정단계에서 그에 대한 객관적인 증거가 필요하므로 이에 대한 명시가 필요할 것이다. 따라서 사정의 결과를 문제 및 문제의 원인에 대한 평가, 클라이언트에 대한 평가, 사회적 상황과 지지망에 대한 평가로 나뉘어야 할 것이다.

(6) 개입계획

사회사업 실천에서 사정단계는 다음의 지료단계에서의 개입방법의 선택에 영향을 주게 된다. 즉 수집된 사정 정보는 사회사업가가 개입을 위해 표적으로 설정한 특정 문제에 초점을 맞출 수 있도록 도와줄 뿐 아니라 제시된 문제를 돕는 데 최선의 개입방법을 선택할 수 있는 데 도움을 준다. 따라서 사정의 마지막 과정은 바로 개입계획을 세우는 일일 것이다. 또한, 개입계획을 세우는 데 있어, 클라이언트의 능력과 지지망을 충분히 고려하여, 상황 속의 인간의 관점을 견지하면서, 구체적이고 긍정적인 목표를 세워야 한다. 이를 위해 먼저 개입 되어야 할 문제, 즉 표적문제를 설정하여야 한다. 표적문제는 사회사업가에 의해서 임의로 결정되는 것이 아니라 클라이언트의 자기결정권을 존중하여야 하고, 그것으로 인해 클라이언트가 자발적으로 문제의 개선을 위해 노력을 할 수 있을 것이다. 또한 표적문제 선정 시에는 문제의 우선순위에 대한 고려도 있어야 한다. 그리고 표적문제에 따른 개입의 목적과 목표에 대해서 구체적으로 정하여야 한다. 효과적인 개입의 관건은 구체적이며 선명한 목표설정에 달려 있으므로 누가(who), 무엇을(what), 어느 정도로(what extent), 어떤 조건에서(what condition), 언제(when) 등의 내용이 천명되어야 한다.

〈표 20〉

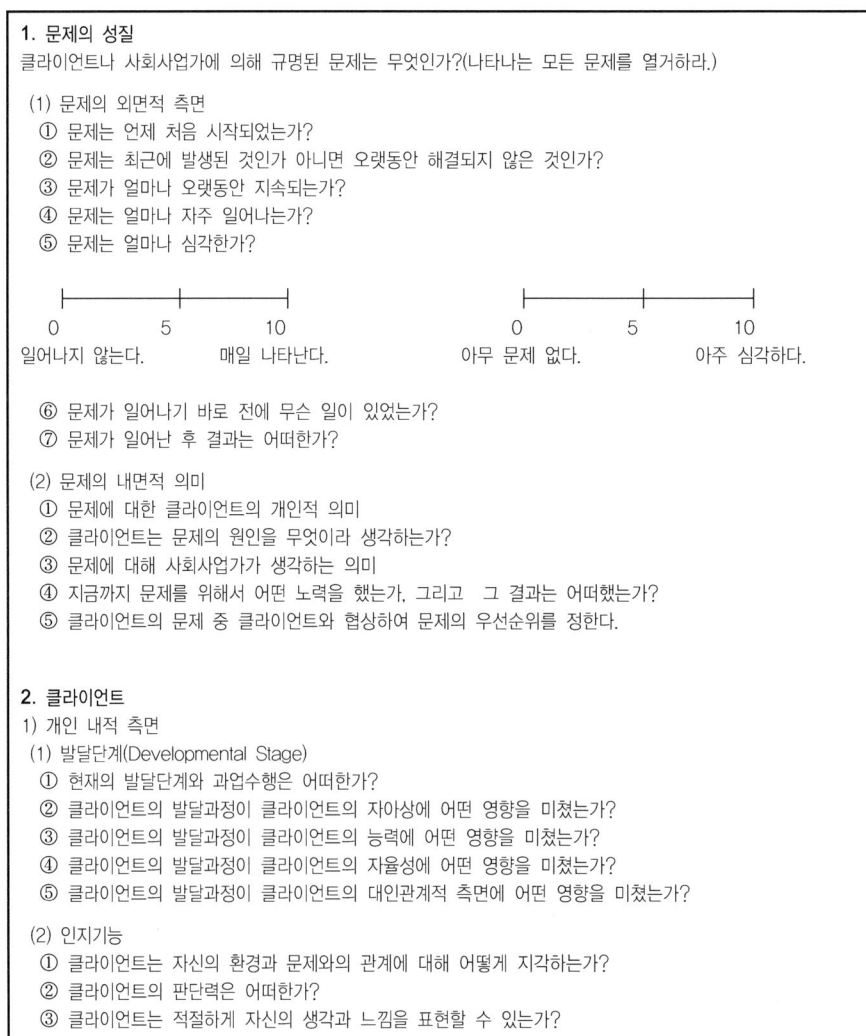

1. 문제의 성질
클라이언트나 사회사업가에 의해 규명된 문제는 무엇인가?(나타나는 모든 문제를 열거하라.)

 (1) 문제의 외면적 측면
  ① 문제는 언제 처음 시작되었는가?
  ② 문제는 최근에 발생된 것인가 아니면 오랫동안 해결되지 않은 것인가?
  ③ 문제가 얼마나 오랫동안 지속되는가?
  ④ 문제는 얼마나 자주 일어나는가?
  ⑤ 문제는 얼마나 심각한가?

```
  |-------+-------+-------|          |-------+-------+-------|
  0       5       10                 0       5       10
일어나지 않는다.   매일 나타난다.        아무 문제 없다.        아주 심각하다.
```

  ⑥ 문제가 일어나기 바로 전에 무슨 일이 있었는가?
  ⑦ 문제가 일어난 후 결과는 어떠한가?

 (2) 문제의 내면적 의미
  ① 문제에 대한 클라이언트의 개인적 의미
  ② 클라이언트는 문제의 원인을 무엇이라 생각하는가?
  ③ 문제에 대해 사회사업가가 생각하는 의미
  ④ 지금까지 문제를 위해서 어떤 노력을 했는가, 그리고 그 결과는 어떠했는가?
  ⑤ 클라이언트의 문제 중 클라이언트와 협상하여 문제의 우선순위를 정한다.

2. 클라이언트
1) 개인 내적 측면
 (1) 발달단계(Developmental Stage)
  ① 현재의 발달단계와 과업수행은 어떠한가?
  ② 클라이언트의 발달과정이 클라이언트의 자아상에 어떤 영향을 미쳤는가?
  ③ 클라이언트의 발달과정이 클라이언트의 능력에 어떤 영향을 미쳤는가?
  ④ 클라이언트의 발달과정이 클라이언트의 자율성에 어떤 영향을 미쳤는가?
  ⑤ 클라이언트의 발달과정이 클라이언트의 대인관계적 측면에 어떤 영향을 미쳤는가?

 (2) 인지기능
  ① 클라이언트는 자신의 환경과 문제와의 관계에 대해 어떻게 지각하는가?
  ② 클라이언트의 판단력은 어떠한가?
  ③ 클라이언트는 적절하게 자신의 생각과 느낌을 표현할 수 있는가?

(3) 정서기능
  ① 클라이언트는 다른 사람과 긍정적 관계를 얼마나 잘 형성하는가?
  ② 클라이언트는 적합하지 않은 지나친 공포나 불안을 갖고 있는가?
  ③ 클라이언트는 적절하지 않은 지나친 죄책감을 가지고 있는가?
  ④ 클라이언트는 갑작스럽게 공격적인 행동을 보이거나 부적절한 적의를 가지고 있는가?

(4) 신체적, 행동상 기능
  ① 클라이언트의 외모를 표현하라.
  ② 클라이언트는 행동상에 문제를 일으킬 만한 장애가 있는가?
  ③ 클라이언트는 반복적으로 하는 행동, 즉 버릇이 있는가?
  ④ 클라이언트는 의학적 진단을 받은 적이 있는가? 있다면, 어떤 병이었고 어떤 치료를 받았으며, 현재는 어떠한가?
  ⑤ 클라이언트의 에너지 수준은 어느 정도인가?

0   5   10
무기력하다 .   매우 활력이 넘친다.

(5) 동기화
  ① 클라이언트는 변화의지가 있는가?
  ② 클라이언트의 동기화에 영향을 줄 수 있는 요인은 무엇이 있는가?
  (클라이언트가 현 상황을 불편하게 생각하게 하거나 미래에 대한 희망을 불어넣어 줄 수 있는 측면)

(6) 역할수행
  ① 클라이언트가 수행하고 있는 역할들은 무엇이 있는가?
  ② 클라이언트가 역할 수행에 어려움을 겪는 부분은 무엇인가?
  ③ 클라이언트에게 기대되는 역할 수행과의 갈등은 어떤 것인가?

(7) 정신적 상태
  ※ 이 부분은 클라이언트가 정신적 상태가 의심스러울 때 행해진다.
  ① 외모, 옷차림, 자세에서 장애가 있는 부분을 묘사하라.
  ② 사고에 장애가 있는가?(환영, 망상 등)
  ③ 인지수준에 장애가 있는가?(기억력, 주의집중력 등)
  ④ 사고과정에 장애가 있는가?(논리력, 시능, 일관성 등)
  ⑤ 정서상태에 장애가 있는가?(정서적 편향이나 감정의 언어적 표현과 클라이언트의 정서의 불일치 등)

2) 대인관계적 측면
 (1) 가족
  ① 가족의 발달단계는?
  ② 가족의 발달 과업은 무엇이며, 성취정도는 어떠한가?
  ③ 가족의 의사소통 유형 및 역기능적 의사소통 유형은 어떠한가?
  ④ 가계도₩
  ⑤ 가족도

 (2) 학교
  ① 학교에서의 성적은 어느 정도인가?
  ② 학교와의 상호작용의 빈도는?
  ③ 학교와의 상호작용의 강도는?

0   5   10   0   5   10
없다   매우 활발하다   없다   매우 강하다

④ 클라이언트가 학교에 대해서 갖는 태도는 어떠한가?

|⊢————|————|
0　　　5　　　10
매우 부정적　　　매우 긍정적

⑤ 클라이언트가 학교와의 관계속에서 나타나는 갈등은 무엇인가?

(3) 또래
① 또래와의 상호작용의 빈도는?
② 또래와의 상호작용의 강도는?

|⊢————|————|　　　　|⊢————|————|
0　　　5　　　10　　　　0　　　5　　　10
없다　　　매우 활발하다　　　없다　　　밀착되어있다

③ 클라이언트가 또래에 대해서 갖는 태도는 어떠한가?

|⊢————|————|
0　　　5　　　10
매우 부정적　　　매우 긍정적

④ 클라이언트가 또래와의 관계속에서 나타나는 갈등은 무엇인가?

(4) 생태도

3. 사회적 상황 및 사회지지망
(1) 클라이언트의 사회적 상황
① 클라이언트의 주거 상태는?
② 클라이언트가 살고 있는 지역사회는?
③ 클라이언트의 물리적, 문화적 환경이 클라이언트의 문제에 미치는 영향은?

(2) 클라이언트의 사회지지망(자원)
① 클라이언트가 현재 소유한 자원은 어떠한 것이 있는가?
　• 비공식적 자원체계　• 공식적 자원체계　• 사회적 자원체계　• 물적 자원체계
② 클라이언트가 소유한 자원 중 현재 사용하고 있지 않는 자원은 무엇인가?
③ 클라이언트가 가지고 있지는 않지만 개발되어야 할 자원은 무엇이 있는가?
④ 자원개발 및 활용에 어려운 점은 무엇이 있는가?

4. 표준화된 검사 도구의 활용
1) 검사하고자 하는 목적
2) 검사 도구
3) 검사 결과

5. 사정 결과
1) 문제 및 문제의 원인에 대한 평가
2) 클라이언트에 대한 평가
① 긍정적 측면　② 부정적 측면
3) 사회적 상황 및 사회지지망에 대한 평가
① 긍정적 측면　② 부정적 측면

6. 개입계획

표적문제	개입목적	개입목표	표적체계	과 업

참고문헌

1. 장인협(1996), 사회사업실천방법론(상), (하) 서울: 서울대출판부.

2. 전재일, 김상규(1996), 개별사회사업, 서울: 형설출판사.

3. 최현(1992), 「청소년비행의 심리학적 접근」, 청소년 문제론. 서울: 한국청소년 연구

4. Allen‒meares, Paula & lane, Bruce A.(1987), "Grounding social work Practice in Theory: Ecosystem", Social Casework. 65(9).

5. Epstein, Laura(1992). Brief Treatment and a New Look at the Task‒Centered Approach. NY: Macmillan Publishing Company.

6. Hepworth, D. & Larsn, J.(1990), Direct Social Work Practice: Theory and Skill(3Rd. Ed), Belmont. CA: Wadworth.

7. Hollis, Florence , 김만두 역(1985), 케이스워크‒심리사회요법, 홍익제: 서울.

8. Hudson, Babara L. & Macdonald, Ggerldine M.(1986), Behavioural Social Work ‒An Introduction. London: Macmillan Education Ltd.

9. Johnson, L.(1983), Social Work Practice: A Generallist Approach. Boston: Allyn & Bacon.

10. Jordon, C. & Franklin, C.(1995), Clinical Assessment: Quantitative and Qualitative Methods. Chicago: Lyceum.

11. Maguire. Lambert 장인협·오세란 역(1996), 사회지지체계론, 사회복지 실천 연구소: 서울.

12. Roberts, Robert W. & Nee, Robert H.(1972), Theories of Social Casework, Chicago: The Unive. of Chicago Press.

우리나라에서도 1982년 사회교육법이 제정되고 1983년 사회교육법 시행령이 제정되면서 미흡하지만 사회교육의 제도적 장치가 마련되었다. 많은 단체와 기관에서 사회교육을 활발히 하고 있고 교육계에서도 관심이 점증하여 대학에서 나름대로 사회교육을 전개하고 있다. 사회교육에 대한 국민적 관심이 일반화되고 참여에 대한 욕구도 날로 급증하고 있는 추세여서 사회교육의 전망은 매우 밝다고 본다. 이 사회교육에 대한 자료는 이종 선생님의 「사회교육학 개론」과 박노열 선생님의 「사회교육학개론」 등 몇 분의 사회교육학자들의 사회교육학 개론 책자들을 참고문헌으로 하여 구성하였다. 사회교육 이론편은 사회교육의 개념 및 정의에서부터 한국 사회교육의 과제와 전망까지 광범위하게 다루었으며 사회교육의 실제 편에서는 본 상담소 사회교육 프로그램을 중심으로 비교적 자세하게 소개하였다. 특히 희망교실과 열린 교실 프로그램은 교정 사회사업 편에서 다루어지므로 간략하게 소개하기로 하였다.

1) 사회교육의 개념 및 필요성

(1) 사회교육의 개념

사회교육의 개념은 국내외적으로 명확하게 개념 정리가 되지 못하고 있는 실정인데 그 이유를 들어보면 첫째, 사회교육의 본질은 그 기본 이념으로 민주성, 다양성, 자율성, 융통성 등을 제시하고 실시하는 교육활동이며 둘째, 사회교육은 학문적, 과학적, 제도적으로 독립된 교육활동으로서 뿌리를 내린 지 얼마 되지 않는 비교적 역사가 짧고 새로운 교육과학의 영역이다. 셋째, 사회교육은 대체로 시대적 요청과 사회변화에 민감한 교육활동이다. 이상과 같이 사회교육의 개념은 항상 수정 가능한 현실성과 실제성을 지니고 현장의 교육활동에 도움을 주는 것과는 달리 다른 학문 영역처럼 쉽게 정리되지 못하고 있다.

(2) 사회교육의 개념 정의

우리나라에서도 사회교육이라는 교육의 한 분야가 제도화되었는데 1982년 정기국회에서 사회교육법이 국회를 통과하여 사회교육을 정식으로 법으로 규정하고 있고 1983년 8월 26일에는 그 시행령이 각 의에 통과되었다. 국내외 학자 및 기관에 의하여 정의되고 있는 사회교육의 개념을 들어 본다.

① 사회교육이라 함은 다른 법률에 의한 학교교육을 제외하고 국민의 평생교육을 위한 조직적인 교육활동이다(우리나라 사회교육법 제2조 2항).

② 사회교육은 인격의 조화적 발달과 사회에 있어서의 개인의 역할 수행에 따른 지식과 기능의 전 영역을 포괄하고 있다(UNESCO, 1976).

③ 사회교육은 학교 외 청소년과 성인들을 위한 조직적인 계속교육의 프로그램 및 활동을 말한다. 즉 사회교육은 의무교육을 마치고 난 후에 정규 학교를 계속 다니지 않는 청소년과 일반 성인을 위한 조직적인 교육 프로그램과 활동을 총칭한다. 그러므로 사회교육을 보다 명확하게 표현한다면 청소년, 성인교육이라고 하는 것이 타당할 것이다(황종건, 1980).

④ 사회교육이란 학교 밖의 또는 학교 이후의 소년, 부녀자, 성인들에 대한 교육으로서, 그 대상에 있어 성별, 직업, 연령, 계층, 거주 지역, 문벌, 종교별, 가정을 넘어서는 전국적인 국민 전체의 교육사업이다. 사회교육은 자유로운 교육이며, 조직적인 교육활동이고, 실생활의 향상 발전의 요청에 의한 학습활동이다(진원중, 1979).

우리나라의 사회교육법에 나타나고 있는 사회교육 개념을 구체적으로 분석해 보면 다음과 같다.

• 사회교육이란 학교 밖의 또는 학교교육 이후의 청소년, 성인들에 대한 교육이다. 따라서 사회교육은 학교교육의 보충 교육이며 계속교육이다.

- 사회교육은 조직적인 교육활동이다. 각종 사회교육기관에서는 일정한 교육목표를 갖고 의도적으로 구체적인 계획 아래 교육을 실시한다.
- 사회교육은 실생활의 향상과 발전이라는 요청에 의해 이루어지는 학습활동이다. 따라서 적성에 맞는 직업 선택, 직업에 관한 지식과 기술의 훈련 등이 중요한 사회교육의 내용이 된다.
- 사회교육은 시민교육을 포함한다. 따라서 인간 존중을 비롯하여 준법정신, 질서 의식, 봉사와 협동 등 훌륭한 시민으로서의 자질을 갖추기 위한 교육을 모두 포함한다.

  사회교육이란 한 사회의 경제 수준, 교육 기회의 확대 정도, 실시 기관, 교육대상, 교육 유형 등에 따라서 서로 다른 정의를 내릴 수 있다. 한편 사회교육 전문가와의 '사회교육요구분석 워크숍'의 토의 결과로 협의된 내용을 광의와 협의로 구분하여 규정하기로 했는데 그 내용을 보면 다음과 같다.

- 광의의 사회교육: 사회교육이라 함은 다른 법률에 의한 학교교육을 제외하고, 국민의 평생교육을 위한 모든 형태의 조직적인 교육활동을 말한다.
- 협의의 사회교육: 사회교육이라 함은 평생교육체제의 한 영역으로서 학교 외 청소년과 성인들을 위한 모든 형태의 조직적인 교육활동을 말한다.

(3) 사회교육과 관련된 유사 개념

사회교육의 형성 과정에서 가장 유사하다고 볼 수 있는 성인교육, 평생교육, 계속교육(연장교육), 순환교육, 생애교육, 비정규교육, 지역사회교육, 기초교육 등을 고찰해 본다.

① 성인교육

성인교육은 한 사회의 성원으로서 활동하고 있는 성인들에게 자신의 경험을 확장하고 사회의 발전에 이바지할 수 있도록 하기 위하여 마련된 모든 교육활동을 의미한다. 영어로 표현할 때는 social education보다는 adult education으로 쓰이는 경우가 더 많다. 영국 Manchester대학의 교수인 Waller는 성인교육과 성인을 위한 교육을 다음과 같이 구분하였다.

성인교육(adult education): 성인을 위한 인문 교양교육으로 지적, 심리적, 도덕적 자질 향상 등을 포함한다.

성인을 위한 교육(education for adults): 성인을 위한 직업 준비교육으로 훈련, 취미 활동, 직업훈련, 기술교육 등을 포함한다.

1976년 UNESCO총회에서 성인교육 발전을 위한 건의서 안에 제시된 성인교육의 정의를 보면

- 성인들이 참여하는 모든 조직적 교육활동
- 성인들이 그들의 소질과 능력을 키워 지식을 획득하고 직업이나 직업적 자질 향상 또는 직업 전환을 위해 실시하는 교육활동
- 조화롭고 영속적인 사회, 경제, 문화 발전에 기여하는 데 있어서 그들의 태도와 행동을 변화시켜 주는 조직적인 교육활동
- 그가 속해 있는 국가나 사회가 성인이라고 인정하는 사람들을 대상으로 실시하는 조직적인 교육활동

사회교육과 성인교육의 정의를 볼 때 사회교육은 성인교육을 포함하고 있는 상위 개념인 것이다. 분명한 것은 성인교육이 사회교육의 한 부분으로서 중심적 과제이므로 오늘날에 있어서의 성인교육의 의미는 사회교육의 전체 범주 안에서만 그 의미와 위치를 찾을 수 있다는 것이다.

② 평생교육

평생교육은 인간이 일생을 통해서 개인의 발전 과정에 따라 교육을 받아야 하며 그 과정은 제도적인 학교교육을 통해서 뿐만 아니라 언제 어디서나 학습을 할 수 있다는 개념에서 출발한다. 평생교육이 특히 강조하고 있는 점은 7가지로 요약할 수 있을 것이다.

- 전체성 - 모든 종류 및 모든 형태의 교육을 포괄

- 통합성 - 수직적 및 수평적 통합
- 융통성
- 민주성
- 기회와 동기부여
- 교육력
- 교정력

평생교육의 제창자인 랑그랑은 다음과 같이 평생교육을 정의하고 있다. "평생교육은 교육의 본질적인 완전한 의미 그대로 모든 국면과 차원의 교육을 포함하며 인생의 첫 순간부터 마지막 순간까지 중단되지 않은 발달 그 자체를 지칭하고 동시에 인간발달의 연속적인 여러 단체와 측면들 사이의 긴밀하고도 유기적인 상호 관련성을 뜻한다."(P. Lengrand, 1975) 랑그랑의 정의에 따르면 평생교육은 거의 평생학습과 동일하게 보고 있다. 평생교육은 한 인간이 자아실현이라는 자기완성의 방향으로 이어져야 하는 것이다. 이러한 의미에서 Dave는 다음과 같이 정의하고 있다. "평생교육은 개인과 집단 모두의 생활의 질을 향상시키기 위하여 각 개인의 일생을 통하여 인격적, 사회적, 직업적 발달을 성취시키는 과정이다." 평생교육은 개인적 성장과 사회적 발전 모두에 관련되어 있기 때문에 평생교육의 개념을 '미래를 위한 학습', '학습 사회', '교육 사회' 등의 이념과도 관계가 있다.

③ 계속교육

계속교육이란 용어를 미국에서는 continuing education으로 영국에서는 further education으로 사용하고 있다. 일반적으로 계속교육은 일생을 통해 인간 유기체의 학습활동을 도와준다는 이상적이고 시간의 제약을 받지 않는 교육의 이념으로 받아들여지고 있다. 영국의 1944년 교육법의 계속교육과 관련된 조항 중에서 그 중요 내용을 보면 다음과 같다.

- 의무교육을 마친 모든 연령층을 대상으로 하는 전일제 또는 시간제 교육이다.
- 여가 시간을 이용한 모든 조직적인 문화적, 창조적 활동들이 포함된다.

- 모든 국민들은 누구나 희망에 따라 이러한 교육 프로그램에 참가할 수 있다.
- 국가 및 지방 교육당국은 이러한 모든 다양한 형태의 교육을 실시하기 위한 시설과 운영의 책임을 맡아야 한다.

계속교육은 형식적 학교교육을 이수한 사람들로 하여금 계속적인 적응과 성장을 할 수 있도록 도와주기 위한 교육이므로 사회교육과도 그 의미가 상통한다고 볼 수 있다.

④ 순환교육

순환교육은 OECD의 교육 연구 및 혁신 센터(CERI)에 의하여 제시되었다. 순환교육이란 제도화된 교육기관으로서의 학교와 삶의 현장인 사회 사이를 학생들이 일정한 기간으로 왔다 갔다 하면서 이론과 실천을 함께 배우고 자신의 관점에 따라 자아를 형성하면서 동시에 사회의 요구에 부응하는 인간을 길러 낼 수 있는 교육을 의미한다. 또한 순환교육은 전통적인 학교교육과 그 이후의 교육적 구분을 넘어서서 유아교육에서 고등교육에 이르는 학교교육과 그 이후의 교육인 계속교육이나 성인교육을 모두 포괄하는 교육을 위한 보편적인 교육원리를 포함하고 있다.

⑤ 생애교육

생애교육이란 "개인이 생활의 일부로 혹은 생활수단으로서 일을 배우고 일에 종사하기 위하여 준비할 수 있는 경험의 총체" 또는 "개개인 모두가 일을 중심으로 한 사회의 가치관에 익숙해지고 이러한 가치관이 인격 체제에 통합되어, 일을 개인에게 보람 있고 만족될 수 있도록 생활화하는 데 도움을 주는 학교와 지역사회 간의 노력의 총체"이다. 생애교육과 사회교육 간에는 다음과 같은 차이가 있다.

- 생애교육은 이론적 중핵을 일에 두었지만 사회교육은 삶에 두고 있다고 할 수 있다.
- 생애교육은 직업세계를 주요 관심 영역으로 하여 실용주의적 경향이

반영되고 있는 데 비해, 사회교육은 사회문화 경제 전반에 걸친 넓은 영역의 삶의 세계를 관심 영역으로 한 이상주의적 경향이 반영되었다고 할 수 있다.

- 생애교육은 각급 교육기관에 치중된 감이 있고 또한 성인이 포함되어 있다고 하더라도 직업 능률 향상 및 재훈련 등과 같이 교육대상 및 교육목표의 제한점을 발견할 수 있는 데 반해, 사회교육은 그 범위와 대상 및 시간적 공간적 제약이 엄격하지 않다. 즉, 사회교육은 생애교육과 달리 일을 할 수 없는 유아기나 노인기도 포함된다는 것이다.

〈표 21〉 생애교육 모형

발달단계	교육기관	교육목표
생애자각	유치원, 초등학교	일의 세계에 대한 자각
생애탐색	중학교	일의 세계에 대한 흥미유발
		예비적 탐색 및 경험
생애준비	고등학교	직업에 관한 탐색과 훈련
	전문대학, 대학	전문분야에 대한 교육과 훈련
생애유지, 개선	성인	직업훈련 향상과 재교육

⑥ 비정규교육

학교교육을 정규교육 및 형식교육이라고 부르는 것과 같이 사회교육을 비정규교육이라고 부를 때가 있다. 사회교육이라는 용어는 영어의 nonformal education과 informal education을 합한 비정규교육이라 볼 수 있을 것이다. 이와 관련하여 사회교육을 영어로 표현할 때는 비정규교육과 성인교육을 합하여 'nonformal and adult education' 또는 계속교육과 합하여 'nonformal and continuing education'이라고 하는 경우가 있다.

⑦ 지역사회교육

지역사회교육은 처음 Puerto Rico나 다른 저개발 국가들에서 공식 용어로 사용한 것으로 지역사회의 종합적인 생활 향상과 지역 주민들을 위한 집단적인 사회교육활동을 말하는 것이다.

⑧ 기초교육

제도화된 교육기관에 취학해 보지 못한 사람들에게 개인으로서의 권리와 의무가 무엇인지에 대한 이해를 갖게 해 줄 뿐만 아니라 자신들의 생활 조건을 보다 진취적으로 개선하는 데 필요한 기본적인 지식과 기술을 습득하게 하여 사회 발전 및 국가 발전에 보다 더 효과적으로 참여할 수 있는 길을 터 주기 위해서 실시하는 교육이다.

(4) 사회교육의 필요성

전통적인 의무교육으로서의 학교교육만으로는 현대사회의 급속한 변화에 적응하기가 매우 어렵기 때문에 새로운 교육적 욕구가 나타나게 되었으며 이러한 새로운 교육적 욕구를 충족시킬 수 있는 교육제도의 대표적인 하나가 바로 사회교육이다. 사회교육의 필요성과 사회교육이 요구하는 본질적인 성격에 대해 살펴보면

- 현대사회의 급격한 변동에 따른 산업구조의 변화, 가치 갈등, 인간 소외, 기술의 변화와 혁신, 청소년 문제 등에 학교교육만으로는 대처하기 어렵기 때문에 사회교육의 필요성이 나타나게 된다.
- 학습 사회 및 교육 사회의 구현에 대비하기 위해서 사회교육은 필요하다.
- 인간이 주체적 존재로서 살아가기 위해서는 끊임없는 자기 성장이 필요하다.
- 과학기술의 끊임없는 발전과 그것이 가져온 직업세계의 변화이다.
- 도시화, 거주지 이동의 확대가 새로운 사회교육의 필요성을 요구하고 있다.
- 교육 기회의 불균등 현상을 해소하기 위해서 사회교육은 필요하다.
- 학교교육의 한계성에 따른 사회교육의 필요성이 대두된다.
- 여가 시간의 증대와 교육과의 관계와 관련하여 사회교육의 필요성이 증대되고 있다.
- 인간의 평균수명 연장에 따라 개인의 일생은 곧 사회화 즉, 사회교육의 과정이 되었다.

● 사회 계급 관계의 변화가 교육적으로 새로운 변화를 요구함에 따라 사회교육의 필요성이 대두되고 있다.

사회교육은 학교교육에 대한 보완적 기능은 물론 시대의 변화와 요구에 적극 대처하여 새로운 지식을 쌓아 나아감으로써 다양한 학습 요구를 만족시켜 줄 수 있는 새로운 교육적 대안이 될 수 있을 것이다.

2) 사회교육의 본질

(1) 철학의 필요성

Roberts는 사회교육의 철학이 "왜 그것을 해야 하는지에 대해 충분히 검토함이 없이 실행하기" 때문에 필요하다고 제안한다(Roberts, 1967). Bergevin은 사회교육 철학의 다양성을 인정하면서도 "어떠한 신념, 생각, 태도, 실행들에 대한 어떤 공통된 기준과 통합된 관점을 갖는 것이 가치 있는 것"이라고 생각하고 있다(Bergevin, 1967). 철학은 사람에게 무엇을 하며, 어떻게 해야 하는가에 대한 지식을 제공하기보다는 교육의 목적과 교육과정의 여러 요소들에 대한 논리적 분석에 관심을 가지고 있다. Apps의 논문 「사회교육의 실천 철학에 대하여」는 왜 철학이 사회교육자들에게 유용한 것인가에 대한 이론적 근거를 제시한다(Apps, 1973).

"성인교육자들은 교육 문제들의 관계를 살펴볼 근거를 필요로 한다. 성인교육자들은 사회와 성인교육활동의 관계를 알고자 원한다. 잘 개발된 실제적 철학은 성인교육자에게 현실이 무엇이며, 인간의 본질은 무엇이며, 교육이 무엇인가 등과 같은 지속적이고도 근본적인 문제들을 다루기 위한 접근방법을 제공할 수 있다. 개인적 의미에서는, 실제적 철학의 광범위한 발전은 성인교육자의 삶에 대해 보다 깊은 의미를 부여해 줄 수 있다." 실제가 결여된 이론은 공허한 이상주의를 낳게 하고 철학적 반성이 결여된 행위는 분별없는 행동주의라는 것이다.

(2) 사회교육의 심리학적 기초

사회교육의 심리학적 기초에 대한 논의를 제기하기 위하여 다섯 가지의
광범위한 심리학적 명제들을 설명한다.

- 급속한 변화는 인간을 파괴시키고 소외시킬 수 있는 잠재력을 가졌다
  고 하는 의미에서 심리적 위협을 가져온다.
- 지적 기능은 전통적인 학교교육의 연령 기간만이 아니라 일생을 통해
  효율적으로 발휘된다.
- 성인기의 심리적 발달은 대단히 중요하며 교육체제로의 통합이 요구
  된다.
- 학습과 변화는 아동기뿐만 아니라 성인기를 통해서 계속되며 이에 대
  한 형식적 인식이 교육체제에서 요구된다.
- 심리적 기능은 시간적(수직적)으로, 그리고 공간적(수평적)으로 모든
  영역에 걸쳐 통합되고 상호 관련되어 있다.

사회교육의 심리학은 사회교육과 관련된 제반 학습과정을 심리학적인 지
식과 이론을 적용하여 연구하는 학문 분야의 하나이다. 사회교육의 심리학
의 주요한 연구 대상 및 주요 연구 과제들은 다양한 특성을 지닌 교육대상
자들을 밝혀내는 일과 이들을 상대로 행하여져야 할 교육활동에 있어 이들
의 사회교육 필요도의 측정과 이해, 연령별 발달단계별 발달 과업의 이해,
효과적인 학습 및 학습 지도 원리의 발견 그리고 이들을 효율적으로 맡아
수행할 수 있을 사회교육 요원 및 지도자의 자질과 태도 사회교육의 계획
진행 결과 및 그 효과를 측정하고 평가하는 활동 등 전반에 걸쳐 보다 과학
적인 방법을 적용해서 연구하게 된다.

(3) 성인 학습의 특징

성인 학습은 아동과 청소년 학습과는 달리 다음과 같은 특성들을 가지고
있다.

- 자발성: 성인교육은 성인 자신들이 스스로 원하고, 스스로 교육하고 학습하는 자기교육(self-education), 자기학습(self-learning) 혹은 자기관리학습이다.
- 현실성: 성인들은 대부분 일정한 직업에 종사하고 있고, 현재의 사회생활에 주도적인 역할을 담당하고 있다. 현재의 사회 경험이 학습의 목표, 내용, 방법 속에 구체적으로 구현된다.
- 비기준성: 성인들은 각자 그들이 놓여 있는 각기 다른 생활 상황에 처해 있기 때문에 어떤 기준에 맞춰 학습 지도를 할 수 없다. 성인교육활동에 있어 다양한 형태의 교육과 방법이 모색되어야 한다.
- 비체계성: 성인들은 성인교육활동에 참여할 때 어떤 학문을 체계적으로 깊이 이해하기보다는 대부분 현재 자신들의 생활에 더 관심이 있는 것이다. 성인 학습활동은 실제 생활에 응용하는 실천적 교육활동이다.
- 상호작용: 성인은 자기의 전문 직업에 대해서는 성인교육 지도자보다 더 잘 알고 더 많은 체험으로 생생한 지식을 갖고 있다. 학교교육과는 달리 교사(지도자)와 성인 학습자 간에 서로 주고받는 상호작용의 관계인 것이다.
- 학습과정 중시: 성인교육의 목적 중 하나는 지식을 얻는 과정을 배우는 것이다. 성인교육의 지도자들은 지식을 주입시키는 것이 아니라 성인들이 학습할 수 있도록 조력의 역할을 해야 하고 학습을 장려하고 더 나아 갈 수 있도록 학습을 안내하여 성인들을 자극하는 데 관심을 두어야 한다.

(4) 성인 학습 경험

이서트(Paul L. Essert, 1951)는 기본적인 교육활동에 적용할 수 있는 모든 성인들을 위한 5가지 본질적인 학습 경험을 다음과 같이 들고 있다.
- 자존(self-respect)을 위한 직업적 성취 과업(자기 개념을 넓히기 위해)
- 진리와 아름다움에 대한 추구(생활이 공허하지 않도록)
- 자율(가정과 직장 그리고 어떠한 환경에서 필요한 자신의 규율)

- 한 사람 혹은 몇몇 사람과의 친밀한 우정 관계
- 때때로의 고독

(5) 성인기 학습자의 발달적 특징

① 지능의 발달

성인들의 경우 특수한 분야에 따라서 제각기 다른 연령 수준까지 성장 발달이 가능하다는 사실을 밝힌 대표적인 몇몇 학자들의 지능 발달에 관한 심리학적 연구 결과들은 다음과 같은 몇 가지 사실을 보여 준다. 대표적인 학자들은 돈 다이크(E. L. Throndike), 존스와 콘라드(Johns and Conrad, 1933), 웩슬러(Wechsler, 1958) 등. 첫째, 인간의 지능이 아동기를 거쳐 청년기에 이르러 절정에 이른 후 성인기부터는 전혀 발달이나 그 기능의 증가가 불가한 것이라고 하는 종전의 생각들을 바꾸도록 하는 데 좋은 근거를 제공하여 주고 있다. 둘째, 평생학습의 가능성을 뒷받침하여 주고 있다. 셋째, 성인기의 지능에 관한 연구 결과들로부터 지적 능력에 대한 인식의 변화 및 그 연구 방법의 다양화의 필요성을 느끼게 한다.

② 성격 발달

성격이란 아동기와 청년기를 통해서만 결정되고 고정되는 것이 아니라 성인기를 포함한 생의 전체를 통해서 변화되고 결정된다. 성격 이론의 대가 Erikson의 세 단계 즉, 성인 초기, 중년기, 노년기에 대한 이론을 언급해 보면, 첫째, 친밀감 대 고립감의 시기로서 청년기 또는 성인기로 분류. 둘째, 생산성 대 침체감의 시기로서 중년기로 분류. 셋째, 통합성 대 좌절감의 시기로서 노년기로 분류할 수 있다. 이 단계에서 전 단계까지의 발달이 성공적이면 노년을 흔쾌한 마음으로 맞을 것이며 자기의 완성을 위해 몰두할 수 있을 것이다. 그렇지 못할 때 그 개인은 절망감을 느끼게 되고 생애가 쓸모 없고 낭비되어 왔다고 느끼게 될 것이다. 결국 자아의 건전한 발달은 성인기에 와서도 개인의 자유와 책임감이 잘 조화된 속에서 성인의 역할을 충실히 이행해 나갈 수 있도록 하는 관건이 되며 이런 속에서 개인들의 성격은 그들 나름대로의 특성을 지속하고 변화 발전해 나아가는 것이다.

(6) 성인 학습자의 발달적 특징

성인기의 발달을 인지 발달, 신체 발달, 사회성 발달, 성 역할, 작업 역할
등으로 그 특징을 구분하여 제시하면
　■ 20 ~ 40세
　인지 발달: 별다른 변화는 없다.
　　　　　　　이미 습득된 인지 기능은 대체로 유지되고 새로운 단계에 들
　　　　　　　어서지도 않는다.
　신체 발달: 커다란 변화는 없다
　　　　　　　25 - 30세에 절정에 이르고 점차 신체 기능을 상실해 가나 아
　　　　　　　직은 미소한 것이어서 일상생활에는 별지장이 없다.
　사회성 발달: 변화가 많다.
　　　　　　　　부모로서의 역할을 발달시켜 간다.
　성 역할: 전통적으로 전형화된 성 역할을 한다.
　　　　　　여성들은 때때로 직업을 갖기도 하지만 가족 내에서의 행동유형
　　　　　　에서는 뚜렷이 구별된다.
　작업 역할: 남성은 특히 지배적으로 된다.
　　　　　　　직장에서는 승진이 가장 많이 이루어지고 전문화되어 가는 시
　　　　　　　기이다
　■ 40 - 65세
　지각 발달: 노쇠의 징조가 시각과 청각에 처음 나타나나 심하지는 않다
　인지 발달: 노쇠의 징후가 단기 기억과 속도를 요하는 과제에서 처음 나
　　　　　　　타난다.

(7) 성인기 및 노년기의 발달 과업

사회교육에 대한 심리학적 이해와 관련하여 한국 성인의 발달 과업을 성인기, 성인후기, 노년기로 구분해 보면 다음과 같다.

■ 성인전기(25 – 35세)

● 지적 영역: 직업에서 발전할 수 있도록 지식, 정보, 기능을 발전시키기
　　　　　가족생활, 부부생활을 원만히 할 수 있는 성지식을 습득하기 등.

● 정의적 및 사회적 영역: 배우자와 원만한 인간관계 가지기
　　　　　　직장이나 단체생활에서 선의의 경쟁을 하고
　　　　　　원만한 인간관계 맺기

● 신체적 영역: 정상적인 신체기능 유지를 위한 운동 하기.
　　　　　가정과 주위의 청결한 환경을 유지하기 등.

■ 성인후기(35 – 60세)

● 지적 영역: 일정한 경제적 생활수준을 세우고 유지하기.
　　　　　사회제도, 규범, 기관 등에 대한 지식과 활용능력 갖기 등.

● 정의적 영역: 배우자 및 자녀와 인격적인 관계 유지하기
　　　　　젊은 층을 이해하고 함께 어울리기 등.

● 사회적 영역: 부모로서 자녀에게 해야 할 역할과 책임 다하기.
　　　　　사회적 지위나 성취에 알맞은 역할과 도리를 다하기 등.

● 신체적 영역: 중년기의 생리적 변화를 받아들이고 적응하기.
　　　　　질병에 대한 광범위한 지식을 갖고 가족의 건강을 보호하기 등.

■ 노년기(60세 이후)

● 지적 영역: 세대차와 사회변화를 이해하기
　　　　　정치, 경제, 사회, 문화에 대한 최신 동향 알기

● 정의적 영역: 적극적으로 일하고 생활하려는 태도 유지하기
　　　　　정년퇴직과 수입감소에 적응하기 등.

● 사회적 영역: 동년배 노인들과 친교 유지하기.

가정이나 사회에서 어른구실 하기 등.
- 신체적 영역: 줄어 가는 체력과 건강에 적응하기.
  노년기에 알맞은 간단한 운동을 규칙적으로 하기 등.

(8) 성인학습의 원리

성인들의 신체적, 지적, 정의적인 특성을 이들의 학습능력 및 그 효과와 관련시키며 성인 및 노인을 주 대상으로 하는 사회교육에 있어 학습자들 스스로는 물론 사회교육을 계획하고 실시하는 데 도움이 될 수 있는 학습원리들을 제시하면

- 성인들의 학습에 있어서는 이들의 학습능률을 높이기 위하여 충분한 시간적 배려가 주어져야 한다.
- 성인의 학습은 각종 태도와 성격적 특성을 포함하는 정의적인 요인에 대한 충분한 배려가 주어져야 한다.
- 성인학습은 학습자 각자의 자아개념을 적절히 개발할 수 있도록 이들의 교육적 요구를 진단하고 그의 경험을 계획하도록 하여야 한다.
- 성인들의 학습은 각자의 과거경험을 최대한 살리는 방향으로 서로의 경험을 나누는 방법으로 이루어져야 한다.
- 성인의 학습은 성인들의 발달 과업에 적합한 학습경험을 시간계획에 잘 반영시켜야 한다.
- 성인들의 학습은 문제 중심 지향적이어야 한다.

(9) 사회교육의 사회학적 기초

사회교육을 이해하는 데 사회학은 사회교육의 의미를 설명하고 필요한 특별한 기준을 마련하는 데 도움이 된다.

① 체제접근(systems approch)
체제접근이 사회교육을 사회학적으로 이해하는 데 왜 중요한가만을 검토

한다. 체제란 일반적인 성격의 한 패러다임((paradigm)이다. 다시 말해 물리학적, 생물학적, 사회학적 영역 등에서 실제(reality)를 형성하는 현상은 각각의 독립된 요소들의 집합으로 조직화된다. 동시에 이 현상은 각 집합체의 존재 원인이자 결과가 되는 역동적인 상호관계로 조직화된다. 이와 같은 집합이 곧 체제이다. 요소의 변화는 하나 혹은 그 이상의 다른 요소에 대한 하나 혹은 그 이상의 변화를 의미하며 이 같은 변화는 각 요소들을 내적 외적 변화상황에 적응시킴으로써 체제를 유지하게 된다. 적응적 상호의존성은 한 체제에 내재되어 있는 통합적 힘으로부터 파생되며 구체적으로 과학적 연구의 주제가 되는 '법(iaws)' '불변율(constants)' '규칙(regularities)'으로 이해될 수 있다. 한 체제의 생명은 자기-보상의 과정에 기초한 끊임없는 평형회복 활동에 의해 유지된다. 전체와 체제의 부분은 상호 호혜적인 영향을 주고받는다. 이 패러다임은 구성요소가 사회관계인 사회체제를 설명하는 데 가장 유용한 것으로 판명된다.

② 사회학의 체제접근의 주요한 두 방향(기능주의와 마르크시즘)

체제접근에 관한 첫 번째 입장은 기능주의 시각이다. 기능주의는 사회관계 같은 사회체제 구성요소의 성격을 구조의 유지와 지속성에 기여하는 '기능적'인 것으로 규정한다. 기능주의 시각을 교육에 적용시켜 보면 교육의 기능이란 청소년을 사회화시키는 것, 즉 한 성인으로 사회에서 생활할 수 있도록 적합하게 만드는 것으로 규정한다. 기능주의 입장에서 볼 때 평생교육과 동시에 실시되는 사회교육의 원리는 사람들을 급격한 기술과학 지식의 변화에 대응시키고 여가의 증대 및 매스커뮤니케이션 강화에 기인되는 편이의 증대로 인한 문화적 요구의 증가에 적응시키는 기능적 역할을 하는 것으로 이해된다. 따라서 교육적 요구의 이 커다란 변화로 인해 파생되는 문제는 본질적으로 적응의 문제라 하겠다. 기능주의 관점은 직업중심적이고 공리주의적인 특성을 두드러지게 나타낸다고 할 수 있다. 기능주의 체제접근은 현시점에서 성인교육의 실제 경향을 이해하는 데 도움을 준다고 하겠다.

체제접근의 두 번째 접근은 마르크스주의자들의 입장이다. 마르크스주의 입장은 사회체제 구성요소들의 성격을 체제 자체에 대한 대립(opposition)이란 용어로 설명한다. 부분들은 더 이상 체제에 기능적이고 긍정적인 역할을 하는 것이 아니며 오히려 비판적이고 부정적인 역할을 하는 것으로 간주된다. 이것이 동질화의 이론에 반대되는 모순의 논리이다. 결과적으로 마르크스 사회학은 '사회계급'에 초점을 두며 '사회질서'에 관심을 둔 사회학과 정반대 방향으로 이론을 추진시켜 나간다.

마르크스주의 접근원리는 분열이나 혁명같이 사회체제의 허용한계를 넘어서거나 넘어서고자 의도하는 긴장을 중요하게 생각한다. 체제 자체의 성격은 근본적으로 '생산관계'에 따라 좌우된다. 마르크스주의 관점에서 볼 때 교육기관이란 생산관계의 반영물이며 동시에 세대에 걸쳐 사람들을 재생산해 내도록 고안된 기제이다. 각 개인은 교육기관 안에서 출신계층의 특성에 맞는 사회적 역할을 익히도록 요구되고 또한 가르침을 받게 된다. Bourdieu와 Passeron(1977)의 말에 따르면 교육이란 사회체제 '재생산'을 위한 하나의 도구이다. 이와 같은 일반적 이론구조에 기초하여 우리는 평생교육을 교육활동 속에서 조직적인 계급갈등을 포함한 갈등과 '지체(lags)'를 완화, 통합시켜 줄 결정적 이론으로 채택하였다. 사회교육은 새로운 교육하위체제가 될 것이며 교육뿐 아니라 전체사회의 급격한 변화를 위한 한 요소가 될 것이다.

3) 학교교육과 사회교육(상호연계의 가능성 모색)

(1) 교육의 통합적 성격

교육은 한 사회가 지속적으로 발전하기 위하여 작용하는 사회적 기본기능이다. 가정교육, 학교교육, 사회교육은 각각 국가교육 체계 속에서 평생교육이라는 하나의 통합적 부분으로서 서로 조화 있는 관계를 유지하지 않으면 안 된다.

〈표 22〉 사회교육관계 개념

기 준	구 분		
교육대상	유아교육 영아교육	청소년교육 학교교육 학교 외 청소년교육	성인교육 부녀교육 근로자교육 노인교육
교육장소 학교와의 계속성 Formal - Nonformal	가정교육 학령전교육	학교교육 학교교육 Formal education Nonformal education	사회교육 계속교육
일생의 관점		◄──── 평생교육 ────► ◄─────────────► Lifelong Learning process	

사회교육과 학교교육의 개념은 보는 측면이나 강조점에 따라서 달리 사용할 수 있으나 그 근본문제는 평생교육 과정 속에서 모든 교육이 수직적(유아, 청소년, 성인, 노인)으로나 수평적(가정, 학교, 사회)으로 통합되는 방향으로 구상되어야 하며 이것이 국가적 교육체계의 수립으로까지 발전해야 한다.

(2) 학교의 사회교육적 기능

학교의 사회교육 기능으로는 두 가지 형태로 실현될 수 있다. 하나는 지역사회 주민 또는 단체들을 위하여 학교의 시설을 개방하는 것이며 다른 하나는 지역사회 주민들을 위한 교육, 문화, 사교적 프로그램을 직접 학교가 계획 운영하는 일이다. 교육의 기본성격과 학교와 가정과 사회와의 관계와 작용을 개관해 볼 때 필연적으로 사회 전체가 교육기관으로 조직되어야 하며 그 속에 생활하는 모든 사람이 평생을 통해 학습하면서 생을 즐기는 교육체제로 조정되어야 한다는 결론에 도달하게 된다. 구체적인 방법모색을 한다면, 제도적, 구조적, 통합 및 연계에 대한 연구가 강구되어야 하며 사회교육이 학교교육에 통합 연계되고 학교교육이 사회교육에 통합 연계되는 제도 즉, 양 교육기관들이 서로 보완되어야 한다.

4) 사회교육 목적

우리나라에 있어서 1960년 이후 사회변동 및 발전에 따라 사회교육이 약 30여 년을 지나는 동안에 그 목적이 변화되었다. 초기에는 문맹퇴치, 문해교육, 기초교육으로 읽기, 쓰기, 셈하기에 치중했다면 오늘날에는 자기개발, 교양, 문화, 건강, 취미, 여행, 지식축적 등으로 그 목적이 달라졌다. 학교교육과는 달리 사회교육의 목적은 다음과 같이 몇 가지의 특성이 있어야 한다.

첫째, 사회교육 목적은 행동적이고 기능적이며 성인이 도달할 수 있는 것이어야 한다.

둘째, 사회교육 목적은 학습자들의 구체적인 변화를 지적해야 한다.

셋째, 사회교육 목적은 성인들이 그들의 목적으로 받아들일 만한 것이어야 하며 많은 성인들이 참여할 기회를 제공하는 것이어야 한다.

넷째, 사회교육 목적은 학습자들의 성취도가 평가될 수 있도록 구성되어야 한다.

다섯째, 사회교육 목적은 일반교육 목적에서 벗어난 것이어서는 안 된다.

사회교육법 제1조에 의하면 사회교육의 목적은 모든 국민에게 평생을 통한 사회교육의 기회를 부여하여 국민의 자질을 향상하게 함으로써 국가사회의 발전에 기여하도록 하는 것이다.

이서트(Paul Essert, 1955)는 사회교육 목적을 다음과 같이 주장한다.

- 직업적 성취   - 미와 진리의 탐구
- 자율활동의 경험   - 사교의 경험
- 고독의 경험

장진호(1986년)에 의하면, 사회교육 목적은 개인적 욕구와 사회적 욕구 둘 다를 고려해야 하는데 사회교육 목적은 인간의 속성인 개인, 사회인, 민족인, 세계인의 네 차원을 특정사회, 문화적 환경 속에서 그 사회가 당면한 문제와 지향성에 따라 사회구성원을 사회화시키는 과정이라고 보았다.

● 유네스코가 제시하고 있는 '성인교육의 목적'

- 국제이해와 협동 그리고 세계평화를 위한 활동을 증진시킨다.
- 최근 일어나는 여러 가지 문제와 사회변화를 이해하며 사회정의를 실현하는 견지에서 사회 진보과정에 적극적으로 참여하는 능력을 발달시킨다.
- 인간과 자연적, 문화적 환경과의 관계에 대한 인식을 증진하며 환경을 개선하고 자연과 문화유산과 공공시설을 사랑하고 보호하려는 갈망을 키워 준다.
- 국가적으로나 국제적으로 여러 다른 풍습과 문화를 이해하고 존경하도록 한다.
- 가정, 지역사회, 국가 및 국제사회에 있어서 상호간의 효과적인 의사소통과 결속에 대한 인식을 넓히며 동시에 효과적인 방법을 제공해 준다.
- 개인의 보다 충실한 성장에 필요한 새로운 지식과 자격과 태도와 여러 가지 행동을 습득하는 능력을 발전시킨다.
- 성인들에게 보다 발달한 기술과 직업교육을 제공함으로써 개인과 근로 생활과의 의식적이고 효과적인 결합을 보장해 준다.
- 자녀교육에 관계되는 여러 가지 문제를 적절하게 이해할 수 있는 능력을 키워 준다.
- 여가를 선용하여 여러 가지 창작과 새로운 정신적 심리적 가치를 창조하는 능력을 발달시킨다.
- 라디오, 텔레비전, 신문, 영화와 같은 매스미디어를 활용하는 데 있어서 필요한 식별력을 발달시키며 동시에 사회로부터 전달되는 대중문화와의 복잡한 내용을 해석하는 능력을 키운다.
- 성인들로 하여금 스스로 학습하는 능력을 키운다.

사회교육의 목적은 개인적 측면에서는 지성을 함양하고 현대 생활의 문제나 복잡성에 직면해서 책임 있는 자아를 형성하며 그리하여 개인의 자아실현을 추구하는 것이며 사회적인 측면에서는 사회교육을 통해 사회변화 및 발전을 가져오는 것이며 조직적 측면에서는 조직의 효율성에 그 목적을 두고 사회교육을 운영하는 것이라고 하겠다. 다시 말해 사회교육의 목적은 개인, 조직, 사회의 발전을 가져오기 위한 것이라고 할 수 있다.

5) 사회교육의 내용

사회교육 내용 선택을 위한 원칙, 사회교육 내용 선택이 사회교육의 참여진들의 자율성, 민주성, 융통성, 다양성이 보장되어야 하며 또한 현대사회에 들어와서 지식의 폭발성이 가중되어 매우 어렵고 복잡하다. 그러나 사회교육 내용을 선택하는 데 있어 최소한도 몇 가지 원칙을 거쳐야 한다.
- 현실성의 원칙　　　　　　- 교육 참여 기회와 내용의 개방성
- 교육내용 선발을 위한 과정　- 교육내용의 순서
- 금지된 주제　　　　　　　- 여성의 참여 확대

■ 사회교육 내용

사회교육의 내용은 사회교육의 정의, 목적, 평생교육 및 학습이라는 관점에서 그 범위가 정해져야 하며 그 내용은 과학, 예술, 종교, 윤리도덕, 직업, 오락 등 사회생활 전반에 걸친 문제가 포함된다. 따라서 사회교육 내용은 특히 지역사회생활 참여와 개인의 자아실현의 특별한 발달요구에 적합한 것이 되어야 한다.

■ 사회교육 내용을 구체적으로 분류해 보면
- 기초 및 보충교육　　- 교양교육　　　　- 직업·기술교육
- 건강·보건교육　　　- 가정생활교육　　- 경제생활교육
- 시민생활교육　　　　- 인간관계 교육
- 취미·여가 교육으로 분류해 볼 수 있다.

6) 사회교육 방법

사회교육 방법의 개념은 학교교육처럼 명확하게 정리할 수 없다. 그 이유는 사회교육이 다양성, 융통성, 민주성을 포함하여 학교교육과는 비교할 수 없고 또한 교육대상자의 다원적, 이질적 특성인 연령, 성, 학력, 직업, 지위,

경제적 배경, 학습동기, 그리고 참여도의 다양성, 가르치는 사람과 배우는 사람의 수평적 교육관계 유지 등 때문에 명확한 개념화가 어렵게 되어 있다.

(1) 사회교육 방법의 원리

- 자발학습의 원리   - 자기 주도적 학습의 원리
- 상호 학습의 원리   - 현실성의 원리
- 다양성의 원리   - 능률성의 원리   - 참여교육의 원리
- 유희, 오락성의 원리

■ 사회교육 방법의 분류

토론 중심형 사회교육방법
- 심포지엄(Symposium) - 세미나(Seminar) - 패널토의(Panel)
- 콜로키(Colloquy)

자유토론형 사회교육방법
- 포럼(Forum)   - 소집단 원탁토론   - 소집단 분과토론

커뮤니케이션중심
- 브레인스토밍   - 역할연기

사회교육방법(Brainstorming)(Role Playing)
- 감수성훈련(Sensitivity Training)

매체중심 사회교육방법
- 인쇄매체 활용법   - 방송매체 활용법   - 시청각매체 활용법

홍보중심 사회교육방법
- PR   - 공청회   - 여론조사

현장학습형 사회교육방법
- 기업체 방문   - 수학여행   - 관광

레크리에이션중심 사회교육방법

사회교육방법의 평가와 새 기법의 개발

■ 사회교육방법의 평가

- 새로운 사회교육 기법의 개발 사회교육의 기본방법으로서의 홍보

- 모든 조직적인 사회교육 특히 처음 시작하는 사회교육활동이면 홍보를 통하여 교육대상자를 찾아야 하는 필요성을 가지고 있다. 홍보의 기능은 정보제공, 공통목적 달성에의 협력수립 참여 및 선택기회 확보 교육장 제공 및 각 정보제공 등을 가지고 있다. 홍보의 방법은 크게 두 길을 통하여 할 수 있다. 하나는 외적 홍보이고 다른 하나는 내적 홍보이다. 먼저 외적 홍보는 보통 많은 재정적인 뒷받침이 있어야 한다. 사람들이 가장 많이 사용하는 방법은 플래카드와 팸플릿(안내책자)을 이용한 홍보, 우편통신, 현수막, 신문, 잡지를 이용하는 홍보 등이 있다. 내적인 홍보방법이란 긴 시간을 요하며 교육활동에 참여한 사람들이 교육공동체를 형성하는 계속적인 과정으로 개인 및 그룹과 함께 언어 행동적 매개를 통하여 할 수 있는 방법이다.

(2) 집단중심 사회교육 방법(대화·토론 중심 집단지도 방법)

① 대화 · 토론의 의미

대화 · 토론에는 일방통행적인 모놀로그(monolog)와 상호지향적인 다이얼로그(dialog)의 두 기본 방법이 있다. 모놀로그는 연설, 강연, 보도 등의 뜻을 가지고 있으며 주로 자기 혼자서 말하는 방법이다. 모놀로그에는 주로 단순한 사실 전달, 보도, 사상이나 이론을 발표하는 강연 그리고 의견이나 태도를 밝히는 연설이 포함된다. 이 방법은 명령, 지시, 통제적이고 인간관계에서도 수직적이고 권위적인 특징을 갖는다. 비민주적인 교육방법에 가깝다. 모놀로그에는 매스커뮤니케이션의 동원도 가능하며 객관성, 대중성, 청중성을 띤 구두전달이 이루어진다. 다이얼로그는 모놀로그와 달리 말을 주고받는 상호지향적인 관계를 가진다. 다이얼로그는 협의, 협상, 토론과정을 갖는다. 토론의 목적이 개방되어 공동으로 그 목적을 추구하며 토론 참여자들이 대화와 토론의 과정을 거치면서 개인의 이해관계를 떠나 참, 뜻, 진리의 초

개인적 객관성에 접근하게 된다. 민주적인 교육방법에 가깝다. 종합하면 일방통행인 강의식 모놀로그 교육방법보다 쌍방 간의 관계가 유지되는 다이얼로그 교육방법이 교육의 효과를 대단히 높일 수 있다.

- 토론식 교육방법을 실제 적용하는 목적
  - 학습활동에서 특히 교육대상자들의 적극적, 자발적인 참여를 유도한다.
  - 지도자가 학습내용의 이해도를 정확히 측정할 수 있어 소기의 목적을 효과적으로 달성하도록 한다.
  - 교육대상자들에게 반성적 사고를 촉진시켜서 교육대상자들의 지식과 경험을 재구성하게끔 해 준다.
  - 교육대상자들의 의사전달 능력을 촉진시켜 준다.
  - 건전한 사회관계의 태도를 함양할 수 있도록 한다.
  - 민주주의적 훈련과 경험을 습득하게 한다.
  - 토론하는 집단생리와 토론운영 기술을 습득하도록 한다.

② 토론과정의 단계규칙

효과적인 토론을 위해서는 거쳐야 할 최소한의 단계가 있다. 뮬러는 토론과정의 단계를 크게 다섯 단계로 구분하여 설명하고 있다.
  - 토론시작 단계: 인사, 토론목적, 일반적인 안내, 토론 방법결정 등에 대한 소개.
  - 확장 단계: 개진(진술)과정이 포함되며 자연스럽게 상대방의 의견을 충분히 듣게 된다.
  - 정리 단계: 다양하게 토론된 내용들을 종합하여 중요한 주제 분야별로 분류하여 정리한다.
  - 설명 및 생각 단계: 지도자와 교육 참여자는 토론내용을 구체적으로 다루게 됨으로써 가장 많은 시간을 소요하게 된다.
  - 종합 및 토론 목적 달성: 토론된 내용을 총정리하여 질문에 대한 답변 등 결론과 해답을 찾아 종합·정리하도록 한다.

토론과정에서 단계마다 발생할 수 있는 여러 문제 상황들을 사회자와 지도요원은 예측하여 토론이 성공리에 끝날 수 있도록 잘 유도해야 한다.

집단토론방법의 선택방법에 대해 간단하게 소개하면 다음과 같다.

● 토론집단의 크기

- 작은 집단(30명 이하의 집단): 사람의 행위변화를 가져오는 데 이상적인 집단의 크기는 집단구성원 수가 30명 이하로 구성될 때이다. 구성원 간의 공동체 형성이 가능하고 지도자와 교육대상자 간에 친밀한 인간관계를 형성하게 되며 구성원 스스로가 집단활동의 규칙을 준수하고 서로 이해하며 도와주는 가운데 진정한 교수-학습활동을 전개해 나가게 된다.
- 큰 집단(30명 이상의 집단): 집단구성원 수가 30명을 넘게 되면 의사전달 방법이 강의식의 일방적이고 교육대상자들의 비판 없는 수용이 가능한 교육방법을 택할 수밖에 없다.

● 토론장소의 크기

- 실제 집단활동이 활발하게 이루어지는 곳에서의 개인에게 필요한 최소한의 공간면적은 0.90∼1.10㎡이다.

● 토론시간

- 일반적으로 사회교육에서는 긴 시간을 요하는 토론방법을 선택한다.

7) 사회교육 프로그램

■ Curriculum과 Program

Curriculum은 정규교육기관에서 실시하는 교육과정이고 그것은 일정한 기간의 학습 후에는 학점이라는 어떤 객관적 인정할 만한 근거를 마련한다.

Program은 비정규교육활동으로서 정규교육에서 인정하는 학점이 없는 형태의 교육활동이라고 볼 수 있다. 사회교육 프로그램은 "다양한 사회교육활동을 유목적적이며 일반적이고 정기적인 활동 내용으로 하여 시간적 순서와 장소, 내용, 방법, 대상자 등의 범주에 따라 체계적으로 나열한 구체적 계획이나 그중 어떤 하나의 내용을 좀 더 자세하게 순서대로 나타낸 단계적 활동"이라고 정의할 수 있다.

(1) 사회교육프로그램의 개발과 전개

프로그램의 개발과정을 계획과 조직의 단계로 나누고 개발된 프로그램을 전개하는 과정을 시행과 평가의 단계로 구분하여 네 단계의 과정을 거치게 된다. 프로그램의 계획, 조직, 시행, 평가의 네 요소 상호관계는 다음과 같다.

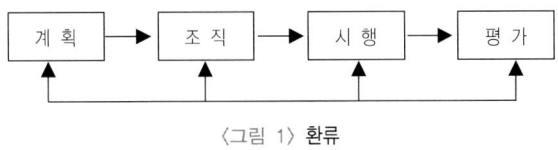

〈그림 1〉 환류

(전개 과정)

네 가지 요소 간의 관계는 일관성과 순환적 관계이다. 이는 계획 단계에서 설정한 목표가 프로그램의 내용과 방법의 선정과 조직에로 그리고 프로그램의 시행과 평가에 이르기까지 단절이나 상호 모순이 없이 일관성 있게 반영되어야 하고 평가의 결과는 다시 프로그램의 개발과 전개의 전체 과정요소에 재투입되어 계속적으로 순환되어야 함을 의미한다. 계획에서 평가에 이르는 과정에서 일방적으로 계획이 다음 단계의 요소를 통제하는 일관성의 관계만이 아니라 요소 상호간에 영향을 주고받는 쌍방적 상호작용적 관계라야 한다.

(과정요소의 상호작용관계)

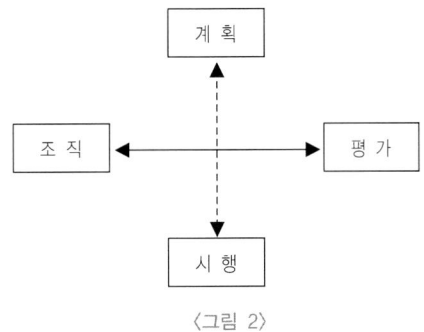

〈그림 2〉

① 계획 단계

가. 프로그램의 목표 설정

사회교육 프로그램의 계획 단계에서 중요한 과제는 프로그램의 목표를 설정하는 일이다. 이때 고려해야 할 준거를 열거하면

- 기관의 목적   - 지역사회와 학습자의 요구
- 자격증이나 학위부여의 여부   - 학습여건
- 지도성

나. 프로그램 전략 수립

지베르트(Siebert)는 프로그램 전략을 네 범주로 구체화한다.

- 연역적 전략   - 귀납적 전략
- 분석적 전략   - 교육적 전략

이러한 네 영역에서 노울즈(M. S. Knowles)가 제시한 7요소를 고려함이 바람직하다.

- 학습풍토 조성
- 학습자를 계획 단계에서 포함시켜야 한다.
- 학습자의 학습요구 파악
- 학습목표설정시 학습자 포함
- 학습전략을 세울 때 학습자 포함
- 학습자가 학습계획을 실행해 나가는 과정을 도와줄 수 있도록 해야 한다.
- 학습평가 시 학습자 포함

7요소는 프로그램 계획을 세울 때 고려해야 할 중요한 문제이다.

요구분석: 학습자, 기관, 사회 등의 요구를 파악해야 한다. 요구분석이란 요구를 규명하고 측정하는 체제적인 접근방법을 뜻한다. 요구분석의 목적은 학습자의 요구를 분석하여 요구의 영역을 파악하고 그 영역을 구체화하는 것이다. 사회교육 요구분석용으로는 모카와 스피어의 모형을 들 수 있다. 모카와 스피어는 요구분석을 기술-처방적 유형과 주관-객관적 유형으로 나눈다.

- 기술－주관적 유형: 한 개인이 자기지식적인 학습계획을 갖고 있을 때 해당된다.
- 기술－객관적 유형: 기술－주관적 유형과 거의 같으나 계획에 대한 책임을 학습자와 교육자가 나누어진다.
- 처방－주관적 유형: 지역사회 프로그램의 관리자나 전문기관에서의 계속교육활동의 계획수립자에 의해서 사용된다.
- 처방－객관적 유형: 본질적으로 가장 형식적이며 따라서 학점부여 등에 관련된 것과 같이 가장 구조화된 프로그램에서 사용된다.

요구분석 과정은 다음 단계인 프로그램 내용의 선정작업에 초석이 된다.

② 조직단계

계획 단계에서 설정된 프로그램 목표를 구체적으로 이루어 나갈 프로그램 내용 및 방법을 선정·조직한다.

가. 프로그램 내용의 선정

사회교육프로그램의 내용은 학습자, 사회, 기관의 요구분석을 기초로 선정되는데 이 중 학습자의 요구가 가장 중요하다.

사회교육프로그램 내용신징의 기준은 다음과 같다.

- 합목적성   - 적합성   - 창의성
- 융통성   - 상보성

나. 프로그램 방법의 선정

사회교육방법이란 광의적으로는 사회교육 목적을 달성하기 위한 모든 계획적 조치이다. 사회교육방법은 세 가지의 특징을 지니는데 첫째, 학습자를 학습활동에 유인해 줄 수 있는 분위기 또는 환경 등을 제공한다. 둘째, 사회교육활동에 참여하는 학습자가 직면하고 있는 문제들을 풀어 나가는 데 필요한 여러 가지 방법이나 기술들을 제공한다. 셋째, 학습자들의 학습요구를 만족시켜 줄 수 있는 학습태도, 학습자료들을 제공한다.

사회교육 방법의 종류를 보면,

- 학습자 조직방법: 개인적 방법과 집단적 방법으로 대별되는데 전자는 학습자 개인이 자기학습을 위해 사회적으로 제공되는 학습매체를 이용하여 자기 스스로 배우게 하는 방법이며 후자는 상호 학습방법으로 집단적 활동을 통하여 불특정 다수자가 학습하는 형태의 학습방법이다.
- 학습원조의 방법에 의한 분류: 학습 장면에서 학습을 원조하는 다양한 사회교육 방법 중 대표적인 지식, 정보습득의 방법은 강의법이다. 지식, 기술의 응용을 원조하는 토의법과 지식, 기능의 습득을 원조하는 실습법이 대표적이다.
- 학습매체의 활용방법에 의한 분류: 학습매체는 크게 인쇄매체와 시청각매체로 대별되는데 사회교육의 매체는 주로 시청각 보조물을 활용한다. 사회교육프로그램 방법의 선정은 방법 자체가 가지는 성격과 학습자의 특성, 학습의 목표 및 내용 그리고 학습이 이루어지는 상황 등을 참조하여 결정해야 한다.
  - ■ 사회교육방법 선정의 원리
    - 현실성   − 다양성과 변화가능성
    - 적절성 및 효율성   − 자발성
    - 피교육자 참여의 극대화   − 감정의 상호 교류가능성

다. 프로그램 조직

프로그램을 효율적으로 조직하기 위한 일반적 원칙은 첫째, 학습내용 상호간에 밀접한 연결을 지으며 둘째, 구체적인 데서 추상적인 것으로 셋째, 쉬운 것에서 어려운 것으로 넷째, 가까운 곳에서 먼 곳으로 관련짓는 것으로 인식되고 있다. 이와 함께 계열성의 원리, 계속성의 원리, 통합성의 원리 등도 고려해야 한다.

③ 시행 단계

프로그램의 내용과 방법을 선정 조직하는 단계와 평가 단계 사이에서 일어나는 구체적 활동 단계이다.
- ■ 시행 단계에서 유의해야 할 점

- 라포(rapport)형성　　　　　　 - 과정중심의 전개
- 비지시적인 지도방법　　　 - 프로그램 내용과 방법의 혼용

　실시 단계에서는 프로그램 전략을 세워 목표에 명시된 내용을 프로그램의 특성과 의도를 살리고 프로그램 진행과정에서 학습자의 자율성과 지도자의 전문성을 잘 조화시켜 프로그램을 진행한다.

④ 평가 단계

진행된 프로그램은 계속적인 평가를 실시해야 한다.

■ 프로그램 평가의 목적
- 프로그램 설비에 관한 결정에 이바지하기 위함이다.
- 프로그래머의 계속성, 확장성, 자격증에 관한 결정에 공헌하기 위함.
- 프로그램 수정에 관한 결정에 이바지하기 위함.
- 프로그램 지원을 위한 증거를 얻기 위함.
- 프로그램을 반대할 증거를 얻기 위함.
- 기본적인 심리적, 사회적 과정에 관한 이해에 공헌하기 위함.
　프로그램 평가과정은 일반적으로 다음과 같은 단계를 거친다.
- 평가 분야의 선정　　　　　 - 평가기준의 선정
- 평가의 설계　　　　　　　　 - 평가와 관련된 자료의 수집
- 자료의 분석과 해석 및 결론

⑤ 평가의 기준: 평가기준은 평가를 위한 척도로서 구체화된 목표의 수치 같은 분석적 기준과 수량화가 불가능한 프로그램의 과정이나 결과에 대한 평가 기준으로서의 규범적 기준의 두 가지 형태가 있다. 조화롭게 적용할 때 바람직한 평가결과를 산출할 수 있다.

⑥ 평가의 방법
- 지필검사법　　　　　　　　 - 관찰기록법
- 사회측정법과 추인법　　　 - 면접법
■ 월덴(Worthen)은 다양한 평가 모형들을 5가지 유형으로 대별하였다.

- 수행	- 목표일치 평가 모형군
- 의사결정지향 평가 모형군	- 가치판단지향 평가 모형군
- 반대의견지향 평가 모형군	- 다수의견지향 평가 모형군

이 외에 평가의 시기와 관련된 평가 모형으로 진단평가, 형성평가, 총괄평가 등이 있다.

프로그램 평가의 개발을 저해하는 많은 문제들을 들어 본다면 첫째, 프로그램 평가 요소나 프로그램 평가 모형들의 상대적인 효율성에 관한 경험적인 증거나 정보에 관한 연구가 빈약한 실정이다. 둘째, 메타 평가(meta - evaluation)라고도 불리는 프로그램 평가에 대한 평가가 거의 행해지지 않았다. 셋째, 프로그램 평가자들이 평가 모형과 방법의 선택에 있어서 편협성을 가지고 있다.

더 나은 프로그램 평가를 하기 위해서는 위에서 지적된 문제점들을 해결해 나아가야 할 것이다.

8) 사회교육 전문요원

사회교육 전문요원은 사회교육단체나 기관에서 일정한 기간 동안 가르치고 지도하거나 사회교육프로그램의 기획, 진행, 평가의 전문적인 일을 하는 사람이다.

사회교육 전문요원으로서의 자질

- 사회교육 전문요원으로서의 개인적 특성은 건강, 정력, 적응력, 주도력, 성실성, 자신감, 낙관적 기질, 협동심 등이 타인보다 더 우수해야 한다.
- 사회교육의 대상과 장소 시간 등의 유동성으로 보아 사회교육 전문요원은 상황에 대한 판단력과 통찰력뿐만 아니라 피교육자의 욕구파악을 잘해야 한다.
- 사회교육은 상호학습, 자율학습의 방법이 강한 것이므로 사회교육전문요

원은 집단사고에 의한 집단과정을 잘 이끌어 갈 수 있어야 한다.

- 사회교육전문요원은 현상유지가 아니라 변화와 혁신을 촉진하는 자라
  야 한다.
- 사회교육전문요원은 인간관계를 잘 조정할 줄 알아야 한다.
- 사회교육 전문요원의 역할

● 조직자로서의 역할　● 향도로서의 역할　● 정보제공자로서의 역할

● 전문가로서의 역할　● 격려자로서의 역할　● 조정자로서의 역할

● 교사로서의 역할 등

(1) 사회교육 전문요원의 직무

사회교육법시행령 제10조에는 사회교육전문요원을 두어야 할 사회교육단
체 또는 사회교육시설을 다음과 같이 규정하고 있다.

- 단체 또는 시설의 종사자(단순노무자 제외)가 5인 이상이고 동시에 50
  인 이상을 교습하거나 이용하게 하는 사회교육단체 또는 사회교육시설
- 연간 교육인원이 500인 이상인 사회교육단체 또는 사회교육시설
- 단체 또는 시설의 종사자가 5인 이상이고 동시에 100인 이상을 교습
  하거나 이용하게 하거나 연간 교육 인원이 1천인 이상인 사회교육단
  체나 사회교육시설에는 반드시 1인 이상의 1급 전문요원을 두도록 한다.

사회교육단체나 시설의 교육과정 편성과 진행, 교육효과의 분석, 평가 등
사회교육활동의 기획분석 및 지도업무를 전담, 이를 정리하면 다음과 같다.

- 사회교육활동의 기획　　－사회교육 과정의 편성
- 사회교육 과정의 진행　　－사회교육 효과의 분석
- 사회교육 효과의 평가　　－사회교육활동의 지도

(2) 사회교육 전문요원의 자격

- 사회교육 법령상에 사회교육전문요원의 자격을 학력의 수준에 따라
  대학 및 대학원 학력 수준의 1급 전문요원과 전문대학 수준의 2급 전

문요원으로 구분하고 있다.

– 1989년 2월 28일 개정 공포된 사회교육법 시행령을 보면

전문요원 자격에 필요한 이수과목의 학습성적이 평균 80학점 이상으로 신설 규정되었으며, 교육학과 등 문교부장관이 지정하는 사회교육 분야 학과를 삭제하고, 대학원의 사회교육학 전공자인 경우에는 종전과 같이 사회교육학점을 10학점 이상 취득하면 1급 전문요원이 될 수 있으며, 대학졸업자를 종전에 10학점에서 20학점으로 상향 이수토록 강화하였다.

전문대학은 학과지정은 없앤 대신 20학점 이상의 취득을 새롭게 규정하였다. 이수학점과 이수시간을 2배로 강화, 1989년도 입학자부터 적용하였다.

한국사회교육의 당면한 과제에 대해 '정석구 선생님'은 다음과 같이 말하고 있다.

① 사회교육기관들의 유기적 협조체제의 구축

우리나라의 경우 현재까지는 사회교육에 관한 체계적인 연구가 미흡한 상황이어서 사회교육을 실시하고 있는 기관에 대한 충분한 실태파악이 이루어지지 못하는 실정이다. 따라서 다양한 프로그램의 개발보급과 중복된 프로그램의 지양을 위해서는 사회교육기관 간 정보, 자료 및 경험의 교환과 새로운 교수학습방법의 도입을 위한 유기적인 협조체제를 이루는 것이 필요하다.

② 지역 간·사회계층 간 균형 있는 사회교육의 발전

대부분의 사회교육시설들이 대도시에 편중되어 있고 사회의 모든 계급에 고루 혜택이 돌아갈 수 있는 프로그램의 개발이 미흡한 실정이다. 따라서 중소도시나 농어촌지역에 사회교육시설을 확충하고 지역특성에 맞는 프로그램의 개발이 필요하며 특정계층만을 대상으로 하지 말고 사회교육을 받기 어려운 계층을 위한 유인체제를 강구하도록 노력하여야 할 것이다.

③ 사회교육 프로그램 개발과정의 개선

대부분 사회교육 프로그램은 교육대상자의 요구분석이나 참여 없이 프로그램 주관기관에서 교육목표, 교육방법, 학습내용 등을 사전에 결정하여 교

육을 실시하고 있으며 교육대상자의 사회적 경험이나 선호 등을 고려하지 않고 학교식 교육방법을 답습함으로 인해 교육대상자의 적극적이고 자발적인 참여유도가 미흡한 실정이다. 사회교육이 교육대상자의 자발적인 참여를 전제로 하고 있음에 하향식 프로그램의 개발은 개선되어야 할 것이다.

④ 사회교육의 전문성 제고

우리나라의 사회교육은 비전문가나 자원활동자에 의해 이루어지는 경우가 많다. 이를 개선하기 위해서는 사회교육 분야의 학문적 연구의 활성화와 전문요원의 자질향상 및 자격강화 등을 통하여 사회교육의 전문성을 제고하고 독자적인 학문 영역을 구축하는 것이 중요한 관건이 된다.

⑤ 국가와 지방자치단체의 역할정립

사회교육이 학교교육과는 달리 청소년, 직장인, 여성, 노인 등 국민 각층의 다양한 욕구를 충족시켜야 하는 특수성에 비추어 볼 때 정부에 의한 획일적인 지침보다는 일선 사회교육자나 사회교육학자, 전문가 등의 역할과 창의적인 노력이 보다 강조되어야 한다.

⑥ 사회교육정보센터의 운영

사회교육 프로그램에 대한 종합적이고 체계적인 정보를 알려 주고 교육대상자를 상담하여 욕구에 맞는 프로그램을 알선해 줄 수 있는 기능이 필요하나.

9) 사회교육의 실제

사회교육의 실제는 열매교실을 에를 들어 기술하도록 하겠다.

(1) 열매교실

① 프로그램 개요

가. 목적: '열매교실'은 가족, 학교, 사회적인 문제 등으로 인하여 가출,

걸인생활, 앵벌이생활을 하는 7~18세 미만의 아동 및 청소년들에게 전문적인 입소상담 및 교육을 실시하여 자신의 문제를 깨닫고 궁극적으로는 가족과 사회로 재적응할 수 있도록 돕는 것을 목적으로 한다.

나. 대상: 7~18세 미만의 아동 및 청소년으로 가정, 학교에서 이탈하여 걸인생활, 앵벌이 등 습관화된 부랑아를 대상으로 한다.

다. 기간: 입소일로 부터 문제치료를 위한 동기개발 및 생활적응의 기간으로 4주를 설정하여 상담, 교육 프로그램을 실시한다.

라. 모집방법

- 상담자가 직접, 역, 지하철 등을 돌아다니며 길거리 상담을 통하여 pick up한다.

- 지하철 수사대, 지역관공서, 경찰서를 중심으로 홍보활동을 통하여 pick up한다.

- 자원활동자를 통하여 pick up한다.

마. 운영방법

- 개별상담

● 목표: 초기면접, 개별상담을 통하여 입소 전 아동의 생활 및 문제를 파악하고 비행의 성향에 따른 개별적 접근을 통하여 적응활동을 돕고 추후 서비스 방향을 설정한다.

● 내용:

1주 단계 – 초기면접(아동의 상황에 대한 기초조사). 입소생활의 동기부여 중심으로 활용

2주 단계 – 입소생활의 적응 정도 파악 및 가족, 학습상황의 파악

3주 단계 – 문체치료의 동기부여 중심으로 활용

4주 단계 – 입소 목표 및 문제해결을 위한 방향 설정

- 열린 학습

● 목표: 학습 수준을 파악하여 학습의 방향을 설정해 주고 교육을 통하여 학습의 동기와 자긍심을 일깨워 준다.

● 시간: 1일 1시간

- 내용: 국, 영, 수(초등학생 – 읽기, 쓰기) 중 1과목을 자율적으로 선정하게 하여 개별학습의 형식에 의한 열린교육을 실시한다.
- 집단활동
- 목표: 아동들의 역동성에 초점을 둔 활동적이고 흥미 위주의 집단활동을 통하여 긍정적인 경험을 주며 입소생활에 대한 적응 및 추후 상담치료의 기초자료로 이용한다.
- 내용: 단계별 자기주장훈련, 심성개발훈련, 레크리에이션활동, 시청각교육 체육활동, 등산, 야회활동, 기관방문, 민속놀이, 공작활동 등 특성과 상황에 맞는 프로그램을 진행한다.

〈프로그램 운영과정〉

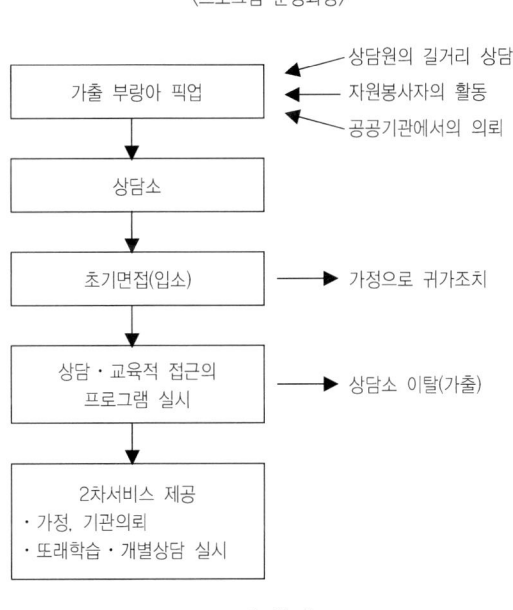

〈그림 3〉

② **프로그램 내용**

가. 열매반 A

가) 목적: 타인에 의한 입소와 부랑생활에서 오는 정서적 불안을 완화시키며 안정된 생활과 학습과 진로정립에 대한 동기를 부여하고 강화한다.

나) 대상: 14세 이상 - 18세 이하(단, 정신적인 연령이 저하되는 청소년은 예외적으로 열매반 B에 소속된다.)

다) 프로그램 일정표

〈표 23〉

요 일	내 용
월	과제토의, 생활지도(목욕), 심성개발훈련, 집단활동(레크리에이션), 생활관
화	과제토의, 미술치료, 체육활동, 심성개발훈련, 집단활동(포름), 생활관
수	과제토의, 과학실험, 독서, 체육활동, 심성개발훈련, 집단활동(민속놀이), 생활관
목	과제토의, 열린 학습, 종교, 생활지도(목욕), 심성개발훈련, 집단활동(음악치료), 생활관
금	과제토의, 야외활동, 촛불의식(4주차), 생활관
토	과제토의, 특별활동, 외출상담, 생활관

나. 열매반 B

가) 목적: 타의에 의해 상담소에 오게 된 가출 부랑아들이 안정감과 흥미를 느껴 상담소에 적응하며 학습에 대한 동기 유발 및 자신의 문제를 인식하도록 하는 것을 목적으로 한다.

나) 대상: 14세 미만의 가출 부랑 아동을 그 대상으로 한다.

다) 프로그램 일정표

〈표 24〉

요 일	내 용
월	과제토의, 독서 및 나눔, 생활지도(목욕), 심성개발훈련, 집단활동(레크리에이션), 생활관
화	과제토의, 미술치료, 체육활동, 심성개발훈련, 시청각교육, 생활관
수	과제토의, 개별학습, 과학실험, 체육활동, 심성개발훈련, 집단활동(민속놀이), 생활관
목	과제토의, 독서, 종교, 놀이상담, 음악치료, 생활관
금	과제토의, 야외활동, 촛불의식(4주차), 생활관
토	과제토의, 특별활동, 외출상담, 생활관

다. 각 프로그램에 대한 내용

〈표 25〉

프로그램명	프로그램 내용
개별학습	• 학습에 대한 개별적인 욕구를 충족시키며 각 개인의 학습능력을 파악한다. 개별적으로 학습하기를 원하는 과목을 공부하도록 하며 이 시간에 독서감상문을 쓰는 것도 포함한다.
독 서	• 독서하는 습관을 배양하여 학습 자세를 익히게 하며, 책을 통하여 간접경험을 넓히며 건전한 정서발달을 도모하고 나아가 학습동기를 유발한다. 아동의 지적 수준에 맞는 필독서를 소개한 후 스스로 선택, 독서하도록 한다.
놀이상담	• 놀이상담을 통하여 축적된 긴장, 불안, 공격성, 두려움, 좌절감 등을 표출시킬 수 있는 기회를 제공하여 그러한 감정들을 조절하거나 버리는 것을 배워 자신감과 자아존중감을 고취시켜 정서적으로 성장할 수 있도록 한다.
외출상담	• 상담소 내의 생활에서 벗어나 아동들의 욕구를 발산시킬 수 있는 기회를 제공함으로써 상담소 내의 생활에 적응하도록 돕는다.
미술치료	• 개별적인 창작활동을 통해 표현능력을 향상시키며, 긴장, 불만 등의 스트레스 요인을 해소하도록 한다. 또한 집단창작활동을 통해 구성원 간의 응집력을 강화시킨다.
음악치료	• 아동 및 청소년의 정서를 순화시키며 음악적으로 자신을 표현하도록 한다. 음악의 기본적인 지식을 알게 하며 음악에 대한 이해력을 높인다.
시청각교육 (비디오포럼)	• 건전한 정서함양과 문화결손 부분을 충족시켜 준다. 가치관 확립에 영향을 주며 자기문제를 인식하도록 하는 자료를 시청, 토론함으로써 왜곡된 가치를 정정하고 긍정적인 사고를 길러 바람직한 행동이 무엇인지에 대한 인식을 하도록 한다.
과학실험	• 실험실습을 통하여 논리적 사고를 배우고 스스로 실험해 봄으로써 자발성과 학습에 대한 흥미, 동기 개발을 한다.
종 교	• 인간과 신앙에 대한 바른 이해와 종교에 의거하는 선에 대한 교육을 통해 올바른 가치관 정립을 지향한다.
집단놀이	• 레크리에이션과 민속놀이를 통해 몸과 마음의 피로를 풀며 긴장과 불안을 해소하고 집단 간의 협동심을 도모하고 신체활동을 통해 지루함을 줄여 상담소 생활 및 프로그램에 흥미를 느끼며 보다 적극적으로 임할 수 있도록 한다.
야외활동	• 아동 및 청소년들에게 다양한 문화적 경험을 갖도록 하며 인내심을 높이며 스트레스를 해소, 긍정적이고 밝은 마음을 갖도록 한다. 또한 자연에 대한 고마움과 자연을 통하여 신체적, 정신적 정서함양을 하며 학습과 관련된 직접적인 체험으로 흥미와 동기를 부여하도록 한다.
특별활동	• 주말에 실시되는 활동으로 충분한 가기표현의 기회를 가지게 함으로써 개성과 소질을 신장하고 자신감을 증진시키도록 한다.
요리실습	• 아동들이 직접 음식을 만들어 먹는 일련의 과정을 통해 가족적인 분위기와 협동심을 고취하고 정착된 삶에 대해 인식을 갖게 한다.
촛불의식	• 자신과 친구들의 지나온 모습을 살펴보고 새롭게 다짐하는 자신을 만나는 시간으로 본 프로그램의 수료식과 같은 의미를 지닌다.
심성개발훈련 프로그램	• 집단활동을 통해 집단에 대한 소속감과 집단원들에 대한 친밀감을 형성하며 나아가 자기발견 및 자기표현능력의 향상과 긍정적인 자아상을 확립하도록 한다.

라. 심성개발훈련 프로그램 세부내용

가. A – Group(14세 이상~18세 이하)

가) 목표: 집단활동을 통해 변화된 환경에 대한 긴장과 불안을 해소하고 집단에 대한 소속감과 집단원에 대한 친밀감을 형성하여 나아가 개인의 자기발전과 긍정적인 자아상을 확립한다.

나) 세부 프로그램

〈표 26〉

프로그램 적용 시기	프로그램명	목표
집단 초기	• 준비동작과 세수시켜 주기 • 말문 열기 – 별칭 짓기, 사진첩 만들기 • 나의 장단점 살피기	• 집단구성원의 정서적 불안과 긴장된 분위기를 완화하며 기분 전환과 더불어 공동생활 안에서 이웃사랑의 본을 행동으로 보임을 구체화한다. • 집단구성원들이 자신을 꾸밈없이 소개할 수 있는 의욕을 주고 서로의 말문을 여는 대화의 동기를 부여하여 구성원 상호 간에 과거와 현재의 생활경험을 통해 친교와 연대의식을 고양한다. • 인간 내면의 잠재된 장단점을 표면화, 그것은 수렴함으로써 집단생활에서나 대인관계에서의 벽을 허문다.
집단 중기	• 의사전달 • 집단 안에서의 대화 – 집단 안에서 나는 누구인가? • 개인성숙 – 나는 어떤 사람인가?	• 일상생활에서 의사소통의 착오를 분석하고 어느 쪽의 잘못에서 기인되는 것인지를 직접 경험, 의사전달의 중요성과 어려움을 이해한다. • 집단생활에 어떻게 경험했는가를 질문지에 응답함으로써 자신이 집단을 어떻게 느끼는가를 진단, 집단 속에서의 새로운 자아를 발견하고 새로운 자아실현의 구체적 방법을 모색하도록 한다. • 내면적인 나를 살펴보고 내면적인 가치체계를 확립, 참된 자아상을 찾아본다.
집단 말기	• 개인의 관심사와 소망 그리고 행동계획 • 희망과 사랑의 선물교환	• 개인의 구체적 행동계획을 진단, 행동목표를 확인하고 그 달성을 위한 적극적인 태도와 의식을 강화한다. • 마음의 선물로써 집단구성원 상호간의 친목을 돕고 집단의 공동체의식을 높이고 일체감을 더욱 견고히 한다.

나. B – Group(14세 미만)

가) 목표: 집단활동을 통해 집단구성원 간의 관계를 형성, 발전시키며 나아가 상담소 내의 구성원과의 원만한 대인관계능력을 향상시키고 자기표현능력 향상 및 긍정적인 자아상을 확립하도록 한다.

나) 세부 프로그램

〈표 27〉

프로그램 적용 시기	프로그램명	목표
집단 초기	• 나의 소개 및 별칭 짓기 • 너를 믿어!! • 나를 알아맞히세요	• 집단구성원의 긴장감을 해소하고 구성원이 서로 가까워지며, 개성을 발견하고 타인을 이해한다. • 타인에게 신체를 맡기는 동작을 통해 타인을 신뢰하는 태도를 길러 보다 깊이 있는 관계를 유지하고 집단의 신뢰감, 소속감을 높인다. • 집단구성원에 대해 더 잘 알게 되며 집단원에 대한 주의 깊은 관심을 갖게 된다.
집단 중기	• 장님 탐험하기 • 의사전달놀이 • 거울 보고 이야기하기 • 나의 겉모습과 속 모습 꾸미기 • 3분 연설 • 자신의 마음을 나타내는 방패 • 존경을 주고받기 • 동굴 탈출 • 나는 할 수 없다?	• 보다 깊이 있는 관계를 유지하고 집단의 신뢰를 높이며 언어에 의한 의사전달에서 느끼지 못한 관련성을 깨닫는다. • 우리들의 의사가 전달되는 과정에서 어떻게 변절되어 가는가를 체험해 봄으로써 친밀감과 협동심을 기르고 경청하는 성실성을 기른다. • 자신의 외모를 관찰함으로써 자신의 긍정적인 모습을 발견하며 스스로 칭찬하는 과정에서 자기 스스로를 보는 시각의 변화를 경험한다. 이러한 활동을 통해 자아존중감을 향상시킨다. • 자신의 내적, 외적 관심사를 발견하는 기회를 가짐으로써 자신에게 보다 집중하며 자신을 인식하고 이해하게 된다. 다른 사람의 발표를 통해 서로의 공통점과 다른 점을 발견한다. • 자신의 의사를 청중들 앞에서 발표하는 경험을 쌓게 하며 대화와 인간관계에서 자신감을 갖도록 한다. 또한 자신의 의견이나 사상을 조리 있고 명확하게 전달할 수 있는 능력을 향상시키며 타인의 말과 의견을 경청하는 태도를 증진시킨다. • 자기 자신에 대해 보다 깊은 인식을 하도록 하며 집단원 상호간에 상대방을 더욱 잘 알게 되어 인간관계를 더욱 가까이 하도록 돕는다. • 집단원들의 장점을 찾아보고 이를 상대방에게 전달함으로써 상호신뢰와 친밀감을 형성하고 긍정적인 피드백을 주고받는 자세를 향상시킨다. 자아존중감을 증진시키며 긍정적인 자아상을 갖도록 한다. • 사람으로서의 참다운 가치를 생각해 보며 자신의 가치가 얼마만큼인가를 생각하고 그런 생각을 하게 된 기준은 어떤 것인가를 알아본다. 세상에 대한 자신의 공헌 정도와 자신의 가치와 연결시켜 본다. • 자신이 스스로 해낼 수 없다고 생각했던 것을 다시 한번 숙고해 보며 할 수 없는 것을 다른 표현으로 바꿈으로써 자신의 진정한 감정을 만나며 이러한 과정을 통해 자신에 대한 바른 이해와 더불어 자신감을 갖는다.
집단 말기	• 선물 돌리기	• 다른 집단원들에게 필요하고 도움이 된다고 생각되는 것을 그림을 통해 보여 줌으로써 그에게 만족감을 제공하며 집단원들에게 신뢰와 우정을 더욱 깊게 하며 집단활동을 마무리한다.

(2) 새싹교실

① 프로그램 개요

'새싹교실'은 초등학교 학생을 대상으로 하는 집단상담 프로그램이다. 빠르게 변화하는 세상 속에서 아동들은 적절한 대인관계기술과 자기표현능력이 요구된다. 그러나 핵가족화와 학습 위주 교육환경 속에서 아동들은 불균등한 성숙을 하여, 자기표현과 대인관계에 많은 어려움을 겪는다. 이런 아동들을 돕기 위해 '새싹교실'은 여러 가지 프로그램을 마련했다.

가. 목적: 자아인식, 타인인식, 가치인식을 목적으로 하여 집단원들의 자기표현능력과 효과적인 대인관계능력을 향상시키고자 한다.

나. 대상: 초등학교 4~6학년 학생으로
- 자기표현과 대인관계에 약간의 어려움을 겪는 일반아동
- 본 상담소에서 통원상담을 받는 초등학생으로 집단경험이 필요한 아동
- 본 상담소에 입소된 아동으로 안정기에 접어들어 집단적응능력이 요구되는 아동

다. 집단구성: 보통 5~7명으로 구성되며, 상담목적이나 방향에 따라 상담자가 조절할 수 있다.

라. 기간: 주 1회 8주간, 주 2회 4주간

마. 모집방법:
- 일반아동: 1년에 2~3회 정도 지역사회 단체를 통해 홍보하여 모집한다.
- 통원아동: 본 상담소에서 통원하는 아동들로서 담당상담자의 요청에 따라 연령, 문제력, 성별 부분을 고려하여 집단으로 구성이 가능할 때 실시한다.
- 입소아동: 담당상담자의 요청에 따라 집단이 구성된다.

바. 내용: – 단계별 심성계발 프로그램
- 자기주장훈련 프로그램
- 가치관 프로그램
- 기타: 상담자가 집단원들의 특성에 따라 여러 가지 상담방법이나 프로그램을 계획하여 진행한다.

② 프로그램 내용

'새싹교실' 프로그램 중 주로 많이 사용되는 프로그램을 목적과 적용 시

기로 정리하였으며 이는 주로 구조적인 집단상담에 사용되는 것이며, 기타
집단의 특성이나 상담자의 의도에 따라 비구조적인 방법과 놀이치료 및 미
술치료 등 여러 가지 방법을 사용하고 있다.

■ 세부 프로그램

〈표 28〉

프로그램 적용 시기	프로그램명	목 표
집단 초기	● 준비모임	● 집단 프로그램에 대한 동기유발과 함께 본 프로그램에 대한 준비작업을 실시하여 집단 참여를 높이고, 좋은 집단 경험을 할 수 있도록 돕는다.
	● 별칭 짓기	1. 집단활동을 하는 동안 긴장감이 해소되고 자유스러워진다. 2. 선입견을 버리고, 서로 가까워질 수 있게 되며, 프로그램의 원만한 진행을 돕는다. 3. 개성을 발견하며 타인을 이해한다.
	● 감각적 자아인식	1. 우리가 느끼는 감각에 대해 우리 자신이 예민하지 못하다는 사실을 느끼도록 한다. 2. 감각적 자아인식의 필요성과 그 배양방법을 모색한다.
집단 중기	● 자신의 마음을 나타내는 방패	1. 자기 자신에 대해 보다 깊은 인식을 하도록 한다. 2. 집단원 상호간에 상대방을 더욱 잘 알게 되어 인간관계를 더욱 가까이 하도록 돕는다.
	● 불이 나면	1. 자신에게 어떤 것이 가장 중요한가를 경험한다. 2. 자신의 가치와 다른 사람의 가치 기준이 서로 다름을 인식한다. 3. 이미 가지고 있는 가치기준에 새로운 가치기준을 형성하도록 돕는다.
	● 우리 집 자랑	1. 자기 집에 대한 이해, 사랑, 협력이 가능해진다. 2. 각자 생각하고 있는 자랑스러운 점에(또는 단점) 공통점이 있음을 인식한다. 3. 남의 집의 단점을 통해 우리 집의 단점에 대한 보완이 가능해진다.
	● 나의 겉모습과 속 모습 꾸미기	1. 자신의 내적, 외적 관심사를 발견해 본다. 2. 생활에서 나타나는 자신의 내적, 외적 모습 간의 차이를 비교하고, 그런 차이가 어디서 오는 가를 생각해 본다. 3. 다른 사람의 발표를 통해 서로의 공통점과 다른 점을 발견한다.
	● 거울 보고 이야기하기	1. 자신의 외모를 관찰함으로써 자신의 긍정적인 모습을 발견한다. 2. 자신의 장점과 타인의 장점을 인정하며 그 속에서 자신이 독특하고 특별한 존재임을 인식한다. 3. 스스로 칭찬하는 과정에서 자기 스스로를 보는 시각의 변화를 경험한다. 4. 활동을 통해 자신감을 갖는다.
	● 나는 할 수 없다?	1. 자신이 스스로 해낼 수 없다고 생각했던 것을 다시 한번 숙고해 본다. 2. 할 수 없는 것을 다른 표현으로 바꿈으로써 자신의 진정한 감정을 만난다. 3. 이러한 과정을 통해 자신에 대한 바른 이해와 더불어 자신감을 갖는다.
집단 말기	● 선물 돌리기	1. 다른 집단원들에게 필요하고 도움이 된다고 생각되는 것을 그림을 통해 보여 줌으로써 그에게 만족감을 제공한다. 2. 집단원들 간에 신뢰와 우정을 더욱 깊게 만든다.
	● 추수모임	● 일정기간의 프로그램이 끝난 후 집단원들의 생활에 어떤 변화가 있었으며 프로그램의 효과가 어느 정도 지속되고 있는가를 살펴보고, 다시금 프로그램 당시에 생각하고 결심했던 것을 환기할 수 있는 기회를 제공한다.

(3) 희망교실

희망교실은 서울 가정법원으로부터 보호관찰처분과 함께 수강명령을 받은 청소년들을 대상으로 5일간(월~금)에 걸쳐 1일 10시간씩 50시간을 교육한다. 교육내용으로는 심성개발, 시청각교육, 심리검사, 부모상담 및 교육, 등반, 개별상담을 내용으로 하는 전문적인 교육과 상담을 실시하며, 사후관리 차원으로 서울보호관찰소에 보호위원으로 위촉된 상담원들과의 결연을 통해 지속적으로 상담을 진행한다. 희망교실은 청소년기 비행문제로 상처받은 마음을 치료하여 미래사회가 필요로 하는 인간다운 심성을 갖추고 건강한 청소년으로 사회에 적응해 가도록 돕고 있다.

(4) 늘 푸른 교실

① 프로그램 개요
 가. 목적: 집단경험을 통하여 청소년들이 올바른 가치관을 정립할 수 있도록 하고, 구성원과의 다양한 상호작용을 통하여 긍정적인 대인관계를 모색하며, 나아가 학교 및 가정생활에 원만하게 적응함으로써 보다 건전한 성숙을 이룰 수 있도록 전문적인 도움을 제공한다.
 나. 대상: 중학교에서 유, 무기정학 처분을 받은 남, 여학생.
 다. 기간: 월~금 5일간의 단기 집단치료 프로그램.
 라. 인원: 5~6명 내외.
 마. 참가과정: 각급 학교의 담당교사에 의해 본 상담소로 의뢰됨.
 바. 일정표

〈표 29〉

요 일	내 용
월	초기상담, 입교식/부모상담, 레크리에이션, 집단상담(1), FORUM(1)
화	심리검사, 체육, 집단상담(2), FORUM(2)
수	등산, 대화의 시간
목	집단상담(3), 심리검사 해석, 체육, FORUM(3)
금	FORUM(4), 집단상담(4), 체육, 소감문작성/부모상담, 수료식

② 각 프로그램에 대한 내용

〈표 30〉

프로그램명	프로그램 내용
초기상담	상담자와 구성원이 처음 만나는 시간으로 구성원의 생육사와 현재의 가정생활, 학교생활에서의 부적응이나 문제점에 대해 구체적인 정보를 얻는 시간으로 개별상담으로 이루어진다.
집단상담	집단경험을 통하여 구성원들에게 자아 성찰의 기회를 제공함으로써 자기이해를 돕고 올바른 가치관을 확립하도록 하며, 구성원 간의 다양한 상호작용을 통하여 문제를 명료화하고 인간관계를 개선시켜 나간다.
FORUM	주요문제를 음주, 흡연, 성문제로 분류하여 그 문제의 특성을 고려하여 시청각자료를 선정, 시청 후 자유토론을 통해 시청 후의 느낌, 자신의 경험 등을 나누고 문제의식의 새로운 공감대를 형성하며 앞으로 자신의 문제행동에 대해 자유로운 선택을 보장하며 더 나아가 그 예방과 대책까지도 모색해 보도록 한다.
심리검사	객관적인 진단을 통하여 자기이해를 돕는다. (가정환경진단검사, 인성진단검사, GATB진학직업적성검사)
부모상담	발달단계에 따른 청소년기의 특성을 이해함으로써 자녀에 대한 이해를 돕고, 부모역할에 있어 어려움을 함께 토론함으로써 보다 효과적인 부모 역할에 대한 방향을 제시한다.
체 육	집단놀이를 통하여 신체 이완을 하며 협동심을 도모하고, 전체 프로그램에 적극적으로 참여할 수 있도록 활력을 제공한다.

③ 집단상담

〈표 31〉

프로그램 직용 시기	프로그램명	목 표
초 기	아낌없이 주는 나무	'아낌없이 주는 나무'라는 자료를 통하여 그 이야기 속에서 느껴지는 자신의 생각과 감정을 함께 나누고, 그것을 자신의 삶 속으로 연결지어 적용시켜 보는 작업을 통하여 앞으로의 삶을 계획해 본다.
중 기	사진말 나누기 내가 자랑스러워하는 것	사진이라는 시각적인 자료를 통하여 자신의 과거, 현재, 미래에 대한 회상과 계획을 표현해 보고, 자신 외에 다른 사람들의 이야기를 들어봄으로써 자신만의 사고 틀에서 벗어나 안목을 보다 넓게 하고, 앞으로의 삶에 대한 의미를 찾아본다. 자신이 진정으로 좋다고 느끼는 것, 소중히 여기고 있는 것이 어떠한 것인가를 확인해 봄으로써 긍정적인 자아상을 가지도록 하며, 자신의 신념에 확신을 가지고 앞으로의 삶을 계획해 나갈 수 있도록 한다.
말 기	가치관 경매	자신의 진정한 가치관이 무엇인지를 발견함으로써 가치관을 재정립하고 또한 자신의 가치관을 타인의 가치관과 비교해 봄으로써 가치관의 다양성을 인정하며, 삶에 있어 원하는 것을 성취하기 위해서는 계획적인 생활이 중요함을 인식한다.

(5) 열린 교실

열린 교실은 경찰서에 일시 구금되었다가 훈방 조치되는 청소년들과 검찰에서 선도조건부 기소 유예처분을 받는 청소년들을 주 대상으로 실시되는 단기 집단상담 프로그램이다. 5일간에 걸친 교육과정과 교육 수료 후 개별 상담과정을 통해 사후 지도함으로써 일시적인 심리갈등과 사회부적응을 초기에 치료하여 비행을 예방함과 동시에 자아정체감의 형성과 자기인식 과정을 거쳐 사회에 재적응하고 재활할 수 있도록 한다.

참고문헌

사회교육개론, 권이종, 교육과학사, 1995.
사회교육학개론, 박노열, 형설출판사, 1995.
사회교육개론, 정지웅·김지자, 서울대학교 출판부, 1991.
동부아동상담소 프로그램모음집, 1994.

12 한국인의 우쭐심리와 복지마인드

한국 사람은 우쭐대기를 잘 한다는 일상관찰적, 일반인들의 대화 속에서 필자들은 우쭐이 한국인의 심리특성의 하나가 될 수 있다는 가정하에 우쭐행동과 우쭐심리를 대학생을 대상으로 수집한 자료를 통해 분석하였다. 분석결과, 우쭐심리는 자신이 남보다 우월하다는 자의식을 확인하려는 욕구와 더불어 남으로부터 인정받으려는 욕구, 자신의 열등감을 감소시키거나 은폐하려는 욕구와 상관이 있는 것으로 나타났다. 우쭐심리의 원천으로는 권력, 지식, 대중적 인기, 재력 등이 두드러졌으며, 우쭐댈 만한 직업은 법조인, 지식인(교수), 연예인, 기업체 간부 등의 순으로 나타났다. 또한 우쭐심리가 체면 세우기 의식, 남으로부터 '부러움' 사기 등과 어떻게 관련이 있는가를 보아야 한다. 우쭐심리가 한국인의 일상생활에서 생생하게 살아 움직이는 활성적 심리현상임을 확인하여 복지상담에 어떻게 적용하여야 하는지도 우리는 알아야 한다.

우리나라 사람들은 흔히 '자리'를 좋아한다고 한다. 이러한 '자리'는 도처에 있고, 나이와 관계없이 누구나 탐낸다. 초등학교에는 반장 '자리', 반장이 아니면 줄반장 '자리', 중고등학교는 미화부장, 규율부장 등 각종 부장 '자리', 대학에서는 각종 학생회나 각종 동아리 회장 '자리', 사회에 나가면 계장에서부터 사장에 이르는 각종 보직 '자리'로부터 시작해서 국회의원, 시의원, 심지어 동창회장, 향우회장, 동기회장, 친목회장 등 수많은 '자리'가 있으며, 그러한 '자리'에 오르면 누구나 "부족한 저를 뽑아 주셔서 감사한다."라는 말로 황공무지의 감격을 나타낸다. 이러한 자리는 그 자리에 앉은 사람들에게 지위, 신분, 권력, 능력, 인품 등과 같은 지위 – 자격 상징과 품질보증을 부여한다. 우리말에 '출세'한다는 말은 높은 자리에 앉는 것을 뜻하며, 우리말에 성공했다는 말도 그 함축적 의미는 높은 자리에 앉았다는 것을 뜻한다. 전통적으로 한국의 부모들은 자신의 자녀가 '입신양명'하기를 바라며, 여기서 입신양명은 지위를 얻어서 이름을 떨치는 것을 뜻한다. 우리나라의 역사를 보더라도 선비들은 버슬자리에 오르는 것을 인생에서 가장 큰 이상으로 삼았으며, 조선 중기의 당쟁, 궁정에서의 각종 음모와 모사 등은 모두 벼슬자리가 가져다주는 권위와 권력에 대한 경쟁에서 비롯되었다고 볼수 있다. <용의 눈물>이라는 인기역사극도 보면 벼슬자리를 놓고 경쟁하는 영욕의 자리다툼, 지위 – 권력투쟁으로 구성되는 역사의 일면을 그리고 있다. 또한 오늘날 사법고시 준비생이 그렇게 많은 것도 한국인의 지위 – 권력 지향성을 간접적으로 대변해 준다. 우리나라 국회의원들은 세계에서는 유일하게 금배지를 달고 다니며 외국유학생들은 하버드나 스탠퍼드 같은 '알아주는 명문대학'을 실속 있는 대학보다 선호하고, 미국에 이민 간 사람들은 자신의 신분에 관계없이 벤츠 차를 타고 다니는 것도 이와 유관한 현상으로 읽어 볼 수 있다. 근래에 들어, 한국 사람들이 중국이나 동남아국가와 같은 발전도상국을 여행할 때, 돈을 잘 쓰며 '우쭐'대는 행세를 하며, 이러한 한국인의 행동에 대한 비판기사가 언론에 자주 등장한다. 심지어는 경제선진국인 미국 하와이의 와이키키 해변에서도 한국 사람들은 기죽지 않고 활보하면서, "미국 별거 없어"라고 자기들 간에 이야기하는 것을 흔히 들을 수 있다. 어떻게 보면 기가 살았고, 또 어떻게 보면 우쭐댄다고 볼 수 있다. 그렇다면 한국인들은 과연 다른 나라 사람에 비해 '자리'를 더 좋아한다고 말할 수 있을까? 높은 자리에 앉으면 권력이나 신분, 능력, 인품 등이 있는 것으로 인식하며, 이 '자리'에 대해 각종 사회적 프리미엄을 다른 나라 사람보다 더 많이 부여하고 선망하는가? 이러한 질문에 대한 해답은 간단하지 않으므로 여기서는 더 이상 언급을 회피하기로 한다. 그러나 이에 대한 간접적 해답은 한국인의 심리적 특성인 '체면지향성(최상진, 최연희, 1989; 최연희, 최상진, 1990; 최상진, 유승엽, 1992; Choi & Kim, 1992b)'과 '감투의식(최재석, 1989)'을 통해 추론해 볼 수 있다. 체면은 지위 및 신분의식에 뿌리를 둔 심리현상(최상진, 유승엽, 1992 등)으로, 타인의식 및 타인평가가 체면심리의 주요 구성요인이 된다. '자리'를 뜻하는 감투와 체면 간의 관계를 보면, 감투가 클수록 체면에 대한 욕구가 높아진다. 결과적으로 감투를 쓰면 우쭐심리가 활성화, 증대화된다고 추론해 볼 수 있다.

'우쭐대기'와 '체면', '자리'와의 관계를 보자. 우리는 보통 우쭐댈 때, '우쭐거리'를 가지고 우쭐댄다. 우쭐거리에는 보통 높은 자리, 높은 신분, 높은 능력 및 지식 등과 같이 남이 갖기 어려운 성취 및 신분단서가 된다. 이러한 '우쭐거리'를 가진 사람을 볼 때, 주변 사람들은 부러워하고 존경한다. 이러한 부러움과 존경은 '우쭐거리' 획득에서 중요한 동기로 작용할 수 있다. 즉, '갑'의 우쭐거리가 상대편 '을'에게 '갑'이 원하는 바대로 수용되었을 때, '갑'의 체면은 세워졌다고 말할 수 있다. '갑'의 체면이 '을'에게 세워졌다 함은 '을'이 '갑'을 '알아준다', '높이 평가한다', '인정한다' 등의 심리적 효과가 일어났음을 함축한다. 흔히 체면을 세우는 일은 상대가 자신의 체면징표를 보거나 자연스럽게 알게 될 때 이루어지기도 하며, 자신이 스스로 체면징표를 의도적으로 드러내 보이거나 또는 이를 함축·암시하는 언행을 해 보임으로써 상대에게 '체면거리'를 확인시키는 방법도 있다. 이처럼 능동적으로 자신의 체면거리를 상대에게 알리고 확인시키려는 언행의 한 가지 유형이 '우쭐대기'이다. 우쭐의 욕구는 자신의 체면을 높이 세우는 데 있다고 볼 수 있다. 그러나 우쭐대기 언행을 접한 제3자는 반드시 당사자의 의도대로 이를 수용하지만은 않는다.

우쭐대는 행동을 보았을 때 우리는 '잘난 척한다', '잰 체한다', '폼(또는 가다) 잡는다', '목에 힘준다', '거들먹댄다', '으시댄다', '뻐긴다' 등과 같이 말하는 것을 흔히 들을 수 있다. 이 표현에서 공통적으로 엿볼 수 있는 것은 '척', '체', '댄다' 등과 같은 말이 포함되는바, 이러한 표현은 '나타낸다', '꾸민다' 등의 의미를 함축한다. 보통 나타내고 꾸미는 행동은 남을 의식해서 하는 행동이며, 그곳에는 의도가 개입된다. 결국 '우쭐댄다' 함은 '남을 의식해서 자기 자신을 꾸며서 나타내는 행동'이라고 볼 수 있다. 이때 행위의 당사자는 이러한 '남에 대한 의식과 꾸밈'을 의식적 또는 무의식적으로 은폐시켜 우쭐대는 행동을 하는 것이 보통이다. 그러나 그 행위의 목격자인 제3자가 이러한 의식과 꾸밈을 감지했을 때 '우쭐댄다'고 말한다. 예컨대, 사법고시에 합격한 사람이 친구들 앞에서, "어! 이번 시험문제는 되게 어려웠어."라고 자랑스럽게 말할 때, 친구들이 "그놈 되게 우쭐거리네."라고 말했을 때, 그 말 속에는 말하는 사람의 잘난 체하는 의도와 꾸밈이 탐지되었음을 암시한다. 이러한 맥락에서 보면, '우쭐댄다'는 말은 보통 목격자의 입장에서 하는 말이 되고, 언행자의 입장에서는 '자랑한다'는 말이 된다. 물론 자랑의 말을 '우쭐'이 아니라 단순히 '자랑'으로 상대가 받아들일 수도 있다. '자랑'으로 받아들일 때는 '우쭐대기'로 받아들일 때보다는 덜 부정적이며, 그 뉘앙스 면에서 자랑과 우쭐 사이에는 차이가 있을 수 있다. 우선 '자랑'으로 받아들일 때는 '자신이 잘한 것을 인정해 달라고 나에게 알린다.' 정도의 자기 뽐내기이다. 그러나 '우쭐'로 받아들일 때에는 이 차원을 넘어, '나는 너보다 낫다.', 또는 '너는 나보다 못났다.', '너는 바보다.' 등과 같은 상대비교적 자기 우월감이나 자기비교적 상대비하를 함축한다. 따라서 우쭐댄다고 느낀 사람은 '배알이 꼴린다'거나 '아니꼽게 느끼기' 쉽다. 이러한 상황에서 흔히 "그래 너 잘났다." 또는 "지가 잘났으면 얼마나 잘났어?" 등과 같은 말을 한다. 이러한 말 속에는 상대가 '잘난 것'은 인정하되, '잘난 체하는 것'은 못 받아들이겠다는 부정적 감정이 숨어 있다. 그러나 우쭐댈 거리가 없는 사람이 우쭐댈 수도 있으며, 우쭐댈 거리가 있는데도 상대가 이를 인정하지 않을 수도 있다. 이러한 경우에 우쭐대는 행동을 본 사람은 흔히, "지가 뭘 가지고 우쭐대나?" 또는 "번데기 앞에서 주름 잡는다." 등과 같은 말을 한다. 이 말은 우쭐거리가 없는 사람이 우쭐대는 것을 보았을 때 '가소롭다'는 '상대 우쭐 불인정'의 심리가 함축되어 있다. '우쭐댄다'와 심리적 의미 면에서 가장 유사한 말은 '잘난 체한다'이다. '잘난 체한다'는 말 속에는 '자신이 상대보다 우월함을 나타내 보인다.'는 의미가 함축되어 있다. 또한 잘난 체는 '우쭐대기'와 마찬가지로, '잘난 체할 거리'가 있어서 잘난 체할 수도 있고, '잘난 체할 거리'가 없는데도 잘난 체할 수 있다. 또한 잘난 체의 '체'는 '남을 의식해서 나타내 보인다.'는 뜻을 함축하며, 우쭐대기도 남을 의식해서 하는 행동이다. 그러나 언행자는 자신이 스스로 '우쭐댄다'거나 '잘난 체한다'는 표현을 잘 쓰지 않는다. 보통 언행자의 입장에서는 '자랑한다' 정도로 자신의 행동을 기술하는 것이 보통이다. 앞에서 '우쭐대기' 행동은 체면을 세우는 데 사용될 수 있음을 언급하였다. 그러나 앞서 지적한 바와 같이 우쭐 당사자의 입장에서는 자랑의 형태로 표현되는 것이 보통이다. 물론 여기서 자랑의 대상은 '우쭐거리'가 된다. 그렇다면 우쭐거리의 자랑이 상대에 의해 긍정적으로 인식되고 수용될 때 체면이 세워진다고 볼 수 있다. 또한 체면이 세워지면 우쭐심리가 생긴다. 우쭐심리가 생기면 우쭐자랑거리를 표현하려는 동기도 커질 수 있다. 그러나 모든 체면 세우기 행동은 우쭐거리 자랑으로 구성되는 것은 아니다. 체면 세우기는 일반적으로 체면스크립트와 체면격식에 의해 형식화되어 있다. 체면 세우기에 적합한 상황에서 적합한 정도의 자랑을 적합한 체면 세우기 형식에 따라 체면 세우기 언행을 수행할 때, 사회적으로 적합한 행동으로 수용되며, 기대하는 긍정적인 효과 즉, 체면 세우기 효과를 가져올 수 있다. 그러나 우쭐거리 자랑에는 사회적으로 형식화되고 격식화된 일정한 스크립트가 정형화, 형태화되어 있지 않다. 왜냐하면 자랑 또는 우쭐대기는 우리 사회규범에서 부정시되고 억제되어야 할 행동으로 간주되기 때문이다. 우리 속담에 "벼는 익을수록 고개를 숙인다.", "뜻은 높이고 몸은 낮추어라"는 말처럼, 자랑거리, 우쭐거리가 있는 사람이 이를 과시해서는 안 되는 것으로 우리 사회에서는 금기시한다. 만일 우쭐거리를 자랑해야 할 때는 '자랑하지 않는 것처럼 자랑'해야 한다. 그럴 때 우쭐언행은 의도성이나 꾸밈이 있는 것으로 지각되지 않을 가능성이 커진다. 우쭐거리 자랑이 우쭐대지 않는 것으로 지각될 때 그 행동은 긍정적 효과를 가져오며, 우리 사회에서는 이러한 '자랑하는 것이 아닌 것처럼 자랑하는' 방식이 일반사회에서 잘 발달되어 있다. 그 한 가지 방식은 겸손의 형태로 자신을 자랑하는 방식이다. 또는 상대를 높이고 동시에 자신의 우쭐을 나타내는 방법 등 다양한 부정적 감정완충방법이 있을 수 있다. 우쭐이 한국인 심리 및 사회적 행동의 이해에 중요한 심리적 현상이라는 가정하에 우쭐심리와 우쭐행동에 대한 일반인 심리학(folk psychology)적 분석을 시도하였다. 첫째, 어떤 경우 우쭐대나? 둘째, 무엇을 가지고 우쭐대나? 셋째, 우쭐대는 당사자가 우쭐대는 이유는 무엇인가? 여기서는 한국인에게 우쭐이 과연 보편적 현상이며, 또한 한국인의 문화심리적 특성을 나타내는 중요한 심리속성인가의 문제에 대해서는 직접적으로 그 해답을 추구하지 아니하였다. 그 이유는 우쭐심리 및 행동현상이 어떤 심리적 속성을 갖는 개념인가를 먼저 파악 또는 구성하지 않은 상태에서, 우쭐심리가 한국인에게 보편적이며, 중요한가를 연구하는 것은 얼굴도 모르고 사람을 찾는 일과 같다고 생각했기 때문이다.

당신은 주로 언제, 어떤 경우에 우쭐대십니까?

〈표 32〉

사람(명)	범 주	당신(명)
	유식 · 유능 자랑거리가 있을 때	
	인정받기를 원할 때	
	타인에게 칭찬을 받았을 때	
	상대가 무식 · 무능할 때	
	약점/열등감이 있을 때	
	언제나	

사람(명)	범 주	당신(명)
	자기연출이 필요한 상황	
	내가 잘되는 것을 보고 싶어 하는 사람 앞에서	

우쭐대는 경우를 보면, '유식, 유능 자랑거리가 있을 때', '인정받기를 원할 때', '칭찬을 받았을 때'의 세 범주가 순서대로 높은 반응률이다. 이 세 범주는 모두 자랑하는 사람의 긍정적 측면에 해당되는 경우로 첫 번째 범주 즉, 유식, 유능 등은 그러한 특성 자체가 자랑이나 우쭐거리란 점에서 '우쭐거리' 범주화라고 명명해 볼 수 있다. 두 번째 범주는 자신이 가진 우쭐거리 그 자체가 아니라, 그러한 우쭐거리를 통해 타인으로부터 '인정을 받으려는 욕구'에 해당되는 반응이다. 세 번째 '타인으로부터 칭찬'은 우쭐거리를 긍정적으로 인정받았을 때, 타인으로부터 받는 피드백 즉, 긍정적 인정에 해당되는 범주이다. 심리논리적으로 보면, 이 세 가지 범주의 반응은 모두 상호 연계된 심리과정임을 알 수 있다. 그러나 네 번째 범주인 '상대가 무식하거나 무능하다고 느낄 때'의 반응은 자신이 가진 우쭐거리나 자신이 받는 또는 받기를 원하는 자신의 긍정적 측면보다는, 상대의 약점이나 열등성을 파악했을 때 나타나는 '상대발화적 우쭐대기'이다. 즉, 남의 약점을 보고 생기는 우월감이며, 이는 우쭐의 심리가 지위, 신분, 세력, 능력 등과 같은 차원에서 경쟁관계나 적대관계 또는 질투관계에 있는 상대에 대한 '자기우위'를 경험하고 확인시키려는 심리와 밀접히 관련됨을 암시한다. 앞의 세 가지 '자기 준거적 우쭐심리' 범주의 반응에 관여된 심층심리도 마찬가지로 '자신의 누구에 대한', 또는 '누구에 비한 우월심리'를 우쭐에 대한 상대의 반응을 통해 스스로 검증하거나, 확인하며, 또한 상대에게 확인시켜 주려는 심리와 유관하다고 추론해 볼 수 있다. 이러한 맥락에서 우쭐대는 행동은 누구에게나 무차별적으로 해 보인다기보다는 자신과 경쟁관계에 있는 '특정한 상대'에 '대해서' 우쭐심리가 발생하고 우쭐행동을 하게 된다는 것을 암시한다. 이 점에서 우쭐심리는 '자존심'과 구분된다고 볼 수 있다. 자존심은 자기 자신에 대한 자기 자신의 가치부여라면, 우쭐심은 자기 자신보다는 상

대에 비한 자신의 가치와 우월성을 상대를 통해 확인받고, 확인시키려는 심리라고 볼 수 있다. 상대가 자신의 우쭐행동에 수긍하거나 승복할 경우 자기 자신의 우월감을 자기 자신에게 확인하는 빙증의 계기가 된다. 이 질문에서 가장 높은 응답범주에 유식, 유능이 나온 것은 지위나 신분 면에서 차별화가 어려운 학생들이기 때문에, 이들에게 중요한 지식이나 능력이 우쭐거리로 나타난 것으로 사료된다. 이러한 추론을 뒷받침하는 근거는 우쭐거리를 묻는 질문에 대한 응답자료에서 나타난다. 거기서는 유식/능력 이외에 권력, 권위, 재력 등 다양한 사회가치가 응답내용 범주로 나타나고 있다.

당신은 무엇을 가지고 우쭐댔습니까?

〈표 33〉

사람(명)	범 주	당신(명)
45	유식/지적 유능	53
11	자신 있게 잘하는 일	12
14	과거의 경험/성취	5
6	현재적 성취 및 활동	6
11	가정적 배경	5
9	훌륭한 외모	6
9	잡기에 능한 것	4
4	애인을 가진 것	7
9	대인매력 및 인기	0
0	주위의 칭찬과 인정	9

표에서, 높은 응답률을 나타낸 범주를 그 순위에 따라 보면, 첫째 '유식/지적 유능', 둘째 '일을 자신 있게 잘하는 것', 셋째 '과거의 성취경험'으로 나타났다. 여기서는 '무엇을 가지고 우쭐댔는가'를 물어보았으므로 우쭐거리 중심의 응답이 주축으로 나타났다. 높은 응답률을 보인 이 세 가지 응답범주들은 모두 자신들의 '성취와 성취에 필요한 능력'과 관계된 내용 범주이다. 이는 대학생의 경우 능력을 통한 성취가 자신들의 우월감을 결정하는 가장 중요한 요인임을 시사한다. 가정적 배경, 외모 등은 모두 귀속적 변수

로 그 순위에서 하위에 나타나는 것은 귀속지위보다 성취지위에 더 높은 가치를 부여하는 것으로서, 본 조사자들의 예상과 일치하는 결과라고 사료된다.

'유식, 지적 능력'이 가장 높은 반응 범주로 나왔으며, 특히 표에서 '실제의 일처리 능력'이나 '성취경험'보다 '유식과 지적 유능'이 우쭐거리로 더 높은 반응빈도를 보이고 있는바, 그 이유에 대해 궁금증을 불러일으킨다. 서구 사람들은 '어떤 능력이 있느냐'의 문제보다 '실제로 무엇을 했느냐'가 인물평가에서 더욱 중요하다. 즉, 서양인들은 업적 자체를 능력보다 우선시한다. 그러나 한국 사람들은 업적에 초점을 맞추기보다는 업적을 이룰 수 있는 능력에 더욱 높은 관심과 중요성을 부여하는 경향이 많은 것 같다. 따라서 사람을 평가할 때, 실제의 업적도 능력의 관점으로 전환하여 평가하는 경향을 한국인은 나타내 보인다. 한국의 인사고과를 보면 '무엇을 했느냐'보다는 막연하게 '어떤 일을 할 수 있는 능력이 있느냐'의 질문형태로 인사고과를 실시한다. 이러한 한국인의 성향은 일이나 행동중심의 평가보다는 사람의 내적 특성이나 잠재능력 중심의 인간평가 성향을 암시한다.

당신이 우쭐댄 이유는 무엇이라고 생각하십니까?

〈표 34〉

사 람	범 주	당 신
36(명)	우월 의식	23(명)
8	과시	28
16	남에게 인정받고 싶어서	30
22	열등감	9
3	기분이 좋아지기 때문에	1
8	우쭐대는 성격 때문에	0
0	기쁨을 감출 수 없어서	9
0	즐겁게 하거나 친해지려고	7
0	상대에게 지기 싫어서	10

높은 반응률을 보인 내용 범주를 순서로 보면 첫째, '우월의식', 둘째, '과시', 셋째, '남으로부터 인정받고 싶어서'의 순으로 나타났다. 이 세 개의 범

주는 모두 자신의 긍정적 측면과 관계된 내용으로 그 핵심은 자신이 우월하다는 것을 남에게 내보이고, 그래서 인정받고, 그래서 자기 자신이 우월하다는 확인을 스스로에게 해 보려는 동기와 관련된 응답이다. 이러한 응답내용은 앞의 서론에서 이미 논의한 바와 같이, 우쭐심리가 자신의 우월성을 타인의 반응을 통해 자기 스스로에게 증명시키며 동시에 타인에게 확인시키려는 동기와 밀접히 관련된 심리임을 응답자들이 검증해 주고 있다. 그러나 네 번째로 높은 반응률을 보인 '열등감'은 우월감과 정반대편에 있는 심리상태이다. 이는 '우월거리' 즉, '우쭐거리'가 없어 열등의식을 느꼈던 사람이 우월 또는 우쭐거리가 생겼을 때 우쭐대려는 심리가 발동한다는 것을 암시한다. 기실 <표-1>에서 두 번째로 높은 반응 범주인 '인정받기를 원할 때' <표-3>에서 세 번째로 높은 반응 범주인 '남으로부터 인정받고 싶어서'의 반응은 열등의식과 무관하지 않다고 볼 수 있다. 임상심리학이나 성격심리학의 연구에서 보면, 열등감이 높은 사람이나 자아·자존심이 낮은 사람이 남으로부터 인정받으려는 욕구가 크다는 것이 비교적 일관성 있게 나타나고 있다. 이러한 결과와 특히 Adler(1931)의 이론에 비추어 보면, 우쭐대려는 심리는 열등의식의 극복하거나 열등의식을 위장하려는 욕구와 유관하다고 해석해 볼 수 있다. 체면연구에서도 열등감이 있는 사람이 체면 차리는 행동을 많이 한다는 연구결과(최창호, 1993)도 우쭐심리가 열등의식과 유관함을 시사한다.

이를 확대 해석하면, 표에서 첫 번째와 두 번째로 높은 반응률을 보인 '우월의식'과 '과시'도 열등의식과 연계시킨 해석이 가능해진다. 특히 프로이트를 비롯한 정신분석학자들은 우월의식과 열등의식이 공존한다고 믿는다. 그러나 여기서는 이러한 정신분석학적 해석에 일방적으로 의존하지는 않고자 한다. 왜냐하면 본 연구결과의 해석과 관련해서 정신분석학에서 말하는 무의식의 심리에까지 해석의 뿌리를 내려가면, 현실의 해석이 모두 무의식으로 추상화되기 때문이다.

사람이 당신 앞에서 우쭐댈 때, 어떤 느낌을 받았습니까?

〈표 35〉

범 주	반응빈도
무시하고 싶다	34
불쾌하고 기분 나쁘다	21
거북하다	17
짜증 난다	10
불쌍하고 안타깝다	8
재수 없다	7
아니꼽다	7
인격이 낮아 보인다	3

　질문에 대한 응답이 일관성 있게 부정적 느낌으로 나타난 것은 질문에서 '우쭐'이란 말을 써서 묻고 있는 데서 비롯된 결과라고 추론된다. 좀 더 중성적인 형태의 질문을 했었어야 될 것으로 생각된다. 그러나 부정적 응답내용들에 함축된 심리를 심층적으로 분석해 보면 몇 가지 시사적인 발견을 추출해 낼 수 있다. 높은 반응률을 보인 응답내용을 보면 '무시하고 싶다', '불쾌하다', '거북하다'의 순으로 나타났다. 먼저 가장 높은 범주인 '무시하고 싶다'는 반응 속에는 상대방의 '우쭐거리' 자체를 인정하지 않겠다는 '전면적 사실불인정'의 심리가 깔려 있다. 즉, 우쭐대는 사람에게 우쭐댈 만한 우쭐거리가 없다는 내용의 반응이다. 우쭐거리는 사람이 꼴 보기 싫은 것과는 관계없이 그 사람에게 우쭐거리가 있다는 것을 인정할 때 그것이 사실이라는 것을 받아들이는 것이 되는 것이고 이를 받아들인다면 자신은 열등하다는 것을 자인하는 것을 뜻한다. 이 반응은 이러한 자인을 하지 않는 심리 반응이다. 그러나 두 번째 응답범주인 '기분 나쁘다'는 반응은 '사실은 인정하되 그 사람의 태도나 자세에 감정이 거슬린다'는 것을 뜻한다. 따라서 두 번째의 반응 범주는 '우월하다는 것'은 인정하되 '기분 나쁘다'는 감정반응이다. 만일 이 두 번째 반응 범주의 감정경험을 우쭐대는 당사자에게 노출하였다면, 우쭐대는 사람 쪽에서는 적어도 자신이 우월하다는 것을 상대에게 인식시켰다는 점에서 어느 정도의 소기의 성과를 거두었다고 느낄 수 있다.

당신이 우쭐댈 때, 상대방의 반응을 살펴본 후, 그때 당신의 기분은?

〈표 36〉

범 주	반응빈도
'그러지 말 걸' 하며 후회	31
부끄럽고 창피했다	13
미안한 기분이 들었다	6
흐뭇하고 기분 좋았다	33
우월감/의기양양/자신감	11
상대 제압의 승리감/쾌감	3
부정적 반응 시 기분 나빴다	17

반응은 크게 세 가지 유형의 반응형태를 나타내 보인다. 하나의 유형은 표의 상단 세 개의 범주 즉, 1) '그러지 말 걸' 하며 후회, 2) 부끄럽고 창피했다 3) 미안한 기분이 듦 등은 모두 '자신이 우쭐댄 데 대한 자책과 상대에 대한 미안감'을 그 특성으로 하고 있다. 이는 자신의 우쭐행동이 상대에게 열등감이나 자기비하의식을 유발시켰다는 데 대한 도덕적 자책감에서 비롯된 감정반응이라고 해석해 볼 수 있다. 다른 한편으로는, 거리가 먼 남이나 제3자가 아닌 동료들과의 관계에서 상대를 비하시켰다는 데서 오는 부정적 심정과 미안감에서 비롯된 후회 심리가 가중적으로 작용했다고 해석해 볼 수 있다. 만일 일반 사회적 관계에서라면 이러한 형태의 자책, 미안심리는 훨씬 적게 나타났을 것으로 예상된다. 두 번째 유형의 반응 범주들은 1) 흐뭇하고 기분이 좋았다, 2) 우월감/의기양양/자신감, 3) 상대를 제압했다는 승리감 등이다. 이들 범주의 반응내용들은 모두 우월감과 관계된 정적 감정경험이다. 특히, 흐뭇하고 기분이 좋았다는 반응이 월등히 높게 나타난 것은 우쭐대는 사람의 우쭐심리가 상대방의 부러움, 상대로부터 인정 등과 같은 상대의 반응에 대한 감지를 통해, 자신이 우월하다는 것을 자기 스스로 확인한 데서 오는 흐뭇함과 만족감이라고 해석해 볼 수 있다. 이는 또한 우쭐행동의 동기가 '남을 비하하려는 동기'보다 '자신이 우월함을 자기 스스로 확인해 보려는 동기'가 더 크게 작용함을 시사한다. 앞서의 첫 번째 유형의

반응에서 나타난 '미안함과 자책의 심정'도 그 기저에는 상대를 비하할 의
도보다는 자신의 우월을 스스로 확인하려는 동기가 강했음을 암시하며, 더
불어 자신의 우월을 확인하는 과정에서 원하지 않았던 가해를 하게 된 데
대한 미안함의 감정이 결합되어 나타난 반응이라고 해석해 볼 수 있다. 세
번째 유형의 범주반응 내용은 자신의 우쭐행위에 대해 상대방이 부정적 반
응을 해 보이는 것을 목격했을 때 나타나는 부적 감정이다. 자신의 우월감
을 인정하지 않거나, 우쭐대는 태도나 자세에 대해 상대가 거부반응을 해
보이는 것을 감지할 때, 그 당사자가 인격적 모독을 느끼는 데서오는 부적
감정반응이라고 해석해 볼 수 있다.

■ 사회일반적으로 나타나는 우쭐행동과 우쭐심리
우쭐댈 만한 직업을 가진 사람들의 우쭐거리는?

〈표 37〉

범 주	반응빈도
재 력	34
권력/권세	31
사회적 지위 및 권위	29
사회적 명성	11
학식과 지식	59
전문직/전문 분야 능력	20
인기/유명	11
뛰어난 외모/화려한 직업	8
남이 하기 힘든 고귀한 일	16

응답자에게 '우쭐댈 만한 직업'을 세 가지 들도록 한 후, 이들 직업을 가
진 사람들의 우쭐거리를 열거하도록 하였다. 먼저, 우쭐댈 만한 직업을 반응
빈도순으로 보면, 법조인(50명)과 국회의원(49명)이 가장 많고, 그 다음이 의
사(39명)와 교수(38명), 그 다음이 연예인(35명), 기업체 간부(31명), 그리고
교사/학원강사(27명)의 순으로 나타났다. 이 밖에 언론인, 방송인(11명), 고급
공무원(9명), 사회지식인(8명), 부유층 사람들(8명) 등이 언급되고 있다. 이

반응에서 특징적인 것은 모두 전문직 종사자라는 점이다. 우쭐의 원천에서 보면 가장 높게 나온 법조인, 국회의원이 권력과 권위의 상징이란 점에서 '권력과 권위'가 가장 돌출되는 우쭐의 원천임을 암시한다. 그 다음이 '지식'(교수, 의사), '사회적 인기'(연예인)와 '재력'(기업체 간부)의 순으로 나타난다. 이들 직업에 종사하는 사람들의 우쭐거리에 대한 질문을 통해 얻은 응답내용 범주이다. 가장 높은 반응 범주들, 즉 '재력', '권력/권세', '사회적 지위 및 권위' 등은 그 내용 면에서 '힘과 권위'에 해당되는 범주들이다. 다음으로 높은 반응 범주군은 '지식과 전문능력'의 범주로서 여기에는 학식과 지식, 전문 분야에서의 능력이 포함된다. 세 번째의 범주군은 '대중적 인기'와 관련된 범주로서 여기에는 인기/유명, 뛰어난 외모/화려한 직업 등이 포함된다. 네 번째는 '하는 일의 고귀성'과 관련된 범주이다. 이러한 결과와 해석에 준해서, 우쭐거리의 원천 강도 순위를 메겨 보면 1) 힘, 2) 지식, 3) 대중인기, 4) 일의 고귀성 순이다. 지금까지 앞에서 우쭐행위가 일어나는 상황, 우쭐에 관여되는 심리 등에 대한 조사결과를 제시하고 해석하였다. 이러한 문항별 결과제시와 해석에서 다루지 못했던 거시적 측면의 이슈에 대해 연구의 과정과 자료를 분석하는 과정에서 느낀 점들을 중심으로 논의해 보고자 한다.

첫째, 대부분의 응답에서 의미 있는 해석이 가능한 일정한 패턴을 보이고 있다는 점을 분석의 과정에서 발견할 수 있었다. 이는 우쭐행동과 우쭐심리가 한국의 문화권과 한국인에게 체제화돼 있고, 동시에 응집성을 갖는 심리적 구조로 정착되어 있는 한국인 심리체계의 하나임을 시사한다. 물론 이러한 우쭐의 심리체계는 또 다른 한국인 심리체계인 체면과 밀접히 관련됨을 알 수 있다. '우쭐'은 '우쭐거리다'라는 몸동작(어깨를 흔드는 것)을 나타내는 의태어로서, 그 말 자체 속에 어떤 고유한 의미를 내재하고 있지 않은 원시성 구어이다. 이 점에서 '정'이나 '한' 등과 같이 언어적으로 성숙된 개념과는 다르다. 이러한 몸동작의 형태에서 출발한 '우쭐'이 사회적 과정을 통해 '의기양양', '뽐냄'과 같은 의미성을 부여받고(한글학회, 1994) 더 나아가 우쭐심리로 발달하게 되었다고 볼 수 있다. 즉 '우쭐'은 한국인의 생활

속에서 역사-문화적 과정을 거치면서 자연발생적으로 생겨난 생활 속의 자생적 심리현상이다. 둘째, '우쭐'이 한국인에게 체제화되어 있는 행동이고, 사회적으로 빈번히 관여되는 심리적 현상이며, 우쭐대는 행동이 한국인에게 일반화되어 있다면 우쭐행동이 갖는 심리적 만족이 적지 않음을 시사한다. 그러나 아이러니하게도 한국의 전통문화는 우쭐을 금기시, 천시해 왔다. 예컨대, 자기자랑을 하는 것이나, 자기의 지위가 높다는 것을 밖으로 드러내는 행동은 우리 사회에서 부정시되어 왔다. 그럼에도 불구하고 우쭐행동이 우리 사회에, 또한 한국인에게 일상화된 행동이라면 우쭐행동은 적어도 그 행위자에게 그 부적 대가를 압도하는 장점이나 이익이 있을 것이라고 추론해 볼 수 있다. 연구결과에 따라 그 장점을 보면, 첫째로 자신의 우월성을 자기 스스로에게 확인시켜 주는 기능을 들 수 있다. 그러한 확인은 자기 자신이 우쭐행동을 하는 것 자체로 이루어지는 것이라기보다는 주변 사람이 우쭐행동을 보고 이를 긍정하고 부러워하는 반응을 보고 반사적으로 일어나는 것이라고 생각해 볼 수 있다. 이런 관점에서 보면 한국인들은 우쭐댈 때, '사실 부정적' 반응보다 '사실 긍정적' 반응을 더 많이 받는다고 상상해 볼 수 있다. 그러나 다른 한편, 우쭐대는 사람의 태도에 대해서는 부정적 반응의 가능성이 항상 있고, 또한 자주 그러한 부정적 반응을 받는 것도 사실이나 전자가 유인가 면에서 후자보다 더 강한 것을 알 수 있다. 여기서 '자신을 낮춰야 한다는 사회적 덕목'의 준수보다 '자기 스스로 우월감을 경험한다는 심리적 요구'가 더 강함을 추론할 수 있다. 둘째, 우리의 전통적인 문화가치인 출세, 입신양명, 자리, 신분 등과 같은 지위, 권력지향적 가치는 지금도 한국인에게 면면히 이어져 오고 있음을 한국인의 우쭐행동의 분석을 통해 추론해 볼 수 있다. 권력과 지위가 높고 학식과 지식이 높은 사람일수록 체면거리가 많은 사람이라고 믿는 것은 바로 이러한 추론을 뒷받침해 준다. 그러나 본 조사에서 사회적 인기인이 우쭐거리가 있는 직업인에 속하는 것으로 나타난 것은 우쭐거리도 시대에 따라 바뀌고 있음을 함축한다. 그러나 우쭐의 심리는 예나 지금이나 약화되지 않았음도 알 수 있다. 셋째, 우쭐거리는 남이 갖기 어려운 것, 부러워하는 것, 성취하는 것이 된다. 모든 사람이 갖기 쉬운 것이면 부러움이나 성취의 대상이 되기 어렵다. 특히 한국 사람은 남이 부러워하는 것을 보면 매우 흐뭇해하며 행복감을 느낀다. 한국인의 출세나 성취에서 오는 만족은 자신의 높은 능력에 대한 자기 확인 그 자체보다, 남의 부러움을 사는 것을 보는 데서 오는 부가가치가 더욱 중요하게 관여된다. 우쭐대는 심리를 우월심리로 앞에서는 해석했으나, 보다 본질적으로는 우월 자체보다 자신의 우월에 대한 상대의 부러움을 역으로 감지할 때 느껴지는 흐뭇함 즉, 타인반응지향적 만족감이라 할 수 있다. 앞으로 이 문제는 한국인의 타인의식적 성향과 관련해서 더 깊이 연구되어야 할 문제로 생각된다.

참고문헌

최상진, 유승엽(1992), 한국인의 체면에 대한 사회심리학적 한 분석, 한국심리학회지: 사회 제6 제2호, 137 – 157.

최상진, 최연희(1989), 눈치의 사회심리학적 구조: 눈치의 개념화를 위한 탐색적 시안, 한국심리학회 연차대회 학술발표논문초록, 212 – 221.

최연희, 최상진(1990), 눈치기제가 유발되는 상황과 이유에 대한 연구, 한국심리학회 연차대회 학술발표논문초록, 293 – 302.

최재석(1989), 한국인의 사회적 성격, 개문사.

최창호(1993), 체면과 자아존중감, 통제성향의 관계, 중앙대학교 석사학위논문.

한글학회(1994), 우리말 큰사전, 어문각.

Adler, A & Orgler, H(1931), What life should mean to you, 설영환(1991) 역, 아들러의 심리학해석, 선영사.

Choi, S. C. & Kim, U.(1992b), Multifaceted Analyses of Che'myon(Social Face): An Indigenous Korean Perspective. Paper presented at the Colloquium at the Ceter for Korean Studies, University of Hawaii, May, 7.

13 │ 사회심리학과 사회복지상담

1856년부터 1939년까지 생존했던 빈의 의사인 프로이트만큼 서구의 사상에 큰 영향을 준 이론가를 생각하는 것은 어려운 일이다. 이 혁명적인 사상가는 인간이 대부분 인식할 수 없는 동기와 갈등에 의하여 움직여지며 사람의 성격은 인생의 초기 경험에 의해서 형성된다고 제안함으로써 인간 본성에 대한 기존의 유력한 개념에 도전했다. 프로이트의 저서가 폭넓게 읽힘에 따라 많은 추종자들을 매료시켰다. 그러나 프로이트의 제자들이 항상 그의 생각에 동조한 것은 아니며 결국 프로이트의 생각의 일부를 수정하여 자기 이름으로 중요한 이론가가 되었다. 이러한 신프로이트학파 학자들 중에서 가장 유명한 사람 중 한 사람이 에릭슨이다(송길연 외, 2000).

이 글을 통해서 에릭슨의 생애와 업적, 사회심리학적 발달이론의 특성, 8가지 발달단계, 에릭슨 이론에 대한 평가 그리고 저서에 대해서 알아보겠다.

1) 생애와 업적

프로이트(Freud, 1856 – 1939)의 신봉자였던 에릭슨(Erikson, 1902~1994)은 매우 특이한 이력을 가지고 있다. 그의 학력은 고졸에 불과하지만, 미국의 하버드대학교 심리학과 교수로서 20세기 지성사를 빛낸 거장(巨匠)으로 인정받고 있다. 에릭슨이 '정체성(identity)'이라는 개념을 통해 심리학뿐만 아니라 교육, 사회, 정치, 경제, 문화에 지대한 영향력을 준 점을 고려해보면, 고졸 학력자에 불과한 사람을 미국의 간판 대학에서 교수로 발탁해 간 서구의 학풍도 놀랍지만, 그러한 경이적인 성취를 일궈 낸 에릭슨이 걸어간 삶의 여정 그 자체는 더욱더 극적이다.

에릭슨은 자신의 아버지가 누구인지 모른 채 평생을 살아야 했다. 유태인이었던 에릭슨의 어머니는 첫날밤에 남편과 헤어지는 불운을 경험하였다. 집안어른들과 잘 알고 지내던 사이였던 남편이 첫날밤에 자신이 범법행위에 연루되어 있기 때문에 해외로 도피해야 할 뿐만 아니라 사생활 측면에서 여성편력의 문제가 있음을 고백했기 때문이었다. 그 후 에릭슨의 어머니는 취중에 몇 명의 남자와 관계를 갖게 되고 누가 아버지인지에 대해서는 단지 아이의 외모만으로 추측해야 하는 상황에서 에릭슨을 낳게 된다. 나중에 에릭슨의 어머니는 소아과의사였던 유태인 양부와 재혼을 해서 에릭슨을 유태인 율법에 따라 유태인으로 양육하게 된다. 에릭슨은 유태인 가정에서 성장하지만, 유태인 사회에서는 이방인 취급을 받게 된다. 에릭슨은 유태인과는 너무도 다른 외모를 가지고 있었기 때문이다. 사실상 에릭슨은 키가 크고 금발에 푸른 눈을 지닌 덴마크인을 닮아 있었다. 이러한 성장배경을 가지고 있는 에릭슨이 대학 재임 시절 '상이한 문화적 여건 속에서 자라는 아동들이 삶에서 정체성[8] 위기를 어떻게 해결해 나가는가'하는 문제에 남다른 열정을 기울이게 된 것은 당연한 일처럼 보인다. 오스트리안 정신분석가인 안나 프로이트(Anna Freud)를 만난 1920년대 말, 그는 예술가였고 선생님이었다. 안나의 격려로 그는 비엔나 정신분석 연구소(The Vienna Psychoanalytic Institute)에서 아동 정신분석을 공부하기 시작했다. 그는 1933년에 미국으로 이민했다. 그는 예일 대학과 하버드 대학에서 강의했다. 바로 이때가 그의 인생에서 아동발달에 대한 사회와 문화의 영향(the influence of society and culture on child development)에 관심을 가지기 시작한 때다. 그의 호기심을 충족시키고, 그의 이론을 공식화하기 위해 그는 미국 인디언 아이들 그룹을 연구했다. 이 아이들의 연구를 통해 그는 부모와 사회의 가치와 인격 성장을 연결시킬 수가 있었다.

---

8) ① 개념: 개인의 주체적인 본질을 형성하게 하는 것으로 안정성, 통합, 자아의 재인식의 개념을 내포하고 있다.
② 자아정체감의 형성과 발달: 진정한 정체감의 형성은 청년기부터인데, 자아정체는 계속적인 자아정체 위기의 극복을 통해 발달되어 간다. 정체감 형성은 점진적으로 의식하지 않은 상태에서 조금씩 조금씩 이루어져 간다.

에릭슨은 1939년 샌프란시스코로 자리를 옮겨 임상실무를 계속했고, 1942년에는 버클리 캘리포니아대학교 심리학 교수가 되었다. 1940년대에 그는 소론들을 발표했는데, 이 글들은 심리적 발달에 대한 자신의 견해를 처음으로 밝힌 저서『아동기와 사회(Childhood and Society)』(1950)에 수록되었다. 그 탁월한 명저에서 에릭슨은 아동이 삶에서 각 발달 시기마다 경험하게 되는 정체성 위기를 극복해 나가는 데 사회적인 영향력이 매우 중요하다고 주장하였다. 사실 에릭슨 이론의 백미(白眉)에 해당되는 이러한 발달이론은 1950년 백악관의 아동위원회 컨퍼런스에서 발표하기 위해 준비된 것이었다. 그 발표에서 에릭슨은 아동이 자신의 잠재력을 펼쳐 나가는 과정에서 생물학적 성숙의 역할이 중요하지만, 인간의 의지로 영향력을 확대해 나갈 수 있는 사회문화적 요인이 중요한 의미를 갖는다는 점을 역설하였다. 에릭슨이 이러한 내용의 발달이론을 제안하게 된 배경에는 에릭슨의 넷째 아이 닐(Neil)이 다운증후군에 걸린 채 출생했던 비극적인 사건이 자리 잡고 있었다. 에릭슨은 자신의 넷째 아이가 다운증후군에 걸렸다는 사실을 1994년에 죽기 얼마 전까지 오랫동안 비밀에 부쳤다. 에릭슨의 넷째 아이 닐은 태어난 후 21살에 죽을 때까지 줄곧 가족과 떨어져 병원에서 지냈으며 에릭슨은 닐의 장례식에 참석하기 전까지는 거의 방문을 하지 않은 채 지냈다. 에릭슨은 닐이 태어나지 말았어야 할 아이라고 생각하였다. 에릭슨은 수십 년간 남모르는 아픔을 속으로 삭이면서 닐의 출생으로 인해 또다시 펼쳐진 삶의 위기를 창조적으로 해결하기 위해 노력했다. 그 결과물이 바로 정체성 이론인 것이다. 에릭슨은 정체성의 위기를 경험한 아동이 자신이 속한 사회와 어떤 방식으로 상호 작용을 하느냐에 따라 발달적인 변화와 성장이 보편적으로 일어날 수 있다고 굳게 믿었다. 결국 에릭슨은 정상으로 되돌릴 수 없었던 다운증후군에 걸린 자신의 아이를 위해서는 아무런 일도 할 수 없었지만, 삶에서 정상으로 되돌릴 수 있는 위기를 경험하는 세상의 또 다른 아이들을 위해서는 그 이전까지 누구도 해내지 못했던 업적을 남겼다.

에릭슨은 1950년 캘리포니아대학교에서 요구한 충성서약에 서명하기를 거부한 뒤 자리에서 물러나 매사추세츠 스톡브리지의 오스틴 리그스 센터에 들어갔다. 그 뒤 하버드 대학교로 돌아가 강사 및 교수(1960～70)를 지냈고, 1970년부터는 명예교수로 재직했다. 에릭슨은 공로를 인정받아 1973년에 미국의 인문과학을 위한 국립기금(National Endowment for The Humanities) 의 제퍼슨 강연자(Jefferson Lecturer)로 선정되었다. 에릭슨이 200여 명의 쟁쟁한 학자들을 제치고서 이 상을 수상하게 된 것은 그의 학문적 영향력을 고려해 볼 때, 매우 자연스러운 일로 생각된다. 왜냐하면 프로이트의 성격이론에서의 핵심개념인 이드(Id), 에고(Ego), 슈퍼에고(Superego)에 대해서는 잘 모르는 사람들일지라도, 에릭슨의 정체성라는 개념에 대해서는 매우 잘 알고 있기 때문이다. 강연자에게는 학문적 영예와 거금의 상금이 보장되는 이 상을 수상하면서 에릭슨은 수상소감으로서 다음과 같은 말을 남겼다.

"저는 단지 거인 어깨 위의 조그만 난쟁이에 불과한다. 제가 인간의 삶에 대해서 멀리 내다볼 수 있었던 것은 나의 스승인 프로이트라는 거인의 어깨 위에 올라앉아 있을 수 있었기 때문이다." "거인의 어깨 위에 올라앉은 난쟁이"라는 표현에서 짐작해 볼 수 있듯이, 에릭슨은 프로이트의 사후에도 심리적으로는 스승을 떠나보내지 못하였다. 평생을 통틀어 자신의 친부가 누구인지 모르는 정체성의 위기를 경험했던 에릭슨으로서는 수많은 방랑의 세월을 흘려보낸 뒤 어렵게 만나 자신의 삶을 정신분석의 항구에 안착시켜 준 학문적 아버지인 프로이트를 결코 떠나보낼 수 없었던 것이다. 에릭슨은 자신의 삶에서 세 가지 문제를 해결해야 했다. 정체성의 혼란, 다운증후군에 걸린 닐에 대한 무기력감, 아버지와 함께하는 것에 대한 갈망이 바로 그것이다. 결국 에릭슨이 제안한 '전 생애에 걸친 발달이론'은 자신의 어려운 삶의 문제를 창조적으로 해결하려 노력하는 과정에서 파생된 결과물이라고 할 수 있다. 예를 들어 에릭슨은 자신의 정체성 이론에서 40대에 경험하는 인생의 위기는 생산성을 통해 극복될 수 있다고 주장하였다. 그리고 그 자신 역시 닐의 출생으로 인한 인생의 위기를『아동기와 사회』라는 명저를 집필하는 것을 통해 창조적으로 극복해 낼 수 있었다(Friedman, 1999; Vaillant, 1977).

2) 사회심리발달이론의 특징

사회심리발달이론의 특징은 단계에 근거한 이론, 양극의 단계, 순환적 과
정, 후성설적 기반, 과거와 현재의 조화로 정리해 볼 수 있다. 간략하게 살
펴보면 다음과 같다.

(http://home.mokwon.ac.kr/~p1316/thesis/eri.html)

(1) 단계에 근거한 이론(A Stage-based Theory)

이것은 인간발달이 단계적으로 진행한다는 것이다. 에릭슨은 출생에서 사
망까지 인간의 생애는 신체적/심리적으로 성장하는 유기체와 사회적 영향과
의 상호작용에 의해 이루어진다고 하며, 생애주기를 통한 발달적 변화, 사회
적, 역사적인 요인을 배경으로 성격을 이해하는 것이 중요함을 강조하였다.
또한 인간발달과 관련하여 최대의 관심을 기울여야 할 것은 자아라고 보았
으며 프로이트와는 대조적으로 자아를 자율적인 성격구조로 보았다. 그는
생애주기를 8단계로 나누어 각 단계를 통하여 나타나는 자아의 특성에 초점
을 맞추고 이러한 인간발달은 모든 인간에게 공통적이라는 가정을 세웠다.
인생주기의 각 단계는 이 단계가 우세하게 출현되는 최적의 시간이 있고 그
리고 모든 단계가 계획대로 전개될 때 완전한 기능을 하는 성격이 형성된다
고 하였다. 다시 말해 인생주기의 각 단계에는 그 단계에 따른 생리적인 성
숙과 개인에게 부과된 사회적 요구로부터 발생하는 위기가 수반되며, 성격
은 이러한 과업이나 위기가 어떤 식으로 해결되는가 하는 방법에 의해 결정
된다는 것이다.

한 단계가 성공적이면 다음 단계도 성공적으로 이루어질 가능성이 많아진
다. 이 단계들은 시기별로 나뉘었지만, 반드시 심리학적으로도 그런 것은 아
니다. 많은 사람들의 경우 특별한 단계가 그들의 생애에 있어서 유별나게
강한 영향력을 구사하기도 한다. 예를 들면, 첫 단계에서 신뢰를 경험하지
못한 사람들은 평생 동안 이 문제에 집착할 수 있다는 것이다.

또 역시 과거의 단계를 재경험할 수 있다고도 한다. 예를 들면, 청소년기에 신뢰, 자율, 주도성 그리고 근면에 대한 새로운 기초를 발견하기 위하여 과거의 단계로 다시 돌아갈 수 있다고 한다. 이와 같이 각 단계들은 상호의존적이라고 할 수 있다.

(2) 양극의 단계(Bipolar Stages)

그의 이론의 각 발달단계는 두 개의 극-긍정적인 것과 부정적인 것-을 가지고 있다. 에릭슨은 긍정적인 극을 '힘', 그리고 부정적인 극을 '약함'이라고 부른다. 여기에서 건전한 건강은 긍정적인 힘을 완전히 획득하고 부정적인 약함을 제거하는 것이 아니다. 중요한 것은 이 둘 사이의 비율이다. 만일 철저히 신뢰만 하고 불신이 전혀 없는 사람은 위험과 적대적인 요소가 가득한 이 세상에서 살아가는 데 어려움이 많을 것이다. 따라서 심리적 힘은 부정적인 극에 대한 긍정적인 극의 우세를 요구하지만, 부정적인 극은 인생에 있어서 어떤 깊이나 복잡성을 더해 주는 면도 있다고 본다.

(3) 순환적 과정(A Cyclical Process)

에릭슨은 첫 번째와 마지막 단계에서의 긍정적인 '극'(polar)인 '신뢰'와 '통합' 사이의 어의적 유사성을 언급한다. 즉, 어떤 의미에서 발달과정은 그것이 시작하는 곳(신뢰)에서 끝난다는 것이다. 그러나 그는 개인적 삶보다는 세대의 순환에 초점을 맞춘다. 즉 각 세대는 지나간 세대와 그리고 계속되는 세대와 서로 연결되어 있다는 것이다. 그의 이론은 수레바퀴가 둥글게 구르면서 또한 앞으로 나아가는 것과 같은 이미지를 가지고 있다.

(4) 후성설적 기반(Epigenetic Ground Plan)

에릭슨은 인간 내면의 고상함(the high)과 저급함(the low)은 성숙함이 유아적인 것으로부터 출발하고 그것으로부터 분리될 수 없듯이 함께 존재한다고 본다. 이런 그의 윤리적 관점은 후성설적 원리라는 결론을 이끌어 내는데, 이것은 생물학의 후성설적 원리 개념을 빌려 온 것이다. 이 후성설적 원리는 "성장하는 것은 기반을 갖고 있으며 여기에서부터 지체가 자라나는데, 모든 지체는 그것들이 온전히 기능을 하도록 성장할 때까지, 각 지체가 특별한 우위의 시간을 갖는 것"이다. 이때 각 단계는 체계적으로 다른 모든 단계들과 연관되어 있는데, 전 단계의 적절한 발달에 다음 단계가 의존하고 있으며, 각 단계는 결정적이고 위기의 순간이 정상적으로 오기 전에 어떤 형태로 존재한다는 것이다.

(5) 과거와 현재의 조화

정신분석계통 심리학은 성인 인격의 형성에 있어서 오이디푸스콤플렉스 시기(4－5세) 이전 경험의 중요성에 대한 강조 때문에, 청소년기, 젊은이, 성인들의 문제를 너무 초기 아동기의 문제로 환원시키는 경향이 있다. 그러나 삶의 목표를 제시하고 앞을 향해 나가는 것도 매우 중요하다. 다시 말해 과거에 대한 분석도 중요하지만, 니버나 키르케고르의 실존론적 불안 즉 과거뿐 아니라, 부모, 특별한 상실, 사고, 재정적 압박, 유한성에서 오는 불안 등도 중요한 영향을 미친다는 것이다. 에릭슨의 이론은 여기에서 다리를 놓는 역할을 하는데, 과거의 문제뿐 아니라 현재에 일어나는 모든 문제들, 예를 들어 핵가족 갈등, 외적 환경의 영향 등이 인격 형성에 커다란 영향을 준다는 것이다.

3) 발달단계

(1) 1단계: 기본적 신뢰 대 불신(Trust vs Mistrust)(출생~1세)

제1단계는 Freud의 구강기에 해당되는 시기로서 출생에서 약 1세까지이다. 이 시기의 주된 발달 위기는 영아가 신뢰할 수 있느냐 없느냐 여부에 관한 것으로, 어머니의 관여가 이 신뢰의 초점이 된다. 신뢰감은 다른 사람에 대한 믿음과 자신에 대한 믿음을 포함한다. 이 시기에 아기를 돌보아 주는 사람(주로 어머니)이 영아의 신체적, 심리적 욕구를 잘 충족시켜 주면 아기는 신뢰감을 형성하게 되고, 만약 아기의 욕구가 잘 충족되지 않으면 아기는 불신감을 갖게 된다. 자신의 기본적인 욕구가 일관되게 충족되는 예측 가능한 안전한 세계에서 사는 것이 이상적인 삶이다.

그러나 Erikson은 완전한 신뢰감만이 바람직한 것은 아니라고 했다. 왜냐하면 사람이 살다 보면 때로는 불신도 필요하기 때문이다. 지나친 신뢰는 아동을 너무 순진하고 어수룩하게 만든다. 따라서 건강한 자아발달과 성장을 위해서는 불신감도 경험해야 한다. 건강한 발달을 위해 중요한 것은 신뢰와 불신 사이의 적당한 비율인데, 물론 불신감보다는 신뢰감이 더 큰 비중을 차지해야 한다(정옥분, 2002).

① 기관의 양식

영아는 입으로 사물을 빨아들인다. 이 시전에서 영아는 입을 통하여 살아가고 입에 의해 사랑을 배운다. 이때 모친의 젖을 통하여 사랑을 배운다. 영아에게 있어서 구강에 의한 모친과의 접촉은 빨기 도식을 중심으로 행하여지고 있다. Freud가 유방과 구강 부위와의 욕구적 관계로서 이해한 것을 Erikson은 보다 일반적인 관계인 구강 특질로서 취급하였다. 결국 눈에 보이는 사물은 눈으로 받아들이고, 잡히는 사물은 손으로 만지게 되고 들리는 것은 귀로 받아들이려고 한다. 이것이 구강 제1기의 받아들이는 양식이며, 그것은 구강호흡 감각적 단계라고 부른다. 다시 이 단계에서 턱과 잇몸을 이용하여 심하게 조르는 제2의 능동적인 함입의 양식으로 발달하게 된다. 또한 제3의 구강기관인 배출양식, 제4의 구강 단계인 억제의 형태, 제5의 단계인 젖꼭지를 꼭 쥐고 빨며 유방 속으로 머리를 파묻는 양식의 과정을 나타낸다. 그러나 첫 단계인 받아들임이 기본적인 양식이며, 다른 양식은 이 양식에 종속되어 있다(김제한, 1998).

② 심리·사회적 형태

영아의 심리·사회적 형태는 얻는 것, 주어지는 것을 받아들이는 것과 다시 되돌려주는 것으로 나타난다. 영아는 모친이 하는 방법에 따라 그와 같은 방법으로 배우게 된다. 이와 같은 형태는 다른 사람과의 우호적인 경험으로서 중요한 것이다. 이와 같이 주어지는 것을 받아들이고, 자신이 하고 싶었던 것을 함으로써 영아는 되돌려주는 사람이 된다. 즉, 모친과의 동일화에 대한 기초를 발전시킨다. 이러한 상호 조정에 실패하게 되면 영아는 일방적이고 강제적으로 지배하려고 시도하게 된다. 즉, 아기는 수유에 의해 우호관계를 받아들이지 못하게 되면 손가락 빨기에 열중하게 된다. 어머니 또한 수유 시간을 변경하거나 수유하는 방법을 변화시켜 영아를 지배하려고 한다. 이와 같은 상황이 되풀이되면 영아는 세계에 대한 관계나 사랑하는 사람들과의 관계에 결정적 장애를 가지게 된다(김제한, 1998).

③ 구강기적 성격

수유가 부족하면 유아에게 모친에 대한 상실감을 주게 된다. 이 시기에 의존하고 있는 모친의 애정을 상실하면 만성적 비애에 빠지고, 이 경험은 유아의 그 이후의 인생 전반에 걸쳐서 우울적인 성격을 형성할 위험성이 있다. 정신의학에 있어서 구강기에 나타나는 성격에는 두 가지 의미가 있다. 하나는 이 단계에 있어서 갈등이 미해결 상태인 경우에 일어나는 성격적 비관이다. 이것은 충분히 젖을 빨지 않았다는 공허감의 결과로 탐욕적인 성격을 수반한다. 이것은 구강 사디즘이라고 불리며 타인을 해치는 방법으로 사물을 얻으려는 잔혹한 요구로 나타나기도 한다. 다른 하나는 낙관적인 구강 성격도 있다. 이는 사물을 부여하거나 받아들인다는 사실을 인생에 있어서 중요한 것이라고 생각하는 성격이다(김제한, 1998).

(2) 2단계: 자율성 대 수치와 회의
(Autonomy vs Shame and Doubt)(1~3세)

2단계는 Freud의 항문기에 해당하는 시기로서 약 1세에서 3세까지이다. 이 단계의 쟁점은 '자율적'이고 창의적인 사람이 되느냐, 아니면 의존적이고 '자기 회의'로 가득 찬 '부끄러운 인간'이 되느냐 하는 것이다. 이 시기에 유아는 여전히 다른 사람들에게 의존하고 있지만 자유로운 선택의 자율성도 경험하기 시작한다. 새롭게 얻은 자율감은 사회적 갈등을 일으킬 정도로 지나치게 과장될 수 있다. 자율성을 향한 투쟁은 완강한 거부나 떼쓰기 등으로 나타날 수 있다. 이 단계에서 중요한 과업은 자기 통제인데, 그중에서도 특히 배변훈련과 관련된 배설기능의 통제가 중요하다. 이 단계에 대응하는 Freud이론의 단계는 항문기로서 항문 부위의 특정 근육의 통제를 강조하는 단계이다. Freud에게 있어서 항문기 발달 과업은 이들 특정 근육의 통제 능력을 획득하는 것이다. 그러나 이 단계에 대한 Erikson의 입장은 특정 항문 부위를 넘어 신체 전반의 근육조직에 간한 통제능력으로까지 일반화시킨 것이다. 즉, 아동은 배설 관련 근육의 통제력뿐만 아니라 일반적인 충동 또한 어느 정도 통제할 수 있을 것으로 기대된다. 이러한 변화는 통제력 부족으로 인한 '수치심'에 반대되는 성공적인 '자율감'에 이르게 한다. 이 단계에서는 아동이 자신의 행동을 통제할 수 있는 정도를 스스로 발견하는 과업이 요구된다. 만약 아동에게 새로운 것들을 탐색할 기회가 주어지고 독립심이 조장되면 건전한 자율감이 발달할 것이다. 반면, 아동에게 자신의 한계를 시험해 볼 기회가 주어지지 않고 아동이 지나친 사랑을 받고 과잉 보호받게 되면, 세상사에 효과적으로 대처할 자신의 능력에 회의를 느끼고 수치심을 갖게 될 것이다(정옥분, 2002).

① 기관의 양식
이 시기는 Freud의 리비도 발달단계의 항문기에 해당된다. 이 단계의 기관 양식은 억제-배출 양식이다. 이 항문기는 완고한 고집이나 갈등을 나타내는 충동을 표현하는 데 적용되고 있다. 또한 이 시기는 자율성을 획득하기 위해 싸우는 시기이다. 유아는 자신의 다리로 훌륭히 서게 됨에 따라서 자신의 세계를 깨닫게 되어 '나에게'라든지 '나의 것'이라는 말을 사용한다(김제한, 1998).

② 심리 · 사회적 형태

이 단계에서의 심리 · 사회적 형태는 근육계의 성숙과 그 결과 얻어지는 억제와 방만의 갈등이며, 이 엄격한 상호 갈등의 행동 패턴을 어떻게 협응시키는가가 유아에게 있어서 문제가 된다. 억제해 두는 것은 파괴적으로 잔인한 구속이 될 수 있으며, 또한 손에 넣어 소중히 하며 시중을 드는 패턴도 될 수 있다. 방만하는 것도 파괴적인 힘을 지닌 적의에 찬 방출을 하는 경우가 있으며, 유유히 행동하여 나타내거나 자연 그대로 일으키는 일까지도 있다(김제한, 1998).

③ 강박적 성격

강박적 성격 또는 항문기적 성격에서는 예의범절이 엄격하고 빈틈이 없거나 시간을 엄수하거나 결벽성 등으로 나타난다. 이러한 성격을 지닌 유아는 사물을 보다 쉽게 취급하여 지배자의 위치를 유지하든가 또는 지배되어 버린다. 엄격한 규칙은 때로는 그것을 만들어 낸 정신을 말살해 버리는 일이 일어나기 때문이다(김제한, 1998).

(3) 3단계: 주도성 대 죄의식(Initiative vs Guilt)(3~6세)

3단계는 Freud의 남근기에 해당하는 시기로서 3세에서 6세까지이다. 이 단계에서 경험하는 심리사회적 갈등은 '주도성 대 죄의식'의 발달이다. 이제는 활동, 호기심, 탐색의 방법으로 세상을 향해 돌진하는 것과 두려움이나 죄책감으로 인해 주저하는 것 사이에 갈등이 발생한다. 3세에서 6세 사이의 아동은 보통 생기와 활력, 호기심이 넘치고 활동 수준이 높으며 에너지가 남아돈다. 아동은 놀이활동을 통해 보다 자유롭고 공격적으로 움직이며 활동반경을 점점 더 넓혀 간다. 주도성을 발달시키는 과정에서 목표를 설정하는 것이 보이고 목적에 따라 활동하는 경향이 늘어난다. 이 단계는 언어발달이 급격히 이루어지는 시기이기도 하다. 이 단계 초기에 아이들은 끊임없이 질문을 한다. 새로운 단어나 개념, 기본적인 이해가 이와 같은 방식으로 습득되기 때문에, 이러한 질문들은 학습의 기본적 수단이 된다. 게다가 사물 특히 장난감을 적극적으로 조작하기 시작한다. 아이들은 그 안에 무엇이 들어 있는지 보기 위해 물건을 뜯어 보기도 하는데, 이것은 반드시 파괴적인 성향 때문만이 아니며 호기심 때문이기도 하다. 그러나 이러한 호기심이 파괴성으로 해석되어 아동이 처벌을 받게 되고, 그로 인해 죄의식을 느끼게 된다면 주도성은 이지러질 수도 있다. 또한 아동은 자신의 몸뿐만 아니라 친구의 몸도 탐색하는데, 이러한 탐색적 행동에는 성기에 대한 호기심도 포함되어 있다. 성적 탐색과 관련된 사회적 비난과 처벌은 죄의식의 발달을 조장할 수 있다. 아이들은 장난감을 해체하거나 자신과 타인의 몸을 탐색하는 것을 놓고 죄책감을 느끼게 하는 것처럼, 새롭게 발달되고 있는 주도성을 부모가 억제하고 반대하여 처벌한다면 부정적인 결과가 나타나기 쉽다. 즉, 아동의 탐색과 주도성이 가혹한 잘책과 직면하게 된다면 그 결과는 죄의식으로 나타난다(정옥분, 2002).

① 기관의 양식

이 단계에서의 기관 양식은 신체적 공격을 통해 타인의 신체 속에 침입해 들어가는 것, 공격적인 이야기에 의해 상대의 귀나 마음에 침입하는 것, 정력적인 운동에 의해 공간 속에 침입하는 것, 불타는 호기심에 의해 미지의 사물에 침입하는 것 등을 포함하고 있다. 또한 여성은 여성적인 포용력과 모성애가 발달한다. 유아가 활발하게 행동을 하게 되면 사물의 차이에 눈을 돌리고, 특히 성차에 대한 강한 호기심을 발달시킨다. 남자는 자신의 생식기만이 아니고 양친의 생식기에도 관심을 가진다. 그는 운동기능이 발달하고 부모와 똑같이 성장하고 싶은 자부심을 지닌다. 그리고 어머니에게 애착을 느끼고 아버지에게 경쟁심과 적의를 느끼지만 자신이 열세에 놓여 있다는 사실에 직면하면 좌절감을 맛보게 된다(김제한, 1998).

② 심리·사회적 형태

이 단계에서 심리·사회적 형태는 생각대로 하는 것, 또는 흉내를 내는 것이다. 여기서 생각대로 한다는 말은 경쟁의 즐거움이나 목표에 고집하는 것이나 정복의 즐거움을 의미하고 있다. 남자의 경우에는 정면공격에 의해 상대를 취급한다는 점이 강조되며, 여자의 경우에는 자신을 매력적으로 하여 사랑스럽게 함으로써 상대를 취급하는 것으로 변한다. 이와 같이 하여 아동은 남성적인 적극성과 여성적인 적극성을 획득하여 간다(김제한, 1998).

③ 성격특성

남자는 어머니와 결혼하고 싶다는 생각을 하고, 여자는 아버지와 결혼하고 싶다고 생각하는 환상을 만들어 내고 죄책감을 일으킨다. 그것은 실제로는 할 수 없을 뿐만 아니라 생물학적으로 불가능한 죄나 행위를 이미 자신이 범한 것처럼 느끼고 있기 때문이다. 또한 양친의 애정을 획득하려고 하여 형제간에 대해 적극적으로 질투하고 경쟁하는 경우가 있다. 이 시도가 실패할 때에도 죄책감이나 불안감을 불러일으키게 된다. 이 단계에서는 아동은 발견되었을 때 부끄러움뿐만 아니라 발견되지 않을까 하는 공포감을 품게 된다. 또한 아동은 누구도 감시하고 있지 않은 단순한 생각이나 행위에 대해서조차 스스로 죄를 느끼기 시작한다. 이것은 도덕성의 기초가 된다. 원래 양심을 적극성을 잘 통제하는 것이지만 부모의 강제적인 힘이 지나치게 강할 때는 아동의 양심은 원시적으로 잔혹하게 비타협적인 것이 될 가능성이 있다. 이 경우에는 아동은 퇴행을 일으키거나 양친에 대하여 원한이나 증오심을 품게 된다. 그 아동의 초자아는 양자택일적인 태도를 취하게 되고 도덕은 복수심과 같이 되며, 그 아동 자신에 대해서나 주위의 사람들에 대해서도 위험한 것이 될 수 있다(김제한, 1998).

(4) 4단계: 근면성 대 열등감(Industry vs Inferiority)(6~12세)

이 단계는 6세부터 12세까지이며 Freud의 잠복기에 해당된다. Freud는 이 단계를 비활동적인 시기로 본 반면, Erikson은 이 단계를 역동적이고 활동적인 시기로 보았다. Erikson은 이 시기가 아동의 근면성에 결정적이라고 믿는다. 근면성은 아동이 속한 사회에서 성공적으로 기능하고 경쟁하는 데 필요한 기술을 습득하는 능력이다. 이 시기는 학교교육이 시작되는 시기로 읽기, 쓰기, 셈하기 등 중요한 인지적 기술과 사회적 기술을 습득해야 한다. 만약 이러한 기술을 개발하지 못하게 되면 아동은 열등감을 느끼게 된다. 열등감은 아동이 그가 속한 세계에 대처함에 있어서 자신의 무능력이나 자신이 중요하지 않음을 지각하면서 생겨난다. 만일 아동이 성공에 대한 느낌이나 일을 잘 처리해서 인정을 받고자 하는 과업에 실패한다면 근면성이 결여되고 무력감이 나타날 것이다. 그런 아동들은 즐거움을 느끼지 못하고 잘한 일에 대한 자부심을 발달시키지 못할 수도 있다. 또한 그들은 열등감에 시달릴지도 모르고 결코 대단한 사람이 못 될 것이라는 믿음에 빠질 수도 있다(정옥분, 2002).

① 심리·사회적 형태
이 단계의 심리·사회직 형태는 '스스로 사물을 믿드는 깃'과 '힘께 사물을 만드는 것'이 나타난다. 즉, 생산성에는 다른 사람과 함께 사물을 만든다는 것을 포함하고 있다. 이 시기에 분업의 감각이나 기회균등의 감각이 발달한다. 아동은 부모와 함께 일을 함으로써 부모와 평등하다고 느끼게 되고 부모를 동일화한다. 자신이 하는 일이 부모가 하는 일의 양에 비해 동등하지 않지만, 일을 하고 있다는 면에서는 동등하다고 느낀다(김제한, 1998).

(5) 5단계: 정체감 대 역할 훈련
      (Identity vs Identity confusion)(12~20세)

이 단계는 12세에서 20세까지이며 Freud이론의 생식기에 해당된다.

Erikson은 청년기의 가장 중요한 발달 과업이 자아정체감의 확립이라고 보았다. 청년기에 많은 청년들은 가장 근본적이고도 어려운 문제로 고민하게 되는데 '나는 누구인가?'라는 물음이 바로 그것이다. Erikson은 특히 청년기에 제기되는 일련의 질문들, 즉 나는 누구인가? 무엇을 할 것인가? 미래의 나는 어떻게 될 것인가? 어제의 나와 오늘의 나는 같은 인물인가? 등의 자문이 자아정체감을 형성하기 위한 과정이라고 보았다.

정체감은 일생을 통해서 이룩해야 할 중요한 문제이기도 하지만, 특히 청년기가 정체감 형성에 있어 결정적인 시기라고 할 수 있으며, 또한 청년기에는 정체감의 위기를 경험하게 된다고 Erikson은 주장한다. 왜냐하면 이 시기는 아동기에 성인기로 옮겨 가는 과도기이며, 이 시기에 급격한 신체적 변화와 성적 성숙이 이루어지고, 진학문제, 전공선택의 문제, 이성문제 등 수많은 선택과 결정을 해야 하는 때가 바로 이 시기이기 때문이다. 정체감은 사회로부터 개인에게 저절로 주어지는 것도 아니고, 때가 되면 나타나는 2차성징과 같은 성숙의 현상도 아니다. 정체감은 지속적인 노력을 통해서 획득된다. 정체감 탐색에 실패한 청년은 정체감 혼미를 경험하게 된다. 그런 사람은 다른 사람의 견해에 병적으로 열중하거나, 아니면 또 다른 극단에 치우쳐 다른 사람의 생각은 더 이상 아랑곳하지 않으며, 정체감 혼미에 따른 불안을 떨치기 위해 약물이나 알코올 남용에 빠질 수 있다. 정체감 혼미 상태가 영구적이 되면 만성적 비행이나 병리적 성격장애를 가져올 수 있다(정옥분, 2002). Erikson의 이론에서 청년기 정체성의 위기는 다음의 세 가지 목표가 달성될 때 극복된다(송명자, 1995).

첫째는 자신에 대한 인식의 연속성(continuity)과 동질성(sameness)의 확립이다. 정체성 탐색과정에서 청년들은 과거 자신의 경험을 반추하고 그 결과를 현재의 자신을 이해하는 데 연결 지음으로써 과거의 자신과 현재의 자신 간의 연속성을 바탕으로 미래의 가능한 자신의 모습을 탐색하게 된다. 이처럼 자아 탐색의 시간조망이 과거와 미래로 확장되고 그 속에서 일관성과 연속성 있는 자기상이 확립되면서 자아정체성이 확립된다. '나는 마땅히 되어야 한다고 생각하는 나는 아니고, 내가 되고 싶어 하는 나도 아니고, 과거의 나도 아니다.'라는 표현은 시간적 연속성상의 정체성 탐색과정을 잘 보여주는 것이다. 정체성 확립의 두 번째 목표는 상이한 관점과 시각에서 서로 달리 판단될 수 있는 자아의 여러 국면을 일관성 있는 하나의 자아체계로 통합(integration)하는 것이다. 이러한 통합은 다양한 역할과 입장들이 서로 얽혀 있는 사회적 맥락 속에서 생활해 나가야 할 성인기 삶의 준비를 위해 필수적인 과정이다. 청년들은 자신의 자아에 대한 자신과 타인의 견해, 자신이 중요하다고 생각하는 타인의 견해, 직업, 성, 종교, 정치 등 각 영역에서의 자아에 대한 다양한 견해들 간의 공통점과 차이점을 통합하여 일관성 있는 하나의 정체성을 형성하게 된다. 이처럼 여러 영역의 자아들 간의 상호 관련성이 형성되면서 자아정체성이 확립된다. 정체성 형성의 마지막 목표로서 자신의 독특성(uniqueness) 또는 특수성(distinctiveness)의 확립을 들 수 있다. 청년기 부모로부터의 독립은 청년들에게 자신의 독특성을 탐색하게 하는 계기가 된다. 청년기 부모로부터의 독립은 청년들에게 자신의 독특성을 탐색하게 하는 계기가 된다. 그러나 한편 성인기를 준비하면서 타인들로부터 인정과 지지를 받기 위한 동조의 필요성에 대한 인식 또한 청년기 동안에 강화된다. 청년들은 독립과 동조라는 두 필요성을 통합해 가면서 자신의 독특성을 탐색함으로써 정체성을 확립하게 된다. 이 경우 독특성의 확립에 실패하면 또래집단에 지나치게 동일시하거나 사회적 고정 관념에 맹종하는 부정적 정체성을 초래한다. 청년기 동안 정체성 탐색의 목표들이 획득되면 긍정적 정체성을 확립하게 되며, 실패할 경우에는 부정적 정체성에 빠져들게 된다.

① 심리·성적 및 사회적 유예기간

사춘기에 선행하는 잠복기는 인간발달에 있어서 심리·성적 유예기간이다. 즉, 아동을 학교에 보내고, 노동기술의 기초를 사회적으로 습득시키기 위한 시기이다. 이 유예기간이란 경제 용어로 지불유예기간을 의미한다. 즉, 전쟁, 폭동, 천재지변 등의 비상사태에서 국가가 채권, 채무의 결제를 일정 기간 연기하고 유예하는 것이며, 이것에 의해 금융 공항에 따르는 신용기구의 붕괴를 방지하게 된다. 그렇지만 청년기에 있어서 제2의 유예기간은 리비도 이론의 테두리를 초월하고 있다. 사회는 각 개인의 요구에 따라서 어떠한 형태로 공인된 아동기와 성인의 매개 문제, 즉 제도화된 심리·사회적 유예기간을 제공하고 있다. 그리고 이 기간 중에 내적 동일성의 영속적인 패턴을 준비시키는 것이다. 청년기에는 성적으로 성숙한 인간이라고 하더라도 그 친밀성의 심리·성적인 능력이나 부모가 되는 것에 대한 심리, 사회적인 준비는 어느 정도 지체되고 있다. 즉, 이 시기는 인간의 자유로운 역할 실험을 통해서 그 사회의 어느 부분에 자기를 발견하는 심리·사회적 유예기간이라고 생각할 수 있다. 이 능력의 발견을 통하여 자기의 존재와 중개 역할을 하여 자기 자신에 대한 인지와 자신에 대한 인정을 하게 된다. 이렇게 해서 청년은 심리·사회적 유예기간을 경험하는 것을 통하여 자아동일성을 확립하여 간다(김제한, 1998).

② 동일성 확산

청년기에 있어 자아동일성의 확립에 대한 장애로서 동일성 확산 증후군이 일어나게 되며 구체적으로 다음과 같은 것을 들 수 있다.

가. 동일성 의식의 과잉: 동일성 확산상태에 빠지면 동일성 의식의 과잉 또는 자아의식의 과잉이 일어난다. 사람이 자기 동일성을 더욱 강하게 의식하는 것이 바로 이것을 획득하려고 하는 시기이다.

나. 선택의 회피와 마비: 동일성 확산에 빠져 있는 청년은 사회가 부여하고 있는 유예기간을 이용할 수 없다. 즉, 사회적 놀이에 의한 가역적인 역할 실험이나 동일성 선택에 있어서 건강한 자아가 약해진다. 그 때문에 어떠한 선택이나 결단도 갈등적 동일화를 불러일으키기 때문에 청년은 어떠한 육체적 친밀성이나 결정적인 직업선택, 심리·사회적 자기 정의를 회피하는 마비상태에 빠져들게 된다.

다. 대인적 거리의 실조: 청년이 우정, 경쟁, 성적인 놀이나 애정 등을 통한 잠정적인 형태의 유희적 친밀성이나 일시적·가역적인 관계가 동일성의 상실을 불러일으켜 버리는 것이 아닌가 하고 긴장하는 일이 있다. 기본적 신뢰와 자아의 놀이가 상실되어 있기 때문에 대인적 침체감에 빠져 버린다.

라. 시간적 전망의 확산: 청년기가 극단적으로 지연되거나 연장되면 큰 위험이 닥쳐오고 있다는 절박감과 시간의식의 상실이 일어난다. 그 결과 생활 전체의 완만화, 절망감, 죽어 버리고 싶다는 욕망이 일어난다.

마. 근면성의 확산: 동일성의 회피는 주의집중의 곤란이나 독서 과잉과 같은 자기 파괴를 가져와서 일, 학습, 사회성 등의 능력을 획득하기 이전의 오디푸스적 갈등 단계의 퇴행이 일어난다.

바. 부정적 동일성의 선택: 가족이나 친근한 공동체가 적절하고 바람직한 것으로 제공하고 있는 역할이나 동일성에 대한 경멸이나 증오감, 혐오가 일어나거나 부정적인 것에 대한 과대평가가 일어난다. 이 부정적 동일성의 형태는 자신의 점진적인 노력으로는 달성 불가능한 긍정적 역할로부터 현실감을 획득하려고 노력하기보다도 보다 손쉽고 비약적으로 동일성 성립을 일으킬 수 있는 역할이나 동일성의 전체적 동일화에 의해 일어난다. 어떤 청년은 안정보다 불안정이 좋다고 하든가, 어떤 젊은 여성은 적어도 나는 빈민가에서는 천재인 사람이라고 말하고 있다. 이러한 부정적 동일성을 선택하는 청년은 동성연애자, 마약 상습자, 사회에 대해 반항하는 사람 따위의 도당이나 갱 집단 속에서 발견된다(김제한, 1998).

(6) 6단계: 친밀성 대 고립
(Intimacy vs Isolation)(20~40세, 성인기 초기)

제6단계는 성인기가 시작되는 단계로서 이 시기에는 타인과의 관계에서 친밀감을 이룩하는 일이 중요한 발달 과업이다. Erikson은 친밀감을 자신의 정체감과 다른 사람의 정체감을 융합시키는 능력이라고 표현한다. Erikson에 의하면 성인기에는 친밀감이 필요하며 이를 원한다. 성인들은 다른 사람에 대해 개인적으로 깊이 관여하기를 바란다. 친밀한 관계란 타인을 이해하고 깊이 공감을 나누는 수용력에서 발달한다. 만약 이 같은 친밀감을 형성할 수 없거나 하는 것이 두렵다면 그들은 고립되고 자기몰두에 빠지게 된다. 희생과 양보가 요구되는 친밀한 관계를 이룰 수 있는 능력은 청년기에 획득되는 것으로 여겨지는 정체감에 의해 좌우된다. 즉, 정체감을 확립한 후에야 다른 사람과 진정한 친밀감을 형성할 수 있다. 친밀감은 자신의 정체감과 다른 사람의 정체감을 융합시킬 수 있는 능력이나 다른 사람을 사랑할 수 있는 능력에서 나온다. 친밀한 관계는 상호신뢰와 애정을 바탕으로 해서 '우리'라는 상호의존성을 발달시킨다. 정체감을 확립하지 못한 사람은 대인관계에서 위축되는 경향이 있는데 이것은 고립감을 낳는다. 자신을 남에게 주는 것은 진정한 친밀감의 표현일 수 있으며, 이는 남에게 줄 자아를 갖고 있지 않다면 불가능할 것이다. 부부 중 한쪽 또는 양쪽 모두가 자신의 정체감을 확립하기 전에 결혼생활을 시작한다면 행복한 결혼이 지속될 가능성이 적다(정옥분, 2002).

① 심리·사회적 형태

이 단계의 심리·사회적 형태는 다른 사람 속에서 자신을 발견하는 것과 자신을 잃는 것이다. 만약 청년이 친밀한 관계를 타인과 만들어 낼 수 없는 경우에는 성인기 전기가 되어 자기 자신을 고립시키고 규격화된 형식적인 인간관계를 나타내게 된다. 젊은 사람들은 결혼하여 서로를 발견함으로써 자기 자신을 발견하려고 기대한다. 그러나 배우자로서 또는 부모로서 이렇게 해야만 한다는 의무감을 통해 자기 자신을 발견하는 것은 어렵다. 그렇다고 배우자를 바꿔도 그 해결에는 이르지 못한다. 오히려 참다운 두 사람이 되는 더 나은 자신이 되어 가는 것이다(김제한, 1998).

② 성에 대하여

이 시기에서 Erikson은 정상적인 인간으로서 어떤 좋은 일을 하지 않으면 안 되는 것은 무엇인가라고 질문을 하고, 사랑하는 것과 활동하는 것이라고 답을 하였다. 이 경우의 사랑이라고 하는 것은 관대함과 성적 사랑을 의미하고 있다. 또 이 말은 인간이 성적인 존재이며 사랑하는 존재이기 때문에 권리나 능력을 잃지 않는 정도로 사랑하는 것을 의미하고 있다. 정신분석의 접근에서는 성적 표현을 건강한 성격의 주요한 징후의 하나로 강조하여 왔다. 성이란 이성에 대한 사랑의 관계 속에서 오르가즘을 발달시키는 잠재능력인 것이다. 여기서 말하는 오르가즘이란 배출구라는 의미가 아니라 충분한 성의 감수성이나 긴장의 완전한 이완을 수반하는 이성애적인 상호성을 의미하고 있다(김제한, 1998).

(7) 7단계: 생산성 대 침체성
(Generativity vs Stagnation)(40~65세, 성인기 중기)

Erikson에 의하면 중년기에 생산성 대 침체성이라는 일곱 번째 위기를 경험한다고 한다. 생산성이란 성숙이 성인이 다음 세대를 구축하고 이끄는 데 관심을 기울이는 것을 말한다. 자신들의 인생이 저물어 가고 있는 것을 바라보고는 다음 세대를 통해 자신의 불멸을 성취하고자 한다. 그리고 이 욕구가 충족되지 않으면 침체성에 빠지게 된다고 Erikson은 말한다. 침체성은 다음 세대를 위해서 자신이 할 일이 아무것도 없다는 것을 깨닫는 것이다. 인생을 지루하고 따분하다고 생각하는 사람, 불평불만을 일삼는 사람, 매사에 비판적인 사람들이 침체성의 전형이다(정옥분, 2002). 생산성은 몇 가지 다른 방법으로 표출될 수 있다(kotre, 1984). 생물학적 생산성은 자녀를 낳아 기르는 것이고, 직업적 생산성은 문화의 어떤 측면을 창조하고, 혁신하고 그리고 보존하는 것이다. 이 경우에 생산성의 대상(목표)은 문화 그 자체이다. 생산성을 통해서 중년기 성인들은 다음 세대를 인도한다. 즉, 자녀를 낳아 기르고, 젊은 세대를 가르치고, 지도하고, 지역사회에 도움이 되는 일들을 함으로써 인생의 중요한 측면을 통하여 다음 세대를 인도한다. 생산적인 중년들은 다음 세대와의 연결을 통해 사회의 존속과 유지를 위해 헌신한다(정옥분, 2002).

(8) 8단계: 자아통합 대 절망(Integrity vs Despair)(노년기)

마지막 8단계는 노년기로서 이 단계의 발달 과업은 자아통합감과 절망감의 위기를 극복하는 것이다. 노인들은 자신의 죽음에 직면해서 자신이 살아온 삶을 되돌아보게 된다. 이때 자신의 삶을 의미 있고 만족스러운 것으로 인식하고, 지금까지 살아온 인생을 별다른 후회 없이 그대로 받아들이며, 인생의 피할 수 없는 종말로 죽음을 받아들이게 되면 통합감이라는 정점에 이르게 될 것이다. 반면, 자신의 삶이 무의미한 것이었다고 후회하면 이제는 시간이 다 흘러가 버려서 다른 삶을 다시 살아 볼 수 있는 기회가 없다는 느낌에 직면하게 되어 절망감에 빠지게 된다. 이 위기를 성공적으로 해결하기 위해서는 통합감이 절망감보다 바람직하지만 어떤 절망감은 불가피한 것이기도 한다. Erikson에 의하면 자기 자신의 인생에서 불행이나 잃어버린 기회에 대해서 뿐만 아니라 인간존재의 나약함과 무상함에 대한 비탄감은 피할 수 없는 것이라고 한다(정옥분, 2002).

Freud는 인간의 행동과 발달이 무의식적 욕구에 의해 지배된다고 주장함으로써 정신의학과 심리학 분야에 지대한 영향을 미쳤다. 그의 정신분석이론은 인생 초기 경험의 중요성, 특히 5세 이전의 부모자녀 관계가 인간발달에 미치는 영향을 강조함으로써 부모역할과 자녀양육행동에 대한 관심을 불러일으켰다. 또한 그는 유아와 양육자 간의 애착관계, 형제관계, 공격성, 도덕성 발달, 성역할 발달 등의 연구를 촉진하였다(Berk, 2000). 현재 아동발달 분야에서 Freud의 이론을 무조건 지지하는 것은 아니지만 아동의 발달단계, 성격의 구조 등과 같은 핵심 개념들은 그의 이론에서 시작된 것이다. 그 외에도 인간 정신의 무의식적 동기나 방어기제와 같은 개념의 소개 또한 Freud 이론의 성과로 볼 수 있다(Miller, 1993). 많은 사람들이 Freud의 이론보다는 Erikson의 이론을 선호하는데, 그 이유는 인간의 성적 본능을 지나치게 강조한 Freud에 비해 인간의 이성과 적응을 강조한 Erikson의 이론이 훨씬 더 호소력이 있기 때문이다. Erikson은 Freud 이론의 경험적 기초를 확장하여 정신분석이론의 신뢰도와 적용가능성을 증가시켰다. 즉, 심리성적 단계에 심리사회적 단계를, 생물학적 영향에 문화적 영향을, 자아방어에 자아정체감을, 비정상적인 연구대상을, 특정한 문화적 시각에 비교문화적 시각을, 아동기에 대한 성인의 회상에서 아동에 대한 관찰을, 그리고 아동발달에 성인발달을 첨가시켰다(Miller, 1993). 특히 인간발달에서 전 생애발달적 접근을 한 점과 문화적 상대성을 인정한 점은 Erikson의 매우 중요한 공헌이라고 할 수 있다. 한편, Erikson 이론의 단점은 개념정의가 명확하지 못하고, 발달의 원인이 무엇인가에 대한 설명이 부족하다는 점이다. 다시 말해서, 인간의 사회정서발달에 대한 기술만 있고 설명이 없다는 것이다. 뿐만 아니라 그의 단계 이론에서 각 단계로의 전환이 어떻게 이루어지는지 그 기제가 명확하지 않다는 점 또한 문제점으로 지적되고 있다(정옥분, 2002).

① 에릭슨(Erikson)의 발달단계 이론의 평가

에릭슨의 발달이론에 대한 평가를 간략하게 다시 정리해 보면 다음과 같다.

첫째, Erikson은 Freud 이론을 확장시켰다. Freud의 각 단계마다 가장 보편적인 이슈들을 기술했고, 전 생애를 포함하도록 단계들을 확장했으며, 각 단계에서 사회적 요인들이 어떻게 개입되는지를 제시하였다.

둘째, Freud의 성숙의 개념을 긍정적이며 보다 포괄적인 의미로 발전시켰다. Freud에서 성숙은 억압이라는 수단을 통해 본능적인 충동의 방향을 이끌어 나가지만, Erikson에 있어서 성숙은 자율성, 주도성과 같은 자아양식 및 보편적인 자아속성의 성장을 촉진시킨다.

셋째, 흔히 사람들은 발달의 문제라고 하면, 어른이 되기 전까지의 과정을 말하는 것으로 생각하기 쉽다. 하지만 에릭슨은 인간의 삶에서 발달적인 위기가 평생에 걸쳐 일어나며 각 시기마다 사람들이 삶에서 부딪히게 되는 중요한 발달적 위기들이 존재한다고 주장하였다.

넷째, Erikson은 사람들이 경험하게 되는 발달적 위기에 대해서 8가지 테마를 제시하였다. 그런데 그의 발달이론에서 특징적인 것 중의 하나는 20대의 성인 초기와 40대의 중년기 사이에 한 단계가 빠져 있다는 점이다. 흔히 인간의 삶이 10년을 주기로 변화해 가는 점을 고려해 보면, 에릭슨의 발달이론에서는 30대에 해당되는 시기가 누락되어 있다.

② 에릭슨과 프로이트 이론의 비교

에릭슨은 프로이트의 심리성욕발달 개념을 현대사회학적, 인류학적, 생물학적 자료에 비추어 체계적으로 확대한 것이라고 주장한다. 두 이론의 분명한 이해를 돕기 위해서 두 이론의 차이점과 공통점을 구체적으로 열거해 보면 다음과 같다.

첫째, 프로이트는 어린 시절의 꿈이나 사고, 기억의 분석을 통해서 이루어진 이론인 데 비해, 에릭슨의 이론은 사회적 경험을 통해서 이루어진 자아의 분석을 기반으로 하여 형성된 이론이다. 그러나 프로이트가 이드를 중시하여 방어기제로 표출되는 여러 행동적 증상 뒤에 숨어 있는 이드의 모습을 파악하려고 애쓴 반면에, 에릭슨은 이드를 소홀히 한 한편, 인간의 현실적 행동에서 보이는 모습 즉 자아의 분석에 치중하였다. 다시 말하면, 프로이트가 해저에 비유되는 무의식의 흐름을 중시했다면, 에릭슨은 즉 해면에 비유되는 의식의 흐름에 관심을 보였다.

둘째, 프로이트 이론은 다섯 단계에 걸쳐서 완성되는 성격발달의 이론을 제시하였다. 프로이트는 리비도가 부착되는 성감대의 부위에 따라서 다섯 단계를 나누고 그 단계에서 일어나는 욕구를 충분히 만족시키면 발달의 다음 단계로의 이행이 가능하지만 욕구를 충족시키지 못했을 경우에는 그 단계에 고착된 성격이 형성된다고 한다. 그는 다섯 단계에 걸쳐 성인이 되면 개인의 성격형성은 종결되는 것을 가정하고, 그 이후에는 성격이 변용되기 어려움을 시사하고 있다. 이에 반해, 에릭슨은 자아의 발달에 따라 전 생애를 8단계로 나누었는데, 이것은 프로이트 이론의 다섯 단계 이후의 세 단계가 첨가된 셈이다. 에릭슨에 따르면, 성인이란 발달이 완료된 상태가 아니라 발달과정의 한 상태에 해당된다. 각 단계별로 극복해야 할 위기와 성취해야 할 발달 과업들이 있는데, 이들이 성취되었을 때와 안 되었을 때를 양극 개념으로 설명하고 있다. 셋째, 프로이트와 에릭슨은 심리성욕갈등의 양상과 그 해결책이 서로 다르다. 프로이트의 야망은 정신생활의 무의식적 작용과 존재를 해명하고 초기 외상이 성인기에 어떻게 정신병리를 야기하는가를 설명하려 했다. 반대로, 에릭슨은 생활에서 오는 정신 사회적 위험을 이겨 낼 수 있는 인간능력에 관심을 가졌다. 에릭슨은 인간이 여러 가지 중요한 인생문제를 어떻게 극복해 가는가, 그리고 초기문제를 부적절하게 처리하면 이것이 어떻게 그가 성장한 후 문제를 처리하는 데 어려움을 갖게 하는지를 앎으로써 우리의 삶을 더 잘 이해할 수 있다고 생각했다. 넷째, 출생 후 초기에 아동이 겪는 경험이 중요하다는 사실에는 두 이론이 일치한다. 프로이트에 의하면 영아기에 어머니의 젖을 빨면서 따뜻하고 부드러운 몸과 신체적으로 접촉하는 것은 입의 빠는 욕구를 만족시키는 것이며, 에릭슨에 의하면 어머니에 대한 신뢰감을 형성하는 일이 된다. 이와 같이, 어머니와의 초기 경험이 중요하다는 것은 일치하는 사실이나 그 기본 기제에 대한 설명에는 차이를 보이고 있다. 프로이트는 개인의 성격발달이 리비도에 의해 유발되는 욕구의 충족에 좌우된다고 주장하고 있으며, 에릭슨은 아기의 자아가 어머니와의 관계에서 형성하는 신뢰감이 기틀이 된다고 말하고 있다. 특히 에릭슨이 부모뿐만 아니라 사회적 환경과 자아의 상호작용을 중시한 점은 프로이트와 크게 차이를 보이는 점이다. 다섯째, 두 이론은 성격의 단계가 미리 예정되고 그 순서가 불변한 것으로 본다. 에릭슨의 이론은 프로이트의 정신분석학 이론에서 출발한 것으로서 에릭슨 자신도 초기에는 자신의 연구는 프로이트 이론을 적용하는 것이라고 말했을 만큼 한 밑동에서 나온 두 가지의 나무와 같이 이론의 기본적 틀은 서로 접목되어 있다.[9]

〈표 38〉 프로이트와 에릭슨의 비교

특 징	프로이트	에릭슨
강조점	원초아(id)	자아(ego): 원초아와 초자아의 서로 반대되는 요구를 중재하는 중재자 이상
발달단계	5단계	8단계
인간관계	모친 - 아동 - 부친이라는 갈등적인 삼각관계	인간이 사회 속에서 맺게 되는 사회적 관계(사회적이고 문화적인 측면)
인간발달	부정적인 면을 중심으로 다룸	긍정적인 면에 중점
발달이론	성적 발달 측면에 중점을 둠	자아의 기능에 중점을 둠

9) http://www.didache.or.kr/info/develop/dp - 5.htm

◎ 시사점

Erikson은 인간의 발달단계를 연령을 사용하여 구분한 것이 아니다. 따라서 연령에 따른 발달 과업이라기보다는 인생의 주기에서 해결해야 하는 발달과제를 이해하여야 할 것이다 예를 들어, 유아의 연령이 증가함에 따라 새로운 사람이나 사건에 대한 호기심과 탐색의 요구는 더욱 커지고 이러한 욕구는 또래들과 더불어 성취하고자 한다. 그러므로 이 시기에 과제를 자신이 능동적으로 성공한 경험을 가진 유아는 자율성이 생기고 실패한 유아는 수치와 회의를 느낀다고 하였다. Erikson의 성격이나 사회성에 나타나는 두드러진 특징은 성 유형화라고 할 수 있다. 성 유형화는 남성 혹은 여성에게 알맞다고 생각되는 행동, 태도, 가치, 관념 등을 획득하는 것이다. 이러한 성 유형화는 문화권, 부모의 양육방식, 주변에서의 강화 여부에 따라 성 유형에 맞는 행동을 학습하게 된다. 성 유형화가 일어나는 원인으로는 생득적으로 타고난 남녀의 생리적 차이와 그 개인이 속해 있는 문화권의 영향으로 볼 수 있다. 인간의 행동을 걱정하는 사회적 상황에서 타인의 행동은 매우 중요하다. 행동 양식과 가치관을 내면화시키는 과정으로 부모, 교사, 동료는 대부분 모델이 되기 때문이다. 그는 교육학, 윤리학, 정치학 분야의 문제를 포함해서 많은 문제들에 대해 임상적 통찰을 적용해 왔다. 또는 아동양육에도 특별한 관심을 가져 왔으며, 변화하는 사회에서 부모들이 마주치게 되는 문제들에 관심을 갖게 되었다. Erikson은 새로운 지식과 교육에 기초하여 보다 인격적이고 관용적인 방식으로 자녀들을 가르치도록 요구한다(김제한, 1998).

◎ 교육적 시사점(구평회, 2001)

(1) 아동의 주도성이 형성되는 유치원 단계에서는 자기 주도적인 활동을 최대한 보장해야 한다.

(2) 초등학교 단계는 계속적으로 일에 몰두할 수 있도록 함으로써 근면성을 길러 주어야 한다.

(3) 자아정체감 형성 시기인 중고교학생들에게는 긍정적인 정체감을 가질 수 있도록 도와준다.

◉ 저서

에릭슨의 첫 번째 책 『아동기와 사회(Childhood and Society)』(1950)는 정신분석 분야의 고전이 되었다. 이 책은 '인간의 여덟 시기'(Eight Ages of Man)라는 이름으로 처음 발표되었다. 인간에 대한 이 여덟 가지 사회심리적 발달단계는 그로 하여금 인간발달에 대한 이론가로서의 관심을 끌게 한 이정표가 되었다. 그는 이 이론을 이용해서 1958년 루터의 젊은 날을 분석했고, 그 후에 간디에 대한 연구를 했다. 『청년 루터(Young Man Luther)』(1958)에서 에릭슨은 어떻게 마르틴 루터가 기존의 종교조직과 결별하고 세계를 보는 새로운 방식을 창조할 수 있었는가를 검토하기 위해 역사에 대한 그의 관심과 정신분석이론을 결합했다. 1964년에는 『통찰과 책임감(Insight and Responsibility)』(1964)라는 책을 통해서 인간발달단계에 있어서 윤리에 대한 관심을 명백히 보여 주며, 덕목의 스케줄을 제시했다. 1968년에는 『자아정체감: 젊은이와 위기(Youth and Crisis)』(1968)를 출간하였다. 아동들에 대한 임상적 연구가 계속되면서, 그는 '자아 정체감 위기(identity crisis)'라는 개념을 개발하였는데 '자아 정체감 위기(identity crisis)'는 자아 정체감의 성장과 함께 나타나는 불가피한 갈등이었다. 에릭슨은 정체성 형성의 역동성과 부정적인 정체성 형성 안에 표현된 젊은이의 소외에 대하여 탐구했다. 여기에서 그는 불안정한 다수는 소수(유대인, 흑인, 여성 등)에게 그들 자신의 개인적이고 집단적인 심리 안에 억압되고 거부된 성질을 투사할 수 있다고 주장했다. 『호전적 비폭력의 기원에 대한 간디의 진실(Gandhi's Truth on the Origins of Militant Nonviolence)』(1969)은 심리사에 대한 또 다른 시도였다. 1970년대에는 현대인의 윤리적 · 정치적 문제들에 특별히 관심을 가졌으며, 이러한 자신의 견해를 논문집 『생활사와 역사적 순간(Life History and the Historical Moment)』(1975)에서 밝혔다. 이 책에서 그는 정신분석을 역사학 · 정치학 · 철학 · 신학과 연결했다. 후기 저작으로는 『생을 마감하기 전에(The Life Cycle Completed: A Review)』(1982) · 『노년기의 적극적인 삶(Vital Involvement in Old Age)』(1986)이 있다(김제한, 1998; 송명자, 1995; http://home.-mokwon.ac.kr/~p1316/thesis/eri.html).

참고문헌

김제한(1998), 발달심리학, 양서원.

구평회(2001), 교육학, 신수서원.

송길연 · 김수정 · 이지연 · 양돈규(2000), 발달심리학, 시그마프레스.

송명자(1995), 발달심리학, 학지사.

정옥분(2002), 아동발달의 이해, 학지사.

Berk, L. E.(2000), *Child Development*(5th ed.). Boston: Allyn & Bacon.

Friedman J., L.(1999), Identity's architect, A biography of Erik H. Erikson, Scribner.

Kotre, J.(1984), *Outliving the self: Generativity and the interpretation of lives.* Baltimore: The Johns Hopkins University Press.

Miller, P. H.(1993), *Theories of Developmetal Psychology*(3rd ed.), NY: W. H. Freeman and Company.

Vaillant. G., E.(1977), Adaptation to Life. Little, Brown and Company.

http://www.didache.or.kr/info/develop/dp－5.htm

http://home.mokwon.ac.kr/～p1316/thesis/eri.html

---

14 혐오자극과 행동수정 그리고 복지상담

1) 혐오자극에 의한 행동수정: 벌, 소멸, 타임아웃, 반응 대가, DRL, DRO, DRI

(1) 벌

어떤 특수한 행동을 했을 때 그것을 조건부로 하여 불쾌하고 혐오스러운 결과를 주어 행동을 통제할 수도 있다. 이것을 총체적으로 벌이라고 한다.

① 혐오통제

바람직하지 못한 행동이나 이상행동에 수반하여 불쾌한 혐오자극을 줌으로써 그 행동의 발생을 방지하려는 것. 혐오통제＝벌이라는 생각, 그리고 벌은 부작용을 주는 것이라는 생각이 지배적이었다. 그러나 일상생활에는 혐오자극이 편재한다.

② 혐오자극이 편재하는 이유

첫째, 혐오통제를 하면 행동을 즉각적으로 억제하는 효과가 있다. 영원히 제거되었다는 착각에 빠지기 쉽다. 벌은 사용하기 간단하고, 쉽고, 빠르다.

둘째, 이런 것 때문에 벌을 사용하는 사람은 강화를 받는다. 강자 - 약자의 항복, 부모아이의 항복, 고용주 - 부하의 복종. 벌의 인기는 높다.

③ 혐오통제의 종류

첫째, 혐오자극을 도피도 회피도 할 수 없는 상황에서 혐오자극을 주는 것으로 체벌이 그것.

둘째, 소멸. 계속 제공되었던 정적 강화가 중단되는 사태. 소멸과정의 시초에는 오히려 반응이 강해지기도 하는데 이는 좌절에 대한 반작용.

셋째, 타임아웃. 소멸과 비슷하다. 어떤 바람직하지 못한 행동을 했을 때 정적 강화로 접근을 하시 못하도록 만드는 섯이다. 소멸과의 중요한 차이는 이 상태에서는 어떤 반응도 강화를 받지 못한다는 것이다.

넷째, 반응 대가. 정적 강화의 박탈을 의미. 개인이 보유하고 있던 특권을 박탈하는 것.

＜체벌＞

벌의 편재 현상은 사용하기가 편하다는 것 때문. 벌이 윤리적 문제로 부작용을 수반한다는 우려. 그럼에도 벌을 거론하는 이유 → 벌 사용의 부작용에 대한 정확한 인식을 할 필요성, 적절하게 사용한다면 효과를 줄 수도 있으므로 벌이 어떤 방법보다 효과적인 상황도 있다. 넷째, 벌이 아닌 다른 대안을 적절히 찾아내기 위해서도 벌에 대해 잘 알아야 함.

④ 벌을 받을 행동은 어떻게 학습이 되는가?

첫째, 벌을 줄 때 점점 강도를 높여 가면 오히려 벌에 습관화되어 벌에 대한 저항력만 높여 준다('이까짓 것은 약과다.'). 그런데 그러기가 쉽다. 처음에 따끔하게 한 대 때리는 것이 약하게 여러 번 때리는 것보다 낫다.

둘째, 벌이 주어지자마자 곧 보상이 주어진다면 그 벌은 사실상 보상의 역할을 한다. 따라서 행동이 점점 강화된다. 매 맞는 여자가 이혼하지 못하는 이유가 된다.

가. 체벌의 부작용

벌의 부작용을 알면 그것을 최소화할 수 있다.

■ 벌은 어떤 새로운 행동을 하도록 가르치지 못한다.

이미 학습된 행동을 억제할 수 있을 뿐, 반 아이들을 때리는 아동에게 벌을 주면 그 행동을 감소시킬 수는 있지만 그것이 곧 아이들과 사이좋게 지내게 된다는 것을 의미하지 않는다. 어떤 행동을 학습시키기 위해서는 못하는 행동에 대해 벌을 주기보다는 잘하는 행동에 대해 강화를 시키는 것이 좋다. 어른이 벌을 주면 그 아이는 그 행동을 모델링하여 오히려 따라 하기 쉽다. 폭력적인 아이에게 너도 맞아 봐라 하거나 거짓말하는 아이에게 거짓말을 해서 '너도 당해 보니 어떠니?'라고 하는 것은 바람직한 행동의 학습으로 연결되지 않는다. 아버지가 술을 하면 아들은 과도하게 술을 멀리하거나 아니면 똑같이 술을 마시게 된다. 아이들은 말에 의해서 배우는 것이 아니라 행동에 의해서 배우게 된다. 술을 안 마신다고 해도 아버지다운 아버지의 모습을 배울 수 있는 것은 아니다. 무뚝뚝한 아버지가 된다. 대안이 학습되지 않았으므로. 벌은 특수한 행동을 약화 내지 제거시키기 위하여 사용되지만 벌의 효과는 반드시 그 특수 행동에만 미치는 것은 아니다.

심한 벌을 오랫동안 받으면 바람직한 행동마저 억압이 될 수 있다. 주눅이 든다고 하지. 예를 들어 공격적인 행동에 대해 벌을 하면 그 행동뿐 아니라 자기주장을 하는 행동마저 없어질 수 있다. 벌을 받는 행동이나 상황이 막연하면 할수록 이렇게 될 가능성이 높아진다. 예를 들어 싸우는 행동을 똑같이 했다 하더라도 자신을 보호하기 위해 한 행동에 대해서는 인정을 해 주어야 자신을 보호할 수 있는 능력이 생긴다. 그렇지 않으면 싸우는 것 자체를 다 못 하게 된다. 일종의 변별훈련이 되어야지 막연한 일반화는 자기 방어력을 낮춘다. 때문에 언어를 사용하여 벌을 받는 행동과 벌 받지 않는 행동, 벌을 받는 장소와 시간 등을 분명히 해 주어야 한다. 민서는 형이 혼나면 괜히 엄마한테 와서 부비고 자신은 괜찮은 사람인지에 대해 확인을 받으려고 한다. 자신이 혼나는 것과 형이 혼나는 것을 구별하지 못한다. 같은 행동을 해도 어떤 때는 혼이 나고 어떤 때는 괜찮은지에 대해 어릴수록 잘 구별하지 못한다.

벌은 원래는 중립적인 자극에 정서적, 감정적인 잠재력을 조건을 형성시키는 힘이 있다.

어떤 행동을 해서 위협적인 자극을 피하거나 제거하거나 연기시킬 수 있을 때 그 행동은 정서적 반응을 불러일으킨다. 벌이 없어져도 자동적으로 강화된다. 예를 들면 이런 건가. 무서운 아버지 밑에서 자라난 딸이 있다면 아버지와 비슷한 사람만 보아도 주눅이 드는 반응이 나오는 것. 말을 할 때 울면서 말을 하면 혼날 수 있는 상황에서 혼나지 않았다면 늘 말을 할 때 그렇게 말하게 되는 것. 벌주던 사람이 사라져도 효과는 계속될 수 있다. 강력하게. 벌 사용을 신중하게 해야 하는 이유가 된다.

벌을 받는 행동은 흔히 시간적, 공간적으로 상대적이다.

오늘 여기서 벌을 받는 행동이 다른 때, 다른 곳이라면 용납될 수 있다. 따라서 지나친 벌은 융통성을 저해할 우려가 있다. 그렇다. I agree. 예를 들어 성에 대한 호기심에서 하는 어린이의 행동을 지나치게 심하게 벌하면, 후일 어른이 되어 성생활을 할 때 성적 억압을 초래할 수 있다. 그러나 벌과 변별훈련을 동시에 받게 하면 이런 부작용을 줄일 수 있다. 예를 들면 "너는 아직 어리기 때문에 성에 대해서는 안 돼."라고 안 되는 이유가 나이에 있다는 것을 알려 준다.

벌을 받는 사람은 자주 벌을 주는 사람 또는 상황을 피하는 경향이 있다.

벌이 행동을 제지하는 데 효과는 크지만 그 사람이나 상황을 피하게 만들 수 있다. 설령 피하는 곳이 그렇게 유쾌하지 못하더라도, 강화를 전혀 못 받는 곳이더라도 사람들은 벌이 없는 곳으로 피하는 경향이 있다. 부모님을 피해서 나쁜 친구들과 어울리게 되는 것, 그 친구들이 꼭 좋아서가 아니라 집이나 부모를 피하고 싶어서. 그러나 벌이 주는 사람 혹은 상황이 벌에 못지않은 보상 가치를 준다면 계속 남게 할 수 있다. 병 주고 약 주고. 교수님 중에도 이런 스타일. 쪽도 주고 야단도 너무 잘 치지만 확실하게 챙겨 주거나 밀어주는. 많은 사람들이 쪽을 당하면서도 그 교수님 편에 서 있으려고 한다. 엄마가 야단도 치지만 놀 때는 너무 재미있게 잘 놀아 준다면…….

벌을 사용할 때 우리는 벌을 받는 사람이 벌하는 행동을 모방할 가능성이 있다.

큰아이가 동생을 때려 아버지가 큰아이를 벌주는 경우, 어린이는 보복이 두려워 반격은 하지 못할 수 있지만 타인과 대응해 가는 데 아버지 행동을 모방할 수 있다. 가혹한 시모 밑에서 시집살이를 한 며느리가 가혹한 시어머니가 된다.

벌을 사용하는 사람으로 하여금 남용하게 할 위험성이 있다.

왜냐면 벌은 바람직하지 못한 행동을 신속하게 억제하기 때문에, 벌의 효과를 과대평가하게 한다. 중독자와 마찬가지로 벌을 주는 것이 습관이 되면 점점 더 강한 벌을 주게 된다. 여자와 북어는 사흘에 한 번은 맞아야 한다. 때리는 남편 때리는 아내도 나름대로의 정당화 논리가 강하다.

지나친 벌이 바람직한 행동까지 억제할 수 있을 뿐만 아니라 벌의 영향이 일반화되어 아동의 적용력에 융통성을 약화시킬 가능성이 있다.

심한 벌을 반복해서 받는 것은 아이들로 하여금 지나친 불안을 느끼게 한다. 이런 불안이 있으면 공격적 행동이나 적대 행동을 해야 하는 상황에서 지나치게 불편한 감정을 갖게 될 뿐만 아니라 공포감이나 죄책감 또는 자기부정 등의 감정을 갖게 될 수 있다. 즉 아동은 공격적 상황에서 융통성 없게 반응하게 되고, 행동의 자유와 적응 능력이 감소한다. 공격불안. 적절한 행동에는 보상을 주어야 한다. 남을 때리는 건 벌을 주되 바람직한 자기주장 행동에는 상을 주어야. 변별훈련. 어떤 행동은 용납이 되며 어떤 행동은 용납이 되지 않는지 때와 장소를 명시해 주어야 한다. 그래야 벌의 긍정적 효과를 얻을 수 있다. 변별 훈련과의 결합이 중요하다. 벌은 바람직하지 못한 행동을 약화시킬 수는 있지만 바람직한 행동을 학습, 유지시키지는 못한다. 문제의 절반밖에 다루지 못하는 접근법이다. 벌을 사용하는 경우에도 그에 상반되는 바람직한 행동을 제시하고 그 행동에 더 많은 관심을 쏟고 강화해 주는 것이 타당하다. 바람직하지 못한 행동은 소멸법 수준에서 다루고, 바람직한 행동은 강화하는 역할을 한다.

나. 벌을 행동수정에 사용할 때 밟아야 할 절차

■ 벌 받을 행동을 세분화해야 한다.

체벌에서는 더욱 중요하다. 왜냐면, 벌 받는 행동이 분명하지 않으면 다른 바람직한 행동에도 영향 준다. 나쁜 아이 나쁜 학생으로 이야기하는 것보다 '네가 한 그 행동이 나쁘다. 그래서 그 행동이 벌을 받는다.'가 되어야. 그래야 아이는 '내가 나쁜 사람이 아니라 내가 한 바로 이 행동이 나쁘다.'라는 변별학습, 즉 도덕적 판단력을 학습하는 기회를 가질 수 있다.

■ 바람직한 상반 행동을 하도록 그 조건을 극대화해야 한다.

바람직한 상반 행동을 위한 강력한 정적 강화 프로그램을 같이 여러 명이. 아침에 일어날 때 혼내는 것으로는 안 고쳐진다. …… 잘 일어나면 스티커 제도를 도입하니까 효과를 보인다.

■ 벌을 받게 될 행동이 일어나는 상황을 없애야 한다.

벌을 받게 되는 원인을 최대한 줄여 준다. 밥을 먹으면서 텔레비전을 보면 잘 먹는다면 안 먹는다고 야단칠 것이 아니라 텔레비전을 꺼 주어야. 도벽의 중요한 원인. 집에 나뒹구는 동전을 없애야 한다.

■ 가장 효과 있는 벌을 선택해야 한다.

예를 들어 꾸지람이 정적 강화물 즉 관심을 가져오는 요인으로 작용한다면 바람직하지 못한 행동을 하게 하는 선행 변별자극의 역할을 한다. 일관성 있게 강력하게 주어져야 한다.

■ 벌은 그 강도를 점차 높이지 말아야 한다.

처음에 약한 벌을 주다가 그 벌의 강도를 증가시키는 경우 심한 벌이 주어질 때까지 그 행동은 반복된다. 최초의 상황에서 최후 수단으로 벌을 사용하는 것이 효과적.

- 벌은 행동이 일어난 직후에 즉각적으로 주어져야 한다.

퇴근한 아빠에게 낮 동안에 한 아들의 바람직하지 못한 행동을 때려 주도록 하는 것은 효과성이 떨어진다.

- 벌은 행동 계열의 앞부분에서 주어져야 한다.

싸움이 시작돼서가 아니라 그 조짐이 보일 때……

- 바람직한 행동이 무엇인지를 미리 말해 두라.

그때 어떻게 해야 바람직한 행동이었는지를 같이 가르쳐 준다. 예) 싸우는 아이. 네가 화를 내는 것은 당연하다. 그렇지만 친구를 아프게 하면 안 된다. 말로 네가 화난 것을 얼마든지 전달할 수 있다.

- 벌은 정적 강화와 함께 주어져서는 안 된다.

평소 부모의 관심과 사랑을 받던 아이에게 심한 꾸중을 하는 것은 벌이 될 수 있다. 그러나 꾸중이 부모로부터 받아 온 유일한 관심일 경우 꾸중이 강화물이 된다.

벌을 어떻게 없앨 것인가에 대한 관심보다는 벌을 통하여 올바로 생활하는 법을 가르치는 것이 중요하다. 그러나 벌보다는 정적 강화를 사용하는 것이 바람직하다.

(2) 소멸

어떤 상황에서 행동 A가 강화를 받고, B는 강화를 받지 못한다면 행동 A가 보다 빈번히 일어나게 된다. 즉 행동 B는 빈도가 감소. 소멸. 원리:

가. 소멸의 원리

- 만일 어떤 상황에서 어떤 사람이 이전에 강화되던 행동을 했음에도 그 행동이 강화를 받지 못하면, 그 사람이 다음에 그와 비슷한 상황에서 같은 행동을 할 가능성이 줄어든다.

이전에는 강화를 받던 행동이 강화를 받지 못하면.. 그 다음에 비슷한 상황에는 같은 행동을 할 가능성이 줄어든다. 초기에는 더 심하게 그 행동이 나타나나 후반기에는 다른 행동을 시도해 볼 확률이 커진다. 예) 남편의 관심이 멀어지면 새댁은 처음에는 애교를 떨어 본다. 그러나 안 되면 반항, 구박, 잔소리 등의 행동이 나타나고, 그것이 효과가 있는 것 같으면 이는 더 강화된다. / 아이가 커 감에 따라 엄마의 행동도 바뀌어야 한다. 잔소리를 하면 효과가 있던 시기에서 효과가 없어지면 처음에는 더 잔소리를 많이 하게 되나, 소용이 없다는 걸 알게 되면 전략을 바꾸어야 한다.

나. 일반적인 절차

■ 표적 행동의 확인

약화시키려는 행동을 우선 확인. 한꺼번에 하지 말 것. 행동이 좋아지기 전에 당분간 나빠지는 경향.

■ 행동의 기록과 강화물의 확인

바람직하지 못한 표적행동의 빈도를 관찰해야 한다. 기초선 관찰. 이것을 유지하고 있는 강화물을 확인하여 이를 중단해야 한다. 바람직한 상반 행동을 찾아내야 한다. 이를 강화할 수 있는 강화물을 찾아내야 한다.

■ 소멸 프로그램 운영의 환경 조절

예를 들면 엄마와 할머니의 다른 양육 방식을 조절할 필요가 있다. 식습관, 잠자는 습관 등.

■ 소멸과 강화의 일관성 유지

간헐강화는 소멸을 더욱 어렵게 한다.

■ 소멸 프로그램의 끝내기

소멸된 후에도 이따금씩 나타날 수 있다는 점을 염두에 둘 것.

※ 소멸에 의한 행동수정의 예

사례 1 소멸법으로 고친 편두통

루이제(여자) 13세 때부터 편두통 호소. 두통 때문에 학교도 결석하고 부모나 의사로부터 관심을 얻었음. 정적 강화. 26세가 된 지금도 거의 매일 심한 두통을 호소. 주사를 맞으나 효과는 일시적. 건강진단 결과 신체적 원인은 찾을 수 없었음. 행동치료 도입.

첫째, 어떤 경우도 두통약화 주사를 놓지 않는다.

둘째, 두통 행동을 기록한다. 남편이(불평 호소, 이불 쓰고 눕는 것, 머리에 얼음찜질하는 것. 두통 자체는 기록하지 않음).

셋째, 부모 남편 의사 등 모두가 두통 행동을 묵살. 반면 정상적 행동(운동하기나 가사 돌보기)은 칭찬.

루이제가 이 프로그램을 신중히 받아들이도록 하기 위해 치료내용과 절차를 문서에 명시.

- 두통 행동이 남편의 관심이라는 정적 강화를 받았었음을 이야기.
- 소멸법에는 일관성이 중요하다. 모두가 묵살 모두가 강화. 떼쓰기 등에 대해 엄마 아빠가 같은 반응을 보여야.

사례 2 학급에서의 수업 방해 행동

익살맞은 행동이 반 친구들의 관심을 받기 때문에 유지. 무관심하게 되면 소멸. 교사가 관심을 가지고 야단을 치게 되면 오히려 강화. / 반 전체 학생들에게 그의 행동을 무시할 때 자유놀이 시간을 준다든가 하여 그의 행동을 강화하지 않도록 하여야. / 두 사람이 속닥속닥 이야기하는 것. 서로 강화를 주고 있음. 주의를 주어도 무시를 해도 소용이 없음. 서로 이야기하지 않을 때 선생님이 관심을 보이는 것이 효과적.

사례 3 교사에게 대드는 행동.

대들 때는 무시. 잘 공부하고 있을 때는 칭찬.

사례 4 토하는 행위. 특혜를 주지 않음.

다. 사용상의 유의점
■ 밀수강화를 조심하라.

다른 사람이 무심코 주는 강화＝밀수강화. 떼쓰는 행동을 무시하는데 다른 사람이 와서 과자를 주면서 금방 떼쓰는 행동을 멈추게 한다. 그리고 장기적으로는 강화.

■ 상반 행동을 강화하라.

우는 행동을 소멸시키려면 울지 않는 행동을 강화. 10초간 울지 않으면 칭찬. 그 다음에는 그 간격을 점차 올린다. 바로 강화를 주지는 말라. 우는 행동을 오히려 강화시킬 수 있다.

■ 소멸법을 사용하는 장소에 유의하라.

장소와 상황을 고려하라. 다른 사람들이 밀수강화를 줄 수 있는 곳은 별 효과가 없다. 사람 많은 백화점 같은 곳. 다른 곳에서 먼저 연습이 되어야.

■ 규칙을 정해서 활용하라.

소멸에 대한 규칙을 상대에게 이야기를 해 주는 것도 도움이 된다. "네가 이렇게 하면 더 이상 ○○를 해 주지 않겠다." 예) 네가 밥을 넣고 이야기를 하면 엄마는 네 이야기를 들어 주지 않겠다. 예) 고3 남자 놈들. 남편과 친숙해지지. 하루는 술 먹고 와서 같이 이야기하고 싶어 함. 술 먹는 행동에 대한 강화를 주지 않음. 이야기하기 싫다. 돌아가라.

■ 간헐강화 스케줄에 유의하라.

초기에는 바람직하지 못한 행동이 더 자주 나타난다. 예) 교실에서의 장난. 교사가 관심을 보이지 않으면 처음에는 더 많이 그 행동을 보일 수 있다. 소멸에 대한 저항. 간헐강화로 형성된 것일수록 강하다.

■ 무시하는 것은 어렵지만 효과는 있다.

일단 소멸 프로그램에 착수했다면 최대의 효과를 얻으려면 바람직하지 않은 모든 행동에 대해 반응을 하지 말아야. 떼쓰며 우는 것. 교실에서 돌아다니는 것. 밖으로 나가는 것. 떠드는 것.

※ 소멸법으로 되지 않는 행동: 다른 사람에게 상처를 주는 행동 또는 자기 스스로 강화를 받거나 또래로부터 강화를 받을 수 있는 행동. 너무 오랫동안 지속되어 온 경우. 예를 들어 공격적 아동. 맞은 아이의 고통스러운 얼굴 자체가 강화가 된다면 무시할 경우 더욱 강화. 이럴 경우 일시적으로 벌을 통해 억제를 시킨 다음 긍정적 상반 행동을 강화시켜야 한다. 특전 박탈. 협조 행동에 대해 보상.

※ 소멸의 다른 방법

첫째, 밀집 반응에 의한 소멸: 신문 찢는 네 살 난 아이. 신문 뭉치를 갖다 주고 계속 찢도록. "아빠 이제 신문 그만 찢어도 돼?" 노력을 요구하는 행동이 계속적으로 보상을 받지 못하면 그 행동은 고통스럽거나 피로를 초래하고 만다. 예) 눈 깜박임 경련 치료 – 일부러 5분 내내 깜박이도록. 이 시간을 1시간으로 연장. 그 결과 경련이 줄어듦.

둘째, 신경증 반응 소멸: 예) 대인 공포증. 연설 공포증의 치료. 점진적으로 비슷한 자극에 노출하도록 하여 회피자극을 하지 못하도록. 그러니까 회피자극으로 인한 강화를 소멸 그러나 한꺼번에 강한 자극에 노출하도록 하고 회피를 못 하게 하면 오히려 강화. 전문적 훈련이 있어야 한다.

※ 소멸법의 약점

첫째, 문제행동을 유지하고 있는 강화를 찾아내기 어렵다.

둘째, 소멸과정 중에 있는 행동이 타인에 의해 부지중에 강화될 염려가 있다. 주변 사람의 협조가 필요.

셋째, 소멸과정 초기에 반응이 급상승할 때 소멸법을 포기하게 만들 수 있다.

넷째, 문제행동이 소멸된 뒤 그 대신 어떤 행동이 학습될 것인지 알 수가 없다.

다섯째, 소멸법은 강화를 획득할 수 있는 행동이 학습되기까지는 좌절을 유발할 수 있다. 이제까지 받던 강화를 받지 못하게 되므로…….

(3) 타임아웃(Time Out: TO)

가. 타임아웃이란?

■ 어떤 행동을 했을 때 강화물이 많은 상태에서 적은 상태로 옮겨 놓은 것. 벌의 한 형태로서 정적 강화에로의 접근을 일정 시간 동안 차단함으로써 바람직하지 못한 행동을 하지 못하게 하는 방법이다.

장점 → 폭발적 공격행동을 자제시킬 수 있다. 자기 스스로의 행동을 반성 또는 진정할 수 있다. 교사가 심하게 벌을 주지 않아도 진정이 된다. / 벌이나 소멸보다 현실적인 방법. 학교에서는 소극적인 무시보다 더 효과적인 경우가 많다. 이러이러한 행동을 하면 혼난다가 아니라 방에 10분 동안 가있어.

사례 3살 난 자폐성 아동. 심술부리는 행동에 대해 타임아웃 적용. 심술을 부리면 방으로 데리고 가서 심술이 끝날 때까지 문을 닫았다. 처음에는 나오자마자 위로. 오히려 강화. 이를 하지 않도록. 문을 닫으면 난폭한 행동이 폭발하는 경우 타임아웃 연장으로. 병원, 가정, 학교에서 동일한 적용.

나. 효과적인 사용을 위한 원리
- TO의 지속 시간은 너무 짧지 않게 3 - 15분 정도가 효과적이다.
- 바람직하지 못한 행동을 하는 장소에서 적용할 수도 있고, 정적 강화물이 없는 다른 장소에 격리시킬 수도 있다.
- 바람직하지 못한 행동이 일어나는 즉시, 자연스럽게 그리고 엄하게 그러나 적대감을 보이지 않으면서 시행해야 한다.
- TO를 할 때 그 이유를 설명해 줄 수도 있고 그냥 TO를 할 수도 있다. 이유의 설명 여부는 크게 영향을 미치지 않는다.
- TO를 실시하기 전에 "또 소리 지르면 TO다!" 등의 경고를 할 수도 있지만 침묵하는 것이 더 효과적이다.

예) 학교에서 집에 들어오면 가방을 아무데나 내팽개치는 버릇이 있는 송이.
- 가방을 제 방 책상 위에 갖다 두라고 지시한다.
- 지시를 따르지 않을 경우 "가방을 갖다 두지 않으면 TO"라고 경고한다.
- 그래도 지시에 따르지 않으면 엄마가 화장실에 데리고 간다. 감정이 섞이지 않게 담담하게. "네 가방을 갖다 두지 않았지. 그래서 내가 나오라고 할 때까지 여기에 있어야 된다."
- 고함을 지르거나 울거나 하는 것을 일체 무시한다.
- 5분 쯤 지나면 해방시키나 고함지르고 우는 행동을 할 때 해방시켜서는 안 된다. 고함이나 울음이 그친 다음 30초 정도 더 경과한 다음에

해방시킨다.

- 처음에 한 지시를 한 번 더 반복.

- 그렇게 하겠다고 하면 넉넉히 칭찬해 주고 그렇게 하지 않으면 다시 1~6단계를 반복한다.

※ 유의할 점

반드시 상반 행동을 같이 강화한다. 감정이 배어 나오지 않게 담담하게. 타임아웃 동안 강화를 주지 않아야 한다.

(4) 반응 대가

일종의 벌금제도 같은 것.

■ 어떤 특수한 행동을 했을 때 그 조건부로 정적 강화를 상실하게 하는 벌의 일종.

예 1) 비만 환자에게 일정한 칼로리의 영양을 섭취하게 한 뒤에 매주 체중을 달아 봐서 체중이 줄지 않으면 배당된 용돈을 박탈한다.
담배 한 개비를 피울 때마다 1달러짜리 지폐를 찢도록 한다.

예 2) 손가락 빠는 행동에 대해: 어린이에게 재미있는 영화를 보여 주다가 손가락을 빨면 영화를 중지하고 손가락을 빨지 않고 있으면 다시 영화를 계속 보여 준다.

학급에서의 적용: 정신지체아 학습. 1~10까지 적힌 카드 10장을 걸어 놓는다. 매일 수업 시간이 끝날 무렵에 10분씩 특별 휴식 시간을 준다. 이상한 몸짓을 하거나 떠들거나 하여 수업을 방해하는 행동을 하면 이 카드를 한 장씩 떼어 휴식 시간을 1분씩 줄인다.

(5) DRL, DRO, DRI

특정행동의 빈도를 낮추는 데 사용.

가. DRL(Differential Reinforcement of Low rates) 발생빈도가 낮은 행동에 대한 차별적 강화.

발생빈도가 어느 수준 이하로 낮을 때에만 강화하면 반응은 낮은 비율로 일어날 것이다.

- 제한반응 DRL: 어떤 행동이 참을 만한데 좀 덜했으면 할 때 사용, 평균비율보다 낮게 발생했을 때 강화를 준다. 예) 수업시간에 떠드는 행동 - 3회 이하면 자유 시간 10분을 주겠다.

- 간격유지 DRL: 어떤 행동이 바람직한데 너무 빈번하지 않았으면 하는 행동에 대해. 일정한 시간 간격을 유지한 이후에 그 행동이 나타날 때 강화를 주는 것. 예) 교사 질문에 답하는 것 - 적당하게 간격을 유지했을 때 강화. 예) 비만인 사람은 식사 속도가 너무 빠름. 포만감을 느끼지 전에 식사가 끝남. 더 먹게 됨. 적당한 속도가 되면 강화. 예) 말을 빨리 하는 아이.

나. DRO(Differential Reinforcement of Zero responding) 어떤 행동이 일정 시간 동안 일어나지 않았을 때 강화하는 것. 어떤 행동을 완전히 제거하고자 할 때 사용.

예) DRO - 15초 제거하고자 하는 행동이 15초 동안 발생하지 않았을 때 강화.

예) 떼쓰는 행동, 떠드는 행동, 기준에 맞게 했을 때 종을 울려 자유놀이 시간이 5분 추가되었음을 알려 준다. 수업 시간에 보조자 없이 교사가 혼자 적용하기는 좀 어려운 방법.

다. DRI(Differential Reinforcement of Incompatible Behavior: DRI) 상반 행동의 차별강화. 제거하고자 하는 상반 행동을 소멸하면서 동시에 다른 상반 행동을 강화시키는 것.

예) 수업시간에 뛰어다니는 행동 → 상반 행동은? 책상에 조용히 앉아 있는 행동.

※ DRL, DRO, DRI의 실제적 차이

1) 간헐강화 계획마다 행동에 미치는 영향이 다르기 때문에 신중하게 선

택해라.

(1) 어떤 행동이 참을 만하지만 좀 덜했으면 싶을 때는 제한반응 DRL.

(2) 어떤 행동이 바람직하기는 한데 너무 빠르고 빈번한 것이 문제라면? 간격유지 DRL.

(3) 어떤 행동을 제거하고자 할 때는 DRO 사용, DRO가 부적절한 상반 행동을 강화할 위험은 없는지 확인하고.

(4) 어떤 행동을 제거하고 상반 행동을 강화하고자 할 때는 DRI 사용.

2) 어떤 강화물을 사용할지 미리 결정하라.

3) 사용할 강화계획과 강화물을 결정한 뒤에는 다음과 같이 진행하라.

(1) 제한반응 DRL이라면

① 기초선을 측정하라. 최초 값을 결정하라.

② 계획에 따라 행동의 빈도를 점차 낮추되 전체 과정의 진전도에 따라 보상을 확실히 주도록.

③ 시간 간격을 점차 크게 하면서 (2)에서 얻은 행동의 빈도보다 낮게 하라.

(2) 간격 유지 DRL

① 기초선 자료 수집 시발점 정하기

② 점차 DRL 계획 값 증가.

(3) DRO 사용할 때

① 기초선 수집

② 두 행동 간의 평균값을 출발점으로

③ 시간 간격을 점차 늘려 간다.

(4) DRI를 사용할 때는

① 제거하고자 하는 행동과 상반 행동을 선택

② 기초선 측정

③ 상반 행동에 대한 강화 계획

④ 대상자에게 수정절차를 충분히 설명해 준다.

행동형성법(Shaping)

결손된 행동의 습득 및 증강에 유용한 기법, 가장 대표적인 행동수정의
방법.

가. 행동형성법이란?

■ 반응의 질을 점차적으로 변화시켜 나가는 과정. 처음에는 아주 간단한
반응을 요구하지만, 점점 강화를 주는 기준을 까다롭게 하여 보다 복잡하고
정교한 반응을 습득하도록 한다.

처음에는 아주 간단한 반응만으로도 보상을 받게 하다가 이 행동을 일관
성 있게 잘하면 그 다음에는 보다 복잡하고 어려운 반응에 대해서만 보상한
다. 이런 과정을 통해 궁극적인 최종 행동으로 접근해 간다. 예) 전혀 말을
하지 못하는 환자에게 언어훈련을 하는 경우, 입을 벌리는 행동만 할 수 있
으면 가능. 점진적 접근이다.

■ 점진적 접근(successive approximation)

목표 행동을 향하여 점진적으로 접근해 가는 과정. 예) 담배 피우는 걸 배우
는 과정. 예) 옹알이: 음음 → 음마 → 엄마. 음마에서 엄마로 넘어가는 과정에
서 많은 강화 칭찬. 엄마는 하루 세 번 거짓말을 한다. 글쎄 우리애가 엄마래
요. 사실 비슷한 발음을 우연히 낸 것일 수. 강화를 받으면 자꾸 하게 된다.

사례 1 미화에게 걷기 가르치기

자학증세가 있는 아동. 혼자 걸을 수 있는 프로그램.

첫째, 목표 행동을 구체화. 혼자 걷는 것.

둘째, 시발행동 확인. 의자 두 개가 한두 발자국 정도의 거리로 붙어 있을
때 음식으로 강화를 주면 혼자서 걷게 한다.

셋째, 행동을 강화한다. 의자 사이의 간격을 점차 넓혀 간다.

나. 절차

■ 목표행동의 구체화

목표 행동을 분명하고 구체적인 행동으로 규정한다. 형태, 빈도, 강도 등

도 구체적으로 기술. 자신의 목표로 하는 증상에 대해 이를 정해 보도록 한다.

- 모든 치료교육 목표는 행동적 용어로 해석되고 진술되어야 한다.
- Mager(1962): 조건, 행동, 평가기준 등으로 구분하여 진술할 것으로 제안.

〈표 39〉

조건	행동	평가기준
치료자는 아동에게 짧은 고무줄 반바지를 입히고, 아동 앞에 마주 선다. 그리고 "(이름)야, 바지 벗어!"라고 지시한다.	아동은 바지를 벗는다.	강화기준: 아동은 치료자의 도움 없이 혼자서 바지를 벗어야 한다. 학습기준: 10번 시행 중 8번 이상 올바로 반응하여야 한다.

■ 시발점 행동의 선택

미화의 시발점 행동은 두 발자국 떨어진 의자 사이를 걷는 것.

■ 형성단계의 결정: 시발행동에서 목표행동에 이르는 중간 단계의 행동을 결정.

아이의 학습속도에 맞게 융통성 있게 조절하면 된다.

■ 적절한 진행속도가 필요하다. 이를 위해서는

- 한 단계에서 다음 단계로 너무 빨리 올라가지 말아야 한다.
- 각 단계간의 행동 간격을 작게 하여 여러 단계로 나누어야 한다.
- 만약 너무 빨리 단계를 옮겼다면 다시 앞 단계로 돌아가야 한다.

미화의 경우도 프로그램 10일째 전혀 움직이지 않았다. 아이들이 걸음마를 걸을 때 처음에는 빠른 속도로 배우고 어디를 가든 걸어가려고 한다. 그러다가 걷는 게 매우 힘든 일이라는 걸 알게 되고 저항을 하게 되면서 어디를 가든 업혀 가려고 하는 퇴행 단계가 나타난다. 다시 천천히 강화를 주는 것이 필요하다.

예) 그림 그리기 싫어하는 창수를 그림 그리도록 하기

① 창수가 책상을 쳐다보기만 해도 즉시 강화.
② 책상을 향해 5미터 안으로 접근하면 강화.
③ 그 다음은 4미터 안으로 접근하도록 요구하고 강화한다.

④ 점차 책상에 앉을 때까지 강화한다.

⑤ 이제는 크레용을 만질 때 집어 올릴 때 그리고 종이 위에 끼적일 때 마다 각각 강화한다. 직선, 곡선, 채색 등을 거쳐 실물에 가까운 그림 을 그릴 때마다 각 단계에서 강화. 아이들이 낙서를 할 때 왜 이렇게 비뚤어지게 그렸니라고 지나가는 말로 한마디했는데 다시는 그림을 그리지 않는 아이. 끼적거림에도 강화를 주면 계속 그림을 그린다. 사람에게 음악을 틀어 주면 몸을 흔드는 것이 자연스러운 일. 그럼에 도 어른들은 왜 힘들어 하나. 평가를 통해 강화를 받지 못하게 되어 자연스럽게 않게 때문.

※ 행동형성법 사용 시 유의점

1) 무심코 아무 행동이나 강화하지 말라. 너무 어려운 묘기를 부리려고 할 수도. 넘어지거나 다치면 부모의 관심을 얻을 수 있다고 생각해서 정말 상처가 나도록 넘어질 수. 어릴 때 어디 막 올라가고 이런 것에 대해 관심을 표현하고 와 하거나 이러면……. 강화…….

2) 표적 행동의 과잉학습을 방지하라. 특정한 행동을 과도하게 강화하면 그 다음으로 넘어가질 않는다. 소멸단계가 있어야. 말 배울 때도…….

3) 목표 행동과 관련 없는 다른 행동을 강화하지 말라. 다른 착한 행동 에 대해 강화해 주는 것을 당분간 참아야 한다.

사례 1 공부하는 것에 관심이 없는 상철이

- 학습행동은 아니지만 그에 가까운 행동, 예컨대 연필, 책, 공책 등을 책상에 올려놓는 행동을 강화. 이건 혼자서 공부할 때도 마찬가지. 일 단 책상에 앉는다. 앉아서 뭐가 되었든 한다. 만화책이라도. 새로 빌려 온 것만 아니라면.

사례 2 혼자 고립된 아동

다른 사람을 쳐다보기만 해도 강화. 그 다음에는 다른 아이와 신체적 접 촉을 하면 강화하는 식으로 점진적으로 강화.

사례 3 자폐증 인수. 눈이 나빠 안경을 쓰지 않으면 6개월 이내에 시력을 잃을 것이다. 알이 없는 안경테를 여러 개 준비해서 주변에 놓아 둔다. 안경테를 만지거나 들고 다니기만 해도 과자를 준다. 결국 쓰는 단계에까지 이르도록. 상당히 진전이 된 다음 렌즈를 끼워 주었다.

※ 행동형성법에 대한 비판

사소한 행동에 너무 많은 시간과 노력을 기울인다는 비판. 개인의 행동을 의도적으로 변화시키고 그 과정을 관찰 기록하는 것이 비인도적이고 사생활 침해라고……. 아이에게 긍정적인 변화를 초래할 수 있다면……. 초등학교 3학년 아동의 극심한 반항행동……. 어머니: 아동의 행동을 객관적으로 관찰하고 행동변화를 기록하게 되었다. 점차 긍정적으로 대하게 됨. 가정 분위기도 달라진다.

역순행동연쇄법(backward chaining)

1) 행동연쇄법

걷는 행동의 경우 바닥으로부터 한 발을 들어 올리고 일정한 거리로 발을 앞으로 뻗고 반대쪽 발을 들어올리고……. 등등 수많은 행동 단위로 구성. 각 단위 동작들을 연결 짓는 힘은 행동 연쇄의 마지막에 주어지는 강화자극에서 얻게 된다. 돌이 지났는데도 걷지 못하고 뒹굴기만 하는 아이. 병원에서 검사 이상 없다고 말한다. 걱정이 된 엄마는 이제는 아이가 뒹구는 것에 대해 좋아하는 것이 아니라 아이가 앉으려고 하고 일어나려고 하면 강화를 시켜야 한다. 걷기 이전 단계의 행동이라는 것을 알고 있으므로 연쇄된 행동의 각 동작을 순서대로 배워 나가는 방법을 전진행동 연쇄법이라고 한다.

(1) 역순행동연쇄란? 연쇄된 행동의 여러 동작을 뒤에서부터 거꾸로 배워 연결해 가는 방법.

최종행동을 먼저 가르친 다음 바로 그 앞 행동을 가르치고 또 그 앞 것을 가르치고……. 자전거 타기를 배울 때 뒤에서 잡아 주고 일단 가게 한다.

……점차 손을 놓는다. ……일단 타는 것 자체를 가르친 다음…… 점차 균형 잡기 등의 기초를 배우도록 해 주는 것.

예) 세수하기를 15단계로 나누어 본다. 맨 마지막 단계만 해 보도록 하고 나머지는 엄마가 다 해 준다. 엄마 도움 없이 마지막 단계를 행동으로 옮겼을 때 14단계를 훈련시킨다. 14단계를 할 때 15단계로 하도록 지시한다.

> 오른쪽 소매를 팔꿈치까지 걷어 올리기
> 왼쪽 소매를 //
> 두 손을 세숫대야 물에 넣어 완전히 적시기
> 두 손바닥으로 물을 담아 허리를 구부린 채 얼굴에 부비기
> 비누 끄집어내어 두 손바닥에 묻히기
> 비누를 끄집어 비누 곽에 다시 넣기
> 비누 묻은 두 손을 비벼 거품 내기
> 비누 묻는 손으로 얼굴과 목을 문지르기
> 두 손을 대얏물에 넣어 비누로 닦기
> 두 손으로 얼굴과 목의 비누를 물로 닦아 내기
> 수건으로 얼굴과 목과 손을 닦기
> 수건을 수건걸이에 걸기
> 비누 곽을 덮고 제자리에 갖다 놓기
> 세숫대야 물을 하수구에 버리기
> 세숫대야 제자리에 갖다 놓기

갈수록 어려워지는 행동이 아니라 행동적으로 연결되어 있는 동작에 적절할 것 같다. 이 닦기 훈련……. 처음에는 물 먹고 퇴 하는 것만 혼자 하도록……. 그 다음에는 혼자 물을 따라서 퇴하도록……. 그 다음에는 치카치카도 해 보도록……. 그 다음에는 혼자 칫솔에 치약을 묻히도록…….

(2) 절차

가. 행동 연쇄 행동을 세분화

아이의 연령이나 발달단계에 따라 세분화 정도는 달라질 수 있다.

〈표 40〉 훈련목표: '바지 벗기'의 과제분석(예)

1. 바지 허리춤을 잡는다.
2. 바지를 허리로부터 무릎 위까지 밀어 내린다.
3. 방바닥에 앉는다.
4. 바지를 무릎으로부터 발목까지 밀어 내린다.
5. 두 손으로 바지의 한쪽 가랑이를 잡고 발목으로부터 잡아당겨 뺀다.
6. 나머지 쪽도 같은 방법으로 뺀다.

나. 단위행동의 충분한 숙달: 다음 단계로 옮겨가기 전에 충분히 숙달이
되어야 한다.

〈표 41〉 '바지 벗기' 훈련에서 후진형 행동연쇄 전략을 수행하기 위한 훈련단계 설정

단 계	과제번호	단계별 표적행동
1	(6)	나머지 한쪽 가랑이를 발목으로부터 잡아당겨 뺀다.
2	(5)	두 손으로 바지의 한쪽 가랑이를 잡고 발목으로부터 잡아당겨 뺀다.
	(6)	나머지 한쪽 가랑이를 발목으로부터 잡아당겨 뺀다.
3	(4)	바지를 무릎으로부터 발목까지 밀어 내린다.
	(5)	두 손으로 바지의 한쪽 가랑이를 잡고 발목으로부터 잡아당겨 뺀다.
	(6)	나머지 한쪽 가랑이를 잡아 발목으로부터 잡아당겨 뺀다.
4	(3)	방바닥에 앉는다.
	(4)	바지를 무릎으로부터 발목까지 밀어 내린다.
	(5)	두 손으로 바지의 한쪽 가랑이를 잡고 발목으로부터 잡아당겨 뺀다.
	(6)	나머지 한쪽 가랑이를 잡아 발목으로부터 잡아당겨 뺀다.
5	(2)	바지를 허리로부터 무릎 위까지 밀어 내린다.
	(3)	방바닥에 앉는다.
	(4)	바지를 무릎으로부터 발목까지 밀어 내린다.
	(5)	두 손으로 바지의 한쪽 가랑이를 잡고 발목으로부터 잡아당겨 뺀다.
	(6)	나머지 한쪽 가랑이를 잡아 발목으로부터 잡아당겨 뺀다.
6	(1)	바지 허리춤을 잡는다.
	(2)	바지를 허리로부터 무릎 위까지 밀어 내린다.
	(3)	방바닥에 앉는다.
	(4)	바지를 무릎으로부터 발목까지 밀어 내린다.
	(5)	두 손으로 바지의 한쪽 가랑이를 잡고 발목으로부터 잡아당겨 뺀다.
	(6)	나머지 한쪽 가랑이를 잡아 발목으로부터 잡아당겨 뺀다.

다. 이미 훈련된 단위 행동도 철저히 반복한다.

라. 단위 행동이 길 때는 간헐 강화를 한다.

그 행동을 끝내고 주는 것이 아니라 그 행동을 하는 중간 중간에도 보상을 줄 수 있다.

* 뚱뚱한 사람은 음식을 빨리 먹는 사람…… 음식 먹는 과정의 행동연쇄…… 수저에 음식을 담기, 입 안에 넣기, 수저를 빼기, 음식을 씹기, 넘기기, 3초쯤 기다린 후에 수저에 음식을 뜨기……. 바람직하지 못한 행동연쇄는 먼저 떠 넣은 음식을 먹기도 전에 음식을 수저에 떠서 먹는 사람.

용암법(fade-out)

(1) 용암법이란? 변별력을 가르칠 때 자극을 점진적으로 조절하여 궁극적으로 일부 변화된 자극 또는 새로운 자극에 대해 반응할 수 있도록 하는 절차이다.

페이드아웃.. 연극이나 영화에서 어느 장면의 끝에 화면이나 무대의 조명이 점점 어두워져 가는 것. 행동을 통제하는 자극을 점점 약하게 하여 달라져 나가는 자극(또 다른 자극)의 통제를 받게 하는 과정, 자극 통제의 변화.

사례 반항언어증의 아동. 5살 된 인지. 너 이름이 뭐냐라고 물으면 뭐니라고 한다든가 너 이름이 뭐니 등으로 그대로 따라하는 반항언어증. 강화물로 처음에는 초콜릿을 정했으나 일단 초콜릿을 손에 쥐면 다 먹을 때까지 다른 일을 안 해서 토큰으로 대치.

치료자는 너 이름이 뭐냐라고 물은 다음 인지에게 말할 기회를 주지 않고 아주 큰소리로 인지라고 대답한다. 인지는 말할 것도 없이 인지라고 따라한다. 그러면 아주 잘했어요라고 한 다음 토큰을 주었다. 위와 같이 몇 차례를 한 다음 너 이름이 뭐냐라는 질문은 점점 크게 하고 인지라고 대답하는 말은 점점 작은 목소리로. 나중에는 인지는 입모양만. 나중에는 그냥 인지라고 말을 하게 됨.

사례 학습지에 1이나 2 등의 숫자를 점선으로 그려 놓은 경우. 잘 따라

하면 그 다음에는 맨 종이에다가도 그리는 것.

(2) 절차

가. 도달점 행동의 결정

- 도달점 행동이란: 아동이 일정한 훈련을 마친 다음 무엇을 할 수 있을 것인지에 관한 진술, 즉 목표행동에 관한 명확한 행동적 진술.
- 예) '훈련자 바라보기' 훈련의 예

〈표 42〉

조 건	행 동	평가기준
치료자는 아동의 이름을 부른다.	아동은 치료자의 눈을 바라본다.	아동은 적어도 5초 동안 치료자의 눈을 바라보아야 한다. 적어도 10 번 시행 중 8번 정확히 반응하여야 한다.

나. 시발점 행동의 확인

〈표 43〉 목표행동 '치료자 바라보기'의 시발점과 도달점 행동 진술의 예

단 계	조 건	행 동	평가기준
시발점	치료자는 아동의 이름을 부른다. 반응이 없으면, 두 손으로 아동의 머리를 잡아 치료자의 눈과 마주치도록 지도한다.	아동은 치료자의 눈을 바라본다.	아동은 치료자와 눈이 마주쳐야 한다. 시간은 제한 없다.
도달점	치료자는 아동의 이름을 부른다.	아동은 치료자의 눈을 바라본다.	아동은 적어도 5초 동안 치료자의 눈을 바라보아야 한다.

다. 소단계의 설정

〈표 44〉

훈련단계	조 건	행 동	평가기준
시발점 1	치료자는 아동의 이름을 부른다. 아동이 반응하지 않으면, 두 손으로 아동의 머리를 잡아 치료자의 눈과 마주치도록 수지도 한다.	아동은 치료자의 눈을 바라본다.	아동은 치료자와 눈이 마주쳐야 한다. 시간은 제한 없다.
2	치료자는 아동의 이름을 부른다. 과자 같은 것으로 아동의 시선을 유인하여 치료자의 눈과 마주치도록 한다.	아동은 치료자의 눈을 바라본다.	아동은 치료자의 눈을 적어도 1초 동안 바라보아야 한다.

훈련단계	조 건	행 동	평가기준
3	치료자는 아동의 이름을 부른다. 과자 같은 것으로 아동의 시선에 약간의 자극을 준다.	아동은 치료자의 눈을 바라본다.	아동은 치료자의 눈을 적어도 2초 동안 바라보아야 한다.
도달점 (끝)	치료자는 아동의 이름을 부른다.	아동은 치료자의 눈을 바라본다.	아동은 도움 없이 치료자의 눈을 적어도 5초 동안 바라보아야 한다.

라. 강력한 강화자극의 선정
 - 표적행동에로의 점진접근을 강화하기 위해서는 정적 강화가 필수적이다.
 - 각 대상별로 강력한 정적 강화의 메뉴를 작성하는 것이 필요하다.

마. 훈련단계별 표적행동의 강화
 - 시발점 행동으로부터 훈련이 시작되며, 훈련단계가 높아질수록 강화의 기준도 높아진다.
 - 학습 초기에는 계속적 강화가 효과적이지만, 학습된 행동의 유지를 위해서는 간헐강화가 더 효과적일 수 있다.
 - 성급한 간헐강화는 발달지체 아동에게 좌절감을 줄 가능성이 있으므로 조심스럽게 시도한다.

(3) 직용
 ■ 개인에의 적용: 반향 언어증 아동의 경우
 ■ 집단에의 적용: 자폐증 어린이 지도

〈표 45〉 '바지 벗기' 훈련 프로그램에서의 단계별 훈련조건과 행동과 평가기준

단 계	훈련 조건	표적행동	평가기준
1	치료자는 아동에게 짧은 고무줄 반바지를 입히고, 아동 앞에 마주 선다. 그리고 "(이름)야, 바지 벗어!"라고 지시한다. 그리고 즉시 치료자는 아동의 두 손을 잡고 아래와 같이 수지도 한다(100% 물리적 도움). (1) 바지 허리춤을 잡도록 돕는다. (2) 바지를 허리로부터 무릎 위까지 밀어 내리도록 돕는다.	(6) 나머지 한쪽 가랑이를 잡아 발목으로부터 잡아당겨 뺀다.	강화기준: 아동이 스스로 나머지 한쪽 가랑이를 잡아당겨 빼면 칭찬과 함께 보상한다. 학습기준: 2회기 연속 10번 시행 중 8번 이상 올바로 반응하면 다음 단계 훈련을 시작한다.

단계	훈련 조건	표적행동	평가기준
1	(3) 방바닥에 앉도록 돕는다. (4) 바지를 무릎으로부터 발목까지 밀어 내리도록 돕는다. (5) 두 손으로 바지의 한쪽 가랑이를 잡고 발목으로부터 잡아당겨 빼도록 돕는다.		
2	치료자는 아동에게 짧은 고무줄 반바지를 입히고, 아동 앞에 마주 선다. 그리고 "(이름)야, 바지 벗어!" 라고 지시한다. 그리고 즉시 치료자는 아동의 두 손을 잡고 아래와 같이 수지도 한다(100% 물리적 도움). (1) 바지 허리춤을 잡도록 돕는다. (2) 바지를 허리로부터 무릎 위까지 밀어 내리도록 돕는다. (3) 방바닥에 앉도록 돕는다. (4) 바지를 무릎으로부터 발목까지 밀어 내리도록 돕는다.	(5) 두 손으로 바지의 한쪽 가랑이를 잡고 발목으로부터 잡아당겨 뺀다. (6) 나머지 한쪽 가랑이를 잡아 발목으로부터 잡아당겨 뺀다.	강화기준: 아동이 스스로 양쪽 바짓가랑이를 잡아당겨 빼면 칭찬과 함께 보상한다. 학습기준: 2회기 연속 10번 시행 중 8번 이상 올바로 반응하면 다음 단계 훈련을 시작한다.
3	치료자는 아동에게 짧은 고무줄 반바지를 입히고, 아동 앞에 마주 선다. 그리고 "(이름)야, 바지 벗어!" 라고 지시한다. 그리고 즉시 치료자는 아동의 두 손을 잡고 아래와 같이 수지도 한다(100% 물리적 도움). (1) 바지 허리춤을 잡도록 돕는다. (2) 바지를 허리로부터 무릎 위까지 밀어 내리도록 돕는다. (3) 방바닥에 앉도록 돕는다.	(4) 바지를 무릎으로부터 발목까지 밀어 내린다. (5) 두 손으로 바지의 한쪽 가랑이를 잡고 발목으로부터 잡아당겨 뺀다. (6) 나머지 한쪽 가랑이를 잡아 발목으로부터 잡아당겨 뺀다.	강화기준: 아동이 스스로 무릎까지 바지를 내리고 양쪽 가랑이를 잡아당겨 빼면 칭찬과 함께 보상한다. 학습기준: 2회기 연속 10번 시행 중 8번 이상 올바로 반응하면 다음 단계 훈련을 시작한다.
4	치료자는 아동에게 짧은 고무줄 반바지를 입히고, 아동 앞에 마주 선다. 그리고 "(이름)야, 바지 벗어!" 라고 지시한다. 그리고 즉시 치료자는 아동의 두 손을 잡고 아래와 같이 수지도 한다(100% 물리적 도움). (1) 바지 허리춤을 잡도록 돕는다. (2) 바지를 허리로부터 무릎 위까지 밀어 내리도록 돕는다.	(3) 방바닥에 앉는다. (4) 바지를 무릎으로부터 발목까지 밀어 내린다. (5) 두 손으로 바지의 한쪽 가랑이를 잡고 발목으로부터 잡아당겨 뺀다. (6) 나머지 한쪽 가랑이를 잡아 발목으로부터 잡아당겨 뺀다.	강화기준: 아동이 스스로 방바닥에 앉아 바지를 발목까지 내리고, 양쪽 가랑이를 잡아당겨 빼면 칭찬과 함께 보상한다. 학습기준: 2회기 연속 10번 시행 중 8번 이상 올바로 반응하면 다음 단계 훈련을 시작한다.
5	치료자는 아동에게 짧은 고무줄 반바지를 입히고, 아동 앞에 마주 선다. 그리고 "(이름)야, 바지 벗어!"라고 지시한다. 그리고 즉시 치료자는 아동의 두 손을 잡고 아래와 같이 수지도 한다(100% 물리적 도움). (1) 바지 허리춤을 잡도록 돕는다.	(2) 바지를 허리로부터 무릎 위까지 밀어 내린다. (3) 방바닥에 앉는다. (4) 바지를 무릎으로부터 발목까지 밀어 내린다. (5) 두 손으로 바지의 한쪽 가랑이를 잡고 발목으로부터 잡아당겨 뺀다. (6) 나머지 한쪽 가랑이를 잡아 발목으로부터 잡아당겨 뺀다.	강화기준: 아동이 (2)부터 (6)까지 과정을 스스로 하여 바지를 벗으면, 칭찬과 함께 보상한다. 학습기준: 2회기 연속 10번 시행 중 8번 이상 올바로 반응하면 다음 단계 훈련을 시작한다.

단계	훈련 조건	표적행동	평가기준
6	치료자는 아동에게 짧은 고무줄 반바지를 입히고, 아동 앞에 마주 선다. 그리고 "(이름)아, 바지 벗어!"라고 지시한다.	(1) 바지 허리춤을 잡는다. (2) 바지를 허리로부터 무릎 위까지 밀어 내린다. (3) 방바닥에 앉는다. (4) 바지를 무릎으로부터 발목까지 밀어 내린다. (5) 두 손으로 바지의 한쪽 가랑이를 잡고 발목으로부터 잡아당겨 뺀다. (6) 나머지 한쪽 가랑이를 잡아 발목으로부터 잡아당겨 뺀다.	강화기준: 아동이 도움 없이 스스로 바지를 벗으면 칭찬과 함께 보상한다. 학습기준: 2회기 연속 10번 시행 중 8번 이상 올바로 반응하면 다음 단계 훈련을 시작한다.

* 행동형성법과 용암법의 비교: 행동형성법은 강화는 동일한데 행동에 변화를 주는 것. 용암법은 어떤 특정한 행동을 일으키게 하는 자극을 변화시키는 것.

* 행동형성, 용암, 행동연쇄의 관계

① 행동형성과 행동연쇄

   - 행동형성법은 주로 시발행동에서부터 목표 행동에 이르는 구체적인 단계들을 확인할 수 있고 측정할 수 있는 것에 사용한다. 비교적 단순한 행동을 습득하는 과정.

   - 일련의 행동의 연결일 때는 행동연쇄를 사용. 자극과 행동 간의 연결고리를 점점 더 강화하는 것.

   - 용암은 최종행동을 강화하되 그 행동을 일으키는 최종적 자극을 바꾸어 주는 것.

   말과 매……. 나중에는 말만 하면 듣도록…….

행동형성법으로 잘 발달될 수 있는 것은 주의집중시간, 큰소리로 말하기, 요가 연습의 질, 농구 슈팅의 정확도, 질문에 대답하는 속도, 어떤 단어의 발음 등. 예) 마이 페어레이디의 오드리헵번의 발음 연습…….

행동연쇄법으로 적당한 것은 이불 깔기, 세수하기, 야구공 던지기, 식탁 차리기, 구두끈 매기 등.

자기 통제

* '의지가 약해서 담배를 못 끊는가?' → 환경의 강화물 때문이다.

예) 지나친 과음, 과식, 흡연 → 즉시적 강화와 누적적 벌과의 갈등.

예) 바람직한 행동을 안 하는 것: 운동, 규칙적으로 병원 가기, 숙제하기 등 → 즉시적 벌과 개연성 낮은 벌과의 갈등.

(1) 절차

가. 문제행동을 세분화한다.

  예) 몸무게 줄이기 → 1주에 2킬로 줄이기

    공부 잘하기 → 하루에 수학 문제집 2장 풀기

나. 기초선을 설정한다.: 일어나는 빈도를 //// 등이나 눈에 보이는 그래프 등에 기록한다.

다. 선행조건, 행동 자체, 후속결과 등을 관리한다.

- 선행조건의 관리: 그 행동을 일으키는, 유발시키는 환경의 관리

  예) 어디에 가면 그 행동이 발생하는가? 집에서는 공부가 안 되는데 도서관에서는 된다.

    누구랑 있으면 그 행동이 발생하는가? 친구들과만 있으면 욕을 한다.

    언제 특히 그 행동을 하는가?

- 행동 자체의 관리: 행동 자체를 세분하여 단계를 밟아 가면서 학습을 한다.

  예) 공부: 책상에 앉는다 → 책을 편다 → 읽는다 → 외운다 → 문제 푼다

- 처음에는 책상에 앉는 것만을 목표로 한다.

- 후속 결과의 관리

* 무심코 주는 강화인자 제거: TV 보면서 음식 먹기(과식) → 음식은 정해진 곳에서, 정해진 것만, 정해진 식기만 사용해서 등.

* 원하는 행동을 했을 때 기록하거나 그래프로 그리면 그것 자체가 강화가 된다.

* 일단 매일 받게 하고, 잘하면 보너스가 있도록, 강화물은 다양하게, 자신의 진전 상황을 다른 사람에게 이야기 하도록…….

라. 재발 방지를 위한 조치를 취한다.

- 퇴보를 부추기는 상황 자체를 피한다. 담배 피울 때 바둑을 많이 둔다면 바둑을 두지 않는다?
- 퇴보의 원인을 살펴본다. 너무 목표가 모호하면 퇴보하기 쉽다.
- 후속결과를 적절히 조절하지 않으면 퇴보하기 쉽다. 기록하고 그래프로 그리고 강화를 주고 이렇게 하는 과정은 반드시 거쳐야 된다.

마. 자기지시 방법(Meichenbaum, 1974)

- 내담자가 스스로 부과하는 부정적 진술을 인식하게 하고 그와 반대되는 보다 현실적이고 긍정적인 말을 가르쳐 준다.

  예) 내가 좋아하는 여자와 있을 때 심장이 빨라지고 다리에 힘이 빠지는 것은 그 여자와 있는 것이 무서워서가 아니가 성적으로 흥분이 되기 때문이다.

  예) 연설하기 전에 불안한 이유는 연설을 망칠까 봐 그런 것이 아니라 정신을 바짝 차리고 내가 훌륭한 일을 해낼 수 있도록 나를 스스로 긴장시키기 때문이다.

  예) 나는 정말 잘해냈다.

바. 자기점검

- 부적절한 행동은 기록하는 것 자체만으로 그 행동이 줄어들 수도 있다.
- 기록표의 예

〈표 46〉

1일	2일	3일	4일	5일	6일	7일	8일	9일	10일

이름 _____ 날짜 _____

고칠 행동 _____

//// 4회

사. 자기강화

* 어느 것이 가장 효과적일까?

교사가 강화 조건 결정, 학생이 결정, 우연히 강화.

아. 행동계약

* 문서로 치료자와 내담자가 무엇을 할 것인지 기록하는 것.

---

* ○○이와 ◇◇는 다음과 같이 수학 공부에 대해 계약을 한다.

◇◇이는 매일 5시 이전에 하기로 한 분량 중에서 3문제 이하로 비우고 모든 문제를 성실히 풉니다. 5시에서 6시 사이에 ○○는 학습지를 검토하고 열심히 공부했는지 확인하기 위해 2문제가량 시험을 봅니다.

학습지 검토에서 약속한 대로 성실히 되어 있으면?
 상: _____

학습지 검토에서 약속한 대로 되어 있지 않으면?
 벌: _____

시험에서 다 맞으면?
 상: _____

시험에서 한 문제라도 틀리면?
 벌: _____

일주일 동안 약속을 잘 지키면?
 상: _____

일주일 중 하루 이상 약속을 못 지키면?
 벌: _____

이 약속은 ○월 ○일부터 ○월 ○일까지 유효하다. 위의 약속을 잘 지켜 나갈 것을 다음과 같이 약속하고 서명한다.

○ 월 ○ 일	계약자　○○○　　인
	계약자　◇◇◇　　인
	증 인　☆☆☆　　인

- 약속한 대가는 즉시 지불되어야 한다.
- 조금씩 자주 보상을 받을 수 있도록 조건을 설정한다.
- 행동과 보상의 대가가 비슷해야 한다. "50개 낱말을 모두 받아쓰면 2분간 쉬는 시간을 주겠다."

- 계약 내용은 명확해야 한다.
- 정해진 시간에 충분히 해낼 만큼의 양이 좋다. 예) 콩쥐

체계적 탈감법

1) 불안 습득 과정에 대한 모델
- Mowrer, Miller and Dollard, and others

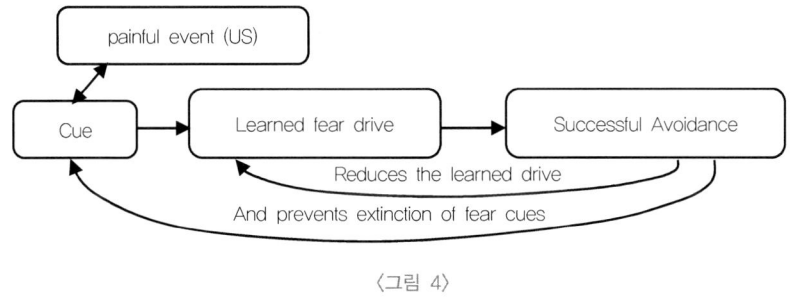

〈그림 4〉

2) 체계적 탈감법의 기본단계
■ 치료법에 대한 내담자 교육 및 이해
■ 긴장이완훈련 단계
- 치료자의 지시에 따라 온몸의 근육을 점차적으로 긴장했다가 푸는 과정.
- 치료자는 온몸이 따뜻해지고 긴장이 풀리고 평온해진다는 것을 언어적으로 암시.
- 근육을 긴장시켜서 풀 때까지 환자는 그 근육에 온 정신을 집중.
- 긴장을 풀 때는 갑자기 풀 것.
- 근육을 긴장시켰을 때와 긴장을 풀 때의 차이를 충분히 감상하도록 할 것.
- 제이콥슨의 점진적 이완 훈련을 응용 → 순서와 시간의 조절.
* 순서
제1회기 도입 단계에서는 긴장이완에 대한 설명과 팔의 긴장이완.

제2회기 머리와 코 주변.

제3회기 이, 혀, 이마, 눈 근처.

제4회기 목과 어깨.

제5회기 등과 배.

제6회기 허벅다리 아래.

■ 불안위계 작성
- 불안을 야기하는 자극을 분석하여 불안이나 회피의 정도를 증가시키는 목록을 작성.
- 위계의 최하위 항목은 불안을 일으키지 않는 상황일 것.
- 모든 사람이 다 느끼는 불안은 제외.
- 예) 시험 불안의 불안위계표(행동수정, p321).

■ 탈감 단계
- 긴장 이완 → 최하위 불안 상황 제시 → 충분히 상상할 만큼의 시간 경과 → 긴장 이완 → 다음 단계의 불안 상황 제시(단계별 반복).
- 불안을 느낄 경우: 상상 중지 → 이완 → 불안을 일으키는 자극을 약한 형태로 다시 제시하거나 한 단계 아래의 자극을 제시.

행동수정의 실제

1) 행동수정을 위한 상담의 절차
 (1) 내담자의 호소문제를 행동의 문제로 파악한다.
 (2) 부적응 행동의 변화를 위해 행동을 기능적으로 분석한다. 이를 위해 어떤 상황에서 그 행동이 일어나고 있고, 어떤 결과가 그 행동을 계속 유지하도록 하는가 등의 정보를 수집.
 (3) 상담자와 내담자 사이의 언어반응의 교환과정에서 상담자가 내담자의 행동적 표현에 대한 언어반응을 증가시킨다.
 (4) 목표를 설정하거나 상담과정과 결과를 평가하는 기준이 내담자의 행동 변화에 있다.

(5) 행동상담이 설정하는 상담목표는 기존의 상담이론들이 설정하는 상담목표와는 다른 특징을 갖는다.

2) 행동 수정 및 행동 수정 연구의 절차
(1) 목표 행동 설정
(2) 행동 측정의 방법
  - 성과측정법
  - 관찰기록법: 빈도기록법, 지속 시간기록법, 동간격 기록법, 시간표집법
  - 관찰자간 신뢰도
(3) 행동관찰 결과의 표현: 그래프 작성법
(4) 다양한 연구 설계 방법

3) 행동수정의 일반적인 절차
(1) 행동의 구체화와 세분화
  예) 행동수정은 조직과 개인의 부정적인 면과 잘못된 면들을 수정하고 보완하는 작업을 하는 것이다. 즉 행동 수정은 행동의 구체화와 세분화를 통하여 이루어진다고 볼 수 있다.
(2) 기초선 결정
  빈도, 시간 지속, 시간 표집, 각 조항들을 수집하고 조정함으로써 바람직한 방향으로 나가가려는 의지력과 상태를 말한다. 이것은 의외의 치료적 효과를 가져오기도 한다.
  예) 철수의 공격적 행동 → 실은 다른 아동과 별 차이가 없더라, 젖떼기를 연습시키는 엄마, 아이가 젖을 안 주면 몇 시간이고 운다. → 15분 정도 울더라, 수업 중에 네가 몇 번이나 자리에서 일어나는지 체크해 봐라. → 자리에서 일어나는 행동이 줄어들었다.
(3) 행동수정 전략의 설정 및 개입
  - 선행조건, 행동 자체, 후속결과 등을 관리한다.
  - 강화: 종류, 4가지 강화계획, 제공원리.

벌: 벌, 소멸, 타임아웃, 반응대가, DRL, DRO, DRI

Token Economy

행동형성법, 역순행동연쇄법, 용암법

관찰 학습, 자기 통제, 체계적 탈감법

- 동기가 유발되어야 한다: 강화에 대한 포만감을 방지해야 한다. 이를 위해서는 강화의 종류를 다양화하는 것이 좋다. Token의 사용도 좋은 대안.

- 궤도 수정을 할 때 고려할 점

첫째, 사용되고 있는 강화는 강력한가?

둘째, 강화가 충분히 주어지고 있는가?

셋째, 즉각 주어지고 있는가?

넷째, 강화를 받는 행동이 잘 세분화되어 혼돈을 일으키지 않고 있는가?

다섯째, 표적 행동이 별로 문제가 안 되는 행동은 아니었는가?

여섯째, 혹시 표적 행동을 다른 사람 혹은 환경이 강화시키고 있는 것은 아닌가?

(4) 끝내기

- 강화의 원리를 다른 행동에도 적용해 간다.

- 계속적 강화 → 간헐적인 강화로(그러나 완전히 중단하지는 말 것)

- 물질적 강화 → 사회적 강화로(물질적 강화는 점점 줄이고 사회적 강화를 증가)

더 궁극적으로는 내면화된 강화가 가장 강력하다.

ADHD(과잉행동, 산만성, 충동장애, 공격성)

(1) 정의

ADHD는 아동기의 가장 흔한 장애 중 하나로 학령기 아동의 약 3~8% (한 학급에 1-3명 정도)의 높은 출현율을 보인다. 여느 아이들도 때때로 부주의, 산만함, 충동성, 또는 과잉행동을 나타낼 수는 있지만, ADHD를 가지고 있는 아이들은 같은 나이나 발달 수준에 있는 다른 아이들에 비해 이런 증상과 행동들이 더 자주, 그리고 더 심하게 나타난다. ADHD는 만 7세 이전에 시작하며, 성인기까지 계속될 수 있다.

ADHD를 가진 아동의 구체적인 특성을 보면 다음과 같다.

① 과잉행동

과잉행동 아동은 허락 없이 자리에서 이탈하고, 뛰어다니고, 팔과 다리를 끊임없이 움직이는 등 활동 수준이 높다. 장시간 가만히 앉아 있어야 하는 상황에서는 신체 통제의 어려움을 느끼며, 손가락이나 다리를 끊임없이 움직이고 이상한 소리를 내기도 한다.

② 주의집중의 결함

어떤 자극에 적절하게 초점을 맞추고 두 가지 과제가 동시에 주어질 때 각각의 과제에 효율적으로 주의집중을 하고 어떤 변화를 탐지하고 그 변화에 반응할 준비상태인 경계심을 장시간 유지할 수 있는 지속적 주의집중이 필요하다. ADHD 아동은 경쟁 자극을 물리치고, 적절한 자극에 주의 집중하는 초기의 선택적 주의집중에서 결함을 보인다. 때문에 ADHD 아동은 비교적 노력을 들이지 않는 과제에서는 일반 아이들과 수행의 차이가 나지 않으나 높은 수준의 주의집중, 기억을 요히는 괴제에서는 일반아동이니 학습장애아보다 수행이 떨어진다.

③ 충동성

충동성은 반응을 억제하기 어렵게 때문에 생각 없이 혹은 생각하기 전에 행동하는 경향성을 말한다. ADHD 아동은 규율을 이해하고 알고 있지만 빨리 행동하려는 욕구가 자기 통제 능력을 압도하여 생각하기 전에 행동한다. 일반 아동은 3~4번의 부적절한 행동을 한 후 양육자의 분노와 벌에 의해 행동이 억제되지만 ADHD 아동은 경험을 통해서 배우지 못하고 계속 규율을 어기기 때문에 부모나 교사를 좌절시킨다.

④ 공격성

ADHD 아동의 충동성이 사회적인 문제와 공격성을 야기하기도 하는데 충동적인 아동은 줄 서기나 게임에서 자기의 차례를 기다리지 못하는가 하면 분노를 통제하지 못하고 부적절한 행동을 그대로 표출한다. 놀이집단에서 또래들보다 3배나 공격적이고 10배나 부정적인 말을 많이 하여 또래들로부터 거부당하는 것으로 밝혀지고 있다(Carison 등, 1987).

⑤ 교우관계에서의 어려움

대개의 아동들은 유아기에서부터 놀이를 통해 사회성 기술을 발달시키는데 비해 ADHD 아동은 주의집중 결함이나 충동성 때문에 이런 상호작용의 기회를 상실하게 되고 이로 인해 사회성에 결함을 나타내게 된다.

ADHD 아동들에게 흔히 나타나는 문제를 발달영역별로 제시하면 다음과 같다.

〈표 47〉

일반적 영역	특정 문제점
행 동	짧은 주의집중시간, 산만성, 쉼 없음, 충동통제 결여, 파괴성, 소란
사 회	또래관계 형성곤란, 지시에 대한 불복종, 공격성/거짓말/도벽, 호전성/공손치 못한 말, 자기통제결여/위험성 감수, 사회적 문제해결 능력 결여
인 지	미성숙된 내적 언어, 부주의와 산만성, 평균보다 낮은 지능, 양심의 결여, 행동의 결과에 대한 인식부족
학 업	지능에 비해 낮은 성취, 학습장애
정 서	우울, 낮은 자존심, 흥분성, 미성숙된 정서통제, 쉽게 좌절함, 예측 불가능/쉽게 변화됨
신 체	미성숙된 발육, 유뇨증/유분증, 호흡기 질환 및 중이염, 알레르기 발생률이 높음, 미세한 신체이상, 중추신경계 반응 둔화, 짧은 수면주기, 높은 통증 역치, 낮은 운동협응력

출처: Barkkley, R.A.(1981), Hyperactive children: A handbook for diagnosis and treatment, N.Y.: Guildford Press.

(2) 사례

진호(가명, 만 8세, 초등학교 2학년 남학생)는 수업시간에 집중을 하지 못하고, 다른 학생들과의 싸움이 잦아서 담임선생님을 비롯하여 다른 학부들이 불평을 많이 하였다. 수업 시간에 돌아다니고 다른 학생들과 이야기를 하고 딴청을 피웠다. 특히 싸움을 시작하면 말리는 친구들이나 선생님 등 가릴 것 없이 때리고, 책걸상 등을 집어 던지는 등 한 시간 정도는 수업을 할 수 없도록 만들었다. 조그만 일에도 이렇게 공격적인 행동을 하기 때문에 따돌림을 당하는 경우가 많다. 진호의 부모도 자연 진호의 양육 문제로 다투는 일이 많다. 진호 어머니는 진호에게 여러 가지 기대를 가지고 있어 이것저것 시켜 보려고 하는데, 그러다가도 진호가 문제를 일으키면 금방 회초리를 들거나 꼬집곤 하여 어머니에 대한 아이의 불만도 매우 커져 있는 상황이다.

(3) 문제의 원인

ADHD의 원인이나 기여요인으로는 다음과 같은 요인들이 있다.

① 유전적 요인: ADHD 아동의 30~40%는 부모나 형제 중에 주의력 결핍문제가 있는 것으로 보고되고 있다.

② 환경적 요인: 임신 시 태아의 상태가 주의력 결핍과 관련이 있다는 보고도 있다. 임신 시 임산부의 영양부족, 흡연, 과도한 스트레스, 감염 등이 영향을 줄 수 있으며, 조산이나 난산으로 인한 두부손상이 이러한 문제를 유발할 수도 있다. 또한 식품 첨가물이나 소금에 절인 식품, 많은 양의 정제설탕의 섭취 등 식품 첨가물의 알레르기성 반응이 과잉행동의 원인이 될 수 있다는 주장도 있으나 아직까지 과학의 근거는 미약한 편이다.

③ 뇌기능: 많은 학자들은 주의력 결핍이 선천적이며 신경생물학적 원인에 의해 생긴다고 본다. 과잉행동 아동의 뇌의 기본구조는 손상되지 않는 것처럼 보이나, 뇌기능에 있어서는 미세한 기능장애가 있는 것으로 나타났다.

④ 기타: 가끔 가정환경이 복잡할 때, 부모의 통제가 지나칠 때, 부모의 도덕적 훈련이 모자랄 때 아동이 산만해진다고 본다.

   - 진호의 성장 배경에서 ADHD에 기여할 수 있는 원인이 무엇이었는지 구체적으로 나타난 것은 없다. 다만 진호의 어머니는 임신 사실을 모르고 있다가 뒤늦게 알고 부랴부랴 결혼을 하였으며, 아이를 키우면서도 양육문제 때문에 심하게 다툰 적이 많았다고 한다. 현재도 진

호에 대한 일관성 있는 교육 방침이 없어 혼란스러운 상태이다. 이러한 과정은 앞의 ADHD의 원인 중 임산부의 과도한 스트레스, 임신인 줄 모르고 복용한 약물, 그리고 일관성 없는 부모의 양육 방침 등의 영향을 받을 수 있을 가능성을 나타낸다.

(4) 문제의 진단

① 지능검사

진호에게 KEDI – WISC 검사를 실시한 결과, 전체 지능 지수는 최우수 수준(130 이상)으로 나타났다. 또한 언어성 지능과 동작성 지능 간에는 통계적으로 유의한 차이가 나지 않았다. 동작성 소검사 간에는 분산도가 크지 않고 안정적이다. 그러나 언어성 소검사 간에는 차이가 보였다. 특히 언어적 이해력 요인(상식, 어휘, 공통성)이 산수(주의집중, 불안, 계산 기술)나 이해(실제적 정보, 사회적 성숙, 행동의 보편적인 표준에 대한 지식, 판단력)의 소검사보다 유의하게 높은 것으로 나타났다. 이상의 결과를 종합하여 보면 진호의 지능 수준은 매우 우수하나 집중력이나, 정서 및 태도의 안정성을 요하는 수행에서는 낮은 수행 능력을 보였다.

② 미국 정신의학회(DSM – Ⅳ, 1994)의 진단기준에 의한 평가결과

■ 주의력 결핍증상(9가지 중 최소 6개, ∨부분은 진호에게 해당되는 증상)
　__ 부주의로 실수를 잘 한다.
　__ 집중을 오래 유지하지 못한다.
　__ 다른 사람 말을 경청하지 못한다.
　__ 과제를 끝까지 못 한다.
　__ 계획을 세워 체계적으로 하는 데 어려움이 있다.
　__ 공부, 숙제 등을 싫어한다.
　__ 필요한 물건을 자주 잃어버린다.
　__ 외부자극에 의해 쉽게 흐트러진다.
　__ 해야 할 일을 자주 잊어버린다.

■ 과잉행동 및 충동 증상(9가지 중 최소 6개, ∨부분은 진호에게 해당되

는 증상)

__ 가만히 앉아 있지 못한다.

__ 자리를 뜬다.

__ 지나치게 뛰거나 기어오른다.

__ 활동에 조용히 참여하지를 못한다.

__ 끊임없이(목적 없이) 활동한다.

__ 지나치게 말이 많다.

__ 질문이 끝나기 전에 대답한다.

__ 차례를 못 기다린다.

__ 다른 사람의 활동을 방해한다.

ADHD 학교 평가 5단계

주의력결핍, 충동성 혹은/그리고 과잉행동성에 대한 교사의 의뢰

단계 I
선별
ADHD 증상에 대한 교사의 평정

단계 II
ADHD 다각적 평가
부모와 교사 면담
학교성적 검토
행동평정 척도
학교행동 관찰
학업수행 자료

단계 III
결과 해석
ADHD 증상의 수
연령, 성별 준거를 기초로 한 이상성
발병시기와 만성성
다양한 상황에의 만연성
기능장애 수준
다른 장애 요인 제거

단계 IV
치료계획 개발
다음을 기초로 한다:
ADHD 증상의 심각성
행동에 대한 기능적 분석
관련 질병의 유무
기존 치료에 대한 반응
지역사회자원

단계 V
치료계획 평가
평가 자료 간헐적 수집
치료계획 수정

〈그림 5〉

※ 상담 과정

① 관계 수립 및 문제의 평가

상담자는 진호는 물론 진호의 어머니와 안정적인 관계를 형성할 필요가 있다. 진호의 경우는 산만하고 과격한 아동에 대한 주위 사람들(선생님, 친구 등)의 부정적인 평가, 부모의 이중적인 태도(기대를 하면서도, 이해와 지지가 필요한 결정적인 시기에는 다른 사람과 같은 편이 되는) 등으로 자존감이 매우 저하되어 있거나, 정서적으로 매우 불안정할 가능성이 있다. 때문에 상담자가 구체적인 개입을 하기 전에 같은 편, 이해해 줄 수 있는 사람이라는 느낌을 갖도록 하는 것은 상담의 성패를 좌우할 수 있다.

아울러 진호의 가장 중요한 환경은 부모라고 할 수 있다. 그러나 진호의 부모 역시 ADHD 아동의 부모가 경험하는 좌절감과 상처를 안고 있을 가능성이 높다. 특히 어머니의 경우 진호에 대한 책임감, 제대로 되지 않는 것에 대한 좌절감 등을 안고 있으며, 아버지와 양육에 대한 관점의 차이로 인해 부부 관계 속에서도 지지보다는 부정적인 정서를 경험할 가능성이 높다. 상담자는 진호에 대한 체계적인 평가와 함께 구체적인 목표 수립을 통해 상담에서의 협력 관계(Working Alliance)를 구축해 갈 필요성이 있다.

② 목표의 수립

진호가 가지고 있는 충동 및 과잉 행동의 어려움을 극복하기 위하여, 자신의 행동을 조절하는 능력을 키우는 것이 가장 큰 목표라고 할 수 있다. 그러나 상담과정에서 구체적으로 어떤 문제를 다룰지 소수의 표적문제를 (Target Problem) 구체적인 협의하에 정할 필요성이 있다. 본 상담에서 정한 상담 목표는 다음과 같다.

- 학교에서 싸움을 하지 않는다.
- 수업시간에 공책 필기를 하여 집에 가져온다.
- 부모가 진호를 보다 잘 이해하고 효과적인 대처전략을 세울 수 있도록 조력한다.

학업 상황 기록지																
아동명	일 시							관찰자								
간 격 #:	1	2	3	4	5	6	7	8	9	10	11	12	13	14	15	
과제를 안 함																
안절부절못함																
T-R Vocal																
T-I Vocal																
제자리에 앉아 있지 못함																
간 격 #:	16	17	18	19	20	21	22	23	24	25	26	27	28	29	30	
과제를 안 함																
안절부절못함																
T-R Vocal																
T-I Vocal																
제자리에 앉아 있지 못함																

행 동	총 계	논평:
과제를 안 함	/30	
안절부절못함	/30	
T-R Vocal	/30	
T-I Vocal	/30	
제자리에 앉아 있지 못함	/30	
총계	/150	

♠ 그림 개정된 ADHD 행동 관찰 기록지.

③ 문제 해결을 위한 개입

■ ADHD 아동을 변화시키려면 '선택적 관심(긍정적 보상)' 및 '선택적 무시'를 사용하는 것이 좋다.

아동이 과제에서 벗어날 때는 무시하고, 과제를 수행할 때는 관심을 보이는 적극적 과정을 적용하는 것이다. 이렇게 되면 ADHD 아동은 처벌을 받지 않기 위해서가 아니라 칭찬받기 위해서 과제를 수행하는 긍정적 패턴을 개발할 수 있다.

만약 ADHD 아동이 과제에서 벗어날 때 '주의(부정적 강화)'를 주는 방법을 선택하게 된다면, 그 과제를 완성할 때까지 주의를 계속 주어야 한다. 비록 부정적 강화방법이긴 하지만 아동이 주의에서 벗어나는 유일한 방법은 오직 과제를 완성하는 것임을 계속해서 가르쳐 주어야 한다.

진호에게는 상담 시간에 진호에게 반드시 필요한 것 예를 들면, 집에서 제때 밥을 먹는 것과 등하교 시 인사하는 것 등을 할 것과 그에 대한 강화물로는 비디오테이프를 볼 수 있도록 하는 것 등을 컴퓨터로 직접 입력하여 문서로 출력하여 만들고 지장을 찍게 하는 등 행동 계약서를 만드는 과정을 통해 상담자가 진호의 긍정적인 행동에 관심이 있다는 것을 보여 주었다.

자기강화 프로그램에서 교사 및 학생 평정 준거 예시

평 정	수행 준거
5＝매우 좋음	전체 기간에서 모든 학급 규칙을 따름 학업에서 100% 정확도
4＝좋음	부분적으로 규칙을 어겼으나(예: 잡담 또는 자리 이동), 나머지 기간에는 규칙을 따름 학업에서 90% 이상의 정확도
3＝보통	전체 시간에 모든 규칙을 준수하지는 않았으나, 위반사항이 경미함 학업에서 80% 이상의 정확도
2＝보통 이하	하나 이상의 규칙을 심각하게 여겼으나(예: 공격적 행동, 소란), 규칙을 지킨 시간도 있음 학업에서 60－80%의 정확도
1＝나쁨	거의 모든 기간에 한 가지 이상의 규칙을 어기거나, 대부분의 시간에 정도가 심한 바람직하지 않은 행동을 함 학업에서 0－60%의 정확도
0＝매우 나쁨	모든 기간에서 한 가지 이상의 규칙을 어김 학업을 전혀 하지 않았거나, 정답을 전혀 하지 못함

■ 과제를 지시하려면 ADHD 아동이 성공할 수 있는 수준에서 시작하라

우선 아동의 문제행동을 분명하게 정의하고 평상시에 발생하는 정도(기저선)를 알아내는 것이 중요하다. 진호의 경우 가장 문제가 되는 행동이 학교에서 싸우는 행동이다. 선생님 또는 어머니를 통해 진호가 하루에 보통 싸우는 횟수가 얼마나 되는지를 먼저 조사할 필요가 있다. 다음으로는 진호가 그 평균 횟수를 벗어나지 않았을 경우 보상을 주다가, 차츰 그 수준을 높여가야 한다. 아울러 진호의 긍정적 행동 즉 싸우지 않고 친구와 노는 행동 등을 보일 때는 간헐적인 보상(예: 칭찬, 악수, 미소)을 제공할 수 있다. 하지만 어른의 기분에 따라 과제 수행 후 보상이 늦어지거나 처벌을 하는 것 같이 아동과의 약속기간 중 흐트러져서는 안 된다.

■ '인지적 자기평가' 방법을 알도록 한다(self - monitoring)

인지적 자기 평가란, 아동으로 하여금 자기 자신의 행동을 되돌아보게 하고 자기 자신에 대하여 반성하게 하여 적절한 행동을 스스로 조절할 수 있도록 도와주는 방법이다.

진호의 경우 상담자는 학교에서 싸움이 어떻게 일어나게 되는지에 대한 진호의 의견을 충분히 들었다(토론이 보다 활발하게 이루어질 수 있도록, 이 과정에서 입장 바꿔 보기나 역할 놀이 등을 적용해 볼 수도 있다.). 이 과정에서 진호는 싸움을 시작하게 되는 촉발 요인을 3 - 4가지(자기 물건을 건드리고, 놀리고, 툭툭 건드린다.) 정도 발견하였다. 상담자는 이에 대해 충분한 공감을 표시하고, 어떻게 하면 싸움을 줄여서 바람직하지 않은 결과를 피할 수 있을지에 대해 토의를 하였고 그 결과 진호는 앞의 촉발 요인이 발생해도 두 번까지는 참고 일단 그 상황을 피해 보기로 합의를 하였다. 그리고 이런 상황을 피해 싸움을 하지 않았을 경우 어머니에게 이야기를 해서 보상으로 조립완구를 받기로 하였다.

■ 부모 교육을 병행하여, 상담자와 일관성 있는 교육적 개입방법을 유지하도록 한다.

진호의 어머니와 지속적으로 상담을 진행하면서 다음과 같은 부모 교육을

실시하였다. 첫째, 집에서와 상담실에서 진호를 대하는 태도를 일관성 있게 하는 것이다. 이는 상담자와 어머니의 일관성을 의미하는 것이기도 하고, 어머니의 상담실에서의 태도와 집에서의 태도를 의미하는 것이기도 하다. 둘째, 상담자와 진호가 대화하고 상호 작용하는 것을 관찰하고(Modeling), 적절한 대화법을 연습하도록 한다. 셋째, ADHD 전반에 대한 자문을 제공하고, 약물사용, 행동조형을 비롯한 가능한 치료 전략에 대해 알려 준다.

ADHD 아동에 대해 반드시 알고 있어야 할 사전지식
* 또래보다 정서적으로 미성숙하다.
* 이러한 미성숙 혹은 부적절한 행동은 심리적이기보다는 신경학적 원인에 기인한다.
* 정확하게 잘하기 위해서는 또래보다 시간이 더 오래 걸린다.
* 원인결과 관계를 이해하는 데 시간이 더 오래 걸린다.
* 순서, 절차상의 혼돈과 신경학적 미성숙으로 인해 모든 것을 잘하기 위해서는 남들보다 시간이 더 오래 걸린다.
* 어떤 것은 잘하고 어떤 것은 못하는 것은 의도적이 아니다.
* 또래아이들과 모든 것을 똑같이 적용시키는 것은 공정한 것이 아니다.
* 완벽을 기대해서는 안 된다.

■ 교사가 ADHD 아동을 지도 시 주의할 점
ADHD로 진단된 아동은 다른 아이들보다 더 자주, 구체적으로 피드백을 주어야 한다.

잘못된 행동을 했을 때, 간단한 말 그리고 온화한 태도로 질책을 하는 것이 필요하다.

완성해야 할 숙제와 과제를 더 작은 단위로 쪼개어 할당한다. 초기에는 지루한 과제는 가능한 한 피한다.

보상이나 강화제는 싫증나는 것을 방지하기 위해 다양하게 할 필요가 있다. 직접 물어보거나 주의 깊은 관찰을 통해 보상 '메뉴'를 개발하는 것이 좋다.

④ 훈습

상담에서의 개입이 생활 전반에 효과를 미칠 수 있도록 진호와 진호 어머니에게 문제행동의 기초선 파악 및 강화와 벌의 체계적 투입 방법을 연습시켰다. 아울러 서로에 대한 이해를 심화시키기 위해 진호가 재미있어 하는 것, 진호 어머니가 진호에게 바라는 것 등을 써 보도록 하였다.

* 진호가 재미있어 하는 것: 조립, 양념치킨, 오락, 텔레비전, 장난치기, 전화하기, 낙서, 집 안 어지럽히기, 침대에서 뛰기, 북 치기, 피자, 햄버거, 콜라, 아이스크림, 과자.
* 진호 어머니가 진호에게 바라는 것: 제자리에 앉아 있기, 노트 필기 해 오기, 소란 피우며 싸우지 않기, 수업 방해하지 않기, 말리면 싸움 그치기, 책상 의자 집어 던지지 않기, 숙제 바로 하기.

⑤ 종결과 추수지도

- 목표에 대한 평가: 진호와 진호 어머니가 합의한 표적문제 중의 하나인 '학교에서의 싸움'은 주당 2~4회에서 1회 미만으로 줄어들었고, 수업시간에 공책 필기를 하여 집에 가져오는 것 등의 횟수도 증가하였다.
- 앞으로 남은 과제: 목표로 한 문제행동은 줄어들었지만 기질적인 성향으로 인해 다른 문제들이 발생할 확률이 높다. 따라서 부모의 지속적인 이해와 일관성 있는 개입이 지속되어야 한다.
- 추수지도: 상담에서 목표로 했던 행동이 재발되지는 않았는지, 재발되었을 때의 대처방안 등을 함께 이야기하고, 또 다른 문제행동들에 대한 개입방법에 대한 교육 및 제안 등을 실시할 수 있다. 본 사례의 경우 모두 5회의 추수지도가 있었으며, 문제행동의 재발은 없었다.

※ 불안한 아동(Anxiety, Nervousness)

철병이는 초등학교 4학년 남자아이이다. 철병이는 수업 시간에 다른 아이들이 손을 들어도 그냥 혼자 있는 경우가 많다. 손을 들거나 질문을 하는 대신 연필을 돌리거나 다리를 떨면서 불안한 마음을 행동으로 나타내는 경우가 많이 있다. 선생님과 둘이서만 이야기를 할 때는 조심스럽기는 하지만 그래도 묻는 말에 대답하는 것을 보면 학교에서 배우는 내용에 대해서도 상당한 정도로 이해를 하고 있는 것 같은데 질문이나 발표 등에 대해서는 심한 불안을 보인다. 또한 철병이는 새로운 곳에 가서 견학을 하거나 새로운 활동 등을 시작할 때 더 심하게 불안해하면서 손을 막 움직이거나 다리를 떠는 증상을 보인다. 선생님이 몇 번 주의를 주었지만 철병이의 이와 같은 증상은 그다지 달라지지 않는 것 같다. 선생님은 철병이가 좀 더 느긋해진다면 능력 발휘도 할 수 있고, 몸을 떠는 거슬리는 행동도 하지 않게 될 텐데라는 마음이 들어 안타깝다.

1. 이 사례에서 문제가 되는 행동은 어떤 행동입니까?

2. 이 사례의 A – B – C를 분석해 보십시오.

A:

B:

C:

3. 이와 비슷한 사례를 지도해 보신 경험이 있습니까? 그때 도움이 되었던 전략은 무엇입니까?

4. 이 사례에 대해 행동주의적인 접근을 하고자 한다. 어떤 방법으로 하면 될까요?

Tip: 문제행동설정, 기초선 형성, 목표 정하기, 개입전략의 수립, 개입에 대한 평가

■ 긴장될 때 이를 어떻게 풀어야 할지를 모르는 아동이라면……

1. 이완 훈련을 가르쳐 주도록 하라(수업시간 5~10분 할애, 또는 개인적으로 가르쳐 주기).
   ■ 전문가를 초빙할 것인가, 직접 할 것인가?
   ■ 긴장이완법의 훈련과정
     · 긴장하고 있는 상태가 어떤 상태인지를 구별해 보기: 긴장할 때 손은 어떠니? 목은 어떠니? 발은 어떠니? 긴장했다는 것을 느끼게 해 주는 신체적 사인을 자각하는 것이 중요.
     · 이완된 상태를 경험하게 해 주기: 손 하나에 대해서 해 보도록(10부터 거꾸로 세 보기, 한 손에만 집중하기, 완전히 힘 빼기, 숨 천천히 쉬어 보기, 이완된 상태에 머물러 보기)
     · 근육긴장이완법, 호흡법 등의 연습
     · 매일 5~10분 정도 연습: 시범 + 연습

2. 손을 떨거나 연필을 돌리는 등 매우 불안해하는 증상을 보이면?
   ■ 부드럽게 그러나 일관성 있게 교정해 준다. "철병아 손을 가만히 두어라. 손을 막 흔들면 선생님이 수업을 할 때나 친구들이 수업을 들을 때 방해가 된단다." 감정적이 되거나 너무 말을 많이 하는 것은 피하라.
   ■ 학생의 행동이 시작될 때 선생님이 바로 사인을 보내 행동에 대한 자각을 시켜 주는 것도 한 방법이다. 단 사전에 그 사인의 의미를 서로 정해 두어야 한다.
   ■ 자기 평가 해 보기

```
┌─────────────────────────────────────────────────────────────┐
│                      자기 평가 양식                            │
│                                                               │
│   이름_____  날짜_____  시간_____         │
│                                                               │
│     0 = 전체 시간 동안 손이 긴장하고 움직임                      │
│     1 = 매우 잠깐 동안 손이 가만히 있고 긴장을 푼 채 있었음       │
│     2 = 잠시 동안 손이 가만히 있고 이완되어 있었음               │
│     3 = 대부분의 시간 동안 손이 가만히 있고 이완되어 있었음       │
│     4 = 전체 시간 동안 손이 가만히 있고 이완되어 있었음          │
│                                                               │
│           월      화      수      목      금                    │
└─────────────────────────────────────────────────────────────┘
```

- 처음에는 기록했다는 것, 정확히 평가했다는 것 자체를 강화하고 칭찬해 줄 것.
- 처음에는 잘 고쳐지지 않는 것이 당연하다고 격려할 것.
- 30분 동안 성공적으로 있게 되었다면(10일 중 적어도 5일 점수가 3~4점) 시간을 한 시간으로 확장하라. 그리고 나서 한 시간 30분, 반나절, 하루 종일로 확대할 것.

3. 적절한 행동에 대해서 강화를 사용하라
  - 긍정적인 행동을 할 때 더 많이 칭찬하고 관심을 보여 주라.
  - 수업 시간에 보여 주었던 긍정적인 행동을 구체적으로 칭찬해 주라.
  - 간헐적인 보상을 통해 동기 부여를 시켜 준다. 강화목록이 있으면 좋다.

■ 자신감의 결여로 인해 불안해하는 아동이라면……

1. 앞에서 적용한 방법을 그대로 적용하고……

2. 자신감을 키워 주기 위해 학생의 강점과 관심을 살려 주는 것이 필요하다. How?
예) 그 학생이 관심 있어 하는 주제에 대해 더 알아보고 말을 걸어 본다.
   간단한 심부름을 시킨다.
   특히 그 학생의 재능을 활용해야 하는 일을 발굴해 본다.

3. 긍정적인 자기언어를 배우도록 한다.
- 자신감이 없을 때는 속으로 어떤 생각을 할까요?
- 진술문 바꾸어 보기 연습

부정적인 진술	긍정적인 진술
나는 너무 바보 같아	
나는 그런 일 못 해	
그 일을 실패할 거야	

- 학업에서의 성공을 경험할 수 있도록 해 주기, How?
예) 작은 성공경험 만들어 주기: 과제를 쪼개어 주거나 그 학생만이 할 수 있는 독특한 과제 해 보도록 하기.

■ 준비할 때 필요한 것들

1. 상황에 대한 충분한 정보를 수집하라: 일화노트(카드) 기록 – 언제, 어디서, 무엇이?

2. 부정적인 행동을 감소시키는 측면보다 긍정적인 행동의 증가에 초점이 있다는 것을 설명할 필요가 있다.

3. 부모는 언제 참여시킬까? 어떤 식으로?
- 만날 때 주의할 점: 중립적 시간, 대화할 수 있는 장소, 협조적 분위기 조성

4. 학생에게 그의 행동에 대한 규칙적이고 지속적인 피드백을 제공하라.

5. 개입을 중단하거나 변경하기 전에 최소한 2주 동안은 지속해 보라.

공격적 행동을 하는 아동

경식이는 초등학교 5학년 학생이다. 앞에 앉아 있는 아이를 연필 끝으로 찌르거나 머리를 잡아당겨 울려 놓는 일이 매우 흔하며, 사소한 일로 주먹질을 하는 경우가 하루에도 몇 번씩 된다. 선생님이 이야기를 하고 주의를 줘도 그때뿐이고 경식이 때문에 선생님은 하루에도 몇 번씩 곤욕을 치러야 한다. 경식이에게 맞은 학생을 달래거나 맞은 학생의 부모로부터 항의 전화를 받아내는 것도 쉽지 않은 일이다. 경식이 부모에게도 이야기를 해 보지만 경식의 부모도 경식이를 내놓았는지 별다른 반응이 없다.

1. 이 사례에서 문제가 되는 행동은 어떤 행동입니까?(아울러 협력적인 행동, 가벼운 공격행동, 심한 공격행동 등을 분류해 보세요.)

2. 이 사례의 A - B - C를 분석해 보십시오.

A:

B:

C:

3. 이와 비슷한 사례를 지도해 보신 경험이 있습니까? 그때 도움이 되었던 전략은 무엇입니까?

4. 이 사례에 대해 행동주의적인 접근을 하고자 한다. 어떤 방법으로 하면 될까요?

Tip : 문제행동 설정, 기초선 형성, 목표 정하기, 개입전략의 수립, 개입에 대한 평가

■ 비공격적인 방법으로 다른 사람들과 상호 작용하는 방법을 모르기 때문에……!!

1. 부적절한 행동에 대해서는 일관성 있게 반응하라
   ■ 가벼운 공격행동에 대해서는 가벼운 조치로 대응
   예) 휴식 시간 1분 박탈, 작은 반응대가.
   ■ 심한 공격행동이라면 무거운 조치로 대응
   예) 점심시간 15분 뺏기, 방과 후 학교에 남겨 두기 등.

2. 협동적인 행동이 무엇인지 가르치기(수업시간 활용, 또는 개인지도)
   ■ 역할놀이를 해 본다. 실제 상황이나 사건과 비슷한 시나리오를 설정하는 것이 좋다.
   ■ 가능하다면 매일 조금씩이라고 실시하는 것이 좋다. 최소한 매주 2번은 하는 것이 좋다.
   ■ 5~10분 정도씩이면 충분하다.

3. 적절한 행동을 하면 강화를 준다.
   ■ 배운 대로 해 보려는 노력 자체를 보상하라.
   ■ 상당히 오랫동안 바람직한 행동을 지속하면 간헐적인 강화를 준다.

4. 긍정적인 행동과 부정적인 행동에 대한 관심은 3:1 정도로
   ■ 이를 위해서는 먼저 상호작용에 대해 모니터를 해 보는 것이 필요할 수도: 카드에 긍정적 상호작용은 ＋로, 부정적 상호작용은 －로 표시해 본다.
   ■ 긍정적 상호작용의 예: 인사해 주기, 웃어 주기, 토닥여 주기, 칭찬해 주기 등.

■ 만성화가 된 학생이라면……

1. 위의 조치들을 실시한다.

2. 자기 평가를 해 보도록 한다.

	둘 또는 그 이상의 공격행동 0점	하나의 공격행동 1점	공격행동 없음 2점	공격행동 없고, 협조적 행동 보임 4점
8:30 - 8:45				
8:45 - 9:00				
9:00 - 9:15				
......				
하루 동안의 점수				

3. 체계적인 강화 프로그램을 실시한다.
　■ 강화목록을 작성해 본다. 우선순위도 매겨 본다.

■ 학급 전체에 적용하는 방법

1. 공격적인 행동, 협조적 행동 등에 대해 분류해 보는 작업을 해 본다. 아울러 가벼운 공격행동과 심한 공격 행동에 대한 반응 대가의 차이를 알게 해 준다.

2. 칠판이나 벽 같은 곳에 공격적 행동을 기록할 장소를 만들어 놓는다.
예) 학급에서 공격적 행동이 발생하면 스티커를 붙이는 것과 같은 방법 사용.

3. 다음 날의 목표 수행을 짜 보도록 한다. 현실적인 목표 설정하도록 돕기.

4. 강화
　■ 공격적 행동이 감소할 때
　■ 교실 전체에 대한 보상 실시……

■ 준비할 때 필요한 것들

1. 상황에 대한 충분한 정보를 수집하라: 일화노트(카드) 기록 - 언제, 어디서, 무엇이?

2. 부정적인 행동을 감소시키는 측면보다 긍정적인 행동의 증가에 초점이 있다는 것을 설명할 필요가 있다.

3. 부모는 언제 참여시킬까? 어떤 식으로?
• 만날 때 주의할 점: 중립적 시간, 대화할 수 있는 장소, 협조적 분위기 조성.

4. 학생에게 그의 행동에 대한 규칙적이고 지속적인 피드백을 제공하라.

5. 개입을 중단하거나 변경하기 전에 최소한 2주 동안은 지속하라.

15 Krumboltz의 사회학습이론과 사회복지상담

1) 이론의 배경

초기: Krumboltz, Mitchell, Geiatt(1975)

최근: Mitchell, Krumboltz(1990)에 의해 논의

Krumboltz의 진로의사결정에 대한 사회학습 이론은 교육적 직업적 선호 및 기술이 어떻게 획득되며, 교육 프로그램, 직업, 현장의 일들이 어떻게 선택되는가를 설명하기 위하여 발달된 이론.

강화이론, 고전적 행동주의 이론, 인지적 정보처리 이론에 기원을 둠.

특히 행동에 대한 일반적인 사회학습 이론을 기초로 개인의 성격과 행동은 그의 독특한 학습경험에 의해서 가장 잘 설명할 수 있다고 가정하면서

진로의사 결정에 영향을 미치는 요인들의 상호작용을 밝히고 있다.

2) 이론의 내용

(1) 진로결정 요인

① 유전적 요인과 특별한 능력(genetic endowments & special abilities)
개인의 진로기회를 제한하는 타고난 특질.
즉, 교육적·직업적인 선호나 기술에 제한을 줄 수 있는 자질.
- 인종, 성별, 신체적인 모습과 특징, 지능, 예술적 재능, 근육의 기능 등
  이 포함.

② 환경적 조건과 사건(environmental conditions & events)
환경에서의 특정한 사건이 기술개발, 활동, 진로선호 등에 영향을 미친다
는 것.
- 취업 가능한 직종의 내용, 교육훈련이 가능한 분야, 사회정책, 노동법,
  천재지변, 천연자원의 공급 및 이용가능 정도, 기술의 발달, 사회조직의
  변화, 가정의 영향 등이 포함된다.

③ 학습경험(learning experiences)
개인이 과거에 학습한 경험은 현재 또는 미래의 교육적 직업적 의사결정
에 영향을 미친다.
가. 도구적 학습경험(instrumental learning experiences)
과거의 학습 경험이 교육적 직업적 행동에 대한 도구로 작용하는 것이다.
어떤 행동이나 인지적 행동에 대한 정적인 또는 부적인 강화를 받을 때
나타남.
즉 어떤 사람들은 정적인 강화를 받게 되면 이와 관련된 행동을 반복하려
는 경향을 보인다.

(정적인 강화 관련 행동 반복⟹관련 기술 더 잘 숙지⟹행동 그 자체에 내적 흥미 갖게 됨).

일반적으로 도구적 학습경험은

선행사건(antecedents) ⟹ 행동(behavior) ⟹ 결과(consequences)의 순서에 의해 학습된다.

나. 연상적 학습경험(associate learning experiences)

이전에 경험한 감정적으로 중립인 사건이나 자극을 정서적으로 비중립적인 사건이나 자극과 연결시킬 때 일어남(예: 중병환자 → 병원치료로 회복 → 의사 희망)

간접적이거나 대리적인 학습경험도 영향 미침(타인 행동 관찰, 책, TV 등의 매체 – 개인은 지적이며 훌륭한 정보처리자)

④ 과제접근 기술(task approach skills)

개인이 환경을 이해하고 이에 대처하며 미래를 예견하는 능력이나 경향.

학습경험, 유전적 요인, 환경적 조건이나 사건의 상호작용으로 나타남.

문제해결기술, 일하는 습관, 정보수집 능력, 감성적 반응, 인지적 과정 등이 포함.

①, ②는 **환경적 요인** – 개인에게 영향을 미치나 일반적으로 개인이 통제할 수 있는 영역 밖에 있는 것으로 상담을 통해서 변화시키는 것 불가능.

③, ④는 **심리적 요인** – 개인의 생각과 감정과 행동을 결정. 상담자는 내담자의 이런 요인들의 영향을 이해하고 변화시키도록 도와주어야 한다.

(2) 진로결정 요인들의 결과

① 자기 관찰 일반화(self – observation generalization)

자기 자신의 직접적 간접적 수행이나 자신의 흥미나 가치를 평가하는 외현적 내면적 자기 진술을 의미하는데, 선행학습 경험에 의해 영향을 받을 뿐 아니라 새로운 학습 경험의 결과에 영향을 미침.

② 세계관 일반화(world – view generalizations)

학습경험의 결과 사람들은 자기가 살고 있는 환경을 관찰하고 이러한 일반화를 또 다른 환경에서 어떤 일이 일어날 것인가를 예측하는 데 이용할 수 있다(다양한 직업의 성격에 대한 일반화 – 봉사직에 종사하는 사람들은 본질적으로 마음이 따뜻해야 하고, 인간을 이해하기 위한 능력을 가지고 있어야 한다.).

③ 과제접근 기술(task approach skills)

환경에 대처하고, 자신의 관찰을 통한 일반화나 세계관 일반화와 관련지어 환경을 해석하고, 미래 사건에 대해 예견하는 인지적 능력, 수행능력, 감정적인 경향으로 작업습관, 감정적 반응과 같은 정신체계, 지각과 사고 과정 등을 포함.

- 중요한 의사결정 상황의 인식.
- 과제에 대한 현실적인 파악.
- 자기관찰 일반화와 세계관 일반화에 대한 검토 및 평가.
- 다양한 대안의 도출.
- 대안에 관한 필요한 정보의 수집.
- 매력적이지 못한 대안의 제거 등의 능력을 포함.

④ 행위의 산출(action outcomes)

학습경험 및 위 세 가지 결과로부터 나옴. 의사결정과 관련된 특수한 행위로 구성.

- 어떤 직무 또는 교육훈련에 지원, 대학에서 전공을 바꾸는 행위 등(일생에 걸쳐 일어남).

3) 시사점 및 평가

개인의 문제성 있는 신념과 일반화는 사회학습 모형에서 매우 중요 – 어떤 신념과 일반화가 생성한 내용을 밝히는 것이 진로결정 문제를 가지고 있는 개인에 대한 상담전략을 개발하는 주요 구성 요인.

- 상담자는 표현된 신념의 가정과 전제를 검토하고 대안적인 신념과 행동 과정을 탐색하는 것. 내담자로 하여금 자신이 가지고 있는 신념의 타당성을 충분히 이해하도록 도와줌.

4) 유의할 점들

① 사람들은 해결할 수 있는 문제가 존재한다는 사실을 인식 못 할 수도 있음(사람들은 대부분의 문제가 삶의 일상적인 부분이며 바꿀 수 없는 것이라고 가정한다.).

② 사람들은 결정을 하거나 문제 해결에 필요한 노력을 기울이지 않을 수 있음(사람들은 대안을 탐색하는 데 거의 노력을 기울이지 않는다. 또한 그들은 늘 똑같은 방법만 취하려고 한다.).

③ 사람들은 부적절한 이유로 잠재적 만족을 주는 대안을 제거할 수도 있음(사람들은 잘못된 가정으로부터 과일반화를 하고 잠재적으로 가치 있는 대안을 간과한다.).

④ 사람들은 부적절한 이유로 부적절한 대안을 선택할 수 있음(사람들은 잘못된 신념과 비현실적인 기대 때문에 잠재적인 진로를 현실적으로 평가할 수 없다.).

⑤ 사람들은 목표를 달성하기에는 스스로 무능력하다고 생각하고 불안해하거나 분노를 겪을지 모름(개인들의 목표는 비현실적이거나 다른 목표와 상충될 수 있다.).

5) 진로상담에서 나타난 이 이론의 연구자들의 주요 발견점

① 진로결정은 학습된 기술이다
② 진로선택을 했다고 주장하는 사람들도 도움이 필요하다(진로선택은 부정확한 정보와 잘못된 대안으로부터 이루어질 수도 있다.).
③ 상담의 성공 여부는 진로결정에서 내담자가 드러내 보인 기술에 의해 평가된다(결정 기술의 평가가 필요하다.).
④ 내담자는 다양한 집단으로부터 나온다.
⑤ 내담자들은 진입한 진로가 확실하지 않다고 해서 죄책감을 느낄 필요가 없다.
⑥ 어떠한 직업도 모든 개인에게 가장 좋은 것으로 보이지는 않는다.

정신분석이론을 적용시킨 사회복지상담은 앞에서도 다루었듯이 심리적인 면이 상당히 중요하게 자리매김을 한다. 이를 좀 더 구체적으로 다루면 다음과 같다.

정신분석적 치료기법을 이해하려면 먼저 정신분석이론을 알아야 한다. 정신분석이론의 두 가지 기본가정은 첫째, 심리적 결정론으로 인간의 모든 행동은 이전의 정신적인 사건에 의해 유발되거나 결정된다는 것으로 정신분석치료는 이와 같은 결정요인을 밝혀서 제거하거나 수정하고자 한다. 둘째, 무의식으로 심리 내적 힘의 역동은 다분히 무의식적인 것으로 이는 인생 초기에 주로 형성되며, 행동을 변화시키려면 무의식적인 욕구나 갈등의 요소들을 의식화(자유연상, 꿈의 해석을 통해)하고 이해하는 작업을 해야 한다. 정신분석이론에서는 인간의 성격구조를 원초아, 자아, 초자아의 삼원구조로 파악했으며, 인간은 이들 내적인 힘과 환경 사이의 끊임없는 역학관계 속에서 균형과 적응을 유지하는 존재라고 한다. 그리고 심리적 장애란 이들 사이의 균형이 깨지거나 심한 위협이 있어 적응하기 어려운 상태가 되는 것을 말한다.

프로이트는 꿈을 과학적으로 연구했다. 보통 동양에서는 꿈 해몽이라 하여 어떤 일을 암시하거나 상징을 부여하는 미신적인 걸로 여긴다. 꿈은 예로부터 많은 사람들의 관심의 대상이었다. 일반적인 우리가 생각하는 꿈 풀이와 프로이트의 꿈 풀이는 전혀 다른 것이다. 꿈은 누구나 꾸는 것이다. 꿈은 어떤 특별한 것이 아니라 늘 있는 당연한 보통일이다. 하지만 자기가 꾼 꿈이지만 왜 내가 그런 꿈을 꾸게 되었는지는 알지 못한다. 이것은 프로이트가 연구하는 신경증과도 일맥상통하는 부분이다.

신경증은 자신의 몸이 아프지만 왜 아픈지 알지 못한다. 하지만 꿈은 몸의 어딘가에서 이상이 나타나지는 않는다. 프로이트 전에 꿈에 대하여 알려진 사실은 외부자극에 의하여 꿈을 꾸거나 내부자극에 의하여 꿈을 꾸거나 최근 경험한 일에 대하여 꿈을 꾸는 등 세 가지 경우로 알려져 있었다. 외부자극에 의해서 꿈을 꾼다는 것은 꿈속에서 '누가 나를 부르는 줄 알았는데 일어나 보니 엄마가 나를 깨웠다.'는 것과 같은 일인 거 같고, 내부자극에 의해서 꿈을 꾸는 것은 자신의 몸속으로부터 나오는 자극 즉, 내가 화장실이 가고 싶은데 꿈속에서 화장실에 가거나 볼일을 보는 것과 같은 일들, 마지막으로 최근 체험한 일이란 실제로 내가 경험한 일을 꿈속에서 내가 똑같이 꿈꾸고 있는 것 같은 경우다. 이 세 가지경우로도 설명이 되지 않는 꿈이 많이 있었다.

프로이트는 이런 꿈에 대하여 두 가지로 정의하게 된다. 꿈은 신체적인 현상이 아니라 심리적인 현상이다. 이 말은 꿈이 어떤 자극에 의해서가 아니라 자기 자신이 만들어 낸다는 것이다. 두 번째 가정은 꿈을 꾸고 있는 사람은 사실은 자기 꿈의 의미를 알고 있지만, 자신이 그 의미를 알고 있다는 것을 모른다는 것이다. 즉, 사람의 마음에는 무의식적인 것이 있다는 가정이다. 프로이트는 꿈은 '무의식적인 것이 왜곡된 대리물'이라고 생각했다. 또한 꿈에서 나타난 표면적인 내용을 현재내용, 그 후에 감추어져 있는 것을 잠재사상이라고 명명하였다. 이렇게 되면 꿈에서는 잠재사상이 형태를 바꾸어 현재내용이 된다고 생각할 수 있다. 즉, 꿈을 해석한다는 것은 무의식적인 것을 발견하는 일이고 현재내용으로부터 잠재사상을 해명해 나가는 과정이라 할 수 있다. 프로이트의 무의식의 발견―"인간은 자신의 주인이 아니다. 왜냐하면 자신의 무의식을 알지 못하기 때문이다."―은 코페르니쿠스의 지동설과 다윈의 진화론과 더불어 과학의 3대 발견으로 해석되고 있다. 무의식이란 전적으로 의식 밖에 있기 때문에 전혀 알지 못하는 정신생활의 부분으로서 그 내용이 영원히 알려지지 않을 수도 있다. 전 생애 동안 경험한 모든 기억, 감정, 반응이 저장되는 영역으로 아무리 노력해도 생각이 나지 않는다. 부지중의 설명할 수 없는 행동반응이나, 농담, 말의 헛나옴 등으로 나타날 수 있으며, 가끔 그 일부가 전의식으로 넘어가 거기서 의식화되는 경우도 있다. 정신분석이론에 따르면 주로 이드와 초자아로 구성되어 있는 무의식의 내용은 행동과 사고의 결정에 아주 중요하다고 한다. 또한, 대부분의 방어기제도 이 무의식 부분이다. 대부분의 자료들은 억압이라는 기제를 통해 무의식 속에 들어가게 된다. 프로이트는 무의식의 증거로 말실수 망각, 꿈의 존재를 들었는데 특히 '꿈'은 무의식에 이르는 왕도이며 꿈의 해석을 통해 무의식의 자료들을 알 수 있다고 하였다. 이러한 꿈의 해석과 최면, 자유연상을 비롯한 무의식의 자료들은 정신분석 기법과 노력해야만이 무의식이 의식이 될 수 있으며 이러한 노력 없이는 현재의 행동을 무의식의 자료와 연결하여 인식할 수 없다고 하였다. 무의식에 내재한 욕구가 행동, 감정, 판단 및 대인관계에 근본적으로 영향을 미친다는 점은 상당히 근거가 있으며, 정신 병리적 상태에서는 무의식적 힘이 강하게 작용함을 뚜렷이 볼 수 있다. 자신이 모르는 무의식적 감정의 힘이 갈등을 일으킬 때 의식적으로는 모르지만 그의 행동과 사고의 결정에 중요한 역할을 하게 된다. 전의식은 당장은 필요치 않으나, 필요한 상황이 되면 저절로 또는 노력에 의해 기억될 수 있는 지각 내용들을 말한다. 출생 시에는 없으나 소아기에 형성된다. 소원이나 욕구를 통제하며 이를 이차적 사고 과정(Secondary process thinking)이라 한다. 외부 현실적 요구, 도덕기준, 가치관에 맞추어서 불쾌한 것을 피하고 본능적 욕구의 방출을 지연시킨다. 따라서 이는 현실 원리(Reality principle)와 밀접한 관계에 있다. 현재의 순간에 정신에 지각되는 모든 것으로 외부나 자기 신체나 정신으로부터 지각을 알아차리는 역할을 한다. 의식은 말이나 행동으로 표현할 수밖에 없는 주관적 경험이다. 프로이트는 카텍시스(cathexis)라고 하는 중화된 형태의 심리적 에너지를 이용하고 있다고 생각했다. 즉 어떤 사람이 생각이나 감정을 느끼고 있다면, 그 생각이나 감정에는 그가 심리적 에너지를 쏟아 붓고 있다는 의미라는 것이다. 의식이란 개인이 그 순간에 쉽게 알아차릴 수 있는 정신생활의 부분으로 노력 없이 알게 되는 모든 활동이며 깨어 있을 때 작용하는 의식의 부분으로서 인간이 합리적이고 신중하게 행동하도록 이끌어 준다. 그러므로 프로이트는 정신생활의 극히 일부분(사고, 느낌, 지각, 기억)만이 의식의 범위에 포함된다고 말하였다.

6) 의식과 무의식의 차이점

(1) 의식

의식은 보이는, 지금 이 순간에 지각되는 '나'의 모든 것이다. 정신의 2차 과정으로 개체의 안전과 이익을 도모하며 현실적이다. 시각적, 관념적 사유활동, 표상활동, 논리적, 계산적, 질서적, 경제적, 도덕적인 특징을 갖는다. 또, 외부세계에 대한 현실검증 지각활동을 한다.

(2) 무의식

무의식은 느껴지지만 결코 보이거나 지각되지 않는 '나'를 말한다. 정신의 1차 과정으로 쾌락원칙을 추구하고 본능적인 것과 연관이 있다. 정서적, 비논리적, 무시간, 비현실적, 비계산적, 비도덕적인 것 등 모순의 다반사가 이루어진다.

7) 성격의 구조

성격의 역동적, 구조적인 가정으로서 이드(본능, id), 자아(ego), 초자아(superego) 등의 3체계의 역동적, 구조적 개념을 설정하고 성격은 이드, 자아, 초자아로 구성된다고 하였다. 이것을 구조적 이론(structural theory)이라고 한다. 이 3체계의 정신적 구조는 각자의 기능, 활동원리, 고유성, 기전 등을 가지고 있으며, 또한 상호 밀접한 관계를 유지하고 있다. 정신이 건강한 사람은 이 3체계가 통합되고 조화를 잘 이룸으로써 환경에 잘 적응할 수 있게 되며, 3체계가 조화된 조직체로서 협동적인 사명을 다하지 못했을 때는 환경 간에 부적응을 초래한다고 하였다.

(1) 이드(id)

원시적인 생물적 충동을 이드(본능, id)라고 한다. 이드는 개체의 존속과 만족을 위한 생물학적 요구와 충동으로 구성된 본능, 즉 성격의 타고난 부분을 가리키며, 이드는 첫째, 생존에 필요한 음식 공기 물 영양분을 찾는 본능적 욕구로서의 기능과 둘째, 체온을 유지하고 신체조화를 유지하는 기능, 그리고 생식의 기능, 자기보전, 종족보존의 기능을 가진다. 이드가 지닌 본능적 욕구와 정서는 의존코자 하는 소망과 공격적인, 그리고 싸우거나 겁나면 도망가는 fight – or – flight 성향, 또 성적(性的)인 것이 있다. 이드의 충동은 자아의 힘이 약화되었을 때 의식세계의 공상이나 증상으로 나타날 수도 있으나 보통 때의 이드는 무의식에 잠겨 있다. 프로이트는 원시적 욕망이 쾌락원칙(pleasure principle)의 지배를 받는다고 하였는데, 이는 개인으로 하여금 현실을 고려하지 않고 본능적 욕구의 즉각적인 만족을 얻기 위해 쾌락원칙을 따라 행동하게 만든다고 하였다. 이 쾌락원칙이 목적하는 바는 사람으로부터 긴장을 해소케 하거나 긴장의 강조를 저하시킴으로써 가능한 이를 벗어나려고 한다. 긴장은 항상 고통과 불쾌를 경험하고, 누구나 여기서 해방될 때 쾌감과 만족을 경험케 된다. 이러한 이드에 의해 나타나는 사고를 일차과정(primary process thinking)이라고 하는데, 이는 무의식적 사고과정으로서 불쾌를 피하고 욕구를 만족시켜 해소하는 방향으로 생각하는 것이다. 사고내용은 자유롭게 변화하거나 압축되거나 대치되고 상징으로 나타나거나 하며, 상반된 생각들이 공존하며 정상적인 시간개념이 없다. 이드는 인간이 외계로부터 경험을 갖기 전부터 내적으로 가지고 있던 것이며 선천적인 것이라고 하였다. 그러므로 이드는 생물적인 소산으로 성격의 가장 기초이며 자기의 충동을 충족하기 위해 환경과 싸우게 되는데 이 때문에 자아(ego)가 발달한다. 이드는 청소년기가 되면 생물학적 변화에 뒤따라 그 힘이 일시적으로 커지고, 여자에게서는 다시 폐경기에 한 번 더 커진다. 성인에게서 자아가 약화하면 이드의 내용물이 의식세계에 스며들어 환상의 형태를 타고 나올 수 있고, 심하면 정신병(psychosis)까지 올 수 있다. 이드는 모두 무의식의 영역에 있다.

(2) 자아(ego)

자아란 우리가 의식적으로 조정할 수 있는 마음의 부분이며, 우리가 사는 현실(외계)과의 관계를 수립하는 마음의 부분이다. 따라서 자아는 환경과의 접촉에 의해서 현실을 감지하는 데서 형성되기 시작한다. 즉 자아는 그 현실에 맞도록 개인을 조정해 가는 집행부분(executive part)으로서 감각을 통하여 외계를 지각하고, 따라서 지각, 사고, 기억, 감정, 행동 등을 통해서 환경과 접하며, 평가, 판단, 타협, 해결, 방어 등 성격의 일면을 이루고 있다. 그리고 맹목적인 이드의 충동과 초자아(superego)의 양심과, 사회환경으로부터의 영향에 대해 중재자로서 기능하여, 허락될 수 있는 행동으로 향하도록 하기 위해 억압 등 방어기제를 사용한다. 이는 개체로 하여금 객관적 현실을 이해하고 판단력을 갖게 하는 현실파악(reality testing)을 기초로 행동하는, 의식적인 성격기능으로 합리적인 사회생활을 하게 하고 사회규범을 따르게 하는 부분이다. 이를 현실원칙(reality principle)이라 하며, 현실원칙이란 즉각적인 충동의 만족을 연기하는 대신에 자아에 의해서 더욱 큰 쾌감을 갖는 것을 목표로 한다. 그 결과 나타나는 사고과정을 이차과정 사고(secondary process thinking)라 한다. 이차과정 사고의 행동 양식은 즉각적인 욕구만족은 다른 더 나은 목적을 위해 연기될 수 있고, 논리에 따라 행동하고 상반된 생각들의 공존이 허용되지 않도록 하며, 감정보다 이성에 의해 행동이 결정된다. 자아는 부모와의 닮음, 즉 동일시(identification)에 의해 완성되어 가며 성인으로 발달함에 따라 더욱 성숙한다. 자아의 힘이 크고 또 성숙해야 인간은 원하는 삶을 바르게 살 수 있다. 자아가 개체로 하여금 이치에 맞게, 현실에 알맞게 사회적 욕구에 적합하게 기능할 때 그 자아를 강한 자아(strong ego)라고 한다. 이러한 강한 자아의 소유자는 이드를 승화, 조절하여 생활에 잘 적응해 나간다. 성숙한 자아는 융통성이 있다. 반대로 약한 자아의 소유자는 융통성이 없는 반복되는 방어를 되풀이해서 신경증적(neurotic), 정신증적(psychotic) 증상을 나타내거나 성격상의 결함을 노출시키게 된다.

(3) 초자아(superego)

초자아란 자아의 기능을 관찰하고 평가하는 마음의 부분으로, 쉽게 말해 양심, 도덕심과 같은 것이다. 초자아는 사회적인 현실과 관계되는 자아경험에서 발달된다. 초자아는 첫째, 자아로 하여금 본능의 직접적인 표현을 막고 무의식적인 이드의 충동에 대한 여러 가지 방어기제를 쓰게 하는 양심이며, 이는 '……하면 안 돼!'라는 금지가 주된 부정적 성질을 가지고 있는데, 대부분이 무의식에 속하고 일부가 의식에 속해 있다. 둘째, 그 개인이 동일시하려는 사람과 비슷한 양상의 행동을 하게 되는 자아 이상(ego ideal)이라고 하는 것으로 이는 '누구처럼 되어야지.'라고 자아가 갈망하는 그런 것으로 긍정적인 성질을 갖는데, 대부분이 의식에 속하고 다만 일부만이 무의식에 속한다. 다시 말하면 양심은 초자아에 비해서 의식적인 데 반해 초자아는 의식적이며 무의식적인 면도 있다. 또한 양심은 경험, 죄 등에 의해 이루어지는 것으로 부모가 도덕적으로 좋지 않다고 하는 것에 대한 자녀들이 가지고 있는 개념이고, 초자아는 부모가 도덕적으로 좋지 않다고 하는 것에 대한 자녀들이 가지고 있는 개념이고, 또한 부모들이 도덕적으로 선이라고 생각하는 것에 아이들이 가지는 개념이다. 즉, 초자아는 남근기에 부모와 사회의 금지와 도덕규범을 동일화하고, 자아가 발전하는 과정에서 생겨난다. 초자아는 자아의 행동에 대해 감독자 검열자로서 기능하므로 이드만큼 자아에 대해 위협적 존재가 된다. 자아의 에너지는 성격의 3체계를 통괄하며 내부의 조화와 외부환경에 적응토록 한다. 성격형성에 있어서 3체계의 에너지 양은 일정하다. 즉, 자아가 에너지를 많이 소유하면 자아가 강해지고 따라서 이드나 초자아는 약해진다. 성격의 역동성이란 성격을 통하여 에너지의 양에 변화를 가져와 3체계 사이의 균형의 차이에 따라 그 사람의 행동이 결정됨을 의미한다. 예를 들어 초자아에 의하여 에너지가 지배를 받으면 지나치게 양심적인 사람이 되고, 이드에 의하여 에너지가 지배를 받으면 충동적인 사람이 된다. 우리는 에너지가 어느 체계에 있느냐에 따라서 그를 평가할 수 있다. 역동적 이론에서는 성격형성의 결정시기를 출생 후부터 아동기까지라고 보고 있다. 초자아가 약하거나 그것에 빈 구멍이 생기면 그는 반사회적 성격의 소유자로 된다. 반대로 너무 강하면 그는 피학적인, 늘 수심과 초조해하는, 자신 없이 우물쭈물하는, 할 말을 당당히 못 하는, 자신을 억제하는, 고루한 성격의 소유자가 된다.

8) 심리성적 성격발달이론

(1) 리비도

정신분석에서는 어린 시절의 성격발달 과정을 중시힌다. 어린 시절에 원초아의 성 욕구를 어떻게 충족시키고 욕구의 좌절에 어떻게 반응하는가에 따라서 성격의 형성이 영향을 받는다. 프로이트 이론에서 리비도는 개인의 성 본능에 내재하는 에너지의 힘을 뜻하는 용어로서 삶의 힘 또는 심리에너지를 개인의 쾌락에 어떻게 사용하느냐에 따라 성격발달이 제각기 다른 모습으로 나타난다고 보았다. 이러한 에너지가 집중적으로 투자되는 신체 부분을 성감대라고 하는데, 이때 신체의 모든 부분이 성감대가 될 수 있지만. 쾌락의 각 시기에 따라 가장 많이 추구되는 선택 부위에 의해 구순기, 항문기, 남근기, 잠복기, 성기기로 나누었다. 하지만 아동에 있어서 가장 중요한 성감대는 입(구순기), 항문(항문기), 성기(남근기) 부분으로 이 시기를 가장 중요하게 여겼다. 이를 연대기별로 구분하여 기술하면 다음과 같다.

① 구강기(0∼18개월)

본능적 생활의 가장 초기 단계가 구강기(oral phase)이다. 이 시기가 구강기로 불리는 이유는 리비도적 만족의 주 근원이 섭식과 그 기능에 연결되는 기관―입, 입술과 혀―에 집중되어 있기 때문이다. 아기는 자궁으로부터 외부세계로 나오는 순간부터 급작스러운 환경변화와 미성숙한 탄생으로 인해 출생과정에서부터 출생 직후에 이르기까지 출생불안을 지닌다. 아기의 외부세계에 대한 최초의 리비도 자극들과 활성화는 입을 통해 이루어진다. 이 시기는 입의 가장 중요한 리비도 만족 대상인 젖가슴을 탐닉하는 기간이다. 젖가슴은 배고픔, 갈증을 해소시켜 주는 동시에 빠는 즐거움을 비롯한 따스함을 제공하는데 여기에 엄마의 따스한 응시, 냄새, 소리가 결합된다. 프로이트는 "만일 어린 아기가 표현할 수만 있다면 어머니의 젖가슴을 빠는 행위가 인생에 있어서 가장 중요한 일이라는 사실을 의심할 여지없이 인정할 것이다."라고 말한 바 있다. 프로이트는 빠는 행위 자체가 또한 쾌감을 준다고 생각했다. 이것이 바로 아기가 배고프지 않으면서도 손가락이나 다른 물건을 빠는 이유이다. 프로이트는 이러한 쾌감을 자기애적(autoerotic)이라고 불렀다. 즉 아기가 자신의 손을 빨 때, 이는 자신의 충동을 다른 사람에게로 향하는 것이 아니라 바로 자신의 몸을 통해서 만족을 얻는 것이다. 구강기 동안 정신적 기구의 기본 지향은 좋은 것은 입으로 삼키고 나쁜 것은 즉시 입 밖으로 뱉어 내는 것으로 쾌락원칙에 의해 살아가게 된다. 초기 구강 욕구가 과다하게 좌절당한 사람은 비관론자가 되는 반면, 만족된 사람은 낙관적인 견해를 갖는 경향이 있다.

② 항문기(18개월∼3세)

젖 떼임 이후에 리비도의 집중이 입에서 항문으로 이동하게 됨으로써 관심의 초점 또한 이동을 하게 되어 항문 부위가 아동의 성적 관심의 초점이 된다. 항문기는 쾌와 리비도적 만족의 주 근원이 변을 보유하고 배설하는 것과 관련된 활동에서 유래한다. 항문의 직장 점막을 변이 훑으며 배설될 때에 느껴지는 쾌감에 관심이 집중되고, 걷는 능력과 어느 정도 혼자 있을 수 있는 능력이 생기게 된다. 자신의 육체에 대한 어느 정도의 통제능력과 더불어 자기애적 성향을 지니게 되며, 최초의 통일된 자아 이미지를 지니게 된다. 또, 음식을 먹고 몸이 커지면서 자신의 몸속에 있는 것들에 대한 호기심을 지니게 된다. 이 시기에 최초의 규범 요구인 배변 훈련 요구를 받게 되는데, 배변의 조절은 수동성에서 능동성으로의 이행을 의미하고, 부모의 배변 교육상 겪는 갈등은 양가성(Ambivalence)을 부각시킨다. 동시에 분리, 개별화, 독립을 향한 갈등도 생긴다. 항문기는 부모에게 의존하던 것과, 부모의 통제로부터 벗어나 독립하는 중요한 시기이다. 배변을 통제하지 못함으로 인하여 지나친 수치나 자기의심을 겪지 않아야 자율성과 독립을 성취하게 된다. 항문기 성격 특성이 가장 잘 나타나는 것은 강박 신경증이다. 질서정연, 완고함, 규율엄수, 외고집, 근검절약은 항문기 성격의 고착에서 보인다. 이와 반대로 방어에 실패하면 우유부단, 양가적 태도, 지저분하고, 규율에 반항적이거나 가학성이나 피학성을 나타낸다.

③ 남근기(3세~6세)

남근기는 인간에게 가장 중요한 사회적 인격의 특성이 형성되는 시기이며, 성에 관한 신경증의 핵심 원인들이 이 기간에 발생한다. 프로이트는 이 시기에 오이디푸스콤플렉스(Oedipus complex)를 경험하면, 이 때문에 남근기가 성격발달에서 결정적으로 주요한 의미를 갖게 된다고 보았다. 아이들의 성에 대한 관심은 자연스럽게 이성의 부모, 즉 어머니를 소유하고자 하는 욕구로 인해 거세불안(castration anxiety)을 경험하게 된다. 아동이 이성의 부모를 소유하고자 할 때는 동성의 부모에게 처벌받는 것이 두려울 뿐만 아니라, 동성의 부모가 자신에게 주는 사랑을 잃을 것이라는 두려움도 같이 경험하게 된다. 즉 사랑하는 대상을 상실할지도 모른다는 불안이 있고, 이러한 불안을 해소하는 타협책이 동성의 부모와 동일시를 하는 것이다. 이 시기의 아동은 성숙한 부모의 도움으로 세대 간 구분을 이해하고, 부모의 금지와 기대가 내재화되면서 오이디푸스콤플렉스도 해소된다. 이러한 과정을 통해 건강한 성 정체감의 형성, 초자아와 자아의 발달, 삼자관계의 수용에 의한 건강한 관계를 맺을 수 있는 능력의 발달이라는 긍정적인 결과를 낳게 된다. 오이디푸스기를 지나게 되면, 잠재기를 거쳐서 성기기의 단계로 넘어가는데, 만일 이 시기에 오이디푸스콤플렉스를 잘 해결하지 못하면 이후의 심리적 성장과 적응에 문제가 생길 수 있다.

④ 잠복기(6세～12세)

전형적으로 대략 6세경에 오이디푸스콤플렉스가 해결될 때, 아동의 경쟁심이나 근친상간적 욕망들은 일시적으로 저변으로 가라앉게 되는 잠복기에 들어서게 되는데 이 시기 동안에는 오디푸스적 근심들로부터 비교적 자유로워지게 된다. 즉 잠복기는 오이디푸스콤플렉스(Oedipus complex)의 해소 이후에서 사춘기까지를 말한다. 잠복기라는 말에서 알 수 있듯이 이 시기에는 성적(性的)이고 공격적인 환상들이 대부분 잠복상태에 있게 된다. 즉 무의식속에 단단히 붙잡히게 된다. 프로이트는 이 시기의 성적(性的) 억압은 매우 전반적인 것이어서 오디푸스 시기의 감정이나 기억뿐만 아니라 구강기와 항문기의 것까지도 모두 억압된다고 보았다. 이제는 위험스러운 충동이나 환상들이 내부 깊숙한 곳에 갇혀있으므로 아동은 그것들에 대해 지나친 걱정을 하지 않게 되어 이 시기는 비교적 평온한 상태를 유지한다. 일반적으로 잠복기의 아동들은 새로운 침착성과 자기통제를 소유하게 된다. 이 시기는 초자아(Superego)의 형성과 자아(Ego)의 성숙으로 본능적 충동을 상당히 통제 가능한 상태가 된다. 또한 동성간의 교류와 리비도 에너지와 공격적 에너지(libidinal & aggressive energy)가 스포츠나 게임, 지적(知的) 활동들과 같은 구체적이고 사회적으로 받아들일 수 있는 일에 그들의 에너지를 전환시킬 수 있을 만큼 자유롭다. 이 시기에는 성적역할, 오디푸스적 동일시(oedipal identification)가 더욱 통합된다.

⑤ 성기기(12세 전후)

사춘기의 시작에서부터 성인이 되기 직전까지를 말한다. 생리적인 변화와 더불어 성 기능의 성숙, 호르몬 변화로 성 본능이 강화된다. 이에 의해서 그

동안 형성된 성격구조의 퇴행과 과거의 발달단계에서 생긴 갈등이 다시 재개되면서 해결의 기회를 가지게 되고 이러한 감정들은 현실적으로 실현할 만큼 충분히 성장해 있다. 프로이트는 사춘기 이후 개인의 주요과제는 '부모로부터 자유로워지는 것'이라고 하였는데 이 시기에는 부모로부터 독립하고 성숙된 이성간의 대상관계를 성취한다. 자신의 성격에 대한 정체감을 가지고 사회의 기대 문화적 가치를 가지고 새로운 적응과 통합을 이루게 된다. 이 시기의 병리현상은 매우 다양하고 복합적이다. 이러한 성적 발달과정에서 좌절하거나 과도하나 만족을 얻게 되면, 특정한 발달단계에 고착되어 성숙한 성격으로의 발달이 저해될 수 있다. 뿐만 아니라 성정한 후에도 심한 좌절을 경험하게 되면 만족스러웠던 이전 발달단계로 퇴행할 수도 있다.

9) 인격의 발달

(1) 의식(consciousness)

어떤 순간에 사람들이 알거나 느낄 수 있는 모든 경험과 감각을 포함한다. 프로이트는 정신생활의 극히 일부분만이 의식의 범위에 포함된다고 보았다. 사고, 지각, 느낌, 기억 등이 의식에 속한다. 의식은 사람들이 생리적 욕구나 심리적 욕구, 또는 외부 자극이 있을 때 그 대상에 집중함으로써 발생하는 것이다. 이런 경험은 잠시 동안일 뿐 사람들이 주의를 다른 곳으로 바꾸면 의식은 빨리 전의식이나 무의식으로 사라져 버린다.

(2) 전의식(前意識 preconsciousness)

어느 순간에는 의식되고 있지 않지만, 조금만 노력하면 곧 의식될 수 있는 정신세계를 말한다. 그래서 전의식을 '이용 가능한 기억'이라고도 한다. 길을 가다 만난 고등학교 동창생의 이름, 지난주에 있었던 일, 자기의 생년월일, 부모의 고향, 자기가 좋아하는 음식과 같이 조금만 신경 쓰면 알 수 있는 정신세계를 전의식이라고 부른다. 프로이트는 전의식이 무의식과 의식 영역을 연결해 주는 다리 역할을 한다고 보았다. 예를 들어 정신요법에서는 무의식 내용이 전의식으로 나오고 또 그 다음에 의식이 된다. 반대로 일상 생활에서의 의식은 주의가 집중되지 않으면 전의식으로 사라지고, 그 다음에 더 깊은 무의식으로 된다.

(3) 무의식(無意識unconsciousness)

인간 정신의 가장 깊고 중요한 부분이다. 프로이트는 사람들의 의식 밖에 있는 무의식이 정신세계의 대부분을 차지하며, 사람들의 행동을 지배하고 행동 방향을 결정한다고 믿었다. 무의식이란 말 그대로 자기 자신에 대한 인식이 없는 상태이다. 그러므로 단지 꿈, 실수, 실언, 신경증, 환상 등을 분석함으로써 그 내용을 파악할 수 있다. 또 무의식적 내용들은 변장되고 상징화된 형태로 나타나기 때문에 정신분석을 통하지 않으면 알 수가 없다. 프로이트는 이러한 사실을 어떻게 알아냈을까? 환자들에 대한 임상 경험과 프로이트 자신을 분석하는 자기 분석을 통해서였다. 무의식의 내용과 그 과정을 분석하는 것은 정신분석의 핵심이다. 또한 그러한 관점은 사람들의 정신과 행동을 이해하는 데 가장 중요한 수단이기도 하다. 우리가 무의식을 이야기할 때 한 가지 염두에 두어야 할 사실이 있다. 그것은 프로이트가 처음으로 무의식을 강조한 사람은 아니라는 점이다. 이미 18세기와 19세기에 많은 철학자들이 무의식적인 경험이 행동에 영향을 미칠 수 있다고 주장했다. 그러나 프로이트는 그런 철학자들과는 달리 무의식 세계를 좀 더 과학적, 경험적으로 연구했으며, 무의식이란 추상적이고 가설적인 존재가 아니라 구체적이고 검증할 수 있는 현실이라고 주장했다. 이처럼 프로이트는 정신 세계를 층으로 구분하고, 가장 깊은 곳에 있는 무의식을 강조했기 때문에 프로이트의 정신분석을 심층 심리학(depth psychology)이라고 부르기도 한다. 바다에 떠 있는 빙산은 거대하다. 하지만 수면 밖으로 드러나 보이는 것은 그 일각에 불과하고 대부분은 물속에 잠겨 있다. 인간의 정신세계도 빙산처럼 대부분은 의식으로 떠오르지 않고 무의식에 잠겨 있다. 심층 심리학은 이 같은 무의식을 연구하며, 일상적인 정신생활을 무의식으로 설명하려는 심리학을 심층 심리학이라고 한다.

10) 프로이트의 정신분석 치료

(1) 치료과정

정신분석적 치료의 목표는 내담자의 무의식적 내면세계의 갈등을 의식화시켜 개인의 성격구조를 재구성하여 적응적이고 문제해결적인 자아의 기능을 강화시키는 것이다. 정신분석에서는 무의식화 되어 있는 갈등, 불안정, 좌절의 요소들을 자유연상과 꿈의 해석 등을 통해 의식화시키고 이러한 의식화 과정을 통해 내면의 억압된 감정과 긴장이 발산됨으로써 통제불능이던 불안 및 갈등적 심리를 약화 또는 진정시키는 것이 주요 치료과정이다. 즉, 억압된 욕구 충동의 좌절이 너무 강할 때는 다른 방식으로 의식에 나타나는데, 그러한 방식 중의 하나가 심리적 장애이며, 심리치료과정은 무의식화 되어 있는 갈등의 요소들을 의식화하는 작업과정이라고 할 수 있다.

① 치료목표
· 무의식을 의식화.
· 자아를 강하게 하여 행동이 본능의 요구보다는 현실에 바탕을 두도록 하는 것.

② 상담자의 기능과 역할
분석가들은 전이 관계를 촉진시키기 위해서 자기 노출을 거의 하지 않고 중립성을 유지하고 전이 관계에 있어서는 내담자가 그들에게 투사를 한다. 치료사들은 자신에 대해 거의 말하지 않고 개인적 반응을 하지 않아야 되며 해결하지 못했거나 억압한 사상에 뿌리를 두고 있는 투사는 방앗간에 갈 곡

물(분석해야 할 일)이며 이를 분석하는 것이 치료의 핵심.

③ 기능
· 내담자가 사랑하고 일하고 노는 자유를 획득하도록 돕는 것.
· 내담자에게 그들이 문제를 통찰하고 변화를 위한 방법을 더 잘 인식하고 그리하여 생을 보다 합리적으로 통제할 수 있도록 돕는 것.

④ 역할
· 환자와 상담관계를 형성해야 한다.
· 환자의 저항에 주목을 해야 한다.
· 많은 경청과 해석을 해야 한다. → 적절한 시기를 결정하며 내담자의 말의 불일치나 말의 차이를 감지하고 보고된 꿈과 자유 연상의 의미를 추론하고, 치료과정 동안 주의 깊게 관찰하고, 자신에 대한 내담자의 느낌의 단서에 민감해야 한다.
· 치료과정의 구조화 → 내담자 문제의 실제적인 본질을 파악할 수 있다.

⑤ 상담에서의 내담자 경험

⑥ 고전적 정신분석
자유연상을 통해 내담자 자신의 감정, 경험, 연상, 기억, 환상 등을 보고
∵ 반응에 대한 분석가의 표정을 내담자들이 읽을 수 없도록 하고 이렇게 함으로써 투사를 고무하게 됨.

⑦ 상담자와 내담자의 관계
가. 전이 과정으로 개념화. 정신분석적 접근의 핵심.
→ 전이는 내담자가 과거의 중요 타인에게서 느꼈던 긍정적, 부정적 감정이나 환상을 전이시켜 무의식적으로 치료자에게로 이동시킨 것. 내담자가 과거의 관계에서 풀지 못했던 일을 치료자에게 기인하는 것.
나. 치료가 효과를 가지려면 전이 관계를 훈습해야 한다.
→ 훈습 과정은 무의식의 자료와 방어 기제를 탐색하는 것. 초기 아동기

에 근원이 있으며 반복적 해석과 정하의 탐색으로 이루어짐.

다. 역전이의 발생

→ 부적절한 감정이 있을 때, 치료다작 비합리적 방법으로 반응할 때 혹은 자신의 갈등이 일어나서 치료관계에서 객관성을 잃었을 때 특히 내담자를 어머니, 아버지, 애인인 것처럼 대할 때 일어나는 현상.

(2) 정신분석적 치료의 여섯 가지 기본적 기법

① 자유 연상

정신분석 치료의 핵심기법. 자유연상은 무의식적 소망, 환상, 갈등, 동기로의 문을 열기 위해 사용하는 기본적 도구이다. 이 기법은 때로는 과거 경험들을 회상시키고 때로는 차단되어 있던 강한 감정들을 해발시킨다.

자유연상은 정신분석적 방법의 본질과 핵심 그 자체이다. 분석가는 자유스러운 분위기와 내담자가 편안한 마음을 가지도록 유도한 후 카우치(couch)에 누워서 마치 여행자가 창밖에 스치는 경치를 감상하듯 의식의 흐름을 자유롭게 말하게 한다. 내담자의 마음 깊은 곳에 숨겨진 비밀이나 원망(願望) 혹은 환상이나 꿈 등을 지금 여기에서 내담자의 의식에 떠오르는 내용들을 아무 말이나 자유롭게 말하게 한다. 이때 내담자를 카우치에 눕도록 유도하는 것은 이처럼 내담자의 마음에 일어나는 생각들을 자유롭게 말할 수 있도록 내담자를 가능한 한 이완시키기 위해서이다. 이렇게 함으로써 가급적 내담자가 분석가를 대면할 때 생길 수 있는 전이현상이나 저항의 감정들을 최소화시키기 위한 프로이트가 개발한 정신분석의 고유한 기술이다. 카우치 이용은 성적, 공격적인 면에서 수동적인 사람, 특히 상징에 민감한 환자는 제외시키는 것이 좋다. 자유연상 기법에서는 내담자가 합리적이고 조직적인 뜻이 담긴 대화 내용을 의식적으로 만들지 않게 하면서 그의 마음에 떠오르는 사고나 생각들이 어떤 식으로 연관되어 있는가, 또는 이해할 만한 것인가에 상관없이 어떤 것이나 다 말하도록 격려된다.[10] 이런 모든 연상들이

---

10) Calvin S. Hall, 『프로이트 심리학 입문』, 편집부 역(서울: 성우, 1998), p.194.

결국에는 내담자의 삶 속의 중요하거나 억압된 어떤 부분에 이르게 된다. 내담자가 생각이나 감정에 대한 관습적 통제를 떨쳐 버리도록 격려되는 분위기 속에서 내담자의 방어가 약화됨에 따라서 그의 연상들은 점차적으로 중요한 자료에 이르게 된다. 자유연상은 무의식적 소망, 환상, 갈등, 동기로의 문을 열기 위해 사용하는 기본적 도구이다. 이 기법은 과거 경험들을 회상시키고, 때로는 차단되어 왔던 강한 감정들을 해발(海拔)시킨다. 연상에서의 차단이나 두절은 불안을 야기하는 자료의 단서가 된다. 분석가는 내담자에게 그 자료를 해석해 줌으로써 의식하지 못했던 근원적 역동을 내담자가 더 잘 통찰하도록 한다.[11]

프로이트는 치료에 있어서 가장 중요한 것은 그 순간에 내담자 마음의 표면을 주로 차지하고 있는 것을 분석가가 알아야 하는 것이며 어떤 콤플렉스와 저항이 강한지, 이에 대한 어떤 의식적 반응이 내담자의 행동을 지배할 것인지를 알아야 한다고 하였다. 분석가가 회기 동안 질문이나 이야기도 할 것이다. 그러나 분석가가 알고자 하는 연결의 망을 파괴하지 않으려고 이야기를 한다면, 연상들의 공통요소를 발견할 수 없으며 연상의 흐름을 방해하고 또한 말한 것에 대한 반응을 자극하는데, 이는 연결이 부서진 연상의 단편을 모으는 것을 의미한다. 또한 분석가는 주요문제, 역동의 핵심, 주요한 정서적 힘들, 본질적 문제, 과거력에 대해서도 알아야 하며 동시에 이러한 통찰과 이해, 지식의 조망을 가지고 각 회기마다 완전히 새롭고, 편견 없이, 이전에는 환자를 본 적이 없었던 것처럼 오늘은 무엇이 나올 것인지, 예의 바른 관심으로 경청해야 한다.

② 해석

해석은 분석자가 꿈, 자유연상, 저항, 치료 관계 자체에서 나타나는 행동의 의미를 내담자에게 지적하고, 설명하고 가르치는 것이다. 해석의 기능은 자아가 새로운 자료를 동화하고, 더 많은 무의식적 자료를 드러내도록 가속화

---

11) Gerald Corey, 『심리상담과 치료의 이론과 실제』, 조현춘 외 2인 역(서울: 시그마프레스, 2002), p.172.

하는 것이다. 해석은 자유연상이나 꿈, 저항, 전이 등을 분석하고 그 속에 담긴 행동상의 의미를 내담자에게 지적하고 설명하는 기본적 절차이다. 해석을 통해서 내담자는 의식하지 못했던 자료를 분명히 이해할 수 있게 된다. 정신분석은 내담자 자신이 치료과정을 통해 스스로에 대하여 깨닫는 것이 주가 되지만 내담자의 말과 행동 양상을 토대로 그의 심리상황을 해석해 주는 분석가의 역할도 중요하다. 해석은 정확해야 되며 내담자가 이를 받아들일 만한 적절한 시기를 잘 판단해야 한다. 분석가는 매 회기에서 모든 연상에 포함된 공통요소를 추적해서 주제를 알아보려고 노력해야 한다. 즉 매 회기의 무의식적 주제를 내담자에게 의식화시켜 주어야 한다. 분석가는 모든 연상들이 공통으로 가지고 있는 주요 동기들에 관심을 두면서 가장 중심적이고 현재적으로 해석되어야 할 것을 알아내야 한다. 해석은 다음의 네 단계로 나눌수 있다. 첫째, 내담자를 어떤 특정 사실이나 체험과 직면(confrontation)하게 한다. 직면은 잘못 고정된 사고를 하는 내담자에게 새로운 견해를 제시하는 것이다. 내담자는 직면을 통해 저항하거나 화를 낼 수도 있기 때문에 분석가는 부드럽고 무비판적 태도로 해야 효과적이다. 둘째, 직면한 사실이나 사건, 의미 등을 더 날카롭게 초점을 잡아 명료화(clarification)한다. 셋째, 분석가는 여러 상황과 정보, 그리고 무엇보다 지금-여기에서 일어나는 일들을 헤아려 보고, 짐작한 것과 유추한 것 등의 의미를 종합적으로 추론하여 내담자에게 전한다. 넷째, 내담자는 무의식의 자료와 방어를 탐색하는 훈습(working through)과정을 통해 전이관계를 극복하고 해결해 나가야 하며, 과거의 행동 유형을 해결하게 되고, 새로운 선택을 할 수 있게 된다.[12] 해석은 연상의 내용보다는 방어나 저항을 먼저 분석하여 해석하며, 또한 의식적인 것에서 무의식적인 것으로 해석해 들어가야 한다. 너무 급하게 무의식 내용을 해석하는 것은 효과를 내기보다는 저항을 강화할 가능성이 있다. 내담자가 치료에서 충분히 진전되지 못했거나, 어떠한 해석에 대해서 준비되지 못한 경우에는 해석을 거부하게 되므로 해석시기를 적절하게 살펴야 한다.

---

12) 윤순임, 『현대상담·심리치료의 이론과 실제』(서울: 중앙적성, 1995), p.63.

③ 꿈의 분석

꿈의 분석은 무의식적 자료를 드러내고 환자가 해결하지 못한 문제들을 통찰하도록 하는 중요 절차이다. 꿈을 통한 자유연상은 무의식적 욕구를 찾아내고 내담자가 해결되지 않는 문제들에 대한 통찰력을 얻게 하는 중요한 절차이다. 내담자로 하여금 꿈의 요소들로부터 자유롭게 연상하게 하면 대리물로서의 상(像)들이 나타난다. 그러면 분석가는 내담자에게 그중에서 은폐된 것과 일치하는 것을 찾아가도록 한다.[13] 꿈은 억압되어 온 정신 내용이나 자아의 방어적 활동에 의해 의식에서 제외되고 배출되지 못했던 정신 내용들로 내담자를 이끌어 준다. 연상은 꿈의 요소에 관한 여러 가지 연상과 함께 결부되어서 그 연상을 일으키는 자극이 중단될 때까지 영향을 받는데 이것이 이름이나 숫자, 멜로디에 대한 자유연상의 동기와 의의를 설명해 주는 것이다. 예를 들어 여성들과 교제가 많았던 어떤 청년이 오직 하나의 이름 알비네라는 이름이 떠올랐고, 그 이름과 청년과는 무관하며 그 이름의 사람도 알지 못했다. 청년은 더 이상 아무런 연상도 떠오르지 않았으며 분석이 실패로 끝난 것처럼 보였다. 청년은 남자치고는 너무나 하얀 얼굴을 갖고 있었으며 프로이트와 청년은 청년의 체질에 혹시 여성적인 요소는 없을까 규명하는 연구를 하고 있었다. 그 가정은 청년 자신이 바로 알비네(알비노 - 흰둥이)라는 사실로 나타났다. 청년의 흥미를 끌고 있던 여성은 알비네, 즉 바로 그 자신이었다. 모든 연상들은 어떠한 방식으로든 꿈과 관계가 있으며 또한 꿈은 자유연상과 관계가 있다. 꿈을 개념적 요소로 분리하고, 이 각각에 대해 자유연상을 얻는다. 각 연상의 공통요소를 분별하고 원래의 표현내용으로 전체를 다시 모은다. 이러한 방식은 꿈의 감정적 의미에 도달하기 위한 것이며, 이는 분석시간의 연상에서 잠재되어 있는 감정적 의미에 도달하는 것과 같다.

④ 저항의 분석과 해석

저항은 치료 진행을 방해하고 내담자가 무의식적 자료를 생각해 내는 것

---

13) 강영계, 『정신분석 이야기』(서울: 건국대학교 출판부, 2001), p.234.

을 저지한다. 저항에 대한 분석가의 해석은 내담자가 저항을 해결할 수 있도록 하기 위해 내담자 저항의 이유를 인식하도록 돕는 데 그 목적이 있다. 분석과정에서 분석가가 유의할 사항 중 중요한 것은 저항과 전이, 역전이라고 할 수 있다. 분석가는 자유연상 시 내담자에게 발생하는 저항, 전이를 분석하여 해석해 줌으로써 통찰이 일어나도록 하여야 한다. 전이와 역전이는 보다 구체적으로 알아보기로 하고, 여기서는 내담자의 저항에 대해 살펴보고자 한다. 저항은 치료의 진전을 방해하고 분석가에게 협조하지 않으려는 내담자의 무의식적인 행동을 말한다. 저항은 억압했던 무의식적 자료를 의식의 표면으로 가져오는 것을 주저하는 것이다. 저항은 현 상태를 유지시키고 변화를 막는 모든 생각, 태도, 감정, 행동을 말한다. 프로이트는 저항을 억압한 충동이나 감정이 인식되려고 할 때 야기되는 견디기 어려운 불안을 방어하려는 것으로 보았다.

저항은 불편하지만 익숙해 있는 정신생활을 버리고 새로운 적응방식으로 살아야 한다는 것이 두려울 때, 무의식이 표면으로 올라와 성공적으로 치료되면 지금까지 자신이 누려 왔던 욕구 충족을 버려야 한다고 생각될 때, 무의식적 갈등을 직시하게 되는 것이 두려울 때 주로 발생한다.[14] 저항은 치료시간을 잊어버리거나, 아무 생각도 떠오르지 않는다거나, 분석가에게 내면세계를 보이는 것이 두려울 때 침묵 등의 형태로 저항을 니티낸다. 침묵저항에서는 분석가가 무슨 생각을 하고 있는지 현재의 생각을 묻거나, 내담자 자신이 침묵을 깨고 연상을 계속할 때까지 기다려 준다. 분석가는 내담자의 저항에 대해 인식하고 분석하여 저항에 주의를 환기시킨 다음, 분석가가 수용할 수 있도록 배려하면서 해석해야 한다.

⑤ 전이의 분석과 해석

전이의 분석은 정신분석의 중심 기법이다. 왜냐하면 그렇게 함으로써 내담자가 현재 기능에 대한 과거의 영향을 통찰할 수 있기 때문이다. 전이 관계의 해석은 지금 그들을 고착시키고 정서적 발달을 지연시키는 옛 갈등을

---

14) 이무석, 『정신분석에로의 초대』(서울: 이유, 2003), pp.258 – 259.

훈습할 수 있도록 해 준다.

전이란 내담자의 입장에서 분석가에게 향하는 정서적 태도의 진행과정을 말한다. 또한 하나의 대상이나 사람으로부터 경험을 통해 연관된 다른 대상이나 사람으로 방향을 바꾸는 것을 가리키는 일반적인 뜻으로 사용하기도 한다.[15] 오해: 정신분석치료의 부작용으로 '전이'를 생각하는 일반인들이 있다. 그것은 내담자가 영화 속에서 정신분석가와 사랑하는 것만 생각하기 때문이다.[16] 비교: 전위, 전치(displacement) 평상시와 다르게 정서가 엉뚱한 다른 방향으로 옮겨 가는 것을 말하며 일반적으로는 대상이 옮겨지는 것을 가리킨다.[17]

⑥ 프로이트가 말하는 전이

프로이트는 전이란 분석 작업이 진행되면서 일깨워져서 자각하게 된 자극과 공상의 복제라고 하며, 이때 과거의 어떤 인물이 분석가로 대체되는 현상이라고 했다. 분석에 있어 전이는 필수적인 사항이며 증상의 마지막으로서 이 부분을 다루는 작업이 가장 어렵다고 지적했다. 분석가는 전이를 보이는 내담자의 흥분을 극복하면서 내담자가 자발적으로 애정과 호의에 가득 찬 전이를 치유하게 도와야 한다. 그렇지 않으면 내담자는 자신에게 우호적이지 않은 상담자를 떠나 마음의 문을 걸어 잠근다는 것이다. 정신분석에서 가장 커다란 장애물로 보이는 전이는 매번 그 진상을 파악하여 내담자에게 알려 주기만 하면 정선분석의 가장 강력한 보조수단이 된다. 프로이트가 전이에 대해 이야기하게 된 것은 '도라'의 분석에서 그녀가 예상보다 빨리 분석을 중단하게 만든 것이 '전이'를 제때에 파악해서 반응하지 않았기 때문이라고 반성했다. 도라가 K 씨 집을 떠나려고 하며 상담을 그만두겠다고 했을 때, '당신은 이전에 K 씨에게 가졌던 감정이 나를 보면 되살아난다고 느낍니까'라고 말했어야 한다는 것이다. 정신분석은 '무의식'으로부터 대개의 정신현상이 나온다는 것을 전제로 하는 학문이며 치료이다.[18] 이 무의식의

---

15) 데이비드 스태포드 클라스, 『한권으로 읽는 프로이트』, 최창호 역, 푸른 숲, p.274.

16) 한국일보, 2004. 4. 10. 메디컬피플.

17) 한권으로 읽는 프로이트, p.276.

18) 이시형, op.cit., p.59.

발견으로 프로이트는 인류문화에 발자취를 남기게 되었는데 무의식으로 향하는 하나의 길이 자유연상인 것이다. 꿈이 자신의 의도와 상관없이 일어나는 일인 데 비해 자유연상은 내담자가 분석가와 함께 협력하는 가운데 이루어지는 것이다. 자유연상을 통해 삶 속에 묻힌 아픔과 고통을 끄집어내어 의식화하는 일은 흥미 있는 일이라 아니 할 수 없다. 그 가운데 정신분석의 과정 중 흔히 잘못되어 나타나는 현상으로 여겨지는 감정전이와 역전이를 상담과 치료의 중요한 기법으로 사용하는 것은 또한 큰 발견이라 여겨진다. 감정전이가 본격적으로 일어나면 신경증보다 새로 생긴 감정에 대해 더 많은 생각을 하게 된다. 즉 새로운 감정 (인위적 신경증)을 극복하여 원래 병인을 제거하는 것이다.[19]

　　역전이 역시 치료적 과정에서 유해한 것으로 여길 필요는 없다. 예를 들어 '성가시다'는 역전이를 감지한 상담자는 내담자가 요구적이라는 것을 알 수 있다. 이렇게 분석에서 탐색만 잘된다면 매우 유용하게 사용할 수 있는 것이 역전이인 것이다.[20] 이를 통해 억압을 드러내고 잊힌 기억을 충전시켜, 더 이상 무의식이 병리를 조정하지 못하도록 하는 정신분석은 그 원리와 과정에 있어 분석가의 과중한 수고와 노력을 요한다.

참고문헌

강영계, 『정신분석 이야기』, 서울: 건국대학교 출판부, 2001.
김충기외 공저, 『현대상담이론과 실제』, 서울: 교육과학사, 2001.
김종환, 『상담사역론』, 경기: 서울신학대학상담대학원, 2003.
이무석, 『정신분석에로의 초대』, 서울: 이유, 2003.
이시영 외 공저, 『이시형과 함께 읽는 프로이트 2』, 서울: 중앙 M&B.
윤순임, 『현대상담·심리치료의 이론과 실제』, 서울: 중앙적성, 1995.

---

19) Ibid., pp.91 – 190.
20) 심리상담과 치료의 이론과 실제, op.cit., p.101

Lean J. Saul, 『정신역동 정신치료』, 이근후 외 2인 역, 서울: 하나의학사, 1986.
민성길, 『최신정신의학』, 일조각, 2005.

16 사회복지조직의 특수성과 복지상담

① 조직의 원료가 인간이다: 사회적·도덕적 정체성 지님.
② 불확실한 목표: 다양한 사회집단 및 공식조직이 나름대로의 가치체계
　와 목표설정.
③ 불확실한 기술: 인간을 상대로 하는 기술이기 때문에.
④ 핵심적 활동은 직원과 클라이언트의 관계로 구성.
⑤ 전문성을 갖고 있는 직원들에 점점 더 크게 의존.
⑥ 효과성을 신뢰성 있고 타당성 있게 측정할 척도가 부족.

1) 사회복지 행정의 개념 및 범위

(1) 협의의 개념

* 관리자에 의해 수행되는 상호의존적인 과업과 기능 및 관련 활동 등의
　체계적인 개입과정.
* 사회사업의 한 개입방법.

(2) 광의의 개념

* 사회정책을 사회복지 서비스로 전화시키는 데 필요한 사회복지조직에
　서의 총체적인 활동, 사회과학적 지식 활용.

2) 사회복지 행정의 필요성 및 중요성

* 기획(planning), 조직(organizing), 인사(staffing), 통제(controlling), 지도(leading).

◉ Gulick의 관리(행정)의 7가지 기능

* POSDCORB

Planning(기획)/Organizing(조직)/Staffing(인사)/Directing(지시)/ Coordinating (조정)/Reporting(보고)/Budgeting (예산)

3) 사회복지행정과 다른 행정의 비교

(1) 공통점

① 문제 확인, 문제의 제 측면 연구, 해결 가능한 계획의 개발, 계획의 수행, 효과성 평가 등의 문제해결 과정
② 상호 관련되고 상호 작용하는 부분들의 체계
③ 행정의 과정(process)
④ 창의적인 활동
⑤ 프로그램, 서비스 및 직원들을 조직화
⑥ 공의(public will)를 실행
⑦ 관리운영의 객관화와 인적 자원의 활용 간에 적절한 균형 유지

(2) 차이점

① 지역사회 내의 인지된 욕구 충족
② 서비스의 3가지 범주
 · 손상된 사회적 기능의 회복

· 좀 더 효과적인 사회적 기능을 위해 사회적·개인적 자원의 제공

· 사회적 역기능의 예방

③ 지역사회를 대표하는 이사회를 갖고 있음

④ 조직의 크기, 범위, 구조 및 프로그램 형태는 광범위, 다양성

⑤ 내부운용과 지역사회의 관련시킬 책임

⑥ 자원활용에 관한 부단한 선택

⑦ 조직의 생존을 위한 적자운영을 피해야 함.

⑧ 전문사회사업적 성격 증대

⑨ 모든 직원이 행정과정에 참여하고 어느 정도까지는 전체 조직 사업에
영향

4) 사회복지행정의 일반적 가치

(1) 인간: 사물인가? 또는 살아 있는 존재인가?

(2) 인간: 동물인가? 또는 신과 같은 존재인가?

(3) 인간개개인의 독자성 추구

(4) 인생의 의미 추구: 사회복지조직과 체계는 인간들이 그들의 삶의 질을
개선하기 위한 노력을 지지하는 환경을 창조하기 위해 형성

(5) 개개 인간의 창조적인 잠재력

5) 사회복지행정가의 관리행동

(1) 수용

(2) 관심과 보호: 직원들과의 대화, 겸손함

(3) 창의성 발휘: 복지향상을 위한 새로운 혁신에 적극적

(4) 민주성 발휘: 집단과정을 존중·협력

(5) 신뢰

(6) 인정(approving): 칭찬

(7) 개인적 균형과 조화의 유지: 신체적·정신적 원만함

(8) 기획

(9) 조직화: 사회복지조직은 효과적인 권한과 책임의 계선(系線)을 따라 움직이는 효율적인 구조

(10) 우선순위 결정

(11) 위임: 직원들에게 책임과 권한 부여

(12) 지역사회 및 타 전문직과의 관계 유지

(13) 의사결정

(14) 행동 촉진 및 조장: 지시하지 말고 지지

(15) 의사소통: 비언어적 의사소통도 중요

(16) 직원발전의 촉진: 보상과 성취에 대한 완전한 인정

(17) 동기부여

6) 사회복지 행정의 역사

- 사회복지 행정의 역사 – 사회복지행정의 중요성과 사회복지의 방법론의 관계를 이해.
- 사회복지 행정이 사회복지학 분야에서 가장 먼저 발전한 미국을 중심.
- 미국
  1단계: 명목상의 인정 단계
  2단계: 사실상의 인정 단계
  3단계: 정체의 단계
  4단계: 도전과 발전의 단계
- 한국
  1950년대 및 이전(미인식 단계)

1960 – 70년대(명목상 인정 단계)

1980 – 90년대(실질적 중요성 인식 단계)

7) 사회복지행정의 과제

(1) 미국의 역사

① 명목상의 인정 단계(1900 ~ 1935년)

* 사회복지 행정은 20세기 초반까지도 전문직의 실천형태로서 사실상 인 정받지 못함.

* 행정의 필요성을 인식한 학자.

  - Abbott: 개별사회사업의 지식뿐 아니라 리더십에 관한 지식 필요.

  - Hagerty: 개별사회사업에 치중된 것을 비판, 사회복지 행정 실무자 들을 위한 교육주장.

  - Dunham: 개별사업의 지식과 기술 습득 + 행정에 대한 지식과 기술 습득.

  → 행정을 간접적인 방법, 직접적 실천의 보조적인 방법으로 인식.

* 1914년 – 사회사업 교육의 교과과정 속에 사회복지 행정이 최초로 나타남.

* Milford 회의(1929) – 사회사업의 기초적 기술을 가르칠 전문가 훈련 학 교의 교과과정으로 개별사업, 집단사회사업, 지역사회조직사업, 사회조 사 및 행정을 제안.

* 교육을 담당하는 사람들이 행정의 필요성을 인식하면서도 행정업무나 행정가의 역할 등 구체적인 내용을 확립하지 못하였다.

② 사실상의 인정 단계(1935 ~ 1960년)

* 사회복지 행정이 사실상의 사회사업 실천방법으로 대두.

* 연방긴급구호청(1934)

* 사회보장법(1935)

* 공적부조제도: 공무를 담당할 인력수요 급증

* 2차 대전 이후 사회복지 행정발전의 노력

　　－ 사회복지행정과 일반행정과의 차별성 인정

　　－ 사회복지해정과 개별사회사업의 지배적인 가치와 방법을 연결

　　→ 행정은 행정가에 의한 일반적 권한의 행사가 아니라 직원·이사
　　　회·자원봉사자·회원 및 수혜자 등을 포함하는 모든 집단과 이해
　　　당사자들에 의해 책임을 함께 나누는 것으로 봄.

　　－ 민주적이고 참여적인 성격, 대인 및 집단과정에 대한 관심.

　　→ 인간관계 기술이 사회복지행정의 기초를 이루는 데 기여하도록 함.

③ 정체의 단계(1960~1970)

* 상징적인 발전에 그침

가. 전국사회복지사 협회(1960)

　　－ 사회복지행정과 지역사회조직을 연구하는 한 연구소 후원

　　－ 이론과 연구를 종합하는 보고서 출판

　　－ 행정에 대한 논문들 발표

나.　Eveline Burns(1960)

　　－ 교과과정에 사회복지정책과 행정을 도외시하는 사회사업 대학들을
　　　비판.

다. 사회사업행정위원회 설립.

* 원인

　　－ 낙천주의

　　－ 베트남 전쟁으로 인한 경제지원 감소 → 사회제도에 대한 의구심.

* 행정의 발달에 있어 이러한 비판들이 암시하는 것

　　－ 사회사업 방법으로서의 행정을 타락시키고 행정가들에 대한 경멸을
　　　가져옴.

　　－ 운영하는 사람들의 전문적이고 이념적인 탓.

④ 도전과 발전의 단계(1970~1990년)

* 재정적 부담: 가장 큰 효과를 낼 수 있는 사회복지 프로그램만 선정하여 지원.

* Sarri 교수(1973)

"사회사업 전문직이 이 시대의 중요한 사회적 요구를 충족시키지 못하거나 사회적 서비스의 계획 및 전달에 리더십을 제공하지 못한다면 사회사업 전문직은 사적인 개인 사회복지사나 다른 전문직의 시녀로서의 역할로 전락하게 될 것이다."라고 경고.

* 새로운 관리기법(PPBS, 비용 – 편익분석) 도입

* 사회사업 대학에서의 행정 교과과정

  – 1975년 84개 중 13개 대학이 사회복지 행정을 전공, 2년 후 35개 대학으로 증가.

* 1980년대 레이건 행정부의 사회복지에 있어서의 역할 축소

  – 사회복지 서비스 전달체계에 있어서 민영화 → 행정적 전문실무자 수요 증가.

* 비용긴축에 따른 90년대 미국 사회복지 행정과 관련한 사회복지환경

  – 기획에서 서비스 전달까지를 직접 담당했던 거대 공공관료 조직들의 퇴조.

  – 계약이나 서비스 구입 등의 방법을 통한 민간부문의 직접 서비스 전달에서의 역할 증대.

  – 민간과 공공의 엄격한 조직적 구분의 퇴조.

  – 서비스의 목적 실현을 위해서는 전달체계의 통합이 필요하다는 인식 확산.

  – 사회복지 서비스의 책임성에 대한 구체적인 행정 실천.

(2) 한국의 역사

① 사회복지 행정 미인식 단계(1950년대 및 이전)

가. 해방 전
조선총독부 내무부 지방국 내에 사회과 설치(1921): 시혜적 활동에 국한, 공식적인 사회복지조직이라 보기 어려움.

나. 해방 후
사회부와 보건사회부: 월남 피난민, 전쟁 피해자에 대한 긴급구호 위주.

다. 6·25 이후 외국의 민간 원조기관들이 설립: 긴급구호 위주, 사회복지 행정의 필요성 거의 인식하지 못한 시기였다.

라. 전문적 사회사업 교육
최초로 이화여자대학교 기독교사회사업학과 설치(1947) → 사회사업학과 분리(1958)
중안신학교(1953), 서울대학교(1959) → 서울대 3학년 과목으로 사회사업 행정 교육(1961)

② 사회복지행정의 명목상 인정 단계(1960~1970년)
* 저소득 중시의 공적 부조, 의료적 혜택의 평등에 초점
* 외원단체 원조위주, 사회복지의 현장에서 사회사업 행정의 필요성은 거의 인식되지 못하였다.
→ 학교나 교육 분야에서만 중요성이 상당히 인식.

③ 사회복지행정의 실질적 중요성 인식 단계(1980~1990년)
* 경제발전 위주의 국가정책에 따른 사회문제 발생
* 정부의 지원을 받는 국내의 토착적 민간 사회복지기관들도 설립
* 행정학에서 사회복지 행정 파생
* 1980년대 후반: 공공부조의 전달인력을 사회복지전문요원으로 대체

* 1997년도 이후 IMF체제

  경제위기와 대량실업, 빈곤의 문제에 직면하여 각종 사회복지 대책이 강구되면서 그 어느 때보다도 사회복지행정의 역할이 절실히 요구됨.
* 1997년 사회복지법 개정: 시·도 사회복지협의회의 독립법인화
* 1999년 – 국민기초생활보장법 제정, 1,200명의 사회복지전문요원을 새로 채용, '한국사회복지행정학회' 창립.

④ 사회복지행정의 과제

  · 사회복지조직의 책임성: 효과성과 효율성
  · 사회복지 전달체계: 경제여건, 인구의 규모와 욕구, 정치제도 등 사회복지환경에 의해 그 틀과 내용이 구성. 투명성
  · 사회복지역할 분담: 자치능력(시민단체 등 NGO의 법인격 인정절차의 간소화, 공동모금회에 대한 법정기부금과화하여 전액 면세조치, 저원봉사 동기 부여, 종교계의 적극적 참여 유도)

8) 사회복지 행정의 이론적 기초

- 사회복지 행정가가 조직관리에 관한 이론적 관점에 따라 조직을 설계, 직원들의 동기부여방법이 달라짐.
- 조직관리의 이론적 모형
- 고전모형, 인간관계모형, 구조주의 모형
- 3가지 모형은 절충적인 체계모형으로 통합
- 체계모형은 3가지의 기본모형들의 개별적인 부분요소들을 절충하고 통합하여 조직 관리의 보편화

(1) 고전모형(＝기계이론)

- 경제적인 보상 → 동기부여

① 고전모형의 특징

가. 과학적 관리학파(Taylor, 1923)
- 육체적 능력의 중요성 강조
- 효율적인 기본동작에 관하여 그 형태 및 소요시간 표준화: 효율적인 사람에게 보상을 중요시하는 것이다.
- 사회복지조직에서는 크게 각광받지 못함.

나. 공공행정학파(Gulick &Urwick, 1937)
- 과업이 소단위로 분류될 필요와 집권화된 통제의 필요.
- 한 명의 상관이 한 명의 부하에게 권한과 책임을 가져야 함 → 개성 강조.
- 통제의 범위가 넓으면 슈퍼비전을 덜하게 되는데 공공복지기관에서는 슈퍼비전을 자주 하면 생산성이 낮아지고 창의성이 떨어지며 상관에의 의존성이 높아진다.

다. 관료제 모형(Weber, 1947)
* Weber의 이상적인 관료제 모형
- 고도의 전문화
- 계층제적 권한구조
- 조직구성원들 간의 비정의적 관계
- 실적과 기술적 지식에 따른 관리의 임명
- 직무권한의 사전 명시
- 정책과 행정결정의 분리
- 그 밖의 제반 관계를 지배하는 규칙
* 관료제의 역기능
- 규칙과 규제에 지나친 의존
- 융통성의 결여
- 서비스 전달과정에서 직원과 클라이언트의 비인간화

- 직원들의 자질을 평가하는 데 비인격적이고 무감각한 성과측정 방법에
  의존
* Litwak 의 관료제 모형: 과업이 일성적이 아니거나 일률적이 아닐 경우
- 권한의 수평적 관계
- 최소한의 전문화
- 정책과 행정에 관한 결정의 혼합
- 직무에 부여된 의무와 특권을 사전에 제한하지 않음
- 비정의적이라기보다 인간적 관계
- 최소한의 일반 규칙

② 고전모형에 대한 비판
* Merton: 규칙이행 및 통제에 대한 강조는 조직의 경직화를 가져오며 직
원의 자발성과 창의성에 제약을 가하고 있다.

(2) 인간관계 모형

- Mayo를 중심으로 행하여진 Hawthorn 공장의 실험

① 인간관계 모형의 특징
● 근로자의 작업능률은 물리적 환경조건보다 동료 또는 윗사람과의 인간
  관계에 의해 좌우된다.
● 비공식 집단이 개인의 태도와 생산성에 강력한 영향
● 근로자는 개인이 아니라 집단의 일원으로서 행동
● 근로자는 경제적인 욕구나 동기에 입각한 합리적 행동보다는 비경제적
  요인인 사회적 · 심리적 욕구나 동기에 입각한 행동을 중시
- McGregor(1960)
    =X이론: 통제필요, 권위주의적 리더십, 성악설, 채찍
    =Y이론: 사회적 보수, 민주형 리더십, 당근

- 인간관계모형이 사회복지조직의 관리자들에게 각광을 받는 이유

  첫째, 대인관계기술

  둘째, 클라이언트의 노력과 동기부여

  셋째, 직원 간의 상호작용의 질이 직원과 클라이언트의 역할에 영향
- W이론(= 신바람 이론): 이면우, 1992

  = 지도자의 솔선수범, 작업집단 구성원들 간의 유대감 → 창의적, 생산
    성 향상

② 인간관계 모형에 대한 비판

- 인간의 비합리적, 정서적인 측면만 강조하는 편협적인 인간관 강조
- 일선 직원들을 단순히 조작하는 결과를 가져올 수 있음.

(3) 구조주의 모형

- 고전모형 + 인간관계모형

① 구조주의 모형의 특징

  - 갈등의 불가피성

    = 갈등은 역기능적인 것이라기보다 순기능적인 것

    = 노동조합, 불만처리 위원회
→ 사회복지 서비스 실천가들은 일반적으로 갈등을 성격상의 문제증상으
    로 봄.
- 조직에 대한 환경의 영향을 강조.
- 외부환경과 관련된 여러 가지 유형의 행정 및 조직의 역할을 옹호.

② 구조주의 모형에 대한 비판

- 인간적 요소를 충분히 고려하지 않는다는 비판.
- 인간의 욕구와 성격을 무시.

(4) 체계모형

① 생산하위체계
- 고전모형에 기초
- 클라이언트에게 서비스 제공
  (돈과 인력 → 서비스로 산출: ex) 아동상담소)
- 전문화의 원리 중요
  = 목적에 따른 전문화: 정신건강, 교정, 주택 등 사회문제 해결
  = 과정에 따른 전문화: 개인, 집단, 지역, 사회사업 등 방법론적 기술에
    따라
  = 사람에 따른 전문화: 청소년, 노인, 장애인 등 수혜대상
  = 장소에 따른 전문화: 지리적

② 유지 하위체계
- 인간관계 모형 기초
- 조직 내 안전성 유지: 활동의 공식과, 보상체계의 확립, 새로운 구성원
  의 사회화, 직원선별과 훈련
- 직원들의 행복은 조직의 궁극적인 목표를 달성하기 위한 수단임을 명
  시해야 함.

③ 경계 하위체계
- 구조주의 모형과 관련
- 조직의 외부환경에 영향
  = 생산지지체계: 서비스 전달에 후원과 지지를 보내기 위해 필요한 활
    동에 관여
  = 제도적 체계: 조직의 임무와 업적을 홍보, 지지와 정통성 확보

④ 적응하위체계
- 연구(평가)와 계획 강조 - 고전모형
- 환경(시대적 변화) 강조 - 구조주의 모형

⑤ 관리 하위체계

- 통제강조 - 고전모형/외부환경강조 - 구조주의 모형/타협강조 - 인간관계
 모형
- 관리하위 체계의 목적: 다른 4가지 하위체계를 조정하고 통합하기 위해
 리더십을 제공하는 것.
 첫째, 권한 활용을 통해 계층 간에 생겨나는 갈등을 해결하는 것.
 둘째, 타협과 심의를 통해 하위체계들을 조정하는 것.
 셋째, 자원을 증진시키고 필요한 경우 조직을 재구조화하기 위해 외부
 환경과 조화하는 것.

9) 사회복지 서비스 전달체계

- 사회복지 행정은 추상적인 사회복지 정책을 구체적인 사회복지 서비스
 로 전환.
- 서비스를 필요로 하는 클라이언트 또는 소비자에게 전달하는 과정에
 관한 활동.
- 사회복지 행정은 사회복지 서비스의 효과적이고 효율적인 전달을 목적.
- 목적을 달성하기 위해서는 서비스 전달에 관한 조직적 및 구체적 측면
 에서 고려되어야 할 원칙과 전략을 숙지.

(1) 사회복지 서비스 전달체계의 개념

① 개념정의

사회복지전달체계는 사회복지 서비스의 공급자와 수요자를 연결시켜 주는
틀을 의미 한다.

공급자의 '수요자 욕구조사 → 공급자에서 전달체계로 → 전달체계에서
수요자로 → 수요자의 피드백이 공급자로' 이르는 과정을 반복하면서 전달
체계의 사이클이다.

사회복지 서비스의 공급자는 정부기관일 수도 있고, 공공기관, 비영리법인, 순수한 민간 차원의 기관. 공급자는 서비스를 필요한 시민에게 제공하는 기능을 수행한다.

수요자는 사회복지 서비스를 제공받고자 하는 사람을 의미. 사회보험처럼 클라이언트가 사회구성원 전체일 수도 있고, 공공부조처럼 빈곤층일 수도 있으며, 노인복지나 장애인복지처럼 목적에 적합한 인구계층이다.

② 분석 차원

가. 구조·기능적 분석

- 행정체계: 기획, 지원 및 관리, 감독하는 업무
- 집행체계: 최일선에서 서비스를 직접 전달

예) 기초생활보장 서비스 체계

(행정)보건복지부 → 특별시·광역시·도 → 시·군·구 → 읍·면·동 → 수급권자(집행)

예) 사회복지관

(행정)관장 → 자문위원회, 기획관리부 → 아동복지부, 청소년복지부, 노인 → 상담, 사회관리(집행)

나. 운영주체적 분석

- 공적 전달체계: 정부(중앙 및 지방)나 공공기관이 직접 관리·운영
- 사적 전달체계: 민간(또는 민간단체)이 직접 관리·운영

(2) 사회복지 서비스 전달체계 구축의 주요 원칙

① 사회복지 서비스 전달체계 구축의 주요 원칙

전문가: 업무에 대한 권위와 자율적 결정권 및 책임성을 지닌 사람, 사회복지사

준전문가: 업무의 성질상 전문성을 덜 요하는 것

비전문가: 자원봉사자, 비숙련업무, 일반행정업무

② 적절성의 원칙

사회복지 서비스는 그 양과 질과 제공하는 기간이 클라이언트나 소비자의 욕구충족과 서비스의 목표 달성에 충분해야 한다.

③ 포괄성의 원칙

일반화 접근방법: 한 사람의 전문가가 여러 문제 다룸 – 전문성 결여.

전문화 접근방법: 각각 다른 전문가가 한 사람의 각각의 문제를 다룸 – 통합화 어려움.

집단 접근방법: 여러 전문가들이 한 팀이 되어 문제 해결 – 갈등 발생.

사례관리 방법: 복합적 문제를 가진 개인의 문제를 한 전문가가 책임을 지고 계속적으로 필요한 서비스와 전문가를 찾아 연결시켜 적절한 서비스를 제공한다.

④ 지속성의 원칙

서비스들의 상호연계 – 프로그램, 서비스 조직

사례관리의 방법 활용.

⑤ 통합성의 원칙

클라이언트의 문제는 많은 경우 복합적이고 상호 연관되어있기 때문에 이러한 문제의 해결을 위한 서비스들의 연관.

⑥ 평등성의 원칙(형평의 원칙): 모든 국민에게 사회복지 서비스 제공.

⑦ 책임성의 원칙

사회복지조직은 사회로부터 위임받는 조직.

– 적절한 대응

– 적합한 전달절차

– 효과·효율적

– 불평과 불만의 수렴장치

⑧ 접근 용이성의 원칙: 소비자가 접근하기에 용이.

장애요인: − 정보결여

− 지리적 장애

− 심리적(수치감 등)

− 복잡한 선정절차

− 자원부족.

(3) 사회복지 서비스 전달체계 개선전략

① 의사결정의 권유와 통제의 재구조화

협조체계의 구축: 기관을 중앙집권화 또는 연합화하여 전달체계를 통합적이고 포괄적으로 발전.

시민참여체제의 도입: 기관과 클라이언트에게 권위 재분배 → 클라이언트의 욕구에 보다 적절히 반응할 수 있음.

시민참여의 형태: 영향력의 정도, 참여분야 및 관여 전달체계의 수준 등에 따라 분류 − 비재배분적 참여, 명목적 참여, 재배분적 참여.

② 업무분담의 재조직화

전문가 역할 부여: 클라이언트와 사회복지사 중간에서 중계해 줄 수 있는 사람에게 전문가 역할 일부 부여.

전문가의 조직적 상황에서의 분리: 조직에서 벗어나 전문성과 자율성 발휘가 용이한 조건.

예) 서비스를 사전 전달조직에 위탁, 공적 조직을 사적 영리조직처럼 운영.

③ 전달체계의 구조 변경

클라이언트가 서비스에 쉽게 접근할 수 있도록 하는 전략.

서비스 접근을 촉진하는 것 자체를 특별한 서비스로 마련.

의도적으로 같은 서비스 전달체계를 중복화.

④ 전달체계의 운영주체:

서비스의 성격에 따라 공적 조직이 제공, 공적 또는 사적 조직이 제공.

사적 조직이라도 비영리조직과 영리조직.

효율 면에서는 공적 체계보다는 사적 체계가 보다 우월

비영리조직 영리조직의 선택은 서비스의 표준화 정도, 클라이언트 집단의 능력, 서비스의 강제성, 관련 규정 준수에 대한 감독의 강력성 정도에 따라 선택.

⑤ 서비스 배분 방법

공급 억제: 클라이언트에 대한 제한 강화는 클라이언트의 서비스 이용률을 저하.

　　예) 접촉시간의 단축, 사례의 조기 종결.

수요 억제: 서비스의 접근에 장애를 제거하지 않거나 장애를 유발.

　　예) 이용촉진 활동을 하지 않음, 신청절차에 시간을 많이 걸리게 함.

(4) 공적 사회복지 서비스 전달체계

① 전달체계의 현황

1948년 사회부가 발족 그 이듬해 보건부가 신설.

1955년 보건부와 사회부가 보건사회부로 개편.

1994년에는 보건사회부를 보건복지부로 개칭하여 그동안 30여 회의 직제 개정.

1990년 사회복지정책실을 신설하여 종전의 사회국과 가정복지국을 각각 사회복지심의관과 가정복지 심의관으로 개편.

사회복지심의관 내에는 가정복지과, 노인복지과, 아동복지과, 부녀복지과 4개 과.

최근 2002년 보건복지부는 보육과 및 의료급여과를 신설하고 지역보건정책과를 공공보건과로 개편.

지방정부 차원에서 행정자치부의 지방조직인 특별시(광역시)·도 단위의 보건사회국(혹은 사회복지국)이나 가정복지국 혹은 IMF 이후 지방자치단체의 구조조정에 따라 복지와 환경, 보건, 여성 관련 부서들을 통합하여 자치단체별로 그 명칭을 달리하여 운영.

② 공적 사회복지 전달체계의 문제점

- 자율적 업무수행 곤란.
- 지역특성과 욕구를 반영한 복지 서비스를 제공할 여건 미흡.
- 별개의 행정단위체계로 수행되며, 대상 분야 별도 관리가 이루어져, 대상자에 대한 중복지원 또는 누락의 가능성으로 인한 급여의 효율성 및 제도 간 연계성이 부족.
- 상담 등의 전문적 대안서비스가 필요, 사후보호가 반드시 이루어져야 하나, 이를 실행하기 어려운 형편.
- 상급자가 전문적 지도·감독을 하기 어렵고, 동료 전문직 간의 업무의 질적 향상을 기대하기 곤란.
- 복지욕구에 대한 국가의 투자가 부족했다는 점.
- 사회복지 관련 위원회와 위원의 활동 부진.
- 전문 인력 부족.

(5) 사적(민간) 사회복지 서비스 전달체계

① 사적(민간) 사회복지 전달체계의 필요성

- 정부제공 서비스 비해당자에 대한 서비스 제공: 수적인 제한, 자산정도, 연령의 미달이나 초과 등.
- 정부가 제공할 수 없는 서비스 제공: 다양한 욕구와 상승된 욕구를 충족하기 위해서 사적 기관 필요.
- 동일 종류의 서비스에 대한 선택의 기회 제공: 클라이언트의 기호나 지역적, 시간적 여건에 따라 공적·사적 중 택일.

- 시회복지 서비스의 선도적 개발 및 보급: 환경의 변화와 클라이언트의 새로운 욕구에 대응하기 위하여 융통성·신속성.
- 민간의 사회복지 참여 욕구 수렴: 자원봉사자, 재정적 후원자, 운영자 참여.
- 정부의 사회복지 활동에 대한 압력단체 역할: 서비스 발굴, 확인, 요청.
- 국가의 사회복지비용 절약: 다양한 국민의 욕구를 충족시키기 위해서 사적 기관을 활용.

② 사적 사회복지기관의 분류
- 사회사업 방법론: 금품지급 서비스조직. 개별사회사업조직, 집단사회사업조직, 종합복지조직.
- 서비스의 직·간접성: 직접 서비스조직, 간접 서비스조직.
- 서비스 제공 장소에서의 수혜자 주거 여부: 수용시설, 이용시설.
문제/대상인구: 소득유지, 보건의료, 가정복지, 아동복지, 신체장애인 복지, 정신건강 서비스, 성인범죄 문제, 집단활동 서비스, 청소년복지 등.
설립주체: 사회복지법인, 재단법인, 사단법인, 사회단체, 개인.

③ 사적 사회복지 전달체계의 현황과 문제점
조직 구조상의 문제점
= 재정을 정부의 보조, 지도·감독. 민간부문의 장점인 자율성과 창의성이 크게 제약.
= 정부의 지원 수준이 낮고 시설의 종별·지역별 분포가 불균형하며, 재정상태 및 전문 인력 확보가 매우 미비.
= 시설의 개방화와 사회화가 이루어지지 못함.

④ 관리운영상의 문제점
- 사회복지조직의 협의기구들이 조정자로서의 역할과 기능이 미약.
- 만성적인 재정난 및 클라이언트의 복지 목표기대가 곤란.
    = 단순 수용보호사업만으로는 클라이언트의 건전한 인격 형성, 사회생

활 적응능력의 배양, 자립, 자활 등과 같은 클라이언트의 복지 목표를 기대하기는 어려운 실정.

⑤ 전달인력상의 문제점
- 전문 인력의 고용 어려움. 전문적 프로그램의 제공에 어려움.
- 이용시설의 경우에도 전문사회복지 인력이 많은 복지관일수록 프로그램의 전문성이 나타나고 있으므로 전문사회복지사의 충원과 이를 위해 정부의 인건비 부담금 증액이 요청.
- 열악한 근무환경으로 전달체계의 원칙인 전문성과 책임성을 추구하는 데에는 한계.

(6) 사회복지 서비스 전달체계의 개선 및 발전방안

① 수요자인 클라이언트 중심의 서비스 전달체계 구축
클라이언트의 참가나 자기결정권, 선택권이 주어지는 서비스 전달체계로 구축.

② 통합적 서비스의 전달체계 마련
클라이언트에 대한 경제적 원조뿐만 아니라 보건의료서비스, 심리적 서비스, 재활서비스 등 다양한 서비스를 통합하여 제공.

③ 사회복지행정 전달인력의 전문화
클라이언트의 복지욕구 파악이나 진단 그리고 욕구 충족에 필요한 서비스의 종류 및 범위의 결정에는 과학적이고 전문적인 지식과 기술을 지닌 인력이 서비스를 제공.

④ 사회복지행정 프로세스의 정보화 시스템 구축
전달체계 전체의 접근용이성과 효율성을 갖추기 위하여 앞으로 정보관리체계를 구축.

⑤ 가족 중심의 서비스 제공기관으로서 서비스 전달체계의 확립

기능별 조직으로 전달체계를 재구조화.

10) 사회복지 서비스와 조직

사회복지 서비스나 활동은 공식적이고 조직화된 활동이고 조직을 통하여 계획되고 전달.

사회복지 활동을 위하여 어떻게 조직을 만들고 어떻게 기능하게 할 것인가가 문제.

조직화가 잘 되면 조직의 목표인 서비스의 효과적이고 효율적인 전달 가능. 개별조직의 구조와 기능에 대해 고찰.

(1) 조직의 개념

특정목표를 달성할 목적으로 의도적으로 구조화된 계획적 단위.

조직의 특성적 요소

= 사회적 구조: 규범적 구조, 행동적 구조.

= 참여자: 사회적 구조를 만들고 목표 달성 활동을 수행.

= 목표: 참여자들이 과업을 통하여 이루고자 하는 미래의 상태를 의미. 조직이 존재하게 되는 궁극적인 원인.

= 기술: 조직의 목표를 달성하기 위하여 참여자들이 기술을 사용. 물질적 장비와 비물질적 장비.

= 환경: 조직은 조직의 특성적 요소들이 독립적인 특성을 가지면서 다른 구성요소들에 영향을 미치는 상호의존적 관계.

(2) 조직의 일반적 분류와 사회복지조직의 분류

① 조직의 일반적 분류

가. 권력의 형태에 따른 분류

　　- 강제적 조직: 강제수용소, 교도소, 수용 정신병원

　　- 공리적 조직: 산업조직

　　- 규범적 조직: 종교조직, 정치조직, 병원·학교, 사회복지조직

나. 수혜자의 종류에 다른 분류

　　- 상호수혜적 조직: 조직의 회원에게 1차적 혜택.

　　예) 종교단체, 노동조합 등.

　　- 산업조직: 그 사업체에게 1차적인 혜택을 주는 조직.

　　예) 은행.

　　- 서비스 조직: 클라이언트에게 1차적인 혜택을 주는 조직.

　　예) 행정기관, 군대조직.

② 사회복지조직의 분류

가. 클라이언트의 상태와 조직의 기술에 따른 분류

　　- 클라이언트의 변화를 위한 기술 유형

　　= 인간식별기술: 클라이언트의 개인적 속성을 변화시키지 않고 오히려
　　　다른 사회집단으로부터 바람직한 반응을 야기하는 사회적 명칭부여
　　　와 공식적인 지위를 부여함으로써 클라이언트의 변화 시도.

　　예) 대학생, 암환자.

　　= 인간유지 기술: 개인적인 복지와 안녕의 악화를 예방하거나 완화시
　　　키거나 또는 현 상태로 유지.

　　예) 노인요양.

　　= 인간변화 기술: 클라이언트의 개인적인 속성에 변화를 가함.

　　예) 상담, 교육, 의료적 치료.

나. 업무의 통제성에 따른 분류(Smith)

- 관료조직: 공식적인 조직과 규정, 명확하고 전문화된 분업 등 합리적인 통제체제의 조직.

- 일선조직: 조직의 주도권이 일선업무 단위에 있고, 각 업무단위는 상호 독립적으로 수행. 직접적인 통제가 어려운 조직.

- 전면통제조직: 정신병원, 기숙사, 교도소, 요양시설과 같이 관리자가 수용자에 대한 강한 통제권을 가지는 조직.

(3) 조직의 구조적 요인

① 구조적 요인

가. 분업

- 특정업무를 수행하기 위해 기능을 분담하는 것과 특정기능을 한 사람이나 한 부서에서 담당하는 전문화가 가능함.

- 특정한 업무에 대하여 개별적으로 전문화하는 모델
  예) 노인전문, 약물중독

- 팀 구성:
  예) 노인건강보호 문제 해결을 위해 의사, 간호사, 사회복지사, 물리치료사가 팀 구성.

나. 계층적이고 기능적인 과정

- 계층적 과정: 명령(지휘)계통, 권한의 위임, 명령의 통일성(단일성) 포함.

  = 명령계통: 권력과 권한 및 의사결정권 등에서 상부에서 하부로 연결되는 서열적 체계.

  = 권한의 위임: 한 사람이 조직에서 일을 다 할 수 없기 때문에 최상부의 지도자는 권한과 책임을 하부조직으로 적절히 위임.

- 권한을 건전하게 위임하는 데 필요한 지도자의 태도와 능력의 특성.

첫째, 수용하려는 태도, 둘째, 맡겨 버리는 자세, 셋째, 타인의 실수를 허용하려는 태도, 넷째, 하급자를 신임하려는 태도, 다섯째, 폭넓게 통제하려는 태도.

다. 구조
- 조직의 기능을 수행하기 위하여 만들어진 권력, 권한, 책임, 체계의 실질적인 배열과 위상.
- 구조는 명령(지휘)과 의사결정의 계통도 되고 업무와 역할의 범위와 책임의 한계 등을 명확히 하는 의미.
- 일반적으로 기능에 따라 조직의 목표 달성을 위한 고유업무와 이를 지원하고 조직자체를 유지·관리하는 관리업무로 구분됨.
- 고유업무 부문/관리업무 부문(회계, 재정, 설비, 시설, 인사 등 운영과 관련된 업무) - 조직의 크기와 복잡성의 정도: 국, 부 과, 계 등.

* 행렬조직(matrix organization)
- 기존의 기능적 구조 + project 조직(특정목표를 달성하기 위해 일시적으로) → 이중적 위치를 가질 수 있음.
- 매트릭스 조직은 프로젝트 조직을 임시조직이 아니라 공식조직으로 전환될 경우에 나타나는 조직.
- 계급에 의하여 조직이 그려지지 않고, 전문성을 기초로 조직이 그려진다.
- 전문성이 조직구조의 중요한 요인으로 역할을 하기 때문에 민주적 의사결정이 조직의 동력으로서 작용.
- 권한도 당연히 전문성을 가진 조직구성원에게 할당.
- 매트릭스 조직의 좋은 사례로 미국의 NASA 조직을 제시.
- 계층제 조직은 모두 상하관계에 의해 구조화되어 있기 때문에 업무 내용이 달라도 조직구조는 동일.
- 매트릭스 조직은 제조, 판매, 재무, 노동 등 직능을 종축으로 하는 계층제에 서비스나 제품별로 횡축을 첨가하는 형태의 조직.

라. 통제의 범위
- 통제가 미치는 계통의 길이.
- 상급자와 하급자 간의 비율은 서로 편안하게 느낄 수 있는 정도.
- 의사결정 효과성 고려.

② 공식조직과 비공식조직

- 공식조직

    = 조직의 정관이나 운영규정에 의해 임명되고 선출된 이사회, 행정책임
    자, 직원 및 위원회 등의 배열.

    = 조직의 기구도표에 배열된 지위와 관계를 의미함.

- 비공식조직

    = 공식적 제도나 법규에 의한 것이 아니라 조직성원들이 일상적 접촉
    을 해 나가는 과정에서 자연발생적으로 성원들 간에 이루어지는 인
    간관계 및 역할관계임.

    = 이의 활용과 통제는 조직 운영에 중요한 기술이 되는데, 비공식 조직
    의 유용성은 의사소통의 통로기능, 응집력 유지, 구성원의 자존심 향
    상 등에 있음.

③ 수직조직과 수평조직

- 수직조직(계선조직)

    = 상하 명령복종 관계를 가진 수직적 계층적 계열을 형성하는 조직으
    로 조직의 중심적 구조.

    = 최고 행정책임자를 정점으로 수직적인 권한의 계열.

    = 계층제, 명령통일, 통솔범위 등 분업제 원칙.

    = 서비스의 대상과 직접 접촉.

    = 회장 - 부회장 - 부장 - 과장 - 계장 - 계원.

- 수평조직(막료조직, 참모조직)

    = 수직조직이 목표 달성을 위하여 원활하게 기능을 수행할 수 있도록
    이를 지원, 조성 촉진하는 기관.

    = 예) 기획관리실, 총무과, 경리과, 비서실 등.

(4) 조직의 인간적 요인

- 조직의 구조적 요인이 외형적이고 형식적이라면, 조직의 인간적 요인은 내면적이고 내용적임 면임.
- Gardner가 제시한 조직을 활성화시키고 참신하게 유지하는 데 적용될 규칙은 다음과 같음.
  = 조직성원을 모집하여 재능을 발전시키기 위한 효과적 프로그램이 필요함.
  = 성원에 대하여 우호적 환경이 되어야 함.
  = 내부에는 자기비판의 기제를 갖추어야 함.
  = 내적 구조는 유연성이 있어, 필요시 조직구조를 변경시킬 수 있어야 함.
  = 적절한 내적 의사소통 체제가 있어야 함.
  = 규정과 절차를 검토할 수 있는 수단이 있어야 함.
  = 성원들의 이해관계를 문제 삼을 수 있는 수단이 있어야 함.
  = 과거와 현재의 상태에 대한 관심을 가져야 함.
  = 동기와 확신, 사기에 기반을 두어 운영되어야 함.
  = 성원들의 능력과 욕구, 조직 자체의 욕구를 감안할 수 있고, 현실적으로 합당한 승진체제가 있어야 함.

(5) 사회복지조직의 특성

- 사회복지 서비스가 전달되는 과정은 조직적 과정을 통해 이루어짐.
  = 서비스 전달과정의 핵심은 사회복지사와 클라이언트의 대면적 상호작용으로서, 클라이언트의 문제에 대한 개별화된 접근을 위해 필요.
  = 따라서 유형화된 접근이 불가능하기 때문에 서비스 과정의 대부분이 전문가들에게 의존하게 되고, 각각의 서비스가 통제되기 어려움.
  = 그러나 사회적·조직적 과정으로서, 복지담당인력은 조직과 사회정책을 대변하는 공적인 존재임.

= 사회복지 서비스는 인간의 다양한 문제를 통합적으로 해결해야 하므로 조직들 간의 연계의 중요성이 부각되고 있음.

= 현대사회의 복잡성은 조직의 분화를 발생시켰으나 각각의 조직들을 하나의 체계 안에서 활동하는 부분들로 파악할 필요가 있음. 즉, 서로 보완적 기능을 발휘하는 상호의존적 조직망으로 이해되어야 함.

- 사회복지조직은 변화되어야 할 클라이언트와 직접 접촉하여 활동함. 즉, 사회복지조직의 주된 활동은 문제·욕구를 지닌 사람을 대상.

- 사회복지조직은 서비스를 제공받는 클라이언트의 복지를 보호하고 증진하도록 사회로부터 위임받았고 이로 인해 존재가 정당화됨. 즉, 공공의 이익을 위해서 사회적으로 물질적·비물질적 후원을 받음.

- 사회복지조직은 투입 요인이 도덕적 가치를 지닌 인간이라는 점 때문에 모든 활동이 도덕적으로 정당화되어야 하고, 기술과 활동에 있어 제한이 많음.

- 사회복지조직의 목표가 모호하고 애매함. 즉, 대상이 인간이므로 조직목표에 대한 합의를 얻기 어려운 점이 많음.

- 사회복지조직은 외부의 공공·민간조직과 관련을 갖고 활동하며, 외부의 재정원천에 주로 의존하므로 가치와 이해관계에서 갈등을 일으킬 수 있고, 환경과의 관계에 많은 어려움이 야기됨.

- 사회복지조직은 소기의 결과를 얻는 데 불완전한 지식과 기술을 사용하고 있음. 전반적인 사회과학 지식과 인간의 원조관계에 대한 지식의 불확실성으로 서비스 결과의 성공률이 높지 않음.

- 사회복지조직의 핵심 활동은 조직구성원(사회복지종사자)과 서비스 대상자(클라이언트)와의 관계이므로, 일선 조직요원의 활동이 중요함.

- 사회복지 서비스의 효과를 확실하고 타당하게 측정할 수 있는 표준척도가 없음. 따라서 결과 평가에 논란이 많고, 변화와 혁신에 대한 저항이 다른 조직보다 큼.

(6) 사회복지조직의 조직화 방법

① 사회복지조직의 조직 모형
- 생산일선 조직
    = 업무단위를 병렬로 나열하여 조직.
    = 업무가 표준화된 서비스를 위주로 하는 조직.
    예) 사회보험 관리, 정신건강 서비스 조직
- 연계조직
    = 조직의 1차적 기능이 중계자의 역할(사람 - 서비스)
    = 구성원의 주된 역할: 지역사회 자원에 관한 자료 수집. 개인과 서비스가 잘 연계되도록 계약관계를 주선.
    예) 입양기관, 사회복지 서비스 안내 및 의뢰기관.
- 고객서비스 조직
    = 사회복지의 가장 전형적인 조직.
    = 사회복지조직은 개인과 집단의 특수성과 문제의 특수성에 맞게 개별화된 서비스 제공. - 표준화가 어렵다.

② 조직화 방법
Koontz, O'Donnel의 부문화 7가지 방법
- 수(數) 기준 부문화
    = 역할자 수에 의하여 업무를 부문화.
    = 개인의 능력차 고려 안 됨.
- 시간 기준 부문화
    = 야간이나 주말에 서비스의 제공을 위해서 업무를 부문화.
    = 야간에 능력 있는 요원 부족.
    = 주간과 야간 업무조건의 연결이 되지 않아 조직의 기능이 단편화될 수 있음.

- 기능기준 부문화

    = 조직요원의 능력, 선호도, 관심 등에 근거하여 배치.

    = 업무단위가 경쟁심으로 협조부족, 업무단위 위주의 편협.

- 지리적 영역기준 부문화

    = 고객과 클라이언트의 거주지역에 따라 부문화.

    = 서비스 효율성을 높이고 고객에 대한 서비스 책임자를 분명히 할 수
      있음.

    = 업무단위가 업무량의 격차 발생, 바람직하지 못한 지역은 업무단위의
      사기 저하.

    = 인근지역이면서도 다른 업무단위 서비스제공으로 인한 비효율적 문제.

- 서비스기준 부문화

    = 사회사업적 서비스의 방법에 따른 분화.

    = 서비스별 전문화를 촉진.

    = 개별사회사업, 그룹사회사업, 지역사회조직사업 등 고객의 문제가 복
      합적이고 동시에 여러 가지의 서비스를 제공해야 할 경우 통합적 서
      비스 안 됨.

- 고객기준 부문화

    = 클라이언트의 종류(아동, 장애인, 노인, 부녀자 등)와 문제(가족, 학업,
      고용, 경제 등)에 따라 분류.

    = 한 사람의 서비스 제공자가 한 클라이언트를 상대.

    = 클라이언트의 문제가 다양한 경우 서비스 제공자 한 사람의 지식과
      기술의 제한으로 효과적 서비스 제공이 미흡.

- 서비스 접근통로기준 부문화

    = 클라이언트의 서비스 접근 통로별 업무 분화.

    = 사회복지조직에서 제공되는 서비스도 여러 접근 통로를 통해서 제공.
    예) 병원, 노인정 및 노인학교, 대중매체 – 확실성 떨어짐, 제한적.

(7) 사회복지조직에서의 위원회와 이사회

① 위원회
- 조직이 그 목표 달성을 위한 특별과업이나 문제를 해결하기 위하여 조직의 일상업무 수행의 기구와는 별도로 구성한 전문가 또는 업무 관련자들의 활동기구.
- 상임위원회: 정규적으로 발생하는 특별업무 처리.
  예) 인사위원회, 예산위원회 등.
- 임시위원회: 비정규적인 특별업무 처리.
  예) 운영규정위원회, 지역주민반대대책위원회 등.

* 위원요건
첫째, 능력이 있는 자.
둘째, 해당과업이나 문제와 관심을 갖고 있는 자.
셋째, 시간과 정력을 제공할 용의가 있는 자.
넷째, 과업이나 문제에 관련된 여러 측면에서 대표자가 될 수 있는 자.
다섯째, 경우에 따라서는 소수집단(여자)을 대표할 수 있는 자.

* 장점
첫째, 조직성원 전반에 관계되는 문제에 관한 협조와 관련된 정보를 계속 제공하는 데 효율적
둘째, 제안을 평가하고 전문가의 의견을 듣는 방법이 됨.
셋째, 관련된 여러 사람의 의견을 들을 수 있음.
넷째, 참여적 관리(행정)의 수단이 됨.
다섯째, 관련된 사람들의 헌신적인 참여를 구축.
여섯째, 행정책임자의 결정을 보조.

* 단점
첫째, 비용이 많이 듦.

둘째, 문제의 처리 또는 해결에 시간이 걸림.

셋째, 결정이 타협적으로 이루어질 가능성이 있음.

넷째, 위원 간의 책임성을 희박하게 함 - 위원이 집행권, 결정권 가지고 있지 않음.

다섯째, 이해관계가 얽힌 대표의 참여에 의한 위원회는 시야가 좁아짐.

② 이사회
- 조직이 그 목표를 달성할 수 있도록 법률적 책임을 지고 있는 조직의 정책결정 기구.
- 이사회의 기능

첫째, 조직의 목적 또는 목표설정. 둘째, 조직의 운영기구 설정. 셋째, 필요한 인적 및 물적 자원의 조달. 넷째, 조직의 행정책임자 채용 및 임명. 다섯째, 정책의 결정. 여섯째, 예산 인준 및 재정 원천에의 접근 촉진. 일곱째, 조직운영의 점검 및 평가. 여덟째, 조직과 지역사회 간의 중개. 아홉째, 지역사회의 계획참여. 열째, 정관의 변경 등.

- 사회복지 이사의 요건

첫째, 조직과 조직의 사업에 대하여 관심이 있는 자. 둘째, 지역사회의 여러 집단의 대표자가 될 수 있는 사람. 셋째, 개인적으로 능력이 있는 사람. 넷째, 시간과 정력을 할애할 용의가 있는 자로 자원봉사자.

* 우리나라의 사적 사회복지조직이 제대로 발전되지 못하고 있는 중요한 이유 중의 하나는 바로 이사회의 활동이 미미한 때문이라 할 수 있다.
* 시설을 설치·운영하고자 하는 자는 보건복지부령이 정하는 바에 의하여 시장, 군수, 구청장에게 신고하면 된다. → 그냥 무조건 설립하고 재정만 얻는 폐단 있음
* 이사회는 조직의 인사사항을 포함하여 운영 전반에 대하여 궁극적으로 책임을 짐.

③ 위원회와 이사회의 차이

첫째, 이사회는 위원회에 비하여 조직의 행정책임자 참석 없이 회의를 가지는 경우는 드물다.

둘째, 이사회는 위원회에 비하여 조직의 직원이 구성원이 되는 경우가 드물다.

셋째, 이사회의 구성원 수는 위원회의 구성원 수보다 적은 경우가 드물다.

넷째, 이사회는 위원회에 비하여 수혜자가 참여하는 경우가 드물다.

다섯째, 이사회는 위원회에 비하여 조직의 운영과 서비스 전달에 더 많이 영향을 미친다.

여섯째, 이사회는 정책을 결정하고, 위원회는 건의하는 역할을 주로 한다.

사회복지조직과 사회환경

사회복지조직은 사회로부터 공익을 위한 활동을 하도록 인가받고, 물질적 및 비물질적 자원을 받는 조직.

사회복지행정가는 사회복지조직과 환경과의 관계를 이해하고 사회환경의 여건에 적절히 대처함으로써 사회복지조직의 유지와 발전.

사회복지 서비스의 효율적, 효과적인 전달.

사회복지조직과 환경과의 관계와 사회환경적 요인들을 이해.

환경적 요인의 변화에 대처하는 방법.

1) 이론적 관점

(1) 사회체계이론적 관점

- 사회체계이론에서는 모든 사회적 실체를 하나의 유기체와 같은 체계로 보고 이들 체계들은 그들의 위상에 있어서 상호의존적인 밀접한 관계

를 가지고 존재하고 있다는 것으로 봄.

- 사회체계는 환경과 끊임없는 상호작용을 통하여 유지되고 발전.

(2) 교환 이론적 관점

- 사회적 관계를 개인이나 집단 사이에서 상호 필요한 교환자원을 주고 받는 반복적인 행위가 이루어지는 것으로 봄.
- 인간을 이기적이고 합리적이고 환경의 변화에 적응하는 존재로 본다.
- 교환관계는 비용과 보상이 반드시 대등한 관계로 성립되지는 않으며 불평등한 교환관계를 맺은 측에서는 대등한 교환관계를 가지려는 성향 이 생기게 되고, 불평등한 측에서는 우월한 측에 종속적으로 되고 반대 측은 상대 조직에 우월적 권력을 가지게 됨.

(3) 생태이론적 관점

- 생태학에서의 환경과 조직의 관계는 개별조직들이 환경의 위협과 기회 를 전략적으로 어떻게 다루고 적응하는가에 초점을 맞추어 조직의 변 화발전 논리를 설명.
- 최근의 생태 이론은 조직 개체군의 다양성에 초점을 두고 실제자원의 배분과 활용 차원에서 환경을 정의.

(4) 제도 이론적 관점

- 사회복지조직은 인간행동을 조절하거나 지지, 변화시키는 데 관심을 가 지며 불확실한 기술 양상과 비영리적 성격.
- 사회복지조직은 자본주의적 자유계약의 원칙을 최소화하고 경쟁에 사 활을 걸지 않고서도 존재.
- 규격화된 효율성, 기준보다는 오히려 신뢰나 안정성에 따라 조직의 생 존이 좌우.

2) 환경적 요인

(1) 일반환경

- 한 사회의 인구사회학적 변동, 정치적, 법적 조건, 문화적 조건, 경제적 조건, 테크놀리지의 수준 등과 같은 거시적 사회환경의 존재를 의미하는 것.
- 한 조직이 직접적으로 인식하는 환경은 대부분 업무환경 요소들과의 관련에서 비롯됨.
- 일반환경은 업무환경 요소들에 영향을 미침으로써 사회복지조직에 대해 비록 간접적이지만 막대한 중요성 있음.

① 경제적 조건
- 조직에 영향을 미치는 국가나 지역사회의 경제상태이며 사회복지조직에 대한 자원공급의 절대량과 서비스 수요에 영향을 미침.
- 대규모의 실업상태는 탁아, 정신건강, 가족문제 서비스 등의 수요를 증대.

② 사회 인구학적 조건
- 연령, 성별분포, 가족구성, 인종, 거주지역, 사회적 계급과 같은 조건은 사회문제와 욕구발생에 밀접한 관계.

③ 문화적 조건
- 사회의 우세한 문화적 가치에 의하여 민감하게 영향을 받음.
- 특정 시기, 특정 지역에 우세한 사회문화적 신조는 사회복지조직의 형태와 방향과 밀접한 관련.
- 사회복지는 인간문제의 원인과 욕구를 규명하고 이를 해소하는 데 목적.
- 그러한 방법에 있어 지켜야 할 가치관과 수단에 대한 지배적 이념이 있는데 이러한 이념을 제공하는 것이 바로 문화적 조건.
- 문화적 조건은 사회의 가치와 규범에 관한 것이어서 사회복지조직의

목표와 방향에 영향을 미침.

④ 정치적 조건
- 정부는 사회적 자원의 권위적 배분을 하는 권력을 독점.
- 사회복지조직을 유지하고 운영하는 재원을 정부에 의존하고 있는 상황
에서 정치적 환경은 매우 중요.

⑤ 법적 조건
- 어떤 조직이 형성되기 위해서는 정치적 법적 상황 속에 규정될 때보다
쉽게 구성.
- 사회복지에 있어 법적 제도인 사회복지사업법과 관련한 정부의 법과
정치적인 상황은 사회복지조직에 많은 영향.
- 환경 속의 자원이 공적으로 관할되고 정치적 과정에 의해 자원에 대한
접근이 통제.

⑥ 기술적 환경
- 의료, 정신건강, 교육, 지역사회 및 사회계획과 같은 분야에서의 기수개
발에 의해서 크게 영향받음.
- 인간문제의 해결을 위하여 사용하는 기술은 인간문제와 욕구에 대응하
기 위하여 개발된 전반적인 기술 수준을 반영.

(2) 과업환경

① 재정자원의 제공자
- 정부 및 공적 및 사적 사회단체, 외국 민간단체 및 개인 등이 있음.
- 민간사회복지조직의 재정원천을 정부보조에 많이 의존하고 있음.

② 정당성과 권위의 제공자
- 지역사회나 클라이언트 집단, 전문가 집단으로부터 나오는 것.
- 보건복지부, 시·도청, 시·군·구청 등 복지사협회.

③ 클라이언트 및 클라이언트 제공자
- 개인과 가족 및 클라이언트를 사회복지조직에 의뢰하는 타 조직, 집단, 개인을 포함함.
- 학교, 경찰, 청소년단체, 교회, 사회복지관, 동사무소 등.

④ 보충적 서비스 제공자
- 인간문제에 대한 통합적인 서비스의 원칙을 지킴으로써 서비스의 효과성과 효율성 높임.
- 클라이언트의 문제를 해결하기 위해서는 다른 기관에 일부의 서비스를 의뢰.

⑤ 조직 산출물의 소비, 인수자
- 욕구가 있는 인간을 사회복지조직의 내부로 투입하고, 변화된 사회적 지위와 신분을 가진 인간으로 산출.
- 클라이언트 자신 및 클라이언트와 관계를 맺고 있는 자들.

⑥ 경쟁하는 조직들
- 클라이언트나 다른 자원들을 놓고 경쟁하며 자원에 대한 조직의 접근에 영향을 미치는 조직들을 포함.
- 가족복지기관은 클라이언트를 놓고 개인적인 가족치료자들과 경쟁.

3) 환경의존에 대한 대응전략

○ 전략의 필요성
- 사회복지조직은 재정동원, 인력과 클라이언트의 확보, 승인이나 지지 획득에 있어 외부환경에 취약해 과업환경과 일반환경에 대해서 종속적이기 쉬우므로 이를 극복하고 조직의 효과성을 발휘하기 위해서는 사회복지조직의 환경관리 전략의 수립이 필요하다.

(1) 사회복지조직에서의 의존 – 권력 강화 및 상쇄조건

– 의존강화조건
　　= 외부에서 강요하는 정책(외부행정기관)
　　= 서비스 사용에 대한 외부의 재량권 행사
　　= 외부단위의 서비스가 크게 필요한 경우
　　= 외부에서 목표를 인가해야 하는 경우
　　= 대안들에 대한 정확하지 않는 정보

– 의존상쇄조건
　　= 외부세력에 이해 허용된 자유
　　= 주요 자원의 소유
　　= 대체 자원이 필요한 서비스의 이용 가능성
　　= 정당성을 내세울 수 있는 이념 개발
　　= 대안에 대한 효과적인 지적 능력

(2) 의존 – 권력 관계를 변화시키기 위한 전략

– 자치권을 행사하며 그들의 환경을 통제할 수 있는 방법을 강구하려는 의도.
– 의존 – 권력관계를 개선하기 위하여 다양한 전략.
– 전략선택의 기준은 자원의 조직 외부에서의 집중과 분상의 정도 및 조직이 통제하는 전략적 양에 의해 결정.

① 권위주의 전략
– 복지부나 행정 관청들처럼 자원을 제공하고 권위로 지도 감독하는 경우.
– 관련조직이 의도한 행동을 하도록 권력을 사용하고 이러한 행동을 권장하거나 보상하지 않는다는 의미에서 권위주의적.
– 권위를 사용하는 것은 조직의 자율성에 영향을 미치지 않고도 외부조직이 교환조건에 응하도록 할 수 있으므로 매우 효과적인 전략.

- 하지만 이런 전략을 사용할 수 있는 조직은 이미 권력적으로 우세한 위치에 있는 조직이므로 그러한 전략을 사용하지 않더라도 우세한 권력관계를 유지.
- 이 전략은 우세한 위치의 소수 조직에만 한정되고 명령 순응 여부를 감시하기 위해 비용이 많이 들고 비록 명령에 대한 순응이 이루어지더라도 형식적인 것으로 그치고 마는 문제.

② 경쟁적 전략
- 다른 조직들과 경쟁하여 세력을 증가시켜 서비스 질과 절차, 행정절차 등을 매력적으로 만듦.
- 조직이 필요로 하는 자원이 외부환경에 분산되어 있고 세력균형을 이룰 수 있을 만큼 충분한 내적 자원이 있을 때 가능.
- 그러나 자칫 잘못하면 성공률이 높은 클라이언트만 받아들이고 사회계층이 낮은 클라이언트를 거부하게 되는 문제를 발생.
- 경쟁으로 인하여 서비스의 중복과 자원낭비를 조장.
- 클라이언트의 선택을 넓혀 주고 질 높은 서비스를 받게 하는 장점.

③ 협동적 전략
- 과업환경 내의 다른 조직에 필요한 서비스를 제공하여 해당 조직이 서비스를 획득하는 데 불안감을 해소시키게 하는 것.

- 계약
  = 두 조직 사이에 서비스의 교환을 위해 협상된 공식. 비공식적 합의.
  = 정부조직은 자금을 제공할 수 있고 민간복지조직은 서비스를 제공할 수 있는 경우에 많이 이루어짐.
  = 그러나 계약은 조직의 선택범위를 좁히고 자율성을 침해하고 조직의 목적과 맞지 않는 서비스를 제공하게 할 우려.
  = 서비스 효과성 평가를 어렵게 하고 부적절한 계약으로 서비스가 부실해지는 문제 발생 가능.

- 연합
  = 복지자원의 혜택과 복지 서비스 제공에 있어서 비슷한 입장에 있는
    여러 복지기관들이 공동이익을 위하여 상호 제휴하는 전략.
  = 각 조직의 세력이 비교적 약해야 하고 상호 이익을 추구할 수 있고
    비용보다 이득이 커야 함.
  = 그러나 연합은 책임 수행에 대한 비용증가와 회원조직들 간의 불화,
    이익에 대한 의견불일치 등의 문제 발생 가능.

- 흡수
  = 과업환경 내 주요 구성조직들의 대표자들을 조직의 지도층이나 정책수
    립 기구에 흡수하여 조직의 안정성을 높이고 생존 위협을 피하는 것.
  = 복지조직이 필요로 하는 자원이 환경에 집중되고 조직 자체가 전략
    적인 자원이 없을 때, 그리고 조직이 직면하는 위협을 기존자원으로
    는 상쇄시킬 수 없을 때 이용.

④ 방해전략
- 경쟁적 위치에 있는 복지조직의 활동을 방해하거나 세력을 약화시키는
  전략.
- 조지 간에 이루어지기도 하지만 힘이 없는 클라이언트나 잠재적 클라
  이언트들이 사회복지조직에 대하여 중요한 변화를 일으키기 위하여 사용.
- 방해전략을 활용할 수 있는 조건
  = 조직의 과업환경이 정당한 요구를 묵살하거나 방해하려는 조직이 실
    패하더라도 손해 볼 것이 없는 경우.
  = 상대조직과의 갈등해소를 위한 상호작용을 지속하지 않는 경우.
  = 이념적 갈등이 존재하는 경우이다.
- 권력을 잃은 사람이나 빈민, 어려운 이웃들을 대신하여 사회복지조직으
  로부터 양보를 얻어내는 데 효과적.
- 장기적으로는 일시적으로 얻은 이득을 상쇄해 버릴 수도 있음.

4) 지역사회 관계향상을 위한 지식

- 지역사회 사회 조직사업은 사회사업의 핵심적인 한 방법으로 지역사회 내의 공통적 문제나 욕구를 지역사회인들이 스스로 해결하거나 발전적 목표를 달성하기 위한 능력을 향상시키는 활동.
- 능력개발, 변화 가능, 지속성, 기술을 배워야 한다는 기본전제를 가짐.
- 추진회 결성, 주민 인식, 지조다 참여, 효과적인 대화통로 여러 집단을 지원하고 강화, 지도자 개발, 안정성, 수용, 신망, 현재적 및 잠재적 호의를 활용하려는 노력 등이 기본원칙.

(1) 지역사회 조직사업의 기본전제

- 자신의 문제를 해결하는 능력을 개발.
- 변화를 원하고 그 변화를 가능.
- 변화를 조정하거나 통제하는 데 참여.
- 주민의 협동적 참여와 행동을 요청.

(2) 지역사회 조직사업의 기본원칙

- 추진회의 결정.
- 불만은 특정문제에 대한 계획을 세우고 실천에 옮길 수 있도록 집약.
- 불만은 주민에게 널리 인식.
- 수용될 수 있는 지도자(공식, 비공식적)를 참여.
- 추진회는 목표와 운영방법을 가져야 함.
- 추진회는 정서적 내용을 지닌 활동이 포함.
- 추진회는 대화통로 마련되어야 하고 융통성.
- 지역사회는 현재 있는 그대로 이해되고 수용.
- 추진회는 효과적인 지도자를 개발.
- 추진회는 문제해결능력 및 안정성, 신망.

- 추진회는 지역사회의 현존조건에 따라 수행하는 사업의 보조를 맞추어
  야 함.

(3) 지역사회 조직사업의 과정

- 조사
  = 문제나 욕구 또는 사실에 관한 자료를 수집하고 확인.
  = 지역사회 주민의 문제와 욕구, 조직 및 서비스 등에 대한 기본적인
    사실을 파악.
- 기획
  = 장래에 도달하고자 하는 목표를 달성하기 위한 의도적인 행동계획의
    과정.
- 협의 조정
  = 불필요한 갈등과 노력의 중복을 피하기 위한 협의.
- 조직화
  = 문제해결이나 욕구해결을 위하여 설정된 목표를 달성하기 위해 필요
    한 활동조직을 만드는 과정.
- 재정활동
  = 예산을 수립하고 수입원으로부터 자금을 확보하고 지출하는 활동.
- 컨설테이션
  = 전문가들로부터 전문직업적 정보와 지침을 얻는 활동.
- 위원회 운영
  = 조직에서 조사연구, 기획, 의사결정 및 정책의 집행을 위해서 위원회
    필요.
- 협상
  = 중립적인 제3자의 개입에 의하여 쌍방 간의 갈등을 해결하는 과정.
- 기록
  = 지역사회 활동과정에서 위원회 및 활동집단의 생각과 행동을 기록.

(4) 홍보

- 서비스에 대한 정보제공, 지역주민과 단체들의 협조와 이해를 얻기 위해서 홍보.
- 홍보활동 매체: 시각적 매체, 청각적 매체, 시청각적 매체 등 효과적인 매체를 선택.

5) 기획과 의사결정

사회복지조직의 목표인 서비스의 효과적이고 효율적인 달성을 위해서 적절한 기획과 의사결정이 필요하다.

사회복지행정에서는 기획과정에 많은 관심을 보여 왔고, 사회복지 실천활동의 중요한 운영요소로 간주한다.

사회복지조직의 행정책임자는 환경적 변화상황 속에서 장래를 예상하며 적절한 계획을 수립하고 신속하고 현명한 의사결정을 한다.

사회복지조직의 운영과 서비스 전달에서 핵심적인 지식과 기술이 되는 기획과 의사결정의 필요성과 절차에 대하여 검토를 한다.

(1) 기획

① 기획의 개념
- 기획은 해야 할 일과 하는 방법 및 시기, 해야 할 일의 필요성, 일을 책임질 사람을 구체적으로 정하는 것으로 선택할 수 있는 여러 가지 대안들 중 적절한 것을 가려내는 작업.
- Gilbert & Specht: 통찰력, 체계적인 사고, 조사, 행동노선 대안의 선택에서 가치선호의 행사를 통해 문제를 해결하고 장래의 일의 방향을 통제하려는 의도적 시도.
- 어떠한 행동이 취해지기 전에 해야 할 일과 그 일을 하는 방법을 결정.

- 기획의 특성적 요소: 목표지향성, 미래지향성, 연속된 의사결정의 과정, 행동노선의 선택, 체계적이고 동적인 과정, 계속성의 과정, 문제해결적 과정, 목표를 달성하기 위한 수단 등.

② 기획의 필요성
- 조직의 불확실성을 감소시키기 위해서
- 조직의 합리성을 증진시키기 위해서
- 조직의 효율성을 높이기 위해서
- 조직의 효과성을 높이기 위해서
- 조직의 책임성을 확보하기 위해서
- 조직 구성원의 사기를 진작하기 위해서
- 기획의 책임성
  = 조직에 있어서 기획은 전문적인 프로그램 개발과 밀접한 관계를 지니고 있고, 프로그램 개발은 전문성과 더불어 책임성과 관련.
  = 기획은 조직의 목표 달성을 위해서 수행해야 할 작업, 작업을 수행하는 방법, 작업 수행을 위한 인력의 배치에 가지 조직의 전반적인 활동을 포괄하는 활동과정.

③ 기획의 유형
가. 조직의 위계수준에 따른 유형
  - 최고관리층: 목표, 정책, 장기적 계획, 조직 전체 영역.
  - 중간관리층: 할당, 사업계획, 보완적 목표, 정책.
  - 감독관리층: 구체적 사업계획, 일정표, 단기목표, 운영기획.
  - 관리실무자: 일상적 업무 및 사소한 절차에 국한.
나. 시간 차원에 따른 유형: 장기기획과 단기기획
  - 장기기획은 1년 이상 5년, 10년 또는 그 이상의 기간에 걸친 기획으로 외부환경의 영향을 중시하고 주기적으로 조직의 목적과 목표를 재설정. 창의성과 미래에 대한 비전을 가지게 함.

- 단기기획은 장기기획에 근거한 1년 미만의 사업기획. 이런 기획은 구체적·행동 지향적인 실행방법에 관한 것.
- 조직의 하위층에서 상위층으로 올라감에 따라 단기기획으로부터 장기기획으로 책임이 높아짐.

다. 대상에 따른 유형: 전략적 기획과 운영기획
- 전략적 기획: 조직의 목적을 설정하거나 변경, 목적 달성을 위한 자원을 획득, 자원을 사용, 분배하기 위한 정책을 추구하는 과정.
  = 계획의 형성
  = 계획의 위한 정책의 형성
  = 우선순위 및 자원할당 기준
  = 감독 및 평가
- 운영기획: 조직목적을 효율적, 효과적으로 달성하기 위하여 자원을 사용하는 것.
  = 기관과 시설운영을 위한 규칙의 개발
  = 사업결과를 평가하기 위한 기준의 개발
  = 서비스 전달체계의 설계와 프로그램의 실행

라. 기획과정
- 스키드모어의 사회복지행정의 기본적인 7가지 기획단계를 첫째, 목표의 선택 - 둘째, 기관의 가용자원들의 고려 - 셋째, 대안의 모색 - 넷째, 최선의 계획결정 - 다섯째, 우선순위화 - 여섯째, 구체적 프로그램계획의 수립 - 일곱째, 변화에 대한 개방성을 유지하는 과정.
- 이러한 기획과정은 사회복지 서비스의 전달에 능률성과 효과성을 확보.

가) 구체적 목표의 설정
- 목표는 사회복지기관이나 시설이 달성하고자 하는 활동지표 내지 활동목표.
- 이것은 현재의 것은 아니고 조직이 미래에 이루어야 할 방향(바람직한 상태)을 제시하고 측정 가능한 것.
- 목표의 선택은 현재의 활동에 중요한 영향을 미친다. 따라서 사회복

지조직의 운영목표 설정에 있어 고려해야 할 사항이 있다.

나) 관련 정보 수집 및 가용자원 검토
- 조직은 경제적 물질적 자원은 물론 전문요원들을 포함하는 인적 자원을 고려하는 것.
- 설정된 목표를 기관의 설비, 가용예산 및 서비스에 대한 지역사회의 후원 등과 연결시키는 것은 매우 중요.
- 활용 가능한 직원의 수는 물론 그들의 자질 능력, 태도와 감정 등도 고려.

다) 목표 달성을 위한 대안적 방법 모색
- 목표설정과 가용 자원고려 이후에는 목표 달성 방식을 생각.
- 다양한 대안적 방법들을 고려하여 그 각각의 결과에 대해 주의 깊게 입안하고 예상.
- 창의력이 발휘될 수 있도록 자유로운 집단과, 개인의 대화를 통한 새로운 가능성을 발견할 기회를 만들 수 있음.

라) 최선의 계획 결정
- 대안모색을 통해 하고자 하는 사업의 가능한 경로를 파악하고 최선의 선택.

마) 우선순위화
- 가장 중요한 것 즉각적인 조치를 요구하는 것, 연기해야 하는 것을 정함.

바) 구체적인 프로그램 계획의 수립
- 청사진, 도표, 시간표 작성을 포함하여 단계적 행동개요가 나타나고 기록.
- 진척상황의 검토와 보고 프로젝트 완성을 위해 구체적인 시간계획이 필요하며 이때 주로 많이 사용하는 것이 시간별 활동계획도표(Gantt Chart)나 프로그램평가기법(PERT).

사) 변화에 대한 개방성 유지
- 개방성과 융통성은 기획과정에서 필수적으로 예정된 상황이 변하지

않았거나 목표를 향한 보다 향상된 절차가 개발되지 않았을 경우는 원래의 계획이 그대로 진행.

- 유능한 행정가는 프로그램 실행 시 생길 수 있는 변화가 보다 나은 발전을 가져오거나 유용한 자원을 확보할 수 있는 경우 언제든지 계획을 변경할 수 있는 개방성과 융통성이 필요.

마. 프로그램 기획기법

가) 시간별 활동계획도표(Gantt Chart): 세부목표와 일별시간을 기입한 도표를 막대모양으로 표기.

나) 프로그램 평가검토기법(PERT): 세부목표 또는 활동 상호관계와 시간계획을 연결시켜 도표화.

다) 월별활동계획카드(Shed – U Graph)

(2) 의사결정

① 의사결정의 개념

- 조직의 최상위에 있는 사람, 즉 의사결정자가 어떤 목적을 설정하고 그 목적을 달성하기 위한 행동의 선택과정.

- 이러한 과정은 선택의 폭이 좁거나 넓을 수도 있는데 이때 이러한 대안들을 인식하고 이해하는 것으로 이를 통해 가장 효율적인 길을 찾아 결정하는 것이 의사결정.

- 좁은 의미의 의사결정은 여러 가지 행동대안 가운데 하나를 선택하는 것.

- 넓은 의미는 최종대안의 선택이 있기까지 취해지는 모든 과정을 포함하는 것.

- 의사결정이란 선택의 행위이고, 의식적으로 만들어지는 정신적 과정이며 목표 지향적.

② 의사결정의 방법

가. 직관적 결정

- 합리성보다 영감이나 감정에 의존하여 결정.

나. 판단적 결정

- 개인이 가지고 있는 지식과 경험에 의존하여 결정하는 방법.

다. 문제해결적 결정

- 합리적인 절차를 통해 이루어지는 결정으로서 즉각적인 결정이 불필
  요한 경우에 주로 사용되는 방식.

③ 의사결정의 절차

- 의사결정의 절차는 그 유형에 따라 달라지지만 여기에서는 체계적이
  고 과학적인 절차를 필요로 하는 문제해결적 결정의 절차.

가. 문제정의/욕구확인

- 사회복지문제나 욕구는 그 정확한 규명이 용이하지 않은 경우가 많음.
- 그러나 문제나 욕구의 정확한 규명이 없이는 그 해결대안을 개발할 수
  없기 때문에 합리적인 의사결정은 불가능.
- 따라서 정확한 문제 및 욕구 규명을 위해 그러한 문제에 관련된 상황
  과 심리적, 사회적 및 문화적 요인, 관련자의 감정, 문제의 심각성, 피
  해자, 문제를 해결하려는 조직원과 구성원의 욕구 정도까지도 구체적으
  로 파악.

나. 관련 정보의 확보

- 문제나 욕구가 구체적으로 규명되면 그러한 문제 및 욕구 그리고 그
  해결방안에 관련된 정보를 수집.
- 이러한 정보의 출처와 수집방법은 문제나 욕구에 따라 다양.
- 조직의 내·외 모두 또는 어느 한쪽에서 수집되거나 조직 내·외의 개
  인이나 동료 그리고 관련 기록 자료 등을 통해 직접면접, 전화, 자료분
  석 등의 방법으로 수집.

다. 해결대안의 개발 및 평가

- 의사결정자는 관련 자료를 분석·정리한 결과에서 얻은 정보와 문제해
  결의 목표 그리고 문제해결에 있어 잠재적 및 현실적 제약사항 등을
  고려하여 문제해결을 위한 몇 가지 대안을 개발.

- 실행 가능성이 있는 대안을 개발하기 위해서는 각 대안들의 상호비교가 가능하도록 열거하고 이전 단계에서 설정한 기준에 따라 각 대안의 장·단점, 성공 가능성, 기대효과 등이 평가되어야 한다.
- 각 대안이 실행될 경우에 나타날 수 있는 미래의 결과를 예상.

라. 최선의 대안 선택
- 대안적 행동방침을 수집.
- 명확한 기준에 따른 대안의 상대적 장단점을 평가.
- 대안적 행동방침의 성공가능성에 대한 합리적 예측에 근거.
- 행정가들도 결정을 하는 데 있어 그들이 실수할 수도 있고 가끔은 잘못된 선택을 할 수 있다는 것을 인식할 필요.

마. 대안의 실행
- 일단 대안이 결정되면 모든 노력은 그것을 지지하는 방향으로 그리고 그것을 수행하기 위해서 무엇을 할 것인가에 관심.
- 모든 직원이 결정을 이해하고 지지하기 위해 결정을 충분히 숙지.
- 최선의 결정을 내리는 것도 중요하지만 그것이 목표를 향해서 수행될 수 있도록 계속 지지해 주는 것도 중요.

바. 환류
- 의사결정에서 환류는 의사결정 과정과 결과를 효과적으로 만들기 위해서 매우 중요.
- 환류란 의사결정의 전 과정에서 개방적인 태도와 유연성을 가지고 의사결정의 각 과정 자체와 그 각 과정에서 이루어진 것.
- 대안실행의 결과에 대하여 문제가 없는지 또한 실수가 없는지에 대한 관련자들의 의견을 듣는 것.
- 특정 결정에 대한 모든 가능한 결과를 예상하는 것이 불가능하기 때문에 반드시 필요.
- 환류는 이러한 경우에 관련자의 의견을 적극적으로 수용하여 현재의 결정을 변경하거나 다음의 의사결정 과정에 반영할 수 있게 하기 위해 반드시 필요한 것.

④ 의사결정 접근방법론

가. 합리주의적 모형

- 고전적 접근방법으로 인간과 조직의 합리성, 합리적 경제인, 완전한 정보환경을 전제 즉 모든 조건의 충분한 제공하에서 합리적 인간이 최대의 효과를 얻을 수 있는 의사결정을 하는 것.
- 특징
  = 의사결정의 각 단계들이 독립적으로 순서 있게 진행된다.
  = 개인은 항상 추구하는 목적을 극대화시킬 수 있는 대안을 선택하게 된다.
  = 의사결정에 고려될 수 있는 대안은 모두 인지할 수 있으며 각 대안을 모두 탐색할 수 있고 그 대안들이 가져올 결과를 포괄적으로 분석할 수 있다.
  = 대안 분석 시에 가중치나 확률 및 복잡한 계산이 가능하므로 어려운 의사결정 사항도 계산이 가능하다.
  = 대안 선택 시 영향을 줄 수 있는 비합리적 요인 통제되고 일정한 기준에 따라 최적의 대안을 선택하게 된다.
- 합리적 의사결정 모형은 너무 이상적이고 규범적
  = 현실 상황에서 미래 상황에 대한 불확실성이니 정보의 결여 등이 발생하는 경우에는 이 모형은 그 효용에 큰 문제 있음.
  = 합리적 모형은 예외적이고 비정형적 문제의 해결에는 적합하지 못한 모형.

나. 점진주의적 접근방법

- 의사결정이 순차적, 부분적으로 진행되고 의사결정 과정에서 대안의 분석범위는 크게 제약을 받는다고 보는 모형.
- 현재의 상황을 바탕으로 의사결정에서 선택된 대안은 기존의 정책이나 결정을 점증적으로 수정해 나간다는 것.
- 목표 또는 실현할 가치를 선정하는 일과 목표 실현에 필요한 행동을 분석하는 일은 서로 밀접한 관계를 맺고 있다.

- 목표와 해결대안을 함께 선택해야 된다고 보기 때문에 목표와 수단을 구별하기가 어렵다.
- 정책대안은 끊임없이 만들어지고 바람직한 목표도 끊임없이 변동되는 가운데 의사결정은 바람직하다고 생각되는 목표를 향해 접근해 가는 연속적인 행동이다.
- 목표에 대한 합의가 없더라도 수단 선택에 대한 합의는 있을 수 있고 수단의 평가는 합의 내용에 의존.
- 점증적 접근방법에서는 의사결정의 단순화를 위해 고려요인을 의식적이고 체계적으로 축소.

다. 제한된 합리주의적 접근방법(만족모형)

- 조직 내에서의 의사결정자는 전체 문제에 대한 일부분의 정보만을 가지고 의사결정에 임하므로 합리적 의사결정을 저해하게 된다는 것.
- 최대의 가능한 만족을 어느 정도 희생하여 대충 만족만 할 수 있는 의사결정을 한다는 것.
- 기본적인 가정
  = 사람은 자신의 제한된 능력과 환경적 제약으로 인해 완전한 합리성을 발휘할 수 없다.
  = 대안의 선택 시에도 최소한의 만족을 유지하지 못하는 경우가 계속된다면 그에 맞추어 대안의 선택기준을 낮추어 가게 된다.
  = 의사결정을 하는 사람의 가치관 등 심리적 성향에 의하여 형성되는 주관적 합리성이 의사결정의 기준이 된다.
  = 의사결정에서 탐색활동은 만족을 줄 수 있는 대안을 찾는 데에 그 목적이 있다.
- 이 모형은 고전적 합리적 모형과는 달리 완전정보, 완전대안, 완전 선호체제를 부인하고 의사결정 상황에서의 정보환경적 제약조건과 의사결정자의 심리적 제약조건 등을 강조하고 있다.

⑤ 의사결정 기술

가. 개인의사결정과 집단의사결정

- 개인의사결정

= 의사결정 나무분석: 개인이 가능한 여러 다른 대안을 발견하여 나열하고 각각의 대안을 택했을 경우와 그렇지 않은 경우의 결과를 나무 그림 형태로 표현.

= 대안선택 흐름도표: 목표가 분명하고 예상 가능한 사항의 선택에 적용.

- 집단의사결정기술

= 델파이방법: 전문가 또는 관련자들로부터 우편으로 의견이나 정보를 수집하여 그 결과를 분석한 후 다시 응답자들에게 의견을 묻는 방법.

= 소집단 투표 의사결정법: 전문가 또는 관련자들을 한 장소로 모아 각자의 의견을 적어 낸 것을 가지고 종합하여 정리한 후 집단이 각각의 의견을 검토하여 합의하는 방법.

나. 정형적 의사결정과 비정형적 의사결정

- 정형적 의사결정

= 이미 설정된 대안을 기준으로 일상적이며 반복적으로 이루어지는 의사결정.

* 서류직성 담딩자가 워드프로세시로 작업한 서류를 백업 디스켓에 저장하는 것.

* 햄버거 가게 지배인이 햄버거 재고가 일정 수준 이하로 내려가면 주문결정을 하는 것.

- 비정형적 의사결정

= 사전에 알려진 해결안이 없는 경우에 이루어지는 의사결정

* 희귀병의 치료법을 개발하고자 하는 한 과학자가 있다면 그는 재고가 일정 수준 이하로 떨어지면 자동적으로 주문결정을 하는 재고담당 직원과는 달리 지금까지 알려지지 않은 창의적인 방법에 의존하는 것.

⑥ 의사결정에서 행정가의 역할
- 분석적인 역할이 요청.
- 정치적인 역할을 담당.
- 행정적이며 조직적인 역할.
- 조사와 프로그램 평가의 역할.
- 사회복지사도 충족되지 못한 니드의 발견자, 프로그램 설계자, 집행자, 평가자, 변화의 대리인의 역할을 담당.

(3) 정책결정

사회복지상담을 구체적이고 법의 테두리 안에서 잘 이루려면 정책결정도 필요하다.

① 정책의 개념 및 분야
가. 정책의 개념
- 단순히 행동방침으로 이해하는 것. 공적인 것이든 사적인 것이든 관계 없이 모든 사회복지조직에 정책이 존재하는 것.
- 정책의 공공성을 강조하는 것.
나. 정책이 필요한 분야
- 조직이 누구에게 서비스를 제공할 것인지 또 어떤 종류의 서비스를 제 공할 것인지에 관한 정책이 필요.
- 정책은 인사관리 분야.
- 재무관리 분야에서 특히 서비스에 대한 요구에 대한 요금이 부과될 때.
- 지역사회 관계분야에서 조직이 다른 조직과 더불어 일을 해 나가는 데 있어서 조직을 인도하기 위해서 정책이 필요.

② 정책과 관련된 가치
가. 개인 대 가족
- 개인주의를 추구하는 사회에서는 개인의 욕구는 다른 어떤 욕구보다도

존중되며 우선시.

- 이와 상반되는 입장은 가족의 복지를 증진시키기 위해서 가족의 욕구
  가 우선시.

- 개인은 자신이 가장 최선이라고 생각되는 길을 자유스럽게 추구.

나. 자기의존 대 상호의존

- 개인주의는 종종 자기의존의 개념과 밀접한 관계.

- 우리의 운명은 경제사회적 조건과 더 나아가서는 우리와 가까운 사람
  들의 호의와 지원에 의존.

다. 세속적 성향 대 종교적 성향

- 사회복지 관점에서 어떤 조직이 사회서비스를 가장 잘 제공하는가에
  따른 견해차.

- 종교적 조직과 세속적 조직 간의 인간문제에 대한 인식의 차이.

라. 공평 대 적절

- 공평한 대우: 노력한 만큼 보상을 받는 것.

- 공평의 원리를 적용하는 데에 최소 및 최대의 제한선.

마. 투쟁 대 자격

- 복지급여를 받기 위해 투쟁해야 하는지 혹은 인간으로서 그리고 시민
  으로서 그것을 받을 자격이 있는지 어부.

- 자격프로그램: 프로그램을 사용할 자격이 있는지의 여부.

바. 사적 대 공적

- 사적 영역과 공적 영역의 갈등.

- 사적 공적 영역의 책임.

사. 일 대 여가

- 일과 여가는 목적과 수단 관계에서 갈등.

- 가치체계에 대한 일원적 접근보다 이원적 접근.

③ 정책결정 과정

- 정책결정이란 중요한 행동방침을 결정하는 것을 의미.

가. 문제의 확인

- 정책의 창시자가 지역사회의 인식되지 않거나 충족되지 않은 욕구를 충족시킬 책임이 제도에 있다고 인식.

- 문제의 인식과 제도의 책임은 정책 창시자의 정치적, 경제적, 사회적, 제도적 환경과 관련.

- 충족되지 않은 욕구에 관한 사례 발견 → 직접적인 일을 수행하는 일선 직원의 전문적 역할 중 하나.

나. 정보의 수집 및 분석

- 문제의 영향을 받는 사람의 수에 대한 실제 자료 파악.

- 수집되는 정보의 종류와 질은 전개과정에서 변할 수 있음.

- 조사기술 필요.

다. 공중 홍보

- 과정의 진전에 따라 문제에 관해 정보를 제공받아야 하는 지역사회 내의 다양한 하위체계.

- 관련 당사자의 이해와 관심을 일으킬 수 있는 형태로 문제를 제시.

라. 정책목표의 개발

- 해결방안들을 고르고 분석이 이루어져 일반적인 정책목표로 개발.

- 기획과업: 관련된 문제의 평가와 관계 지역사회의 선로 사이에 지속적인 상호작용.

마. 공중지지의 형성과 정당화

- 일반적인 행동방침에 대한 공중의 지지.

- 리더십의 발휘, 연합 형성, 잠재적 지지자들과 합의를 위한 교섭.

바. 프로그램 설계

- 행동방침, 조직구조, 자금조달 등 기획 담당의 손에 달려 있다.

사. 수행

- 정책형성 과정의 상당부분이 해당.

- 행동방침을 프로그램으로 구체적으로 이행하는 일이 프로그램 실천을 통해 이루어짐.

- 프로그램을 조직화하고 정책을 명확히 하고, 서비스 또는 급여를 산출하는 등 직접적 서비스 기능과 밀접한 관련.
- 법정도 이 과정에 개입되어 정책을 명확히 하는 역할.

아. 평가 및 사정
- 정책의 영향에 관한 평가, 정책이 얼마나 문제해결에 이바지하였는가 평가.

④ 정책결정상의 문제점과 원리

가. 정책 결정 과정의 문제점
- 너무 엄격하게 정의되는 정책: 법률, 명령, 강령 등으로만 생각하려는 경향은 정책을 확립된 목표를 달성하기 위한 행정적 장치로 보지 못하게 하는 문제.
- 너무 상세한 정책: 정책은 특수상황에서 융통성이 허용되어야 함.
- 개인의 주관적 감정: 감정의 개입을 고려.
- 훈련과 경험 수준의 다양성: 직원들의 다양성은 정책형성에 어려움 유발.
- 전문영역의 다양성: 정책결정을 위한 준거 틀 마련에 어려움.
- 부분적인 참여: 자신의 신념과 일치하는 정책의 부분은 지지하나 자신과 일치하지 않는 부분은 무시.
- 지리적인 거리 또는 업무부담의 전문화: 업무부서들 간 긴밀한 조정적 노력 없이 동일 정책을 시행하면 문제 직면.

나. 정책결정의 원리
- 조직의 목적에 기초를 두고 개발.
- 적절히 평가된 경험과 사실에 기초하고 정책에 영향을 받는 사람들도 정책형성에 참여.
- 조직의 목적을 달성하기 위한 초점과 방향.
- 여러 정책 간의 정책 사이에 통일성과 일치성.
- 이사회가 정책의 제정에 대한 책임을 지기도 하지만 전체 조직이 정책 과정에 참여.

- 조직의 목적을 지역사회 상황과 조직이 갖고 있는 시설 및 자원과 현실화.
- 정책결정, 기획, 운영은 통합적으로 관련되고 분리가 불가능.
- 새로운 정책은 기존의 정책을 평가함으로써 체계적으로 검토하고 연구.
- 모든 직원들이 정책을 숙지.
- 명제 형식으로 표현.
- 정책이 의도한 정신에 따라 정책을 수행하는 일은 행정가의 책임.
- 정책의 내용과 실천 사이의 갈등은 행정가가 양자를 평가해야 함.

⑤ 정책결정의 모형

가. 합리 모형(인간의 전지전능)
- 인간이 이성과 합리성에 근거하여 결정하고 행동한다는 전제.
- 인간의 능력에 한계가 있고, 대안이 과거에 채택되어 이미 많은 자원이 투입된 경우 합리적인 대안으로 채택하기보다 그 대안을 계속 채택하게 된 경우도 있으며 현실적인 제약요건들로 인한 만족할 만한 수준에서 그치는 정도.

나. 만족 모형(만족할 만하거나 제한된 합리성)
- 정책결정자가 어떤 결정을 하는 경우 만족할 만한 수준에 그친다.
- 따라서 지나치게 주관적이고 현실만족적인 것이며 습관적으로 이루어지기 때문에 보수적인 성격을 띠게 되고 개인의 의사결정 문제를 설명하려는 의도에서 나온 것이므로 조직의 정책결정 문제에 적용시키기엔 무리.

다. 점증 모형(정치적 대안을 채택)
- 정책의 결정은 경제적 합리성으로만 이룩되는 것이 아니고 시민 등의 지지를 얻을 수 있는 정치적 합리성이 크게 작용.
- 현실을 긍정하고 혁신을 배제한다는 면에서 보수주의로 빠지기 쉬우며 안정과 균형이 상대적으로 유지되고 있는 사회는 몰라도 혁신이 요구되는 발전지향의 사회에는 적용하기에 적절하지 않음.

- 인간의 미래 변화능력에 대해 회의적인 입장을 취하고 있고 인간 지식
  능력의 한계를 확장.

라. 혼합 모형(합리 모형+점증 모형)

- 인간의 능력을 과소평가하여 보수주의적 성격이 강함.
- 합리 모형이 요구하는 지나치게 이상적인 합리성을 현실화시키는 동시
  에 점증 모형이 갖는 보수성을 극복함으로써 단기적으로 변화에 대처
  하면서 동시에 장기적 안목을 가질 수 있는 장점.
- 새로운 모형이라기보다 두 개의 대립되는 극단의 모형을 절충 혼합한
  것이므로 현실적으로 언제나 이 방법을 순서적으로 따를 수 없음.

마. 최적 모형(정책결정자의 요소 → 초합리적 요소)

- 정책결정자 개개인의 지적인 합리성뿐만 아니라 불가피하게 적극적 요
  인으로 초합리적인 것.
- 직관, 판단, 창의 같은 잠재의식이 개입, 초합리성이라는 것의 구체적인
  방법이 명확하지 않아 유토피아적인 모형이라는 비판.

인사관리

사회복지상담을 위한 인사관리가 이루어져야 한다. 그 분야에 적합한 사
람으로 채용, 보직, 배치가 이루어져야만이 제대로 된 복지상담이 이루어질
것이다.

- 인사관리의 의의
  = 인사활동을 가리키는 것으로, 기관의 운영 목적 달성을 위하여 인적
    자원을 최대로 활용하기 위한 관리적 활동.
  = 인사관리의 기능은 인력계획, 경력관리, 보수 및 퇴직금, 보건, 안전
    및 복지후생, 사기와 인간관계 관리, 복무와 근무규율, 노사협조, 인
    사관리 정보체계 등.

- 인사관리의 과정

　= 인사관리는 조직 인력에 대한 모집, 채용, 유지 및 개발과 함께 평가
　　 과정까지를 포함하는 연속적인 관리과정을 의미.

　= 인사관리의 궁극적인 목적은 조직인력에 대한 모집, 훈련 및 개발을
　　 통해 조직인력의 기능과 창조성을 극대화하여 조직목표를 보다 효율
　　 적으로 달성하는 것.

인사계획

- 직무분석

　= 기관의 모든 직무를 대상으로 각각의 직무를 수행하는 데 따른 책임
　　 과 업무내용을 수집, 분석하여 종합적으로 분류한 것.

　= 직무분석은 직무기술서를 작성하기 위한 기초자료로 활용.

- 직무기술서

　= 특정한 직무 및 직위에 부가된 임무와 책임을 구체적으로 기술한 것.

　= 직무기술서는 전체 기관구성원의 직무상의 책임을 조직화.

　= 인력의 모집, 선발, 배치의 과정과 더불어 직무평가 등이 이 직무기
　　 술서를 기초로 수행.

- 직무명세서

　= 특정 직무를 적절히 수행하는 데 요구되는 최소한의 자격요건을 기
　　 술한 것.

　= 예) 사회복지사를 모집하는 경우 1급 사회복지사 자격증 소유자 및
　　 정신보건시설의 근무경력이 1년 이상인 자 등으로 명시.

(1) 채용

① 모집
- 자격을 갖추어 지원한 사람들 중 공석중인 직위에 유치하는 과정.
- 전문성을 갖춰 유능하고 클라이언트 및 다른 직원들과 원만한 대인관계를 맺을 수 있는 능력을 지닌 직원을 고용하는 것.
- 모집의 절차는 해당 직무에 대한 직무분석이 선행되어야 하고 어떤 업무를 수행해야 하는지에 대한 기술인 직무명세서 및 직무기술서를 작성하는 것.

② 선발
- 조직에 충성심과 조직의 요구에 기초하여 선발되어야 하며 전문성과 원만한 인간관계, 클라이언트 및 직원들을 보호 할 수 있는 능력이 고려된 사람을 선발.
- 선발 기법으로 시험이 있는데 시험은 객관성과 타당성.

③ 임명
- 채점이 끝나면 성적순, 직종별로 등급을 부과하는 임명의 과정.
- 임명은 행정가에게도 새로운 직원이 팀에 고용됨에 따라 기관의 목표와 서비스를 재해석함으로써 자신의 상급자와의 관계를 향상시킬 기회를 갖게 됨.
- 직원의 임명은 지도자에게 기관을 해석하고 설명할 기회를 제공하게 되며 현명한 관리자는 이런 기회를 잘 활용.
- 새로운 직원의 구체적인 책임은 자세하게 설명되어야 하며, 기관의 목적, 조직의 구성, 직원, 이사회, 기관이 속한 지역사회 등에 관한 사항을 알려 주어야 함.
- 보수, 부가급부, 근무시간, 휴가, 직원회의, 위원회의 구조, 직원개발계획, 지역사회의 타 기관과의 관계 등을 포함한 직무에 관한 정보와 의무가 설명.

(2) 직원개발

① 직원개발의 개념 및 목적

가. 개념

- 사회복지조직에서 활동하는 직원들의 소양과 능력을 개발하고 직무 수행에 필요한 기술과 지식을 향상시키고 가치와 태도를 바람직한 방향으로 변화시키기 위한 교육과 훈련활동.
- 아무리 유능한 직원을 선발했다 하더라도 이들을 업무에 즉각 개입하도록 하는 것은 바람직하지 않으며 새로운 업무에 적응하도록 만드는 과정이 필요하다(조직에서 필요한 인재상).

나. 목적 - 인적 자원 개발의 목적 4가지

- 능률향상: 사회복지조직의 운영관리 원활과 기관의 서비스 효과성 제고를 위한 활동.
- 사기앙양: 의사소통의 개선 및 업무의 결속력을 높이기 위한 것으로 조직의 고유언어를 알아야 의사소통이 용이.
- 조직의 발전: 조직체의 침체를 방지하고 개혁을 가져오도록 하는 수단이 됨.
- 안정성과 융통성의 향상: 교육 훈련을 받은 직원들이 확보된다면 어느 정도 조직체의 안정성과 융통성도 확보될 수 있음.

② 직원개발의 종류

가. 신규채용자 훈련

- 기관과 그 서비스 및 지역사회를 새로운 직원에게 소개하는 과정으로 첫째, 기관의 역사와 서비스. 둘째, 기본정책, 규정, 절차. 셋째, 기관의 조직적 구조. 넷째, 봉급, 근무시간, 휴가, 병가 등에 관한 기본정보. 다섯째, 직원을 위한 사무실 배정. 여섯째, 의료보험, 퇴직계획, 레크리에이션 시설을 포함한 부가 급여. 일곱째, 승진, 봉급인상, 창의성의 기회 등 제반 기회와 도전.

나. 일반직원 훈련(재교육)

- 일반직원 훈련은 직무수행개선을 위한 교육 훈련을 말하는 것으로 새

로운 기법습득 등 직원들의 직무능력을 향상을 목적.

- 사회복지조직원으로서의 가치관, 태도변화를 위한 교육 등이 첨가.

다. 감독자 훈련

- 1인 이상의 부하를 통솔하고 감독할 책임을 진 슈퍼바이저들에 대한 훈련.

- 슈퍼바이저란 제일선의 지도, 감독을 맡고 있는 과장, 계장을 의미.

- 훈련내용은 업무수행에 필요한 지식, 사기, 리더십, 의사전달, 인간관계, 인적 자원관리 등 전 분야.

- 훈련방법으로는 강의, 회의 및 토의, 사례발표 등이 이용되고 있으나 가장 많이 쓰이는 것은 회의.

라. 관리자 훈련

- 슈퍼바이저보다 높은 계층에 속하는 중급, 고급 관리자에 대한 훈련.

- 이들 관리자에게 요구되는 능력은 정책수립과 리더십에 관한 것.

- 정책 수립에 필요한 능력이란 합리적으로 목표와 정책 및 계획 등을 선택, 결정할 수 있는 것을 의미.

③ 직원개발의 방법

가. 강의

- 가장 일반적으로 직원 개발을 위해 사용되는 방법으로 사회복지에 관한 전문적 지식과 기술 및 태도를 전달하는 방법.

- 비용절감의 장점, 실무에 구체적으로 적용할 수 없다는 단점.

나. 회의

- 어떤 주제에 관한 논의 내지 토의가 이루어지는 공식적 모임.

- 집단을 대상으로 1명 혹은 그 이상의 연사가 발표, 토론을 하거나 구성원 간의 상호의견을 통해서 학습.

- 상호간의 토의가 강조되기 때문에 회의 참여자들은 회의에 임하기 전에 토의 내용에 대한 지식이 있어야 하며, 소규모 집단에만 적용.

다. 토의

- 한 주제에 대하여 소수의 사람이 먼저 주제발표를 하고 토론.
- 자유로운 분위기에서 집단사고를 통해 중지를 모을 수 있는 장점.
- 많은 사람의 참여로 의견개진이 어렵고, 토의의 초점을 잃을 염려.

라. 계속교육

- 직원들을 대상으로 전문성을 유지하고 향상시키기 위해 필요에 맞게 교육.
- 지역사회의 필요 및 직원들의 욕구에 따라 융통성 있게 실시.
- 일시적일 가능성이 많고 교육기관과 일선조직 간에 협조 없이는 큰 실효가 없음.

마. 슈퍼비전

- 슈퍼비전은 직원이 실제 직위에 앉아 일을 하면서 윗사람으로부터 직무에 관하여 지도감독을 받는 것.
- 슈퍼비전은 일대일의 경우뿐 아니라 집단도 가능.
- 직무를 수행하면서 직무와 관련된 훈련을 받는다는 장점.
- 다수인을 동시에 훈련할 수 없으며 슈퍼바이저로부터 많은 시간을 빼앗아 간다는 단점.

바. 사례발표

- 직원개발의 공통적인 방법으로 직원들 간에 돌아가면서 함.
- 직원들의 이해와 능력의 개선을 돕는 것 외에 사례를 계획하고 개입기법을 배우는 데 도움.
- 분석적 사고 능력과 문제해결능력의 개발에 도움을 주는 장점.
- 사례선정을 잘못하여 흥미와 관심을 끌지 못할 경우 비효과적이라는 단점.

사. 역할연기

- 2인 또는 그 이상의 직원들이 실제로 연기하고 이를 평가하고 토론한 후 결론적인 설명을 하는 것.
- 인간관계 훈련에 효과적이며 좋은 경험을 몸소 얻을 수 있다는 장점.

- 연기에 소질 없는 사람은 직접 연할연기를 하기 힘들며 사전준비가 많이 요구된다는 단점.

아. 집단행동

- 다양한 집단적 접근이 직원개발에 활용.

- 감수성훈련
  = 소집단의 구성원들이 자신들이 어떻게 생각하고 느끼고 행동하며 다른 사람들의 행위에 어떻게 반응하고 있다는 것을 알 수 있도록 수용적이고 열린 분위기를 제공.
  = 직원들로 하여금 자신의 감정에 대한 이해를 증진시키는 데 도움.
  = 성인의 태도와 행동의 변화를 기하는 데 가장 효과적인 방법이라는 장점.
  = 잘못 인도되는 경우 상호간의 감정을 상하게 되는 역효과를 가져올 수 있는 단점.

④ 직원개발을 위한 욕구조사

- 어느 조직이나 조직에 근무하는 조직원의 능력을 개발하여 효과적으로 수행할 수 있도록 하는 것은 조직의 성과를 높이는 데 매우 중요.

- 직원의 교육욕구 조사를 바탕으로 교육목표를 설정하고 교육과정과 교육방법을 선택해 실행에 옮긴 후 마지막 평가.

(3) 동기부여

- 근무의욕을 북돋고 사기를 진작시켜 업무의 생산성을 향상.

- 사회복지 서비스 제공에 있어 효과성과 효율성을 높이기 위한 중요한 요소.

① 동기부여 이론

가. 고전이론(Taylor)

- 동기: 경제적인 요소(돈).

- 금전적인 보상만이 직원의 동기를 유발하여 생산성을 향상시킨다고 주장하지만 사회복지 조기에서 금전적인 보상만으로 동기가 유발되지는 않는다.

나. Maslow의 욕구이론
- 동기: 직원들은 개인의 욕구.
- 인간의 욕구를 5단계로 나누어 보면서 근로자의 동기는 직원들의 욕구에 따라 유발된다고 주장.

다. 인간관계이론
- 동기: 인간관계와 상호작용
- 행정가는 동기부여가 되고 직원들에게 동기를 유발하기 위한 핵심적인 역할을 해야 한다고 주장.
- 직원 상호 인간관계가 좋은 집단에서는 생산성이 극대화된다고 가정하며 직원들이 인간관계와 상호작용에 따라 동기가 유발.

라. 행동수정이론
- 동기: 조작적 조건화, 보상과 처벌.
- 인간의 행동은 지속적인 처벌이나 보상에 따라 변화될 수 있다고 보는데 처벌보다는 보상이 더 바람직한 방법이라고 주장.

마. X이론, Y이론과 Z이론
- 동기: X이론-규제와 지시, Y이론-인간의 자율성, Z이론-중간적 접근.
- X 이론의 인간은 일하기 싫어하고 통제가 있어야 작업의 동기부여가 된다는 가정.
- Y 이론은 인간은 창의적이고 지지를 받고 싶어 하므로 근로자를 의사결정에 참여시키고 규제와 통제는 최소화해야 한다는 관점.
- Z이론은 관리자들은 주어진 시점에서 존재하는 특수한 상황에 따라 중간적 접근을 사용할 것을 강조.

바. 동기부여-위생이론
- 동기: 일의 내용과 심리적 만족
- 근로자는 이러한 고통을 피하고 심리적 성장과 만족을 성취하려는 욕

구가 강하기 때문에 일의 내용과 심리적인 만족에 의해 작업의 동기가 부여된다는 입장.

② 동기부여의 공통적 요소들

가. 개인적 관심

- 과업에 대한 관심은 능률이 향상되는 것은 물론, 생산성 향상에 지대한 영향을 미친다.
- 행정책임자는 운영의 중요한 과정에 직원을 참여시킴으로써 개인적인 관심을 높일 수 있다.

나. 시간 관리

- 최소의 시간을 활용하여 최대의 효과를 낼 수 있도록 직원 개인의 시간가치를 존중하는 조직에서 사기와 생산성이 높다.

다. 행정적 지지

- 신뢰는 신뢰를, 지지는 지지를 불러일으킨다.
- 직원들로 하여금 다른 직원들과 함께 일할 의욕을 불어넣어 줄 수 있는 행정적 지지.

라. 책임 및 권한의 명확화

- 직원들에게 일정한 권한을 부여하고 책임을 명확히 인식시켜 줄 때 자신의 업무에 주인의식을 가질 수 있고 자율성을 가지고 업무를 수행.

마. 승인과 칭찬

- 직원이 성취감을 갖게 하고, 새로운 동기를 유발하며 사기를 진작시키는 데 매우 중요한 요소.

바. 성취기회

- 직원의 동기부여와 조직의 사기를 위해 아주 중요.
- 직원들로 하여금 개인, 가족 및 지역사회문제를 스스로 처리할 수 있도록 도울 수 있는 기회를 제공할 때 동기가 부여되고 만족이 높아짐.

(4) 직원유지

① 직무수행평가

- 효과적인 사회복지조직의 유지를 위해서나 프로그램을 지속적으로 수
  행하기 위해서 업무수행 정도의 평가가 필요.
- 직무수행평가의 과정

첫째, 직무수행 기준을 확립: 직무명세서(직무에 대한 기대치, 직무책임자,
평가시기 등)의 개발이 필요.

둘째, 직무수행 기대치 전달: 조직의 목표에 부합하는가를 확인, 직무명세
서를 통해 검토.

셋째, 직무수행 측정: 다양한 도구개발 필요.

넷째, 실제 직무수행과 직무수행기준을 비교: 전 3단계까지 성공적으로
이행된 때 필요.

다섯째, 평가에 대한 토의: 전 4단계까지의 자료검토.

여섯째, 직무수행 기대치 및 직무수행기준 등의 수정은 건설적이고 구체
적이어야 함.

가. 도표평정식
- 왼쪽 평가 기준이 되는 요소 나열 / 오른쪽 직무수행의 등급을 나타내
  는 척도.
- 단점
  ＝평가자가 각각의 수행등급을 표시하는 것으로 직위 간에 직무의 차
    이를 구별하지 못함.
  ＝평가 요소들이 일반적이므로 일반적인 평가밖에 할 수 없음.
나. 개조서열식
- 평가자들이 모든 직원들에 대해 최상에서 최하까지 등급을 매기는 척도.
- 단점
  ＝직원들이 평가에 따라 서열이 매겨지므로 직원들이 지나치게 경쟁으
    로 몰아간다는 점

= 평가 요소가 구체적이지 못해 평가의 한계.

다. 이분 비교식

- 등급을 매기거나 서열을 정하는 것이 아닌 자신을 제외한 나머지 같은 서열 내의 다른 직원들과 비교하여 평가가 이루어지는 척도.
- 다른 척도에 비해 다소 구체적임.

라. 강제배분식

- 일반적인 평가의 경우 최상이거나 최하의 등급이 매겨지는 그룹은 소수인 것을 적용하여 다수의 직원들이 중간에 집중하도록 강제로 분산시켜 사실에 가까운 평가를 얻을 수 있다는 척도.
- 도표평정식에서 나타나는 집중현상이나 관대화 경향 등의 결점을 배제하기 위한 것.

마. 중요사건평가식

- 직원이 직무수행 시 과정이나 결과가 좋은 업무와 나빴던 업무를 기록하게 하여 좋은 업무는 강화하고 나빴던 업무는 교정하여 검토하는 척도로서 직원들에게 피드백 제공.

바. 행동계류평정식

- 업무와 업무들과 관련된 행동의 효과성에 대한 평점을 매기는 델파이 기법을 사용하여 전문가들에 의해 등급을 매기는 척도.
- 가장 높은 점수를 받은 업무와 관련된 행동이 바로 직무평가의 기대치가 된다.
- 시간이 많이 소요되고 비용이 많이 든다는 단점이 있지만 직무평가도구로서 타당성이 가장 높다.

② 승진

- 보다 높은 지위로의 상향이동.
- 공정한 승진은 직원의 사기 진작과 조직의 안정성에 영향.
- 승진기준
  = 주관적 기준: 면접시험, 근무성적평정 등.

= 객관적 기준: 필기시험, 경력평정, 훈련성적 등.

- 승진기준의 내용

= 경력: 학력, 근무연한, 경험 등.

= 실적: 인사권자 개인의 판단, 승진심사위원회의 결정, 근무성적 평정 등.

③ 보수

- 직원에 대한 동기부여의 중요한 요소.

- 미국의 전국사회복지사협회의 최소한의 봉급수준을 결정하는 데 고려 요소: 생활비의 변화, 생활수준의 변화, 국민생산성의 증가, 교육과 경험을 필요로 하는 직위에 지불되는 봉급의 변화, 형평에 맞고 달성 가능한 최저 수준의 보장, 지역적 봉급형태에 기초한 변화 등.

재정관리

사회복지상담을 위한 재정은 복지 서비스와 연결되고, 내담자의 치료까지도 관여되기에 중요하다. 재원이 부족하면 아무리 좋은 이론, 아무리 좋은 정책이라도 울리는 꽹과리가 될 뿐이다. 그러므로 실질적으로 지원되는 재정은 중요한 역할을 한다.

(1) 재정 관리의 개념

- 조직이 목표 달성을 위해 필요한 재정자원을 합리적이고 계획적으로 동원하고 배분하고 효율적으로 사용하고 관리하는 과정을 의미.

- 예산수립(재정계획을 수립), 예산집행(수입과 지출활동 관리), 회계(재정자원의 수입과 지출 관련 사항을 기록·정리), 재정평가(전반적 재정관리 과정을 평가)의 절차로 이루어짐.

(2) 예산수립

① 예산의 개념
- 어떤 독립적인 실체의 장래 일정기간 동안의 계획된 지출과 그 지출을 위한 자금조달 계획의 서술.

② 예산수립의 성격
첫째, 예산수립은 정치적 과정이다.
둘째, 프로그램기획과정이다.
셋째, 프로그램 관리과정이다.
넷째, 회계절차이다.
다섯째, 인간적인 과정이다.
여섯째, 미래를 변화시키는 과정이다.

③ 예산체계의 모형
- 전통적인 예산수립방법은 현상유지 차원에서 전년도 예산을 기준으로 기관의 재정능력에 따라 전체예산을 증액하거나 삭감하는 방식을 채택.
- 사업의 성격상 중요한 부분이 삭감되는 경우 목표 달성에 부정적 영향.
- 예산 수립에서 무엇을 중요 요소로 삼는가에 따라 예산체계 분류.
- 품목별예산(LIB), 성과주의 예산(PB), 기획예산(PPBS), 영기준예산(ZBB)으로 한 모형이 전적으로 적용되기보다는 두 가지 이상의 모형이 결합되어 적용되는 경우가 많음.

가. 품목별 예산(Line – Item Budget: LIB)
- 구입하고자 하는 물품 또는 서비스별로 편성하는 투입중심 예산.
- 특징
= 전년도 예산에 근거.
= 구입품목별 편성.
= 통제적 기능이 강함.
= 회계자에 유리함.

－ 장점

= 지출근거를 명확히 하여 예산통제에 효과적.

= 회계에 용이.

－ 단점

= 예산의 신축성 저해 우려.

= 예산증대의 정당성 부여 근거 미약.

= 목표 달성 고려 부족.

= 사업내용 파악 곤란.

= 효율성 저하.

나. 성과주의 예산(Performance Budget: PB)

－ 활동을 기능별 또는 사업별로 구분한 후 이를 다시 세부사업으로 나누고 각 사업의 단위원가와 업무량을 계산하여 편성하는 과정중심 예산.

－ 특징

= 단위원가 × 업무량 = 예산으로 계산.

= 장기 계획을 고려하지 않고, 효율성을 중시하며, 관리기능이 강함.

= 관리자에게 유리.

－ 장점

= 목표와 사업 이해 용이.

= 자금분배의 합리성 및 사업의 효율성(사업별 통제 가능).

－ 단점

= 예산통제 곤란.

= 비용 산출 단위 설정 및 비용책정 어려움.

= 효과성 무시.

다. 계획예산(Planning － Programming － Budgeting System: PPBS)

－ 목표 달성을 위한 장기적 기본계획을 연차적으로 실행하기 위하여 사업별로 편성하는 산출중심 예산.

－ 특징

= 장기 계획과 단기 예산편성을 구체적 사업실행계획을 통해 유기적으로 연결.

=장기계획을 전제로 하며, 목표를 분명히 함.

=계획기능이 강함. 계획자에게 유리함.

- 장점

=목표와 사업이해 용이=자금분배의 합리성.

=사업계획과 예산수립의 괴리 방지.

=사업효과성 제고.

- 단점

=합리성을 전제로 하므로 목표설정 어려움.

=결과에 치중하여 과정을 간과=의사결정의 중앙 집중화 우려.

라. 영기준 예산 체계(Zero - Based Budget: ZBB)

- 전년도 예산을 전혀 고려하지 않고 계속사업 또는 신규사업의 정당성
을 매년 새로이 마련하고 다른 사업과의 경쟁적 기반 위에서 우선순위
를 정하여 편성하는 예산.

- 특징

=해마다 사업목표와 수행능력, 다양한 사업을 고려함.

=사업 간 비교평가에 기초하여 우선순위 설정, 사업 선택.

=의사결정기능이 강함=소비자에게 유리함.

- 장점

=예산절약 및 사업 쇄신에 기여.

=재정운영과 자금배분이 탄력적=관리 참여 확대.

=자금 배분 합리화=사업 효과성 및 효율성.

- 단점

=의사소통 및 결정, 사업평가에 대한 관리자 능력 필요.

=모든 사업의 매년 재평가 곤란.

=장기계획에 의한 사업수행 곤란.

④ 예산수립의 절차

- 사회복지조직에서 예산은 주로 최하부 단위에서 지출예산을 수립하여

상부단위에 제출.
- 예산작성지침서에는 조직의 목표, 정책변경 사항, 가용자원, 예산통제 사항 등 포함.

가. 조직의 단기적 구체적 목표 설정
- 조직의 예산은 조직의 목표 달성을 위한 가장 핵심적인 수단.
- 예산수립은 조직의 단기적이고 구체적인 목표.
- 단기적 목표는 장기적 일반목표와 부합되는지, 단기적 목표를 설정하는 경우 장기적 일반목표와의 관계를 명시.

나. 조직 운영에 대한 자료 수집
- 조직의 전체, 부서별 및 개인별 업무와 프로그램 실적, 프로그램 평가, 조직 내외의 가용자원, 재정사항 등 정보가 포함.

다. 운영 대안의 고려
- 조직의 목표 달성을 위한 가능한 대안을 모색.

라. 조직활동의 우선순위 결정
- 각각 운영 대안을 비교 검토.

마. 우선순위에 따른 예산안 잠정적 확정
- 수입원에 대한 정보를 수집하여 재정자원의 동원가능성을 검토, 지출예산을 잠정적으로 확정.

바. 재정원천과의 접촉 및 확인
- 행정책임자 및 관련 직원, 이사는 재정원천과 접촉하여 수입을 확인.

사. 예산안 수정 및 확정
- 최종적으로 예산안을 확정하고 이사회에 제출하여 승인.

⑤ 재정원천 및 수입추정 방법
가. 정부 측 재정원천 - 정부보조금(일률적 보조금), 그랜트(grant, 선택적 보조금), 정부의 위탁(계약), 정부로부터 받는 서비스 비용.
나. 민간 측 재정 원천 - 일반기부금, 기금조성 기부금, 결연후원금, 특별 행사, 유증, 회비, 동료회원의 기부, 지역 공동모금의 배분, 서비스요

금, 자체 수익사업.

(3) 예산집행

① 예산통제의 원칙
- 예산통제의 기본원칙
  - ＝활동을 허가하고 금지시키는 원칙.
  - ＝한계, 표준, 구체적 요구조건을 정함으로써 규칙을 해석하는 기준.
  - ＝규칙이나 기준에 따른 이해 혹은 상호간의 동의.
  - ＝규칙이나 기준에 의하여 타결된 합의.

가. 개별화 원칙 – 각 조직의 개별적인 환경과 요구사항에 맞게 예산을 통제.

나. 강제의 원칙 – 규칙의 동일한 적용을 통한 공평성과 활동을 공식화.

다. 예외의 원칙 – 예외상황을 고려해서 적용.

라. 보고의 원칙 – 보고가 없으면 예산오남용과 같은 제정관리에 대한 감시와 통제가 불가능.

마. 개정의 원칙 – 예산 통제를 위한 규칙은 개정될 수 있어야 함.

바. 효율성 원칙 – 예산 통제에 소요되는 비용과 노력은 최소화할 수 있어야 함.

사. 의미의 원칙 – 효과적인 예산 통제를 위해 모든 사람들이 의미 있게 이해할 수 있도록 전달.

아. 환류의 원칙 – 여러 가지 결과들은 피드백을 통해 수정과 개선에 사용.

자. 생산성의 원칙 – 예산 통제가 사회복지 서비스제공에 장애요인이 되어서는 안 됨.

② 예산집행에서 통제 기제
가. 분기별 할당 – 수입과 지출 예산의 지출을 분기별로 조정하여 수입 지출의 균형 유지 필요.

나. 사전 승인 – 최고 행정 책임자의 사전 승인을 받아야 함. 균형유지에

도움을 줌.

다. 지출의 최소 - 예산이 인가되지 않거나 삭감되었을 경우 지출을 잠정
   적으로 취소 가능.

라. 정기적 재정현황 보고서 제도 - 지출에 대한 월별, 분기별 재정현황을
   보고받아 검토.

마. 대체 - 사업별 과도지출 또는 과소 지출되었을 경우 과소 지출에서 과
   다 지출분을 메우기 위해 대체할 필요.

바. 지불 연기 - 정당한 방법을 통해 연기 가능.

사. 차용 - 은행이나 사회복지 관련 단체로부터 장기적 또는 단기적 대출
   가능.

(4) 회계

- 재정적 거래를 분류, 기록, 요약하고 그 결과를 해석하는 표준화된 기
  술적 방법.
- 재정적 거래를 분류, 기록, 요약하고 그 결과를 해석하는 표준화된 기
  술적 방법.

① 주요 회계활동

가. 기록업무

- 기록업무란 수입과 지출에 관한 다양한 기록장부를 마련하고 회계원칙
  에 따라 장부에 기록하는 일.
- 사회복지조직의 경우 법인회계와 수익사업회계는 복식부기에 의하여
  하고, 시설회계는 단식부기에 의함.

나. 정리 업무

- 기록된 회계사항을 월별, 분기별 종결하여 정리하는 업무로서 재정상태
  를 파악하기 위한 재정보고서 작성을 위해 반드시 필요.

다. 재정 보고서 작성과 발행

- 조직의 재정상태를 파악하고 재정자원의 사용현황을 알리기 위해 일정

한 약식의 보고서를 작성하여 정부 및 이사회에 보고.

(5) 회계감사

- 회계감사란 조직의 수입지출 결과에 관한 사실을 확인하고 검증하며 이를 보고하기 위하여 장부 및 기타 기록을 체계적으로 검사하는 것.

① 회계감사의 종류
- 주체: 내부감사와 외부감사.
  = 내부감사: 조직의 내부인인 최고 행정책임자 또는 중간 행정책임자가 행하는 것.
  = 외부감사: 독립된 전문회계기관, 회계사 또는 정부의 업무감독기관이 행하는 것.

② 회계감사의 접근방법
- 회계감사의 범위를 기준: 전체점검방법과 일부점검방법.
  = 전체점검방법: 전통적인 방법으로 회계사항이 복잡하고 시간이 많이 걸림. 다른 회계사항과의 관련성을 체계적으로 점검하기 어려움.
  = 일부점검방법: 전산화 회계방법을 사용하는 경우 이용하기 쉬움.

(6) 정부의 법률 및 규정에 의한 재정 관련 규정

(7) 재정관리 절차 평가

- 재정관리의 평가는 예산수립에서 회계감사에 이르는 전 과정이 조직의 목표를 효과적으로 그리고 효율적으로 달성.
- 재정관리 절차의 평가는 회계감사의 결과를 중요한 바탕.
- 사회복지조직에서의 재정과정 평가는 질적 분석.

의사전달

의사전달은 사회복지와 상담에 있어서 중요한 역할을 한다. 의사전달이 제대로 이루어져야만 상담이 실효성을 발휘하게 된다. 형식적이 아닌, 심중을 살피고, 심중의 필요를 채워 줄 수 있는 것은 의사전달의 방법과 양식들이다.

(1) 의사전달의 개념 및 중요성

- 의사전달은 조직의 한 구성원으로부터 다른 구성원에게로 상호 이해될 수 있는 언어, 기호, 동작 등을 통하여 사실이나 생각 또는 감정 등을 전달함으로써 상대방의 생각이나 행동 또는 태도에 영향을 미치는 쌍방의 과정.
- 의사전달의 중요한 이유(Skidmore)
  = 효과성: 사회복지 서비스 전달을 효과적으로 하기 위해서는 직원들이 서로 간에 원활한 의사전달 필요.
  = 효율성: 직원들이 절차, 방법, 사례, 정책, 목표 또는 자신들의 열망에 대해 어떻게 생각하고 느끼고 있나 하는 것을 서로 간에 함께 나누어 보는 것이 중요.
  = 사기: 행정가와 직원 간의 이해를 바탕으로 의사전달이 잘됨으로써 의기투합되면 서로 간에 더욱 지지적이 되고 조직의 목표를 달성하려고 노력할 것.

(2) 의사전달의 원칙과 과정

① 원칙
- 의사전달은 피전달자가 정확히 이해할 수 있어야 하고 일관성, 간결한 문장과 평이한 용어를 사용.
- 의사전달은 그 양과 질에 있어서 적절해야 한다.

- 의사전달은 적시에 이루어져야 하며 동일한 피전달자에게 전달되는 동일한 내용의 정보는 동시에 이루어져야 한다.
- 의사전달은 적응성과 통일성이 조화롭게 이루어져야 한다.
- 어떠한 의사전달이든 피전달자의 반응을 얻어야 한다.
- 의사전달의 기준(Trecker)
  = 의사전달의 목적은 분명.
  = 한 가지 해석이 나올 수 있도록 해야 함.
  = 일련의 일관된 연속성을 지니고 있어야 함.
  = 좋은 의사전달은 그 목적을 달성하기 위해 적절해야 함.
  = 수령자의 편에서 그것을 받을 준비가 되어 있을 때 시의 적절하게 이루어져야 함.
  = 수직적 또는 수평적 통로를 통해 적격자가 받을 수 있도록 해야 함.

② 과정
- 보내고 받는 과정
  = 언어적, 비언어적, 문서 등의 방법으로 다양.
  = 수평적, 수직적 통로를 통해 이루어짐.
- 이해를 하는 과정
  = 말하여지는 내용과 들리는 내용이 기본적으로 같음을 뜻함.
- 명확히 하는 과정
  = 명확화의 목적은 옳고 그름을 증명하려는 것이 아니고 말하여지는 것을 이해하려는 것.

(3) 의사전달의 유형

- 제도적인 것이야 아니냐에 따라서 공식적 의사전달과 비공식적 의사전달.
- 내용의 흐름의 방향에 따라 수직적 의사전달과 수평적 의사전달.
- 언어로 하느냐 그렇지 않으냐에 따라 언어적 의사전달과 비언어적 의사전달.

① 공식적 의사전달과 비공식적 의사전달

가. 공식적 의사전달

- 의사전달이 공식적인 조직 내에서 공식적인 의사전달의 통로와 수단을 통해서 이루어지는 것.

- 목적

  = 조직의 구성원들에게 조직의 목표 및 정책결정과 지시사항을 전달.

  = 관리층에 대해 직원들의 의견 및 보고내용을 전달.

- 의사전달의 수단 및 방법

  = 문서와 구두를 통해서 이루어짐.

  = 문서에 의한 방법은 보다 정확하고 기록을 남겨 둘 수 있으나 시간과 비용이 많이 소요되는 데 비하여 구두에 의한 방법은 반대.

- 의사전달이 공식화되면 권한관계가 명확해지고 의사전달이 확실, 편리, 책임의 소재가 분명한 장점.

- 융통성이 없고 소통이 느리며 조직 내의 모든 사정을 사전에 예견하여 합리적 의사전달의 수단을 완전히 이룩하는 것은 불가능.

나. 비공식적 의사전달

- 조직의 자생집단 내에서 비공식적인 방법으로 이루어지는 의사전달.

- 공식적 의사전달의 약점을 보완하기 위해서 조직 내에서 존재.

- 풍문이나 소문의 형식으로 나타나므로 통제를 하기도 곤란하고 책임의 추궁도 어려움.

- 정확하지도 않고 잘못된 경우도 있으나, 직원들의 감정을 잘 나타내고 있어 관리자에게 유익한 정보를 전달하는 수단이 되기도 함.

② 수직적 의사 전달과 수평적 의사전달

가. 수직적 의사전달

- 조직의 상하 계층 간에 쌍방적으로 이루어지는 의사전달을 의미.

- 윗사람이 아랫사람에게 의사를 전달하는 상의하달.

- 아랫사람이 윗사람에게 의사를 전달하는 하의상달.

■ 상의하달

- 명령과 일반정보.

  = 명령: 지시, 훈령, 발령, 규정, 규칙, 요강, 고시, 회람 등.

  a) 문서명령: 내용이 획일적일 때, 내용을 장기적으로 보존할 필요가 있을 때, 피명령자가 지리적으로 분산되어 있을 때, 피명령자의 교육 정도가 높을 때에 효과적.

    * 권위를 유지하는 데 유용한 장점.

    * 의사전달이 일방적이므로 피명령자의 의견을 참작할 수 없고 획일적이며 극비사항 등의 누설의 위험이 있는 단점.

  b) 구두명령

    * 필요에 따라 적절히 변경 가능.

    * 피명령자의 반응과 이해도를 알 수 있으며, 피명령자에게 확인할 기회와 의견진술의 기회를 제공한다는 장점.

    * 전달대상이 한정되고 내용이 복잡하거나 중요한 명령에 있어서는 부적당하며 명령자에 대한 신뢰감이 적을 때는 비효과적이라는 단점.

  = 일반정보

    * 직원들의 지식을 넓히고 사기를 높이기 위한 것으로 신속, 정확, 풍부하게 전달될수록 조직 내의 잘못된 비공식적 의사전달이 적어지고 보다 직책에 충실해질 수 있다.

    * 편람, 핸드북, 뉴스레터, 구내방송, 강연 등.

■ 하의상달

- 보고, 제안제도, 의견조사.

  = 보고: 가장 공식적인 것이므로 진정한 하의상달로서는 제약이 많으며 더구나 권위주의적인 문화에서는 왜곡되거나 허위적인 것이 많을 수 있다.

  = 제안제도: 직원들의 업무개선에 관한 의견이나 착상을 접수하여 유익한 것은 채택하여 실시하고 이를 보상하는 제도.

= 의견조사: 질문 등을 직원에게 배포하고 이것을 수집하는 방법으로 직원들의 사기 측정이나 태도조사 등에 유용하게 사용.

나. 수평적 의사전달

- 동일 계층의 사람들 또는 상하관계에 있지 않는 사람들 사이에 이루어지는 의사전달.
- 방법: 회의, 사전심사제도, 회람.
  = 회의: 회의를 통해서 정보나 의견이 교환되고 조정이 가능.
  = 사전심사제도: 어떤 결정을 내리기 전에 전문가들의 의견을 구하거나 또는 조직의 목표와 합치성 등을 검증하려는 제도.
  = 회람: 결정이 이루어진 후 관계자들에게 통지하는 방법.
- 조직의 규모가 크고 전문화의 정도가 높을수록 그 필요성이 비례하여 높아짐.
- 규모가 크고 특히 고도로 전문화된 조직일수록 수평적 의사전달이 잘 안 되는 것이 일반적.
  = 원인: 할거주의. 조직의 목표를 소홀히 하고 목전의 것으로 대체하려는 경향. 전문가의 편견. 영향력이 약한 것 등.
  = 해소방안: 목표관리와 같은 방법의 도입. 부서 간의 의사전달의 중요성을 높일 것. 회의의 소집을 활용. 동료 간의 친목을 도모하는 것 등.

③ 의사전달의 유형

가. 언어적 의사전달

- 한 사람은 말하고 다른 사람은 듣는 것. 구어(口語).
- 직원회의, 위원회모임, 인터뷰 등.
- 고려되어야 할 제약점.
  = 생각과 사실에 강조를 두는 것이지 감정의 정확한 표현에 중점을 두는 것은 아니다.
  = 말하려고 선택한 것이 상황의 근사치에 불과하기 때문에 듣는 사람을 잘못된 방향으로 인도할 우려가 있다.

＝전달할 필요가 있는 내용들을 논의하기 위해 사람들을 함께 모이게 하는 것이 어려울 수 있다.

나. 비언어적 의사전달

－눈짓, 몸짓, 웃음, 말의 속도, 목소리의 높고 낮음, 입술의 경련, 뺨의 붉어짐 그리고 눈물 등이 포함.

－생각과 감정은 언어적 의사전달에서보다도 비언어적 의사전달을 통해서 더 효과적.

(4) 의사 전달 시 고려 사항

① 사실과 감정

－조직에 대한 사실 및 생각들은 직원들이 조직의 정책, 문제, 계획, 결정 및 활동을 알 수 있도록 분명히 밝힐 필요가 있다.

－문서 또는 구두를 이용해 전달.

－감정은 면담, 위원회 모임, 직원회의와 같은 대면적 관계에서 분명하게 나타남.

② 의사 전달의 길이

－위원회, 직원회의 등에서 생각과 감정을 나누는 데 시간제한을 갖는 것이 도움.

－제한된 시간 내에 생각과 감정을 효과적으로 전달할 수 있도록 치밀한 준비.

③ 반복

－정보, 계획 그리고 사건이 중요하다면 한 번 이상 언급되는 것은 필수적.

－반복은 효과적인 의사전달을 위해서 필수적.

④ 경청

－경청을 위한 지침

＝말하는 것을 멈추라.

= 말하는 사람을 편하게 해 주어라.

= 말하는 사람에게 당신이 듣기를 원하고 있음을 보여 줘라.

= 주의산만을 제거하라.

= 말하는 사람에게 감정이입을 하라.

= 인내심을 가져라.

= 화를 내지 마라.

= 논쟁하지 마라.

= 질문하라.

= 말하는 것을 멈추어라.

(5) 의사전달의 장애

① 불신분위기

- 불신, 징벌, 적대 또는 공포의 조직 분위기는 정보의 흐름을 감소시킬 뿐 아니라 의사전달을 왜곡시키는 경향.
- 불신이 만연되어 있을 때 의사전달의 통로는 막혀 버리고 정보의 전달은 최소로 그치고 직원들의 책임감도 상실.
- 불신의 분위기는 만족스러운 의사전달 관계를 이룩하는 데 거의 회복 불가능한 장애를 유발.

② 계층제의 역기능

- 계층제는 의사전달의 통로이자 중요한 장애가 되기도 함.
- 하의상달에 있어서 아랫사람은 윗사람의 구미에 맞는 내용이나 자기의 공로에 대해서만 보고.
- 복잡한 대규모 조직처럼 계층이 많은 경우 하의상달을 지연.
- 상의하달에 있어서 윗사람이 자기 지위를 과시하기 위해서 아랫사람을 잘 만나려 하지 않는 경향이 있다거나 어려운 용어를 사용하려는 것은 의사전달에 장애요인.
- 정보를 독점하여 사람을 통제하기 위한 수단으로 사용하기 위해서 정

보를 붙들어 놓는 경우 문제.

③ 비공식 통로

- 효과적인 의사전달에 큰 장애요인.
- 공식적인 의사전달의 통로가 막혀 정보가 단절될 경우 공식적인 통로 밖에서 필요한 정보를 얻으려는 경향.
- 비공식망을 형성하는 파벌집단이 발달해 조직에서 영향력을 행사하는 수단으로 작용.
- 경쟁 파벌집단이 생겨나 갈등이 일어남으로써 사기와 조직의 응집력을 약화.
- 비공식 통로의 과도한 발달을 막기 위해 공식적 의사전달 통로를 통해 직원들에게 필요한 모든 정보를 제공.

④ 집단충성

- 조직 내의 일부 집단에 그 집단 구성원들이 충성함으로써 의사전달에 장애.
- 강한 집단충성은 다른 집단에 대한 경쟁심을 불러일으키는 기초가 되며 더 나아가서는 자신이 속한 집단의 통합을 유지하기 위해 정보를 붙들어 두거나 왜곡하는 결과.

(6) 의사전달의 개선

① 신뢰의 분위기

- 상호신뢰에 기초한 공개적인 분위기 속에서 의사전달이 이루어질 때 가장 효과적.
- 행정가는 조직의 분위기를 중요한 결정요소로 인식함으로써 신뢰를 창조.

② 민주적이고 수용적인 분위기

- 동등한 수준에서 직원들과 이야기하는 것은 정보와 감정의 흐름을 쌍방의 과정으로 만들고 의사전달을 용이하게 해 줌.

③ 조직의 의사전달 체계 확립
- 의사전달의 통로는 공식적으로 명시되고 명확.
- 모든 구성원에게는 명확한 공식적 의사전달의 통로가 있어야 함.
- 완전한 의사전달의 계선이 사용.
- 의사전달의 계선은 가능한 한 직접적이고 짧아야 함.
- 의사전달의 계선은 항상 유지.
- 필요한 의사전달은 적절히 통제.

④ 사회복지 행정가의 조정 책임
- 의사전달의 장애를 극복하기 위해 업무집단 간, 조직계층 간 조정이 필요.
- 위원회와 회의의 활용.
- 직원들 간의 직접적인 접촉이 가능하도록 함.
- 직원의 새로운 생각과 제안에 대하여 상호간에 자유롭게 반응할 수 있는 분위기를 창조.
- 자신의 생각과 제안을 동료들과 아랫사람에게 알리는 것.

슈퍼비전과 컨설테이션

(1) 슈퍼비전

① 슈퍼비전의 개념
- 슈퍼비전은 사회복지조직에서의 직원이 서비스를 효과적이고 효율적으로 전달하기 위하여 지식과 기술을 잘 사용할 수 있도록 도움을 주는 활동이다.

② 슈퍼비전의 주요 기능
- 교수의 기능: 전문직업적 태도를 확립하고 지식과 기술과 이해를 증진

시키는 것을 목표로 한다.

– 행정의 기능: 의사소통 체계 연결, 직무수행의 책임성, 프로그램 평가, 사례의 배당 및 업무 분담, 정서적인 지지 등.

– 업무 촉진의 기능: 장애요소나 방해요소를 제거, 용기와 지지.

③ 효과적인 슈퍼바이저의 조건

– 지식의 구비, 실천기술과 경험 구비, 개방적 접근의 허용, 헌신적인 사명감, 솔직한 태도, 감사와 칭찬의 태도.

④ 슈퍼비전의 기본원칙

– 기관의 서비스에 대한 올바른 지식, 원칙, 기술을 가르치고 사회복지사가 자율적으로 업무를 처리.

– 슈퍼바이저가 제시한 지식과 원칙이 기관과 일치하는 목표를 설정하게 하여 자신 스스로 관리.

– 일상적인 가르침과 학습경험을 제공하는 것 외에 슈퍼비전에 대하여 준비하고, 필요시 사회복지사를 도울 수 있는 시간을 마련.

– 사회복지사와 원칙과 규칙을 정하여 필요시 사회복지사가 연락.

– 사회복지사가 자신의 활동에 대하여 책임 있는 설명을 하고 장래의 목표를 설정할 수 있도록 힌다.

⑤ 슈퍼비전의 절차와 주요 내용

– 문제의 전반을 확인하고 설명하는 문제의 서술, 그것은 무엇을 의미하는지에 초점을 맞추는 문제 확인, 다음으로 문제를 분석, 수행한다.

⑥ 슈퍼비전의 모형

가. 개인 슈퍼비전 모형

– 전통적인 모형으로 일대일로 이루어지는 것이다. 상급자가 없을 경우에는 일대일로 상호 도와주는 경우도 있다.

나. 집단 슈퍼비전 모형

– 일 대 다수형

= 상급자로부터 슈퍼비전을 받는 것 외에 다른 사람들의 경험에서 많은 것을 배울 수 있다.

= 슈퍼바이저의 생각을 일방적으로 받아들이도록 강요하는 경우도 피할 수 있다.

- 동료집단형

= 참여자들이 서로의 문제에 더욱 많은 관심을 가지고 민감하게 반응.

= 경험이 부족하고 지식과 기술 수준이 낮아 각자의 문제에 대한 해답을 찾을 수 없는 경우 발생.

다. 직접 슈퍼비전 모형

- 슈퍼바이저가 하급 사회복지사가 행하는 것을 직접 관찰하면서 필요하면 즉시 슈퍼비전을 주는 방법.

라. 간접 슈퍼비전 모형

- 하급직원이 행한 것을 설명을 듣거나 서술한 기록을 읽거나 또는 역할연기나 모의실험을 통하여 상상하고서 슈퍼비전을 주는 방법.

마. 공식적 슈퍼비전 모형

- 행정적인 의미에서 적절한 준비, 정기적 성격, 시간제한, 기록, 요점의 토의, 구체적 행동의 수행 등과 같은 구조를 갖추고,

- 분명한 목적과 목표가 있고,

- 슈퍼비전이 주어질 수 있는 조직적 여건하에서 특정 장소에서 이루어지면 공식적 슈퍼비전.

바. 비공식적 슈퍼비전 모형

- 사전에 시간제약과 토의할 사항에 대한 준비 없이 이루어지는 것.

사. 자원봉사자에 대한 슈퍼비전

- 사회복지 서비스가 단순히 개인 또는 소집단 위주의 문제해결적, 임상적 서비스 외에도 자원의 동원 및 연결, 정보제공, 구체적인 도움의 일 등으로 다양해짐에 따라서 자원봉사자의 필요성과 참여가 계속 증가.

- 사회복지조직에서 자원봉사자에 대한 슈퍼비전도 중요.

- 자원봉사자들에게 남을 돕는 일은 단순한 봉사정신과 상식만으로는 효

과성을 달성할 수 없다는 것과 전문가로부터 훈련과 지도를 받을 필요가 있다는 것을 인식.
- 개별 슈퍼비전보다는 일 대 다수의 집단 슈퍼비전이나 정기적 사례발표회, 특별교육, 워크숍 등이 적합.

(2) 컨설테이션

① 컨설테이션의 개념
- 전문가가 행정적 권력에 관계없이 한 개인 또는 집단을 만나서 문제해결을 위한 자문을 하는 활동.

② 컨설턴트의 역할
- 자료의 포착. 문제 되는 부분의 검색. 심리적 유대 증진. 개인 간, 집단 간 및 개인과 집단 간의 연계. 의사소통의 매개체.
- 재고해야 할 인간관계 문제와 감정 관련 자료의 제출.
- 보다 일치성 있는 의사소통을 위한 임상적 기술 사용.
- 환류의 권유. 탐구정신의 고취. 발전방안 수립의 산파역. 문제해결 회의의 분석. 상호지도 및 팀 구성의 기회 제공. 감정관리의 조력. 적절한 심리직 분위기 조성 노력. 계산된 위험의 부담.

③ 컨설테이션의 모형
가. 내용에 따른 분류
- 클라이언트 중심형: 전문가의 의견을 듣기를 신청한 사람 또는 컨설티의 조력자를 만난다.
- 컨설티 중심형: 컨설티의 지식, 기술, 자신감, 객관성의 부족 여부를 검토하기 위하여 컨설티에 초점.
- 프로그램 중심형: 특정 클라이언트 집단의 전체적인 욕구에 초점.
- 컨설티/행정 중심형: 컨설티가 관련 체계와 어떻게 상호 관계를 갖고 있는지에 초점.

나. 역할 및 활동에 따른 분류

- 컨설턴트의 역할로 촉진자와 촉매자의 역할을 강조.

- 컨설턴트와 컨설티의 양자 간에 상대적인 활동의 종류와 범위를 제시.

- 궁극적으로 컨설티의 문제해결 능력을 향상시키는 것.

- 컨설턴트는 문제해결의 구체적인 방안을 제시하지는 않고 문제의 진단 및 해결을 위하여 다른 사람들의 상호 작용 과정을 검토하도록 도움.

④ 컨설테이션의 과정

- 준비단계, 시작단계, 활동단계, 종결 단계.

- 효과적인 컨설테이션이 되기 위해서는 컨설턴트와 컨설티가 같이 관여, 단계가 명확히 구분된 행, 전체적으로 잘 연계되고 통합.

17 리더십과 사회복지상담

1) 리더십

(1) 리더십의 개념 및 필요성

① 개념

- 조직의 공동의 목표를 달성하기 위해 집단 구성원의 참여를 촉진하기 위해 영향력을 행사하는 능력

- 집단과정이 초점이 되며 지시하거나 지도하고 구성원들의 복종을 유도하는 사회적 기술이며 능력.

② 필요성

- 환경의 변화에 대응 = 조직목표와 구성원목표 일치 유도

- 구성원들이 규칙과 규정을 준수하도록 동기부여

- 조직 내부의 변화를 조직에 통합

(2) 리더십의 요소와 역할

① 요소: 지속성, 시간관리, 타협, 관대함, 창의성
- 지속성: 지도자는 활동 중 쉽게 물러나지 않으며 프로그램이 실패했거나 수정이 필요한 경우 다시 계획하고 변화시켜 나가는 끈기가 있어야 한다.
- 시간관리: 최선의 기관서비스 전달을 위하여 각 직원의 시간이 효과적으로 활용되도록 기관 전체의 운영을 계획하며 자신의 시간을 현명하게 사용한다.
- 타협: 자신이 모든 해결안을 가지고 있지 않다는 것을 인정하며, 문제에 대한 대안이 있더라도 열린 마음으로 다른 사람들의 의견을 경청한다.
- 관대함: 지도자는 기관의 목표, 필요, 정책의 범위 안에서 직원들에게 가능한 많은 자유를 허용해야 한다.
- 창의성: 유능한 지도자는 개인적이든 집단적이든 직원들이 창의성을 발휘할 수 있는 시간과 기회를 부여하고 격려해 준다.

② 역할: 관리 및 행정, 통합 및 연결, 기준 설정, 혁신 – 창조
- 관리 및 행정: 클라이언트의 요구에 맞는 서비스를 제안하고 대변할 수 있는 능력이 요구된다. 또한 관리자는 조직목표나 과제 선정에 있어서도 중요한 역할을 담당한다.
- 통합 및 연결: 프로그램이 효과적이기 위해서는 프로그램 자체 내의 기능적 영역뿐 아니라 조직체 전체를 통해 통합, 확산되어야 한다.
- 기준 설정: 관리자는 감독기준을 설정하여 시행함으로써 프로그램 수행을 원활히 추진하게 된다. 관리자는 또한 직접적 서비스를 전달하는 방식에 관계되는 기준도 설정한다.
- 혁신 – 창조: 지도자는 클라이언트의 새로운 욕구에 관심을 가져야 하며 그 욕구를 충족시키기 위한 조직체의 능력을 파악하고 있어야 한다. 새

로운 프로그램의 개발과 조직체 운영의 방안을 창조해 내는 것은 지도
자의 매우 중요한 활동이며 조직의 생존과 깊은 관련이 있다.

2) 리더십 이론

(1) 특성이론

- 리더십과 관련된 성격적 특성을 강조하는 것.
- 어떤 일정한 자질을 리더가 갖추고 있으면 효과적인 리더가 될 수 있
  는 이론.
- 효과적인 모든 리더들에게서 보편적으로 발견할 수 있는 자질들을 찾
  아낼 수 있어야 함.
- 성공하지 못한 리더들과 성공한 리더들을 구분해 주는 분명한 자질들
  이 무엇인지 제시할 수 있어야 함.

(2) 행동이론

① 오하이오 연구
- 리더의 행동서술 질문지를 작성하여 정보를 수집하고 분석하여 리더의
  행동을 구조주도행동과 배려행동으로 구분.
- 구조주도행동이란 지도자가 과업을 조직하고 정의하며 업무를 할당하
  고 의사전달의 통로를 확립하여 업무진단의 성과를 평가하는 행동
- 배려행동은 신뢰, 상호, 존경과 우정, 지원, 구성원의 복지를 위한 부분
  에 관심을 나타내는 행동을 의미.
- 구조주도와 배려가 높은 리더가 구조주도와 배려 어느 한쪽에서 낮거
  나 둘 다 낮은 리더보다 조직 성원들의 성과와 만족을 가져오는 경향
  이 있다는 것을 발견.

② 미시간 연구

- 목적은 어떤 유형의 리더의 행동이 업무진단의 성과와 구성원의 만족을 가져오는가.
- 직무주입적 리더십 유형과 직원중심적 리더십 유형.
- 직무주입적 리더십은 세밀한 감독과 합법적이고 강제적인 권력을 활용하며, 업무계획표에 따라 실천하고 성과를 평가하는 데 중점.
- 직원중심적 리더십은 보다 인간 지향적이며 권한과 책임의 위임과 구성원의 복지와 욕구, 승진, 개인적인 성장에 관심.
- 연구결과 직원중심적 리더십이 보다 높은 생산성과 직무만족도를 나타내며 반면, 직무주입적 리더십은 상대적으로 낮은 집단 생산성과 낮은 직무만족도를 보여 줌.

③ 관리격자이론

- 인간과 산출에 대한 관심이 어떻게 관련되는가를 밝혀 주는 관리격자이론을 제시.
- 격자망은 횡축과 종축을 따라 각각 9개의 위치가 설정되고 81종류의 리더십 유형.
- 수평축은 산출에 관한 관심. 수직축은 인간에 대한 관심.
- 리더가 이 두 가지 관심을 함께 연결하는 방식에 따라 어떻게 계층제를 사용할 것인가를 결정.

(3) 상황이론

- 지도자를 둘러싸고 있는 상황에 분석의 초점을 두면서 주어진 상황에 따라 지도자의 능력이나 가치가 달리 평가되는 동시에 요구되는 지도자의 행태와 자질이 달라진다는 상황이론을 주장.
- 상황이란 지도자가 속해 있는 조직의 목표와 성격, 규모, 역사, 유형, 발전의 정도, 그리고 구성원들의 자질과 행동, 기대와 욕구 등의 산물을 의미.

① 상황 적합 이론(세 가지의 상황적 변수)

첫째, 지도자가 구성원들로부터 받는 존경과 신뢰의 정도를 의미하는 리더와 부하의 관계.

둘째, 과업의 할당 및 평가방식의 구조화 정도를 가리키는 과업구조.

셋째, 리더에게 부여된 공식적·합법적인 권력으로서 구성원들을 평가하고, 각종 인사문제에 영향을 미치는 정도를 나타내는 직위권력 등.

- 단선적이라는 비판을 받았지만 조직의 상황이 리더십의 효과성을 결정 짓는다는 새로운 연구방향을 제시한 점은 큰 의미.

② 경로 – 목표이론

- 경로의 명확화, 욕구 충족, 목표 달성을 주요 변수로 하고 있으며, 상황에 따라 효과적인 리더십의 패턴이 달라진다는 전제.

- 리더는 부하로 하여금 조직목표를 달성할 수 있다고 기대하는 행동경로를 명확하게 밝혀 주고, 원하는 보상은 더 쉽게 많이 받을 수 있다고 믿게 해야만 동기부여가 이루어져 성과를 높일 수 있다는 것.

- 여기서 상황이란 부하의 능력, 성격 및 동기와 작업집단의 특성, 작업의 구조화 정도, 그리고 조직 내의 규칙과 절차 등을 포함.

- 리더의 행동을 지시적 리더십, 지원적 리더십, 성취 지향적 리더십, 참여적 리더십으로 분류.

- 장점은 제시된 리더십 유형들이 배타적이지 않다는 것.

- 단점은 실제로 리더들이 상황에 따라 자신의 리더십 행태를 바꿀 수 있을지에 대해서는 많은 의문이 제기.

③ 리더십 대체물 이론

- 리더십의 영향력을 약화시키는 상징적 측면을 대체물과 장애물의 변수로 대별.

- 대체물이란 리더 행동을 불필요하게 만드는 상황 변수.

- 장애물이란 리더 행동의 유효한 기능을 방해하고 리더 행동의 효과를 약화 내지 중화시키는 상황 변수.

3) 리더십의 수준

(1) 최고 관리층 리더십

- 최고 관리층이란 사회정책을 사회복지행정으로 전환하고 필요한 재정을 획득하며 정치적 지지를 얻어내는 책임을 지고 있는 계층.
- 조직 외부의 다양한 이익집단과 지역사회와 상호연관을 가져야 하며 조직 내, 외부 환경의 변화에도 적절히 적응하여 조직을 이끌어 나가야 한다.
- 의사결정기술
- 조직의 기본적인 임무를 설정한다.
- 외부의 이해관계 집단과 교섭하고 중재하여 조직의 정체성을 확립한다.
- 임무 수행을 위한 서비스 기술을 선정한다.
- 내부구조를 발전시키고 유지한다.
- 변화를 주도하고 수행한다.

(2) 중간 관리층의 리더십

- 조직의 한 부서를 책임지고 있는 계층으로서 이들은 최고 관리층의 시시를 구체적인 프로그램으로 전환하고 필요한 인적, 물적 자원을 확보하고 프로그램을 관리, 감독, 조정, 평가하는 일을 담당.
- 리더십 기술
- 수직적, 수평적 연결자로서 역할을 한다.
- 직원들의 욕구를 조직의 목표에 통합시키는 인간관계기술이 있어야 한다.

(3) 하위 관리층의 리더십

- 슈퍼바이저로서 일선 요원들의 프로그램 수행을 감독하고 업무를 위임하거나 분담하고 일선 요원들에게 충고와 지침을 제공하고 부족한 지

식과 기술을 지적해 주며 개인적인 성과를 평가.

■ 리더십 기술

- 전문기술: 슈퍼바이저가 직원과 자원을 효율적으로 사용하도록 도움을 주는 기술로서 일선 요원들의 업무를 조직화하고 조정하는 데 도움.
- 공평에 대한 관심: 승진과 보상이 윗사람에게 아첨하고 비판을 하지 않음으로써 윗사람을 위협하지 않는 등의 공평을 가져오려는 슈퍼바이저의 책임은 일선 요원들의 동기부여 및 조직의 일체감을 발전시키는 데 필요.

4) 리더십의 유형

(1) 지시형

- 명령과 복종을 강조.
- 독선적이며 조직체 성원들을 보상-처벌의 연속선에서 통제하고 관리.

■ 장점

- 통제와 조성이 쉽고 정책의 해석과 집행에 일관성.
- 의논이 필요 없고 신속한 결정이 기능하므로 위기 시에 기여.

■ 단점

- 이와 같은 리더십은 사람들이 통제 받기를 싫어하기 때문에 사기를 저하.
- 조직원의 적대감과 소외감, 그리고 경직성을 초래.
- 다른 성원을 이해시키지 못함.

(2) 참여형

- 민주적 리더십으로서 결정을 함에 있어서 부하직원들에게 의견을 묻고 이들을 결정과정에 참여.
- 부하직원들의 일에 대한 동기와 사명감이 증진될 수 있고 의사소통의

결로가 개방됨으로써 새로운 정보의 교환이 활발.

■ 장점

- 동기 유발적이며, 개인의 지식과 기술을 잘 활용.
- 개인의 중요성을 강조하므로 인간의 가치와 신뢰 및 개방성을 형성하고, 개방적 의사소통으로 보다 많은 정보를 얻고 참여를 통해 개인의 기술을 발전.

■ 단점

- 참여에 시간이 걸리고 긴급한 결정을 할 경우에는 어렵다는 것.
- 책임이 확산되어 활동성이 떨어지고 참여기술을 학습하기 어렵고 구성원 모두가 비슷한 지식과 지위가 있을 때 잘 이루어진다는 것.

(3) 자유형

- 대부분의 의사결정권을 부하 직원들에게 위임하는 형태.

■ 장점

- 부하 직원들은 스스로 프로그램의 목표를 세우고 그에 따르는 계획을 수립.
- 특정 과업해결을 위한 전문가 중심조직에 적합.

■ 단점

- 자문기관으로서의 역할을 하며, 부하들에게 지시·감독 등 절차적인 일의 처리에 필요한 정보 제공 및 명확한 설명을 해 주지 못함.
- 확고한 권한을 가지지 못한 리더들은 조언을 부하들이 요구하지 않는 한 내부적 갈등이 생겨도 이를 해결하지 못함.

18 | 욕구조사와 평가조사

1) 욕구조사

(1) 욕구의 개념

- 규범의 욕구: 전문가, 행정가 또는 사회과학자 등이 욕구의 상태를 규정하는 것.
- 감촉적 욕구: 욕구 상태에 있는 당사자의 느낌에 의하여 인식되는 욕구.
- 표현적 욕구: 감촉적 욕구가 실제의 욕구충족 추구행위로 나타난 것이며 수요라고 할 수 있음.
- 비교적 욕구: 어떤 서비스를 받고 있는 사람들과 비슷한 특성을 갖고 있으면서도 서비스를 받지 않고 있는 사람들을 욕구의 상태에 있는 것으로 규정하는 것을 말함.

(2) 욕구조사의 개념

- 일정한 지역 내에서 생활하는 주민 또는 직장인들의 욕구 수준을 계량적으로 측정하기 위한 방법.

(3) 욕구조사의 접근방법

- 클라이언트 중심: 특정 인구집단(아동, 노인, 장애자 등)을 조사.
- 서비스 중심: 특수한 서비스를 제공하는 기관조사.
- 클라이언트 중심의 욕구조사와 서비스 중심의 욕구조사: 기존 사회복지기관이나 프로그램의 기획이나 평가.
- 지역사회 중심의 욕구조사: 클라이언트 중심의 욕구조사와 서비스중심의 욕구조사를 통합한 것.

(4) 욕구조사의 자료수집 방법

- 지역사회 공개토론회, 주요 정보제공자 조사, 사회지표 조사, 서베이 조사(일부를 선정하여 조사), 델파이법(전문가들의 합의점을 찾는 방법으로 조사), 이차적 자료 분석(수혜자에 관련된 기록을 검토하여 욕구를 파악).

2) 평가 조사

(1) 평가 조사의 개념

- 평가 조사는 어떤 개입기술이나 프로그램의 개선 또는 계속 수행의 여부를 결정짓기 위하여 개별적인 개입기술이나 프로그램이 그 목표하는 바를 어느 정도 달성하였는지를 측정하는 조사.

(2) 평가 조사의 목적

- 프로그램의 계획이나 운영과정에 필요한 환류적 정보 제공.
- 책임성 이행.
- 이론 형성에의 기여.

(3) 프로그램 평가의 종류와 내용

① 종류
가. 사용목적 따라
- 총괄평가: 끝날 때 행해지는 평가.
- 형성평가: 프로그램 운영 도중 평가.
나. 평가주체에 따라
- 내부평가: 프로그램의 결정, 집행을 담당하고 있는 사람들이나 조직체 내의 다른 구성원이 평가.

- 외부평가: 제3자가 행하는 평가.

② 내용
- 노력: 목표 달성을 위하여 필요한 프로그램 활동의 양과 종류.
- 효과성: 프로그램의 목표가 실제로 달성된 정도.
- 예상치 못한 결과: 긍정적 또는 부정적 변화.
- 효율성: 투입과 산출의 비율.

(4) 프로그램 평가 조사의 절차

* 평가목적 및 대상의 결정 → 프로그램의 책임자 및 담당자의 이해와 협조 → 프로그램의 목표 확인 → 조사대상의 변수선정 → 적절한 조사설계 형태의 선정 → 조사의수행 → 결과의 분석 및 해석 → 결과보고 및 실제적 이용.
① 평가목적 및 대상의 결정
- 프로그램 평가를 결정하였다면 무슨 목적, 평가의 대상, 평가의 내용 등을 결정.
② 프로그램의 책임자 및 담당자의 이해와 요청
- 책임자 및 담당자에게 평가의 목적과 방법, 내용, 범위 등을 협의와 토의.
③ 프로그램의 목표 확인
- 프로그램의 목표는 명확, 구체적, 측정 가능.
④ 조사대상의 변수 선정
- 클라이언트의 태도, 지식, 행동, 기술, 조건 등에 변화가 생길 것으로 가설을 설정하고 검증.
⑤ 이용 가능한 자료 및 측정도구의 결정
- 변수에 따라 어떤 자료들이 이용 가능한지 등을 검토.
⑥ 새로운 측정도구의 개발
- 신뢰도와 타당도가 높은 측정도구 개발.

⑦ 적절한 조사 설계 형태의 결정

 - 독립변수의 통제가능성 및 종속변수에 영향을 미칠 변수의 통제가능성에 따라 결정.

⑧ 조사의 수행

 - 자료를 수집하는 조사활동을 수행.

⑨ 결과의 분석 및 해석

 - 통계절차를 이용하여 분석하고 통계적 결과가 무엇을 의미하는지 해석.

⑩ 결과의 보고 및 실제적 이용

(5) 결과(종속변수)의 측정

① 결과 측정의 대상

 - 프로그램의 결과가 개인의 변화를 가져왔는지, 서비스전달체계의 운영에서의 변화를 가져 왔는지로 나눌 수 있다.

② 결과측정의 기준

 - 절대적인 기준: 규범적으로 미리 정해 놓은 수준의 결과.

 - 상대적 기준: 평가대상 프로그램과 비슷한 기관 내의 다른 프로그램 또는 기관 외의 다른 프로그램의 결과.

③ 측정 자료의 출처

 - 클라이언트(또한 서비스를 받는 사람): 프로그램평가조사에서의 자료의 궁극적인 출처.

 - 프로그램 실천가: 실천가로부터의 자료수집은 질문지, 면담, 사전에 규정된 기록표 등으로 통해서 수집.

 - 클라이언트 주위 사람: 가족, 친척, 교사, 친구 등으로부터 수집.

 - 기록된 자료: 클라이언트와의 개입에 관여하지 않은 사람으로부터의 자료도 가능.

 - 판정자

19 사회복지상담의 책임성과 변화

1) 사회복지조직의 기능

- 서비스와 서비스 수혜 자격을 널리 홍보하여 서비스에 쉽게 접근할 수 있도록 한다.
- 클라이언트의 일상적 생활과 성장을 돕는다.
- 아동, 노인, 장애인, 여성 등 요보호자들이 지역사회에서 정상적인 기능을 할 수 있도록 기본적인 사회보호와 도움을 제공한다.
- 문제, 병리를 가진 가족이 사회적 기능을 회복하고 어려움을 극복할 수 있도록 원조, 상담, 지도 등을 한다.
- 지역사회 주민들의 상호원조, 자조, 지역사회문제 해결을 위한 활동지원을 한다.
- 다양한 서비스의 효과를 최대화할 수 있도록 제공되는 서비스를 조정·통합한다.

(1) 책임성의 내용

- 내용은 효과성과 효율성.
- 효과성은 사회복지 서비스를 제공함으로써 얻은 효과가 무엇인가 하는 점.
- 효율성은 앞에서 얻은 효과가 경제적으로 어느 정도의 비용을 들여 효과를 보았느냐 하는 것.

(2) 책임성의 대상

- 대상은 클라이언트, 사회, 사회복지 전문직.
- 클라이언트: 사회복지조직은 일차적으로 클라이언트의 복지증진을 위해 존재.

- 사회: 사회복지조직은 사회의 전반적인 복지를 촉진.
- 사회복지 전문직: 사회복지에 관한 전문적 지식과 기술을 개발하고 발전.

(3) 행정가의 역할

- 지휘자, 생산자, 점검자, 조정자, 조력자, 촉진자, 혁신자, 환경중개자 등으로 구분.

2) 사회복지조직의 책임성

- 지휘자의 역할: 미래지향적인 목표를 설정, 직원들을 지도 안내하는 데 명확.
- 생산자의 역할: 과업지향적인 업무에 초점.
- 점검자의 역할: 기술적으로 유능한 준비.
- 조정자의 역할: 리더십을 행사.
- 조력자의 역할: 보호적이며 감정이입적 개입.
- 촉진자의 역할: 직장 내의 개인 및 집단들 사이의 상호작용을 촉진.
- 혁신지의 역할: 창조적이며 현명할 필요가 있다.
- 환경중재자의 역할: 자원지향적이고 정치적으로 기민.

3) 사회복지조직 변화의 고려 사항

(1) 변화의 형태

- 목표변화에서는 목표의 명확화가 가장 일반적인 것.
- 절차상의 변화는 조직 내의 권력구조 변화, 역할구조 변화, 의사소통 구조의 변화, 조직 간 의사소통과 협력 등.
- 프로그램이 제공하는 서비스를 수정하려는 프로그램의 변화.

(2) 변화에 대한 수용과 저항

- 변화에 대해서 과거의 경험, 매몰비용, 사회적 관계, 권력과 자원의 분배, 의사소통 등에서 수용과 저항이 있을 수 있다.

(3) 변화를 위한 리더십 전략

- 조직에 주어진 상황에 따라 변화에 적절한 리더십이 필요.
- 리더십 전략을 선택하게 하는 상황 변수
  = 변화에 대해 작용하는 세력
  = 시간 = 문제의 본질
  = 직원들의 경험과 기대
  = 행정가의 권한
  = 변화수행에서 직원들에의 의존성

4) 변화의 외부적 요인과 방향

(1) 사회복지조직 변화의 외부적 요인

- 사회복지조직이 변화한 이유는 공급주체의 다원화, 급격한 사회변화와 다양한 사회문제의 대두, 사회복지조직의 책임성과 전문성에 대한 요구 증대, 사회복지 서비스의 민영화 경향, 사회복지사업법의 개정, 국민기초 생활보장법의 제정 등을 들 수 있다.

(2) 사회복지조직 변화의 방향

- 변화에 대처하기 위해서 소비자 주권을 인식하고 사회복지조직이 개방되어야 하며, 창의적이니 프로그램 개발과 혁신적 사회복지조직 모델의 개발, 전문성 및 전문직의 강화와 더불어 타 기관과의 협력체계를 구축해야 한다.

사회복지 역할분담

1) 중앙정부와 지방정부 간의 사회복지 역할 분담

(1) 사회복지 역할분담의 현황과 문제점

① 업무분담
- 문제점은 사회복지 기능 분담이 개괄적으로 표시되어 불분명.
- 자치사무가 명시되어 있으나 국가 기능의 예외를 인정.
- 지방자치단체 위임사무가 많아 국가의 하청기관으로 전락.
- 중앙정부의 행정 및 재정적 통제, 감독이 심하다는 것.

② 전달체계
- 관련 부서의 분리설치로 인하여 통합성이 결여.
- 업무의 중복으로 인해 책임소재가 불명확.
- 중복된 상급기관의 간섭, 관여를 심화.
- 서비스의 자율성과 능동성의 결여.
- 전문 인력의 부족이 문제.

③ 사회복지재정
- 사회보장재원이 부족하고 조세와 총생산에서 차지하는 지방자치단체의 재정 때문에도 문제.

(2) 사회복지 역할분담의 원칙과 방법

- 중앙정부와 지방정부 사이에 분권성, 현실성, 전문성, 종합성, 책임성을 지닌 업무의 분담이 이루어져야 함.
- 상호보완, 수평적, 협동적이며 전문 인력을 적극적으로 활용하는 전달체계로의 전환이 필요.

- 재정적인 부분에서는 국고 보조금의 확대, 지방정부의 세외수입, 지방
  양여세 제도의 확대 등을 고려.

2) 정부와 민간 간의 사회복지 역할분담

(1) 사회복지 역할분담 유형

- 제한된 자원에 비해 다양한 사람들의 욕구와 연대성 강화, 사회통합의
  유지, 또 사회구성원들의 욕구에 효율적으로 대응하기 위해 사회복지
  역할분담이 필요.
- 역할분담
  = 정부가 서비스 전달체계 대부분을 차지하는 국유화 모형.
  = 서비스가 정부를 통해 직접 전달되고 지방자치단체는 부수적, 종속적
    인 역할을 하는 정부주도 모형.
  = 정부와 민간부분이 함께 하는 실용적 동반자 모형.
  = 비영리 민간이 주도하는 민간 강화 모형.
  = 양질의 서비스를 제공하기 위해 시장의 논리에 우선하는 민영화 모형.

(2) 사회복지 역할분담의 필요성과 기준

- 제한된 자원에 비해 사람들의 욕구는 다양하기 때문에, 연대성 강화와
  사회통합을 유지하기 위해 또한 사회구성원들의 욕구를 충족 시키기
  위해 역할분담이 필요.

(3) 사회복지의 역할분담의 방향

- 국민들이 인간답게 살 수 있는 최소한의 소득보장을 해 주는 것은 정
  부부분에서 이루어져야 하며, 의료보장과 주거보장의 모든 민간부분에

서의 서비스 제공과 같은 방향으로 나아가야 할 것이다.

1. 비공식적 자원체계는 가족, 친구, 이웃, 동료 등으로 구성된다. 원초적 자원이라고 불리기도 하며 감정적인 지시에 영향을 많이 받는다.

2. 공식적 자원체계

회원들의 이익을 조장하는 공식협의체나 회원제 조직을 말한다.

예) 노동조합, 정신지체아 학부형회

① 회원들과 직접 연결되거나 또는 여러 개의 체계들과 관련을 가질 수도 있다.

② 특징: 회원뿐만 아니라 그런 혜택이 필요한 다른 사람에게도 혜택

3) 사회자원체계

① 병원, 법률상담소, 직업훈련소, 입양기관 등은 단기적이며 특수한 필요를 충당시키는 데 목적

② 학교, 탁아소, 직장, 사회보장프로그램과 같은 사회자원체계는 연령이나 사회적 역할(직무역할, 학생역할)에 따라 관계를 맺게 된다.

③ 국민이나 지역주민으로서의 역할수행에서는 경찰서, 공공도서관, 시청, 동회와 같은 많은 정부기관이나 서비스 시설과 관련을 맺게 된다.

(1) 비공식적 자원체계의 부적합성

① 비공식적 자원체계가 없는 경우

　예) 부모가 없다. 독거, 고령으로 친구가 없거나

② 도움을 청하는 것을 주저하는 경우

　예) 체면, 부담

③ 비공식적 체계에 도움을 요청했다고 하더라도 실제로 도움을 받지 못할 경우

　예) 효과가 없거나 자원이 결핍되었거나.

(2) 공식적 자원체계의 부적성

① 공식적 조직이 없는 경우.
　예) 경찰서가 없다. 소방서가 없다.
② 사람들이 공식적 조직에 가입하는 것을 주저.
③ 공식 자원체계의 존재를 모른다.
　예) 정신지체아 부모가 그 지역에 정신지체아 학부모회가 있다는 것을
　　　모른다.
④ 기존 조직의 자원이나 영향력이 없는 경우.

(3) 사회자원체계의 부적성

① 불충분한 자원
　예) 복지관에 직원이나 자금이 없다.
② 자원, 서비스는 있어도, 심리적, 문화적, 지리적으로 접근이 어려울 때
　예) 정신병자를 터부시하는 사회심리
③ 자원이 있어도 사람들이 모른다거나 이용할 줄을 모른다.
　예) 절차가 복잡하다.
④ 이용하는 사람들에게 새로운 문제를 제기 또는 있는 문제를 더 크게
　할 수 있다.
　예) 부작용 야기, 기준의 잘못된 적용. 근로소득 공제 등.

(1) 미나한과 핀커스

① 사람들의 문제해결 및 처리능력의 향상.
② 사람들을 자원, 서비스 그리고 기회를 제공하는 체계들과 연결.
③ 그런 체계들의 효과적이며 인도적인 운영을 증진시키고,
④ 사회정책의 개발과 개선에 공헌한다.

(2) 시카고 회의에서 결정된 내용

사회복지 실천의 목적을 "모든 사람의 삶의 질 향상을 위해 개인과 사회 간 서로 유익한 상호작용을 촉진 또는 회복시키는 것"으로 정의.
① 삶의 질의 향상
② 사회적 기능의 향상

사회복지의 목적을 실천하기 위해 사회복지사들의 믿음
(1) 자기실현 지원 - 개인을 둘러싼 사회환경은 개인의 모든 잠재력과 소망의 최대 실현에 필요한 기회와 자원을 제공해야 하며, 개인의 곤궁과 고통을 감소시키기 위해 기본적으로 필요한 것들을 공급해야 한다.
(2) 사회적 책임(사회적 연대의식) - 각 개인은 자신의 행복(well-being), 자기 주변의 타인의 복지, 그리고 전체 사회의 복지를 위해 최대한 효과적으로 기여해야 한다.
(3) 인간의 존엄성 - 개인과 개인 주변의 타인과의 교류는 모든 당사자들의 존엄, 개성 및 자기결정을 향상시키는 방향으로 진행되어야 한다. 즉, 인간은 인간적으로 정당하게 대접받아야 한다.

미니한 & 핀기스 7가지 사회복지 실천과 상담 제시

(1) 사람들의 문제 해결과 처리능력을 향상시키고 더욱 효과적으로 사용할 수 있도록 돕는다.
(2) 사람들과 자원체계들 사이에 최초의 연결을 수립한다.
(3) 사람들과 사회자원체계들 사이의 상호작용을 촉진시키며 관계를 수정하고 수립한다.
(4) 자원체계 내 사람들 사이의 상호작용을 촉진시키며 관계를 수정하고 수립한다.
(5) 사회정책의 개발과 수정에 기여한다.
(6) 물질적 자원을 분배한다.

(7) 사회통제의 매개인 역할을 수행한다.

(1) 사람들의 문제 해결과 처리능력을 향상시키고 더욱 효과적으로 사용
할 수 있도록 돕는다.

○ 문제해결능력의 제공

가. 사회사업가는 생활과업 처리에 도움이 필요한 사람들을 찾고 접근한다.

나. 사회사업가는 위기에 처한 사람들을 이해하고, 지지하며, 격려할 수
있다.

다. 사회사업가는 사람들에게 그들의 문제를 말할 기회를 제공한다.

라. 사회사업가는 문제 해결의 여러 가지 방법을 검토하도록 도우며 의사
결정에 필요한 정보를 제공해 준다.

마. 사회사업가는 정보를 제공함으로써, 현실과 대결하게 하여 안이한 상
태를 깨고 변화하도록 동기를 제공할 수 있다.

바. 사회사업가는 소망을 실현하고 생활과업을 수행하는 기술을 지도할
수 있다.

(2) 사람들과 자원체계들 사이에 최초의 연결을 수립한다.

○ 자원체계와의 연결

가. 사회사업가는 도움이 필요하며 받을 자격도 있으나 그것을 모르고 있
는 사람을 찾아내는 것이다.

나. 사회사업가는 이용할 수 있는 자원, 도움을 받을 수 있는 자격, 그리
고 자원을 얻기 위한 절차에 대한 정보를 제공한다.

다. 사회사업가는 필요한 자원의 획득과 이용을 지지하는 현실적 문제를
극복하도록 돕는다.

라. 사회사업가는 필요한 자원 획득에 협조하기 위하여 다른 자원에 의뢰
도 한다.

마. 사회사업가는 자원 획득이 어려운 사람이나 체계와의 교섭에 어려움
을 겪는 사람들을 위해 그들을 대변하는 활동을 한다.

바. 기존 사회 자원체계가 특수층에만 자원을 공급하는 경우, 사회사업가

는 정보를 제공하고 대변함으로써 정책의 변화를 적극적으로 가져오도록 자극하며 모든 사람에게 서비스의 혜택이 가도록 할 수 있다.

사. 사회사업가는 사람들로 하여금 서로 간의 연결을 취하여 새로운 체계를 형성함으로써 서로 자원이 될 수 있도록 한다.

(3) 사람들과 사회자원체계들 사이의 상호작용을 촉진시키며 관계를 수정하고 수립한다.

◉ 자원체계와의 상호작용 촉진

- 사회자원체계와 사람들 사이의 상호작용을 촉진, 수정, 새로운 관계를 수립

가. 사회사업가는 사회체계들에게 그들의 운영절차가 소비자에게 문제를 일으키고 있다는 정보를 전달하여야 한다.

나. 사회사업가는 사회체계의 자문역할을 함으로써 운영방법의 변화를 제의할 수 있다.

다. 사회사업가는 비공식 체계와 상의하여 사회체계의 새로운 서비스나 확장된 서비스를 얻도록 협력할 수 있다.

라. 사회사업가는 하나의 사회체계 내의 사람들을 함께 맺어 주거나 다른 몇 개의 사회체계들로부터 온 사람들을 연결시킬 수 있어서 개인이나 가족을 위한 통합된 계획과 접근법을 강구할 수 있게 한다.

마. 사회사업가는 소비자의 대변인 노릇을 할 수 있다. 그는 또 자연체계나 회원제 체계와 계약을 함으로써 그들의 대변인 역할을 할 수 있다.

바. 사회사업가는 소비자회를 새로 조직함으로써 그들 스스로가 발언권을 가지거나 기존 조직이 그 일을 하도록 한다.

사. 사회사업가는 자연체계, 즉 비공식체계와 회원제 조직 및 사회체계 간의 논쟁과 갈등을 중재하고 해결한다.

(4) 자원체계 내 사람들 사이의 상호작용을 촉진시키며 관계를 수정하고 수립한다.

◎ 자원체계 내의 상호작용 촉진

- 자원체계 내의 사람들 사이의 상호작용을 촉진시키며 그들의 관계를 수정하고 수립하는 것.
- 체계전체의 운영을 향상시키는 동시에 체계 내의 개인들로 하여금 체계 내에서의 그들의 역학을 수행하도록 돕는 방향으로 가게 된다.

가. 사회사업가는 체계의 한 부분에서 다른 부분으로 정보를 전달한다.

나. 중립적인 중재 역할 대신, 사회사업가는 체계 내의 힘이 없으며 소외되어 있거나 체계에서의 역할에 만족하지 않는 부서의 편이 되어 그들을 대변할 수 있다.

다. 사회사업가는 체계 내의 하위집단을 조직화하여 그들 스스로가 자기들에게 유익한 변화를 초래하도록 노력하게 한다.

라. 사회사업가는 체계 성원들의 자문이 되어 내적 기능문제를 지적하며 운영절차와 역할분담의 변경을 제의할 수 있다.

마. 사회사업가는 체계 내 회원들에게 현재의 역할을 더 잘 수행하거나 체계 내에서 새로운 역할을 맡을 수 있게 하는 기술을 가르칠 수 있다.

바. 사회사업가는 체계의 기능수행을 향상시키기 위하여 새로운 회원을 소개도 하고 현재의 회원들로 하여금 탈퇴하도록 권장할 수 있다.

사. 사회사업가는 어려움을 토의하도록 권장하거나 체계 자체와의 환류장치를 마련함으로써, 체계구성원들이 그들의 상호작용 문제에 대해 자기진단을 할 수 있도록 유도할 수 있다.

(5) 사회정책의 개발과 수정에 기여한다.

◎ 사회정책에 영향

제한성:

가. 근본적인 사회정책 변화는 정치적 분야에서 정치적 과정을 통해서 이루어진다는 사실.

나. 기본 사회정책 변경문제가 어떠한 전문직에게만 의뢰되기에는 너무나 중대한 문제라는 사실.

다. 사회사업은 그 사회의 재가와 지지에 의존한다는 사실.

사회사업가의 과업과 활동:

가) 사회정책 변화의 필요성을 암시하는 조건이나 문제에 대해 정보를 수집하고 분석한다.

나) 자기의 기관이나, 그 밖의 다른 사회 자원체계나 시민운동을 하는 공식 단체로 하여금 특수한 문제에 대한 의견을 공적으로 표명하도록 할 수 있다.

다) 사회정책 변화를 위해 일할 수 있는 새로운 체계를 형성할 수 있다.

라) 사회정책 수립자나 위원들에게 정보를 제공하여 변화의 필요성을 주장할 수 있다.

마) 다른 사람들로 하여금 변화를 위해서 운동하도록 격려할 수 있다.

바) 서비스나 프로그램 기획에 협력할 수 있고, 기존 법령의 정책변경을 위한 법령초안 작성이나 필요한 서비스를 새로 개설하는 데 협력할 수 있다.

사) 다른 사람들과 협력하여, 특수한 사건을 재판에 붙이거나 항소절차를 통해 기존 법령이나 행정정책을 시험해 볼 수 있다.

아) 물질적 자원을 분배한다.

(6) 물적 자원 분배

가. 사람들이 자원을 필요로 하는가와, 이 자원이 적당한가를 조사하고, 이 사람들이 신청 자격을 구비하였는가를 판정한다.

나. 사람들의 위해서 새로운 비공식 자원체계를 구성해 준다.

다. 사회사업가는 자원을 찾는다. 그리고 사람들 자신이 잠재적 자원인 경우(잠재적 위탁가정)에는 그들이 자원을 효과적으로 공급할 수 있는지를 판정한다.

라. 자원 역할을 수행하는 사람들에게 필요한 지식과 기술을 제공한다.

마. 자원을 이용할 수 있도록 사람들을 준비시켜 주며, 자원을 효과적으로 사용하도록 도와준다.

바. 자원의 사용을 감독하고 지도한다.

(7) 사회통제의 매개인 역할을 수행한다.

○ 사회통제 매개인(교정사회복지사업)

가. 사회사업가는 사회가 일탈적이라고 낙인찍은 사람들을 지도 감독한다.

나. 사회사업가는 학대나 방임에 대한 신고가 있을 때 그것을 조사한다.

다. 사회사업가는 자원을 필요로 하는 사람들에게 적절한 서비스를 제공할 수 있는 자원시설을 인가해 준다.

* 개척 분야

(1) 산업사회복지 – 알코올, 마약 중독자
     직업훈련알선, 고용알선, 취업상담, 직업상담사

(2) 학교사회복지

(3) 군대사회복지

(4) 교정사회복지

1) 사회적 급여(물질적 급여)

(1) 현금급여 – 수당

(2) 현물급여 – 물건(식품권, 주택권, 무상탁아서비스, 수용시설보소서비스
     (치매, 요양소),
     – 서비스(의료서비스 등)

(3) 증서제도 – 식품권(food stamp)

2) 복지 서비스 (비물질적 급여)

(1) 사회학 발달

(2) 촉진

* 사회복지 실천 과정

1) 접수

2) 자료수집 및 사정

3) 계획

4) 개입

5) 평가 및 종결(효과성 및 효율성) 얼마나 효과가 있나? 비용에 비해 얼마나 효과

* 사회복지 실천의 기반

가치, 지식, 기술

* 사회복지 실천의 가치기반

1) 가치의 필요성

사회복지 실천, 계획적 변화
대변화
어떻게(How)

2) 가치의 의미

(1) 가치: 인간의 좋은 것과 바람직한 것에 대한 신념

(2) 지식: 증명할 수 있는 세계와 인간에 대한 사실, 경험

(3) 기술: 지식을 효과적으로 쉽게 이용할 수 있는 능력

3) 사회복지의 가치관

(1) 미국사회복지사 협회 실천요강
① 개인이 사회의 일차적 관심사이다.
② 이 사회적 개인들은 서로 의존적 관계가 있다.
③ 사람들은 서로에 대한 사회적 책임이 있다.
④ 각 사람에게는 공통적인 인간 욕구가 있는 동시에 각 개인은 본질
적으로 독특하며 다른 사람과 다른 점을 갖고 있다.
⑤ 민주사회적 기본 속성은 각 개인이 최대한의 잠재력을 실현하는 것
이며, 능동적인 사회 참여로 그의 사회적 책임을 지는 것이다.
⑥ 사회는 이 자기실현의 장애(예컨대 개인과 환경 사이의 불균형)를
극복하거나 예방할 수 있는 방법을 제공할 책임이 있다.

(2) 사회복지의 1차적 가치
① 인간의 존엄성과 개성의 존중
② 개인의 잠재력 개발의 기회부여에 대한 사회적 책임
칼 마르크스 – 인본주의 철학. 비판적, 갈등론적 창시자

(3) 1차적 가치(113) 김융일 외
① 개인의 존엄성과 독특성에 대한 존중
② client의 자기결정에 대한 신념

(4) 사회복지 실천의 2차적 가치
Biestek 관계론: 7대원칙

4) 사회복지 실천에서의 가치갈등

계획된 변화노력
(1) 자기결정의 원리와의 관계에서의 딜레마

본인이 변화하지 않으려면 힘들다.

① 상황에 대한 자세한 결과를 제시해 주고 그 판단을 클라이언트에게 맡긴다.

② 클라이언트에 대한 심경의 진위 파악 → 정말 그것을 원하는지 일시적 감정인지?

③ 클라이언트가 정신지체, 약물중독 등 정신이 명확하지 않을 때 자기결정의 기준은?

   - 선택의 폭을 넓혀 주고, 선택능력을 향상시켜 줌.

(2) 사회복지 실천에서 결정하는 가치갈등

(3) 가치갈등(딜레마) 처리의 기준

   가치에 위반되는 행동이 허용되는 범위

① 생명이나 신체의 위험

   예) 자살학생의 경우 거짓말을 해서라도 모면하게 해 준다.

   약물중독자 - 처벌이 따르더라도 약을 끊게 한다.

   기본욕구 충족

   사회정의 실천

② 융통성과 안전성 사이의 균형

5) 가치 딜레마 처리를 위한 준비

(1) 부단한 자기경험, 자기훈련

(2) 사회적으로 기본적으로 바람직한 가치관은 무엇인지 안다.

(3) 사회의 법, 도덕, 규범, 관습 모든 것들을 익히고 있어야 한다.

(4) 자신의 편견이 무엇인지 인식한다.

(5) 자기 자신과 스스로 가치관을 객관적으로 현실적으로 평가하도록 노력.

(6) 변화가 필요한 가치관의 변화 허용, 노력하고 클라이언트의 욕구가 충족된다면 클라이언트의 자유로운 생활양식을 허용, 워커 자신의 생활

양식과는 서로 다르다는 사실을 분별.

(7) 다방면의 경험을 쌓고, 많은 부류의 사람을 만나본다.

사회복지 실천에 필요한 지식

1) 지식의 필요성
어떻게 효과적으로 효율적으로 목적을 달성하느냐.

2) 지식의 정의
지식: 증명할 수 있는 세계와 인간에 대한 사실, 경험.

이론: 지식 간의 관계를 체계적으로 조직화하는 것.

3) 사회복지 실천에 필요한 지식
kadushin의 5가지

(1) 사회복지에 관한 일반적 지식(필수과목)

　가. 사회복지제도 및 행정: 사회복지행정론, 정책론, 법제론

　나. 인간의 성장과 발달에 관한 지식: 인간행동과 사회환경

　다. 직접서비스: 실천론, 실천기술론, 조사론

(2) 특수한 실천 분야에 관한 지식(선택)

　예) 교정사회사업, 아동복지, 범죄학 관련 법규.

(3) 특수한 기관에 관한 지식

　예) 소년원 설립목적 및 그 서비스, 장애인복지관 설립목적 및 서비스 등.

(4) 특수한 클라이언트에 관한 지식

　예) 비행의 배경 및 상황보고서, 클라이언트에 관한 지식.

(5) 특수한 접촉에 관한 지식

　예) 관계론, 면접론.

4) 심리, 행동이론

(1) 정신분석학

(2) 자아 심리학

(3) 행동주의 이론

(4) 인지이론

(5) 기능주의 이론

(6) 인본주의 심리학

5) 역활이론

3) 생태체계이론   4) 임파워먼트 감정이론

5) 관계론   6) 면접론

(1) 정신분석과 복지

① 정신의 주관체

Id	–	Ego	–	superego
원초자아		자아		초자아
충동		현실고려		도덕성, 윤리설
		충동억제		

② 마음의 지형학적 모형

의식,	전의식,	무의식(빙산에 비유)
(감각의식)	(기억회상)	(저변의식)

③ 사회복지 실천에 대한 기여

인간발달단계를 처음으로 체계적으로 설명

가. 인간발달단계

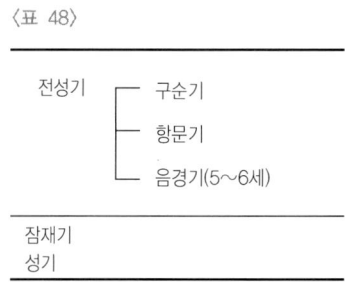

〈표 48〉

전성기 ┬ 구순기
      ├ 항문기
      └ 음경기(5~6세)

잠재기
성기

나. Id – ego – superego 주요 개념들을 만들어 냄.

다. 유전적 기질, 내부 심리적인 힘에 의해서 행동이 영향을 받는다.

라. 정신병리적인 현상은 유아기 경험, 해결되지 못한 충동에 기인한다.
 예) 꿈 해석, 자유연상

정화 – 현재 당면한 문제, 해결되지 못한 욕구를 찾아서 해결.
전이 – 문제를 찾아나서 전반적인 사고, 의식, 감정의 패턴을 바꿔 준다.

(2) 자아심리학

– 현실을 고려하는 판단이 약하다. 자아기능의 회복, 강화
  에릭슨 ex) 8단계

① 프로이트 심리학과 다른 점
가. 자아를 중요시 무의식보다는 의식이 중요하다.
나. 환경적 요인 중요시(사회, 문화) – 자아발전이 환경에 영향
  cf) 프로이트는 유전적 기질적 특성이 성경형성에 중대함을 강조.
다. 자기운명에 능동적 대비

② 자아 기능의 주요 범주
가. 인지적 기능(사고, 생각, 신념)

나. 정서적 기능(분노, 죄책감, 배려, 사랑 등의 감정)

다. 집행적 기능(의사결정 및 행동과 관련) 사고와 감정을 통합하는 능력

③ 사회복지 실천에의 기여

가. 자아기능 강화

나. 문화적, 환경적 요인 - 성격형성에 중요하다. 성격은 계속적으로 변화
   한다.

   예) 쌍둥이라 할지라도 성격이 달라진다. - 환경적 요인

   cf) 프로이트 정신분석학(유아기, 유년기의 발달과정이 잠재의식에서 문
       제발생요인)

다. 단선적인 의료모델로부터 종합적인 접근으로 변화를 시도할 수 있는
   지식기반을 제공.

라. 인간의 성장과 변화가능성에 대한 낙관적인 견해를 제공

(3) 행동주의 심리학

   예) 파르로프 - 개실험 → 인간심리학 적용(스키너)

① 주요 내용

스키너 (조작적 조건 형성)

- 자기가 움직여서 얻어내는 것(능동적)

   예) 쥐가 우연히 장치를 건드려서 먹이를 먹는다 → 그 횟수의 증가
       반두라(학습이론) - 학습을 통해서 배운다.

   예) 다른 쥐가 하는 것을 보고 따라 한다.

∴ 인간의 성격은 조건 반사에 의해서 이루어진 행동패턴의 집합이다.

(조작적 조건의 강화를 통해서 바람직한 결과를 만들어 낼 수 있다. 습관
이 누적이 되어서 그것이 행동, 성격이 된다.)

② 사회복지 실천에 대한 기여

가. 조건형성을 통해 잘못된 행동을 수정

- 바람직한 행동은 증가시키고, 좋지 못한 행동은 감소, 소멸시킨다.

　좋은 일 - 꾸준히 지속

나. 클라이언트 문제에 대해 상세한 관찰을 할 수 있는 지식기반 제공.

　예) 약물복용을 할 수 있는 환경관찰 → 갱단, 환경과의 접촉을 단절시
　　킨다.

다. 행동을 명확하게 인지하고 행동들이 서로 어떻게 연관되는지 파악하
　는 것을 가능하게 해 준다.

　예) ⓐ 애가 다른 애를 괴롭힌다. → 왜 - 아버지가 어머니를 괴롭히는
　　　것을 모방하더라.

　　　→ 환경조성, 문제해결

　　　ⓑ 어머니와 딸의 문제 - 딸이 어머니의 습관을 따라 하는 경우가
　　　　많다. 어머니도 같이 변화

　　　ⓒ 학습, 가정교육 - 흑인의 가정환경, 범죄학습

라. 모방을 통해 클라이언트행동을 고칠 수 있다는 이론적 기반을 제공한다.

　예) 어른들이 하는 것을 청소년이 따라 한다.

(4) 인지이론(143P)

① 인지이론의 발달 기원: 스토아학파 영향

　예) 인간의 기분을 상하게 하는 게 있어서 중심적인 어떤 사건 자체가
　　아니라 그것을 인식하는 오해와 생각에서 시작된다. 그 사물 자체
　　에 문제가 있는 것이 아니라 그것을 인지하는 우리 마음에 문제가
　　있다.

　예) 객관적 사실 ↔ 주관적 사실

(자기 아들이 교통사고가 낫다.) 그에 대한 슬픔의 감정

아들러

② 인지이론 요약

- 인간의 행동이란 것은 자기가 관찰, 사고, 인지하는 것에 의해서 결정

하고 판단을 내린다.

객관적 사실(자극조건) – 인지과정 – 인지에 대한 정서적 반응 또는 행동.

엘리스 A, B, C, D이론 치료 방법: 인지를 잘할 수 있도록 한다.

③ 사회복지 실천에 대한 기여

가. 클라이언트 문제가 잘못된 신념, 생각 때문에 발생한다는 주장은 클라
   이언트 문제를 분석하고 해결하는 데 많은 도움을 제공해 줬다.
   예) 비논리적, 경직된 사고, 생각들이 잘못된 행동을 야기한다.

나. 클라이언트가 자신 문제를 스스로 정의하고 클라이언트 중심적인 사
   회복지 실천을 시도할 수 있는 조건을 제공해 준다.

다. 클라이언트가 자신의 문제를 스스로 정의, 해결할 수 있는 능력을 가
   지고 있다고 믿고 지지해 준다.

(5) 기능주의 이론

① 주요 내용

랭크

– 인간을 보다 창의적, 의지적인 존재로 본다(낙관적).

– 개인의 사기의시 강조.

(의지＝사람으로 하여금 어떤 목적을 달성하기 위해 행동하도록 하는 힘)

② 사회복지 실천에 대한 기여

가. 원조관계 – 사회복지사와 클라이언트는 주고받는 관계가 아니라 원조
   관계

나. 인간은 누구나 창조적, 의지적으로 변하길 원하는 본능을 가진 존재로
   본다.

(6) 인본주의 심리학

① 특징

인간은 자유롭고 창의적인 존재며, 인간의 행위는 성장과 자기실현에 대한 욕망을 가지고 있다.

② 메슬로우

가. 메슬로우의 자기실현 인간상 10가지 제시

사회관습과 인습을 무시하지도 않으나, 그렇다고 얽매이지도 않는다. 고정관념을 버린다. 등등.

나. 사회복지 실천에 대한 기여

　가) 인간본성에 대한 긍정적 견해.

　나) 인간의 추구해야 할 진실한 삶의 형태 제시.

　다) 욕구 6단계 - 욕구평가를 하는 데 유용하게 활용된다.

③ Rogers

가. 로거스의 훌륭한 삶

　가) 체험에 대해서 개방적

　나) 매순간 충실한 삶

　다) 자신의 신뢰

　라) 자유로운 삶, 창조적인 삶

나. 사회복지에 대한 기여

　가) 사회적 책임, 개인의 자기결정, 절대적 가치, 사회복지철학에 대한 기본적인 가치 제공.

　나) 인간은 자기이해와 성장을 위한 자원을 가지고 있다.

　다) 성공적 치료에 필요한 조건설정 제시.

(진실, 일간성, 클라이언트에 대한 긍정적 관심, 공감)

20 사회복지상담과 역할이론

1) 지위와 역할의 정의

(1) 지위: 사회조직에 구조변화 속에서 차지하는 자리

① 귀속적 지위: 태어날 때부터 타고난 지위.
  예) 귀족, 천민
② 법적 지위: 능력, 노력으로 얻어지는 지위.
  cf) 마르크스 – 갈등론자(귀속적 지위에 대한 저항)

(2) 역할: 일정한 지위에 있는 개인에 의해 수행되는 일련의 행위

  예) 아버지, 자식, 또는 자식, 학생의 각자의 역할.

2) 역할이론의 사회복지 실천에 대한 기여

(1) 클라이언트 역할상의 문제를 사정하는 데 적절한 이론적 틀을 제공.
  예) 가정, 직장, 동료관계 등 역할.
(2) 역할은 상호작용을 나타낸다.
  예) 아내 ↔ 남편, 부모 ↔ 자식
→ 클라이언트는 역동적인 관계 속에서 문제를 찾아낸다.
(3) 인간들 사이의 활동과 상호작용 속에는 일정한 사회적 기여와 기준이
    있다.
(4) 역할은 자아에 의해 경험적으로 수행된다.

3) 역할이론과 관련된 개념

(1) 역할 갈등: 한 성원이 기대되는 바대로 수행하기가 곤란한 경우.
  ① 역할모순(역할 상호간 갈등)
    한 사람이 가지고 두 개 이상의 지위에서 상치되는 역할이 기대된 경우.
    예) 학생으로서, 친구로서, 자식으로서의 역할
  ② 역할긴장(역할 내 갈등)
    지위는 하나인데 그 역할에서 사회가 기대하는 역할이 2가지 이상,
    그런데 그 역할들이 서로 다르다.
    예) 가정 내 아내로서 어머니로서.
    하나의 지위에 그 지위에 대해서 합의가 이루어지지 않는 경우. 불일치.
(2) 역할의 모호성: 지위에 대한 역할이 분명히 규정되지 않았을 때.
  ex) 부부관계에서 과거는 남자는 바깥일, 여자는 집안일, 현재는 남녀 모
    두 직장생활에서 집안일에 대한 서로의 역할 불만.
(3) 역할 단절: 개인이 준비되지 않은 상태에서 새로운 역할을 받게 될 때.
  ex) IMF - 명예 퇴직한 가장 - 퇴직에 대한 준비가 되지 않는 경우, 배우
    자가 갑자기 사망했을 때 남는 사람.
(4) 역할 과중: 한 개인이 자신에게 기대되는 역할을 부담되고 힘들게 느
    낄 때.
(5) 자기역할 부조화: 역할의 요구사항과 개인의 성격이 맞지 않을 때.
(6) 역할상고성과 비상고성
  ① 상고성: 역할 상대자 간에 상호역할의 어려움 없이 자연스럽게 기대
    되는 방향으로 수행되는 것.
  ② 비상고성: 역할상대자와 상호역할이 기대되는 대로 자연스럽게 수행
    되지 못한 것.
* **Spiegel의 5가지 비상고성**
첫째, 인지적 불일지: 한쪽 또는 양쪽에서 그들이 알아야 할 역할을 모르

는 경우.

둘째, 역할불일치: 상대방이 가지고 있지 않은 역할을 요구할 때.

셋째, 배당적 불일치(역할거부): 역할 상대자 중 한쪽이 역할을 수행하지 않을 때.

넷째, 도구적 수단의 부재: 상대방의 욕구를 충족시킬 수단의 결여.

　예) worker가 제대로 능력이 없다. 선생님이 가르칠 능력이 없다. 남편이 경제적 능력이 없다.

다섯째, 문화적 가치지향의 불일치.

　예) 이교도와의 결혼, 외국인과의 결혼(한국남자가 백인여자와 결혼).

(7) 역할 재균형

　자기: 강요, 회유, 가장, 지연

　타자: 도전, 거부, 부인, 가장

(8) 역할군: 여러 가지 지위를 가지고 있으며 그에 따른 여러 가지 역할을 가지고 있을 때.

(9) 역할학습: 역할 학습을 통해서 전수된다.

　① Mead(상징적 상호작용론)의 I & Me

I	&	Me
self 자발적인 나		generalize others 객관적인 나 일반화된 타인들 서로 비슷하게 학습이 됨

I ∴ 나라는 사람은 <u>자발적인 나</u>가 있고 <u>객관적인 나</u>가 있다.

　② Self-play and games(자아놀이)

　자아놀이를 함으로써 다른 사람의 역할, 내가 해야 할 역할을 배운다(주로 치료에서 많이 쓰인다.).

4) 생태체계이론

(1) 생태체계이론의 발전과정 및 의의

① 발전과정(230)
- 1937년 Ludwig Von Bertalanfty에 의해 개발.
- 1956년 Lutz의해 사회복지 실천에 도입.
- 1960년에 사회복지 실천에 활발하게 적용.

② 일반체계의 정의
가. Parsons: 기능론 체계적 적립
나. 체계란: 상호관련이 상호의존적인 하나의 요소들로 구성된 하나의 전체.
다. 특징: 균형상태가 교환되었을 때 다시 스스로 균형을 찾아가는 힘 =
    항상성.
- 체계는 부분의 단순한 합보다 큰 힘.

③ 생태체계의 의의
- 인간과 그를 둘러싼 환경과의 교류를 설명하고 분석하기 위한 체계이론.
- 사회복지체계이론은 생태체계이론이다.

(2) 대표적인 학자의 이론(Talcott Parsons) - 기능주의의 대가

① 체계의 의의: 상호관련이 상호의존적인 하나의 요소들로 구성된 하나
    의 전체.
② 체계의 4가지 기능: 체계가 존속하기 위해서 수행해야 할 기능 4가지.
첫째, A(adaptation) 적응: 환경으로부터 자원을 얻어 체계를 통하여 그 자
    원을 배분할 능력.
 예) 경제
둘째, G(goal attainment) 목표 달성: 목표를 설정하고 목표 우선순위를 정

하고 구성부분을 동원해서 그 목표를 달성할 능력.
예) 정치

셋째, I(Integration) 통합: 부분들의 활동을 조정하고 효과적인 작업관계를
성취할 수 있는 능력.
예) 법

넷째, L(Latent pattern maintenance and tension management) latency 잠재
유형 유지와 긴장관리: 잠재성.
각 부분 요소가 온당한 행동유형을 유지할 수 있도록 하고 부분 간
에서 야기되는 어떤 긴장이라도 처리할 수 있는 능력을 갖추고 있어
야 한다.
예) 종교, 교육

AGIL → AGIL → AGIL의 연속성

(3) 체계이론과 관련된 개념들

① 경계: 체계와 외부환경과의 공간적, 역학적 구분.
② 위계: 대상체계, 상위체계, 하위체계
체계들 간의 역할, 권력, 통계의 양의 따라 상위체계와 하위체계로 나
뉘는데 이를 위계질서라 한다.
가. 대상체계: 분석의 대상이 되는 체계.
나. 상위체계: 대상체계의 외부에 있으면서 대상체계에 영향을 미치는
체계.
다. 하위체계: 내부에 있으면서 다른 하위체계와 상호 작용하여 체계를
이루는 것.
③ 폐쇄체계와 개방체계
가. 폐쇄체계: 환경과의 의사소통의 교류를 제한하고 환경으로부터 완전
히 고립되어 있는 상태의 체계.
나. 개방체계: 외부와 환경과 자연스럽게 의사소통을 하며 정보를 교환

하고 외부로부터 에너지를 받아들이는 체계.

④ 엔트로피(Entropy): 폐쇄체계와의 상태

　cf 부적 엔트로피: 사회복지 실천에서 적용 – 에너지와 자원을 받아들여 생산성을 향상시키고 그 생산물을 밖으로 내보내는 작용.

⑤ 상호성: 각 부분들이 다른 부분들에 대하여 상호의존적인 성격을 가지고 있다.

⑥ 향상성: 균형상태가 교환됐을 때 다시 균형을 유지하려고 하는 스스로의 힘.

⑦ 동일 결과성과 다원적 결과성

　가. 동일 결과성: 시작상태가 다르고 상이한 경로로 가더라도 결과적으로 동일한 상태에 이를 수 있다는 개념.

　예) 다른 방법을 쓰더라도 결과는 같게 나온다.

　나. 다원적 결과성: 유사한 상황으로부터 시작해서 유사한 경로를 거치더라도 상이한 결과가 나올 수 있다는 개념.

　예) 똑같은 방법을 썼는데 결과는 다르게 나오더라.

　– 단선적인 치료가 아닌 다원적 치료의 중요성.

⑧ 체계의 행동규칙

행동규칙(Rule): 구성원들이 어떻게 행동할 것인가에 대한 암묵적 합의.

행동규칙들의 변화와 관련된 규칙(Metatule): 룰이 상황에 따라 바뀌는 체계.

(4) 사회복지 실천에서의 기본적인 체계

Pincos & Minahan(4개 체계)

　　　& Galaway

① 변화매개체계

　계획된 변화를 위해 활동을 하는 사람을 변화매개인이라 하며, 그런 사람들로 이루어진 것을 변화매개인 체계라 한다.

② 클라이언트 체계

변화매개인 서비스를 요청하는 사람들로서 변화매개인과 작업협정이나 계약을 맺는 사람들(묵시적 계약상태에 있는 사람들).

　예) 청소년이 문제가 있다 하더라도 어머니가 클라이언트체계 - 서비스계
　　　약자는 어머니.

③ 표적체계: 변화가 필요한 사람들

　예) 위에서 표적체계는 변화가 필요한 청소년.
　　　- 클라이언트체계와 표적체계가 동일한 경우

　예) 우울증 환자가 도움을 요청하며 왔다. - 그 자신이 클라이언트체계이
　　　면서 표적체계.
　　　- 클라이언트체계와 표적체계가 완전히 독립된 경우.

　예) 부모가 애가 문제가 있어서 왔다(클라이언트체계 → 어머니, 표적체
　　　계 → 아동).
　　　또는 실직자가 직장을 구하러 왔다(클라이언트체계 → 실업자, 표적
　　　체계 → 고용주).
　- 클라이언트와 표적체계가 중복된 경우

　예) 남편이 알코올중독인데, 부인이 같이 왔다. 둘이 계약을 하고 상담을
　　　해 봤는데 원인은 부인의 바가지에 있었다(둘 다 동시에 변화가 필
　　　요함 = 클라이언트체계 + 표적체계).
　- 변화매개인 체계가 표적체계가 되는 경우

　예) 취학 전 아동에 대한 프로그램이 없다. → 정책결정자를 변화.
이때 변화매개인자체인 기관이 동시에 표적체계가 된다.

④ 행동체계: 표적체계에 변화를 주기 위해서 서로 함께 일하는 사람
　- 여러 개의 행동체계를 이용할 때

　예) 주택환경: 러브호텔반대운동 - 지역주민, 언론매체, 정부건의, 시민단
　　　체 등이 행동체계.

청소년 문제: 학교, 지역사회조직, 가정, 경찰서 등 여러 복합적인 요소가 하나의 행동체계.

- 워커와 한 개의 행동체계

예) 부모, 청소년문제 → 워커와 둘의 한 개의 행동체계.

- 워커 혼자 행동체계인 경우

예) 이혼문제 → 워커혼자 활동해서 도움을 준다.

⑤ 전문가체계: 사회복지사 협회, 교육협회 등 전문적 가치실현을 목적으로 하는 사람들로 이루어진 체계

예) 집단을 통해서 사회단체를 통해서 기관의 변화, 사회가치관의 변화 유도.

⑥ 문제인식 체계: 잠재적 클라이언트체계를 클라이언트체계로 끌어들이기 위해 행동하는 체계

예) 클라이언트체계는 클라이언트가 와서 도움을 요청하고 계약을 맺기 까지의 과정.

(5) 체계이론의 구체적인 예

① 생태체계적 접근 이전의 분석

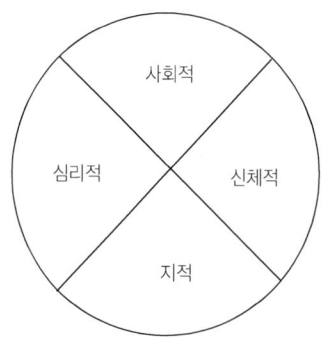

〈그림 6〉 정상개념의 관점 본 순이에 관한 견해

② 생태체계적 접근에 의한 분석

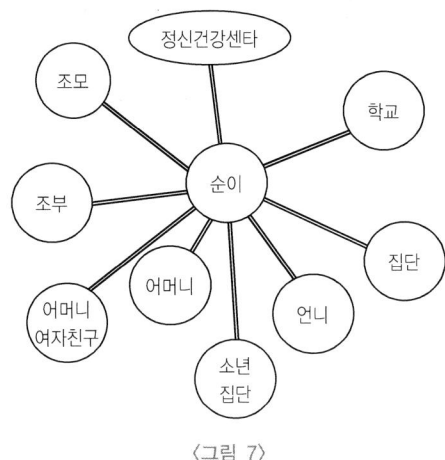

〈그림 7〉

③ 보다 큰 체계들의 경험적 경계의 관점에서 본 순이의 상황

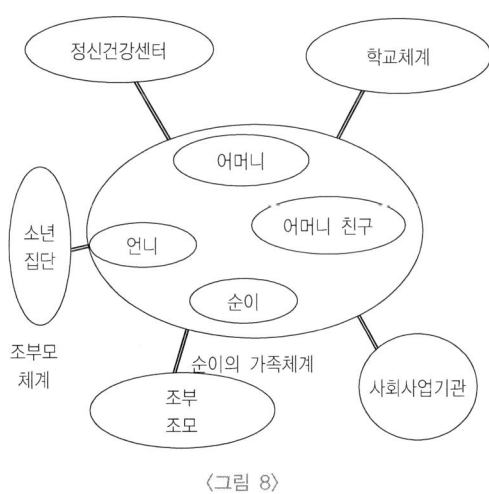

〈그림 8〉

④ 위계적인 체계 상황에서 본 순이의 상황

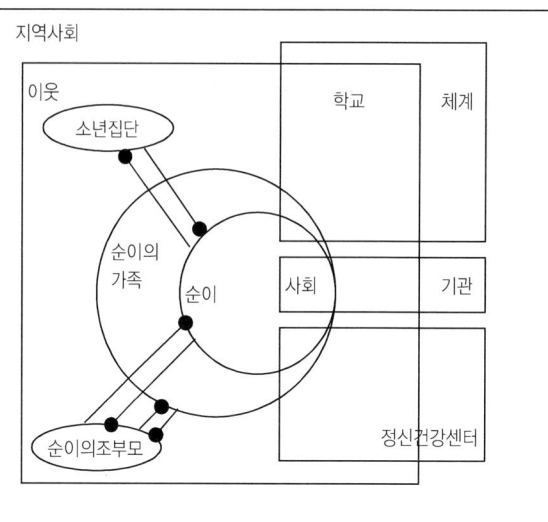

〈그림 9〉

(6) 체계이론의 사회복지 실천에 대한 기여 시험: 체계이론

① 전통적 의료모델인 단선적 관점인 한계를 극복할 수 있다.

예) 상황에 따라 달라진다. 원인: 친구, 가정, 사회, 학교 또는 다양한 방
    법의 적용.

② 클라이언트문제가 개인의 병리현상이기보다는 체계 간의 긴장, 갈등에
   의한 체계적인 속성을 강조한다.

③ 체계부분 속에서의 변화가 전체에 영향을 미칠 수 있다는 인식을 제
   공해 줌으로 개입의 유용한 방법을 제시(파문효과)

예) 그 집이 복잡하다면 – 아버지가 일찍 들어온다면 가족 전체가 변화된다.

④ 개방체계이론은 인간은 자아주도적인 행동을 할 수 있으며 따라서 그
   들의 행동을 변화시키거나 새로운 환경을 창조할 수 있는 능동적인
   personality 체계로 본다.

예) 정신분석학에서는 유전적인 요인이 그 사람의 성격을 결정짓는다고
    보지만, 개방체계이론에서는 변화를 통해서 새로운 환경을 창조하고

변화된다.

⑤ 체계이론은 분석도구이지 그 자체가 지식의 실체는 아니다.

5) 임파워먼트 역량강화이론

(1) 개념

클라이언트가 강력해지는 것(becoming powerful).
그 사람의 잠재능력을 발휘할 기회를 준다.

(2) 임파워먼트 접근

사회환경적 지원 and 해결에 대한 비전.
클라이언트의 강점에서부터 시작, 워커가 장점을 찾아서 부각시켜 주고,
전문가와는 협력적인 동반자의 관계.
클라이언트의 잠재능력, 재능, 자질을 인정 능력을 강화시킨다.

① 사람들은 성장 및 변화를 위한 개별적, 본래적 능력을 갖는다는 것을
인식한다.

② 클라이언트 체계는 이미 자원과 능력의 보고를 갖고 있음을 인식한다.

③ 상호작용과 협력은 새로운 자원을 구축하기 위해 기존의 자원을 증대
시킨다.

④ 긍정적인 변화는 희망과 미래의 가능성 위에 구축된다.

⑤ 클라이언트 체계는 그들 상황을 가장 잘 알며, 대안이 주어지면 가장
좋은 해결책을 결정할 수 있음을 확신한다.

⑥ 무력감을 증대시키기보다 완수감과 능력을 증대시키는 과정을 지지한다.

⑦ 체계의 결함 안에서보다 체계 간의 상호 교류 과정에서 도전과 관심
을 제기한다.

(3) 주요 개념(275)

① 문제가 아닌 도전:

클라이언트가 문제를 가져오면 그것을 문제로 보지 않고 강점으로 본다. 내 성장에 대한 기회, 또는 그것을 수치로 보지 않고, 그 시련을 발전에 대한 전환점, 문제보다는 도전으로 인식.

② 병리가 아닌 강점

생각의 긍정적인 전환

③ 과거가 아닌 미래(해결 중심적 단기기록치료)

과거를 들추지 않고 미래의 해결중심적 단기 기록치료

6) 관계론

(1) 관계 형성의 중요성 및 전문적 관계

① 관계의 중요성

Rapport 형성

바람직한 관계에서 클라이언트와 워커가 서로의 역량을 교환.

② 전문적 관계의 특징(282)

목적: 생활에서 보다 나은 적응을 할 수 있도록 도와준다.

시간: 영구적이 아니고 일시적.

정서적 요소가 강하게 적용하는 것이 아니다(통제된 정서적 관여).

(2) 관계의 정의

① Biestek 정의(283):

케이스워크의 관계는 워커와 클라이언트 간의 태도와 감정의 역동적인 상호작용이며, 클라이언트로 하여금 환경과의 보다 나은 적응을 성취하게 하는 목적을 갖고 있다(정서적 상호관계, 환경에서 보다 나은 정의).

② Perlman 정의:

관계는 공통된 이해관계를 지닌 두 사람 간에, 장기적으로 또는 일시적으로 감정의 상호작용이 일어나는 조건이다.

③ Pincos & Minahan 정의

관계란 워커와 그가 관계하는 다른 체계 사이의 정서적 유대로 생각할 수 있으며, 관계는 협조적, 교섭적, 갈등적 분위기를 포함한다.

(3) 관계의 제 요소

① 수용적

워커와 클라이언트의 관계는 수용적.

② 정서적

지적이기 보단 정서적, 감정적.

③ 역동적

관계에 있는 사람들이 모두 적극적으로 참여함이 요청됨.

④ 목적적

적응, 보다 나은 생활의 누적.

⑤ 시간제한적

⑥ 권위적

워커의 전문적 지위, 경험이 있기 때문에 클라이언트와 관계 성립.

⑦ 진실성과 일치성

클라이언트에 대한 일관성, 진실성.

(4) 관계의 본질

① 관계의 목적
클라이언트가 자유로운 분위기에서 개입의 효과성을 높인다. 문제를 효과적으로 사정하고 개입하기 위한 조건.

② 관계의 역동적 상호작용(3단계)
가. 클라이언트로부터 워커에게로 행해지는
　　클라이언트의 문제를 워커가 파악하고 수용한다.
나. 워커에게서 클라이언트로 지향되는 단계
　　클라이언트의 욕구, 감정을 파악하고 그 뜻을 워커가 클라이언트에게 전달, 워커가 클라이언트에 대한 가지고 있는 감정을 클라이언트에게 전달.
다. 다시 클라이언트로부터 워커에게 향해짐
　　클라이언트가 고마운 뜻을 워커에게 전해 준다.

7) Biestek(casework relationship)관계의 제 원리

〈표 49〉 관계에서의 7대 원칙

제1방향	제2방향	제3방향	원칙의 명칭
클라이언트의 욕구	케이스워커의 반응	클라이언트의 지각	
1. 개인으로 처우받고 싶은 욕구 2. 감정을 표명하고 싶은 욕구 3. 문제에 대해 공감적 반응을 얻고 싶은 욕구 4. 가치적인 인간으로서 인정받고 싶은 욕구 5. 심판받지 않으려는 욕구 6. 자신이 선택과 결정을 내리고 싶은 욕구 7. 자신에 관한 비밀을 지켜 주기를 바라는 욕구	케이스워커는 이러한 욕구들에 대해 이해하며 민감하게 적절히 반응한다.	클라이언트는 케이스워커의 민감성과 이해와 반응들을 지각한다.	1. 개별화 2. 의도적 감정표현 3. 통제된 정서적 관여 4. 수용 5. 비심판적 태도 6. 자기결정 7. 비밀보장

(1) 개별성의 원리:

① 의의(주관식): 개별화라는 것은 클라이언트 개개인의 독특한 자질을 알고 이해하는 일이며, 보다 나은 적응을 할 수 있도록 각 개인을 도와줌에 있어서 상이한 원리나 방법을 활용하는 것이다.

② 워커의 역할
- 편견이나 선입관으로부터 해방, 탈피
- 인간행동에 관한 지식
- 귀담아 듣고 관찰할 수 있는 능력
- 클라이언트의 보조에 따르는 능력
- 사람들의 감정 속에 들어가는 능력(직시할 수 있는 능력)
- 전망을 유지하는 능력
  주관식: 워커의 역할 6개를 써라 등(소제목까지)

③ 개별화를 위한 수단
가. 세심한 배려
- 면접시간, 장소 등에 대한 세심한 배려.
나. 면접에서의 비밀보장
- 비밀보장에 대한 신뢰감, 공간 등 신경.
다. 면접시간의 준수
라. 면접을 위한 사전준비
- 내일 면접에 대한 준비, 미리 관심을 두고 파악.
마. 클라이언트의 참여
- 조사, 사정할 때 클라이언트의 참여 유도.
바. 융통성 발휘

(2) 의도적인 감정표현

① 의의

의도적인 감정표현(Purposeful expression of feelings)은 클라이언트가 그의 감정을 특히 그의 부정적 감정을 자유로이 표명하려는 그의 욕구에 대한 인식이다.

② 의도적인 감정표현의 목적성 Why?

가. 압력, 긴장으로 부터의 해방

－자기 문제를 명백하고 객관적으로 인식.

나. 클라이언트와 인간 자체를 더욱 적절히 이해.

다. 인간의 감정을 경청하는 것은 심리사회적 지지의 한 형태.

라. 클라이언트의 부정적인 감정표현 자체가 진정한 문제일수 있다.

마. Casework의 관계를 심화시켜 준다.

③ 워커의 역할

가. 워커 자신의 여유 있는 태도

－물리적 환경 조성.

나. 시간적 정신적 여유

－사전에 면접 준비, 1, 2일 전에 준비하고 여유를 가진다.

다. 주의 깊게 목적적으로 경청할 수 있는 능력

라. 클라이언트로 하여금 그의 감정을 표현하도록 격려.

마. 클라이언트의 움직이는 속도에 민감하게 인식

－클라이언트의 보조에 맞춰 준다.

바. 비현실적 보장, 너무 빠른 초기의 해석, 지나치게 많은 해석 등은 클라이언트의 감정표현을 가로막을 수 있다.

(3) 통제된 정서적 관여

① 의의

워커는 클라이언트의 감정에 호응하기 위해 정서적으로 관여하게 되는데, 케이스의 총체적인 목적에 따라 통제된 상태에서 정서적으로 관여해야 한다.

② 워커의 역할

가. 민감성

- 클라이언트 감정을 잘 관찰하고 경청하는 것

나. 이해

- 감정의 의미를 클라이언트와 관련시켜 이해한다.

다. 반응

- 적절한 반응.

(4) 수용

① 의의

수용(acceptance)이란 워커가 클라이언트의 모든 것을 그의 있는 그대로를 이해하고 다루어 나가는 하나의 행동상의 원칙이다.

② 워커의 역할

가. 문제를 인식.

- 그런 감정을 표현하는 자체를 받아들인다.

나. 클라이언트의 자조의 잠재능력을 파악하며, 클라이언트의 성장을 촉진.

다. 사고와 감정 양면 요소를 파악.

라. 사회복지기관 내의 한계 내에서 이루어질 수 있다는 것을 인식.

③ 수용에 대한 장애요인

가. 인간의 행동패턴에 대한 불충분한 지식.

나. 스스로 수용할 수 없는 어떤 것을 가지고 있을 때.

- 워커 자신의 문제와 일치될 때.

다. 편견과 선입견

- 종교, 신념, 원한

라. 보장할 수 없는 것을 말로만 안심케 하는 일.

마. 수용과 시인의 혼동.

- 선악의 표준이 없는 것은 아님, 예) 성폭행 → 문제를 있는 그대로 인식하는 것(의사가 병을 파악하는 것은 치료하기 위해서인 것처럼, 수용은 클라이언트의 치료를 위한 있는 그대로를 받아들이는 자세).

바. 클라이언트에 대한 존경 상실.

사. 과잉 동일화.

- 너무 과잉한 반응은 금물.

＊시험예상문제＊

1. 사회복지상담의 개념
2. 사회상황과 자원체계 및 자원체계의 부적합성
3. 사회복지상담 가치기반(필요성, 의의, 사회복지의 가치관, 사회복지상담에서의 가치갈등)
4. 역할이론(의의, 주요 개념, 사회복지상담에 기여)
5. 체계이론(의의, 주요 개념, 기본적인 체계, 사회복지상담에 대한 기여)
6. 심리, 행동이론
7. Biestek 7대원칙(의의, 사회복지사의 역할, 수단, 장애요인 등)

◉ 비심판적 태도와 상담

이 태도는 케이스워크의 기능이 문제 또는 욕구발생의 원인에 대해서 클라이언트가 유죄인가 무죄인가 또는 클라이언트에게 어느 정도 책임이 있는가 등을 말하는 것을 배제하는 것이다.

- 클라이언트의 욕구

클라이언트가 방어적인 태도를 갖고 있지만 비심판적인 워커의 태도를 보고 솔직히 마음을 연다.

– 평가적 판단을 위한 가치나 기준

행동이 잘못됐는지, 옳은지 판단할 수 있는 능력이 워커에게 필요하다. 심판과 이해는 다르다.

- 심판: 일정한 규칙에 비추어 행위를 비판, 이에 어긋나는 것은 처벌함을 말함
- 이해: 단지 객관적으로 그 선악을 평가하는 것.

◎ 비심판적 태도의 전달

비심판적인 태도나 어조로 전달.

비심판적 태도의 장애요인

(1) 편견과 선입관이 비심판적 태도를 갖거나 전달하는 데 장애가 될 수 있다.

(2) 성급한 결론: 심판적인 태도의 인상을 줌.

(3) 비슷한 문제를 가진 사람을 비교, 예시 – 어떠한 규범 속에 집어넣으려는 인상을 준다.

(4) 워커에 대한 클라이언트의 부정적인 감정 – 다른 사람의 감정을 워커에게 전이.

◎ 클라이언트의 자기결정

케이스워크 과정에 있어서 클라이언트의 자기선택과 결정을 내릴 수 있는 자유의 권리와 욕구를 실제로 인식하는 것이다.

클라이언트의 權利와 要求

자기 자신의 선택과 권리로서 자기의 생활을 영위할 권리와 자유를 원하고 있다.

– 워커의 역할

(1) 긍정적 역할

① 클라이언트로 하여금 그 문제나 욕구를 명백하게 전망을 가지고 관찰할 수 있도록 한다. 자기 문제를 객관적으로 판단할 수 있게 한다.

② 법률, 제도 사회시설, 지역사회, 자원 등 여러 가지 자원에 대한 정보를 제공해 클라이언트 스스로 자기 선택의 참고로 삼도록 돕는 것.

③ 자신의 잠재적인 자원을 활성화할 수 있도록 한다(Impowerment).

④ 클라이언트가 성장할 수 있고 그 자신의 문제를 스스로 해결할 수 있는 환경을 조성해 준다.

(2) 부정적 역할

① 클라이언트에게는 부차적인 일만을 결정하게 한다.

② 클라이언트가 요청하는 서비스에는 무관심하고 클라이언트의 사회적, 정서적 생활의 세심한 부분까지 조사하려 한다.

③ 직, 간접적으로 클라이언트를 조정해 내 판단에 따라 결정한다.

④ 통제하는 방법으로 클라이언트를 설득하는 것.

- 자기결정의 한계

(1) 워커는 클라이언트의 신체적, 정신적 능력을 넘어서 자기결정을 클라이언트에게 요구. 기대할 수는 없다(아동, 정신질환자, 치매, 정신질환자).

(2) 도덕률에서 오는 제한

(3) 법률에서 오는 제한

(4) 사회기관의 기능에 의한 제한: 기관의 규칙, 기준을 벗어나면 안 된다.

○ 비밀보장의 원리

1) 의의

전문적이고 직업적인 관계에서 밝혀지는 클라이언트에 대한 비밀정보를 보존하는 것.

2) 秘密保障의 種類

(1) 자연적 비밀: 밝혀져서 슬픔 상처가 되는 것.

(2) 약속에 의한 비밀: 워커에게 비밀을 지켜 주기로 약속한 정보.

(3) 신뢰에 의한 비밀: 묵시적으로 비밀을 지킬 것이 약속된 정보(믿음).

3) 集團的 秘密

개인의 비밀이 사회기관 내에서 전달되지만, 그러나 관계직원은 한결같이 보다 외부에 대해서는 이 비밀을 보호할 의무가 있는데, 이와 같은 각 기관에서는 이것을 대외적으로 보호할 의무가 있다.

4) 비밀보장의 한계

(1) 클라이언트 자신의 내부적 갈등: 공개, 비공개 여부에 대한 갈등(모순충돌(보다 중요한 편을 택함)).

(2) 타인의 권리와의 갈등: 비밀을 지키면 제3자에게 피해를 준다. - 양 권리를 비교, 중요한 편을 선택.

(3) 워커의 권리와의 갈등: 워커 자신의 권리가 박탈됨.

(4) 社會機關의 권리와의 갈등: 기관의 사회적 사명과 권한을 넘는 경우.

(5) 사회의 권리와의 갈등: 사익과 공익, 개인의 권리와 공공복지 간의 충돌.

21 │ 사회복지상담과 면접

1) 사회복지 상담과 면접

(1) 면접의 개념

면접은 사람과 사람 간에 언어나 동작을 매개로 하여 이야기를 주고받는 과정.

(2) 면접의 중요성

면접을 통해 자료수집, 치료 방법의 결정, 클라이언트의 욕구 파악.

(3) 면접의 목적

① 클라이언트에 대한 정보 획득.
② 면접을 통한 원조.

(4) 면접의 방법

① 관찰
   가. 피면접자가 말하는 것과 말하지 않는 것, 그의 진술에 있어서 의미
      있는 갭(Gap)에 대해서도 관찰
    예) 표정, 제스처
   나. 실제상황을 있는 그대로 파악 – 객관적으로 파악하도록 노력, 편견
      배제.
   다. 클라이언트 입장에서 상황을 보고 이해하고 판단할 것 – 그 사람 입
      장에서 보도록 할 것.
② 경청
   가. 너무 많이 말을 중단하거나, 너무 많이 반응을 보이지 않는 것은
      좋지 않다.
   나. 적절한 반응을 보일 것(말, 행동, 몸짓).
   다. 침묵에 당황하거나 그 침묵을 질문이나 의견으로 채우려고 서두르
      지 말 것.
   라. 침묵의 경우 때로는 적절한 말이나 질문으로 개입.
   마. 클라이언트의 이야기를 듣는 것은 그 자체만으로 도움이 된다.
   바. 무조건 감정을 표현하도록 하는 것은 문제가 된다.

③ 이야기하기 전에 경청하기(면접을 시작할 때)
   가. 면접의 첫 단계: 긴장을 풀며 마음을 편하게 느낄 수 있도록 한다
      (온 목적이야기를 하게 한다.).
   나. 클라이언트로 하여금 자유롭게 이야기하도록 격려, 경청한다.

다. 클라이언트에게 해야 할 질문, 의견, 제안의 종류와 그것들을 말해
　　야 할 방식 및 언어를 명확히 해 준다.

라. 면접자가 제안을 할 사항에 대해서도 클라이언트로 하여금 먼저 스
　　스로 표현하도록 하는 것이 좋다.

마. 피면접자에 관한 선입견을 없애기 쉽다.

④ 질문

가. 이해하고 돕기 위해 질문한다는 것을 클라이언트가 느끼도록 해야
　　한다.

나. 감추어진 동기의 발견에 대해 너무 즐거운 표정을 나타내지 말고
　　호기심을 충족시키기 위한 정신적 탐사를 절제하는 게 좋다.

다. 질문은 필요한 정보를 얻는 데 충분한 만큼만 질문한다.

라. 일문일답식 질문보다는 의도적, 개방적, 질문이 좋다.

마. 클라이언트의 보조에 맞추어 질문을 한다.

2) 해결중심적 단기가족치료의 기본원리와 중심철학

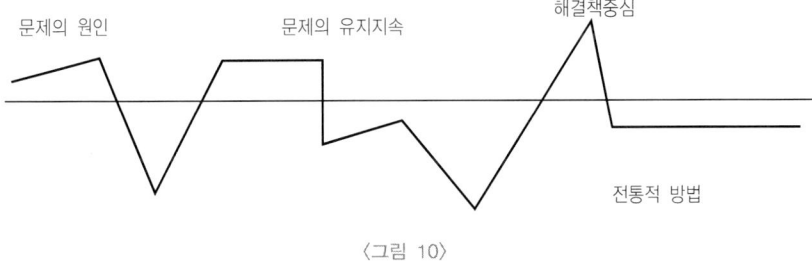

〈그림 10〉

(1) 해결 중심적 단기가족치료의 기본 원리와 중심철학

① 기본원리

가. 정신건강에 대한 강조

내담자의 강점, 성공했던 예외적인 부문에 초점을 두고 결함이나 장애는 가능한 다루지 않는다.

나. 활용: 과거의 잘못이나 실패를 고치려고 하기보단 성공이나 강점을 찾아내어 그것을 확대시킨다.

다. 탈이론적. 비규범적. 내담자 견해 중시.

내담자가 경험하는 문제에 어떠한 가정도 하지 않고 개별화된 해결책을 발견하고자 하고, 따라서 내담자 견해는 그대로 수용된 정한 내담자 중심의 치료접근이 가능하다.

라. 간략화

복잡한 문제일지라도 그 해결책은 단순하고 작은 것부터 시작한다.

마. 변화의 불가피성

끊임없이 변화하는 인간의 행동 가운데 치료의 방향은 자연스럽게 긍정적인 변화를 유도하는 데 해결책의 구축으로 이어진다.

바. 현재와 미래 지향성

현재와 미래의 상황에 적응하도록 돕는 데 일차적인 관심을 갖고, 따라서 과거의 문제로부터 멀어지게 하고 미래와 해결책을 지향하도록 한다.

사. 협력

해결 방안을 발견하고 구축하는 치료과정 중 내담자의 협력을 중시한다. 치료자는 내담자가 치료에 협력하도록 시종일관 의식적으로 노력해야 한다.

② 중심철학

가. 내담자가 문제 삼지 않는 것은 건드리지 말라.

나. 일단 무엇이 효과가 있는지를 안다면 그것을 더 많이 하라.

다. 그것이 효과가 없다면 다시는 그것을 하지 말고 그것과는 다른 어떤 것을 행하라.

(2) 문제 중심 모델과 해결중심 모델의 주요 차이점

〈표 50〉

문제 중심 모델	해결 중심 모델
1) 문제와 해결책 사이에 필수적인 관계가 있다.	1) 내담자의 문제와 그 해결책은 별개이다.
2) 문제의 진단에 관심을 갖는다.	2) 문제보다는 내담자가 원하는 바에 초점을 맞춘다.
3) 전문가는 내담자 문제에 대한 정확한 진단과 사정이 중요하므로 진단기준이나 평가 틀을 필요로 한다.	3) 내담자 문제의 사정보다는 내담자의 장점이나 예외에 대한 탐색이 내담자의 문제해결 능력을 향상시킨다고 본다.
4) 문제에 관한 정보가 많을수록 유익하다는 관점 때문에 문제와 관련된 개인/사회력조사에 많은 시간을 할애한다.	4) 문제와 관련된 개인/사회력 조사를 최소화하고 문제가 해결된 예외 상황이나 문제가 없었던 때에 관하여 질문한다.
5) 치료자는 내담자의 문제를 해결하는 전문가이다.	5) 내담자가 자신의 문제에 관한 전문가이다.
6) 전문가의 준거 틀을 중시한다.	6) 내담자의 준거 틀을 중시한다.
7) 내담자의 저항을 중시한다.	7) 내담자의 저항은 존재하지 않는다고 믿는다.

- 상담의 시작: 내담자가 원하는 것에 주의를 기울이는 방법

① 내담자를 처음 만나게 될 때

　가. 이름교환과 일상적인 이야기(Small talk)

　나. 상담과정에 대한 명료화

② 문제에 대한 설명

　가. 내담자의 지각에 대한 질문과 내담자의 언어에 대한 존중.

　나. 제시된 '문제'가 내담자에게는 어떻게 문제가 되는지에 대한 파악.

　다. 내담자는 어떠한 것들을 시도해 보았는가?

　라. 내담자가 가장 먼저 해결하고자 하는 문제는 무엇인가?

● 칭찬(Compliment)

　① 칭찬은 내담자가 중요하게 생각하는 것을 확인시켜 준다.

　② 칭찬은 내담자가 성공적으로 하고 있는 것과 이러한 성공을 통해 나타나는 내담자의 강점을 확인시켜 준다.

● 연결 문(Bridge)

연결 문은 칭찬을 다음에 나오는 제안이나 과제와 연결시켜 준다. 연결

문은 치료자가 특정 제안을 하게 된 근거를 제공한다.

○ 과제(Task)

과제의 유형: 가. 관찰 과제

　　　　　　나. 행동 과제

– 과제의 결정 시 고려해야 할 사항

(1) 목표는 잘 구성되었는가?

(2) 내담자 – 치료자 간의 관계유형은 무엇인가?

① 고객형: 자기 문제를 모르고 상대편에 대해서 불평 – 행동 과제를 생각한다.

② 불평형: 타의에 의해 방문 – 관찰 과제를 생각한다.

③ 방문형: 실제로 자의에 의해 방문 – 내담자가 처한 상황 속에서 자신에게 도움이 되게 행동하는 것에 대한 칭찬만 한다.

(3) 예외는 있는가? 있다면 우연적인가 의도적인가?

① 우연적인 예외일 경우 – 앞으로 유사한 예외 상황이 일어났을 때 특히 '어떻게 그런 예외상황이 일어났는지'에 주의를 기울이라는 관찰 과제를 제안한다.

② 의도적인 예외일 경우 – '같은 것을 더 하라'는 행동 과제를 제안한다.

○ 메시지의 목적

① 내담자로 하여금 '잘 구성된 목표'를 설정하도록 돕는다.

② 내담자로 하여금 그들의 생활 속에서 목표와 관련된 예외상황에 초점을 맞추게 한다.

③ 내담자로 하여금 누가 무엇을 하여 예외상황이 일어나게 하는지를 발견하게 한다. 특히 내담자 자신이 무엇을 어떻게 하는지에 주목하게 한다.

● 메시지 작성과 전달을 위한 지침

(1) 먼저 '최종 선'(Bottom line)[21]을 찾는다.

(2) 내담자 – 치료자의 관계유형, 목표가 잘 구성된 정도, 예외의 존재 여부와 유형을 사정하여 과제를 만든다.

(3) 최종 선이 불명확할 때는 안전하거나 확실한 선택을 한다.

(4) 내담자가 원하고 중요하게 생각하는 것에 동의한다.

(5) 해결구축에 도움이 되는 내담자의 행동을 칭찬한다.

(6) 과제가 타당한 것으로 수용될 수 있도록 연결 문을 제공한다.

(7) 내담자의 단어나 문장을 사용함으로써 내담자의 준거 틀 안에 머무른다.

(8) 메시지 전달을 단순하고 분명하게 한다.

(9) 내담자의 반응을 관찰하면서 메시지 전달을 의도적이고 믿을 만하게 한다.

● 해결중심 질문기법의 사용

(1) 첫 면담 이전의 변화에 관한 질문

(2) 예외질문

– 최근 문제가 일어나지 않은 때는 언제였습니까?

– 문제가 발생하지 않았다는 것을 어떻게 아셨습니까?

– 문제가 발생하는 때와 발생하지 않는 때의 차이점은 무엇입니까?

– 문제가 발생하지 않을 때 무엇을 하십니까? 다른 가족은 무엇을 하십니까?

– 어떻게 하면 문제가 발생하지 않을 것 같으십니까?

– 문제가 해결된다면 어떻게 알 수 있겠습니까?

– 문제가 조금이라도 나아진 때에 대해 말해 주십시오.

(3) 기적질문

– 당신은 처음에 무엇을 보면 기적이 일어났다고 생각하시겠습니까?

– 당신에게 변화가 일어난 것을 다른 가족들은 무엇을 보고 알 수 있겠

---

21) 최종선이란 다양한 내담자 유형에 따라 가장 보편적으로 적용될 수 있도록 개발된 가장 기본적인 형태의 일반적인 메시지(common message)를 말한다.

습니까?

- 당신의 변화에 대해 배우자/자녀/부모는 어떻게 알 수 있겠습니까?

- 배우자/자녀/부모는 당신의 변화에 대해 어떻게 알 수 있겠습니까?

- 그러한 행동들이 최근에 언제 있었습니까? 얼마나 자주?

- 그러한 행동을 계속해서 하려면 어떻게 해야 할까요?

- 기적이 일어난 것같이 하려면 무엇부터 시작해야 할까요?

- 기적이 이미 발생하고 있는 것을 알 수 있는 아주 작은 신호가 무엇일까요?

(4) 척도질문

① 문제에 대한 심각성 및 해결에 관하여

- 1부터 10까지 있는 척도에서 1을 면담약속을 하기 위해 전화했을 당시, 즉 최악의 상태라고 하고, 10은 문제가 다 해결되었을 때를 말한다면, 지금의 상태는 몇 점일까요?

- (내담자가 현재의 상태를 4점이라고 했다면) - 4점에서 5점으로 바뀔 때 무엇이 달라질 것 같으십니까?(또는 "무엇이 조금이라도 달라지면 5점이라고 말하겠습니까?")

- 남편(또는 아내가)이 여기 있다면, 그는 이 문제가 해결될 가능성을 몇 점이라고 말하겠습니까?

② 동기에 관하여

- 문제를 해결하기 위해 노력하는 정도를 1에서 10까지의 잣대에서 본다면 몇 점일까요? 1은 '별로 안 할 것이다'이고 10은 '현실적으로 할 수 있는 최선을 다할 것이다'라고 한다면?

- 남편은 당신이 어느 정도 노력할 것이라고 말하겠습니까?

- 1점 높이기 위해 당신은 무엇을 다르게 해야 할까요?

- 남편은 당신이 1점 높이기 위해 무엇이 필요하다고 말하겠습니까?

- 남편은 무엇을 보면 당신이 1점 높아졌다고 생각하겠습니까?

③ 자기존중감정에 관하여

- 당신에 대한 가치가 가장 높을 때를 10점이라고 하고, 최악의 상태를 1

점이라고 한다면, 지금은 몇 점이라고 봅니까?

- 1점이 올라간다면, 어머니는 당신에게서 무엇이 달라졌다고 하시겠습니까?
- 당신이 1점 올라간 것을 어머니께서 아신다면, 어떻게 다르게 반응하시겠습니까?

④ 진전상태에 대해서

- 10을 치료목표가 성취된 상태라고 하고, 1을 전화를 건 시점(최악의 상태)이라고 한다면, 지금 몇 점이겠습니까?
- 1점을 높이기 위해 무엇을 다르게 행동해야 하겠습니까?
- 1점이 올라간다면 누가 변화를 가장 먼저 알 수 있겠습니까?
- 어머니가 당신의 변화를 안다면, 당신에게 어떻게 다르게 행동하겠습니까?

⑤ 대처질문

- 문제가 매우 심각한 것 같은데 상황이 더 나빠지지 않게 하기 위해 어떤 일을 하십니까?
- 전혀 희망이 없을 때 어떻게 아침에 일어나서 하루를 보내십니까?
- 어떻게 모든 것을 포기하지 않고 지탱해 왔을까요?
- 어떻게 해서 상황이 더 나빠지지 않았습니까?
- 그렇게 계속하기 위해서는 무엇을 해야 합니까?
- 자살을 시도한 것이 어떻게 도움이 되었습니까?
- 계속 술을 마시는 것이 어떻게 도움이 되었습니까?
- 당신을 오늘까지 지탱하도록 한 것은 무엇입니까?
- 지금까지 해 온 것을 유지하기 위해 무엇을 해야 할까요?
- 어떤 방법들이 도움이 되셨습니까?

⑥ 관계성 질문

- 지금 이 자리에 아내(남편)가 있다면 그 사람은 결혼생활을 지속하고 싶은 정도가 몇 점이라고 말할까요?
- 당신이 결혼을 지속하기 원하는 것을 점수로 표시한다면 몇 점 정도 될까요?
- 당신(남편)은 남편(당신)이 결혼을 지속하기 원하는 것이 몇 점이라고

생각하십니까?

- 당신의 점수가 남편보다 높다면, 더 원하는 것을 어떻게 설명할 수 있을까요?

- 당신이 결혼생활을 유지하기 위해 남편이 모르게 한 희생과 노력은 무엇이 있겠습니까?

- 당신의 남편(아내)은 당신이 그 사람을 어떻게 도와주길 기대하고 있다고 생각하시나요?

○ 미라의 사랑 찾기

- 왜 싸움을 하나?

- 실화

- 질문할 때 → 왜 그렇게 됐죠.

- 무엇이 그 상황을 변하게 했을까요.

- 직접적으로 답을 제시하거나 하지는 않는다.

- 집 안에서 → 부모님 환경영향.

- 이혼하고 나서 → 아버지(직업이 따로 없이 떠돌아다닌다.)

- 문제를 제시하되 답을 직접 제시는 않는다.

- 클라이언트의 참여 유도 → 답은 클라이언트가 가지고 있다.

- 그러면 그 뜻에 연락할 방법이나 하고 싶은 그런 게 있나요?

- 그러면 뭐가 조금 나아졌다고 하는데 뭐가 그런가요?

○ 메시지 전달

미라 - 인정이 많고 정의감이 많다(칭찬). 이렇게 자란 것은 부모님의 영향을 받아서 그렇게 된 거죠!

동일한 상황이더라도 내담자에 따라서 어떻게 달라지는가.

- 아버지가 엄마 할머니와 같이 살았다면 너한테 어떻게 도움이 됐을까

- 뭘 어떻게 하면 너한테 도움이 될까?

- 해답은 클라이언트 주변에 있다.

변화매개 체계 – 상담선생님
클라이언트 체계 – 어머니, 할머니
행동체계 – 상담가, 미라……
표적체계 – 미라, 어머니, 아버지, 기타 환경

문제＝청소년기(사랑이 부족해서 그것이 폭력으로 표출)

심리학 이론＝많이 적용

정신분석학 이론＝욕구 불만족

생태체계이론＝아버지가 없다. 오빠는 엄마와 같이 살고, 미라는 할머니와 같이 산다.

역할이론＝어머니 역할이 과중, 사랑이 딸에게 부족, 딸이 아버지를 닮아 싫어한다.

할머니, 어머니, 미라＝각각 비상고성(서로 기대하는 대로 서로 오고가지 않는다.)(역할의 인지적 불일치)

강점이론＝칭찬(정의감이 많다. 인정이 많다. 친구가 많다.)

문제해결 중심적 이론을 많이 사용함.

질: 어떻게 좀 뭐가 좋아졌나요?(긍정적으로)

답: 미라 → 잔소리가 줄었다.

예외적인 상황을 물어본다.

기적질문

질: 변할 수 있다면 어떻게 됐으면 좋겠는가?

답: 엄마, 아빠랑 같이 살았으면 좋겠다.

질: 같이 살게 되면 뭐가 너한테 좋지?(없는 것은 대체해 줄 수 있는 것을 찾는다.)

답: 엄마라도 같이 살았으면 좋겠다. 할머니가 지 애비 닮았다고 하는 것도 싫다.

질: 어떻게 하면 미라한테 도움이 될 수 있겠죠?

답: 클라이언트 스스로 얘기하도록, 본인이 얘기하면 지키게 돼 있다.

∴ 문제의 근원을 어떻게 찾아내는가?

수용: 할머니, 어머니, 미라, 문제가 있는지는 다 아는데 누구 얘기도 다
    수용하고 듣는다.

개별화: 미라를 문제아로 보지 않는다.

의도적 감정표현: 상대방이 많이 생각해서 할 수 있도록 질문을 한다.

자기결정: 스스로 클라이언트가 얘기를 하도록 한다.

칭찬 후 → 메시지 전달: 지금상태보다 조금 더 개선할 수 있는 것을 전달.

기적질문, 척도질문
- 뭐가 변해야지?
- 아드님한테 뭐가 어떻게 변했으면 좋겠어요.
- 만약에 ~한다면 어떻게 하겠습니까?
- 어머님 생각에는 다시 옛날처럼 아들이 돌아갔으면 뭐가 어떻게 달라
  지겠는가?
- 준호 씨는 어머니와 뭐가 변해야 태도가 변할 것 같아요.
- 어머니가 어떻게 변해야 그 변화된 태도에 도움이 될까요?
- 어머니가 무슨 행동을 하셔야 준호한테 도움이 될까요?

기적질문
= 문제가 해결됐다면, 뭐가 달라져야 해결이 됐는지 어떻게 알까요?
  뭐가 있어야 기적이 일어났는지 알까요?
  그렇다면 어머님 태도는 어떻게 변했을까요?

척도질문
= 문제가 완전히 해결된 게 10이라고 가정을 하고 전의 상황을 1이라고
  한다면, 지금 나아진 정도를 수로 나타내면 몇 점이나 될까요?
  뭐가 어떻게 변해야 3으로 올라가게 될까요?

◉ 메시지 전달

칭찬 → 실패가 아니라, 성공의 결과를 즐기면 어떻게 살아갈 것인가를 설계해 봐라.

관찰

행동: 해결책＝정신적인 공감이 필요, 서로 다르게 행동하는가를 관찰.

〈표 52〉

변화매개인 체계: 상담가
클라이언트 체계: 엄마
표적체계: 준호, 엄마
행동체계: 상담자

준호 → 방문형
엄마 → 불평형

생태체계 → 아버지가 없다.
준호가 대학에 들어갔다는 새로운 환경(준호가 다른 가정과 자신의 가정을 비교하게 되고 어머니는 이해를 못 함)

역할이론 → 비상고성
　　　　　　인지적 불일치
　　　　　　역할거부
　　　　　　배당적 불일치

심리적 이론 → 정체감 형성
　　　　　　방황, 심리적 갈등

해결기법

질: 뭐가 변해야 되는가? 달라져야 되는가?

예외상황: 예외를 찾아내는 질문을 하다.

기적질문: 밤새 기적이 일어난다면?

척도질문: 점수를 준다면 몇 점?

관계론: 준호 마음을 본다.

의도적 감정표현:

자기결정:

메시지 전달: 조금씩 변화

3) 사회복지상담의 모델

(1) 심리사회 모델(271)

① 개요

클라이언트의 심리적인 면, 사회환경적인 면

가. 개인의 내적 문제

나. 사회환경적인 문제

다. 개인과 사회와의 상호작용의 문제(적응력, 적합의 문제)

    Richmond – Hankins – Hamilton – Hollis

② 이론적 배경

가. 사회복지 실천 현장에서의 경험

    Richmond의 영향, 자선조직협회

    클라이언트 개인의 도덕적 결함, 의지부족, 나태만이 원인 되는 것은 아니다.

    외부의 환경: 사회적 제도의 개선 필요.

  가) 사회개량: 한 번 빈곤에 빠져들면 헤어 나오기 힘들다.

  나) 사회복지 실천절차의 과학화

    자료수집 – 사회연구 – 진단 – 계획 – 개입

진단	치료
사정	개입

  다) 차별화 – 차별적으로 진단되고 차별적으로 개입돼야 한다.

나. 정신분석이론

무의식을 중요시함. 프로이트

리비도 – 성적 에너지에 의해 자아가 많이 지배된다. 미해결된 욕구해결.

다. 자아심리학(에릭슨)

자아와 의식을 중요시함. 자아의 수행능력과 현실판단 능력이 향상되어야 한다.

과거 〈 현재

피동 〈 능동

라. 기타 사회과학

체계이론

인류학적 이론

사회학 이론

③ 사회복지 실천에 필요한 개념들

④ 실천절차

문제상황

가. 자료수집: 초기 면접 및 심리사회 상황 조사

　가) 클라이언트와 관련 있다고 생각하는 내부문제

　나) 클라이언트를 둘러싸고 있는 환경

나. 사정

자료를 분석해서 의미 있는 실천적 개입을 위한 추론을 도출해 내는 것.

다. 계획 및 개입

개입목적 – 개입목표(세부실행 목표의 구체화) – 개입수단 및 절차의 시행 선택

goal　　　objectives

　가) 관련체계들의 변화가능성

　나) 클라이언트 및 주변체계들의 장단점

　다) 가족체계들의 역동적 상호관련성 등등

라. 종결

마. 적용

(2) 클라이언트 중심 모델(인간중심 모델)

① 개요

감정이입의 반영

사회복지사가 클라이언트에게 감정이입적인 반응을 한다. 무조건적인 긍정적 관심, 수용, 진정한 존중 등을 표시하면 클라이언트에게 긍정적이고 건설적인 변화가 발생한다는 것이다.

② 이론적 배경

가. 랭크의 이론

　가) 개인의 동기와 의지: 개인은 자기 생을 스스로 조절해 나가는 의지를 가지고 있다.

　나) 클라이언트가 자기이해를 돕는 치료자.

　다) 클라이언트와 치료자간의 독특하고 진솔한 관계.

나. 인본주의 이론(메슬로(자아실현), 로저스(훌륭한 삶))

인간은 성장 지향적이며 진보적이며, 자선의 기본적인 잠재능력을 실현하려는 경향을 가진 존재다.

다. 개념

라. 실천과정

　가) 실천과정의 전제원리

　　ㄱ. 자아실현: 클라이언트는 독특하며 각자 자아실현을 할 수 있는 능력을 가지고 있다.

　　ㄴ. 일정한 조건: 클라이언트의 자아실현 능력을 일정한 조건하에서만 발현 될 수 있다.

　　ㄷ. 일정한 과정: 성격과 행동의 변화가 일어난다.

　나) 초기상담과 목표설정

　　클라이언트 스스로 목표를 설정하도록 함

　다) 중기상담

ㄱ. 클라이언트가 자아실현을 발현 할 수 있는 분위기 조건 형성

ㄴ. 구체적인 상담기법은 없다. 상담자의 태도, 신념, 가치가 중요시된다.

참고
- 클라이언트는 언어나 동작으로 자기감정을 자유롭게 표현한다.
- 클라이언트가 직접 경험하는 것과 자기가 갖고 있는 자아개념 사이의 모순을 깨달음에서 비롯된 감정들이 점차 많이 표현된다.
- 클라이언트는 상담자의 계속되는 무조건적이고 긍정적인 존중 때문에, 이런 모순의 위협을 스스로 깨닫게 된다.
- 왜곡되었거나 부정되었던 경험을 소화하여 끌어안면서 클라이언트의 자기개념이 재조직된다.
- 자기구조의 재조직이 일어남에 따라 클라이언트의 자기개념은 점차 일치되어 가고 방어는 줄어든다.
- 클라이언트는 위협을 느끼지 않으면서 점차 치료자의 무조건적 긍정적 존중을 경험하게 된다.
- 클라이언트는 점차 자기의 내적 기준에 의해 자신을 평가하게 된다.
- 클라이언트는 점차 외부에서 주어진 자기의 조건보다는 자신의 유기체적 가치화 과정 안에서 자신의 경험에 반응한다.

라) 상담종결

참고
- 클라이언트는 더욱 현실적이고 객관으로 지각함으로써 자기의 이상적인 자아를 한층 현실적으로 지각한다.
- 이로써 이상적인 자아와 현실자아가 더 한층 일치되게 된다.
- 클라이언트는 다음과 같이 변화한다.
  - 진정한 자아에 소속된 행동들의 비율이 증가한다.
  - 자아에 속한 것이 아니라고 느끼는 행동의 비율이 감소된다.
  - 자신의 행동이 자신이 통제할 수 있는 범위 내에 존재한다고 생각한다.

③ 클라이언트 중심 접근법의 적용 영역 및 비판

가. 따뜻한 사람이나 인정받지 못한 사람들에게 효과적이다.

나. 비판

ㄱ. 인간의 너무 긍정적인 면만을 바라본다.

ㄴ. 자신을 정확하게 표현할 수 없는 사람들이 많은데 이들에게는 적용하기가 어렵다.

ㄷ. 권위적 존재로서의 상담가를 거부한다.

ㄹ. 충분한 경험을 쌓은 후에서야 적용할 수가 있다(초보자들은 이 접근법을 사용하기가 쉽지 않다.).

(3) 인지, 행동이론

① 개요

사회적 행동적 역기능이 자기 자신, 타인 그리고 상호상황들에 갖고 있는 잘못된 생각, 특 인지체계에서 비롯된다는 것이다.

객관적 사실 - 인지, 사고 → 감정, 행동

삶의 가치, 태도가 올바른가?

믿음, 생각, 인지 등이 이성적이고 합리적일 때는 순기능적이고, 혼란스러울 때는 역기능적이다.

② 이론적 배경

　가) 스토아학파

우리에게 문제를 일으키는 것은 사건 자체가 아니라, 사건에 가지고 있는 오해, 잘못된 생각에서 비롯된다.

　나) 아들러 개별심리학(프로이트 영향)

　다) 엘리스의 이성 및 감성치료

비논리적, 비이성적 혹은 경직된 사고가 혼란스럽거나 뒤틀린 감정 및 행동을 유발한다고 주장.

　라) 워너의 이성적 개별사회사업

③ 주요 개념

④ 실천과정

　가) 접수단계

라포형성 - 인제체계의 제구성의 원리 절차를 간단히 설명한다.

　나) 문제청취

클라이언트가 가지고 있는 문제, 사고체계가 드러날 수 있도록 청취를 한다.

　다) 우선순위의 결정

쉽게 문제를 해결할 수 있는 것부터 선정, 그러면서 효과적인 것을 우선 선정.

라) 부정적 인지, 사고 체계의 탐색

마) 부정적 인지 사고 체계를 일으키게 한 상황 분석

바) 순기능적 인지, 사고체계로 전환

사) 변화를 지속시키기 위한 과제 내주기

아) 평가

⑤ 적용 분야

인지치료 접근법에 의해 효과를 불 수 있다고 보고되는 문제 분야는 인간 관계에 대한 왜곡된 인식, 자기와 타인, 그리고 삶 전반에 대한 비현실적인 기대, 비합리적 불안, 공포, 우울증, 분노, 그 외 기타 충동 조절상의 어려움 등이다.

4) 인지적 모델

(1) 원인

기대, 평가, 믿음, 귀인
① 기대: 미래에 일어날 수 있는 어떤 사건을 예측하는 데 부정적인 기대를 한다.
② 평가: 자신에게 일어날 사건은 자기가 한 행동이 초래할 평가를 하는데 다른 감정을 가질 수 있다.
상실 → 슬픔
위협 → 불안
침해 → 분노
③ 귀인: 어떤 사건이 왜 자신에게 일어났는가에 대한 개인적인 해석, 해석을 어떻게 하는가에 따라
가. 외부적 또는 내부적: 어떤 사건이 발생했는데 내가 잘못해서인지 아니면 남이 잘못해서 그런지(탓을 어디로 돌리는가).

나. 일시적 또는 지속적:

　예) 시험을 잘못 봤는데 일시적인 실패로 보는가, 아니면 지속적인 습관
　　　적인 실패로 보는가?

다. 부분적 또는 전반적

　예) 다른 건 잘하는데 하나만 못한다. 아니면 전반적으로 못한다고 하는가?

라. 신념: 비합리적 신념이 심리적 장애를 일으킬 수 있다.

　예) 모든 사람으로부터 지지받고 사랑받으려는 신념(완벽해지려는 신념)
　　　→ 스트레스받기 쉽다.

(2) 치료

① 기대: 99%가 긍정적이고 1%가 부정적이라면 자꾸 부정적인 것에 대
　　해서만 생각을 한다.
　　치료 - 과거에 자기가 부정적인 기대를 가졌던 것과 실제로 사건이 어
　　떻게 일어났는가를 비교하고 기록한다.

② 평가: 과거에 부정적인 평가를 얼마나 내렸는지 기록해서 실제상황과
　　비교한다.

　예) 딸이 시집갔다.

　부정적: 딸을 빼앗겼다.

　긍정적: 딸이 독립해서 나갔다
　　　　　사위를 새로 얻었다.

③ 귀인: 지난주에 일어난 세 가지 부정적인 사건을 기록하고 그 사건을
　　외부적 요인에서 생각을 해 본다.

④ 신념: 완벽하게 살려는 신념 → 정면으로 반박해서 완전무결한 것은
　　있을 수 없다고 사고를 전환시켜 준다.

5) 과제 중심 모델

(1) 개요

단기간에 효과적으로 문제를 해결하기 위한 모델
특징
① 시간이 제약된 <u>단기치료</u>
② 클라이언트와 워커가 표면적으로 계약한 <u>구체적 문제</u>
③ 클라이언트의 문제 해결활동을 그가 수립하고 그가 <u>수행하기로 동의</u>
   <u>한 과제</u>
④ 이론보다는 조사해 근거한 경험적 자료에 중심을 둔다.

(2) 이론적 배경

복합적	심리행동이론
	생태체계

(3) 실천

① 초기 단계

가. 문제 확인 단계

가) 문제규정

- 대인관계의 갈등: 개인의 요구나 성격, 그리고 역할기대 요인이 다른 사람과 상호 작용할 때 문제를 일으키는 경우를 말한다.
- 사회적 관계의 불만: 대인관계에서 자신이 부족하거나 지나치다고 생각하거나 자기의 상호작용방법에 불만이 있는 경우를 말한다.
- 조직체에서의 불만: 직장, 학교 등에서 잘 적응하지 못하는 문제이다.
- 역할수행상의 곤란: 사회적 역할수행상의 문제로서 귀속적 역할(딸, 어머니)보다 획득적 역할(회사의 과장)과 관련된 곤란이 많다.
- 사회적 변천: 생의 주기마다 경험하는 위기를 말한다.
- 정서적 고통: 슬픔이나 우울증, 또는 분노와 같은 감정 자체가 중심 문제인 경우이다.
- 자원의 부족: 집, 금전, 직업 등 구체적인 자원을 결여한 경우를 말한다.

나) 표적문제 우선순위 결정

변화되어야 할 문제, 개입의 대상이 되어야 할 문제, 표적문제가 결
정되면 우선순위를 정한다.

다. 신속한 초기사정

나. 계약단계

표적문제 및 목적(goal) - 실행 가능한 세부목표(Objectives) - 개입수단 및 절차

〈표 53〉

```
기관: ABC 종합사회복지관
담당 사회복지사: 이철수
                              계약서
  □ 표적문제           ① 정호의 가출과 찾은 외박
                      ② 정호의 낮은 학교성적
                      ③ 할머니가 사촌과 비교하는 잔소리

  □ 목적              ① 정호가 가출하지 않고 전화하기
                      ② 정호의 고교진학에 대해 결정하기
                      ③ 할머니가 다른 아이와 비교하지 않고 믿어 주기

  □ 클라이언트의 과제
        정호          ① 매일 집에 들어오기
                      ② 늦을 경우에는 전화하기
                      ③ 학교에 나가 수업일수를 채우기
                      ④ 실업계 고교 진학 상담하기
        할머니        ① 이모에게 당분간 정호 양육은 혼자 하겠다고 말하기
                      ② 이모 아들과 비교 안 하기
                      ③ 늦는다고 전화하면 알았다고 이해해 주기

  □ 사회복지사         ① 정호가 갈 수 있는 실업계 고교 알아봐 주기
                      ② 담임선생님과 정호의 졸업 가능성 상담하기
                      ③ 할머니에게 매일 저녁 전화하여 격려해 주기
                      ④ 할머니가 참석할 수 있는 복지관 부모모임 소개해 주기
                      ⑤ 정호에게 big brother 알선해 주기

  □ 개입계획 : 1999년 10월 1일부터 11월 31일까지 8주간
              주 1회 정호와 할머니 개별 면담함.
              격주로 할머니와 정호 함께 면담함.
  위 과제는 사정에 따라 수정 변경될 수 있음.

  □ 면담 장소: ABC 종합사회복지관 상담실
  □ 일시: 매주 토요일 오후 3:00~4:00

  위와 같은 사항에 합의하면 합의사항을 준수하기로 약속합니다.
             1999. 10. 1.
                          클라이언트_____서명
                                   _____서명
                          사회복지사_____서명
```

② 중간 단계: 수행

가. 수행단계에서의 사정: 초기 단계에서의 서정을 보다 정교화하는 과정으로 기초선 설정, 사회적 맥락에 대한 사정, 인지, 정서적 상황에 대한 사정이 이루어진다. 기초선의 설정은 문제상황을 세밀하게 이해하고 관련된 개입방법을 설계하는 데 필요한 전략으로 행동주의에서 나온 것이다.

나. 문제해결 과정: 과제수행이 예상대로 진전되지 않을 때에는 사회복지사는 첫째, 클라이언트의 사회적 환경, 둘째 대인관계상의 상호작용, 셋째 클라이언트의 내적 심리적 상태의 세 가지 측면을 살펴볼 필요가 있다.

③ 종결 단계

가. 계획에 따른 종결: 목표 달성에 따른 종결이거나 또는 시간제한 때문.

나. 계획되지 않은 중단으로 인한 종결: 클라이언트가 일방적으로 면접에 오기를 포기하거나, 과제를 전혀 수행하지 않는다거나, 개입이 효과가 없을 것이라고 사회복지사가 판단할 때에 발생.

다. 연장: 시간제한상 종결시점이 도래했으나 클라이언트가 종결에 대해 만족하지 못할 때, 사회복지사가 개입의 효과를 높이기 위해 더 시간이 필요하다고 판단할 때에는 종결이 연장됨.

라. 적용 분야

아동복지, 공공복지 서비스, 학교사회사업, 교정복지, 의료사회사업, 산업사회사업, 노인복지, 가족에 대한 서비스 및 정신건강 등의 다양한 사회복지 실천 현장에 구체적으로 적용되고 있다.

6) 행동수정 모델

(1) 개요

행동이란 것은 조건반사에 의해 강화된 습관으로 이루어진다.

바람직한 행동은 강화시켜 주고, 바람직하지 못한 행동은 감소시키거나 제거한다.

대표: 파블로프의 개실험(수동적)

(2) 행동주의 심리학

① 스키너(Skinner, 1974): 행동주의(능동적)

행동주의를 인간의 행동을 내면에서 일어나는 정신적 과정에 의존하지 않고 설명하려는 하나의 시도로 인식.

행동이란 그가 현재까지 학습한 것의 총합.

어떤 행동의 결과가 유쾌하였으면 그 행동은 비슷한 상황에서 다시 일어날 가능성이 높은 반면, 불쾌한 결과를 가져왔던 행동은 비슷한 상황에서 다시 일어날 가능성이 낮아진다(조작적 행동).

② 반두라(Bandura, 1977): 사회학습이론

행동이란 것은 다른 사람의 행동을 관찰하고 모방하는 데서 이루어진다.

첫째, 정상적이든 비정상적이든 행동은 모두 같은 원칙하에 발달된다.

둘째, 모든 행동은 학습원리에 의해 수정되거나 변화될 수 있다.

(3) 행동수정의 기법

- 조절이론: 유아기에서 성인기에 이르기까지 사람에게 타인과 자기 자신에 의한 조절(특히 언어적 조절)은 행동을 이끌어 내는 강력한 유인으로 작용한다.

- 조작적 행동: 조작적 행동은 결과에 영향을 받는다. 인간의 행동은 그 행동의 결과가 유쾌한 것이면 강화되고 불쾌한 것이면 감소, 소거된다.
- 긍정적 강화: 긍정적 강화는 행동의 발생빈도와 정도를 증가시킨다.
- 부적 강화: 부적 강화는 불쾌한 결과를 미리 피할 수 있게 함으로써 행동을 증가시킨다.
- 처벌: 처벌을 받는 행동은 발생빈도가 줄어든다.
- 소거: 행동은 더 이상 강화되지 않으면 약화된다.
- 간헐적 강화: 간헐적으로 강화된 행동은 소거하기가 어렵다.
- 차별적 자극: 대부분의 조작적 행동은 결국 선행조건에 의해 일어난다. 어떤 행동(욕하기)이 강화(주위의 아이들이 쳐다봄)되었을 때 있었던 자극(주위의 아이들)이 발현되면 그 행동은 일어나기 쉽지만 그 행동이 강화받지 못했을 때(쳐다보지 않음)는 같은 자극(주위의 아이들)이 발현되어도 그 행동은 일어나지 않는다.
- 회피행동: 불쾌한 사건이 임박했다는 선행조건은 회피행동을 유발한다.
- 조건화: 조건화를 통해 선행조건은 정서적인 자동적 반응을 불러일으킬 수 있다.
- 모델링: 대부분의 행동은 다른 사람이 행동하는 것을 보고 모방 학습될 수 있다.

(4) 실천과정

① 초기 단계: 자료수집, 사정 및 계획
가. 문제규정: 구체적 질문이나 관찰을 통해서 그 사람이 어떤 문제가 있다는 것을 밝혀낸다.
　　질문, 관찰을 통해 문제를 파악
나. 기초선 자료수집
　　처음에 가지고 있는 문제를 파악하기 위해
　　첫째, 표적문제(행동, 감정, 사고)가 발생하는 즉시 기록한다.

둘째, 모든 기록은 정확하고 엄격하게 기록한다.

셋째, 기초선 자료의 수집방법은 행동의 빈도, 강도, 내용에 대해 표나 그래프, 또는 일기형식 등 다양한 방법을 활용할 수 있다.

넷째, 기록은 서면으로 남기는 것이 좋다.

다. 사정과 목표설정(347)

첫째, 구체적이어야 한다.

예) '공격성'이라고 말하는 대신 '어머니와 예기를 할 때 논쟁을 하게 되는 것'

둘째, 문제를 표현할 때 행동적인 용어로 표현한다.

예) '자기주장'이라고 말하는 대신 '친구의 부탁을 거절하지 못한다.'

라. 개입 계획 수립

<u>바람직하지 못한 행동의 감소, 소거</u> + <u>바람직한 행동의 발달</u>의 병행

〈표 54〉 ABC모델

A	B	C
선행조건	행동	후속결과
부모가 주방에서 일을 시작한다. 뉴스를 시청한다.	아이가 짜증을 낸다.	선행조건을 고친다. 비슷한 아이의 바람직한 모델을 보여 준다. 상관하지 않는다.

〈표 55〉 행동 표 작성의 예

	존재하는 행동	존재하지 않는 행동
긍정적 행동	악수	상대방 보기
부정적 행동	킬킬 웃는다.	.

② 개입단계

가. 선행조건 영역의 개입(A)

가) 선행조건의 회피

바람직하지 못한 표적행동을 가져오는 상황이나 사고로부터 거리를 둠으로써 문제행동이 일어나는 것을 방지하는 것.

예) 과식, 음주, 흡연

나) 행동연쇄를 변화시키기

이것은 행동이 거의 자동적으로 이어서 일어나면서 먼저 일어난 행동이 다음 행동의 촉발요인이 되고 이 행동이 다시 그 다음 행동의 촉발요인이 되는 경우.

예) 술만 먹으면 주사를 부린다. - 행동연쇄고리의 초기 단계에서 개입.

다) 선행조건을 압축하기

문제행동에 이르게 하는 상황의 범주를 아주 특수하고 작은 범위로 한정하는 기술

예) 흡연자는 지하실에서만 담배를 피워라. 한정시킨다.

라) 선행조건의 재인식

일정한 선행조건에 접했을 때 문제행동을 하도록 인식하는 클라이언트의 인식체계를 변화시키는 것.

예) 다이어트 중 아이스크림을 운동장을 10바퀴 돌아야 빠진다고 인식한다.

마) 멈춤

문제행동이 일어나려는 기미를 느끼게 되면 심호흡을 한다든지 또는 숫자를 하나에서 다섯까지 센다든지 하여 문제행동이 발생하는 것을 예방하는 방법.

예) 싸움이 일어날 상황이 됐을 때 심호흡을 한다.

〈표 56〉

위기카드	
카드 1	ffffffff
카드 2	fffffffffffffff
카드 3	ffffffffffffffffffffff
카드 4	fffffffffffffffffffffffffffff
카드 5	ffffffffffffffffffffffffffffffffffff

바) 언어적 지시

'침착하자, 화제를 바꾸자'식으로 언어적 지시가 행동을 통제하는 데 강력한 힘이 있다는 것을 응용한 것.

사) 사고중단

바람직하지 못한 생각이 들 때, 바로 스스로에게 '멈춰!'라고 말하는 것.

아) 자극통제와 자극 일반화

클라이언트가 원하는 바람직한 행동을 잘 수행하는 다른 사람들을 주위에 배치함으로써 클라이언트의 바람직한 행동유발을 자극하도록 사회환경을 조정하는 것이다.

자) 선약속

바람직한 행동을 유발할 수 있는 촉매를 미리 준비, 금주 중인 사람이 술 모임에 가게 됐을 때 동료에게 "자네는 금주 중이지?"라든가 개입하여 금주를 지킬 수 있게 해 준다.

나. 행동영역의 개입기술(B)

가) 긍정적 강화

바람직한 행동을 할 때 보상을 함으로써 그 행동이 더 자주 일어나게 하는 것.

나) 대체행동의 사용.

금연을 하고 있다면 담배 대신 은단이나 껌을 씹는다.

다) 리허설

발달시키고자 하는 행동을 반복적으로 연습하는 것.

예) 발표할 때 떨린다면 연습을 한다.

라) 모델링

원하는 행동을 훌륭하게 수행하고 있는 다른 사람들을 관찰하고 모방함으로써 행동을 익히는 것.

마) 행동형성

행동형성은 최종적인 목표행동에 도달하기 위해 점진적으로 이를 진행시키는 것.

예) 유치원에 가기 싫어하는 아이를 처음에는 유치원 놀이터에서 같이 놀아주다가 차츰 수업에 같이 참여하고 친구를 만들어 준다.

다. 후속결과에 대한 개입 기술(C)

가) 강화

바람직한 행동을 과거보다 증가시키는 방법

-정적 강화: 선물을 준다.

-부적 강화: 불쾌한 감정을 제거

나) 소거

어떤 행동에 더 이상 강화를 해 주지 않음으로써 그 행동의 발생을 약화시키는 기술.

다) 처벌: 어떤 행동이 발생했을 때 불쾌한 결과를 동반시킴으로써 그 행동을 약화시키는 방법.

-유쾌한 자극을 제거

-불쾌한 자극을 부과

부작용: 다른 사람을 괴롭힌다. 효과가 단기적, 좋지 않은 모델을 제공, 감정이 들어갈 수 있다. 윤리적 문제 발생.
---

③ 종결 단계

사후관리의 지속

(5) 적용 분야 및 실천결과들

문제를 가지고 있는 아동이나 청소년, 또는 정신병동 환자들에게 많이 적용되고 있으며 흡연, 비만, 약물에 대한 탐닉과 같이 수정하기 어려운 행동들에 대해서도 비교적 효과적인 접근방법으로 알려져 있다.

1) 접수

(1) 의의

문제를 가진 사람이 전문적 도움을 얻기 위해 사회복지기관에 찾아왔을 때 워커가 문제와 욕구를 확인하여 그것이 기관의 정책과 서비스에 부합되는지의 여부를 판단하는 과정.

① 좋은 첫 만남(Rapport 형성)

② 문제 확인: 기관에서 할 수 있나 아니면 할 수 없나의 여부를 파악.

③ 의뢰

④ 저항감을 해소하고 동기유발을 촉진.

(2) 좋은 첫 관계의 형성(참여유도)

① 첫 번째 전화접촉

가. 전화통화 중에 클라이언트의 비언어적 행동을 읽을 수 없다는 것을 기억해야 한다. 당신의 메시지를 명확하고 간단히 한다.

나. 자발적인 클라이언트와 얘기하고 있다면, 당신 기관에 의뢰하는 것의 적절성을 평가하기 위해 클라이언트가 표현하는 관심사와 요구를 간단히 탐색한다. 그러나 과도한 정보로 클라이언트를 압도하지 말 것.

다. 비자발적 클라이언트는 모임에 참여하도록 하기 위해 설명과 격려가 필요한 경우가 아니라면, 대면면접을 약속하는 것으로 전화 대화를 한정하는 것이 최상이다.

라. 첫 번째 사무실 방문을 약속할 때, 사무실 위치와 사회복지사의 이름을 알고 있는가를 확인한다.

마. 클라이언트의 관계 및 역할(아동, 배우자, 부모 등)을 확인하고 전화

건 사람이 전문적인 도움을 구하는 결정을 함으로써 가족 혹은 가족 성원들이 어떤 영향을 받게 될 것인가를 사정한다.

② 첫 번째 만남

가. 첫 만남 전에, 클라이언트가 생각하고 느낄 것들을 예상한다.

나. 좋은 의사소통을 가져올 수 있도록 물리적 장치를 한다.

다. 클라이언트가 만남을 요청한 경우, 약간의 인사말과 가능한 적은 말로 시작해서, 곧바로 클라이언트를 기관에 오게 한 관심사로 옮겨 간다.

라. 비밀보장이 완벽하게 될 수 없다면, 적용될 비밀보장법규칙을 설명하고 클라이언트에게 알린다.

마. 클라이언트의 시간이 제한되어 있다면, 우선순위가 가장 높은 것들에 충분히 주목할 수 있도록 회합 시작 전에 시간제한을 설명한다.

바. 클라이언트가 자신의 관심사를 말하는 것에 주의를 기울인다.

사. 클라이언트가 제시하는 문제의 원인 및 특징에 대해 결론으로 비약하지 않는다.

아. 클라이언트를 재촉하지 않는다. 침묵의 필요성 등 인정.

자. 당신이 사용하는 언어와 단어를 클라이언트의 이해력에 맞춘다.

차. 특별한 자료가 필요하지 않다면 개방형 질문을 사용한다.

카. 서비스와 관련된 클라이언트의 질문에 대한 답을 모를 때, 변명조로 말하지 말고 확인해서 알려 주겠다고 말한다. 지킬 수 없는 약속은 하지 않는다.

타. 접수 면접 단계 동안 어느 정도의 기록은 필수적이고 적절하다.

파. 필요하다면 클라이언트와 다음 만남을 계획한다.

③ 비자발적 클라이언트에 관여하기

비자발적 클라이언트와 활동할 때의 고려할 지침

가. 클라이언트와의 첫 만남 이전에 협상의 대상이 될 수 없는 요구들과 클라이언트가 활용할 수 있는 선택, 대안들을 분명히 한다.

나. 클라이언트와 처음 만날 때 클라이언트가 기관에 오게 된 이유에 대해 사실적 정보를 보여 준다.

다. 사회복지사의 역할과 책임, 클라이언트에 대한 사회복지사와 기관의 기대를 분명하고 정직하게 설명한다.

라. 클라이언트가 협조하지 않을 때 발생할 수 있는 부정적인 결과를 알려 준다.

마. 사회복지사와 강제로 만나게 된 것에 대해 클라이언트가 부정적인 감정을 가질 수 있다고 생각한다.

바. 사회복지사, 상담가 혹은 다른 전문 원조자에 대해 클라이언트가 갖는 선입견과 함께 전문가 혹은 체계에 대한 클라이언트의 과거 경험에 대해 예기해 본다.

사. '거래한다'는 전략을 갖고 클라이언트와 관계를 형성하도록 한다.

아. 동기부여가 안 된 클라이언트는 없다. 모든 클라이언트는 동기화되어 있으며 원하는 것이 있고 좋아하는 것이 있다.

자. 클라이언트의 강점을 강조하고 재구조화 기법을 자주 사용한다.

차. 대부분의 클라이언트의 경우 사회복지사가 어느 정도의 자기 노출을 하는 것은 클라이언트의 방어를 없애는 데 효과적이다.

(3) 문제 확인

① 문제 체크리스트
장점:
- 문제 체크리스트를 사용함으로써 클라이언트가 문제를 확인하고 말하는 것이 쉬워진다. 문제를 발견하고 정보교환을 촉진하는 데도 도움을 준다.
- 클라이언트가 특별한 문제를 가진 첫 번째 사람이 아니라는 것을 알려 준다.
② 다른 기관으로부터 정보 얻기
- 다른 기관과 전문가들이 갖고 있는 기록으로부터 클라이언트에 대한 정보를 구한다.
- 클라이언트의 서면 승낙.

- 예외(법원의 명령 혹은 보호 서비스 기관의 조사자(아동 혹은 노인학대, 방임조사자)는 클라이언트의 허가 없이도 클라이언트의 기록을 확보할 수 있다. 긴급한 경우도 예외(골수이식)).

③ 가정 내 면접
- 사무실에서 만날 수 없는 클라이언트를 만나 서비스를 제공하거나 자연스러운 환경에서 클라이언트를 관찰함으로써 보다 정확히 사정한다.

첫째, 일상 환경 속에서 관찰하는 이유를 이해한다.

둘째, 가정 내 면접으로부터 얻을 수 있는 이해의 깊이를 높게 평가한다.

셋째, 가정 내 면접을 순수한 사회적 혹은 우애방문과 혼동하지 말 것

넷째, 편한 시간에 약속.

다섯째, 방문 시 존중과 예절을 갖춘다.

여섯째, 가정방문면접 동안 면접이 방해받지 않도록 한다(아이들, TV 소리, 이웃 사람 등).

일곱째, 우범지역에 살고 있을 때는 위험이 적은 시기에 약속을 한다.

젊은 엄마의 문제: 체크리스트

아이탄생은 행복하고 즐거운 시기이다. 그러나 좋은 감정과 함께 생활양식의 변화와 앞으로의 책인에 대한 문제도 있다. 새로 엄마가 된 경우 불확실성을 느끼고 아이를 키우는 책임에 대해 겁을 먹고 있다. 우리가 당신의 고민을 안다면 그것을 다루는 방법을 찾도록 도와줄 수 있을 것이다.
다음은 이 병원에서 아이를 낳았던 다른 엄마들이 표현했던 근심과 문제들의 목록이다. 목록을 읽고 당신이 지금 갖고 있는 문제와 유사한 진술에 모두 ∨ 표시를 한다. 당신의 대답은 엄격히 비밀 유지될 것이다.

1. 병원비와 진료비 지분을 걱정하고 있다.
2. 아이의 건강과 신체 상태에 대해 걱정하고 있다.
3. 내 자신의 건강과 신체 상태에 대해 걱정하고 있다.
4. 어린애를 키우는 방법을 확실히 알지 못한다.
5. 내가 아동을 돌보는 데 의문이 생기면 어디에 의지해야 하는지 확실히 알지 못한다.
6. 또 다른 아이를 가질 준비를 하기 전에 임신할까 두렵다.
7. 아이를 키울 돈이 충분하지 않다는 것이 두렵다.
8. 학교를 마칠 수 있을지 걱정이 된다.
9. 돌봐야 할 아이가 있는데 일자리를 얻거나 일을 지속할 수 있을까 걱정이 된다.
10. 아이에 대해 분노를 느낄 때 걱정이 된다.
11. 약물 혹은 알코올이 나와 내 아이에게 미칠 영향이 걱정스럽다.
12. 내 친구들이 나와 내 아이를 받아들이지 않을까 걱정이 된다.

(4) 의뢰하기

① 의의

② 의뢰이유

클라이언트가 원하는 서비스를 제공할 수 있는 전문가, 기관, 프로그램에 클라이언트를 연결한다.

③ 의뢰의 성공률을 높이기 위한 지침(거의 50%에 가까운 많은 수의 의뢰가 실패로 끝난다.)

- 의뢰를 고려하는 이유를 명확히 한다.

- 클라이언트의 의견과 선호를 존중한다.

- 클라이언트가 원하는 서비스를 제공할 수 없을 때 적절하다.

- 자기 기관 내에서 활용할 수 있는 모든 자원을 활용.

- 현실적인 서비스, 과대평가나 클라이언트의 자원을 과소평가하지 말라.

- 가능한 능력 있고 윤리적인 서비스를 의뢰.

- 최상의 기관, 모든 기관을 조사해서 최적의 기관에 의뢰.

- 클라이언트의 비공식적 자원(친구, 친척, 이웃)을 활용한다.

- 다른 개인과 가족이 의뢰 결정에 참여한다.

- 특별한 장애가 없는지 고려(교통수단 및 전화가 없는 것, 문맹, 사회복지사와 만나는 동안 아동을 방임하는 것, 위험지역으로의 여행과 관련된 두려움).

- 서비스, 급여, 권한부여 등의 자격기준에 대한 기관의 결정은 지원자가

법률에 정의된 범주에 부합되고 확립된 기준을 충족시키는가에 대한 무제와 관련된다.

- 과거에 이용했거나 거절당한 기관조사.

- 양가감정을 고려.

- 클라이언트 자신의 스트레스와 좌절을 고려.

- 의뢰할 기관의 장점과 단점을 모두 설명한다.

(5) 변화의 동기와 저항 및 동기화

① 동기 억제 요인력

첫째, 도움을 받기 싫어함(약점으로 인식)

둘째, 지위나 자원의 상실에 대한 공포

셋째, 변화가 불가능 하다는 신념

넷째, 시간소비를 싫어함.

다섯째, 참여의 실제적 장애

여섯째, 불확실성 (확신이 없다.)

② 동기 유발력

첫째, 도움을 받고자 하는 의지

둘째, 지위나 자원을 얻으려는 욕망

셋째, 변화 가능성에 대한 신념

넷째, 불편으로 부터의 구제

다섯째, 압박에 대한 반응(자녀 양육권을 빼앗길 경우)

여섯째, 이타주의

③ 저항감 해소 및 클라이언트의 동기화

(174 김융일, 사회복지사업 실천론, 나남)

첫째, 사회발전을 위한 복지적인 가치관 문제가 저항감을 줄여준다.

둘째, 용기를 주기 위한 사회복지사의 태도에 대한 지침.

Biesteck 7대원칙

셋째, 사회복지사의 태도(권위적, 심판적, 전문용어 남발 등).

넷째, 클라이언트의 미지에 대한 두려움과 변화에 대한 저항에 특별히 민감.

다섯째, 클라이언트의 원조과정 동안의 저항의 4단계.

　가. 갈등: 이전 방식과 새로운 것 사이에서의 양가감정.

　나. 방어: 익숙한 방식이 위협받을 때.

　다. 결정: 옛것으로부터 벗어나 새것을 포용하는 것이 안전함을 결정.

　라. 통합: 새로운 사고 혹은 행동을 다른 방식의 생각과 행동으로 통합함.

● 자료 수집 및 사정

1. 자료수집: 정보(사실적 자료)를 수집하는 것.

2. 사정: 사실적 자료를 해석하고 자료로부터 의미를 추론해서 실천적 개입을 위한 含意(함의)를 도출.

3. 자료수집 방법

　1) 클라이언트가 작성하는 가정환경서와 같은 자료의 공식 서류(기관들이 마련한 서류 작성).

　2) 클라이언트와의 직접 면접(기분, 생각, 사건, 질문).

　3) 클라이언트의 비언어적 행동에 대한 사회복지사의 관찰.

　4) 클라이언트에 대한 사회복지사의 개인적 경험.

　5) 가족, 친구, 선생님, 친척, 이웃 등을 통해 수집한 자료(비공식적 집단을 통해 수집된 자료).

　6) 심리검사

　7) 이전에 보관되어 있는 자료(학적부, 의료기록, 다른 복지기관의 기록).

4. 자료수집 내용

1) 클라이언트에 관한 사항

　(1) 신체기능 및 건강

　(2) 지적 기능

　(3) 심리 및 정서적 기능

(4) 사회적 및 대인관계 상황

(5) 경제적 상태 및 주거환경

(6) 클라이언트의 강점

(7) 클라이언트의 의지 및 능력

2) 환경적 요인

(1) 비공식적 자원체계

가족, 친구, 이웃 배경 및 상황

(2) 공식적 자원체계

학교, 직장, 사회복지기관, 지역사회 등

5. 사정 내용(문제를 심층적으로 분석)

1) 클라이언트 문제에 대한 사정(kirst - Ashiman & hu??)

(1) 심리, 행동상의 문제

우울증, 불안감, 말더듬, 또는 비행이나 범죄 행위 같은 행동상의
문제가 없는가?

(2) 역할 수행상의 문제

지위에 따라 가지고 있는 사회적 역할상의 문제 부모 자녀의 비 상
고성등 역할상의 문제.

(3) 인간관계에시의 갈등

주변 사람들과의 대인관계(이웃, 직장동료, 친구 등).

(4) 사회적 관계에서의 불만족

항상 손해 보는 듯한 피해의식.

(5) 사회적 전환에서 파생하는 문제

(6) 자원의 부재나 결핍

경제적 빈곤.

(7) 의사결정의 어려움

두 가지 이상의 선택.

(8) 공식적 조직과의 갈등관계

국민기초생활보장법 대상자, 서비스가 나한테 있나 없나?

(9) 인종 간의 상이한 논란(이민족)

사례

어떤 부인이 우울증이 걸려서 상담을 요청해 왔는데

심리적 - 우울증

역할수행상 - 엄마, 직장, 시댁과의 관계

                애, 애를 맡긴다(탁아소 또는 친척).

2) 클라이언트의 자원에 관한 사정

  (1) 고육정도와 취업경험(그 사람이 가지고 있는 기술)

  (2) 문제해결능력과 의사결정능력

     현재와 유사한 문제를 과거에 경험을 했었는가?

  (3) 개인의 자질과 성격

     성실성, 도덕성, 근면성

  (4) 물질적, 재정적 소득

  (5) 문제해결에 대한 클라이언트의 동기와 의지

3) 환경적 측면에 대한 사정

  (1) 비공식 자원체계

  (2) 공식적 자원체계(사회적 자원체계)

6. 사정방법(도구)

1) 사회적 사정보고서

  (1) 의의: 특정 클라이언트에 관련된 사회적 정보에 대한 기본적인 이해
     를 다른 전문가에게 전달한다.

  (2) 좋은 보고서가 갖는 특징

    가. 간결성: 말할 필요가 없는 이상의 말을 하지 않는다.

    나. 평이성: 복잡한 단어나 문구를 최소한 선택.

    다. 유용성: 보고서의 목적에 따른다.

    라. 조직성: 주제별로 일목요연하게 정리.

  (3) 사정보고서

　　　　가. 인적 사항: 이름, 생년월일.

　　　　나. 클라이언트에 대한 신체, 지적, 정신적, 정서, 사회성, 강점.

　　　　다. 클라이언트의 자원.

　　　　라. 공식, 비공식 자원.

　　　　마. 워커의 소견.

　　2) 이중적 관점

　　　(1) 의의

　　　　가. 양육환경: 비공식적 체계.

　　　　나. 유지환경: 공식＋사회적 자원체계.

　　　(2) 작성방법 및 활용

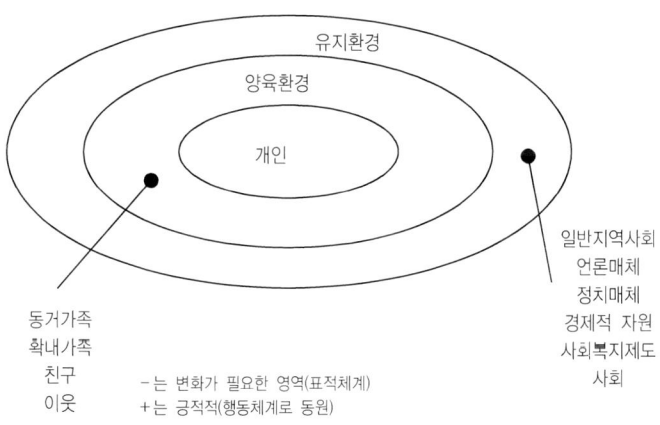

〈그림 11〉 이중적 관점 작업표

3) 가계도와 생태도

(1) 가계도 의의

　사회적 사정 가정에 도움이 되는 것으로 가족과 상호작용적 자료를 그래프로 나타낸다.

(2) 작성방법

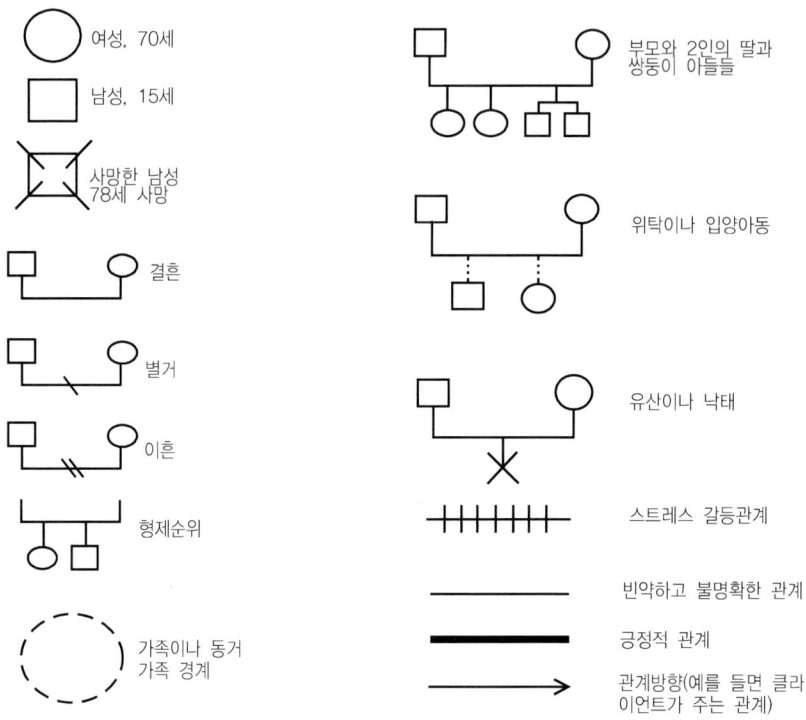

〈그림 12〉 생태도와 가계도의 상징들

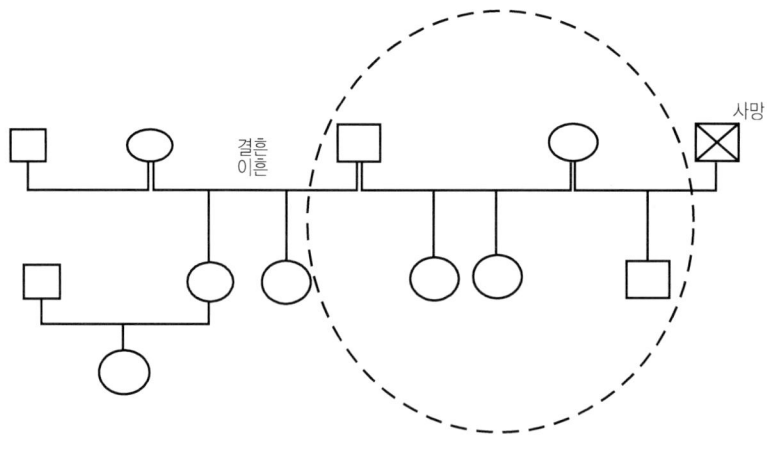

〈그림 13〉 재구성된 가족의 간단한 가계도

(3) 생태도 의의 및 의미

생태도는 사회복지사와 클라이언트가 함께 개발하고, 체계적 혹은 생태학적 관점에서 가족을 보는 데 도움이 된다.

(4) 생태도 작성방법

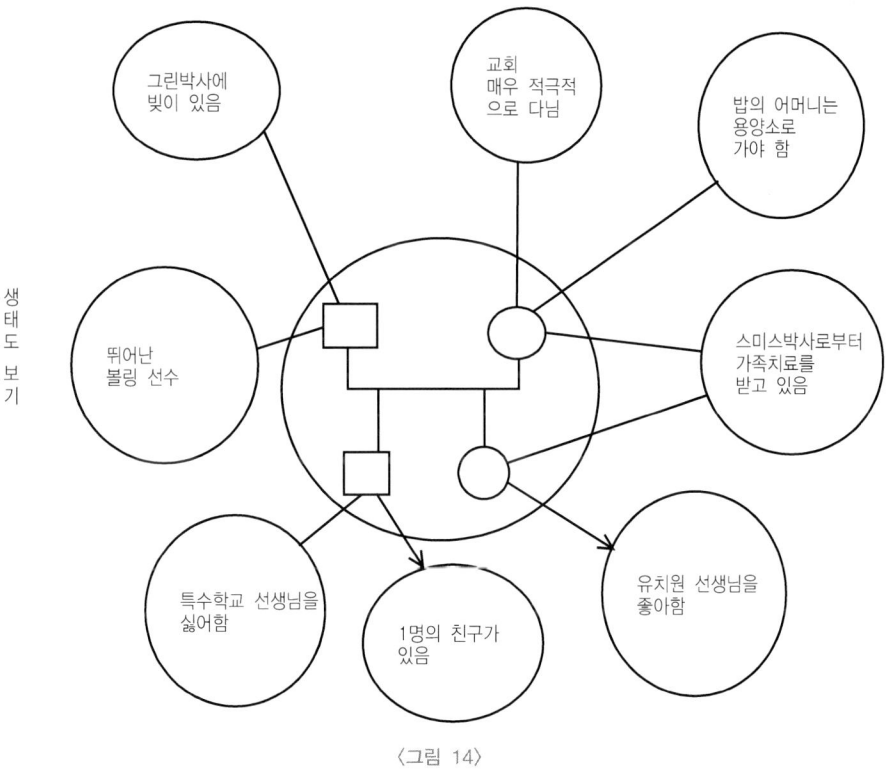

〈그림 14〉

4) 사회적 지지 사정

(1) 의의 및 의미

클라이언트가 다양한 유형의 사회적 지지를 구할 수 있는 사람들을 확인한다.

(2) 사회적 관계망 지도 작성

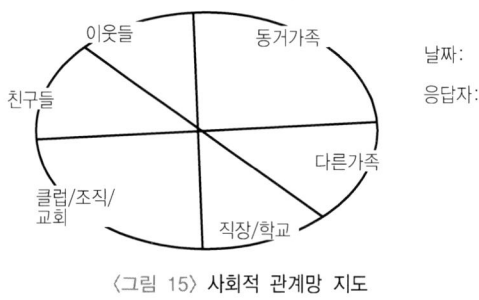

〈그림 15〉 **사회적 관계망 지도**

(3) 사회적 관계망

<표 57>

번호	이름	응답자 생활영역 1. 동거가족 2. 다른가족 3. 직장/학교 4. 조직들 5. 다른 친구 6. 이웃 7. 전문가 8. 기타	구체적 지원 1. 거의 없음 2. 간혹 있음 3. 거의 항상 있음	정서적 지원 1. 거의 없음 2. 간혹 있음 3. 거의 항상 있음	정보조언 1. 거의 없음 2. 간혹 있음 3. 거의 항상 있음	비판 1. 거의 없음 2. 간혹 있음 3. 거의 항상 있음	원조의 방향 1. 상호 주고받음 2. 내가 도움을 주 는 사람 3. 내게 도움을 주 는 사람	친밀도 1. 가깝지 않다. 2. 가까운 편 3. 매우 가까운 편	만나는 횟수 1. 안 만남 2. 1년에 몇 번 3. 한 달에 한 번 4. 거의 매일
1									
2									
3									
4									
5									
6									
7									
8									
9									
10									

5) 생활력

(1) 의의 및 의미

생활력 = 클라이언트가 지금까지 살아온 발생사건 문제의 해결과정 등을 작성한 것.

생활력 표 = 클라이언트의 삶에 중요한 사건이나 삶의 시기별로 중요한 것의 전개를 표로 나타내는 것.

(2) 작성방법

〈표 58〉

년도	나이	주거지	가족상황	학교	건강	활동상황	문제
1981	출생일자 81－3－1	부산	부－27 모－28		정상출산		
82	2						
83	3	대전			천식발작 입원 3년		
84	4						
85	5	전주			천식발작 세 번 입원		
86	6						잦은 결석
87	7	청주			교통사고 다리부상		차츰 말썽
98		전주					도벽
99							가출

6) 가족 생활주기

(1) 의의 및 의미

가족 생활주기의 다양한 단계에 공통적인 발달과제와 변화를 확인한다.

7) 클라이언트의 강점 확인

(1) 의의 및 의미

클라이언트의 기능수행과 상황에 대한 사회복지사의 사정은 약점과 병리적인 측면보다는 강점을 강조해야 한다.

(2) 개인강점

가. 클라이언트 본인의 강점
- 개인행동에 대한 책임을 진다.
- 필요한 변화를 이루기 위해 위험을 감수하려는 의지를 나타낸다.
- 직업을 찾고, 유지하고, 책임 있는 고용인이 되고, 개인의 재정적 의무를 충족한다.
- 자기조절을 하고, 사려 깊은 결정과 계획을 한다.
- 어려움과 좌절을 견디려는 의지를 나타내고, 개인의 꿈을 추구한다.
- 특별한 능력과 재능을 건설적으로 활용한다. 예를 들면 기계적, 예술적, 대인적, 운동 등이 포함된다.

나. 타인과의 관계에서의 강점
- 가족, 친척, 친구에 대한 충성심과 관심을 나타낸다.
- 다른 사람에게 애정, 동정, 관심을 보이고, 다른 사람들 돕고, 격려한다.
- 다른 사람이 해를 당하지 않도록 보호한다.
- 다른 사람을 다루는 데 신뢰할 만하고, 공정하고, 정직하다.
- 다른 사람에게 상처를 준 것에 대해 슬픔과 죄책감을 나타내고, 행동을 수정한다.
- 다른 사람들과 그들의 상황을 이해하려고 노력하며 사람들 사이의 차이점을 수용한다.
- 사회, 지역사회나 종교조직에 참여하고, 이웃과 지역사회를 향상시키는 데 관심과 흥미를 나타낸다.

- 개인의 관점을 표현하고 자신의 올바른 점과 타인의 올바른 점을 나타낸다.

(3) 가족 강점

- 성원들이 서로 신뢰하고, 존경하며 서로를 즐거워한다.
- 심지어 동의하지 않을 때조차 서로의 의견을 듣고, 존중하며, 의사소통은 명백하고, 긍정적이며 생산적으로 한다.
- 가족은 상호작용을 지배하는 명백하고 합리적인 규칙을 갖는다.
- 각 성원의 생각, 선호, 욕구는 가족에게 영향을 미치는 결정을 내리기 전에 고려된다.
- 가족은 역사의식, 소속감과 정체성을 제공할 전통, 의식, 그리고 이야기를 갖고 있다.
- 가족성원은 서로를 돕기 위해 자신이 갖고 있는 것을 공유하고 개인적 희생을 치른다. 가족성원은 역경의 시기에 함께 있고 서로를 지지한다.
- 갈등이 인정되고 해결된다.

8) 대처전략과 자아방어

(1) 의의

클라이언트가 어려운 상황에 대해 어떻게 반응할 것인가를 예측하기 위해 클라이언트가 보통 사용하는 대처방법과 방어기제를 확인한다.

대처전략: 문제를 해결하거나 개인적인 스트레스를 다루는 데 꽤 신중하고 의식적인 노력을 하는 것이다.

자아방어: 습관적이거나 무의식적인 문제 - 회피적인 행동전략.

(2) 대처전략

① 정서중심의 대처전략

　운다

　이야기한다.

　웃어넘긴다.

　지지를 찾는다.

　꿈과 악몽을 꾼다.

② 과제 중심 대처전략

　가. 명백하고 긍정적으로 사고와 감정을 표현하고 필요할 때는 주장적
　　　태도를 취한다.

　나. 새로운 정보가 현재의 신념에 도전을 줄 때도 새로운 정보에 관한
　　　질문을 하고 새로운 정보를 수집한다.

　다. 개인적 욕구를 확인하고 그 욕구를 충족시키기 위해 사회적으로 수
　　　용 가능한 방법을 학습한다.

　라. 효과적이고 책임 있는 태도로 행동하는 사람을 따라 자신의 행동모
　　　델을 삼는다.

　마. 선택기회를 갖고 있고 그 선택이 자신의 행동, 감정, 그리고 생활사
　　　건에 영향을 미칠 수 있음을 인식한다.

　바. 건강하지 못하거나 스트레스를 유발시키는 혹은 변화 가능하지 않
　　　은 관계나 상황으로부터 철회한다.

　사. 삶의 종교적이고 영적인 차원을 검토하고, 통찰, 강점, 방향을 얻기
　　　위해 개인의 신념을 도출해 낸다.

　아. 문제가 진전되는 것을 나타내는 초기의 표시나 정표를 확인하고 문
　　　제가 심각해지기 전에 조치를 취할 수 있다.

　자. 문제를 해결하기 위한 긍정적이고 적절한 단계를 취하는데 그런 행
　　　동이 두려움과 불안의 근원이 될 때에도 해야 한다.

　차. 언어적으로나 물리적으로 자신이나 타인에게 해를 입히지 않는 방

식으로 억압된 감정을 완화시킨다.

카. 자신의 신체를 보호하고 건강을 유지한다.

타. 보다 요원하지만 바람직한 목적을 달성하게 될 계획을 지속하기 위해 즉각적인 만족을 지연시킨다.

파. 예측되는 어려움을 어떻게 다룰지를 정신적으로 연습해 보기 위해 미래의 행동이나 사건에 대해 정신적 상상력을 활용한다.

하. 다른 사람의 욕구를 방해하지 않으면서 개인의 일상생활 활동을 공정하고 적절하게 변화시킨다.

가) 다른 사람의 부적당한 비판을 무시하고, 자기파괴적이거나 해로운 결과를 가져오도록 만드는 상황에서 벗어난다.

나) 부가적인 기술훈련과 필요한 전문적 서비스를 찾고, 활용한다.

③ 대처전략이 부족한 경우

클라이언트가 특정한 대처기술들을 학습하도록 돕는 데 초점을 둔다.

예) 학대부모 → 부모 되는 기술

직업필요 → 직업 찾는 기술

갈등부부 → 의사소통기술

(3) 방어기제

* 방어기제

부정: 견디기 어려운 고통이나 슬픔을 당하게 되면 무의식적으로 거부하는 기제.
  ex) 딸이 죽었음에도 살아 있다고 믿는 경우.
합리화: 불리한 상황에서 자신의 행동이나 태도의 진정한 의미를 외면하고 정당화시키는 기제.

투사: 원하지 않은 충동이나 욕구를 다른 것으로 돌린다.
자기 탓을 남의 탓으로 돌리는 것.
  ex) 앵무새 죽이기: 흑인 남자가 자기를 강간하려고 오른손으로 나의 목을 졸랐다.
      거짓 증언
    why? – 바로 자기의 감정, 성적인 충동을 남자에게 투사함.
억압: 사회적으로 허용되지 않는 충동, 기억 등을 무의식적으로 묻어 버리는 것.
동일시: 자기 욕구, 충동을 다른 이를 통해서 대리 만족함

```
전위(대체): 본능이 차단됐을 때 에너지가 다른 대상으로 전환되는 것 → 그보다 덜 위험한 상대로 에너
지를 쏟는다.
반동형성: 억압된 상격과 태도와는 반대되는 행동을 하는 것.
  ex) 술 마시지 마라 → 음주를 법으로 금하라. → 나도 못 먹고 너도 못 먹는다.
퇴행: 어린아이(주로), 간혹 성인에게도 나타남.
그 사람이 속해 있는 발달단계보다 그 이전으로 돌아가는 것.
  ex) 동생을 본 애가 다시 어린애 행동을 하는 것. 동생처럼 행동한다.
환상: 갈등, 고통을 만족시키기 위해 자폐적으로 되는 것.
부정, 비난, 명명, 엄살, 회피, 주의분산, 비관, 지나친 동조, 침묵.
```

- 부정: 어떤 현실을 무의식적으로 인정하지 않고 거부함으로써 현실을
  차단.

  cf) 합리화: 명확히 진실을 왜곡한 것이지만 합리화는 거짓과 같은 것이
  아니다.

  예) 학대부모 "애는 때려야 말을 듣는다."

- 투사: 자신의 결점이나 받아들여질 수 없는 행동에 대한 책임을 다른
  사람에게 돌리는 것.

  예) 아동성학대자는 자신이 어린아이 때문에 유혹 당했다고 믿고 자신
  을 범법자가 아니라 피해자라 인식.

- 억압: 극도로 위협적이고 고통스러운 생각이나 경험을 의식에서 제외시
  키는 정신적 과정.

  예) 아동이 성학대 경험을 억압하고, 여러 해가 지나도 그것을 기억하
  지 않으려고 함.

- 정서적 격리: 바람직스럽지만 성과가 없을 것 같은 정서적 투자를 억제
  시키기 위해 사용하는 행동전략. 개인이 상실이나 이전의
  고통과 실망을 되새기지 않고 자신을 보호하기 위해 방패
  를 만드는 것.

  ex) 위탁가정을 자주 옮겨 다니는 아동은 분리의 고통과 상실에 대한
  방어로 정서적 고립을 사용.

- 주지화: 정서적 고통으로부터 자신의 자아에 거리를 두거나 감정을 피
  하는 수단으로 추상을 사용하는 것이 포함.

예) 원하는 직업에서 거절당한 사람이 실망감을 회피하기 위해 경제체제와 고용조건을 논의하기도 한다.

- 퇴행: 요구사항이나 스트레스인자가 거의 없는 사람의 상태로 현재의 위치나 성숙도의 수준을 후퇴시키는 것.

예) 다 큰 애가 오줌을 싸거나 손가락을 빠는 행동.

- 반동형성: 생각, 감정이나 충동이 곤란스러운 것이기 때문에 이를 방어하기 위해 그 생각이나 행동과는 정반대인 것에 지나치게 집착하는 것.

예) 아동 성학대 욕구에 강박관념이 있는 사람이 지나치게 그에 대한 예방 프로그램에 극성적일 때.

- 대치: 적대감과 같은 다루기 힘든 정서와 폭력과 같은 공격적 행동을 덜 위협적이고 힘이 없는 사람이나 사물에게 이동시키는 것.

ex) 화풀이를 개에게 한다.

- 환상: 개인적인 욕구를 충족하거나 부적절함에 관한 고통이란 감정에 대응하는 방법으로 즐거운 상황과 공상적인 성취를 하는 백일몽을 꾼다.

- 행동화: 스트레스와 내적 갈등을 경감시키기 위해 고안한 사고와 행동 패턴, 분노와 좌절을 한 사람은 그에게 괴로움을 주는 근원이 되는 사람이라고 생각하는 사람을 공격함으로써 내적인 긴장을 완화시키려고 함.

예) 공격을 기다리는 군인이 스트레스를 이기지 못하고 무모하게 공격을 한다.

◉ 클라이언트의 방어기제를 사정하고 반응하도록

가) 클라이언트가 방어기제에 의존하게 되는 원인인 충족되지 않은 욕구와 개인적 고통을 확인해야 한다.

나) 방어기제가 대부분 학습되고 습관적이기 때문에 개인은 과거에 사용했던 방어기제를 활용하는 경향이 있다.

다) 감정이입, 온화함, 그리고 진실한 관계 속에서만 사람들은 자신의 방어기제를 접어 두고 기저에 있는 고통을 검토할 만큼 충분한 안전감을 느낄 수 있다.

라) 합리화: 설명을 하기가 어렵기 때문에 합리와를 하게 됨.

ㄱ. 행동이나 신념을 정당화시키기 위한 이유를 탐색함.

ㄴ. 자신의 '이야기'에서 모순을 인식하는 능력이 결핍됨.

ㄷ. 대안적인 설명을 고려할 의지가 없고, 자신의 '이유'가 문제시될 때 분노하게 되는 경우.

9) 클라이언트의 역할수행 사정하기

(1) 의의 및 의미

역할 관련 행동을 수행하는 데서 클라이언트가 느끼는 어려움의 특성을 명확화하고 설명한다.

(2) 역할개념 설명

– 역할 기대: 주어진 역할에 대해 준거집단이나 사회에서 대체로 적절하고 수용할 만한 행동들로 보는 것을 의미함.

– 역할 수행: 개인의 실제적인 행동을 말하고 역할기대에 순응할 수도 있고 하지 않을 수도 있다.

– 상호 역할갈등: 두 가지 혹은 그 이상의 역할이 양립할 수 없거나 충돌하는 것을 말함.

– 역할 내 갈등: 주어진 상황에서 하나의 역할에 부여된 두 가지 혹은 그 이상의 기대들이 있을 때를 말함.

– 역할 모호성: 역할과 관련된 명백한 기대가 거의 없을 때 발생함.

자기역할 부조화: 역할의 요구사항과 개인의 성격이 맞지 않을 때 발생함.

(3) 실제수행과 역할 기대상의 차이

    ① 실제 수행과 역할기대상의 차이의 특징은 무엇이고 어느 정도 차이
       가 나는가?

    ② 지식의 기술의 부족으로 발생되는 차이가 있나?

    ③ 만일 차이가 지식이나 기술의 부족 때문에 발생한다면 어떻게 그
       문제를 가장 잘 해결할 수 있나?

    ④ 만일 역할에 대한 거부나 관심부족 때문에 차이가 발생했다면 그
       문제를 어떻게 해결할 수 있나?

10) 클라이언트의 자아의식을 사정하기 탐색하기 위한 질문들

    ① 가족성원의식
    ② 정체성
    ③ 신체이미지
    ④ 자아 수용
    ⑤ 자기 가치
    ⑥ 이상적 자아
    ⑦ 자기 효능감
    ⑧ 영성
    ⑨ 과거의 자아와 미래의 자아
    ⑩ 거주지에 대한 의식

11) ABC모델

A: 선행사건 - 그 행동을 초래한 다양한 상황적 요인이나 실마리를 찾는다.
B: 행동

C: 결과 - 행동을 강화하거나 보상하는 요인을 확인하는 것.

12) 직접 만든 자료수집 도구

(1) 의의

클라이언트의 특정한 관심사에 초점을 맞추는 데 사용, 한 사람의 태도나 가치 등을 이와 같은 투사적이고 간접적인 방법이 더 효과적

(2) 직접 만든 설문지

(3) 위탁 부모 감정파악

(4) 상황설정

13) 성인의 사회적 기능수행 사정

- 성인의 사회적 기능수행의 수준을 기록하고 측정한다.

14) 아동과 청소년의 기능수행 사정

- 청소년과 아동의 사회적 기능수행 수준을 기록하고 측정한다.

15) 정신적 상태의 사정

- 클라이언트의 사고와 행동이 심각한 정신질환이 있고 정신의학적 의뢰의 필요가 있는지를 결정한다.

16) 발달 지체의 명확화

- 어린 아동의 발달상 문제를 명확히 한다.

〈표 59〉

4Ps	4Rs	4Ms
4Ps	문제(Problem)	
	개인(Person)	
	장소(Place)	
	과정(Process)	
4Rs	역할(Roles)	
	반응(Reactions)	
	관계(Relationships)	
	자원(Resources)	
4Ms	동기(Motivation)	
	의미(Meaning)	
	관리(Management)	
	점검(Monitoring)	

계획과 계약

1) 계획

(1) 의의

클라이언트와 사회복지사가 개입의 목적, 목표, 절차 등을 수립하는 것을 말한다.

(2) 계획을 세울 때 고려 사항

① 개입에서 역점을 두어야 할 문제나 관심사

② 개입의 목표나 기대되는 결과

③ 개입 동안 사회복지사와 클라이언트가 취할 행동

④ 시간 계획

(3) 계획 절차

① 목적문제와 목표설정

가. 의의

표적문제: 변화되어야 한다고 생각하는 문제.

목적문제: 활동이 지향해야 할 바람직한 결과.

나. 개입목적의 유형

　가) 기술을 배우거나 필요한 지식을 습득한다.

　나) 중요한 결론을 한다.

　다) 행동을 바꾼다.

　라) 자신이나 다른 사람들에 대한 감정과 태도를 바꾼다.

　마) 특정 서비스와 프로그램의 이용가능성에 대한 정보를 모은다.

　바) 일부 기관 또는 전문직이 제공하는 프로그램이나 서비스에 등록
　　 하거나 관계를 가진다.

　사) 손상된 관계를 회복한다.

　아) 생활환경이나 사건을 인식하거나 설명하는 방식을 수정한다.

다. 우선순위를 결정

　가) 클라이언트가 문제를 인식하고 해결되기 바라는 모든 것을 쓰라
　　 고 한다.

　나) 사회복지사가 법원이나 아동보호기관 등 클라이언트와 관련된 기
　　 관에서 해결되어야 할 문제로 인식하는 것을 기록.

　다) 상호관련성을 고려하여 묶는다.

　라) 클라이언트로 하여금 중요도를 고려해 두세 개 우선적인 문제를
　　 선정하도록 한다.

마) 문제의 우선순위에 대해 사회복지사의 의견 제시.

바) 클라이언트와 사회복지사가 다음 몇 가지 기준을 고려하여 문제 우선 순서에 대해 합의점을 찾는다.

- 클라이언트의 상황에서 가장 부담이 되는 문제, 즉 근심과 걱정의 원인이 되는 중요한 문제는 무엇인가?

- 만약 역점을 두거나 고치지 않는다면, 클라이언트에게 가장 부정적인 결과를 낳을 수 있는 문제는 무엇인가?

- 만약 역점을 두거나 고친다면 클라이언트에게 가장 긍정적인 결과를 낳을 수 있는 문제는 무엇인가? 즉, 클라이언트를 가장 안심시켜 주고, 다른 문제를 손쉽게 해결할 수 있도록 하는 것 등은 무엇인가?

- 클라이언트가 가장 많은 관심을 가지는 문제는 무엇인가? 즉, 클라이언트가 가장 큰 동기부여를 받고 있는 것은 무엇인가?

- 어느 정도의 시간, 에너지, 자원을 투입했을 때 역점을 두거나 고칠 수 있는 것은 무엇인가?

- 상대적으로 변화될 수 없거나 과도하게 많은 시간, 에너지, 자원을 필요로 하는 것은 무엇인가?

사) 우선순위가 높은 2~3개의 문제를 선정.

아) 클라이언트와 의미 있는 타자들을 문제의 일부를 혹은 해결을 위한 자원으로 활용한다.

라. 목적 선택 시 Check list 항목

위탁보호 아동이 있는 부모를 위한 목적

② 개입목표(Objective) 선정

가. 의의

〈표 60〉

목적(Goal)	목표(Objective)
광범위하고 보다 추상적인 개념	세분화되고 구체적인 개념
측정 불가능	측정 가능

나. 목표 설정 시 고려 사항

  가) 구체적이며 측정 가능하도록

  나) 긍정적 표현양식

    욕설을 하지 않는다 - ×

    좋은 말을 사용한다. - ○

  다) 행동적 용어

    빈도, 시간, 강도 등으로 관찰 가능한 행동을 설명하는 용어를 사용.

  라) 수정변경이 가능하도록

  마) 적절하게 개발된 목표들이 갖춰야 할 요인

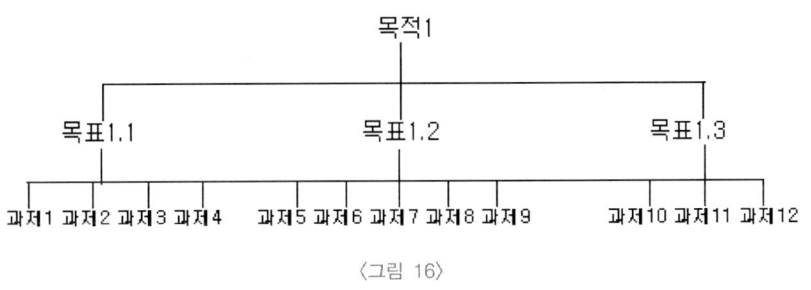

〈그림 16〉

· 행동을 나타내는 동사인 ……하기로 서술한다.
· 달성되어야 하는 주요한 결과 한 가지를 명확히 하나.
· 달성할 수 있는 표적 일자를 설정하도록 한다.
· 측정하고 검증할 수 있도록 되도록 구체적이고 양적인 것으로 서술하도록 한다.
· 클라이언트와 개입에 참여하거나 기여하게 될 다른 사람들이 쉽게 이해할 수 있어야 한다.
· 현실적이고 달성 가능하지만 여전히 의미 있는 도전이 되도록 한다.
· 압력이나 위협 없이 클라이언트와 사회복지사 두 사람 모두가 동의하여야 한다.
· 기관 정책과 절차, 그리고 사회복지의 윤리강령과 일치하도록 한다.

2) 계약

(1) 의의

서비스의 행동적 목표를 설정하고 목표 달성을 촉진하기 위하여 정해진

시간 내에서 취하는 행동을 구체적으로 설명한 서면자료.

(2) 계약서에 포함될 내용

- 기관과 사회복지사가 클라이언트에게 제공하는 서비스의 바람직한 결과는 무엇인가?
- 클라이언트가 해야 할 것은 무엇이며, 언제 해야 하는가?
- 가족, 친구, 이웃 등과 같이 클라이언트의 중요한 타자들이 해야 할 것은 무엇이며, 언제 해야 하는가?
- 사회복지사와 다른 기관 스태프들이 해야 할 것은 무엇이며, 언제 해야 하는가?
- 다른 기관에서 확보해야 할 서비스는 무엇이며, 언제 해야 하는가?
- 클라이언트의 상황에 대해 재사정에서 하고 서비스 계약을 제조정하게 만든 사건은 무엇인가?
- 계획에서 의도하지 않은 결과가 있다면 무엇인가?

3) 계획과 계약에 관련된 기법들

(1) 클라이언트 욕구

- 이러한 목록은 사회기관의 서비스에 노약자, 위탁보호 아동, 심각한 발달장애나 정신질환을 가진 사람처럼 지나치게 의존적인 클라이언트와 활동할 때 유용.
* 참고 - 독립적인 생활을 위한 욕구 목록.
메슬로우 욕구 6단계(예: 준독립적인 생활을 위한 노인들에게 필요한 기술에 대한 보기)

음식 준비
- 영양분 있는 음식과 식사계획을 세울 수 있는 능력
- 난로와 다른 조리 기구를 쓸 수 있는 능력
- 그릇을 씻고 부엌공간을 청결하게 유지할 수 있는 능력
- 상하고 변질된 음식을 가려낼 수 있는 능력

개인적인 안전
- 안전하지 못한 행동이나 상태를 인식할 수 있는 능력(불 켜진 난로, 침대의 연기, 잠기지 않은 문 등)
- 원조 요청을 할 수 있는 능력(전화이용, 이웃과의 접촉, 화재경보기 사용 등)
- 다른 사람들이 조종하고 착취하고 속이려는 의도를 알아낼 수 있는 능력

쇼핑과 금전 관리
- 가정용품을 구입하고 저장할 수 있는 능력
- 가격을 비교하고 가격을 협상할 수 있는 능력
- 돈을 세고 바꿀 수 있는 능력
- 수입과 지출을 기록할 수 있는 능력
- 예치금을 확인할 수 있는 능력

이동과 교통수단
- 계단을 오르고, 문을 열고, 잠글 수 있는 능력
- 지도를 보고 주소를 찾는 등의 능력
- 대중교통수단을 이용할 수 있는 능력(버스, 지하철, 택시 등)

질병관리
- 질병의 증후와 증상을 알 수 있는 능력
- 다른 약물치료와 처방약을 사용할 수 있는 능력
- 의사나 다른 전문직을 부르고 이들이 내린 지시를 이해하고 따를 수 있는 능력

(2) 비공식 자원의 활용

단주모임, 부모모임과 같은 자조집단은 전국 조직이고 조언자와 같은 전문가가 있다고 할지라도 대체적으로 비공식 자원으로 간주된다.

(3) 자원으로서의 소집단

가. 의의: 클라이언트에게 자원이 될 수 있는 집단을 개발한다.

나. 장점:

보편화 – 그 문제가 자신만의 상황이 아닌 보편적으로 많은 것임을 안다.

희망 – 다른 사람들이 바람직한 상황을 보고 희망을 갖는다(대인관계, 학습).

애타심 – 자기보다 못한 사람에게 도움을 준다.

사회화 – 같은 동류의 사람들끼리의 하나의 사회가 형성.

모방 – 자기보다 나은 사람을 모방하려고 함.

정화－슬픔과 두려움의 감정을 표출한다.

4) 개입과 점검

(1) 개입의 의의

클라이언트와 사회복지사가 결정한 계획을 실행하는 것으로 치료 대신 개입, 진단 대신 사정이라는 용어를 사용.

(2) 사회복지사의 역할

가. 중개자의 역할: 원조과정에서 설정한 자원을 클라이언트와 연결시킨다.
나. 조력자의 역할: 설정된 목표를 달성하기 위하여 클라이언트로 하여금 그 자신의 내부에서 문제의 대처능력이나 자원을 찾아내도록 클라이언트를 돕는 것으로 스스로 문제를 깨닫도록 돕는 역할.
다. 교사의 역할: 여기에서는 새로운 지식, 정보, 기술을 습득하도록 지원해 주는 것으로 문제 해결에 필요한 지식, 기술 습득을 자신이 모델링을 보이면서 본을 보임.
라. 중재자의 역할: 클라이언트와 다른 사람들이나 다른 조직과의 사이에서 존재하는 의견 사이의 갈등을 조정해서 합의점을 찾아내도록 하는 역할.
마. 변호자의 역할: 설정된 원조목표를 달성하기 위해 클라이언트의 입장을 대변하고 변호하는 역할.
(3) 개입에 필요한 기술 및 기법(추구하는 목적에 따른 분류)
① 클라이언트의 정서적 안정과 자신감 회복을 위한 기법.
　클라이언트의 장점, 능력을 찾아 긴장, 불안, 자기비하에서 벗어나도록 사회복지사가 도와준다.
　가. 격려: 클라이언트의 감정을 이해하고 격려.

나. 재보증: 문제에 대해 클라이언트의 잘못이 아니라고 보증해 주는 것.

다. 일반화: 클라이언트의 생각, 감정, 행동이 타인과도 비슷하다고 보편화시켜 준다.

라. 환기법: 클라이언트가 문제와 관련된 감정을 표출하도록 해 주는 것(감정목록 표를 활용).

마. 자긍심 형성하기: 클라이언트가 보다 긍정적으로 자기를 평가하도록 돕는다.

바. 능력고취: 통제와 능력을 개발하도록 클라이언트를 원조한다.

② 클라이언트 통찰력과 자아인식 증진을 위한 기법

가. 인지 상황에 대한 점검 및 초점화

　가) 점검: 방금 표현한 것을 클라이언트 자신이 분명히 인식 이해하고 있는가를 점검.

　나) 초점화: 흔들리고, 산만하고. 내용이 모호할 때 클라이언트에게 나타내어진 숨겨진 선입견, 가장과 혼란된 개념이 드러나도록 돕는 것.

나. 자기대화 관리하기

현실에 대한 왜곡된 해석을 수정함으로써 감정적인 반응을 다루도록 클라이언트를 돕는디.

자기대화(Self-talk) = 우리가 스스로에게 주는 메시지.

다. 직면과 도전

특히 스스로 부여한 변화의 장애와 관련하여 클라이언트의 자아인식을 증진시킨다.

에간(Egan. 1975)

직면(Confrontation) = 클라이언트가 건설적인 행동변화와 자기이해로부터 도피하는 데 사용되는 모순, 왜곡, 가림막 등에 대한 책임성 있는 폭로.

도전(Challenge) = 자기 패배적이고 남에게 해로운 내적(인지적) 혹은 외적 행동을 검토하고 그러한 행동을 변화시키도록 초대하는 것.

라. 재구조화하기

　　클라이언트가 다양한 관점에서 그리고 보다 긍정적인 조망으로 행동을 보도록 돕는다.

재구조화(Reframing) = 클라이언트가 특정사건, 행동 혹은 인생경험에 부여하는 의미를 수정하도록 돕기 위하여 사용.

목적: 클라이언트가 다양하고 보다 긍정적인 조망으로 사건이나 행동을 볼 수 있도록 부드럽게 설득.

③ 문제해결과 의사결정을 돕기 위한 기법

　가. 정보와 조언

　　필요한 정보와 지도를 제공함으로써 클라이언트의 문제해결능력을 향상시킨다.

　　정보제공 = 클라이언트에게 의사결정이나 과업수행에 필요한 정보를 제공하는 것.

　　조언하기 = 클라이언트가 해야 할 것을 추천하거나 제안하는 사회복지사의 진술.

　나. 목적과 수단을 구별하기

　　해결되어야 할 문제와 가능한 해결책을 분명히 구분함으로써 클라이언트의 문제해결 노력을 돕는다.

　　- 간단한 목록표의 도움으로 목적과 수단을 구분한다.

5) 문제 중심기록(POR, Problem - Oriented Recording)

　POR은 병원 또는 의료적 프로그램에서 자주 사용되는 기록형식의 한 방법이며, 사회복지기관에서도 널리 사용하고 있다. POR은 다음과 같은 많은 장점을 가지고 있다.

　사회복지사, 기관감독자, 외부의 자문가, 또는 조사자들에게 사회복지사나 기관이 특정한 문제에 대해 접근해 온 방식을 살펴볼 수 있게 한다.

클라이언트가 경험한 문제의 복합성과 상호관련성을 보여 주지만 그럼에도 불구하고, 각 특정한 문제에 초점화된 관심을 갖도록 한다.

전문가 상호간의 의사전달과 자시의 명료성을 촉진시키기 때문에 사례조정이나 팀워크를 증진시킨다.

기관에서 직원교체가 있을 때에도 특정한 문제에 대한 전문적인 관심이 지속될 수 있다.

문제해결의 진전에 대한 점검과 사후 추적조사를 위한 기제를 제공한다. 문제지향의 기록을 살펴봄으로써 행동하지 않은 것 혹은 클라이언트의 문제와 관련되지 않은 행동을 알아낼 수 있다.

간결한 기록을 장려한다. 특정한 문제에 초점을 두고 있기 때문에 적절하지 않은 정보는 기록에서 제외된다.

단점은 너무 기계적이다. 클라이언트를 총체적으로 보는 점이 부족하고 문제를 단순화시킨다는 것이다.

POR은 네 가지 요소로 구성되며 이 요소들은 문제해결과정의 기본적인 단계와 관련이 있다.

데이터베이스의 설정

각각 분류번호가 매겨진 특정한 문제의 목록

각 문제에 인급된 행동계획의 개발

계획의 실행

6) SOAP 양식

개입이 필요할 때, 이 행동을 서술하는 데는 SOAP 양식이 사용하기 유용하다.

S: **주관적 정보(Subjective information)**. 클라이언트가 상황을 어떻게 인식하고 느끼는가를 나타낸다. 클라이언트의 자기보고에서 나온다. 따라서 주관적 정보는 독립적이거나 외적 타당도는 없다.

O: **객관적 정보(Objective information).** 전문가의 직접적 관찰, 임상적 실천, 체계적인 자료수집 등에 의해 얻어진다. 주관적 정보와 비교하여 볼 때 이러한 자료는 독립적으로 검증될 수 있다.

A: **사정(Assessment).** 주관적, 객관적 정보의 검토를 통해 추론된 전문가의 개념화와 결론을 말한다.

P: **계획(Plan).** 전문가가 특정한 문제를 제기하거나 해결하는 방법을 나타낸 것이다.

〈표 61〉 브라운 가족의 문제 목록

번 호	문 제	일 자	태 도	해결일자
1	주거환경이 번잡	4월 10일		
2	식비부족	4월 10일	식품비 보조대상자 등록	4월 20일
3	존의 안경 필요	4월 15일	그린 박사가 검안	4월 25일
4	앤 낙제	4월 28일		
SOAP기록의 예				
S	주관적 정보. 브라운 부인은 자녀들의 체중이 감소하는 것이 걱정된다고 한다. 자녀들이 배가 고프다고 불평하자, 그녀는 당황해서 이웃에 음식을 요청하였다. 브라운 부인이 복지수당으로 자랐기 때문에 "다시는 복지수혜자가 되지 않겠다."고 맹세하였다. 그녀는 아이들을 빼앗기지 않을까 하는 걱정으로 두렵다고 한다.			
O	객관적 정보. 브라운 부인은 1주일에 부업으로 150$를 번다. 집세는 한 달에 350$를 내고 있다. 그녀와 대화를 이끌어 가기가 어렵다. 그녀가 두서없이 이야기를 한다. 기관기록에는 그녀가 어린 시절에 방임되어 2년 동안 위탁보호시설에 있었다고 기록되어 있다.			
A	사정. 가족에게 식품비가 부족할 것이 분명하다. 그녀는 식품보조금 수혜자 자격요건에 해당될 것이다. 그녀가 두서 없이 안절부절못하는 것은 자녀들을 위탁보호에 빼앗길 것에 대한 걱정 때문이다. 그녀가 위탁보호를 받은 어린 시절의 경험과 관련이 있다. 그녀는 복지혜택을 받으면 자신이 나쁜 부모로 낙인찍힐까 두려워한다.			
P	계획. 브라운 부인에게 식품비 수혜 신청을 하도록 지시하고, 이러한 상황에서는 식품비 수혜를 받는 것이 오히려 좋은 엄마가 되는 것임을 알려 줄 필요가 있다. 그녀에게 아이들을 다른 곳에 보낼 계획이 없음을 확신시켜 주어야 한다. 소득이 높은 직장을 가질 수 있도록 장기적인 노력을 시작한다. 5/25일까지 식품비 수혜신청을 끝낸다(마감 선 설정).			

〈표 62〉 **POR**과 **SOAP**기록의 예

번호	문제	발병일자	태도	해결일자
1	요통	1997. 5.		
2	약물중독	1998. 7.		
3	우울증	미확실		
SOAP기록의 예 - # 문제 1, 2				
S		환자는		
O				
A				
P				

7) 과정기록(Process recording)

과정기록은 원조과정이나 클라이언트 - 사회복지사의 상호작용 과정을 연구할 수 있도록 사회복지사의 실천을 기록한다. 다음과 같은 경우에 종종 사용된다.

- 학생이나 신참 사회복지사의 기본적인 기술 학습을 돕기 위해 사용되는 사례기록의 세밀한 형태이다.
- 흔치 않은 문제를 가진 클라이언트를 접할 때.
- 동료나 슈퍼바이저 혹은 자문가들이 사회복지사가 문제를 극복하는 방법에 대해 제안을 만드는 기초자료로 검토할 기록.
- ○ 장점: 사회복지사가 자신의 실천행동과 결정을 분석하도록 고쳐시켜주기 때문에 훌륭한 교육용 도구.
- ○ 단점: 준비하기에 많은 시간이 걸림.
- ⇒ 하나의 사례에 대해서라도 주의 깊고 세밀한 연구를 하는 것은 기술발달에 가치가 있는 feedback을 제공하고, 자기인식을 증가시킨다.
- ⇒ 오디오 또는 비디오 기록은 여러 가지 측면에서 교육용 도구로 과정기록보다 우수하다.

8) 사회복지상담과 조사와의 관계성 이해

(1) 사회복지에서 조사연구의 중요성

여기서는 조사연구(research)가 과학자만 하는 것이 아니라 사회복지사들도 행할 수 있고, 또 해야만 한다는 것을 전제하고 시작하고자 한다. 사회복지란 사회문제와 불가분의 관계를 갖고 있고, 사회복지전문직은 이를 해결하는 데 관여한다. 전문가란 상식에 입각해서 자신의 일을 수행하는 것이 아니라 체계적이고 전문적인 지식에 입각해서 실천을 하는 사람이다. 조사연구란 바로 이러한 의문점에 대해 해답을 구하는 방법을 제공해 주는 것이라고 할 수 있다.

● 조사연구가 중요한 이유

① 사회복지사 자신이 하고 있는 일의 효과성을 높이기 위해서이다.

조사연구에 대한 이해가 있어야만 자신이 몸담고 있는 분야의 문제를 보다 효과적으로 이해할 수 있고, 이를 해결할 수 있을 것이다. 이는 곧 사회복지의 과학화 및 과학적 실천을 담보하는 길이다. 클라이언트의 문제에 대해 체계적이고, 정확한 자료를 수집하여 이 자료에 근거해서 주의 깊은 추리와 보다 심층적인 질의를 통해 그 문제를 해결하고자 한다면 조사연구에 대한 이해가 필수적.

② 자기 분야의 최신 연구 및 사회복지에 영향을 미칠 수 있는 논의들에 대해 보다 쉽게 잘 접근할 수 있게 해 줄 뿐 아니라 비판적으로 평가할 수 있게 해 준다.

③ 무엇보다 중요한 것은 사회복지전문직이 클라이언트에 대해 책임을 지기 위해서이다.

현재 제공되는 서비스의 효과성, 해결방법이나 개입기법의 적합성, 새로운 대안의 모색 등이 과학적으로 검증될 때 클라이언트에게 최선의 결과를 가져올 가능성을 높이는 것이므로 조사연구에 대한 이해가 전제되어야만이 이를 검토할 수 있다.

(2) 사회과학에 대한 이해

① **과학의 목적:** 지식제공, 규칙성 일반화, 변수들 사이의 관계 진술, 이론을 바탕으로 현상 예측.

② **과학의 특징:** 논리적 · 결정론적 · 일반적 · 간결 · 구체적 · 경험적으로 검증가능 · 수정가능 · 설명적

같으면 결론은 같다.

③ 과학적 지식 형성방법

 - 과학적 지식탐구

 - 비과학적 지식탐구: 관습에 의한 방법, 권위에 의한 방법, 직관에 의한 방법

④ 과학적 조사

 - 의의: 일반적인 현상 가운데 관계가 있으리라 생각되는 가설적인 명제들을 체계적·통계적·경험적·비판적으로 탐구하는 활동이다. 이러한 탐구과정은 동일한 통제 상황하에서 타인에 의해 조사되어도 동일한 결과가 발생할 수 있도록 객관적이어야 한다.

 - 과학적 조사의 논리(연역법 VS 귀납법)

〈표 63〉

연역법(Deduction)	귀납법(Induction)
- 전통적인 과학적 조사의 접근방법. - 일반적인 것으로부터 특수한 것을 추론. - 실증주의자들이 주로 사용하는 방법. - 연구 주제를 '가설'의 형태로 만들어 실증적으로 증명할 수 있다는 가정에서 출발. - 대표적인 예: 삼단논법	- 관찰에서 시작하여 일반적인 원리나 이론으로 전개해 나가는 논리적 과정. - 경험의 세계에서 관찰된 사실들이 공통적인 유형으로 전개되는 것을 객관적인 수준에서 증명하는 것. - 연구 주제는 조사자가 가설을 가정하지 않고 관심 분야나 문제를 인식하는 차원에서 출발. - 연구대상이 된 경험세계를 객관적으로 관찰하고 결과를 기록. - 기록한 결과가 어떤 규칙에 따라 일정한 유형으로 전개되는 것을 발견 - 일정한 유형이나 규칙성을 객관적인 수준에서 설명하고 임시적 결론을 내림. - 분석절차와 방법이 계량적이어야 하고 이를 위해 통계분석이 필요.
가설 → 조작화 → 관찰, 경험 → 검증	주제선정 → 관찰 → 유형발전 → 임시결론
- 분석적인 연역법과 경험적인 귀납법은 상호보완적인 관계. - 연역법과 귀납법은 서로 교대로 이루어지는 과정. - 사회과학에서 지식을 탐구하기 위한 논리는 양자의 중요성이 인정되는데 일반적으로 기존의 이론이 존재할 때 연역법을 사용하며 기존의 이론이 존재하지 않을 때 귀납법을 사용.	

⑤ 사회과학으로서 사회복지학

 · **응용과학으로서 사회복지학:** 인간의 욕구를 충족시키기 위해 과학적인 지식을 사용하며 복잡한 인간 체계를 연구하기 위해 개발된 지식과 기술을 사용하는 응용과학. 종합과학적인 특징.

· **실천과학으로서 사회복지학:** 실제현장에서 직접 실천되는 실천과학.
· **사회과학으로서 사회복지학:** 사회현상과 인간관계를 연구대상, 사회문제를 해결하기 위한 사회적 노력이므로 사회과학의 형태.

(3) 조사연구에 대한 기초 이해

조사연구의 궁극적 목적은 우리가 의문을 제기한 사회 및 개인의 현상에 대해 신뢰할 수 있고, 체계적인 지식을 구하기 위함이다. 모든 학문이 실천을 전제로 하겠지만, 특히 사회복지학에서는 실천이 중요하고, 이를 위한 과학적 실천지식이 필요하다. 조사연구는 바로 이 실천지식을 제공.

① 조사연구의 목적
가. **기술**(description) – 개인이나 사회의 현상을 기술하는 것으로, 어떤 사실들에 대해 일반적인 수준에서 요약하여 기록함으로써 현상 그 자체의 속성을 있는 그대로 보여 주는 것.
　예) 하나의 현상에 대해 파악 – 현재의 노인인구가 얼마인가? 장애인은 몇 명인가?
　　　두 가지 현상 간의 관계 – 청소년 비행과 학교 부적응은 어떤 관계가 있는지?
나. **설명** – 어떤 현상을 과학적으로 설명하기 위한 것으로 설명이란 '왜'에 대한 물음에 대답하는 것이라고 할 수 있음. 단순히 기술하는 수준을 넘어 그 문제나 상황이 왜 발생했는가에 대한 원인 또는 이유를 밝혀 주는 것.
　예) 왜 노숙을 하게 되었는가? 학교 부적응의 원인이 무엇인가?
다. **예측**(prediction) – 관찰에 의해 입증될 수 있는 미래의 사회적 형태의 특정한 측면에 관한 예상이나 기대이다.
　예) 노숙자의 수가 늘어나는 이유 중 하나가 경제상황의 악화라고 설명될 수 있다면, 앞으로의 경제 상황에 따라 노숙자의 수를 예측 가능.

라. **조정**(control) - 개인이나 사회문제를 조정하는 것으로 어떤 현상의 원인 또는 조건에 대한 지식을 전제로 한다.

② 조사연구의 유형

여기서는 조사연구의 목적에 따라 구분하기로 한다. 이러한 유형에 따라 연구자가 제기할 수 있는 질문의 형태나 연구자가 원하는 정보의 수준이 달라지고, 자료수집 및 분석기법을 포함한 조사 설계의 유형도 달라지게 된다.

가. 탐색적 조사연구

　가) 앞으로 좀 더 정확한 조사를 위한 연구문제를 형성하거나 가설을 개발하려고 할 때 사용하는 조사연구 형태로 조사연구 형태 중 연구자가 필요로 하는 지식의 수준이 가장 낮은 형태.

　나) 유용한 지식이 한정되어 있는 미개척 분야에서 기본적 자료를 제공하기 위한 조사연구에 적합함.

　예) 저소득층 자녀의 컴퓨터 활용에 영향을 미치는 요인에 대해 알고 싶다고 하자. → 연구자는 그 요인의 차원과 측정기준에 대한 개념적 정의나 조작적 정의를 할 수 있을 만큼의 사전지식을 갖고 있지 못하다. 이럴 경우 연구자는 개념을 정리하고, 요인들을 분류해 보고, 각 차원에 대해 조작적 정의를 통해 후속연구에서 체계적인 자료수집이 이루어질 수 있도록 정보를 수집하는 것이 될 것이다.

나. 기술적 조사연구

　가) 현상을 정확하게 기술하는 것을 주목적으로 하는 조사연구 형태.

　나) 어떤 사건의 발생빈도나 비율 등을 파악하는 조사연구, 인구조사가 대표적.

　ex) 한 지역사회의 특성을 파악하기 위해 연령별, 성별, 교육 수준 등을 분류하여 분석하거나, 주택의 상태, 범죄율 등을 조사 연구하는 것.

다. 설명적 조사연구

　가) 어떤 사건이나 현상을 설명하기 위한 조사연구 형태. 즉 설명적 조

사연구는 '왜'에 대한 해답을 주기 위한 것으로 어떤 사실과 사실과의 관계를 파악하여 인과관계를 규명하거나, 이러한 결과를 기초로 미래를 예측하기 위한 것임.

　나) 기술적 조사연구의 축적을 필요로 하기 때문에 이미 연구자는 연구대상에 대한 주요 변수들의 크기, 분포, 상호관계에 대해 상당히 알고 있는 상태임.

　ex) 왜 어떤 사람들은 사회복지 서비스의 확대를 위해 세금을 더 걷히는 것에 찬성하고, 어떤 사람들은 반대하는가 등도 설명적 조사연구.

③ 조사연구의 절차

일방적인 흐름이 아니라 양 방적으로 서로 영향을 주면서 문제가 형성됨.

가. 제1단계: 문제설정

문제제기는 연구자의 관심이나 아이디어, 경험, 기존문헌 등을 통해 문제가 있다거나 어려운 점이 있다는 사실과 이러한 문제점에 대한 지식과 정보가 필요하다고 생각하는 데서 질문의 형태로 나옴.

나. 제2단계: 연구 설계

연구문제가 결정된 뒤 이에 대한 논리를 어떻게 전개할 것이며, 자료를 어떻게 수집할 것인지에 대한 여러 가지 대안들을 생각해 보는 것.

다. 제3단계: 자료수집

연구 설계를 기초로 자료들을 직접 수집하는 단계로서 결정된 연구방법에 따라 달라짐.

라. 제4단계: 자료처리

수집된 자료들을 분류하고 코딩하여 입력하는 과정.

마. 제5단계: 자료분석

자료처리 과정을 거친 자료를 가지고 연구 질문에 대한 답을 구하기 위해 분석을 시도하는 과정이다. 자료분석은 연구의 목적 및 방법에 적합한 방법을 사용하여야 한다.

바. 제6단계: 자료의 해석

분석된 결과가 어떤 의미를 지니는지를 연구자가 판단하는 과정.

사. 제7단계: 연구보고서 작성

지금까지 조사연구가 이루어진 전 과정을 담아내는 단계. 비록 연구과정의 가장 마지막 단계이긴 하지만 연구보고서는 각 단계마다 부분적으로 이루어진다고 볼 수 있다.

23 │ 사회복지상담과 연구방법

1) 연구방법론의 특성

(1) 연구방법론은 경험주의 방법을 사용한다.

(2) 인간행동과 사회현상에 대한 법칙을 찾으려고 한다.

(3) 인간의 합리적인 사고작용을 기초로 한다.

(4) 종합과학적 접근방법을 사용한다.

(5) 객관적 접근방법을 사용한다.

2) 사회복지상담과 연구방법론의 관계

(1) 사회복지 실천을 체계적이고 과학적으로 수행하기 위한 준거 틀의 역할.

(2) 학문적으로 사회복지학을 과학화하는 데 기여.

(3) 사회복지 현장에서 발생할 수 있는 오류와 시행착오를 줄이는 데 기여

(4) 사회복지 실천과정 전반에 기여.

(5) 사회문제의 인과관계를 설명하고 해결책을 찾는 데 기여.

3) 연구방법론에 대한 이해

(1) 실증주의 및 후기 실증주의 연구방법론
- 사회를 자연과 동일시.
- 사회 내의 법칙, 규칙 등을 찾아내고자 함.
- 방법론은 경험적인 관찰을 사용(통제된 실험, 표준화된 척도에 의한 측정) 하며 구조화된 양적 방법 고수.
- 연구의 가치중립성 강조.
- 객관성/정확성/일반법칙화 강조.
- 후기실증주의에서는 질적 연구방법도 사용함.

(2) 해석주의 연구방법론
- 인간의 주관적 의식을 중요시.
- 상호주관적으로 인식된 사회적 실재의 특성에 대한 서술.
- 실증주의에 입각한 객관주의적 경험관을 극복하려고 함.
- 비조작적, 불개입적, 질적인 방법 선호.
- 인간행동에 대한 특수한 이유를 설명하여 감정이입적 이해를 얻고자 한다.

(3) 비판적 사회과학 연구방법론(갈등 패러다임)
- 사회라는 실체는 총체적 역사적 구조 속에서 파악되어야 된다고 봄.
- 실증주의에서 대립되는 것으로 간주되는 이론과 대상, 이론과 경험, 이론과 역사, 과학과 실천, 사실과 가치 등이 하나의 역사적 사회구조의 총체성 속에서 서로의 의미유관 적합성을 갖도록 접근.
- 실천적 입장에서 이론을 바라볼 것을 강조.
- 이론을 평가할 때 제시된 대안의 현실 적합성이 어느 정도인가로 파악.
- 양적 또는 질적 방법 사용.

4) 사회복지조사

(1) **사회복지조사:** 사회복지의 목적을 수행하기 위한 하나의 도구로서 개인의 복지욕구를 충족시키고 사회적 문제를 해결하기 위한 방안을 강구하기 위해 자료를 수집하는 지식탐구 절차. 논리성, 검증 가능성, 반복가능성, 일반성 등의 일반적인 과학의 특징을 가져야 함.

(2) **특징:** 응용조사와 순수조사의 양면성, 사회개량적·계획적·평가적·시험적·과학적 특성

(3) **사회복지조사의 유용성:** 사회복지의 과학적 기초를 구성, 과학적 실천을 가능하게 함, 사회복지 이론과 기술체계 구축에 유용함.

(4) **사회복지조사의 과학적 수행 과정(Bailey의 5단계)**

조사문제 형성 → 가설의 형성 → 조사 설계 → 자료의 수집 → 자료분석·해석 → 보고서 작성

5) 사회조사의 형태

(1) **탐색적 조사:** 문헌조사, 경험적 조사(전문가 의견조사), 특례 분석(특례조사)

(2) **기술적 조사(횡단조사 vs 종단조사)**

– **횡단조사:** 서로 다른 연령, 인종, 종교, 성별, 소득 수준, 교육 수준 등 광범위한 사람들의 표집. 일정 시점에서 특정 표본이 가지고 있는 특성을 파악하거나 이 특성에 따라 집단을 분류하는 것으로 사회복지 분야에서 널리 사용됨.

– **종단조사:** 시간의 흐름에 따라 조사대상이나 상황의 변화를 측정하는 것으로 일정한 시간 간격을 두고 반복적으로 측정하여 자료를 수집하는 조사방법.

(3) **설명적 조사:** 사실의 인과관계를 규명하거나 미래의 사실에 대해 미

리 예측하는 조사.

(4) 순수조사 vs 응용조사

〈표 64〉

	순수조사(기초조사)	응용조사
정의	사회적 현상에 대한 지식 자체만을 순수하게 획득하려는 조사	조사결과를 문제해결과 개선을 위해 응용하여 사용하려는 조사
동기	조사자의 지적 호기심의 충족	조사결과의 활용
특성	현장응용도가 낮은 조사	현장응용도가 높은 조사

(5) **평가조사**: 사회복지정책이나 프로그램의 효과성을 평가하기 위해 실시되는 조사.

(6) 통계조사(전수조사와 표본조사)

- **전수조사**: 조사 대상이라고 생각되는 모든 부분을 대상으로 조사하는 것.
- **표본조사**: 모집단의 일부만을 선출하여 조사대상 전체를 추정하는 조사.

(7) **사례조사**: 특정 사례를 조사하여 현상이나 문제를 전체적으로 파악하고 실증적으로 분석하는 조사.

(8) **현지조사**: 연구문제를 설정하거나 가설을 형성하기 위해 현장에 나가서 직접 면접을 통해 자료를 수집하는 조사.

(9) **실험조사**: 조사자가 외형적 요인들에 대해 의도적으로 통제하고 인위적으로 관찰조건을 조성함으로써 독립변수의 효과를 측정하거나 독립변수(원인 변인)가 종속변수(결과 변인)에 영향을 미치는 인과관계에 대한 가설을 검증하는 조사방법.

(10) 양적 조사 vs 질적 조사

- **양적 조사**: 대상의 속성을 계량적으로 표현하고 그들의 관계를 통계분석을 통해 밝혀내는 조사.
- **질적 조사**: 언어, 몸짓, 행동 등 상황과 환경적 요인들을 조사하는 방법.

(11) 미시조사 vs 거시조사

- **미시조사**: 분석단위가 개인인 개별적 조사.
- **거시조사**: 사람들의 집합이나 큰 지역 등 집합적 조사.

6) 연구문제와 가설, 변수

(1) 연구문제

① 연구문제의 정의와 서술요령

가. 연구문제의 정의

연구문제란 둘 이상의 변수 사이에 어떤 관계가 존재하는지를 의문문의 형태로 기술하는 것.

형태 1. 왜 그럴까? ex) 개입과정에서 클라이언트들이 중도에 탈락하는 이유는 무엇인가?

형태 2. A는 B에 영향을 미치고 있는가? ex) 학교사회사업 프로그램의 참여가 청소년의 자아존중감을 향상시킬까?

나. 연구문제의 서술요령

- 연구문제는 의문문의 형태로 서술되어야 한다.
- 단순 명료하게 문제를 지적하는 것이 가장 좋은 방법이다.
- 변수들 간의 관계에 대해 서술한다.
- 적어도 두 가지 이상 답이 나올 가능성이 있어야 한다.

② 연구문제의 선정

가. 연구문제 선정의 원칙

- 연구자의 경험 – 사회복지 실천현장에 존재하는 많은 의문이나 불확실성, 즉 왜 사회에 이러한 문제가 나타났는가에 대한 의문이 연구문제를 선정하게 하는 원천이 됨.
- 문헌고찰 – 각종 저널이나 논문들을 읽다가 연구문제를 발견하게 되기도 함.
- 기존의 이론 – 기존의 이론체계에 대한 거부감이나 불충분함으로 인해 이에 대한 재조명이나 보완의 차원에서 연구가 이루어질 수 있음.
- 사회적 요청 – 사회적으로 문제가 되고 있어 이에 대한 해답을 제시

해 줄 것을 요청해 오는 경우.

나. 연구문제 선정 요령

■ 연구자가 흥미를 느끼는 주제를 선정하라.

■ 철저한 평가를 한 뒤에 선택 여부를 결정하라.

■ 자신에게 경험이 있거나 사전지식이 있는 주제를 선정하라.

■ 교수, 선배, 동료와 상의하라.

■ 너무 완벽한 주제를 추구하지 말라.

■ 연구를 뒷받침해 줄 이론적 배경이 있는 주제를 선정하라.

■ 너무 광범위한 주제를 선정하지 말라.

③ 연구문제의 평가기준

가. 연구의 의의 – 제시된 연구가 사회복지 분야의 지식 축적에 공헌할 수 있는지를 살펴보는 것.

■ 연구문제의 중요성 – 연구주제가 사회복지와 관련된 현상을 파악하는데 중요한 의미가 있고 기여하는 바가 있는지를 평가. 사회복지는 실천학문이므로 조사된 연구가 실제에 활용될 수 있도록 연구문제가 제기되어야 함.

■ 연구주제의 효용성과 적용가능성
사회복지에서의 연구는 특히 클라이언트에게 효과적인 서비스를 제공하기 위해 보다 나은 서비스 방법을 연구하는 것에 많은 가치를 두고 있으므로 효용성과 적용가능성이 우선시되어야 함.

■ 연구의 이론적 관련성
이론은 연구에 대한 현실적 기반을 제공한다. 연구문제는 이론과 관련되어 있어야 함.

나. 주제의 연구가능성

■ 검증가능성
연구문제는 실제로 조사될 수 있으며, 조사를 통해 검증할 수 있는 것이어야 함.

■ 도덕적, 윤리적으로 저촉되지 않는가?

도덕적, 윤리적 측면에서 고려했을 때 진행될 연구가 조사대상자에게 아무런 피해를 주지 않는가를 검토해야 함.

■ 변수들의 명확한 개념정의와 측정이 가능한가?

현실세계에서 연구문제가 관찰 가능한 수준으로 개념화될 수 있어야 함.

■ 연구의 실행가능성: 현실적 여건이 허락하는가?

연구가 실제로 수행될 수 있는가를 살펴보는 중요한 측면 — 가능한 한 연구의 범위를 구체화시키는 것이 바람직하다.

(2) 가설

① 가설의 정의와 서술요령

가. 가설의 정의

■ 연구문제를 실제 조사와 연결하기 위해 필요한 것이 가설.

■ 가설이란 둘 이상 변수의 관계에 대한 잠정적인 기술.

■ 질문형태로 되어 있는 연구문제를 진술형태로 바꾸어 놓은 것.

예) 연구문제: 학교사회사업 프로그램의 참여가 청소년의 자아존중감을 향상시킬까?

가설: 학교사회사업 프로그램의 참여는 청소년의 자아존중감을 향상시킬 것이다.

나. 가설의 서술요령

■ 둘 또는 그 이상 개념 간의 관계에 대한 진술이 분명해야 한다.

■ 둘 또는 그 이상 개념 간의 관계에 대한 방향도 제시할 수 있어야 한다.

■ 개념은 조작적으로 규정되어 있고, 이들은 측정 가능해야 한다.

② 의의

어떤 사실의 원인을 설명하거나 어떤 이론체계를 연역하기 위해서 가정적으로 설명한 것.

검증되지 않은 두 개 이상의 변수 간의 관계를 검증 가능한 형태로 서술해 놓은 문장.

연구문제를 조사 가능하게 구체적으로 세분한 것으로 문제에 대한 잠정적인 해답.

③ 가설의 특징
- 2개 이상의 변수의 관계로 표현.
- 문제를 해결해 줄 수 있는 있어야 함.
- 검증될 수 있어야 함

④ 가설의 종류

가. 영가설
- 두 개 이상의 모집단 또는 변수 간에 차이가 없다, 또는 독립변수가 종속변수에 영향을 미치지 않는다고 가정하는 것을 의미.
- 가설 검증에 많이 사용.

나. 실험가설
- 두 개 이상의 모집단 또는 변수 간에 차이.
- 독립변수가 종속변수에 영향을 미친다고 가정.
- 영가설과 반대되는 가설을 설정.

(3) 변수

① 변수의 정의
- 변수란 조사되는 구체적인 개념 또는 이론적으로 구성된 개념을 말함.
- 연구대상의 속성을 나타내며, 그 속성에 계량적인 수치를 부여할 수 있는 개념을 의미.
  예) 성별은 대상의 속성을 나타내며, 남성과 여성이라는 2개의 변수 값을 갖는다.

주의할 점: 만약 한 개념이 자기 다른 값이나 범주로 분류될 수 없다면 그것은 변수가 될 수 없음.

　　예) 남자, 자동차(자동차의 종류는 대형, 중형, 소형 등 다양한 값을 가 지므로 변수가능)

② 변수의 특성

- 대상의 경험적인 속성들을 나타낸다.
- 둘 이상의 값을 갖는다.

③ 속성에 따른 분류

가. 명목변수

- 어떤 사물의 속성을 질적인 특성에 의해 상호 배타적인 몇 개의 범 주로 나눌 수 있을 뿐 서열이나 수치로 나타낼 수 없는 변수(성별, 직업, 종교 등).
- 이름을 붙인 것일 뿐 서열이나 양적인 의미를 갖지 않음.

나. 서열변수

- 어떤 사물의 속성을 상호 배타적인 몇 개의 범주로 나눌 수 있고 범 주 간의 서열을 측정할 수 있는 변수.
- 단순한 시열을 의미할 뿐 범주간의 치이를 나타내지는 않음.

다. 등간변수

- 어떤 변수의 범주 간의 순서뿐만 아니라 정확한 간격을 알 수 있는 변수.
- 각 범주는 동등한 간격을 가지고 있음(온도, IQ 등).

라. 비율변수

- 변수의 범주 간 간격이 등간 간격일 뿐 아니라 몇 배나 큰가 또는 몇 배나 작은가를 측정할 수 있는 변수.
- 등간변수의 모든 특성을 가지고 있는 동시에 절대영점을 더 가지고 있음(화폐단위).

④ 기능적 관점에 따른 분류

가. 독립변수

■ 다른 변수의 발생에 대한 원인이 된다고 가정되는 변수.

예) IQ와 학업성적과의 관계(IQ – 독립변수)

나. 종속변수

■ 독립변수의 영향을 받아 일정하게 변화된 결과를 나타내는 기능을 수행하는 변수.

예) 담배를 피우는 것은 폐암발생을 증가시킨다(폐암을 발생 여부 – 종속변수).

다. 매개변수

■ 독립변수의 영향을 받아 종속변수에 영향을 주는 변수.

예) 가정의 사회경제적 지위는 성취 욕구에 영향을 미치고 성취 욕구는 학업성적에 영향을 미친다고 가정할 경우.

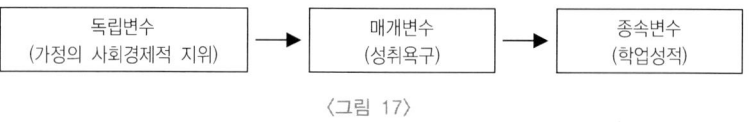

〈그림 17〉

라. 통제변수

■ 두 변수 간의 관계를 좀 더 정확히 파악하기 위해서 두 변수 간의 관계에 영향을 미칠 수 있는 제3의 변수를 통제하는 경우 이 제3의 변수를 통제변수라 함.

7) 사회복지상담을 위한 조사 설계

(1) 조사 설계의 개념과 목적

① 조사 설계의 개념

■ 조사 설계: 연구문제에 답하기 위해 '어떤 연구방법론을 사용해 연구
를 추진해 나갈 것인가'를 계획하는 것.

예) '우울증 노인에 대한 사회복지적 개입이 노인이 우울증에서 벗어나
는 데 효과가 있는가'라는 연구문제에 답하기 위해 실험조사, 단일
사례연구, 서베이 중 어떤 방법론을 택해서 연구를 계속해 나갈 것
인지를 계획하는 것.

② 조사 설계의 목적

가. 조사문제에 대한 답을 제공하기 위하여

조사 설계는 연구자들이 연구문제에 대해 타당하고, 객관적이며, 정확하
고, 가능하면 경제적으로 답할 수 있도록 고안되는 연구의 틀, 따라서 조사
설계는 연구문제의 기본적 지침.

나. 변량을 통제하기 위하여

조사 설계는 연구자가 자료를 모으고 분석하는 것에 대한 지침이므로 변
량을 통제하는 것이 가능.

(2) 조사 설계의 분류기준

① 변수의 조작가능성에 의한 분류: 실험 설계와 비실험 설계

■ 실험 설계 – 연구자가 하나 또는 그 이상의 독립변수를 조작하여 종
속변수에 미치는 영향을 밝히는 것.

■ 비실험 설계 – 독립변수의 조작이 불가능함.

② 조사상황에 따른 분류: 실험 설계와 현장연구

인과관계에 영향을 미치는 제 3의 변수, 즉 외생변수의 효과를 차단할 수

있도록 실험실에서 하는 실험실 연구와 외생변수를 차단할 수는 없지만 실제로 현상이 일어나는 현장에서 연구를 실시하는 현장연구로 분류될 수 있다.

③ 조사 목적에 따른 분류: 탐색연구 기술연구 설명연구
- 탐색연구 – 연구문제의 발견 변수의 규명 가설의 도출을 위해 실시하는 조사로 전문가의 견해 사례나 문헌 등을 통해 주로 예비조사의 형태로 실시된다.
- 기술연구 – 모집단의 특성에 대한 기술을 위한 조사로 인구조사가 대표적이다
- 설명연구 – 변수들 간의 상관관계나 안과관계를 파악하기 위한 조사로 가설검증을 목표로 한다. 서베이와 같은 비실험 설계와 실험 설계가 여기에 속한다.

(3) 적합한 조사 설계의 기준

① 내적 타당도(Internal Validity)
- 종속변수의 변화가 독립변수에 의해 일어난 것임을 확신할 수 있는 정도.
  예) 우울증 노인에 대한 사회사업적 개입이 노인의 우울증 점수에 의미 있는 변화를 가져왔다는 확신의 정도.

* 내적 타당도에 영향을 주는 요인
가. 내재적 요인
- 역사요인(history)
역사가 종속변수에 영향을 미치는 경우
→ 역사란? 연구자의 의도와는 관계없이 우연적으로 일어나는 사건.
  예) 노인우울증 치료집단에 있는 노인이 건강하게 노년기를 성공적으로 보내고 있는 노인에 관한 비디오를 우연히 집에서 시청하게 됨으로써 자신도 우울하게 살 것이 아니라 활동적이 되어야겠다는 다짐을 하게 되는 경우.

■ 성장요인(maturation)

시간의 흐름에 따라 연구에 참여하는 대상자의 생각이 바뀔 수 있고, 이러한 변화가 종속변수에 영향을 미치는 경우

→ 인간은 꾸준히 성장하는 존재이기 때문에 나타나는 문제.

예) 자아존중감 향상 훈련집단에 참여한 초등학교 졸업반 아동의 자아존중감이 향상되었는지를 측정하게 위해 집단프로그램이 끝난 지 6개월 후에 다시 검사를 실시했더니 향상된 경우.

■ 실험대상의 변동(experimental mortality)

실험 설계에서 가장 흔하게 볼 수 있는 문제로 연구에 참여하고 있던 대상자가 연구진행 도중에 그만두는 것.

예) 프로그램에 참여하고 있던 대상이 전학 간 경우, 사전검사는 했지만 중도에 그만두어 사후 검사에 참여할 수 없는 경우.

■ 검사요인(testing)

사전검사가 조사대상자에게 영향을 미쳐 사후검사의 점수에 변동을 초래하는 것.

예) 사전검사와 사후검사에 똑같은 질문지를 사용한 경우

■ 도구요인(instrumentation)

첫 번째 검사와 두 번째 검사에서 서로 다른 도구를 사용해서 나타나는 문제.

예) 사전검사와 사후검사에 서로 다른 질문지를 사용한 경우.

→ 프로그램 효과 때문인지 질문지가 달랐기 때문인지 구분 짓기 어려움.

나. 외재적 요인

실험집단과 통제집단에 조사대상이 상이하게 배치됨으로써 편견이 나타날 수 있는 요인.

■ 선정요인(selection bias)

실험집단과 통제집단에 할당되는 연구대상자는 비교적 비슷한 조건이어야 하는데 공교롭게도 실험집단에 할당된 대상자에 편견이 개입된 경우.

예) 노인 우울증 프로그램 효과성을 측정하기 위해 우울증 노인을 실험

집단과 통제집단으로 할당하는 과정에서 실험집단에 할당된 노인들은 과거에 사회적 활동에도 더 많은 관련을 가지고 있었고, 주위에 사회적 지지를 제공해 줄 수 있는 사람들이 많은 경우.

■ 통계적 회귀(statistical regression)

종속변수 값의 극단치를 근거로 실험집단을 선택했을 때 나타나는 현상.

　예) 한 집단에 대해서 자아존중감 테스트를 실시하였는데, 그 결과가 정상치보다 지나치게 낮은 점수를 얻은 사람들을 대상으로 자아존중 향상을 위한 프로그램을 실시한 경우.

■ 모방(diffusion or imitation of treatment)

실험집단과 통제집단에 속한 대상자들이 서로 대화하거나 만날 가능성이 있을 경우 프로그램 개입을 받고 있는 실험집단의 성원들이 통제집단의 성원들에게 자신의 집단 경험을 알려 줄 수 있음, 이때 통제집단의 대상자들은 실험집단의 대상자를 모방하려 하게 되므로 실험효과를 알 수 없게 된다는 것.

② 외적 타당도(External Validity)

■ 종속변수의 변화가 상이한 대상이나 상이한 상황에서도 나타날 수 있는 것인가, 즉 일반화할 수 있는가에 관한 문제.

　예) Q지역의 지역사회복지관에서 시행한 우울증 노인에 대한 사회사업적 개입이 노인의 우울증을 개선하는 효과를 가져왔다면 제3의 지역에서 우울증을 앓고 있는 또 다른 노인을 대상으로 이 개입방법을 사용해도 우울증을 개선하는 효과를 가져올 것인가의 문제.

* 외적 타당도에 영향을 주는 요인

가. 선정된 표본의 대표성

표본이 모집단을 잘 대표하여야만 표본을 대상으로 한 연구는 일반화가 가능해짐, 만약 선정된 표본이 모집단의 극히 편협적인 특성만을 가지고 있다면 실험이나 조사 결과는 모집단 내의 다른 성원들에게는 적용되기 어려움.

예) 우울증 개선프로그램에 참여한 노인들은 우울증 노인들의 일반적 성격들을 대표해야 함.

나. 실험조사에 대한 민감성

조사대상자가 특정한 조사연구의 대상이 되고 있음을 인식하여 자연스레 행동하지 않는다면 이로 인해 결과에 영향을 미치게 된다는 것, 따라서 조사결과를 일반화하기 어렵게 됨.

ex) 프로그램에 참여하는 대상자가 조사자에게 잘 보이는 것을 의식해 프로그램 시간 내에는 열심히 따라 하지만 프로그램 시간외에는 전혀 다른 행동을 하는 경우.

8) 측정과 척도

(1) 측정의 의의와 측정 수준

① 측정(Measurement)의 의의
- 측정의 개념: 측정하고자 하는 대상의 속성에 일정한 규칙을 따라 숫자나 기호를 부여하는 과정으로 즉 추상적인 개념들을 경험적으로 관찰 가능하도록 바꾸어 주는 것.
- 측정의 의의
  · 가설검증에 중요한 역할을 한다.
  · 자료수집을 위한 기본단위가 된다.
  · 숫자가 부여되기 때문에 자료 처리 시 통계적 기법 적용이 가능하다.

② 측정 수준
가. 명목측정
- 가장 낮은 수준의 측정으로 대상의 특성이 범주화되거나 분류되며, 이름을 부여하는 것.
- 숫자는 양적인 의미를 갖지 않으며, 단지 자료가 지닌 속성을 상징적

으로 나타냄.

■ 평균 또는 중앙값을 계산할 수 없음.

■ 명목측정 범주

· 상호 배타적 – 범주가 고유하고 명확해야 함을 의미.

예) 교육 수준의 범주: 초등학교 졸업 이하, 초등학교 졸업 이상 → 초등학교만 졸업한 사람?

· 포괄적 – 응답자 각자에게 적합한 범주가 반드시 있어야 한다는 것.

ex) 초등학교 졸업, 중학교졸업, 고등학교 졸업, 대학교 이상 → 학교를 다녀 보지 못한 사람?

* **명목측정의 예**

〈표 65〉

변수	범주와 측정값
성별	남 = 1, 여 = 2
종교	기독교 = 1, 불교 = 2, 천주교 = 3, 기타 = 4
인종	백인종 = 1, 황인종 = 2, 흑인종 = 3, 기타 = 4
결혼 여부	기혼 = 1, 미혼 = 2

나. 서열측정

■ 관찰특징이 논리적으로 분류되고, 높고 낮음, 또는 많고 적음에 따라 순위가 결정됨.

■ 상대적인 위치파악이 가능. 단지 숫자는 싱징적으로 높고 낮음만 알려 줄 뿐.

■ 평균 또는 중앙값을 계산할 수 없음.

* **서열측정의 예**

〈표 66〉

변수	범주와 측정값
생활수준	상 = 1, 중 = 2, 하 = 3
만족도	매우 불만족 = 1, 불만족 = 2, 보통 = 3, 만족 = 4, 매우 만족 = 5
학력	초등학교졸업 이하 = 1, 중졸 = 2, 고졸 = 3, 대졸 이상 = 4
제품선호도	싫어함 = 1, 보통 = 2, 좋아함 = 3

다. 등간측정

- 변수의 특성을 분류(명목측정)하고 서열의 순서를 정할(서열측정) 뿐만 아니라, 일정한 간격의 연속선상에 배치하는 것.
- 절대적 영(zero)이 없음. 더하기 빼기만 수행. 평균 또는 중앙값 계산 가능.

* **등간측정의 예**

<표 67>

변수	범주와 측정값
시험성적	.............,70,.80,.90,.100
주가지수	..........578,579,......590...
IQ	..........100,..110...120,....
온도	..........0......10......20

라. 비율측정

- 위의 세 개의 측정의 특징을 다 가지면서 실제적인 의미가 있는 절대 영 또는 자연적 영이 있음. 따라서 한 대상이 몇 배 크다 또는 작다고 말할 수 있음.
- 가감승제의 모든 산술적인 조작이 가능

* **비율측정의 예**

<표 68>

변수	범주와 측정값
연령	0, 1, 2, 3, 4, ……
무게	0, 1, 2, 3, 4, ……
신장	0, ……150, ……160, ……170, ……
자녀 수	0, 1, 2, 3, ……

③ 4가지 수준의 척도 비교

가. 4가지 수준 척도의 서열

- 명목측정 → 서열측정 → 등간측정 → 비율측정

■ 비율측정으로 갈수록 사칙연산이 가능해 높은 수준의 통계적 분석이 가능해짐.

* 측정수준과 기대 조건들

〈표 69〉

조건 척도	범주 (category)	서열 (order)	등간격 (interval)	절대 영 (absolute zero)
명목측정	○	×	×	×
서열측정	○	○	×	×
등간측정	○	○	○	×
비율측정	○	○	○	○

나. 측정 수준의 전환

■ 높은 수준의 척도는 낮은 수준으로 변경가능.

■ 그러나 낮은 수준의 척도는 높은 수준으로 전환할 수 없음.

ex) 비율척도: 거주기간 → 서열척도로 변경: 1년 이하, 2~4년, 5년 이상으로 범주화.

9) 지수와 척도

(1) 지수(index)

■ 두 개 이상의 지표들이 모여 만들어진 복합측정도로 대개 경험적으로 쉽게 나타낼 수 있는 지표들로 구성되어 있음.

■ 주로 규모가 큰 개념들을 나타내기 위해 사용

ex) 소비자 물가지수, 종합주가지수

■ 주로 서열적 측정 수준을 가지고 있음.

(2) 척도(scale)

① 척도의 구성

척도란 측정을 위한 도구로 논리적 또는 경험적으로 서로 연관된 여러 개의 문항들로 이루어진 복합측정도구임.

　　예) 사회적 행위측정: 아동의 어머니에 대한 태도, 우울증, 사회적 지지
　　　　체계
　　성품측정: 자아존중감, 성격구조

② 척도의 종류

가. 리커트 척도

단순합계 척도의 대표적인 방법이며, 특히 서베이 등의 조사에서 가장 보편적으로 사용됨.

　　예) 정말 그렇다. 그렇다. 그렇지 않다. 전혀 그렇지 않다.

- 장점 – 개인의 가치나 태도를 묻는 여러 가지 항목을 간편하게 구성할 수 있으므로 쉽게 활용.
  - 평가자를 필요로 하지 않기 때문에 평가자의 주관적 개입을 배제할 수 있음
  - 등간격 점수에 대힌 기초를 제공해 줌.
- 단점 – 각 항목에 대한 응답자의 태도가 정확히 일치하기 힘들다.
  - 엄격한 의미의 등간척도가 되기 어렵다.
  - 총점 속에 개별 항목의 점수가 묻혀 버리기 때문에 각 항목별로 차이가 있는 응답자의 태도가 구별될 수 없음.

나. 가트만 척도

누적척도의 대표적인 방법이며, 개별 항목들이 일정한 기준에 의해 일관성 있게 서열을 이루고 있는 것이 특징.

다. 써스톤 척도

얻어낸 자료가 등간 측정의 성격을 갖는다는 것을 보장할 수 없는 리커트 척도의 단점을 보완하기 위해 만들어진 척도.

라. 의미분석화 척도

일직선으로 도표화된 척도의 양극단에 서로 상반되는 형용사를 배열하고 양극단 사이에서 해당 속성에 대한 평가를 하는 척도.

10) 신뢰도와 타당도

(1) 측정오류(Measurement Error)

① 체계적 오류

· 측정도구가 잘못되어 연구자가 수집하고자 하는 정보를 얻을 수 없을 때 발생하는 오류

· 이것은 응답자가 갖는 변함없는 속성과 관련이 없으며, 체계적 오류가 커지면 신뢰도와 타당도 둘 다 떨어짐.

가. 응답스타일

· 응답자가 항상 일정한 유형으로 응답할 경우 발생할 수 있는 오류.

· 사회가 원하거나 사회에서 인정받을 수 있는 방법으로 응답하는 경우에 나타나는 것.

나. 인구학적 특성

질문지가 특정 인구집단을 대상으로 만들어져 다른 인구집단에는 적용하기 힘든데도 불구하고 적용하여 발생할 수 있는 오류.

　예) 어른용 설문지를 아이에게 사용 - 어른의 언어를 이해하기가 힘들다.

② 무작위 오류

오류가 발생하는 원인에 체계적 오류에서처럼 일정한 패턴이 없이 나타나며, 통제하기 힘들다.

　예) 응답자가 설문에 응답하기 전날 잠을 늦게 자 응답하는 날 너무 졸려서 제대로 응답을 못하는 경우.

응답하는 장소가 너무 덥거나 너무 추운 경우 대충 답하고 나감.

③ 오류를 피하는 방법

· 편견이 담긴 언어는 사용하지 않는다. 응답자가 이해할 수 있는 언어를 사용.

· 조사자를 사전에 훈련하여 응답자가 질문의 뜻을 잘 이해하도록 함.

· 만약 관찰을 통한 조사라면 클라이언트가 관찰당하고 있다는 사실을 모르는 것이 오류를 줄일 수 있는 방법.

· 기존의 자료 이용 시 그 자료를 너무 신뢰해서는 안 됨.

· 자료수집 시 여러 가지 다른 방법을 활용하는 것이 좋음 – 다각적 자료 수집.

· 응답자가 응답하는 환경에 대해 미리 세심한 배려.

· 신뢰도와 타당도를 가진 도구를 이용.

(2) 신뢰도 – 도구의 정확성을 의미

예) 몸무게를 측정하는 데 1개의 저울을 사용하여 5번을 측정.

측정결과가 70kg, 69.5kg, 71kg, 70kg, 70.5kg을 나타내었다면 약간의 오차는 있지만 거의 일정한 결과를 제공.

이 저울 신뢰도가 있다. = 몸무게를 측정할 때 동일한 결과를 주어 이 저울이 몸무게를 측정하는 데 좋은 도구라는 확신을 주는 것.

① 조사자 간 신뢰도

● 조사자 간에 평가점수가 일치해야 신뢰도가 있다는 것.

● 즉 조사자 또는 평가자 간의 의견일치도를 나타냄.

예) A사회복지관평가 3인 – 교수 1인, 공무원 1인, 직원 1인. 이때 3사람이 점수 89점, 90점, 90점을 주었다면 3사람의 평가는 거의 일치.

3사람의 점수가 90점, 70점, 50점이었다면 조사자 간 신뢰도는 없다고 할 수 있음.

② 재검사법
- 똑같은 측정도구를 가지고 똑같은 대상에게 일정한 간격을 두고 반복 측정해 신뢰도를 평가하는 방법. 사전 사후검사.
- 장점 – 다른 도구의 개발 없이 한 도구로만 신뢰도를 평가할 수 있다.
- 단점 – 같은 도구를 두 번 반복해서 쓰게 되므로 기억력을 통제하기 어렵다.

③ 대안법
- 같은 개념을 측정하기 위해 내용이 비슷한 두 개의 도구를 개발하여 하나는 사전조사에 사용하고 다른 하나는 사후조사에 사용하는 것.
- 장점 – 같은 도구를 사전사후에 사용하는 재검사법에 비해 기억력 통제가 쉽다.
- 단점 – 비슷한 도구를 구하기가 어려워 사회복지에서 사용하기 어렵다.

④ 반분법
- 가장 일반적인 방법.
- 문항을 반으로 나누어(주로 홀수문항끼리, 짝수문항끼리. 최근에는 문항을 무작위로 추출) 비교.
- 장점 – 또 다른 도구의 개발 없이도 신뢰도를 파악할 수 있다.
- 단점 – 반분된 두 개의 측정 문항과 항목 수가 완전한 척도를 이룰 만큼 완전히 동등한 척도를 만들기가 어렵다.

⑤ 내적 일관성 분석
- 반분법이 지니는 문제(측정도구 하나를 두 개로만 나누어 신뢰도를 구하는 데서 생기는 단점)를 보완하는 방법.

(3) 타당도

측정하고자 하는 것, 즉 개념을 측정 도구가 제대로 측정하고 있느냐를 나타내는 것.

① 표면타당도

• 연구자가 측정하고자 하는 것을 외견상 어느 정도 나타내 주고 있느냐를 말함.

• 전문가에 의해 결정되며, 가장 낮은 수준의 타당도.

② 내용타당도

• 측정하고자 하는 개념을 측정도구가 내용적으로 잘 담고 있는가를 나타내는 것으로 전문가의 동의에 의해 결정.

• 표면타당도보다는 진보적인 개념의 타당도지만 주관적인 판단에 의존하므로 편견이나 오류의 가능성을 배제하기 어려움.

③ 기준타당도

• 경험적 근거에 의해 타당도를 확인하는 방법

• 현재 개발된 측정도구의 측정값과 이미 전문가가 만들어 놓은 측정도구, 즉 신뢰도와 타당도를 가지고 있다고 공인되어 있는 측정도구를 기준측정도구로 하여 이 두 도구 간의 상관관계가 높게 나타나면 타당도가 있다고 말할 수 있는 방법.

가. 동시적 타당도

현존하는 상태를 신난하는 것. 서로 상이한 두 대상을 판별해 내는 능력.

나. 예측적 타당도

측정도구가 현재의 상태로부터 미래의 차이를 얼마나 정확하게 예측해 내는지의 능력 정도.

④ 구성체 타당도

• 도구가 실제로 측정하고자 하는 개념을 측정하는지를 이론적 관련성을 가지고 나타내는 것.

• 즉 이론적 구성체를 측정하는 정도를 나타내는 것이므로 가장 나타내기 어려운 타당도.

가. 수렴적 타당도

동일한 구성체를 측정하려는 서로 다른 도구를 한 집단에 적용하면 유사한 점수가 나오기 때문에 타당도가 있다고 입증하는 방법.

나. 판별적 타당도

다른 구성체와 경험적으로 차별성 있게 나타난다면 판별적 타당도가 있다고 말할 수 있음.

다. 요인분석

구성체 타당도를 검증하는 방법으로 가장 잘 알려진 통계방법. 다수의 상호 관련된 변수와 문항들을 좀 더 제한된 수의 자원이나 공통요인으로 분류하는 통계기법.

(4) 신뢰도와 타당도의 관계

① 신뢰도와 타당도는 항상 정의 상관관계를 갖지는 않는다.

신뢰도가 높다고 해서 반드시 타당도가 높은 것은 아니다.

② 신뢰도 없이 타당도를 가질 수 없다.

신뢰도는 일관성 있게 측정되었냐를 나타낼 뿐 측정하고자 하는 개념을 정확하게 측정하고 있는지를 나타내는 개념이 아님.

③ 타당도가 있으면 반드시 신뢰도가 있다.

도구가 측정해야 할 개념을 측정하고 있다면, 즉 타당도를 가지고 있다면 반드시 신뢰도가 있다고 볼 수 있음. 따라서 타당도를 확보하면 신뢰도는 자연적으로 확보된다.

11) 표집

(1) 표집의 용어

① **모집단(Population)** - 연구자가 관심을 갖고 조사를 하려고 하는 대상 전체를 이론적으로 규정한 것.
  · 이론적 모집단: 조사 대상 전체
  · 연구 모집단: 이론적 모집단의 하위개념으로 실제로 추출된 표본.

② **요소(Element)** - ex) 개인, 집단, 조직
자료나 정보를 수집하는 기본 단위. 분석의 기초.

③ **표집단위(Sampling Unit)** - ex) 단과대학, 학과, 학생
표본을 추출할 때 적용되는 단위, 표본의 대상이 되는 요소 혹은 요소들의 집합.

④ **표집 틀(Sampling Frame)** - ex) 단과대학들의 리스트, 학과들의 리스트, 학과 학생들의 리스트.
표본이 선정되는 표집단위의 실제 목록.

⑤ **관찰단위(Observation Unit)**
정보가 수집되는 요소를 의미(자료수집의 단위), 분석 단위라고 할 수 있는데 일치하지 않는 경우도 존재함.

⑥ **변수(Variable)** - ex)성별, 연령, 취업 여부
측정 가능한 개념으로서 둘 또는 그 이상의 값을 갖는 경험적 속성.
상호배타적 속성을 갖는 집합.

⑦ **모수(Parameter)**
모집단의 변수를 요약하여 기술한 수치.

⑧ **통계치(Statistics)**
표본에서 어떤 변수가 갖고 있는 특성을 요약하여 기술한 수치.

⑨ **샘플링 오차(Sampling error)**
표본을 추출하는 과정에서 나타나는 오류

⑪ 신뢰 수준과 신뢰 구간

신뢰 수준: 표본의 결과를 통해 추정하려는 모수의 신뢰성 정도.

신뢰 구간: 모집단의 모수가 일정한 확률을 가지고 갖게 될 값의 범위.

(2) 표집의 유형

① 확률표집

표집 틀 내의 각 표집단위들이 표본으로 추출될 확률이 알려져 있고, 모두가 추출될 기회를 갖고 있으며, 각 단위들이 무작위적(random)으로 추출되는 표집.

가. 단순무작위적표집(simple random sampling: SRS)

확률표집의 기본적인 유형으로 모집단 및 표집 틀을 확정하고, 일련번호를 부여하여 표본의 크기를 결정한 다음 난수추출방법 등을 사용하여 무작위적으로 정해진 표본의 수만큼 표본을 추출하는 방법.

나. 계통표집(systematic sampling)

• 모집단을 구성하는 요소들이 자연적 순서 또는 일정한 질서에 따라 배열된 목록에서 매 k 번째 요소를 추출하여 표본을 형성하는 표출방법.

• 처음에 뽑을 요소는 무작위로 선정한 후 그 다음에 매 k 번째 요소를 뽑는다.

다. 층화표집(stratified sampling)

전체의 모집단을 중복되지 않도록 하위집단을 나눈 후, 동질적으로 구성된 하위집단 내에서 적절한 수의 표본을 추출하는 방법

■ 비례층화표집(proportionate stratified sampling)

모집단에서 각 집단이 차지하는 크기에 비례하여 표본의 크기를 정하는 방법.

■ 비비례층화표집(disproportionate stratified sampling)

각 하위집단에 차등 비율을 적용시켜 표본의 크기를 정하는 방법.

라. 집락표집(cluster sampling)

모집단을 여러 가지 이질적인 구성요소를 포함하는 여러 개의 집락으로 구분한 후 집락된 집락을 표집추출단위로 하여 무작위로 몇 개의 집락을 표본으로 추출한 다음, 이를 표본으로 추출된 집락에 대해 그 구성요소를 전수 조사하는 방법.

② 비확률표집

확률표집이 갖는 특성을 갖지 않는 표집. 개별요소의 추출확률을 동일하게 할 필요가 없거나 불가능할 경우에 사용된다.

가. 편의표집(convenience, accidental, availability sampling)

연구자가 쉽게 접근할 수 있거나 이용 가능한 대상들을 표본을 선정하는 방법으로 학교의 정문이나 기타 길거리를 지나가는 사람들에게 질문한다든지 특정 장소에 모인 사람들만을 중심으로 질문하는 방법

나. 유의표집(purposive, 혹은 judgemental sampling)

- 연구자가 모집단 및 그 요소들에 대해 풍부한 사전지식을 가지고 있을 경우 자신의 판단과 연구목적에 의해 표본을 구성.
- 연구의 초기, 질문의 적용 가능성과 조사도구의 타당성 등을 검토하기 위한 사전조사를 위해 쓰이기도 한다.

다. 할당표집(quota sampling)

유의표집의 변형으로서 추출된 표본이 모집단을 잘 대표할 수 있도록 미리 모집단의 특성을 나타내는 하위집단별로 표본 수를 배정한 다음 표본을 추출하는 방법.

라. 눈덩이표집(snowball smapling)

처음에 연구자가 임의로 선정한 표본에 해당하는 사람으로부터 추천을 받아 다른 표본을 선정하는 과정을 되풀이하여 표본을 눈덩이처럼 누적적으로 쌓아 가는 방법이다.

③ 표집분포에 관한 이론

가. 중심극한정리(=모수 중심 분포)

- 모집단이 정상분포를 이루고 있으며, 표본의 크기에 관계없이 표본평균

의 표집분포도 정상분포를 이룸.

- 모집단이 정상분포를 이루고 있지 않더라도 표본의 크기가 증가하면 표본평균의 분포는 거의 정상분포를 이룸.
- 무작위표집에 의한 표본평균들의 평균은 모집단이 유한모집단이건, 무한모집단이건 관계없이 항상 모집단의 평균과 같음.

  cf) 표준오차 – 표본평균의 표준편차로서 표준오차가 작을수록 통계치의 신뢰도는 높아짐.

나. 정상분포곡선

산술평균. 최빈치, 중앙값이 분표의 중앙에서 일치함.

다. 표본의 크기를 결정할 때 고려해야 할 사항

모집단의 성격, 연구목적 및 방법, 시간 및 비용 등.

12) 자료수집

(1) 관찰법

① 관찰의 의의

자료수집방법으로 관찰은 응답자가 행동을 통해 나타내는 태도나 의견 등을 조사, 분석하는 것.

② 관찰법의 장점과 단점

가. 장점

첫째, 비언어적 행동에 관한 자료 수집이 용이. 둘째, 관찰자 효과의 최소화. 셋째, 종단적 분석 가능. 넷째, 조사의 현장성 및 즉시성. 다섯째, 응답과정의 오류 최소화. 여섯째, 연구대상의 태도가 모호한 경우 유용. 일곱째, 연구대상의 무의식적 행동의 측정. 여덟째, 연구대상의 비협조적일 때 유용 아홉째. 개인이나 집단의 정보를 얻을 때.

나. 단점

첫째, 통제의 부족. 둘째, 계량화의 곤란. 셋째, 작은 표본 크기. 넷째, 현장진입의 어려움. 다섯째, 익명성의 결여. 여섯째, 시간과 경비의 소요. 일곱째, 관찰자 주관이나 편견의 개입. 여덟째, 관찰자 효과. 아홉째, 인간행동의 다변성.

③ 관찰법의 유형

〈표 70〉

관찰 기법	구분 기준	장점	단점
조직적 · 비조직적	상황이 인공적인지 여부	조사결과의 일반화가 용의 기계 이용한 관찰의 가능, 실험효과 측정가능, 시간이 절약	행동이 일어나는 시점까지 기다려야 함.
직접 · 간접	관찰시기가 행동발생과 일치하는가 여부	간접관찰 시 적은 비용으로 자료수집	시간과 비용이 많이 소요
공개적 · 비공개적	응답자가 참여 사실을 아는가 여부	공개관찰 시 관찰자 효과	비공개적일 때 응답자가 완전히 모르게 할 수 없으므로 윤리적 문제
인간 · 기계	관찰을 인간이 하는가, 기계가 하는가.		

④ 관찰의 내용

가. 관찰 목록: 연구대상, 목적, 사회저 행위, 빈도와 지속도

나. 관찰 패러다임: 언어적 지표, 언어외적 지표, 신체적 움직임의 지표, 공간적 지표.

(2) 우편조사

① 장점과 단점

장점 - 비용과 시간의 절약, 응답자의 편의, 익명성의 보장, 표준화된 어법의 사용, 면접자의 편견 배제, 정보의 확보, 접근성의 용이.

단점 - 융통성 결여, 낮은 회수율, 비언어적 행동의 조사는 불가능, 무응답질문, 무의식적인 의견에 대한 정보 전무, 응답날짜에 대한 통제 불능.

(3) 면접조사

① 면접조사의 특성

첫째, 상호작용과 응답자의 열성. 둘째, 면접자–피면접자는 질문과 응답의 의미를 명확히 파악해야 함. 셋째, 융통성 있게 면접을 운영. 넷째, 피면접자가 동화됨.

② 면접조사의 장점과 단점

장점 – 융통성, 높은 응답률, 타당성평가 가능, 환경의 통제, 질문순서의 통제, 무의식적인 응답의 기록, 복잡한 질문의 사용.

단점 – 많은 비용과 시간 소요, 면접자의 편의 발생, 참고기록의 기화부재, 불편함, 익명성의 부족 표준화된 질문어법의 부족, 낮은 접근성.

③ 면접조사의 종류

가. 구조화에 따른 분류

구조화 면접, 반구조화 면접, 비구조화 면접

나. 전화면접조사

다. 집단면접조사

라. 아동과 면접

마. 투사법

(4) 내용분석법

① 특징

첫째, 의사전달의 내용이 분석대상. 둘째, 문헌연구의 일종. 셋째, 메시지의 현재적 내용과 잠재적인 내용도 분석의 대상. 넷째, 객관성, 체계성, 일반성 등 과학적 연구방법의 요건을 갖추어야 함. 다섯째, 내용분석은 양적인 분석과 질적인 분석방법 모두 사용.

② 장점과 단점

장점: 다양한 심리적 변수를 효과적으로 측정 가능, 다른 연구방법의 타
　　　당성 여부에 대한 조사를 위해 사용가능, 안정성과 유통성이 있고
　　　장기간에 걸친 과정을 연구가능.

단점: 시간, 비용, 인력 면에서 비효율적, 신뢰성이 떨어짐.

(5) 온라인 조사

① 온라인 사회조사의 유형

〈표 71〉

유형	표집 틀	통지방법	설문형태	질문길이	응답편의	연결망
회원조사	회원DB	전자우편(전화)	웹문서	20분	보통	인터넷
방문자조사	포탈사이트 방문자	전자우편게시판	웹문서·전자설문	10분	높음	인터넷
전자우편조사	e-mail list	전자우편	텍스트문서·일반문서	30분	중간	인터넷
전자설문조사	가입자DB	전자우편(전화)	전자설문(텍스트)	20분	보통	인터넷

(6) 설문지 작성법

① 설문지 작성과정

첫째, 설문지 작성의 목적과 적용범위의 확정.

둘째, 질문내용 결정.

셋째, 질문의 형태와 응답범주 형식의 선정: 개방형, 폐쇄형 질문, 이분형
질문과 응답방식, 선다형 질문과 응답방식, 척도법, 서열형 질문, 행렬식 질문.

넷째, 질문의 어구 구성: 명확하고 짧게 질문, 사실적인 질문, 직접질문과
간접질문의 적절 사용, 부정문 과 유도형 질문은 피함.

다섯째, 질문의 문항배열: 응답하기 쉬운 것부터 논리적으로 질문.

여섯째, 사전검사: 한 번 이상 실시하고 20~50명 정도가 적절.

(7) 서베이 조사

① 장점과 단점
장점: 적은 비용, 현실 상태를 정확하게 반영, 타당도가 높음, 다양한 주
      제 연구 가능, 일반화의 수준이 높고 객관적인 측정이 가능하며 공
      간에 구애받지 않는다.
단점: 피상적인 결과 가능성이 높고 타당성이 결여, 시계열적인 정보의
      어려움, 고도의 조사기술을 요하고 표본오차를 갖게 된다. 특수한
      집단을 대상으로 하는 질문의 어려움이 있다. 사회적 행동의 측정
      못하는 단점을 갖고 있다.

13) 욕구조사

욕구란: 결핍되어 불편한 상태이며 충족과 발전을 위해 필요로 하는 상태
를 말하며 현재의 결핍된 상태와 원하는 상태 사이에 존재하는 격차를 의미
한다.

(1) 욕구 유형

① 인간의 욕구
● 매슬로우의 욕구 5단계
● ERG 이론: 상위욕구가 좌절될 때 낮은 하위욕구의 중요성이 커진다는
  좌절, 퇴행 접근법에 기초한다.

② 사회적 욕구
생존과 성장을 위해 필요한 기본적인 요건들로서 개인적인 욕구가 다수가
되면 사회적 욕구, 즉 사회문제로 확대된다.

(2) 욕구조사의 의의와 필요성

① 욕구조사의 의의

주민들의 욕구 반영, 기관의 정체성 확인, 기관의 활동 홍보, 현재 프로그램에 대한 평가가 있다.

② 욕구조사의 필요성

정보 획득, 객관성 확보, 실증적 방법, 이용자 중심의 비전 및 프로그램 개발, 체계적이고 전문적인 기관 운영 수행, 자원의 효율적인 운영, 환경변화에 적극적인 대응, 책임성에 대한 평가와 발전의 기초, 정보의 공유와 네트워크로서 기능, 홍보와 참여 기회 제공한다.

(3) 욕구조사의 종류

- 수혜자 중심적 욕구조사
- 서비스 중심적 욕구조사
- 지역사회 중심적 욕구조사

(4) 욕구조사의 자료수집 방법

〈표 72〉

직접 관찰법	일반인구조사	지역주민들 가운데 추출된 표본을 대상으로 면접이나 설문조사를 통해 욕구를 측정.
	표본인구조사	표적집단에게 설문조사를 실시하여 욕구와 서비스 이용 상태를 파악.
	델파이기법	전문가들에게 우편으로 정보를 수집하여 분석한 결과를 다시 보내 의견을 묻는 식으로 만족스러운 결과를 얻을 때까지 계속하는 방법이다.
직접 관찰법	심층면접법	조사대상집단 중에서 중요한 정보를 얻을 수 있는 사람을 추출하여 심층적으로 면접하는 방법.
	관찰법	대상자의 행동이나 사회현상을 직접관찰, 또는 사람들에게 자신과 타인의 행동에 대하여 질문.
	직접경험법	조사자가 실제로 대상자의 생활 속으로 들어가서 조사하는 방법.
	지역사회공청회	지역주민들을 한자리에 참여시켜 공개적인 모임을 통해 욕구나 문제를 관찰하고 파악하는 방법.

사례조사	프로그램운영자조사	서비스를 직접 제공하는 사람을 만나 조사하는 방법.
	주요정보제공자조사	지역에 오래 거주해서 지역에 대해 잘 아는 사람을 만나 조사.
	서비스통계 이용방법	기관에서 제공된 서비스의 이용현황을 통계 분석하는 방법.
간접증거자 료조사	사회지표분석 방법	정부기관이나 연구기관의 관련 전문가가 정기적, 또는 비정기적으로 발표한 자료를 활용하여 지역사회의 욕구를 파악하는 방법.
	행정자료조사	협회, 연구소 등 사회단체에서 행정 및 관리를 위해 수집한 정보를 이용하여 욕구를 파악하는 방법.

14) 실험 연구

(1) 실험의 특징과 목적

① 특징

첫째, 실험은 효율적이고 효과적으로 변수를 조작하고 통제하려고 한다.

둘째, 여러 변수 간의 인과관계를 파악하고자 한다.

셋째, 독립변수가 종속변수에 미치는 영향을 관찰하는 데 목적이 있다.

넷째, 실험은 일어날 변수관계에 대한 파악으로 미래지향적이고 문헌조사, 경험조사, 사례조사 등과 같은 사후연구와 구별된다.

다섯째, 실험은 변수의 조작과 통제가 이루어진다는 점에서 현지연구와 구별된다. 실험은 실험조건을 인위적으로 조작한 다는 단점이 있으나 실험은 변수의 조작과 통제가 이루어진다는 장점이 있다.

② 실험의 목적

다른 변수를 통제하면서 독립변수가 종속변수에 미치는 효과를 측정하는 것.

첫째, 실험은 순수하게 통제된 조건하에 독립변수와 종속변수간의 관계를 파악한다.

둘째, 실험은 기존의 이론이나 연구결과로부터 도출된 명제나 가설에 대한 검증을 시도한다.

셋째, 실험은 이론체계를 정립하는 데 궁극적인 목적이 있다.

넷째, 실험은 새로운 가설이나 연구문제를 발견하는 데 기여한다.

(2) 실험연구와 서베이 조사의 비교

〈표 73〉

실험연구	서베이 조사
의식적으로 하나 이상의 독립변수 조작하여 일정 연구집단을 노출시킴으로 종속변수 변화 상태를 관찰하는 방법	설문지, 면접 전화 등을 이용해 연구문제와 관련된 질문에 답하게 하여 실증적 자료를 수집, 분석하는 방법
변수들 간의 인과관계를 밝히기 위하여 변수를 조작하고 외생변수를 통제	변수의 조작이나 통제가 불가능하므로 변수들 간의 관계 규명에 내적 타당성이 결여될 가능성 있음
인과관계 탐색 위해 미래적 상황을 사전적으로 탐색하는 연구이고 변수 간의 발생순서나 독립변수의 영향을 명확히 규정할 수 있음	인과관계 탐색위해 사후적 연구를 수행하기에 변수 간의 관계 명확히 규정할 수 없음
연구대상자의 수가 적어 양적으로 많은 정보 얻기 어려움	양적으로 많은 정보를 얻을 수 있음
장기간에 걸쳐 수행될 수 있으므로 시계열적인 자료의 획득이 가능함	횡단조사를 시행하고 종료하기에 시계열적 정보 얻기 어려움
실험실 실험의 경우 현실성이 부족하지만 현지실험은 현실을 적절히 반영할 수 있음	현실적 상황하에 이루어지기에 현실을 반영하는 자료를 제공할 수 있다.
한 번에 세 개 이상의 독립변수 조작하기 어렵기에 다양한 변수에 관한 자료를 얻기 어렵고 연구주제도 단편적임	연관성 있는 여러 변수들에 관한 자료를 한 번의 조사를 통하여 얻을 수 있고 다양한 주제에 대해 연구할 수 있음

(3) 인과관계

① 주요 개념

- 원인으로 추정되는 변수와 결과로 추정되는 변수가 동시에 존재하며 상호연관성을 가지고 변화해야 한다.
- 원인이 결과보다 시간적으로 우선해야 한다.
- 사회과학에서 인과관계는 미시매개체 수준을 전제로 하지 않는다.
- 사회과학에서는 사회현상을 연구하는 것이기에 개방시스템을 전제로 한다. 따라서 결과를 발생시키는 원인이 여러 가지가 있다.
- 사회과학에서 인과관계는 원인이 조작 가능하면 보다 이론의 가치가 더욱 높아진다.
- 사회과학의 연구가 개방된 시스템에서 이루어지고 외생변수가 존재하기 때문에 여러 가지 원인이 작용하여 확률적일 수밖에 없다.

② 인과관계의 기초

가. 필요조건

독립변수가 종속변수의 필요조건인 경우.

독립변수 없이는 종속변수가 존재하지 않지만 독립변수의 존재가 항상 종속변수를 존재하게 하는 것은 아니다.

나. 충분조건

독립변수가 종속변수의 충분조건인 경우 독립변수의 존재는 종속변수의 발생에 영향을 미치지만 종속변수는 독립변수가 없어도 발생할 수 있다.

다. 필요충분조건

독립변수가 일어나지 않으면 종속변수는 절대 일어나지 않으며 독립변수가 일어난다면 종속변수의 유일한 원인이고 어떤 대체원인이나 기여원인이 존재하지 않으므로 독립변수는 종속변수가 단독으로 일어나는 경우란 있을 수 없다.

(4) 실험연구 설계의 일반

① 실험 연구 설계의 의의

가. 실험연구 설계는 과학적 조사방법이다.

관찰을 통해 독립변수와 종속변수를 구분하고 외생변수를 통제하여 인과관계를 규명함으로써 조사문제를 해결하는 데 필요한 자료를 획득하는 과학적 조사 설계이다.

사회복지 분야에서는 서비스나 실천방법의 효과성을 평가하는 경우 실험연구 설계를 활발하게 사용한다.

나. 실험연구 설계는 실천적인 조사방법이다.

가설을 검증하기 위한 실제적인 실천계획이다.

② 실험연구 설계의 기본원리

가. 연구문제에 대한 해답의 제공

실험의 목적인 연구문제에 대한 해답을 효과적으로 얻기 위해 가설상에 설정된 변수 간의 관계를 실제로 검증하기 위한 실천계획이다.

나. 분산의 통제

분산은 평균치에서 각각 값이 어느 정도 떨어져 분포되었는가를 의미하는데 실험의 타당성을 확보하기 위해서는 독립변수의 분산을 극대화하고 외생변수를 통제하며 오차분산을 최소화해야 한다.

③ 실험연구 설계의 기본구조

가. 독립변수 조작: 연구의 초점이 되는 현상 가운데 원인이 되는 변수인 독립변수를 실험자가 인위적으로 변화시키는 것이다.

나. 외생변수 통제: 외생변수는 종속변수에 영향을 미칠 수 있는 변수로 이 영향을 제거하지 못하면 독립변수와 종속변수 사이의 인과관계를 정확히 파악하는 데 문제가 생기게 된다.

다. 실험대상 무작위화

무작위의 속성을 어느 한 집단에 편중될 수 있는 표집자 편의현상을 방지함으로써 내적 타당도를 저해하는 요인을 통제할 수 있다.

* 무작위표집 – 확률표집방법에 의해 실험대상을 모집단으로부터 추출하는 것이다.

* 무작위 할당 – 실험집단과 통제집단에 무작위적으로 배치하는 것이다.

④ 실험연구 설계의 기본절차

⑤ 인과관계 증명을 위한 실험연구 설계의 기본요소

가. 비교

실험집단과 통제집단 간에 종속변수를 비교하거나 실험 사전, 사후검사로 종속변수에 차이가 있는지 알아보는 것이다. 비교를 통해 두 변수 간의 상관관계를 파악할 수 있다.

나. 조작

독립변수를 의도적으로 도입하거나 실행시켜 종속변수의 변화를 관찰하는 것으로 독립변수의 도입 전과 후를 비교하여 관계를 파악하는 것이다. 실험

연구 설계에서는 독립변수의 의도적인 조작이 필수적이다.

　다. 통제

　실험의 타당도를 저해하는 요인들을 파악한 후 제거할 수 있도록 실험을 설계해야한다. 타당도의 저해요인으로 내적 타당도와 외적 타당도 저해요인이 있다.

　(5) 실험 설계의 유형

　① 실험 설계(＝순수실험 설계, 진실실험 설계)
　가. 통제집단 사전사후검사 설계(＝고전적 실험 설계)
　● 인과관계 추정을 위한 가장 전형적인 방법.
　● 연구대상을 실험집단과 통제집단에 무작위로 배치함.
　● 실험을 하기 전에 양 집단을 사전 검사함.
　● 실험을 한 후에 양 집단을 사후 검사함.
　● 두 결과 간의 차이를 비교함.

〈표 74〉

대상선정	연구대상의 선정
실험환경	실험환경을 선정(실험실, 현장 등)
무작위표집	연구대상자를 무작위적으로 표본 추출
무작위 할당	연구대상자로 추출된 표본을 무작위적으로 실험집단과 통제집단에 배치
사전검사	종속변수에 대한 사전검사를 실험집단과 통제집단에 실시
실험조치	실험집단에 대해서만 실험조치를 실시
사후검사	종속변수에 대한 사후검사를 실험집단과 통제집단에 실시
비교-검증	사전사후 검사 결과 변수 간 통계적으로 의미 있는 변화가 있는지 비교검토

　● 전반적으로 내적 타당도 저해요인을 통제할 수 있어 내적 타당도 높다고 볼 수 있다.
　주로 사용하는 상황: 실험집단과 통제집단의 최초상태가 동질적임을 측정할 때.

장점: 외생변수를 철저히 통제할 수 있다.

단점: 사전검사와 실험처리의 상호작용효과로 인해 외적 타당도가 문제가
　　　된다.

나. 통제집단 사후검사 설계

● 통제집단 사전사후검사 설계에서 사전검사를 실시하지 않는 방법.

● 연구대상에 무작위 할당이 이미 실험집단과 통제집단을 동질화시킬 수
　있다고 가정함.

● 사후검사만을 통해서 집단 간의 차이를 발견한다.

● 사전검사를 실시하지 않으므로 주 시험효과가 존재하지 않으므로 외적
　타당도는 높다고 할 수 있다.

● 실험집단과 통제집단을 사용함으로써 동일한 외적인 상황을 경험하고 같
　은 정도로 성숙되어 가기에 내적 타당도 저해요인도 제거할 수 있다.

● 두 집단의 무작위 할당으로 선택의 편의도 통제할 수 있다.

＊ 주로 사용하는 상황: 사전측정의 영향을 배제하기 위한 경우

장점: 사전측정의 영향을 제거할 수 있다.

단점: 종속변수의 측정결과가 단지 독립변수의 조작결과라고 단정할 수
　　　없다. 사전측정을 하지 않으므로 연구집단들이 본래 각기 가지고
　　　있는 최초의 차이점을 알 수 없다.

다. 솔로몬 4집단 설계

● 통제집단 사전사후검사 설계＋통제집단 사후검사 설계.

● 사전검사로 인한 주 시험효과 영향을 통제하기 위해 통제집단 사전사
　후검사 설계에 사전검사를 실시하지 않는 또 다른 실험집단과 통제집
　단을 추가한 설계이다.

＊ 주로 사용하는 상황: 실험대상이 실험 전과 후에 어떻게 변화했는지 알
고 싶으면서 사전검사의 효과를 배제하고 싶을 때.

장점: 사전검사의 영향을 제거해 내적 타당도를 높일 수 있다.

　　　사전검사와 실험처리의 상호작용의 영향을 배제해 외적 타당도를
　　　높일 수 있다.

단점: 4개 집단으로 무작위 할당하기가 어렵고 4집단을 관리하기가 곤란하다.

라. 요인설계

- 독립변수가 두 개 이상일 때 적용되는 설계.
- 각 변수에 따라 실험, 통제집단을 설정하고 개별독립변수 - 종속변수, 두 개 이상 독립변수 - 종속변수의 인과관계를 검증하는 방법이다.
- 두 개 이상의 독립변수가 상호 작용하면서 종속변수에 미치는 영향을 파악하기 때문에 조사결과의 일반화는 높지만 고려해야 할 독립변수가 많은 경우 시간과 비용 면에서 효율적이지 못한 단점이 있다.

  예) 청소년들에게 서예프로그램과 음악프로그램을 실시하면 청소년들의 감성지수가 향상된다.

  두 개 이상의 독립변수   종속변수

마. 가실험 통제집단 설계

통제집단 사전사후검사 설계, 통제집단 사후검사 설계에 가실험효과를 측정할 수 있는 집단을 추가적으로 결합해 만든 설계이다.

② 준실험 설계(＝유사실험 설계, 반실험 설계)

가. 단순시계열 설계

- 실험변수를 노출시키기 전후에 일정한 기간을 두고 정기적으로 몇 차례의 결과변수에 대한 측정하는 방법이다.
- 통제집단을 별도로 갖지 않고 실험실시로 인한 효과 확인을 위해 동일집단에 여러 번에 걸쳐 실시된 사전검사를 통해서 확인한다.

단점: 첫째,비교적 높은 내적 타당성을 가지고 있지만 통제집단을 사용하지 않기에 우연한 사건들의 영향일 가능성을 배제하지 못한다. 둘째, 사도구 효과로 인한 외적 타당도가 저해될 가능성이 있다.

나. 복수시계열 설계

- 단순시계열의 단점을 보완하기 위해 통제집단을 추가한 설계이다.
- 실험집단에 대해서 실험변수를 도입하기 전 여러 번 관찰하고 실험변

수를 도입한 후 다시 여러 번 관찰한다.

통제집단에 대해서는 실험변수를 도입하지 않고 실험집단의 측정시기에 맞추어 계속 관찰하여 종속변수의 변화 상태를 비교하는 것이다.

단점: 첫째, 통제집단을 사용함으로써 내적 타당도 저해요인을 감소시킬 수 있으나 무작위 할당이 이루어지지 않으므로 실험집단과 통제집단이 이질적일 가능성이 크다. 둘째, 실험집단의 반복된 사전검사로 외적 타당도가 저해되기도 한다.

다. 비동일통제집단 설계

실험조사 설계의 통제집단 사전사후검사 설계와 유사하지만 무작위 할당에 의해 실험집단과 통제집단이 선택되지 않은 부분에 차이가 있다. 유사한 두 집단을 택하여 하나는 실험집단 하나는 통제집단으로 정하고 통제집단이라 하지 않고 비교집단이라 한다.

주로 사용되는 상황: 무작위로 실험집단과 통제집단에 대상을 할당하기 어려울 때.

장점: 실험조사를 행하지 않고도 실험조사와 유사한 결과를 얻을 수 있다.

단점: 내적 타당도를 저해하는 요인을 차단하기 어렵다.

③ 전 실험조사 설계(＝선실험 설계, 원시실험 설계)

조사대상자와 비교집단이 선정되지 않거나 동질성이 없어서 내적, 외적 타당도 저해요인을 거의 통제하지 못한다.

가. 1회 사례연구

단일집단에 실험적 개입을 가하고 그 효과에 대해서 사후조사만 실시하여 평가하는 방법이다.

단 한 번의 개입에 의해 독립변수의 효과를 측정하기에 인과관계를 추론하는 데 문제가 있다.

나. 단일집단 사전사후 검사설계(＝단일집단 전후 비교)

실험집단에 대한 사전조사를 실시하고 독립변수를 도입한 후 사후검사를 실시하여 인과관계를 추정하는 것이다. 내·외적 타당도 저해요인들이 작용할 수 있기에 인과관계 추론하는 데 문제가 있다.

다. 정태적 집단비교 설계

- 실험집단과 통제집단을 임의적으로 선정하고 실험집단은 독립변수를 도입한 후 사후검사를 하고 통제집단은 독립변수를 도입하지 않고 사후검사를 실시한다.
- 통제집단사후검사 설계에서 무작위 할당만 제외된 형태이다.
- 무작위 할당을 사용하지 않아 내적 타당도가 약하고 실험집단과 통제집단의 원리 차이를 알 수 없다.

④ 비실험 설계

실험적인 연구방법을 사용할 수 없는 상황에서 실시되는 실험 설계이다.

독립변수가 연구자에 의해 인위적으로 조작될 수 없는 상태로 독립변수와 종속변수의 관계를 사후적으로만 파악할 수 있는 방법이다. 인과관계를 밝힐 수 없으며 단지 상관관계만 파악할 수 있다.

가. 일원적 설계

특정사건이나 현상의 발생, 인구집단의 특성, 개인적 – 집단적 경험 등을 기술할 때 사용된다.

단 한 번의 관찰로 조사하여 관찰 값을 파악하는 데 이용된다.

나. 상관관계 설계(= 교차분석적 설계)

독립변수로 간주될 수 있는 할 변수와 종속변수로 간주될 수 있는 한 변수의 속성을 분류하거나 교차시켜 상관관계를 추정하려는 방법이다.

다. 비실험적 요인설계

무작위 할당을 실시하지 않는 것을 제외하고 실험 설계와 유사하다. 두 가지 이상의 독립변수와 하나의 종속변수의 관계 및 독립변수 간의 상호작용관계를 교차분석을 통하여 확인하려는 것이다.

(6) 실험수행 과정과 실험연구의 장단점

① 실험수행 과정

조사문제의 결정 → 이론의 검토 → 가설의 설정 → 변수의 선정 → 변수 검증의 수준결정 → 표본추출 → 표본의 크기 → 실험의 세부계획 → 실험대상자의 할당 → 실험 설계 → 예비검사 → 본 실험 실시 → 자료의 분석과 해석.

② 장단점

가. 장점

첫째, 명확한 인과관계 규명.

둘째, 통제: 순수실험의 경우 최대한 통제를 행하기에 신뢰할 수 있다.

셋째, 종단적 분석가능: 장기간에 걸친 연구를 가능하게 해 준다.

넷째, 연구방향 조정 가능: 실험조건을 연구자 임의로 조작하여 원하는 방향으로 진행시킬 수 있다.

다섯째, 반복적 연구 가능.

나. 단점

첫째, 인위적인 환경: 실험환경이 인위적이기에 현실성이 결여될 수 있다.

둘째, 실험자 효과: 대상지가 실험자의 기대에 따라 의도적으로 행동함으로써 실험결과에 영향을 미칠 수 있다.

셋째, 표본의 크기: 크기가 클수록 실험실 연구는 어렵고 외생변수의 영향도 많이 받게 된다.

넷째, 표본의 비대표성: 연구대상이 모집단의 특성과 이질적인 경우가 많다.

다섯째, 과중한 비용.

여섯째, 가치, 윤리의 문제: 인간행태 문제와 관련된 실험의 연구결과는 항상 제한이 있다.

일곱째, 적용범위의 제한: 실험적 상황의 수립으로 인한 변수의 통제와 조작이 불가능한 대상이 많다.

여덟째, 적용가능성의 문제: 복잡한 사회문제를 실험이라는 방법으로 규명하는 데 한계가 있다.

아홉째, 과학성의 우려: 고도의 과학성을 사회과학 분야에도 확보할 수 있는가의 문제이다.

15) 단일사례연구

(1) 단일사례연구 설계의 특성과 기본구조

① 특성

가. 단일사례: 하나의 대상 또는 사례를 가지고 반복적으로 관찰하여 개입의 효과를 평가한다.

나. 조사대상이 되는 사례는 개인 또는 집단.

다. 반복측정.

라. 즉각적인 환류: 반복적이고 연속적으로 자료를 수집하기에 개입으로 인한 조사대상의 변화를 주기적으로 파악할 수 있고 사례를 진행하는 도중에 도출되는 정보는 환류–수정의 반복적인 과정을 통해 개입효과를 높인다.

마. 개입효과의 규명.

② 기본 구조

가. 기초선 단계

- 개입하기 전의 단계
- 개입 전 표적행동의 상태를 관찰하는 기간을 말한다.
- 보통 'A'로 표시한다.
- 기초선이 안정적이면 개입 후 변화가 일어났는지 판정하기가 용이해지므로 가능한 기초선은 안정적일 때까지 하면 좋다.
- 약 5~10번 정도 기초선 측정을 계획하는 것이 합리적이다. 최소한 3번은 되어야 한다.

나. 개입단계

- 표적행동에 대한 개입이 이루어지는 기간이다.
- 표적행동의 상태에 대한 관찰이 병행되어야 한다.
- 일반적으로 'B'로 표시한다.

(2) 단일사례연구 설계의 수행과정

① 문제의 확인, 특정화

클라이언트가 가지고 있는 문제로 클라이언트 자신, 가족, 이웃 등 관련 인물들에 의해 확인될 수 있고 문제가 확인되면 명확히 규정해야 한다.

② 변수의 선정

③ 측정대상

반복관찰이 가능해야 하므로 정기적으로 측정하기에 충분히 자주 나타나야 한다.

④ 개입목표 설정의 특정화

문제의 특정화가 '무엇이다'는 진술이면 목표의 특정화는 "무엇이 이루어져야 한다."의 진술이다.

누가, 무엇을 해야 하며 어느 정도 그리고 어떤 조건하에서 해야 하는가에 대한 4가지 요소가 있어야 한다.

목표는 클라이언트와 사회복지사가 함께 받아들일 수 있는 것이어야 한다.

⑤ 조사 설계

⑥ 조사 실시

⑦ 개입 평가 및 자료분석

(3) 단일사례연구 설계의 종류와 특성

① AB설계

가. 준실험 설계의 시계열 설계를 단일대상에 적용한 기본단일사례연구

설계라고 한다.

나. 하나의 기초선 단계(A)와 개입단계(B)로 구성된다.

다. A단계에서는 단순히 표적행동의 빈도 등에 관한 관찰만 이루어진다.

라. B단계에서는 표적행동에 대한 개입활동이 이루어지고 변화에 대한 관찰이 이루어진다.

마. AB설계는 A, B의 순서로 이루어진 설계구조의 형태를 말한다.

바. 관찰결과와 관찰점을 연결하여 그래프로 표시한다.

사. 3개 이상의 관찰점, 측정점이 필요하다.

아. 반복적으로 관찰하지만 외생변수에 대한 통제가 없으므로 개입이 표적행동의 변화에 미치는 효과의 신뢰도가 낮다.

장점: 여러 유형의 문제와 장소에서 적용이 가능하다.

단점: 다른 변수의 영향을 통제할 수 없으므로 개입의 효과 파악이 곤란하다.

② ABA설계

가. 실험 설계에서 통제집단 없이 실험하는 것과 비슷한 형태이다.

나. AB설계에 개입 이후 또 하나의 기초선 A를 추가한 설계이다.

다. 클라이언트의 변화가 개입 때문에 일어난 것인지 확인할 수 있도록 한 방법이다.

라. 두 번째 기초선 기간을 반전기간 또는 제2기초선이라고 한다.

장점: 개입의 효과 때문에 변화가 일어났는지 확실히 파악할 수 있다.

단점:

● 변화가 일어난 클라이언트에게 개입을 중단함으로써 클라이언트를 다시 문제 상황에 빠뜨릴 수 있다는 점에서 비윤리적이다.

● 한 번 치료를 했으므로 개입을 철수해도 개입의 효과는 지속될 수 있다.

● 조사기간이 길어져 실제적으로 실시가 어려워진다.

* 설계가 가능한 경우: AB설계로 계획된 사례가 종결된 경우 사후관찰로 사용할 수 있다.

③ ABAB설계

가. AB설계에 기초선 A와 개입 B를 추가한 것이다.

나. 철회, 반전설계라고 부른다.

다. 기초선을 측정 한 후 일정기간 동안 개입을 하고 일정기간 동안 중단
   한 후 다시 개입하는 것이다.

라. 개입을 안 한 상태와 개입한 상태를 두 번 관찰함으로써 개입이 변화
   를 일으켰다는 확신을 얻기 위한 방법이다.

장점:

● 개입을 반복함으로써 개입의 효과가 있었는지에 대한 인과관계를 파악
  하기 용이하다.

● 특정한 문제를 가진 클라이언트에 대한 특정한 개입의 효과를 알게 되
  므로 이론을 축적하는 데 유리하다.

● 클라이언트와 사회복지사의 관계가 지속되고 있는 상황에서 두 번째
  기초선과 개입이 이루어지므로 지속적인 관찰이 가능하다.

단점:

● AB설계보다 시간이 오래 걸리기에 2번에 걸친 기초선, 개입기간을 일
  정하게 유지하기 어렵다.

● 첫 번째 개입과 같은 상태기 반전기간과 2가 개입에서도 계속될 경우
  개입의 효과는 무의미하게 된다.

  개입으로 난 효과가 개입을 철회한다 해도 쉽게 없어지지 않기(개입지
  속효과) 때문이다.

④ ABC설계

ABA설계에서 개입을 가해도 효과가 나타나지 않을 때 다시 개입을 철회
하기보다 새로운 개입방법 C를 적용하는 것이다.

장점: 클라이언트에게 적합한 새로운 개입방법을 적용해 볼 수 있다.

단점: 비교효과를 통제하기 어렵다. 클라이언트가 개입을 비교하게 되기
     때문에 생기는 문제이다.

⑤ 복수기초선 설계

하나의 동일한 개입방법을 여러 문제, 상황, 사람들에게 적용하여 같은 효과를 얻음으로써 표적행동에 대한 개입효과를 추정하는 데 신빙성을 높이려는 것이다.

가. 문제 간 복수기초선 설계

하나의 특수한 개입방법이 같은 상황에서 같은 대상자의 다른 문제해결에 효과가 있는지 평가하기 위한 것이다.

나. 상황 간 복수기초선 설계

하나의 특수한 개입방법이 같은 상황에서 같은 대상자의 같은 문제를 두 가지 이상의 다른 상황에서 치료하는 데 효과가 있는지 평가하기 위한 것이다.

다. 대상자 간 복수기초선 설계

특정개입방법이 같은 상황에서 같은 문제를 가진 두 명 이상의 다른 대상자에게 적용될 때 개입방법의 효과를 평가하는 방법이다.

(4) 자료관찰 및 기록

① 시간간격기록

일정한 관찰기간을 짧은 시간으로 나누어 조사대상자의 표적행동을 직접 관찰하여 기록하는 것이다.

② 빈도기록

정해진 관찰기간동안 일어난 모든 행동의 표적행동의 빈도를 기록하는 것이다.

③ 지속기간 기록

정해진 관찰기간 동안 일어난 모든 단위행동의 지속 시간을 직접 관찰해 기록하는 것이다.

④ 정도기록

관찰기간 동안 일어난 표적행동의 양, 수준, 정도를 측정척도에 의해 판단하여 수치를 기록하는 것이다.

(5) 개입의 평가 기준

① 변화의 파동: 표적행동의 특성이 시간의 경과에 따라 파동을 일으키며 변화되는 정도를 말한다.
② 변화의 경향: 기초선 변화의 경향을 개입기간 변화의 경향과 연결시켜 검토하는 준거 틀이다.
③ 변화의 수준: 관찰된 행동 특성의 점수의 위치를 말하는 것으로 기초선 점수 수준과 개입기간 점수 수준 사이에 차이가 클수록 개입효과에 대한 확신이 높아진다.

16) 프로그램평가

(1) 프로그램평가의 정의

평가란 특정 활동에 관해 정보를 수집하고 분석하며 해석함으로써 그 가치를 판단하는 것이다. 프로그램 평가란 프로그램의 효과성, 효율성, 적절성, 만족도 등을 체계적으로 분석하여 결정권자로 하여금 합리적인 결정을 내릴 수 있도록 정보를 산출하는 사회적 과정이다.

(2) 프로그램평가의 목적

첫째, 프로그램 과정상 환류적 목적으로 프로그램 평가를 수행한다.
둘째, 기관운영의 책임성을 이행할 목적으로 프로그램 평가를 수행한다.
넷째, 형성평가의 경우, 프로그램 진행과정을 개선할 목적으로 프로그램을 평가한다.
다섯째, 설계적인 목적으로 프로그램을 평가한다.
여섯째, 합리적인 자원배분을 목적으로 프로그램을 평가한다.
일곱째, 서비스전달체계를 개선할 목적으로 프로그램을 평가한다.

(3) 프로그램 평가의 중요성

첫째, 사회복지 책임성에 대한 사회적 요구가 심각히 제기되는 시기에 프로그램 평가는 중요시된다.

둘째, 사회복지기관들이 기관의 정체성을 확립하는 데 프로그램에 대한 평가가 중시된다.

셋째, 사회복지기관들이 내부적인 기관운영을 효과적이고 효율적으로 수행하기 위해서 프로그램에 대한 평가가 중요시된다.

넷째, 사회복지기관의 전문성을 형성하는 데 프로그램의 평가가 중요하다.

다섯째, 프로그램운영의 수혜자 친화적 내지는 수혜자 중심적이 되도록 하는 데 있어서도 프로그램의 평가가 중요하다.

여섯째, 프로그램의 운영방향을 일관성 있게 설정하여 주고 혼란을 방지하는 데 있어서 프로그램 평가가 중요하다.

일곱째, 사회복지프로그램과 관련해 객관적인 이론을 정립하는 데 있어 프로그램 평가가 중요하다.

(4) 프로그램 평가의 종류

① 목적에 따른 분류

평가를 실시하는 목적에 따라 형성평가, 총괄평가, 통합평가로 나뉜다. 형성평가는 프로그램을 형성하는 데 초점을 맞춘 평가이다. 반면 총괄평가는 프로그램이 종료된 이후 행해지는 평가로서, 어느 프로그램을 시작할 것인지, 지속할 것인지, 종결할 것인지, 또는 여러 개의 대안적인 프로그램들 가운데 어느 것을 택해야 하는지 등 총괄적인 의사결정을 할 경우 실시하는 평가이다. 통합평가는 형성평가와 총괄평가를 통합한 평가이다.

② 기관평가와 개인평가

기관평가는 프로그램을 평가하고 서비스 전달의 진행상황을 확인하기 위해 행해진다. 반면 개인평가는 프로그램 운영자인 개인에 대한 평가로 자기

평가, 동료평가, 행정가에 의한 구두평가 등이 있다.

③ 평가 규범에 따른 분류

효과성평가, 효율성평가, 공평성평가로 나뉜다. 효과성평가는 프로그램의 목적달성도를 평가하는 것이고, 즉 프로그램이 의도한 목적을 얼마나 달성하였느냐를 평가하는 것이다. 효율성평가는 비용최소화 또는 산출 극대화를 평가한다. 즉 투입과 산출을 비교하여 평가한다. 공평성 평가는 프로그램의 효과와 비용이 사회집단 간에 또는 지역 간에 공평하게 배분되었는지를 평가하는 것이다.

④ 평가범위에 따른 분류

단일평가와 포괄적 평가로 나뉜다. 단일평가는 ⓐ 표적문제의 개념화 및 개입의 설계와 관련된 평가, ⓑ 프로그램 집행의 평가, ⓒ 프로그램의 효용성에 대한 평가를 각각 분리하여 어느 하나에 대해 행해지는 평가이다. 포괄적 평가는 ⓐ와 ⓑ, ⓒ를 모두 포함해서 행해지는 평가이다.

⑤ 평가시점에 따른 분류

사전평가와 사후평가로 나뉜다.

⑥ 평가자 또는 평가주체에 따른 분류

자체평가, 내부평가, 외부평가로 나뉜다.

⑦ 평가의 성질에 따른 분류

계량적 평가와 질적 평가로 나뉜다.

(5) 프로그램평가의 체계

① 평가의 기준

가. 합법성

합법성은 사회복지프로그램이 관련된 법률과 기관의 운영규칙의 범위 내에서 법률목적에 얼마나 적합하게 운영되었느냐에 따라 평가된다. 프로그램 담당자들이 업무를 수행할 때 법률과 기관의 프로그램운영규칙에 적합하게 수행하여야 한다.

나. 노력성

노력성은 다양한 프로그램과 관련된 사람들이 프로그램을 위해 얼마나 열심히 일하고 있는지에 의해 평가된다.

다. 효과성

효과성은 목적달성도이다. 이는 프로그램이나 프로젝트의 성공 여부로 나타난다.

라. 효율성

효율성은 투입과 산출의 비율로 측정된다. 즉 프로그램의 수행이 얼마나 많은 투입으로 수행 되었느냐로 평가된다. 여기서 투입은 예산과 같은 금전적인 비용뿐만 아니라 참여한 일선 사회복지사와 지도감도자 등의 인력자원과 그들이 사용한 시간 등도 포함한다.

마. 적절성

적절성은 실현가능성이라고도 표현할 수 있다. 즉 현실적으로 적합하게 가능한 범위 내에서 프로그램이 계획되고 운영되어야 한다.

바. 접근가능성

접근가능성은 프로그램을 필요로 하는 사람들이 시간적으로나, 장소적으로나, 비용적으로나, 심리적으로나 손쉽게 서비스전달체계에 접근할 수 있는 정도에 의해 평가된다.

사. 만족성

만족성은 프로그램에 대해 만족하는 정도이다. 이는 프로그램을 이용한 사람들이 얼마나 그 프로그램에 대해서 만족하는지, 전달된 서비스나 기술들이 실제 자신의 문제해결에 도움이 되었는지 프로그램에 대해 당초 기대했던 것이 얼마나 성취되었는지 등에 관해 질문함으로써 평가된다.

아. 지속성

지속성은 수혜자들이 서비스가 중단되거나 분열되지 않고 지속적으로 제공받을 수 있는 정도로 평가된다.

자. 적합성

적합성은 프로그램이 서로 다른 수혜자의 욕구에 맞도록 되어 있는 정도로 평가된다. 예를 들어, 미혼모 프로그램의 경우, 산전보호, 산후진료, 학교교육, 취업, 입양 등에 이르는 전반적인 지원이 주어져야 한다.

차. 포괄성

포괄성은 사람마다 서로 다른 다양한 욕구나 문제를 충족시키거나 해결하기 위해 필요로 하는지, 얼마나 다양한 서비스를 제공하고 있는가에 의해 평가된다.

카. 통합성

통합성은 서로 연관된 서비스를 통합해서 제공하고 있는 정도로 평가된다.

타. 사회적 형평성

사회적 형평성은 수직적 형평성과 수평적 형평성으로 평가된다. 수직적 형평성은 서로 다른 처지에 있는 사람들을 서로 다르게 대우해 주는 것이다.

② 평가의 단계

루빈의 평가 단계

개념화 → 측정 → 표본추출 → 설계(design) → 자료수집 → 자료분석과 제출

워드의 평가 단계

첫째, 프로그램의 목표를 결정한다.

둘째, 평가를 실시하기 위해 재정자원을 할당한다.

셋째, 평가기술요원을 고용한다.

넷째, 평가고문과 계약을 체결한다.

다섯째, 목표를 조직목표 달성을 위한 측정 가능한 지표로 전환시킨다.

여섯째, 평가개념에 관해 관리자와 참모를 훈련시킨다.

일곱째, 평가체계를 설계한다.

여덟째, 정보체계를 개발하고, 이를 정당화하고, 집행한다.

아홉째, 서비스를 받고 있는 수혜자와 서비스를 받고 있지 않은 유사집단의 지표에 관한 자료를 수집한다.

열째, 두 집단에 관한 자료를 목표기준과 비교한다.

열한째, 평가를 개발하고 집행함에 있어서 각 전문 분야의 전문가들의 활동을 조정한다.

열두째, 평가결과를 보고한다.

③ 프로그램평가의 기법

가. 모니터링 기법

모니터링 기법은 프로그램의 운영을 직접 평가하기 위하여 사용하는 방법으로서 책임성 감사, 행정감사, 시간-활동조사가 있다. 첫째, 책임성 감사는 프로그램을 위해 사용된 비용과 수혜과정의 일관성, 신빙성, 정확성 등을 검토하는 평가기법이다. 둘째, 행정감사는 프로그램을 수행하는 사회복지사나 지도감독자들이 실제 수행한 업무실적을 검토하는 평가기법이다. 셋째, 시간-활동조사는 프로그램 활동에 투입된 전체 시간과 프로그램 목표 달성과 직접 관련된 활동시간을 비교 검토하여 프로그램 운영을 평가하는 방법이다.

나. 사회조사기법

사회조사기법으로는 실험, 서베이, 사례연구 등이 있다.

다. 비용분석기법

비용분석기법에는 비용회계, 비용편익분석, 비용효과분석이 있다. 첫째, 비용회계는 프로그램 비용을 프로그램 산출과 관련시키는 것이다. 둘째, 비용편익분석은 비용과 프로그램 활동의 결과를 금전적인 단위로 관련시키는 방법이다. 셋째, 비용결과분석은 프로그램 비용과 결과를 관련시키는 방법이다.

④ 프로그램 효과의 측정

가. 측정대상

프로그램 실시로 인한 수혜자의 욕구 상태와 표적행동의 변화이다. 부수적으로 프로그램 실시 과정에서 나타나는 서비스전달체계상의 변화도 프로그램 효과를 설명함에 있어 측정된다.

나. 효과측정 관련 자료 원천

프로그램 효과를 측정하기 위한 자료의 원천은 다양하다. 누가 자료를 제공하였는가 또는 어디에서 수집하였는가는 프로그램 효과를 평가하는 데 직접적으로 필요한 자료를 정확히 얻을 수 있고, 얻지 못할 수도 있다. 프로그램평가의 주된 목적은 수혜자의 욕구와 문제 상태의 변화이다. 따라서 평가자료의 가장 중요한 원천은 수혜자 자신이 된다.

(6) 프로그램평가 조사

① 프로그램평가조사의 모델

가. 총괄평가조사모델(summative evaluation research model)

총괄평가는 목적지향적 평가라고도 불린다. 이는 프로그램운영이 끝날 때 행해지는 평가로서 성질이 비슷한 새로운 프로그램을 다시 시작할 것인지 또는 종결할 것인지 등을 결정짓는 데 유용하다.

나. 형성평가모델(formative evaluation model)

형성평가는 결정지향적 평가라고도 한다. 이는 프로그램 운영 도중에 이루어지는 조사로서, 계속되는 프로그램을 수정-보완하여 프로그램을 개선할 목적으로 수행되는 조사이다.

다. 총괄-형성 혼합모델

혼합모형을 사용하게 되면 프로그램의 발전 및 시행 단계마다 나타나는 특성이나 문제에 적절한 평가방법을 융통성 있게 사용할 수 있다. 프로그램 시행의 초기 단계에서는 신속한 환류를 제공할 수 있는 형성적 평가방법이, 프로그램 종결 후에는 프로그램 성공의 내부에 관심을 가지고 있는 여러 계층을 위한 과학적이고 객관적인 자료를 제시할 수 있도록 총괄평가의 방법이 필요할 것이다.

17) 조사계획서 및 조사보고서 작성

(1) 조사계획서 작성

① 조사계획서 의의

조사계획서는 조사의 목적 설정, 조사내용의 소개, 조사대상 선정계획, 자료수집방법과 조사도구 계획, 조사일정, 조사비용 등을 명확히 밝힘으로써 조사담당자, 조사의뢰자, 조사감독자 및 기타 이해 관련자들이 조사수행에 필요한 사항이나 자원을 미리 준비하고, 조사의 흐름과 방향을 이해하며, 조사 실시 여부에 대한 의사결정을 하는 데 필요한 정보를 제공하는 문서이다.

② 조사계획절차

첫째, 조사목적을 설정하는 단계로 여기에는 조사의 정당성을 인식하고 조사목적을 규명한다.

둘째, 조사내용을 결정하는 단계로 조사를 통하여 얻어야 할 정보들을 조사자나 전문조사기관의 내부자료를 분석하여 얻게 된다.

셋째, 조사방법을 결정하는 단계로, 자료수집방법을 결정하고 이를 통한 분석기법에 대해 고려를 하게 된다.

넷째, 조사일정 및 예산에 대한 결정을 하는 단계로, 조사 일정이 늦어짐으로 인한 연구가치의 허락을 방지하기 위해 특히 조사일정을 엄수하도록 한다. 조사와 관련하여 소요되는 비용이 당초 예산범위를 초과하지 않도록 하는 것도 유의해야 한다.

(2) 조사보고서 작성

① 조사보고서의 의의

사회조사는 실천적인 목적과 이론형성적인 목적이 있다. 사회조사는 사회적인 욕구와 문제가 무엇인가를 확인하고, 이들의 심각도를 파악함, 나아가 이러한 욕구를 충족시키고 문제를 해결하기 위해 필요한 정보를 수집하고,

분석하고, 해석하며, 나아가 주어진 현상과 사실에 적용할 수 있는 지배적인 원리를 정립하여 이론을 형성하려는 일련의 활동이다.

② 조사보고서의 유형

가. 탐색적 조사보고서

조사문제를 규명하거나 가설을 정립하는 데 도움을 줌으로써 향후 보다 논리적이고 정교한 조사를 실시하도록 하기 위해 수행된 조사의 결과를 보고하는 문서이다.

나. 기술적 조사보고서

조사문제와 관련된 사회적 현상의 특성과 변수 간의 상호관계성을 서술하기 위해서 수행된 조사의 결과를 보고하는 문서이다.

다. 설명적 조사보고서

변수 간의 인과관계를 밝히기 위해 수행된 조사 결과를 보고하는 문서이다.

라. 제안적 조사보고서

수집된 자료의 분석결과에 따라 특정한 정책대안이나 개입방안을 창안하여 보고하는 문서이다.

③ 조사보고서 작성

조사보고서는 조사의 목적, 보고대상, 보고방법 등에 따라 서로 다른 형태를 취하게 되지만 일반적으로 유의해야 할 사항과 작성요령은 다음과 같다.

첫째, 조사보고서는 보고대상에 적합하게 작성되어야 한다.

둘째, 문장표현에 주의를 기해야 한다.

셋째, 통계자료 분석의 결과는 가능한 수표나 도표를 사용하여 제시한다.

넷째, 조사보고서는 정확하고 명료해야 한다.

다섯째, 조사보고서에는 간결해야 한다.

④ 조사보고서의 기본 구조

- 표제
- 목차
- 개요
- 서론

• 본문

첫째, 조사의 목적

둘째, 문제와 가설

셋째, 이론적 배경

넷째, 조사 설계 및 조사방법

ⓐ 조사 설계 ⓑ 자료수집방법 ⓒ 표본추출 ⓓ 통계적 자료분석방법 ⓔ 조사결과

• 결론 및 제언

• 참고문헌

• 부록

참고문헌

사회복지조사론, 김기원 지음, 2001, 나눔의 집.

사회복지조사론, 사회복지사수험연구회 편, 2002, 동인.

사회복지조사론, 최일섭·김성한·정순둘 공저, 2001, 동인.

사회복지조사론, 김종천, 1999, 대학출판사(문제).

김렬, 사회과학조사방법론, 박영사, 1999.

김영종, 사회복지조사방법론, 학지사, 1999.

김정기 외, 사회조사분석론, 청원대학교출판부.

남세진·최성재, 사회복지조사방법론, 서울대학교 출판부, 1998.

1급 사회복지사 국가고시연구회, 필수 1급 사회복지사, 나눔의 집, 2002.

채구묵, 사회복지조사방법론, 양서원, 2001.

체계이론은 크게 사회체계이론, 일반체계이론, 생태체계이론으로 분류할 수 있다.

체계이론에 사회복지상담을 적용하는 이유는 조직의 체제를 알아야 상담이 가능하고 내담자에게 도움을 줄 수 있다는 취지이다. 체제 자체가 하나의 조직으로서 사회복지 대상이 되며, 상담의 대상이 되기 때문이다. 본 패러그랩에서는 이러한 사회복지상담을 체제론적인 입장에서 다루며, 체제이론을 구체적으로 이해하는 게기가 되어야 할 것이다.

사회체계이론에서는 인간행동에 영향을 미치는 다양한 체계 수준 즉 개인, 가족과 조직을 포함하는 소집단, 지역사회와 같은 보다 넓은 사회체계에 관점을 두고 있고 일반체계이론은 유기체와 환경 간의 체계적인 상호작용에 대해 전체성, 상호성, 개방성의 개념으로 분석하고 있다. 한편 생태체계이론은 유기체가 환경 속에서 어떻게 역학적 평형을 유지하고 성장하는지에 관심을 두고 있는 데 이 세 가지 이론 모두 다양한 체계에 관심을 갖고 있고 인간과 환경 사이의 상호작용을 강조하고 있다.

다시 말해 체계를 하나의 전체로 바라보고 체계 안에서 발생하는 스트레스와 이에 대응하는 인간의 균형에 관심을 두고 있다는 것이 체계이론들의 공통점이라 할 수 있다.

1) 일반체계이론

일반체계이론(general system theory)은 1940년대 생물학자인 루드윅 (Ludwing)에 의해 제시되어, 1960년대 주목받음. 사회체계이론은 우리가 살고 있는 사회적 환경 안에 존재하는 다양한 형태의 인간공동체에 적용할 수 있는 사회조직의 모형으로 인간행동에 영향을 미치는 다양한 체계 수준 즉 개인,

가족과 조직과 같은 소집단, 그리고 지역사회와 같은 넓은 사회체계에 관심을 두고 있다. 유기체와 환경 간의 체계적인 상호작용 또는 상호 관련성에 대하여 전체성(wholeness), 상호성(reciprocity), 개방성(openness)이라는 생활체계의 개념으로 설명하고 분석하려는 일반과학이라 할 수 있다. 일반체계이론은 유기체와 환경 간의 체계적인 상호작용 혹은 상호 관련성에 대해서 전체성 (wholeness), 상호성(reciprocity), 개방성(openness)이라는 생활체계의 개념으로 설명하고 분석하려는 관점으로 출발하였다. 즉 일반체계이론의 도입으로 사회복지 실천 개입을 위해 사정할 때에 과거의 일반적인 방법과는 달리 클라이언트의 문제나 욕구를 개인과 체계 간의 상호 영향력을 중시하여 살펴볼 수 있는 상황적 요소에 초점을 맞추게 되었다.

(1) 인간관

일반체계이론은 인간을 하나의 통합된 전체로 기능하고, 전체는 단순히 부분을 더해 놓은 것이 아니라 그 이상의 기능으로 하나의 특수한 단위를 이루고 활동하는 것으로 주장한다.

(2) 주요 개념

① 구조적 속성
가. 경계
경계(boundary)란 한 체계를 외부환경으로부터 구분 짓는 일종의 가상적 테두리라고 할 수 있다. 경계는 체계 내의 구성원을 규정짓는 임의적이고 개념적인 규정이며 이는 경계를 유지하는 행동을 통해서 드러난다. 체스와 노딘(Chess와 Nortin)은 체계의 경계는 정체성을 규정해 주며, 체계 외의 주변 환경과 정보나 자원, 에너지 등의 교환을 통제한다.
나. 개방체계와 폐쇄체계
개방체계(Open system)는 다른 체계와 에너지, 정보, 자원 등을 상호 교류하는 체계이다. 즉, 체계 내 사람들이 환경 또는 다른 체계들과 빈번한 상호

작용을 하는 경우를 말한다. 폐쇄체계(Closed system)는 다른 외부체계들과 상호 교류가 없거나 혹은 교류할 수 없는 체계를 말하는데 폐쇄체계에서는 체계 안의 에너지 정보, 자원 등이 외부로 나갈 수가 없다.

② 진화적 속성

가. 균형(equilibrium)은 외부 환경으로부터 새로운 에너지의 투입 없이 현상을 유지하려는 체계의 속성이다.

나. 항상성(homeostasis)은 환경과 지속적 상호 교환을 하는 체계에 존재하며 그 결과는 안정적이지만 정적 균형이 아니라 역동적 균형으로 나타난다.

다. 안정 상태(steady state)는 부분 간의 관계를 유지시키고, 쇠퇴해서 붕괴되지 않도록 에너지가 계속적으로 사용되는 상태를 의미한다. 개방체계에 존재한다.

③ 과정적 속성

체계를 둘러싼 상호작용은 역동적이며 쌍방적인 과정이다. 과정적 속성을 설명하는 개념에는 의사소통과 피드백, 투입 – 전환 – 산출의 과정을 들 수 있다.

가. 의사소통과 피드백

체세 내외부에서 일어나는 정보의 흐름을 표현하는 의사소통(communication)은 두 사람 또는 그 이상의 개인들 사이에 정보를 전달하는 체계이며, 개인 간의 관계를 형성하는 기반이 되는 상호작용의 축적 과정이다. 피드백 (feedback)은 정보의 투입에 대한 반응으로 나타나는 것이며 모든 사회체계는 순환적인 특성을 가지고 있기 때문에 구성원들은 체계의 의사소통 과정이나 모든 활동의 과정을 점검하고 그 결과 대처하는 데에 필요한 행동이 무엇인가를 판단하고 수정하기 위해 표현하는 과정이다. 긍정적인 피드백과 부정적인 피드백의 차이는 피드백의 내용의 차이가 아니라 상호작용의 방향과 더 깊이 관련되어 있다는 것을 이해해야 할 것이다.

나. 투입 – 전환 – 산출의 과정

투입(input)이란 환경으로부터 에너지와 정보를 받아들이는 것을 말한다.

전환(trough – put)이란 투입을 산출로 변환시키기 위해 체계가 갖고 있는 구조적 배열을 말한다.

산출(output)이란 투입된 자원을 전환과정을 통해 내놓은 결과물이다. 즉, 과업 관련 투입은 유지 관련 투입으로 가동되는 산출을 낳게 된다.

2) 생태학적 체계이론

(1) 기본 과정

생태학의 원래 뜻은 여러 유기체들끼리 어떻게 상호 관련되어서 공생 공사하는지를 연구하는 학문을 말한다. 브론펜부르너가 생태학이란 능동적으로 성장해 가는 인간 유기체와 그가 살고 있는 변화하는 속성을 지닌 인접 환경 간에 전 생애를 걸쳐 일어나는 점진적인 상호 조절 과정을 과학적으로 연구하는 학문이라고 했다. 생태학 체계이론의 기본 전제는 사람이라는 유기체는 절대 개별적으로 혼자 존재할 수 없다는 것이다. 그리고 인간과 환경 중 어느 하나를 강조한 이론이기보다는 이 둘 간의 호혜적인 관계 유지 패턴과 각각의 적응성을 강조한 이론인 것이다. 생태학적 이론의 일반적인 기본 가정은 첫째, 원래부터 인간에게는 환경과 상호 작용하는 잠재력이 있어, 그 능력을 인정해야 한다. 사람은 더 유능해지기 위해 노력하기 때문에 목적지향론적인 행동과 사고를 지니고 있다. 둘째, 인간이 갖는 모든 특징은 환경과 관계를 맺어져 나타난 결과이며 그 형태도 다양하다. 셋째, 개인과 환경은 서로서로 영향을 미치기 때문에 호혜성에 따라 '개인 – 환경' 단위나 '환경 – 개인 – 환경'이라는 큰 체계로 이해하는 것이 옳다. 넷째, 적합성은 개인의 적응력과 그 개인에게 지지적인 환경 간의 조화로운 관계, 즉 개인 – 환경 과정이 호혜적인 것을 말하며, 사회복지는 적합성을 유지하기 위한 실천 활동이다. 다섯째, 개인과 환경의 적합성은 생활공간 속에서 이해되어야 한다. 여섯째, 사회복지사는 내담자의 생활공간에 개입할 준비를 갖춘 사람으로 내담자의 생활경험으로부터의 내담자와 환경의 긍정적인 병화를 유도해 내는 역할을 담당한다.

(2) 주요 개념

① 적응성과 유능성

적응성(adaptiveness)은 환경에 대한 대처 수준을 높이고, 적당한 대처 기술을 선택해 사용할 줄 알고, 선장과 같은 변화를 지향하며 공생하려는 인지적이고, 감각적이고 지각적인 행동 과정이라 한다.

생태학적 체계이론의 입장은 사람은 누구든 더 유능해질 소양이 있다는 데서 시작된다. 유능성(competence)은 환경과 성공적인 상호작용이 경험될 때 형성되는 것이기에 일생을 두고 점점 신장될 수 있다. 심리학적으로 해석한다면, 유능성은 '자신에 대한 안정된 전체감과 높은 자존감을 갖고 타인과 건강한 관계를 유지하는 것'이다.

② 적합성과 적응

적합성이란 인간의 적응욕구와 환경자원이 부합되는 정도로 전 생애에 걸쳐 성취된다. 인간과 환경 사이의 상호 교류에서 서로에게 유익한 결과를 가져올 때 적합성이 이루어지고 어느 한쪽의 희생을 기반으로 생존과 발달이 이루어진 경우를 부적합성이 초래된 것이라 말한다.

적소란 사람이 모든 환경에 다 적합할 수 없는 것처럼, 아무리 좋은 환경이라도 모든 사람에게 다 좋은 환경이 될 수는 없다. 개인과 환경, 환경과 환경 간의 상호 호혜성은 매우 개별적이다.

③ 생태학적 이론에서 본 환경

생태학적 체계이론에서는 환경을 '사회적 환경'과 '물리적 환경'으로 나눈다. 환경을 이런 식으로 설명하는 까닭은 생태학적 이론이 환경 자체보다는 인간의 문제가 환경 문제와 개인의 생활에서 어떤 식으로 연결되어 생기는

가에 관심을 두고 있기 때문에, 환경의 개념과 함께 개인의 문제를 설명하기 위해서이다.

④ 생활과정과 생활영역

개인의 독특성이 담겨 역사적 맥락과 함께 진행되기 때문에, 생활과정을 파악하면 개인의 개별적인 삶의 양식과 고유하고 주관적인 삶의 문제를 파악하기가 용이해지기 때문이다. 생활영역이란 실제로 존재하는 환경을 국한한 개념이 아니며, 개인의 발달을 촉진하거나 발달하는 환경 내의 특정 영역을 의미한다. 생활영역은 문화나 시대에 따라 다를 뿐 아니라, 개인에 따라서도 다르다. 생활영역은 시간에 따라서도 변한다.

⑤ 스트레스, 대처, 유능성

스트레스는 사회적 또는 발달적 변화, 충격적 사건, 다양한 생활문제 등의 요구가 자신이 활용할 수 있는 인적 자원 또는 환경 자원을 초과하는 상황에서 비롯된다.

개인이 긍정적 자아존중감을 가지고 있고 스스로 유능하다 여기면 스트레스는 정적 스트레스(eustress)가 되어 오히려 개인의 성장과 발전을 돕는 계기가 될 수 있다.

대처기술이란 스트레스를 경험할 때 자연적으로 발생하는 것으로 정서적 고통을 통제하기 위한 개인의 행동이라 할 수 있다. 여기에는 내적 자원과 외적 자원이 있는데 내적 자원이란 자아존중감과 문제 해결 기술을 말하고 외적 자원은 가족, 사회적 관계망, 조직의 지원 등을 포함한다.

(3) 생태학적 환경체계와 인간과의 관계

환경체계란 개인을 둘러싸고 있는 네 가지 수준의 체계들과 그 체계들 사이의 위계를 말한다. 여기에는 미시체계, 중간체계, 외체계, 거시체계가 있다.

미시체계(소속체계)는 개인을 둘러싸고 있는 직접적인 환경 내의 활동, 역할, 대인관계의 유형이다. 미시체계는 개인의 특성과 성장 시기에 따라 달라진다. 즉 집, 가족, 놀이터, 학교, 동아리, 학교, 사회집단 등 성장해 감에 따라 미시체계의 폭이 넓어진다.

중간체계는 두 가지 이상의 미시체계 환경 간의 상호작용으로 일어나는 과정과 연결성을 말하는데 아동의 경우를 예를 들면, 아동의 가족과 학교에서 중간체계는 가족과 학교와의 관계라고 할 수 있다. 사람들은 서로 다른 환경에서 서로 다른 역할을 수행한다는 견해가 중간체계 개념에 포함되어 있다.

외체계는 유기체가 직접 능동적으로 참여하지 않고 유기체를 둘러싼 더 큰 환경이 유기체에 직, 간접으로 영향을 미치는 것을 말한다. 예를 들어, 아동에게 영향을 미치는 외체계로는 부모의 직장, 사회적 관계망 등을 들 수 있다. 부모의 수입이 줄어들 경우 아동에게 그 영향이 미침을 알 수 있다.

거시체계는 하위문화나 문화 전반에 존재하는 하위체계 형식과 내용의 일관성을 말하는데 철학, 이데올로기 등을 들 수 있다.

유기체와 미시, 중간, 외체계는 거시체계 안에 존재하며 개인의 삶에 직접적으로 관여하지는 않는다 하더라도 사회구조적 힘을 갖고 있기 때문에 강력한 영향력을 행사한다고 보겠다.

(4) 생태학적 체계이론과 사회복지 실천

① 생태학적 전환에 대한 관심

브론펜부르너는 하나의 환경체계나 그 이상의 체계들이 어떻게 인간의 생애의 변화 속에서 전환되는가 하는 생태학적 전환(ecological transition)에 관심을 두었다. 대부분 사람들은 어린 시절에는 미시환경체계로부터 가장 직접적인 영향을 받는다. 그러나 연령 증가와 함께 환경체계의 영향력은 변화하게 되어 있다. 미시, 중간, 거시, 시간체계들이 얽히면서 역동적으로 개인의 삶과 물린다. 생태학적 전환이 시간과 공간, 삶의 사건들로 인해 어떻게, 언제 일어나는가가 중요한 의미를 갖는 것이다. 생태학적 이론은 생활과정에도 관심을 둔다. 생활과정을 보면 시간과 공간의 이동과 변화를 통해 개인이 겪은 사건과 역사적인 주요 사건들이 어떻게 교류되어 개인의 삶의 흐름을 이끌었는지 개관할 수 있기 때문이다.

② 사회복지 실천의 의미

상호호혜성 개념은 브론펜부르너의 생태학적 환경체계이론에서 가장 자주 등장되었다. 이런 상호호혜성을 높이기 위해서 크게 개인의 적응력을 높이는 입장과 환경의 지지력을 높이는 입장으로 접근 방향을 달리할 수 있다. 생태학적 이론에서 본 사회복지 실천의 효과는 먼저, 개인에게 자존감과 문제해결 능력을 높이는 것이다. 생태학적 이론은 어려운 문제가 해결되기를 가장 바라는 사람은 내담자 자신이며 복지 실천의 주체 역시 내담자라는 긍정적 관점을 갖고 있어, 복지는 사회복지사의 주도하에 진행되는 것은 아니라고 보고 있다. 엄격히 말해 사회복지사는 원조자일 뿐 지배적이고 주축적인 실행가는 아니며 내담자와 동반적인 관계에 있는 사람으로, 단지 내담자의 내적 능력을 촉진하여 그가 스스로 문제 해결 능력을 발휘하도록 문제를 경청하며, 내담자가 문제를 없애고 줄여 나갈 방안들을 실행하도록 도우는 사람일 뿐이다.

25 과학과 사회복지상담

1) 과학이란

오늘날 우리들은 과학기술시대에 살고 있다고 말한다. 고속도로 위로 자동차가 씽씽 달리고, 하늘에는 초음속비행기들이 날고 있으며, 우리 머리 위에는 수많은 인공위성들이 하루에도 몇 번씩 지구를 돌고 있으며, 저 먼 화성이나 목성으로 우주탐사선이 가고 있다. 뿐만 아니라 복제 양이니 복제 소니, 이제는 인간을 복제한다고 하기도 한다. 예전에는 상상도 하지 못할 일이라 할 수 있다. 그만큼 확실히 과학이라는 말은 일종의 위엄이나 권위를 가지고 있으며, 과학적이라고 하면 그냥 통용될 수 있는 것으로 인식되고 있으며, 인류에게 복지와 안녕과 행복을 보장하는 유일한 것으로 간주되고 있는 것이라 할 수 있다. 그러나 이런 과학이라는 것이 우리와 밀접한 관계를 유지하고 존중받지만 과학이 무엇이냐고 질문한다면 대다수의 사람들은 명확하게 대답을 하지 못한다. 또, 대답을 하는 대부분의 사람들도 과학을 체계적으로 이루어진 지식의 축적이라고 이야기하는 것이 일반적이다. 분명 과학적 지식은 체계적인 지식임에 틀림없다. 하지만 종교교리를 체계적으로 정리한다고 해서 그것도 과학이라고 할 수 있는가? 아무도 아무리 체계적으로 정리하였다고 해서 종교교리를 과학이라고 생각하지는 않는다. 그렇다면 과학이라는 것은 무엇인가. 과학은 전체 경험세계에 접근하는 방법을 말한다고 이야기하고 싶다. 피어슨(K. Pearson)은 과학을 사실 그 자체가 아니라 그것을 다루는 방법이라고 정의하였다. 그러므로 그것은 종교교리처럼 사람을 체계적으로 설득하는 것은 아니다. 과학은 단지 과학자로 하여금 '만일 이러하면 이렇다.' 하는 가정적인 형식으로 진술을 할 수 있게 하는 분석의 양식이라 할 수 있다. 따라서 얼마나 한 지식 사실이 체계적이건 간에 그 지식이 단지 명백한 명제에서 출발하며, 해석으로 그친다면 그것은 과학이라고 힐 수 없디 히겠다. 이러한 과학은 기본적으로 우리를 둘러싸고 있는 세계를 이해하고자 하는 노력에서 출발한다. 과학적 활동은 현상에 대한 기술, 규칙성의 발견, 그리고 이론과 법칙의 정립이라는 세 가지 부분으로 이루어질 수 있는데, 과학자들은 이 세계에서 나타나고 있는 대상과 사건들을 관찰하여 기술하고자 하며, 산만하고 단편적인 일상의 경험 속에서 규칙성과 질서를 발견하려고 한다. 그 과정에서 이러한 규칙성을 하나의 이론 또는 법칙으로 정립시키고 하는 것이라 할 수 있다. 과학적 지식은 상식을 바탕으로 형성되지만 상식 자체는 아니며, 보다 체계화된 것이다. 하나의 연구가 과학적이 되기 위해서는 우선 논리적이어야 하고, 개체(연구대상)에 대한 설명보다는 일반법칙에 근거한 설명이어야 한다. 이러한 과학적 연구는 경험적으로 검증 가능하여야 하며, 새로운 진실이 밝혀지면 수정될 수 있어야 한다. 이러한 기준들이 어느 정도 충족되느냐에 따라 하나의 연구가 어느 정도 과학적이냐 하는 것이 결정되는 것이라 할 수 있다. 지금까지 한 이야기에서 과학의 개념을 다음과 같이 몇 가지로 정리할 수 있다.

① 과학이란 절대적으로 보편타당한 근본원리를 탐구하는 것이 아니라 일정한 조건 밑에서 자료를 모아 정리 연구하면 이러한 결과가 나올 것이라는 가정적 형식하에서 사실을 이해한 결과 얻은 지식의 체계적 축적 누적이다.
② 과학이란 경험세계에 접근하는 방법인 동시에 분석형식이다.
③ 과학이란 목적달성을 위한 수단이다.
④ 과학이라는 것은 얻어진 지식도 지식이지만 그것을 얻기 위한 방법수단이라는 면이 더 강조된다.

2) 과학적 조사

과학적 조사는 현상에 있어서 조사연구라는 이름의 가치가 있기 위해서는 객관적 자료를 수집하고 기록하여 정리하는 것이므로 과학적인 객관성을 가져야 한다. 만일 이 여건을 결여하고 주관적인 자의에 의해서 조사가 이루어져 왜곡되든가 편향되든가 하면 그 조사는 과학적인 조사라 할 수 없다. 과학적 조사의 본질은 어떻든 그 방법에 있는 것이므로 방법이 될 수 있는 대로 과학적이어야 한다. 이 과학적 조사는 몇 가지 기본적 조건을 충족시켜야 한다. 첫째, 자연에는 질서와 규칙이 있다는 것이다. 이는 현실세계에는 질서와 규칙성이 존재하고 이를 우리가 인식할 있어야 한다는 것이다. 둘째, 모든 현상에는 원인이 있다. 처녀가 애를 배도 할 말이 있다고 하듯이, 어떠한 현상의 원인이 존재하여야 한다. 셋째, 인간이 궁극적으로 모든 현상을 이해하고 설명할 수 있어야 한다는 것이다. 인간은 초자연적인 현상에 압도되어 과학적으로 설명하지 못하는 것을 배격하고, 인간의 노력으로 현상에 대한 설명과 이해 가능하다고 생각한다. 넷째, 자명한 지식은 없다는 것이다. 사회 통념적으로 받아들여지는 것도 진실이라고 주장하기 위해서는 객관적으로 검증되어야 하며, 언제라도 그것이 오답일 수도 있으며, 절대적이고 궁극적인 진리란 존재할 수 없다는 인식에서 출발한다. 다섯째, 경험과 관찰이 지식의 원천이라는 것이다. 현상에 대한 모든 이론적 추론의 타당성은 궁극적으로 관찰에 의하여 입증되어야 하며, 분석적 지식만으로는 사실의 세계를 이해한다는 것이 어렵다는 것이다.

3) 과학적 조사에 있어서 가치의 의미

(1) 가치란

과학은 그 성격에 있어서 가치중립이라야 한다. 그러나 모든 과학이 그 중립적인 정도에 있어 동일하게 가치중립적일 수가 있느냐는 문제가 대두된다. 과학도 하나의 사회현상이고 보면 전혀 가치판단이 작용할 수 없다고 볼 수만은 없다. 그러나 과학적 방법의 핵심이 객관성이 있고, 개인의 주관이나 편견 및 가치판단의 개입을 하나의 금기로 생각해 왔으며, 그러함에 과학적 조사에 있어서 가치문제를 떠나서는 도저히 과학 연구 및 성립이 불가능할 뿐만 아니라 그 연구의 일부분조차 이루어질 수 없디. 그렇다면 과연 가치란 무엇인가.

가치란 특정 사물에 대하여 지향적으로 작용하는 관념형태이며, 그것은 실제적으로나 규범적인 태도에 대한 방향설정의 기준을 가진 것이라 하겠다. 그러므로 가치는 일반적으로 척도의 의미를 가진다. 이 척도에 따라서 문제가 되고 있는 일이 과연 어떠한 뜻을 가지는 것인가에 대한 문제를 이야기할 수 있다. 만약에 그것이 뜻이 있는 일이라면 그 뜻은 척도에 비추어 보아 어느 위치에 있는지를 알 수 있는 것이다. 가치가 사회적·문화적 문맥 속에 정형화되어 있을 경우에 가치는 이미 태도의 성격을 가질 수 있고, 또 그 태도에 대한 방향설정의 근거가 될 수 있다. 그런데 어느 가치가 사회적 가치가 되기 위해서는 그것이 대다수 사람들에 의하여 공통적으로 받아 들여져야 할 뿐만 아니라 그 사람들에게 방향제시를 하는 작용도 하고 있어야 한다고 한다.

(2) 과학에 있어서 가치의 성격

한 현상에 관하여 연구를 한다면 연구목적에 도달하기 위하여 가능한 모든 방법을 제시한다. 따라서 이때는 능률이 문제시된다. 그리고 윤리적 방법은 어떠한 목표에 도달하는 과정은 물론 그러한 목표에 도달한 후의 결과가 자기의 윤리적인 신념에 부합하느냐의 여부의 기초로 하여 택하는 방법인 것이다. 물론 그와 같은 부합 여부를 합리적으로 분석하는 것이 과학적인 조사방법이다. 그러므로 윤리적인 행위는 엄밀히 분리해 낸다면, 방법을 자기가 선한 것이라고 확신하는 것에 비추어서 하는 행위이다. 그러나 윤리적인 방법이 반드시 비과학적인 방법이라는 것이 아니며, 반드시 비윤리적이라는 것도 아니다. 또한, 가치라는 것은 사람의 행위를 초래하는 주요 동기가 되는 것이므로 사람의 행위를 연구하는 사회과학 분야에서는 이러한 가치를 또한 연구대상으로 할 수 있으며, 전 문화의 중요 가치체계의 연구로부터 사례에 의한 개인의 가치연구에까지 그 범위를 이룬다. 여기에는 과학자의 가치체계도 포함된다. 현상을 연구하는 과학자 자신도 어떠한 주관적인 편견의 주체이다. 따라서 과학의 사명은 실제 공명하게 밝히는 데 있으므로 결과가 자기에게 불리하다 하더라도 과학자는 이것을 냉정하게 규명하여야 한다. 이것이 과학자의 윤리라 할 수 있다. 과학을 어떠한 목적을 달성하는 수단으로 볼 때, 과학은 문제해결의 방법을 제시한다. 그러므로 과학은 반윤리적인 목적을 달성하는 수단이 될 수 있다. 과학은 문제해결의 방법을 제시하나 어떠한 가치를 추구할 것인지 또는 어떠한 문제를 해결할 것인지는 말하지 않는다. 이는 가치판단의 문제이지, 과학자의 임무는 아니라 할 수 있다. 어떠한 가치가 좋은 것인지를 말하는 것이 윤리이며, 이것을 획득하는 방법을 말하는 것이 과학이라고 할 때, 과학과 가치는 밀접한 관계에 있으며, 과학은 가치를 획득하는 수단이 되고, 이와 같은 수단인 과학은 다시 새로운 가치를 창조해 나가는 것이라 할 수 있다.

또한, 과학에 있어서 가치는 다음과 같은 성격을 가진다.

① 가치는 그 가치판단의 전제로서 사실적 근거를 가진다.

② 모든 가치판단은 그들 각각의 일정한 맥락 아래에서 이루어진다고 한다.
즉, 하나의 가치판단은 판단자의 여건과 상황의 제약을 받는다는 것이며,
하나의 현상에 있어서의 가치판단은 여러 판단자가 동일하지 않을 수 있다.

③ 가치 자체는 보통 객관적인 상대성을 갖는다. 이것은 가치가 가치답기
  위해서는 어느 정도 보편화된 가치내용을 구비하여야 한다는 것이다.

④ 가치는 목표와 수단 간에 상호연결성을 갖게 한다. 초기 목표설정은
  가치판단에 의해야 결정되지만 이에 대한 효과적인 제반수단의 성취
  는 과학이 결정한다고 보는 것이다.

(3) 과학과 가치의 관계

과학은 그 자체가 과학적으로 해결 설명할 수 없는 형이상학적 가정 위에
성립하고 있으며, 만일 과학을 장래의 직업으로 선택하는 경우 과학자가 다
른 직업보다 과학에 더 높은 가치판단을 부여하기 때문에 과학을 직업으로
선택한 것이 된다. 또, 과학의 연구대상을 선정하는 데 있어, 과학자가 이
문제는 중요하다고 이야기한다면 벌써 가치판단이 개입한 경우임에 틀림없
으며, 연구활동의 결과에 대한 평가는 과학 이외의 사회적·문화적 가치관
에 의해 영향을 받기도 한다. 그리고 가치관이나 가치체계가 과학적 연구의
대상 내지 자료가 될 수 있다. 어떤 문화나 사회집단의 가치관뿐 아니라 개
인의 가치관체계를 과학적으로 기술하고 또 갈등하는 가치의 상호작용을 연
구하는 일은 사회과학적 연구의 중요한 과제 중의 하나이다. 또, 우리는 과
학의 사회적 의의 혹은 가치는 무엇인가 하는 물음에서도 우리는 과학과 가
치의 관련성을 알 수 있다.

(4) 과학 연구에 있어서의 윤리문제

과학이라는 것은 목표 달성을 위한 수단이며 방법이므로 능률을 중요시한
다. 따라서 그 방법이 능률적인 한 목표 달성에 이르기까지 윤리적인 영향
은 고려되지 않는다. 그러나 과학적 방법이 반드시 비윤리적인 것은 아니며,
다만 과학과 윤리와의 관계를 해석함에 있어 이러한 것은 윤리적으로 분석
한 데 불과하다고 할 수 있다. 사회에서 구성원이 그 사회가 어떠하여야 한
다고 확신하는 바의 질서가 윤리이며, 이를 행위의 준칙이라 볼 때 윤리는
무엇보다 중요하며, 어떠한 행위가 선인지 악인지 지적을 하여 준다. 이에
반하여 과학은 선악과는 관계없이 단지 어떠한 행위의 결과가 어떠할 것인
가를 말하여 줄 따름이다. 여기서 과학과 윤리는 서로 상반되는 수도 있지
만 일치되는 경우도 많다. 즉, 목표 달성을 위한 방법상의 과정 및 목표 달
성의 결과가 자신의 신념에 부합하느냐의 여부를 제시하는 것이 윤리적 방
법이요 이때 부합 여부를 논리적으로 분석하고 그 결과를 예측하게 하는 것
은 과학적 활동이라 할 수 있다. 그렇다면 과학자의 윤리적 측면을 본다면
지식을 획득하는 데 있어 지켜야 할 윤리적 태도 또한 중요시된다. 이 윤리
적 척도는 정직과 공정이라 할 수 있다. 과학자의 사명은 실제를 공정히 밝히
는 데 있다. 그 결과가 자기에게 아무리 불리해도 과학자로서는 냉정하게 밝
혀야 하는 것이다.

4) 생물복제에 대한 윤리 문제

(1) 생물복제에 대한 찬반론

얼마 전 우리나라에서도 우량형질의 한우를 복제한 송아지가 태어났다고
하여 사회적으로 큰 반응을 일으킨 바 있다. 이미 전 세계적으로 동물복제
에 대한 실험이 진행되고 있으며, 영국의 돌리양 복제 성공이 전 세계적으
로 파문을 일으키고 첨단과학으로 윤리가 송두리째 무너질 수도 있다는 우

려가 깊어지고 있는 상황에서 앞으로 인간 복제에 대한 문제도 그 심각성을 더하고 있다. 동물의 복제 실험은 과학적으로는 큰 발전이지만 동시에 윤리적으로 많은 문제를 일으킬 가능성을 내포하고 있는 것이 사실이다. 예전의 복제실험이 일란성 쌍둥이를 여럿 만드는 과정이라 한다면 돌리양의 경우나 한우복제처럼 다 자란 개체로부터도 유전적으로 똑같은 생명체의 재생이 가능하다는 것을 보여 주기 때문이다. 이런 실험 기술이 인간에게도 큰 문제 없이 적용될 수 있을 것이라는 것이 대부분의 유전과학들의 의견이고 보면 그 사회적 윤리적 파장의 심각성은 능히 짐작할 수 있다. 이미 미국과 유럽을 비롯한 많은 선진국에서는 생명복제에 관한 법률제정을 검토하고 있으며, 우리나라에서도 그 필요성을 인정받고 있다고 한다.

동물 복제에 대한 찬성론자들은 동물 복제가 인류의 식량문제를 해결해 주고, 불치병으로부터 인류를 구해 주며, 이식용 장기를 대량 공급해 주는 유용한 측면이 더 많다고 한다. 젖소의 경우를 든 것을 보겠다. 우리나라 젖소는 하루에 평균 20kg의 우유를 생산한다고 한다. 그러나 젖소 가운데는 하루에 70kg 정도의 우유를 생산하면서 질병에도 강한 것이 있다고 한다. 유전형질이 뛰어난 소라고 할 수 있다. 이런 젖소의 수정란을 수입하려면 개당 4백만 원을 지불해야 한다고 한다. 그리고 국내에서 이 젖소의 새끼를 받으려면 마리당 1백만 원 정도기 소요된다고 한다. 그러나 수정란을 복제하면 개당 2만 원이면 충분해 우리 축산업의 국제경쟁력이 크게 향상된다고 한다. 뿐만 아니라 복제동물은 고가의 치료약제를 값싸게 대량으로 생산하는 데 이용할 수 있다고 한다. 너무 고가여서 잘 사용을 하지 못하는 항암 치료제인 '인터페론'을 몸속에서 대량으로 만드는 동물이 있어 이를 복제한다면, 약품의 가격이 낮아져서, 사람들에게 많은 혜택을 줄 수 있다고 한다. 또, 인간에게 이식 가능한 장기를 가진 동물을 대량 복제한다면 죽어 가는 많은 인명을 구할 수 있다고 한다. 그러므로 사람의 유전자를 조작하는 연구는 원천적으로 금지시키되 인간생활을 윤택하게 해 주는 방향으로 복제동물 연구는 활성화시키는 것이 바람직하다고 할 수 있다고 이야기한다. 동물 복제의 반대론자들의 이야기는 주로 종교적인 측면에서 이야기한다. 만일 동물복제에 이어 인간 복제가 이루어지면 유전자 조작에 의해서 부모의 개입 없이 인간이 대량으로 마치 공장에서 제품이 생산되듯 복제된다면 신이 창조한 본래의 인간은 자취를 감추고 복제인간만 생존하게 될 것이라 말한다. 이는 인간의 결혼제도는 물론, 가정이 파괴되고, 사회에 심각한 변동이 일어날 것이며 나아가서는 복제인간을 이용한 사회가 인간파괴 행위로 이어질 가능성이 크다고 이야기하며, 이는 인간에게 인간적 존재를 부여하는 것을 파괴하는 행위이므로 원천적으로 동물복제를 금지하여야 마땅하다고 이야기한다.

(2) 생물복제에 대한 윤리기준의 가치판단

생물복제에 대한 찬반논쟁이 뜨거운 가운데 생명 복제에 관한 적절한 규제가 필요하다는 것에는 유전과학자를 포함한 대부분의 사람들이 공감하고 있다. 문제는 어느 정도의 규제가 적절한가 하는 점이라 할 수 있다. 바로 과학에 대한 윤리의 문제이다. 과학기술의 발전에는 항상 순기능과 역기능의 양면성이 있고, 또한 획기적인 발견이 이루어질 당시에는 관련 기술이 궁극적으로 어디까지 발전할지 예측하지 어렵기 때문이다. 20세기 초 원자핵의 비밀을 밝힌 것은 과학자들의 순순한 지적 호기심이었지만 그 지식은 곧 원자폭탄의 제조로 이어졌고, 히로시마의 참상을 보았으며, 아직도 강대국 간의 핵무기 경쟁은 인류가 자멸할 수 있다는 위기감을 주기도 한다.

유전공학에 의한 인간 복제는 오히려 더 큰 위험성을 안고 있다 할 수 있겠다. 핵폭탄은 원리를 알고 있어도 실제로 제작하기 위해서는 막대한 시설과 비용이 필요하기 때문에 쉽게 확산되는 것을 막을 수 있기도 하지만 인간 복제는 원리만 알면 조그만 실험실에서도 실현이 가능해 그 악용을 막기가 더욱 어려울 것이기 때문이라 한다. 그러기에 일부에서는 인간 복제에 이를 수 있는 모든 연구를 원천적으로 금지하여야 한다고 주장하고 있다고 한다. 그러나 인간의 유전자를 이용한 연구는 유전적 질환의 치료나 장기이식 등 인류의 건강복지에 커다란 도움을 줄 수 있는 분야이다. 이러한 가능성을 단지 종교적 이유나 오용의 위험성 때문에 원천적으로 막는다는 것은 현명한 방법이 아니라 하겠다. 사실 인간 복제에 대해서는 대부분의 과학자들이나 일반이 반대한다고 한다. 돌리양의 복제에 성공한 영국의 월트 박사도 인간 복제는 비도덕적 행위이며, 받아들일 수 없다고 이야기했다고 한다. 수정세포를 이용한 기술은 이미 인간 복제가 가능한 수준에 이르렀다는 것이 일반적인 판단이지만 실제로 인간 복제를 수행한 과학자는 없었다. 오히려, 인간 복제 금지를 포함한 생명윤리 헌정의 채택을 추진하고 있다고 한다. 맹목적인 호기심이나 영웅심리 때문에 인간의 존엄성을 파괴하는 '프랑케슈타인' 같은 것은 소설에서나 볼 수 있는 것이다. 물론 만일을 위해 인간 복제에 관한 명백한 금지조치가 필요하겠으나 인간 유전자를 이용한 기타의 연구는 가능한 한 허용해야 할 것이고 필요한 경우에만 관련 전문가들의 검토를 통해 금지 여부를 판단하는 것이 좋을 것이라 생각된다. 과학이란 무엇이며 과학에 있어서 가치에 대한 관계를 살펴보는 중에 윤리문제에 대해서 지금 일어나고 있는 생물복제에 관해 이야기해 보고 나름대로의 윤리적인 가치판단을 내려 보았다. 사회과학에서 과학적 조사의 연구에 있어서 가치의 문제는 그 절차상의 문제라 할 수 있겠다. 하지만 윤리적 문제는 그 연구를 하는 데 있어 연구의 가치를 결정하는 중요한 요인일 수 있을 것이다. 사회과학이긴 자연과학이건 그 연구에 있어서의 가치의 문제는 중요하다고 볼 수 있다. 과학자가 연구하고자 하는 문제의 선정이나 중요성의 주장에 있어서 결과의 응용 면에 있어서 과학자들이 가치판단에 영향을 받고 있지만은 과학적 연구를 밟아 가는 절차에 있어서는 그러한 가치판단이 개입하거나 편견, 선입견, 주관이 작용해서는 안 된다고 한다. 절차에 있어서 가치판단이 개입해서는 안 된다는 것은 자명한 일임에 틀림없다. 그러나 그 연구가 과연 올바르게 진행되고 있는가에 대한 질문은 던져 봐야 한다고 생각한다. 과학적 연구는 우리 모두에게 보편타당하게 이로운 방향으로 이루어져야 한다고 본다. 과학적 연구의 진행에서는 어떠한 주관이나 가치가 개입되어서는 안 되지만 윤리적인 문제를 놓고서는 아마 망설여질 수도 있다. 이러한 윤리적 가치판단으로 과학연구의 본질이 흐려질 수도 있고, 전혀 예기치 않은 문제를 유발시킬 수도 있을 것이다. 따라서 '과연 그것이 그런 한가'라는 문제를 끊임없이 제기하면서 과학적 연구에 임해야 할 것이라 본다. 사회복지상담에서도 과학적인 것을 배제해서는 안 된다. 사회가 변화해 가고, 문명이 진보해 가는데, 과학적인 사회복지행정을 두려워하거나, 부정하여 발전을 퇴보로 전환하여서는 안 될 것이다. 복지상담도 과학적 테크닉을 이용할 줄 알아야 할 것이다.

참고문헌

김석준, 『조사방법론』, 대명출판사, 1979.
고영복, 『사회조사의 방법』, 영문사, 1981.
김해동, 『조사방법론』, 법문사, 1983.
김해동, 『조사방법론강의』, 삼중당, 1983.
남궁근, 『행정조사방법론』, 법문사, 1998.
이만갑, 『사회조사방법론』, 한국학습교재사, 1984.
권택상, 『신조사방법론』, 법전출판사, 1985.
이관우, 『신조사방법론』, 형성출판사, 1986.

26 | 교정복지와 사회복지상담

1) 교정복지의 정의

교정복지도 사회복지상담에 들어간다. 왜냐하면 문제발생 사람들에 대한 교화와 교정은 상담을 통하거나 지도에 의해서 이루어지기 때문이다. 그러면 우선 교정이란 무엇인지부터 구체적으로 살펴보도록 하겠다. 교정이란 교도소 내에서 행해지는 권력적인 행형과 대립되는 개념으로서 비뚤어진 것을 바로잡아 고친다는 말이고, 교정사회복지상담은 범죄나 비행으로 비뚤어진 사람의 인격을 바로잡아 고치는 작업이다. 따라서 교정사회복지는 사회복지 실천방법의 지식과 기술, 사회복지정책의 법과 제도적 장치 등을 활용하여 범죄인이나 비행 청소년을 개선·교화함으로써 이들의 재범을 방지하고 사회복귀를 도모하기 위한 공·사적 차원의 상담적인 활동이다. 사회복지상담이 없이는 교정복지가 제대로 이루어질 수가 없는 것이다.

2) 교정복지의 의의

첫째, 범죄인 및 비행 청소년의 적응을 돕는 것으로, 심리·사회적 서비스나 환경개선을 통해 그들이 인간다운 생활을 누릴 수 있고 환경에 적응할 수 있도록 하는 것이 교정사회복지의 주된 기능이다. 둘째, 범죄인의 특정한 질병이나 장애의 치료에 대한 상담심리를 제공한다. 비행 청소년 및 범죄인의 특성이 다양해지면서 이들의 재활에 교정사회복지상담전문가가 개입하여 이들의 치료를 직접 혹은 간접적으로 돕는 기능을 하게 된다. 셋째, 보호관찰·갱생보호기관과의 협력을 들 수 있다. 교정사회복지상담 분야에 있어 보호관찰은 핵심 부분이라 할 수 있을 정도로 교정사회복지의 기술과 접근방식이 보호관찰제도에 크게 기여하고 있다. 넷째, 범죄인의 가족에 대한 원조 역할을 들 수 있다. 갈등적 가족관계, 낮은 경제적 수준, 범죄인 가족이라는 낙인 등 범죄인 가정과 주변을 둘러싼 환경을 조정하고, 범죄인과 가족 혹은 주변인 간의 유대관계와 이해의 폭을 넓히는 데 교정사회복지상담의 의의가 있는 것이다.

3) 교정사회복지상담의 필요성 및 기능

(1) 교정사회복지상담의 필요성

사회복지상담의 특성 차원에서 교정복지의 필요성은 세 가지 측면에서 도출할 수 있다. 첫째, 사회복지는 인간의 존엄성과 변화의 능력을 인정하고 인간을 돕는 정신을 바탕으로 태동하고 발전하였기 때문에 다른 여타 분야보다도 사회복지 분야에서 범죄인의 재활을 돕고 원조하는 데 적극적으로 개입할 수 있다. 둘째, 사회복지에서 중요시되는 것 중의 하나는 넓은 관점에서 대상자에게 접근을 시도한다는 것으로, 이것은 사회복지가 다른 분야에 비해 보다 전인적이고 통합적인 차원에서 범죄인의 재활에 효과적으로 대응할 수 있는 것이다. 셋째, 사회복지 실천가는 그 개인의 능력에 따라 클라이언트가 지니는 심층적인 문제까지도 접근할 수 있는 기술을 개발하고 있어 범죄인에 대한 팀 접근(Team Approach)이나 케이스 매니저로서 대상자에 대한 다양한 지원망을 연결하고 대입하여 도움을 제공하는 이점을 지니고 있다.

이 밖에 경제적인 관점에서 교정복지 활동은 민간 차원의 자원봉사자나 지역사회자원을 활용하고, 재소자에 대한 사회 내 처우를 중시한다는 점에서 상당한 비용을 절감할 수 있다. 또 사회적으로는 재범방지와 재활을 도움으로써 상습적인 범죄가 줄어들고, 사회 안정에 기여하는 면에서 교정사회복지상담의 의의가 있는 것이다.

(2) 교정사회복지상담의 기능

첫째, 범죄인 및 비행 청소년의 적응을 돕는 것으로 심리·사회적 서비스나 환경개선을 통해 그들이 인간다운 생활을 누릴 수 있고 환경에 적응할 수 있도록 하는 기능이다.

둘째, 범죄인의 특정한 질병이나 장애의 치료에 대한 협력을 제공한다. 비행 청소년 및 범죄인의 특성이 다양해지면서 이들의 재활에 교정사회복지상담전문가가 개입하여 이들의 치료를 직접 혹은 간접적으로 돕는 기능을 하게 되었다. 셋째, 보호관찰·갱생보호기관과의 협력을 들 수 있다. 교정사회복지상담 분야에 있어 보호관찰은 핵심 부분이라 할 수 있을 정도로 교정사회복지상담의 기술과 접근방식이 보호관찰제도에 기여하고 있다. 넷째, 범죄인의 가족에 대한 원조 역할을 들 수 있다. 갈등적 가족관계, 낮은 경제적 수준, 범죄인 가족이라는 낙인 등 범죄인 가정과 주변을 둘러싼 환경을 조정하고, 범죄인과 가족 혹은 주변인 간의 유대관계와 이해의 폭을 넓히는 데 교정사회복지상담의 의의가 있다.

4) 교정사회복지상담의 역사 및 실천현황

(1) 외국의 역사 및 실천현황

① 영국

1907년: 보호관찰의 법제화(가장 먼저 실시)

1960년~: 교도소에 복지요원 채용

1970년~: 복지요원의 업무에 관한 사회복지적 접근의 필요성에 대한 연구가 활발히 진행

- 19세기 말까지 피해자를 위한 보복의 개념이 주를 이루었고, 재활주의 입장은 20세기에 들어오면서 거론되기 시작하였다(Carlen & Cook 1984: 14).
- 출소를 앞두고 '출소 전 고용규정'에 따라 개방교도소나 기타 중간 처우시설로 옮겨 사회생활을 위한 적응훈련을 하면서 준사회인으로서 수용생활을 하게 한다(NACRO, 1990).

② 미국

1925년: 보호관찰의 법제화

1960년 중반~: 교정 현장에 사회복지사 채용의 활발화.

민영교도소 운영: 치료감호소로 1975년 펜실베이니아 주의 위버스빌에 세워졌다.

- 교도소 운영체계이며 지방, 주, 연방 등 3단계로 분리하여 운영하고 있다.

– 연방정부가 운영하는 교도소에는 작업, 직업훈련, 스포츠, 교육, 종교활동과 같은 진취적인 프로그램을 제공할 뿐만 아니라 의료시설, 청소년을 위한 시설, 성인을 위한 시설과 같은 종합적인 수용자 보호 프로그램도 함께 실시하고 있다.

③ 일본

일본의 교정은 낮은 수용률과 시민의 높은 관심(수만 명의 자원봉사자)으로 유명하다.

④ 스웨덴

스웨덴의 범죄인 재활은 낮은 수용률, 교도관과 재소자 간의 우호적인 관계, 시민의 관심 등으로 유명하다. 스웨덴은 1930년대 초부터 범죄인을 인간적으로 처우하고, 이들을 처우하는 데 드는 비용을 최소화한다는 방침 아래 시설 내 수용을 억제하는 반면, 사회 내 처우인 비구금형을 최대로 활용하여 왔다. 이러한 교정의 흐름에서 교정당국은 먼저 교정시설의 소규모화와 경구금시설화를 강조하여 비구금제도에 따른 범죄인 교정 프로그램이 다양하게 발달하였다.

근린교도소: 그린지역교도소에 수감되는 범죄인은 자택과 최대한 가까운 거리에 위치하고, 교도소 밖에 나가서 일하거나 공부할 수 있는 기회를 제공받는다.

사회적 연대의식: 다른 나라와 달리 대부분의 국민들이 범죄 자체에 지대한 관심을 가지고 범죄인들의 재활사업에 적극적으로 참여해 이 분야에 크게 봉사하고 있다. 각각의 지역에서는 자체적으로 교도소나 보호관찰소와 같은 교정기관을 운영하고 있다. 즉 교정의 지방자치제가 철저하게 지켜지고 있다. 보호관찰과 사후보호제도는 스웨덴 교정사업의 핵심을 이루고 있고 범죄인의 처우와 교정작업을 철저히 비구금제도 원칙 아래 실시하고 있다.

합리적인 교도소 운영: 교도소의 분류는 구치소를 제외하면 근린지역 교도소와 국립교도소로 구분하는데 근린지역 교도소는 지역별 해당 지역의 책임자가 운영한다. 교정시설에 수감되어 있는 재소자의 수가 영국이나 미국

등에 비해 현저하게 낮게 나타나고 있으며 스웨덴의 교정당국은 충분한 수의 교정공무원을 고용하고 있어 재소자 수에 대한 교도관 업무를 적당하게 수행할 수 있다. 한 예로 폐쇄시설인 니코핑(Nykoping)교도소는 1989년 31명의 재소자에 35명의 교도관이 근무한 것으로 나타났다.

교도관과 재소자의 관계: 스웨덴 교정사업에서 볼 수 있는 특이한 사항은 재소자의 문제해결에 교도관의 역할을 매우 강조하고 있는 점이다.

(2) 한국의 역사 및 실천 현황

① 교정사업의 변화

1981년: 교정직 공무원의 열악한 근무 여건을 위한 경비교도대 창설.

1987년: 범법정신장애인과 범법약물중독자를 위한 공주치료감호소 신설.

1988년: 재소자의 개방처우 서비스를 위해 천안개방교도소를 운영.

1989년: 보호관찰제도 법제화.

1977년~1991년: 전국에 5개 소년분류심사원 설치.

1990년~1997년: 전국 11개 소년원이 중·고등학교 혹은 직업전문학교로 바뀜.

② 교정복지의 전개

1970년대에 비인가 시설인 보이스타운 설립, 보호자가 없는 비행 청소년을 보호.

1984년에 비행 청소년을 위한 효광교호직업보도원 설립.

1977년 보찰제도 도입, 1986년 한국교정교화사업연구소를 설립했다.

1987년부터 정부에서 사회사업학과 혹은 사회복지학과를 졸업한 자를 채용하여 교정시설에 근무하도록 하였지만, 이들이 교정시설에서 사회사업의 전문성을 살려 활동하지는 않았고, 이 특별채용은 약 5년 후 중단되었다.

1990년대 초부터 지역사회의 사회복지관을 중심으로 부적응 아동과 비행 청소년을 위한 치료 프로그램이 사회복지사에 의해 시작되었고, 현재 이와 같은 프로그램은 기업의 복지재단으로부터 지원받아 지역사회에서 자리를 잡아 가고 있다.

5) 주요 프로그램과 제도

(1) 시설중심 프로그램

이는 교정사회복지상담 현장 중에서 비행 청소년 혹은 범죄인을 수용하고 있는 시설을 중심으로 이들 프로그램에 대해 알아보고자 한다. 이들 주요 시설에 있는 클라이언트들의 재활을 위해 시행되고 있는 프로그램들을 살펴보는 것은 비행 청소년 및 범죄인들의 재활을 위한 교정사회사업 측면에서 매우 중요하다. 시설에 있는 동안에 체험하는 프로그램들은 다시 사회로 돌아왔을 때 사회 적응을 돕기 때문이다.

① 개념

시설에 수용되어 있는 범죄인이 기본적인 최저생활을 초월하여 자신의 재활을 위해 제공받는 여러 유형의 서비스라 할 수 있다. 즉, 시설 안에서의 교정프로그램이란 교정실무자가 담당하고 있는 범죄인이나 청소년을 도울 수 있도록 특정한 목적과 운영규칙을 갖춘 서비스이다.

② 시설 프로그램의 주체

프로그램의 주체는 프로그램을 담당하고 있는 직원과 범죄인 혹은 비행 청소년이라 할 수 있다. 이때 직원은 범죄인이나 비행 청소년의 재활을 위해 전문적인 기술을 지녀야 하고 보다 적극적인 태도를 지녀야 한다. 프로그램의 주체를 굳이 알려고 하는 것은 '누가 누구를 위해 일해야 하는 가'를 규명하기 위해서이다.

③ 교정시설 프로그램

교정시설의 유형은 교도소, 구치소, 보호감호소, 개방교도소가 있다. 법무부 교정국에서 재소자를 위해 실시하고 있는 정규 프로그램은 '재소자 교육 및 교화 운영지침'(법무부, 1988)이 규정하고 있는데 크게 교정교육, 교회, 직업훈련, 사회적 처우로 구분되어 있다.

가. 교정교육 프로그램

교정시설에서 재소자의 사회적응성을 높이기 위해 실시하는 각종 교육은 재소자 개인 욕구에 중점을 둔 것으로 범죄성을 제거하여 사회화시키는 것을 목적으로 한다.

인간존중의 원리, 자기인식원리, 자조원리, 신뢰원리를 주요원리로 삼고 있다.

- 생활지도 교육
- 정신교육 – 반사회적인 악성을 근원적으로 제거하고 부도덕적, 반사회적, 퇴폐적인 의식구조를 개혁하여 사회에 복귀시키기 위한 교육을 하고 있다.
- 학과교육
- 정서교육

나. 교화 프로그램

재소자의 정신적 결함을 교정, 선도하고 이들의 정상적인 자아발견을 양성시켜 도덕적인 사회생활에 적응토록 종교 및 기타의 방법으로 교화하는 데 의미를 두고 있다. 기결수 미결수를 포함하여 신청하면 모두 참여할 수 있다.

다. 직업훈련 프로그램

'직업훈련법'에 따라 1967년부터 실시하고 있다. 목적은 노동정신 함양, 출소 후 생활안정으로 재범 방지, 국가기능 인력양성 등에 있다. 재소자들은 이 훈련을 통해 각종 기능사 2급 자격을 취득하고 있다. 훈련생의 주요 자격은 잔 형기 33년 이상, 체력과 지능의 적합성이다. 자체평가를 통해 지방 및 전국 기능대회에 참석할 수 있게 하면 산업체 견학의 기회가 주어진다.

라. 사회적 처우 프로그램

교정시설 내 처우의 엄격한 자유 구소를 완화하여 일반사회와 접근시키고

자 재소자를 사회와 교통케 하여 그들이 석방된 후에 사회적응을 쉽게 할
수 있도록 한다.

④ 보호시설 및 민간시설의 프로그램

가. 소년원의 프로그램

자체강사와 외부강사가 참여하고 있는데 외부강사로는 '방문지도위원'이
활동하고 있다.

9개의 교육을 실시하고 있다(입원자 교육, 예절교육, 교과교육, 직업훈련,
특별활동, 생활지도, 사회복귀교육, 사후지도, 직원의 지도역량 증대).

나. 소년분류심사원의 프로그램

소년분류심사원은 법원의 판사로부터 위탁된 입원소년의 자질을 과학적으
로 진단하고 교정치료를 위해 구체적인 방법과 지침을 수립하여 관계 기관,
즉 법원, 보호관찰소, 소년원에 제시한다. 이러한 기능을 위해 분류심사 프
로그램과 관호 프로그램을 실시하고 있다.

⑤ 시설중심 프로그램에 대한 평가

가. 상담프로그램의 보강

나. 작업요법 프로그램의 보강

다. 취미활동프로그램의 강화

라. 자기탐구 프로그램의 강화

마. 가족참여 프로그램의 강화

* 교정사회복지상담 측면에서 다루어져야 할 수용시설의 프로그램들은
피수용자들이 지니는 욕구의 다양화에 초점을 두고 모색되어야 할 것이다.
피수용자 문제가 점점 다양화되어 가고 심각해지면서 이를 위한 심리사회적
접근이 요구된다. 다양한 심리사회적인 프로그램을 개발하고 지속적인 프로
그램을 실시할 필요가 있다. 그리고 배치되는 전문 인력들도 총체적인 프로
그램의 기술을 습득할 필요성이 크다.

(2) 지역사회 중심 프로그램

범죄인의 효과적인 재활을 위해서는 교정사회복지상담에 지역사회가 적극적으로 참여해야 한다.

① 지역사회 중심 프로그램의 의의

교정사회사업에서 지역사회 중심 프로그램은 한마디로 범죄인에 대한 구금제도의 대안인 것이다. 이 프로그램이 지니는 의의로 간주할 수 있는 지역사회 중심 프로그램의 중요성을 미국의 한 문헌(Smykla,1981)은 인간적인 처우, 적절한 재활, 경제적인 운영이라 하였다.

가. 범죄인 재활의 효율성

■ 비용의 효율성

범죄인 및 비행 청소년을 재활시키는 데 가장 촉각을 세우는 것은 이들을 위해 지출하는 비용이라 할 수 있다. 범죄인을 위해 수용시설에서 사용하는 비용과 지역사회 중심 프로그램에서 쓰이는 비용을 정확히 계산하여 비교한다는 것은 쉽지 않겠으나 이미 연구된 자료에 의하면 매우 큰 차이를 보이고 있다. 이런 비용의 차이를 고려할 때 범죄인 및 비행 청소년을 가능하다면 시설에 수용하지 않고 지역사회 안에서 적당한 서비스를 받도록 하는 것이 바람직하나.

■ 개인의 관계적 효과성

범죄인이 시설에 수용되었을 때와 지역사회 안에 있을 때에 이들이 주변인들과 관계하면서 얻는 결과가 수용시설에서보다 지역사회에서 훨씬 생산적이라는 것이다. 즉, 범죄인이 교도소나 소년원 같은 시설에 있는 것보다 지역사회에 있는 것이 이들의 재활에 도움된다는 것이다.

■ 다양한 인적 자원의 활용

국가의 제도로서 교정사업은 지역사회의 다양한 자원을 이용하기에 이른 것이 사실이다. 이런 맥락에서 볼 때 범죄인이 지역사회 안에 있는 것이 시설에 있는 것보다 이들의 재활을 위해 다양한 인적 및 물적 자원의 동원이 쉽다고 할 수 있다.

나. 비행 및 범죄의 예방

누구나 알고 있는 바와 같이 비행 청소년 및 범죄인을 재활시키는 것보다 비행과 범죄를 예방하는 것이 국가적으로나 그 개인적으로 지극히 바람직한 일이라고 하겠다. 그러므로 범죄인들의 재활을 위한 지역 중심 프로그램은 이들의 재활에 그치지 않고 비행 및 범죄의 예방에도 깊은 관심을 가지고 접근하고 있다.

다. 시민의 참여의식의 강화

지역사회에 있는 범죄인이나 비행 청소년과 가장 가깝게 관계하고 있는 시민이 이들에게 가장 크게 영향을 미친다. 따라서 이러한 시민운동은 교정 사업에 시민 참여를 유도하고 범죄인 재활에 필요로 하는 지역사회 자원을 동원하는 데 촉매 역할을 하게 될 것이다.

② 지역사회 중심 프로그램

가. 예방프로그램

지역사회 중심의 예방프로그램은 범죄나 비행이 예견되는 자를 직접 지도 하거나, 범죄 혹은 비행이 이루어질 가능성이 높은 지역사회의 환경을 개선 하는 교정사회복지사의 주요 업무이다. 범죄나 비행의 치료보다는 예방에 치중해야 한다고 할 때 예방 프로그램의 주요 대상자로서 청소년에게 초점 을 둘 수 있다. 청소년의 비행을 조기에 발견하여 예방하기 위해서는 초등 학교 저학년 때에 발견하여 예방프로그램에 참여하도록 하는 것이 바람직하 다. 초, 중, 고등학교에서 비행이 엿보이는 청소년들을 프로그램에 참여토록 선별하여 현재 중, 고등학교에 있는 '상담 및 진학 지도교사'들이 담임교사 들과 서로 협력하면서 맡아 할 수 있다. 이때 활동교사는 비행이 가능한 학 생 선정, 합당한 프로그램의 개발, 프로그램에 투입될 인적 자원 개발 등과 같은 임무를 수행하여야 한다.

나. 치료 프로그램

이미 범죄나 비행에 가담하여 법원, 검찰, 경찰, 학교로부터 처벌을 받은 자들의 재활을 위한 사회사업적 접근이라 할 수 있다. 여기서 대상자는 비행이나 범죄가 심화적인 경우는 주로 교정시설이나 보호시설로부터 가출소 혹은 가퇴원한 보호관찰 대상자들로 성인이며, 시초적인 경우는 당국으로부터 보호관찰이나 선도 조건부 기소유예 처분을 받은 자들 혹은 수탁시설 수용자들이라고 할 수 있다. 이때 개입해야 할 주요 활동가는 범죄나 비행을 치료할 수 있는 전문가이다. 이 분야에서 전문 인력은 범죄 및 비행의 정도와 유형에 따라 달라질 수 있는데 포괄적으로 정신과 의사, 임상심리사, 사회복지사라 할 수가 있다.

다. 시민운동 프로그램

시민들에게 교정사회복지상담을 보다 정확히 이해시키는 틀로서 범죄예방과 범죄인의 재활활동을 지역사회 주민에게 알리고 이 활동에 참여시키자는 것이다. 이 프로그램에는 모든 지역사회 주민들이 포함될 수 있으나 주요 대상자로는 먼저 범죄인 및 비행 청소년의 가족과 교정사업에 참여하고 있는 자원봉사자를 들 수 있겠다. 이 프로그램의 주요 활동가로는 교정사업과 관련하고 있는 시설의 실무자들과 교정사업을 연구하거나 강의하는 연구원 및 대학교수들을 꼽을 수가 있다. 뿐만 아니라 범죄로 인하여 시설에 수용되었던 경험이 있는 자나 이들의 가족도 시민에게 교도소와 같은 교정현장을 이해시키는 데 중요한 임무를 수행할 수 있다.

* 교정사회복지상담 지역사회 중심 프로그램을 운영하는 주요 주체는 교정사회복지사이다. 이때 교정사회복지사는 다양한 프로그램을 개발하고 이를 실천하기 위해 적합한 원칙을 지켜야 할 것이다. 그래서 지역사회 중심 프로그램을 확산시키고 다양한 전문 프로그램을 개발시켜야 할 뿐만 아니라, 이 분야의 자원봉사활동도 활성화시켜야 할 것이다. 그러기 위해서는 교정사업에 관심을 가지고 있는 시민단체, 전문가 등이 꾸준히 제도 개선에 대항하여야 한다. 그리고 교정사회복지사들의 전문기술 함양에도 신경 써야 할 것이다.

6) 교정복지의 처우 모델

(1) 개선 모델(Rehabilitation Model)

범죄인의 개선, 교화를 통한 범죄방지에 주목적을 두고, 주로 종교적·심리적 카운슬링과 직업훈련을 통해 사회복귀를 꾀하는 것으로 판결 전 조사나 분류처우제도 등의 기술이 개발되었다.

(2) 의료 모델(Medical Model)

범죄를 인격구조나 사회화 과정 중의 결함이나 부적응의 징후로 간주하고 치료나 교화를 위한 처우 프로그램의 중요성을 강조하는 모델이다. 그러나 치료를 위해 강제처우나 수형자의 자율권 무시라는 수형자의 인권보장 측면에서 한계점을 지니고 있다.

(3) 정의모델(Justice Model)

개선·의료 모델의 인권침해 문제와 관련하여 범죄자를 공정하게 취급하여야 한다는 모델로 범죄자의 갱생보다는 교정제도의 개선에 초점을 두고 있다. 그러나 이 모델에 의해 공정성 확보가 지나치면 엄벌화와 구금의 장기화로 연결되어 응보형 모델로 전환할 수 있고 형법의 중요한 이념인 예방의 관점이 무시될 우려가 있다.

(4) 재통합 모델(사회 재통합: Reintegration Model)

수형자와 교정관계자의 상호신뢰에 입각하여 자발적으로 규율 준수와 상호학습을 통해 영향력을 행사하도록 하는 것으로 수용자의 사회복귀나 수용시설에 대한 지역사회의 부정적 시각을 해소시키는 데 도움을 줄 수 있다.

7) 교정사회복지상담에 대한 이해

(1) 교정사회복지상담의 정의

교정사회복지상담이란 개별사회사업과 집단사회사업 및 지역사회사업과 같은 주요 사회사업 방법론을 활용하여 범죄인이나 비행 청소년으로 하여금 심리·사회학적으로 가장 편안한 상태를 유지하면서 사회에 적응하여 활동할 수 있도록 사회복지 측면에서 상담을 하는 일이다. 그러므로 범죄인의 재활을 위하는 사회사업에 관한 전문적인 지식과 기술을 익혀야 하고 나아가 범죄인 및 비행 청소년에 대한 전반적인 상황 그리고 당국의 정책 등을 필수적으로 이해하여야 한다.

(2) 교정사회복지상담가

① 정의

사회복지 실천기술을 바탕으로 교정사회복지상담에 개입하여 범죄인 및 비행 청소년들에게 복지업무를 수행하는 사회복지 전문 인력이다. 이들의 주요 활동현장은 재소자를 위한 교정시설과 보호기관이며 출소자를 위한 활동현장은 갱생보호기관, 출소자 사립지원 현장, 출소자 그룹홈 등이다. 아직은 정식 교정요원이 아닌 자원봉사자 성격으로 개입하고 있는 실정이다. 향후 과제로는 교정복지의 공식적 업무 개입과, 정식 교정요원(법무부공무원)으로 발탁하는 것이다. 즉 상담전문가의 활동에 복지마인드를 가진 사람이 필요하다는 것이다.

② 자질과 주요 역할
가. 교정사회복지상담가의 자질
- 교정상담자로서의 자질: 일반적 상담 이론을 토대로 한 상담기술을 철저히 숙지하여 교정현장 에서 범죄자와 비행 청소년의 환경과 이들의 특성을 파악하여야 한다.

■ 인간존중자로서의 자질: 교정사회사업가는 범죄자와 비행 청소년의 재활을 위해 특별한 사명의식을 가져야 하며, 이들의 인간적 가치를 자신이 갖춘 기술보다 더욱 중요시해야 한다.

■ 조직관리자로서의 자질: 교정현장의 범죄자와 비행 청소년을 취해 다양한 분야의 사람들과 상호 연계해야 하며, 조직관리의 지속성과 효율성을 높이기 위해 자신의 조직관리 능력을 발휘하여야 한다.

나. 교정사회사업가의 주요 역할

■ 상담/치료자 역할: 교정사회복지사는 범죄인 혹은 비행 청소년을 위하여 상담 치료의 역할을 수행할 수 있어야 한다.

■ 중재자의 역할: 수용자들 간의 관계와 이들과 실무자 사이의 생산적 관계를 위해 중재자의 역할을 수행해야 한다.

■ 안내자의 역할: 재소자뿐 아니라, 지역사회의 비행 청소년들은 누구보다도 정보에 어둡고 따라서 정보의 소외 내지는 이로 인한 불이익을 감수하게 되는데, 이러한 욕구를 감안하여 유용한 정보를 신속히 전해 주어야 한다.

■ 교육자의 역할: 비행 청소년을 포함한 범죄인의 재활은 결국 자신들의 마음의 변화, 변화의 동기가 필요하다. 따라서 이런 마음의 변화가 쉽게 이루어질 수 있도록 동기를 부여해 주는 역할이 바로 교육자의 역할이다.

■ 변호자의 역할: 사회복지사는 비행 청소년과 범죄인은 물론 그 가족까지 지역사회로부터 낙인 부여나 권리침해 등에 대하여 인간적 대우를 받을 수 있도록 대변자의 역할을 담당해야 한다.

– 개혁가의 역할: 교정사회복지사는 교정정책과 환경의 변화와 발전을 위해 여러 전략을 구사하여야 하며, 당국에 적절히 대항하는 역할이 필요하다.

(3) 교정사회복지의 주요 내용

교정기관이란 범죄인에 대한 처벌을 집행하는 곳으로 법무부 교정국의 지휘/감독을 받는다. 그러므로 이들 기관과 시설은 범죄인의 재활을 위해 개입하는 교정복지 실천의 중요한 현장이라고 할 수 있다.

① 교정기관의 조직

전국의 교정시설을 지역별로 관장하기 위해 1991년부터 서울, 대전, 대구, 광주 네 곳에 지방교정청을 설치 운영하고 있다. 법무부 교정국이 지휘/감독하고 있는 교정시설은 해마다 증가하고 있다. 교정시설의 유형은 '구치소', '교도소', '여자교도소', '소년교도소', '보호감호소', '개방교도소' 등으로 구분할 수 있다. 교정시설의 핵심은 구치소나 교도소라 할 수 있는데 이들 시설의 조직은 규모와 특성에 따라 차이를 보인다. 대체로 교도소는 소장과 부소장 아래 서무과, 보안과, 용도과, 작업과, 교무과, 의무과, 분류심사과로 구성되어 있으나, 구치소의 경우 작업과가 없고 대신 명적과, 출정과, 접견영치과가 추가된다. 지도과는 보안과와 대응하는 것으로 '천안개방교도소'에 설치 운용 중이다.

〈표 80〉 ○○ 교도소 부서별 업무 현황

부서명	분장 사무	비 고
서무과	* 수용자의 수용 및 석방(명적) * 수용자의 신분기록 및 형기 관리(명적) * 수용자의 소송 관련 업무 처리(명적) * 수용자의 이입 및 이송처리(명적) * 기타 수용 관련 제반 사항(명적) * 직원 인사 업무 및, 관인, 대장의 관리(문서) * 문서의 접수 발송 편찬 및 보존과 통계(문서) * 수용자 영치금 관리 및 출납(계리) * 직원 봉급 및 예산 관리(계리) * 소 내 전산망관리(전산실) * 기타 소 내 다른 과의 주관에 속하지 아니하는 사항(문서)	

부서명	분장 사무	비 고
보안과	* 수용자의 수용관리 전반 * 수용자 이송 실시 * 수용자의 고충 처리 * 규율위반 행위자 조사업무 * 수용자 교육 * 수용자의 출정 및 계호 * 지원의 훈련 점검	교도전담
작업과	* 교도작업특별회계의 재산 및 물품수급과 작업계획 * 수용자의 직업훈련 및 각종 기술훈련 * 작업상여금의 계산 및 지급 * 작업 통계	
용도과	* 물품의 출납 * 시설물 관리(증축 및 보수) * 국유재산 관리 * 직원 및 수용자에 대한 주. 부식 * 기타 용도에 필요한 사항	자재과 + 영선관리 (일반회사)
분류과	* 수용자 처우에 대한 분류 처우 * 누진처우 및 가석방 업무 * 수형자 분류심사 * 관용작업 지정	사복교도관 분류직
교무과	* 수용자의 교육 교화 생활지도 및 편지 전달 및 발송 * 수용자 종교활동 및 도서 및 방송실 * 종교위원, 교화위원 임명 및 위. 해촉 * 기타 수용자의 검정고시 및 학점은행 독학사학위 지원	사복교도관 교회(敎誨)직 정교사2급자격 소유
의무과	* 소 내의 위생 전반을 관리 * 수용자 전원에게 정기 신체검사(전문의사 진료) * 수용자의 보건 의료 및 약품 조재 * 수용자 및 직원 X-선 촬영	
출정과	* 수용자의 출정동행 및 계호업무 * 수용자의 출정 소환업무	
민원실	* 수용자의 면회 및 영치금, 영치품의 접수 및 검사 * 영치품 관리 * 구매물 판매 및 구매물 접수 후 전달 * 수용증명서 접수 및 발급 * 기타 민원에 관한 전반 사항	
경교대	* 교정시설 경비업무 * 교정시설 내에서의 폭동진압 및 재소자 간접계호 * 교도소 직원업무 보조 및 검색업무	군 입대 후 차출

② 범죄인의 처우

교정시설 내 범죄인의 처우는 우선적으로 이들의 구금을 확보하는 것이다. 즉 범죄인을 사회로부터 격리/수용하여 사회의 안전에 기여한다. 이런 안전장치 속에서 교정시설은 범죄인의 교정·교화에 힘쓰고 있다. 현재의 형편과 실상을 고려할 때 우리나라의 교정사회복지상담은 범죄인의 재활보다는 구금에 더 중점을 두고 있는 실정이다.

가. 분류와 누진처우: 분류처우는 수용자의 개성과 환경에 대한 광범한 조사를 하고 과학적인 방법과 인간관계에 관한 전문방법으로 얻어진 자료를 토대로 분류하여 처우하는 것이다. 뿐만 아니라 각종 검사를 통해 자신의 적성과 기술에 따라 교정시설 내 작업장에서 활동하게 한다. 누진 처우는 4단계로 나누어 범죄인이 교정시설 최초 입소 시점에 4급을 부여하며, 각 계급마다 일정한 책임점수를 부여하고 매월 소득점수로 책임점수를 공제하면 상위계급에 진급시키는 것이다.

나. 작업활동: 재소자는 특별한 경우를 제외하고 수용 중에 일을 해야 한다. 재소자의 작업을 위해 대규모의 작업장을 확보하여 운영하고 있다. 작업에 참여한 재소자는 임금이 아닌 소액의 상여금을 받는다.

다. 혼거 수용: 원칙적으로 재소자는 독거 수용이 원칙이나, 여건상 15~25명 정도로 혼거 수용하고 있다. 이것은 재소자들 간의 범죄 전염에 가장 위험한 영향을 미치는 주요 원인이라 할 수 있다.

라. 시설 내 범법에 대한 처벌: 재소자가 교정시설에 수용 중에 다른 범죄를 행하면 사법교도관의 조사와 보고에 의해 교도소 밖에서와 같은 절차를 밟아 재판을 받으며 형기가 추가된다.

마. 출소: 만기출소와 가석방에 의한 가출소가 있다. 가석방에는 매달 실시하는 일반 가석방과 특정한 날(국가 기념일)에 있는 특별 가석방 그리고 보호관찰부 가석방이 있다.

③ 재소자의 직업훈련

수형자들이 기술이 없을 경우, 출소 후에도 안정된 직업을 얻지 못하고 사회의 냉대 속에서 결국 재범의 한 원인이 되고 있다. 따라서 전과자의 재범을 방지하고 범죄로부터 사회를 보호하기 위해서는 경제적 자립기반이 없는 수형자들에 대한 내실 있는 직업훈련이 필요하다. 특히 고도산업사회로 진입하고 있는 우리나라에서는 취업이 용이한 직종 중심의 직업훈련이 요청

되고 있다.

이에 법무부는 1969년부터 전국 30개 교정시설에 공공직업훈련소를 설치하여 1인 1기의 목표 아래 각자의 직업 적성을 고려하여, 현재는 자동차정비, 건축, 전기 분야 등 78개 직종에 대하여 6개월에서 2년 과정의 훈련을 실시하고 있다. 1995년부터는 기능장 및 산업기사 전문과정을 실시하고 있으며, 사회 내 우수기업체 훈련원에 출장직업훈련을 실시 산업현장과 연계한 훈련으로 출소 후의 자립기반 조성 및 재범을 방지하는 데 크게 기여하고 있는 실정이다. 직업훈련을 수료한 수형자에게 각종 기술검정에 응시하여 소정의 기술자격을 취득할 수 있는 기회를 부여하고 있으며, 매년 4,000여 명 이상이 각종 기능자격증을 취득하고 있다.

(4) 교정사회복지상담의 접근방법

① 개별사회사업적 접근

시설 내의 재소자 및 비행 청소년을 개인별로 접촉하여 이들이 지니고 있는 어려움을 해결할 수 있도록 교정사회복지상담가가 돕는 것이다. 이렇게 일대일로 만나 해결해야 하는 것은 재소자가 직면하고 있는 문제의 성격이 절대적인 비밀을 요하는 경우라 하겠다. 특히 재소자의 자아가 약하여 자신의 문제를 여러 사람 앞에 꺼내기 힘들어할 때 효과적이다. 한 가지 밝혀 둘 것은 재소자의 어려움을 상담하는 교정사회복지상담가는 재소자 스스로 어려움을 극복하도록 도울 뿐이지 해결사로 나서는 것은 아니라는 점이다.

② 집단사회복지적 접근

집단활동의 경험을 통해 범죄인 및 비행 청소년 개인의 문제나 어려움을 해결하도록 하는 것이 집단사회복지가이다. 서로 유사한 문제를 토의하고, 프로그램을 실시함으로써 참여자 개인의 변화를 유도하는 것이다. 재소자를 위한 집단활동 사례가 우리나라에서는 처음으로 광주 교도소에서 실시되었으며 매우 좋은 평을 받았다. 이와 같은 전문프로그램은 전국적으로 확산되어 실시될 필요가 있다.

집단사회복지상담의 특성은 집단의 문제를 해결하거나 치료하는 것이 아니라 집단과정을 통해 개인의 변화를 꾀한다는 점이다. 예컨대 재소자 집단에서 다룰 수 있는 문제는 재소자의 인간관계훈련, 가족문제, 심리적인 문제, 상담적인 문제, 시설 내의 부적응 등과 같은 것을 대표적으로 꼽을 수있다. 이러한 것을 사회복지상담가가 조정하여 주고 지시하거나 비지시적으로 상담을 통하여 개입하여 들어가는 것이다.

③ 지역사회복지적 접근

범죄인의 재활을 위하여 지역사회의 참여를 중시하고 있는 상황에서 교정당국은 지역사회를 보다 과학적으로 이해하는 것은 물론 지역사회의 자원을 범죄인 및 비행 청소년의 재활에 효과적으로 활용하는 방안을 알아야 한다. 특히 범죄인을 수용 시설에 가두지 않고 지역사회에 두고 이들을 재활시킨다는 지역사회 중심 교정은 앞으로도 매우 강조되고 확산될 전망이므로 여기에서 요구되는 전문적인 기술을 교정사회복지가가 개입하여 적용할 수 있어야 할 것이다.

8) 교정사회복지상담의 전망과 과제

(1) 교정사회복지상담의 전망

① 범죄에 대한 사회적인 관심의 확대

예전에는 범죄의 대표적인 원인을 단순히 가난으로만 보았는데 요즘에는 가난과 함께 갈등 관계가 많이 지적되고 있다. 특히 사회적으로 문제가 되고 있는 가족 간의 갈등으로 인한 범죄는 앞으로 더욱 심화하여 나타날 것으로 보며, 이에 합당한 대처방안이 요구되고 있다. 범죄의 지속적인 증가와 범죄양상의 비인간화로 사회가 지금까지 외면하거나 감추려고 했던 경향이 이를 직시하려는 쪽으로 변해 가고 있는 추세이다. 특히 범죄의 예방이나 범죄인의 재활은 사회의 관심이 없이는 불가능하므로 범죄에 대한 사회적인 관심도는 더욱 높아질 것으로 예상된다.

② 교정현장의 개방

범죄에 대한 사회의 관심이 높아지면 질수록 교정현장은 개방적으로 변해야 한다. 교정당국이 먼저 스스로 개방하려고 노력해야 한다. 당위성으로는 첫째, 교정당국의 힘만으로는 범죄인의 재활이 불가능하다는 점이고 둘째, 교정당국은 사회로부터 교정현장의 개방을 위한 압박을 받게 될 것이며 셋째, 보다 과학적인 교정사업이 전문가에 의하여 연구되고 있다는 점 등을 들 수 있겠다.

③ 전문 인력의 요구

범죄인의 재활은 다각적인 접근이 필요하다. 예전의 강압적이고 단편적인 접근에서 탈피하여 보다 과학적인 방안으로서 팀 접근이 필요하다는 것을 우리의 교정현장에서도 인정함은 물론 강조되어야 한다. 이때 각 분야에서의 전문 인력이 요구될 텐데 특히 정신의학, 교정학, 상담학, 심리학, 사회사업학과 같은 분야의 전문가를 들 수 있겠다.

④ 교정당국 - 지역사회 - 연구기관과의 적극적인 협력의 요구

범죄인 및 비행 청소년을 위한 재활의 과학화가 요구되는데 이는 결국 교정당국과 지역사회 그리고 연구기관과의 상호협력이 중시되어야 한다. 지금까지 교정현장에서 필요로 하는 대안이나 기술들이 얼마나 적합하게 활용되어 왔는가 하는 데 의문을 갖지 않을 수 없다. 아무리 연구가 잘되어도 이를 현장에서 적용할 수 없다면 무용지물에 불과한 것이고 지역사회의 절대적인 참여가 없는 교정의 활성화는 기대하기 어렵다. 이런 측면에서 효과적인 교정사업은 반드시 3자의 성실하고 적극적인 협력이 있어야 하는 것이다. 상담이 필수적이다.

교정사회복지상담은 청소년 비행과 범죄자의 재활을 위한 방안으로서 보다 과학적인 범죄인의 재활방안이 요구되고 있다.

첫째, 전문 인력의 양성과 자질 향상이 요청된다. 따라서 전문 프로그램을

수행할 수 있는 사회복지 인력의 선발과 기존 인력의 계속적인 재교육이 이루어져야 할 것이다. 둘째, 교정시설의 개방화와 중간시설의 활성화가 이루어져야 할 것이다. 청소년의 경우 외부와 차단된 시설에서의 생활은 사회복귀와 재활에 악영향을 미칠 것이다. 탈시설화와 지역사회 중심의 교정활동을 위해 집단가정이나 중간처우의 집, 보호관찰제도, 갱생보호제도 등을 활성화해야 할 것이다. 셋째, 교정 분야의 전문적 자원봉사활동이 활성화되어야 할 것이다. 자원봉사자들은 보다 통합화된 체계와 조직 및 운영을 통해 관련 활동을 전개해 나가야 할 것이며, 교정 분야의 전문자원봉사자로서 적합한 교육 및 훈련을 이수하도록 해야 할 것이다. 넷째, 사회적 연계망의 활용이 요청된다. 비행 청소년의 행동 중 대부분은 부모와 가족과의 상호작용 결과이며, 가정이나 학교환경 등에 많을 영향을 받은 것임에도 교정기관에서는 당사자 중심의 프로그램을 운영하고 있어 가정과 학교가 개입될 수 있는 프로그램의 개발이 요청된다. 다섯째, 교정 관련 연구의 활성화와 다양한 프로그램의 개발이 시급히 요청된다. 범죄가 존속하는 한 교정에 관한 연구 지원과 관심은 증대되어야 하며, 다양한 교정복지 프로그램이 개발되어야 할 것이다. 여섯째, 프로그램 개발뿐만 아니라 그들의 심리를 파고들 수 있는 감성적인 리더십의 책임감 잇는 사회복지상담가를 양성하고 그들을 배치시켜 실질적인 교징이 이루어져야 할 것이다.

참고문헌

1. 법무부 보호국,『각국의 자원봉사제도 연구』, 법무부, 1994.
2. 최옥채,『교정복지론』, 서울: 아시아미디어리서치, 1998.
3. 범죄예방위원전국연합회,『범죄예방활동의 실무』, 범죄예방위원회전국연합회, 2000.

미래 사회복지상담의 대안점

III

미래 사회복지상담의 대안점

시설기관상담

사회복지상담 기관들에 대한 분석을 통하여 현재 이루어지고 있는 현장을 파악할 수 있다.

국가별로 상이한 기관들을 가지고 있겠지만 사회복지상담기관들의 공통점은 이윤 추구보다는 비영리로 활동하며, 복지기관의 역할을 한다는 것이다. 종종 윤리성과 도덕성이 해이된 기관들이 비리를 저지르고 문제를 일으키지만 대부분은 복지마인드를 가지고 성실히 실천하고 봉사한다는 데 큰 의의가 있다.

1) 법인현황

(1) 일반개요

① 법인명: 사회복지법인 ○○○○○○

② 설립일자: 1958년 7월 25일

③ 대표자: ○○○

④ 소재지: 부산광역시 영도구 청학2동 483 - 1번지 32/1

⑤ 설립목적: ▶ 기독교정신을 바탕으로 한 사회복지 실현

▶ 최선의 복지 서비스를 통한 거주자 및 수혜자 행복추구

⑥ 사업종류: ▶ 아동복지사업 – 아동보육시설 ○○○운영, 아동양육시설 ○○○운영

▶ 노인복지사업 – 노인요양시설 ○○○운영, 노인전문요양시설 ○○○운영, 노인치매예방센터 ○○○운영

(2) 연혁: 내용 팀별로 조사한 시설이나 기관의 법인연혁을 간략하게 정리하면 됨.

2) 시설현황

(1) 일반개요

① 시설명: 아동양육시설 ○○○

② 설립일자: 1953년 O월 O일

③ 대표자: 원장 ○○○

④ 소재지: 부산광역시 영도구 청학2동 483 – 1번지 32/1

⑤ 설립목적: ▶ 미아, 기아, 가족 해체 등으로 가정에서 보호받지 못하는 아동들을 보호하고 건전하게 성장할 수 있도록 돕는다.

▶ 개별화되고 전문적인 서비스 제공을 통하여 스스로 자립할 수 있는 토대를 마련한다.

(2) 조직도: 조사한 시설이나 기관의 조직도를 작성하면 됨.

(3) 사업대상(아동복지법 제10조 1항 4호)

만 18세 미만으로 아동으로 보호를 필요로 하는 아동

① 보호자가 없거나 보호자로부터 이탈된 아동

② 보호자가 아동을 학대하는 경우 등 그 보호자가 아동을 양육하기에 무적당하거나 양육할 능력이 없는 경우의 아동

③ 시·군 구청장에 의해 법적으로 입소 의뢰된 아동

(4) 이용방법

해당 동사무소의 사회복지 전단공무원과 상담 → 구청 사회복지과를 통해 구청장 승인 → 시설에 입소.

3) 분석시설·기관의 목적

조직의 목표에는 명시적 목표와 실제적(운영적) 목표가 있다. 명시적 목표라 함은 조직이 겉으로 "우리는 이러한 일들을 하기 위해 만들어진 조직이다."라고 내세우는 것으로 외부로부터 정당성과 합법성을 인정받는 방패막이 역할을 하는 것이다. 실제적(운영적) 목표는 그 조직이 명시적 목표를 달성하기 위한 실질적인 프로그램을 통해 계획하는 목표를 말한다.

(1) 명시적 목적

○○○의 재단 설립목적과 이념에는 "기독교 정신을 바탕으로 한 사회복지 실현, 최선의 복지 서비스를 통한 거주자 및 수혜자 행복추구"라고 되어 있다. 따라서 ○○○의 재단인 ○○○의 명시적 목표는 '기독교 정신을 바탕으로 한 사회복지 실현'으로 함축할 수 있다.

○○○의 설립이념은 "기독교적 윤리관에 바탕을 둔 자립적인 아동양육"이라고 되어 있으며 설립목적에는 "첫째, 기독교정신을 바탕으로 건강한 사회인으로 성장할 수 있도록 보장한다. 둘째, 미아, 기아, 가족해체 등으로 가정에서 보호받지 못하는 아동들을 보호하고 건전하게 성장 할 수 있도록 돕는다. 셋째, 개별화되고 전문적인 서비스 제공을 통하여 스스로 자립할 수 있는 토대를 마련해준다."라고 되어 있다.

아동복지법에 규정되어 있는 아동양육시설의 운영 목적에는 "보호를 필요로 하는 아동을 입소시켜 보호, 양육하는 것을 목적으로 하는 시설"이라고 되어 있다.

　이러한 내용들로 ○○○의 명시적 목표는, 두 가지로 유추해 볼 수 있다. 첫째, 재단의 영향과 특성으로 인한 ○○○의 명시적 목표는 '기독교적 윤리관에 바탕을 둔 자립적인 아동양육'이라 할 수 있으며 둘째, 아동복지시설(아동양육시설)이라는 특성으로 인해 나타나는 ○○○의 명시적 목표는 '요보호 아동을 입소시켜 보호, 양육하는 것'이라 할 수 있겠다.

(2) 실제적 목적

　명시적 목표를 달성하기 위하여 조직에서는 실제적인 운영목표가 정해진다. 그리고 운영목표를 달성하기 위한 운영체계가 이루어지고, 체계 속에서 운영목표를 달성하기 위한 사업(Program)이 생겨난다. 즉, 실제적(운영적) 목표는 그 조직이 명시적 목표를 달성하기 위한 실질적인 프로그램을 통해 계획하는 목표를 말하는 것이다.

(3) 이행적 목표

　이행적 목표란 조직이 명시적 목표를 위해 실제적으로 어떤 일을 하고 있는가 하는 것을 말한다. 따라서 우리 조는 조직의 운영체계 속에서 이루어지고 있는 프로그램들의 운영목표를 통하여 이를 살펴보기로 한다.

<표 75> ○○○의 실제적(운영적) 목표

운영목표	운영목표를 달성하기 위한 세부목표
1. 가정과 같은 쾌적하고 안정된 생활공간 제공	1-1. 쾌적한 시설환경 제공 1-2. 시설 내 안전 및 위생관리 생활화 1-3. 그룹홈식 생활실 운영
2. 아동 보육서비스의 질적 향상	2-1. 의식주 생활의 질적 향상 2-2. 안전하고 건강하게 아동 보육 2-3. 아동 성장 발달단계에 맞는 서비스 제공 2-4. 아동 학교생활 관리 강화 및 아동 교우 생활 향상 2-5. 가족관계 향상을 위한 프로그램 실시 2-6. 원예·동물 치료 프로그램 실시 2-7. 심리적 안정을 위한 종교 생활

운영목표	운영목표를 달성하기 위한 세부목표
3. 아동 교육서비스의 질적 향상	3-1. 건전한 사회인이 되도록 교육 3-2. 원활한 대인관계 형성을 위한 교육 3-3. 학습능력 향상을 위한 교육 3-4. 개별적 욕구에 따른 재능 교육
4. 직원의 전문성 향상 및 조직체계의 안정화	4-1. 합리적인 운영체제 형성으로 업무의 효율화 추구 4-2. 전문성 향상을 통한 내적인 역량 강화
5. 지역사회와 연계 강화	5-1. 지역사회 자원 활용 및 시설개방을 통한 시설 이미지 제고

'기독교적 윤리관에 바탕을 둔 자립적인 아동양육'과 '요보호 아동을 입소시켜 보호, 양육하는 것'이라는 명시적 목표를 통하여 ○○○의 운영체계는 운영목표와 운영목표를 달성하기 위한 세부목표를 가지고 있었다. 또한 이 운영목표를 달성하기 위한 세부목표에 따라 ○○○의 프로그램이 만들어져 진행되고 있었다. 따라서 ○○○의 운영목표가 이행적 목표라 할 수 있다.

(4) 반사적 목표

반사적 목표는 조직이 밖으로 드러내는 목표의 수행을 위해 내부적으로 꼭 갖추어야 할 조건들에 대한 성취 목표라고 할 수 있다. 즉, ○○○이 밖으로 보여 주고 있는 이행적 목표를 위해 조직 내부에서 가지고 또는 지켜야 되는 목표를 말한다. 따라서 우리 조는 ○○○의 이행적 목표를 달성하기 위한 조직의 내부적인 목표를 알아보면서 반사적 목표에 대하여 파악해보아야 한다. 첫째, 인건비, 운영비, 아동복지시설 생계비를 위한 **재정확보**이다. 아무리 조직이 제대로 된 체계를 갖추고, 이상적인 프로그램을 가지고 있다 하더라도 재원이 없으면 운영될 수 없다. 즉, 재원은 조직의 원동력에 큰 부분을 차지하고 있다고 할 수 있다. ○○○은 연간예산 9억 원 중 8억 2,000만 원을 국가로부터 지원받고 있으며, 나머지 8,000만 원은 재단에서 지원을 받고 있다. 이렇게 확보된 재정자원은 인건비, 운영비, 아동복지시설 생계비에 쓰이고 있다. 사업비는 국가와 재단으로부터의 지원비로 대부분 충당할 수 있었기에 수익프로그램은 따로 존재하지 않았지만, 후원자를 관리하는 CMS프로그램이 있어 후원금을 확보하여 재원을 확보하고 있었다. 둘째, 국가에서 정한 운영 규정과 생활시설 공통 업무지침을 지켜야 한다. ○○○은 연간예산 9억 원 중 8억 2,000만 원을 국가로부터 지원받고 있다고 한다. 국가로부터 지원받는 재정자원은 인건비, 운영비, 아동복지시설 생계비에 쓰이고 있으며, 이 재정자원을 쓸 때에는 아동복지사업 운영법규에 따른 기준에 대한 운영규정을 지키고 있었다. 뿐만 아니라 ○○○은 국가에서 규정한 생활시설 공통 업무지침을 가지고 있었다. 따라서 연간사업을 계획할 때에도 국가에서 규정하는 아동복지사업의 목적과 시설의 본래 목적에 적합한 세부프로그램을 계획하고, 공통 업무지침에 근거하여 실행하고 있었다. 셋째, 사회복지법인 ○○○재단의 내부 규정을 지켜야만 한다. ○○○은 연간예산 9억 원 중 8억 2,000만 원을 국가로부터 지원받고 있으며, 나머지 8,000만 원을 재단에서 지원을 받고 있었다. 조직은 대개 조직의 본래 목적보다 재원이 많이 확보되는 자원제공처의 가치와 목적에 기울어져 조직을 운영하게 되는 목적전도현상이 생기기도 한다. 따라서 우리 조는 '○○○의 재원이 절대적으로 국가로부터 지원받기에 안정적이기는 하지만 국가에서 정한 운영 규정과 생활시설 공통 업무지침을 중점으로만 운영되고 있지 않을까?' 하고 예상할 수 있었다. 하지만 예상과는 다르게 ○○○은 국가에서 규정하는 업무지침괴 본 시설 재단의 내부규정을 잘 조정하여 ○○○의 가치와 목적을 이루고 있었다.

넷째, 아동에게 안정된 가정과 같은 생활공간을 제공하고, 보육·교육 서비스의 질적 향상(이행적 목표)을 위하여 지켜야 할 **직원들의 지침**이 있다. 이행적 목표를 달성하기 위해서는, 이행적 목표를 달성하기 위한 프로그램의 제공자인 직원들이 준수해야 할 지침이 있다. 이러한 직원들이 직원지침을 통하여 더욱 질 높은 프로그램을 제공할 수 있고, 질 높은 프로그램은 이행적 목표 달성도 기여에 큰 영향을 주므로 필요성을 가진다. ○○○에는 이행적 목표를 달성하기 위한 프로그램을 제공하는 직원들이 지켜야 할 7가지 지침과 사명, 구체적인 보육지침 및 직원 준수사항이 있었다. 다섯째, 이행적 목표를 달성하기 위하여 직원의 전문성 향상 및 조직체계의 안정화,

지역사회와 연계강화가 이루어져야 한다. 기독교적 윤리관에 바탕을 두고 요보호 아동을 입소시켜 자립적인 아동보호와 양육을 이루는 것이다. 이러한 명시적 목표를 이루기 위하여 ○○○ 조직운영체계는 5가지의 운영목표를 가지고 있었다. 5가지 운영목표를 달성하기 위한 세부목표에 따라 세부적인 단위사업(프로그램)이 나타나고 있었고, 이 단위사업을 통하여 이행적 목표를 알 수 있었다. 즉, ○○○에는 명시적 목표가 있으며, 명시적 목적을 이루기 위한 운영목표가 있다. 운영목표를 이루기 위한 세부목표가 있으며, 이 세부목표에 의해 단위사업들이 만들어지므로 단위사업을 통해 알 수 있는 이행적 목표는 운영목표에 의해 나타나고 있다(명시적 목표 → 운영목표 → 세부목표 → 세부목표에 따른 프로그램)

"아무리 조직이 제대로 된 체계를 갖추고, 이상적인 프로그램을 가지고 있다 하더라도 재원이 없으면 운영될 수 없다. 즉, 재원은 조직의 원동력에 큰 부분을 차지하고 있다고 할 수 있다."라고 언급했듯이 조직의 재원은 조직을 유지함에 있어 아주 중요하다. ○○○은 이러한 재원을 대부분 국가의 지원금으로 충당하기에 비교적 안정성을 확보할 수 있는 기관이다. 사회복지조직은 휴먼서비스를 제공하는 기관으로서 인간을 대상으로 하여 인간을 변화시키는 것을 목적으로 한다. 즉 사람과 함께 사람에 대해 직접적으로 일을 한다는 점에서 다른 서비스와 다른 조직적 면모를 보이게 된다.

사회복지시설·기관의 분석과 사회복지행정의 이해는 사회복지사에게 꼭 필요한 자질이라 할 수 있으며, 이러한 자질을 갖춘 사회복지사가 필드에 나아가 복지를 실천할 때에 참다운 사회복지를 행할 수 있을 것이라 믿어 의심치 않는다.

02 문화복지상담

사회가 있는 곳에는 반드시 문화가 있다. 서구사회에는 서구문화, 한국사회에는 한국문화, 각 지역사회에는 각 지역의 문화, 자본주의 사회에는 자본주의 문화, 대학사회에는 대학문화, 청소년 사회에는 청소년문화, 공무원사회에는 공무원문화가 있다. 즉 사회가 그릇이라면 문화는 그 내용물인 셈이다. 어디 그뿐인가. 음식문화, 자동차문화, 텔레비전문화, 정치문화, 교통문화, 주거문화, 한자문화, 기독교문화, 음주문화, 성문화, 놀이문화, 화장실문화 등등 인간의 삶과 관련된 대부분의 영역과 대상들에는 그 각각의 문화가 있는 것이다. 하지만 '문화란 무엇인가'라는 질문을 한다면 무모하고도 막연하게만 들린다. 왜냐면 우리는 삶의 곳곳에서, 삶의 매순간 어떤 식으로든 문화와 관계를 맺으며 살고 있기 때문이다. 자연물 외에 우리가 보고 접하는 유형의 사물들은 물론 제도나 관습, 지식처럼 우리의 삶에 관여하고 있는 무형의 것들까지 모두 문화의 소산이며, 우리의 행동과 생각, 어쩌면 우리의 느낌과 감정의 대부분이 모두 문화의 바탕 위에 이루어진다. 그렇지만 문화란 너무나 항상적으로 이루어지는 것이라 잘 의식하지 못할 뿐이다. 따라서 우리는 어떤 사회에 속해 살아가는 한 그 사회의 문화를 호흡하며 살고 있다고 할 수 있다. 문화가 그 사회의 공기라면 삶은 그것의 호흡인 셈인다. 우리의 삶 그 자체인 '문화'가 인간의 삶에 간섭되며 삶에 어떤 영향을 끼치며 어떻게 유지하고 발전해 나가야 할지를 되새겨 보며, 과연 올바른 문화발전을 꾀하기 위해서 우리 문화의 현실과 극복, 미래를 생각해 보아야 할 것이다.

1) 문화란?

"인간집단을 포함하여 제도, 언어, 종교적 이념, 사고의 습관, 예술적 표현, 사회적 관계와 개인적 관계 안에서 세대를 거치며 이어받은 생활형태의 총체" (Marales & Sheafer, 2001)

'집단을 이루고 살아가는 인간들의 삶 그 자체'를 총칭하는 것으로, '인간의 삶이 표현되는 행위, 행동 기준을 파생시키는 원천'이다. 문화는 늘 인간 행동에 영향을 주며, 또 다른 각도에서 집단의 구성원들의 행동 하나하나가 곧 특정문화를 표출하는 것이므로 인간행동과 문화는 불가분의 관계인 것이다(감의철, 박영신 역, 1997).

자연 상태에서 벗어나 일정한 목적 또는 생활 이상을 실현하고자 사회구성원에 의하여 습득, 공유, 전달되는 행동 양식이나 생활양식의 과정 및 그 과정에서 이룩하여 낸 물질적·정신적 소득을 통틀어 이르는 말. 의식주를 비롯하여 언어, 풍습, 종교, 학문, 예술, 제도 따위를 모두 포함한다. 문화에 대한 이상의 정의들에서 공통적으로 언급되고 있는 것은 문화란 사회적이라는 것, 다시 말해 인간과 사회의 관계 속에서 형성되는 것이라는 점이다. 매우 추상적이고 기초적인 인식이지만 문화 그리고 문화에 대한 논의는 인간 공동체, 즉 사회를 바탕으로 하지 않으면 성립될 수 없음을 의미한다.

(1) **문명**: 인류가 이룩한 물질적, 기술적, 사회 구조적인 발전. 자연 그대로의 원시적 생활에 상대하여 발전되고 세련된 삶의 양태를 뜻한다. 흔히 문화를 정신적·지적인 발전으로, 문명을 물질적·기술적인 발전으로 구별하기도 하나 그리 엄밀히 구별할 수 있는 것은 아니다.

(2) **문화변용**(문화변화, 문화접촉, 문화진화): 둘 이상(以上)의 서로 다른 문화(文化)가 직접(直接) 접촉(接觸)함으로써 그 한쪽 또는 양쪽이 원래(原來)의 문화(文化) 형태(形態)에 변화(變化)를 일으키는 현상(現象).

(3) **사회적 성격**(문화적 성격유형): 동일 집단·사회계층에 속한 사람들이 공통적으로 가지는 성격상의 중심적 특징.

개개의 성격은 복잡한 복합체로 개인에게 특유한 것이나, 동일한 집단이나 계층에 속하는 성원의 성격에 공통된 특성을 뽑아내어 유형화할 수 있다. 이렇게 추상화한 성격의 유형이 사회적 성격이다. 사회적 성격은 그 집단에 공통된 기초적 경험이나 생활양식의 결과로서 발달한다.

사회적 성격의 분류로서는 ① 성별에 의한 사회적 성격, 즉 남자다움·여자다움 등, ② 연령계층에 의한 사회적 성격, 즉 어린이다움·청년다움 등,

③ 원초적 집단에 의한 사회적 성격, 즉 민족적 성격·국민성, ④ 기능적 집단에 의한 사회적 성격, 즉 장인기질이나 관료적 성격 등 직업집단의 사회적 성격, ⑤ 계급별로 나눈 사회적 성격, 즉 농민적 성격·소시민적 성격 등을 생각할 수 있다.

그러나 사회적 성격의 개념에 대해서는, 어떤 집단의 사회적 성격에 대하여 논하는 경우에 거기서 이루어지는 것은 성격의 유형이 아니라 단지 집단의 문화 또는 사회적 상황의 서술에 불과하다는 비판이 있다.

2) 문화의 일반적 특성

문화의 일반적인 특성을 보면
① 문화란 모두 학습된 것이자 구성원들에 의해 창조된 것이며,
② 사회적 구속력을 갖고 전승되어 왔고 전승되어 가는 것이다. 일시적으로 드러난 동조 현상이나 변화 현상을 문화라고 하지는 않으며, 문화라 할 때는 특정한 의미를 지니고 장기간 누적되어 온 것들을 의미하는 것이다.
③ 문화란 경제, 사회, 역사, 정치 등 모든 사회적 산물이 상호 작용되어 나타난 결과물일 뿐 아니라, 동시에 그것들이 상호 작용되는 과정이기도 하다.
④ 보편성을 지니고 있다. 문화의 보편성은 어느 곳이든 문화가 없는 곳은 없다.
아무리 작은 집단도 집단이라면 보편적으로 문화가 있다는 것이다. 모든 사회는 어떤 형식으로든 구성원들끼리의 의사소통 체계가 있고, 부부 및 부모와 자녀 간에 유지되는 가치와 규범을 가진다. 그로 인해 가족체계나 결혼, 종교와 같은 그 사회 특유의 보편적인 유형들이 존재하는 것이다.
⑤ 모든 문화는 상징성을 갖고 있다. 모든 예식들은 대개 그 상징성을 근거로 한 절차이다. 문화적 상징성은 동일한 문화를 겪으며 살아오지

않은 사람이라면 잘 모르고 이해되기 어려울 수 있는 것이다(예: 망자에 대한 절, 액운을 쫓고자 하는 행위 등).

⑥ 문화는 역동성을 갖는다. 문화는 정체되어 있는 것이 아니다. 문화변용이나 문화 간 접촉을 통해 마찰되거나 진화하고 때론 흔적만 남고 소멸되거나 수정된다. 이는 문화는 정체되어 있지 않고 빠른 속도든 느린 속도든 나름의 역동성을 계속 지니고 있음을 의미하는 것이다.

⑦ 문화에는 초개인적인 성향이 있다. 개인이 '뭐 그런 이상한 문화가 있느냐'라며 자신은 따르지 않겠다고 하더라도, 그가 살고 있는 곳에서 형성된 문화라면, 비록 개인이 자기 가치관과 상치되어 피하고 싶다 해도 문화는 독자적으로 개인의 행동이나 사회적 관계에 영향을 미친다.

⑧ 구성원들이 알고 적응해야 한다는 점에서 구성원들에게 학습을 시키는 구속력을 지니며

⑨ 같은 행위가 문화에 따라 전혀 다르게 해석되는 점에서 문화는 다양성도 갖고 있다(예: 나라에 따라 종교에 따라 성, 계층 등).

문화 속에 우리는 존재하며 그 문화를 우리 스스로 선택할 수는 없다. 좋든 싫든 개인이 태어나는 그 순간부터 앞으로 개인이 습득해야 할 모든 적응 양식을 결정하는 것이다.

문화결정론을 제시한 화이트가 '인간의 행동이란 문화에 대한 반응이자 문화가 드러난 결과라고 해석하고, 문화는 독력변인이고 인간의 행동은 종속변인이라고 한 까닭도 이런 이유에서이다. 이는 그 사람의 가치관과 도덕성, 행동은 그가 속한 집단의 문화를 고려하지 않고는 제대로 판단할 수 없다는 의미와 같은 것이다.

동일한 문화를 가진 사람들의 사회적 성격은 그 차이와 일치로 인해 인간과 집단 간의 갈등과 결속의 큰 요건이 된다는 점에서 중요하다. 사회적 성격은 민족이나 국민들 간의 일치감의 원천으로 결속과 공동체 의식을 높이는 원인이 되지만, 아울러 다른 민족이나 집단을 강하게 배척하고 등을 돌리게 하는 주요 요인도 되므로 집단별 사회적 성격을 파악하는 것은 사회복지사의 중요 역할이 되는 것이다.

사회적 성격 유형을 살펴보면

① 전통지향형 사회적 성격: 과거 부모나 사회로부터 물려받아 온 관습이나 전통, 친족관계, 종교 안에서 자신의 행동지침을 구하고, 다른 사람의 행동을 그 기준에 따라 파악하는 형이다.

② 타자지향형 사회적 성격: 소비중심의 경제 속에서 성장한 세대에게서 보이는 성격으로 인기와 타인들의 소문, 매스컴에 의해 다수의 사람의 의견을 중시하는 가치관을 가진 성격으로, 대개 그들에게 옳고 좋은 행동이란 타인들에게 즐거움을 주거나 편안히 하는 것이다.

③ 내부지향적 사회적 성격: 어린 시절부터 부모로부터 영향받아 구성된 자신의 내적 기준이나 내부압력, 양심, 자기이상에 따라 행동하고 타인의 행동도 자기들만의 내적 기준에 따라 다를 수 있음을 인정하는 비교적 개인주의적인 성향이다. 전통유지의 변화를 체험한 세대에게서 발견된다.

3) 우리나라의 문화적 특성

한국문화의 특징을 지니는 데 영향을 미친 관련 요인들

① 어느 나라든지 그러하듯 그 나라의 '기후'는 암묵적으로 국민들의 정서나 기질, 생활양식에 영향을 준다.

② 뚜렷한 기후의 영향과 함께, 농사를 전하지 대보라 하여, 오랜 세월 생활의 중심을 종사로 여기는 농경사회였던 점은 농사 절기와 매개된 많은 제도와 풍습이 생겨나게 된 원인이었다.

③ 농경사회 유지에 유리하기 위해 오랫동안 뚜렷한 계급적 신분사회가 유지되어 왔기 때문에 아직까지도 양반 직업과 천한 직업의 구분이 암묵적으로 존재하고 있다.

④ 농사 관련 역할을 분명히 하기 위해서 남녀 간의 역할 구분도 비교적 뚜렷이 구분할 수밖에 없었던 점은 우리나라의 남존여비 의식의 원인

이 되기도 한다.

⑤ 대가족제도가 선호되는 바람에 효, 경로사상을 강조하는 문화를 형성 하도록 하였고

⑥ 지역사회에 거주하는 사람들 간의 우호적인 교류나 풍습을 중시하게 되었다(예: 두레, 품앗이).

⑦ 오랜 세월 동안 새해가 시작되면 재미로라도 점을 치거나 하여 액을 방 지하고 복을 비는 의식을 강하게 가졌는데, 정보화 사회에 이른 지금까 지도 다른 나라에 비해 미신과 무속신앙과 풍수지리에 의한 길흉화복 에 크게 의미를 두는 풍수 지리적 민간 신앙을 중시하는 성향은 우리 문화 구석구석에 스며들어 남아 있다. ⑧ 조상과 가문, 대를 목숨보다 중히 여기는 의식은 지금까지도 우리나라의 결혼 제도나 가사노동, 관 행들에게서 여전히 갈등으로 부딪치고 있는 의식 중 하나가 되고 있다.

(1) 정(情)의 중시

정이란 "주어진 대상에 대한 직접 또는 간접접촉과 공동경험을 통하여 무 의식적으로 형성된 일종의 정신적 유대감"(김영룡, 1997)

정은 뚜렷한 목적 없이 장기간 함께하는 경험을 통해 형성되기 때문에 정 을 바탕으로 한 행동은 의도성이 약하고 규범에 의한 책임이나 의무를 지니 지 않는 경향이 강함. 한국문화에서 정은 사적이니 인간관계는 물론 공적인 관계에까지 크게 영향을 미쳐서 문제가 발행했을 때 이를 정면으로 해결하 기보다는 인간관계로 풀어 가려는 경향이 강함.

(2) 한(恨)의 중시

한이란 "욕구나 의지의 좌절에 따른 삶의 파국에 대처하는 강박적인 마음 의 자세와 상처가 의식적, 무의식적으로 얽힌 복합체"(파스칼 세계대백과사 전, 1999)

한은 부당한 차별대우를 받았을 때, 타인에 비해 현저히 결핍되어 고통을

당할 때, 돌이킬 수 없는 큰 실수를 범했을 때 발생하는 것.

우리 민족은 불안과 위축의 역사, 계층의식, 남존여비사상 등의 시대적 배경을 통하여 한을 민족의 고유한 정서로 간주하게 됨.

(3) 체면의 중시

체면이란 "개인이 공적으로 드러낸 겉모습으로서 사회적으로 바람직하다고 생각하는 가치로 구성된 이미지"(임태섭, 1997)

체면은 상황에 따라 자기의 참모습이나 사실과 다르게 행동함으로써 자신이나 상대의 지위나 명분을 높이거나 유지하려는 현상.

체면을 지나치게 차릴 경우 거리감을 주고 위선적으로 여겨지지만 체면을 차리지 않으면 체통이 떨어지고 신뢰를 잃게 될 수 있으므로 적절히 차려야 하는 한국인의 독특한 사회심리적 기제.

(4) 연고주의

동질감을 찾아 서로 돕는 상부상조의 핵심이기도 하지만 동시에 집단배타주의의 근원이 되기도 한다.

연고주의는 동류의식을 담고 있어, 어느 지역이나 어떤 종교인이 이니면 신입사원이나 승진에서 제외시킨다거나, 특정 출신에게 가산점 등을 주는 사회적 현상의 원인이 되고 있다.

(5) 가족주의

가족주의(familialism)이란, 일체의 가치가 가족집단의 유지와 지속, 그리고 기능과 관련을 맺어 결정되는 사회의 조직형태.

우리나라의 가족주의는 전통적인 농업사회를 바탕으로 유교의 영향 아래 형성되었으나 산업화와 서구적 사상의 유입에도 불구하고 여전히 사회 전반에 강하게 남아 있음.

가족주의는 시민으로서의 의무에 앞서 가족의 일원으로서의 의무를 지나치게 강조하므로 시민의식을 약화시키고 자신이 속한 집단과 다른 집단을 차별하는 성향에 영향을 미침.

애매한 경계를 가진 가족 내의 하위 체계들을 양산하고 따라서 독립적이지 못한 미분화된 개인을 낳게 됨.

공공선의 확립이라는 목표는 호소력에 약해지므로 지역사회를 형성하는 데 걸림돌로 작용하기도 함.

(6) 인습주의

인습에 사로잡혀 새로운 사회도덕을 따르지 아니하는 주의.

더 새롭고 좋은 것들이 있다 하더라도 늘 해 온 것이라면 그것을 쓰고 그것이 옳다는 식의 경직적인 인습주의가 있는 것이다.

4) 사이버문화와 사회복지

사이버란 컴퓨터나 인터넷을 뜻하나 가상공간이란 의미를 가진다. 가상공간이란 통신망으로 연결된 컴퓨터 사이에 서로 정보나 메시지 등이 오가는, 보이지 않는 활동 공간이나 영역을 일컫는다. 가상공간에서도 현실과 마찬가지로 대화하고 사고하며 복잡한 사회적 관계를 형성하고 하나의 공동체를 이루며 그 공동체 나름의 문화를 향유하고 있는 것이다.

(1) 사이버문화의 개념과 의미

'인간이 인터넷에 반영한 현실문화와 인터넷을 이용하며 생성한 유, 무형의 정신적 성과'를 의미한다. 인터넷문화는 현실문화의 반영이다. 그리고 인터넷의 독특한 특성이 더해져 새로운 문화가 만들어지고 있다. 그러나 보수적인 기성세대의 문화를 기반으로 하여 새내기들의 진보적인 문화가 더해지는 현실과는 달리 한국의 인터넷 주요 이용 세대는 10대와 20대가 주축이 되고 있다. 그래서 우리의 인터넷문화는 다소 개방적이면서, 진보적인 성향으로 편향되어 있는 것이 특징이다.

사이버문화란 인터넷에 존재하고 인터넷으로 만들어지는 문화와 문화적인 제품, 그리고 이러한 문화와 문화적인 제품에 관한 이야기들의 집합을 뜻한다. 가상공간의 확장에 따라 변화하는 물적, 기술적, 태도적, 실천적인 사고방식 등의 총체로, '가상이라는 특이한 공간상의 다양한 매체와 기술을 이용하여 상호 작용함으로써 생긴 모든 생활양식'을 모두 의미한다.

우리가 가상공간에 관심을 두는 진짜 이유는, 비록 가상공간이 우리가 현실 속 공간에서 누리는 이미지를 디지털로 결합하여 만들어 낸 인공적인 공간이지만, 가상공동체에서도 현실 속 만남에서 생기는 심리적 현상과 사회적 현상이 똑같이 파생되어 우리의 삶을 지배하기 때문이다.

현실과 마찬가지로 특정 목적에 따라 수많은 기능공동체가 형성, 유지되며, 구성원 간의 갈등과 범죄, 타협, 결속 등도 똑같이 이루어진다.

(2) 사이버공간의 특징

① 탈체성, 비가시성: 정체에 대한 은폐나 트롤링, 정체를 도용하는 비도덕적 현상의 원인이 된다.
② 전통적인 매체는 대개 일방적인 방향에서 이루어졌다면, 사이버 공간 상의 모든 교류는 양 방향적이다.
③ 문자나 언어, 화상의 모든 채널을 동시에 사용할 수 있는 특징도 있어 멀티적이다.
④ 그래픽과 문자의 조합을 통해 기록의 보존과 커뮤니케이션의 활성화가 가능할 뿐 아니라, 블로그나 복사, 합성 등을 통해 정보의 빠른 전파 역시 매우 용이하게 할 수 있다.
⑤ 사이버공간에서는 시간과 공간의 축약과 확장이 빨라 동시적 커뮤니케이션은 물론 비동시적이지 않은 커뮤니케이션도 가능할 수 있다.

⑥ 가상공간은 물리적인 제한이 없기 때문에 용이성, 즉시성, 편리성의 특징을 가진다.

⑦ 초고속성은 현실공간에서는 경험되기 어려운 특성이다

⑧ 사이버 공간은 또한 탈지역성을 갖기 때문에, 누구하고나 동질 의식을 강하게 느낄 수 있는 반면, 오히려 그로 인해 개인의 정체성은 더 떨어질 수 있다는 점을 함께 갖는다.

⑨ 정보의 고도의 편집성과 조작성이 있다.

(3) 사이버문화의 일반적 순기능

① 자아확장의 기회가 크다. – 장애인이나 환자에게 다양한 기회를 제공하며, 많은 사람들이 획일적인 모습에서 벗어나서 사이버문화에 참여하고 다양한 소속감과 결속감을 가질 수 있다.

② 빠른 시간 내에 접할 수 있는 많은 정보와 지식을 공유할 수 있다.

③ 기회 균형으로 인한 평등 보장 기회가 확대된 점도 긍정적 기능이다 (예: 게임, 오락, 세대차 극복, 시공간 초월 등).

④ 게임으로 인한 인지능력을 증대할 수 있다. 집중력이나 수리력, 비사회적 문제 해결력을 향상시키는 것과 긍정적인 상관이 있다는 것이다.

(4) 사이버문화의 일반적 역기능

① 가상공간과 실제공간 간에 자아 정체성의 혼란과 익명성으로 인한 정체의 위장으로 비도덕적인 여러 문제들이 파생되는 것이다(예: 다중자아).

② 사회적 관계망이 더 확산될 수 있다는 순기능에도 불구하고 사이버문화를 오용할 경우 오히려 사회적 고립이 증폭되는 상반된 역기능도 함께 있다(예: 게임중독으로 인한 사회적 고립).

③ 중독증세로 인한 역기능으로 채팅, 사이버주식, 사이버섹스, 폭력성 게임중독 등은 여러 정신건강과 사회적 통합을 저해하는 주범으로 자리하고 있다.

(5) 발달시기별로 본 사이버문화와 인간행동

① 아동 및 청소년과 사이버문화

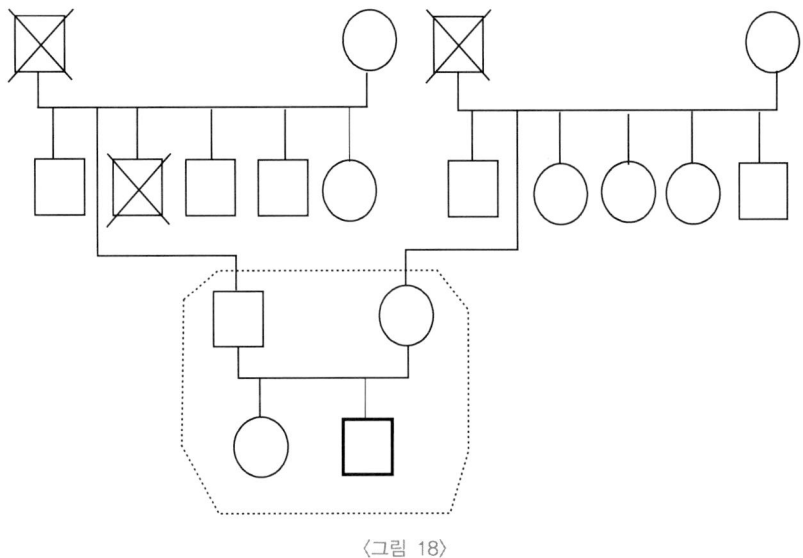
〈그림 18〉

　청소년들은 컴퓨터 세대이자 인터넷 세대이다. 따라서 컴퓨터와 인터넷에
대해 거부감이 없다. 청소년들은 정규 컴퓨터 교육과정을 거치지 않아도 마
우스를 클릭하고, 키보드를 타이핑하며 스스로 사용법을 익힌다. 그리고 재
미있게 즐길 수 있는 것을 찾고, 친구를 사귀며, 인터넷의 새로운 유행과 이
슈에 열광한다. 이미 수년 전부터 인터넷은 청소년문화의 중심이 되었다. 인
터넷은 청소년들에게 친구들과 공감대를 형성하고 소통하는 중요한 매체로
자리하고 있다.
　사이버 문화에서 가정적인 측면의 부각을 이해하기 위해서는 가계도를 알
아야 한다. 아래는 가계도이다.
　인간 내면의 삶을 구체적으로 사회복지상담적인 측면에서 보고자 한다면
생태도를 이해하여야 할 것이다.

생태도

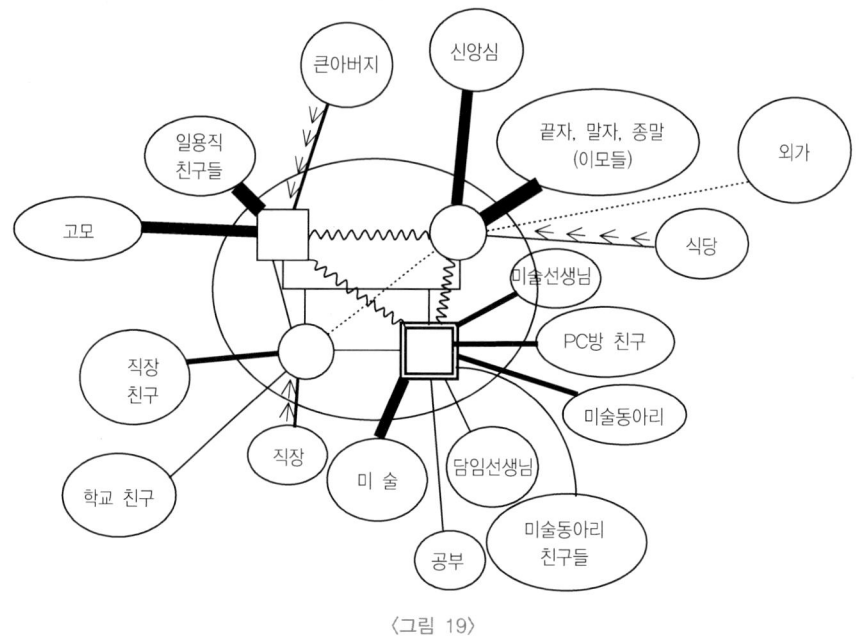

〈그림 19〉

　문화를 이해하면 사회복지가 보이고, 사회복지를 이해하면 상담이 보이며, 상담이 보이면 교육이 보이는 연쇄 효과성이 있다.

　사회복지상담은 한마디로 포괄적이며, 다원적인 적용 준칙을 가지고 다양하게 상황에 맞추어 적용할 수 있는 기술인 것이다. 그러므로 우리는 사회복지상담에 대해서 제대로 파악하고 있어야 할 것이다.

　상담가들이 활동하는 부분들은 다음과 같다.

　－청소년상담사: 청소년 문제와 관련하여 청소년에게 문제를 해결할 수 있도록 조언해 주는 일을 하는 전문직 종사자.

　－임상심리사: 임상심리학적 지식을 활용하여 상담을 통한 치료·재활을 담당하는 전문종사자.

　－직업상담사: 적성을 찾아 주고 직업에 관한 문제를 해결할 수 있도록 조언해 주고 도와주는 일을 하는 전문직.

　－범죄심리사: 범행의 심리를 분석하고 범인의 심리상태를 분석하여 범인

검거에 조언을 주고 도와주는 일을 하는 전문직.

- 발달심리사: 인간발달을 연구 분석하며, 주로 아동기까지의 발달에 많은 연구를 하는 전문직 종사자로서 주로 학습발달, 발달장애 등의 문제를 도와주고 조언해 주는 전문직 종사자.
- 건강심리사: 성격 및 정서, 정신건강뿐 아닌 통증이나 재활에 관한 인간 건강의 문제들을 해결할 수 있도록 도와주는 전문직 종사자.
- 놀이치료사: 놀이치료사는 의료기관, 아동상담센터, 복지관 등에서 심리적인 문제를 안고 있는 아동들의 문제점을 파악하여 놀이를 이용하여 치유될 수 있도록 도와주는 일을 하는 전문직 종사자.
- 미술치료사: 미술활동을 매개로 정서적·사회적 장애를 겪고 있는 사람을 치료하는 전문직 종사자. 미술치료는 그림이나 조소, 디자인 따위의 미술활동을 통해서 심신의 어려움을 겪고 있는 사람들의 심리를 진단하고 치료하는 것을 말하며, 약물을 사용하지 않는 심리치료라는 점에서 일반 의사들이 하는 치료와 다르다.
- 독서치료사(讀書治療師): 독서로 정신적·사회적 장애를 겪고 있는 사람을 치료하는 전문직 종사자. 독서치료는 책이나 비디오, 영화 등 시각자료를 이용해서 심신의 어려움을 겪고 있는 사람들의 심리를 진단하고 치료하는 것을 말하며, 다른 치료기법과는 달리 심리적 치유 기능과 더불어 독서력 증진 기능도 있는 독특한 효과의 심리치료기법이다.
- 작업치료(occupational therapy, 作業治療): 치료를 목적으로 환자가 일·놀이·자가 간호 등의 활동을 하는 것이며, 정신장애인, 결핵 회복기의 환자, 신체장애인 등에 응용되며 사회복귀요법과 이어지는 치료법의 하나이다. 어린이의 경우에는 놀이가 이용된다.

사회복지상담: 사회복지사가 복지 분야에 있어서 상담을 통하여 봉사하고, 지원하는 것이다.

03 이데올로기적인 복지문제

사회복지의 이데올로기 문제점이란 바로 현실적으로 사회복지가 사회주의에 바탕을 둔다는 것이다. 즉 사회주의는 인간의 존엄성과는 멀고 다만 정부 등 국가조직 아래 인간의 기본권을 한정적으로 인정한다는 것이다. 즉 사회주의는 인간의 기본권을 제한하려는 경향을 보이게 된다는 점이고 그로 인한 악영향은 바로 자본주의 압박이고 자본주의 경쟁력을 약화시킨다는 점이며 나아가 이 점을 잘 아는 국가에 약점으로 작용하여 국제무역이나 자본 생산의 차이로 인하여 미래의 문제점에 도달할 수가 있다. 현재는 바로 사회복지의 확대로 국민이 사회복지의 혜택과 아울러 비용부담이 증가하는 경향을 보인다는 점이고 이에 바탕은 바로 사회복지가 가진 문제점이고 이것은 바로 사회복지의 원리가 사회주의인 데서 가진 문제점이기도 하다.

지금 사회의 혹은 국가의 경제적 구조는 바로 수정자본주의이다.

즉 국가조직은 사회주의이며 국민경제는 자본주의를 채택하고 있다.

북한같이 예전에 완전 사회주의체제에서는 국가조직이 국민생활에서 모조리 거두어 그 걷은 돈을 사회복지에 투여한다. 즉 병원비가 무료이다. 그런데 이렇게 사회주의는 자본주의보다 비효율적이다. 왜 비효율적인지는 효율성이란 바로 내가 들인 노력에 비해 내가 얻는 것을 말한다. 즉 내가 100이란 노력을 들여 예를 들어 100이란 효과를 얻었다. 그런데 중간에 세금이 많아질수록 그 100이란 효과는 반감된다. 사회주의란 국가조직에 대한 소유권이 국가조직이 가지는 것을 말한다.

즉 주인인 국민이 가지지 못하고 자기 스스로 소유권을 보유하게 된다. 완전사회주의는 내가 100이란 자본을 생산하면 국가에 세금으로 모두 가져가게 된다. 그리고 다시 나에게 돌아오는 것은 대략 30~40퍼센트 불과하다. 지금은 수정자본주의 국가라서 내가 생산하는 GNP의 약 30퍼센트가 세금으로 나간다. 완전자본주의 국가는 내가 생산한 모든 돈이 나를 위해 쓰인다. 그래서 이론적으로 100퍼센트에 해당하는데 아마도 실제론 약 95퍼센트 정도일 것으로 보인다. 그래서 완전사회주의인 과거 소련이나 중국은 우리나라나 미국이나 일본이나 유럽 등 거의 모든 나라와 비슷한 수정자본주의구조로 전환하였다. 사회복지 확대는 바로 이런 수정자본주의에서 채택한 정책 중 하나이다. 즉 국민경제가 자본주의에 바탕을 두므로 시간이 지날수록 자본이 축적된다. 즉 돈이 점점 많아지게 된다. 그러므로 그 돈을 적절히 활용할 대책을 사회주의 구조인 정부에서 강구하게 된다. 즉 정부 입장에서 정부가 거두어들일 돈을 증가시킨다. 정부란 구조는 바로 사회주의에 바탕을 두므로 즉 소유권이 주인인 국민이 가진 것이 아니라 정부 스스로 가지므로 우리가 기업이나 개인처럼 스스로 소유권을 가진 자처럼 행동하게 된다. 그러나 개인이나 기업도 스스로 소유권을 가진다. 그런데 시장에서 나타나는 경향은 전혀 다르다.

인이나 기업은 이익을 높이려 해도 다른 사람의 제약을 받는다. 즉 한 기업이 물건을 만들어 팔아서 값을 많이 올려 받을 수가 없는 것은 경쟁기업과 소비자가 있기 때문이다. 국가는 마찬가지로 스스로 소유권을 가질 때 개인처럼 똑같이 이익을 추구하려는 경향이 늘어난다. 즉 자본주의 발달로 말미암아 자본이 즉 세금이 증대되고 이에 대한 이용처를 늘리려는 경향이 있다. 즉 그 돈을 자본주의 국가에서는 돈으로 현찰로 돌려주게 되나 사회주의는 바로 자기가 임의로 이용처를 만들어서 쓰게 된다. 과거 대기업이 문어발 확장하듯이 사회주의 정부는 바로 사회복지란 이름으로 이용처를 써버리고 그 추가비용을 국민에게 요구한다. 정부의 특징 중 하나가 강제권이 있다는 말이다. 세금에 강제권이 있음을 명심하시기 바란다. 자본주의에서 세금은 정부의 요구량에 맞추어 국민 스스로 결정한다. 의료보험공단을 설립하기 위해 잉여의 세금을 사용하고 그 추가사용료를 국민이 부담하게 된다. 돈을 거두어 그 즉시 분배되면 자본의 분배가 이루어지고 국민은 그 돈을 사용하게 되고 의료업이 발전하게 되고 양측 모두 이익이 돌아가게 된다. 공단에서 의료보험료의 1/6을 기업운영비로 지출하고 있음을 아셔야 한다. 그렇게 되어 전반적인 의료업이 축소된다.

즉 의료업은 반은 사회주의와 반은 자본주의체제로 돌아가게 되고 의료기술이 점차적으로 떨어지게 된다. 그래서 손가락 절단 시 접합수술을 시행할 수 있는 병원은 만족스러운 곳이 몇 군데 되지 않습니다. 오늘 지식인에 보니 새끼손가락은 접합하지 못하였다는 질문사항이 있다. 그리고 사회복지의 문제점은 바로 사회주의가 가지는 비효율성에 있다. 즉 우리가 잘 아는 연금공단이 이에 해당한다. 즉 자본주의 시장에서는 시장의 수요와 공급이 적절히 유지되려는 경향을 보이지만 사회주의는 그 중심체인 정부의 결정이 시장의 요구에 적절히 부합되어야 잘 적응하거나 효율성이 높게 된다. 즉 시장에서 젊은이가 줄어들고 노인이 갑자기 늘어나거나 당뇨인구가 갑자기 엄청 늘어나 의료수요나 혹은 노인인구의 증가로 연금수요가 높아지면 기존의 연금창고가 바닥나게 된다. 그래서 돈을 올려야 하며 공단운영비를 중간에서 빼야 하므로 노인인구가 절대다수를 차지하게 되면 젊은이나 노동인구의 생산성에 엄청난 문제점이 있고 국가별로 이에 차이가 나고 특히 무역에서 경쟁국가일 시에는 경쟁력 도태가 될 수가 있고 그 손해는 모든 국민에게 돌아간다. 즉 IMF처럼 기업이 다수 도산하여 국민 중 대다수가 실직으로 인한 가정파괴, 자살, 가족살해 등이 발생하게 된다. 사회복지의 문제점은 이데올로기적으로 사회주의의 기본에 바탕을 두는 데서 출발한다. 사회주의란 인간의 기본적인 존엄성과는 별개의 것으로 사회주의를 강화할수록 존엄성이 파괴되며 국가의 존립이 위태롭게 된다. 즉 다른 국가가 완전자본주의 국가일 경우 그 경쟁력이 심히 위태롭게 변하기도 한다. 지금은 수정자본주의 국가가 대다수이지만 제가 말한 완전자본주의 국가의 대두 시에 다른 국가의 경쟁력이 엄청나게 손실을 볼 수가 있다. 한마디로 완전 별개의 나라에 가게 되고 무역에서 엄청난 경쟁력 차이가 발생할 수 있다. 사회복지는 사회복지 개념 내에 바로 사회주의가 도사리게 되므로 언젠가는 효율성 저하로 인하여 문제점이 도출된다는 점을 가진다. 즉 독일 같은 경우 사회복지를 축소해야만 하는 경우를 결과적으로 가지게 되고 스웨덴 같은 국가도 사회복지를 축소하지 않으면 안 되게 될 상황이 도래하며 우리나라같이 노인인구가 엄청 늘어나게 되는 국가는 바로 20－30년에 연금법이 없어지게 될 수도 있음을 그런 가능성이 왜 오는지 알아야 되는 것이다.

즉 일반국민이 월급을 미래에 300만 원 받는데 그중에 150만 원을 연금으로 내야 되는 상황에 도달하게 되고 나머지 돈으로는 생계를 꾸려 나갈 수 없음을 알아야 된다.

결과적으로 국민연금이 가진 운명은 바로 돈은 늘어나고 혜택은 줄어드는 유명무실한 연금으로 바뀜을 예측하셔야 한다. 즉 젊은이가 미래에 소득 약 200만 원 중에 50만 원 내고 그 사람이 노인 시기에 받는 돈은 55만 원 정도임을 알아야 한다. 그 돈으로는 생활 자체가 안 된다. 그러므로 우리는 사회복지 이데올로기의 문제점을 극복해야 할 것이다.

사회복지상담에 있어서의 이데올로기는 복지와 상담의 이념 간 대립이고, 자기 학문만이 정통성일 것이라는 폐쇄성으로 학문 간 교류가 두절되고 있다는 것이다.

즉 사회복지는 사회복지만의 정통성을 주장하고, 상담학은 상담만의 정통성을 주장하다 보니 상호간의 교류 및 어울림이 없는 획일화된 이념과 사상으로 바라보는 문제점을 안고 있다. 이러한 이데올로기의 문제점을 해결하는 것이 필요하다.

즉 다원적인 접근이 필요하다는 것이다.

한만봉

▌약력

1994. U. S. A. Midwest University(M. Div)
2002. 고려대학교(교육정책학 석사 – 수석장학생)
2005. 성균관대학교 대학원 박사 Cand(교육행정학 전공)

1991. 한국세무신문사 전문취재부 기자
1995. 한국어린이선교원신학교 캠퍼스 분교장
2002. 고려교육정책학회 상임회장(학진 학회검색 가능)
2002. 몬테쏘리학회 상임회장(학진 학회검색 가능)
2002. 고구려대학교 설립추진위원회 법인이사
2003. 한주신학 학술원 설립이사(신학원 교수)
2003. U. S. A. Glenford University 교육학과 교수 역임
2004. U. S. A. Cohen University 정책학과 외래교수
2004. 한국복지상담학술재단 이사 겸 홍보처장
2005. U. S. A. Holy People University Campus 유학담당 지도교수
2005. PHILIPPINE PRESBYTERIAN THEOLOGICAL COLLEGE 객원교수
2005. 대통령 직속기관 사법개혁추진위원회 모의재판 배우 활동(광주법원, 서울 공연)
2005. 혜전대학 adjunct professor 역임
2006. 고위직 직무교육 콘텐츠 연기자 활동(기아, 현대, 대우 자동차)
2006. 장애인복지시설, 행복한 재단 이사 활동
2008. 혜전대학 초빙교수
2008. 지방분권신문사 사장(대표이사)
2008. 중부권발전연구소 소장

▌주요논문 및 저서

• 주요논문 •

우리나라의 복지행정제도에 관한 고찰 연구(1988)
Kal Barth의 신관 연구(1988)
한국 민중문화와 민중 신학 연구(1992)
Rein hold Niebuhr & Marx에 대한 상관관계 연구(1993)
A CHRONOLOGICAL HARMONY OF THE RESURRECTION
      APPEARANCES OF JESUS THE MESSIAH(1994)
북한종교의 변화 전망 연구(2002)
교육위원회와 지방의회간의 갈등 현상에 관한 연구(2001)
조선조 과거시험 방식의 정책적 분석(공동, 2005)
조선의 과거제도에 대한 정책적 연구(공동, 2005)
조선왕조 과거제도 인사정책 연구(공동, 2005)
조선왕조 과거시험주기 정책적 주장 분석연구(공동, 2005)
조선왕조 과거제도가 현대 정책에 주는 의미(공동, 2005)
과거제도 시험주기의 정책 분석연구(공동, 2005)
북한 종교지형 변천 정책 분석연구(공동, 2005)

• 주요저서 •

1. 『대학생활영어』(공저)
2. 『행정경제교육』(저술)
3. 『행정정책기획론』(저술)
4. 『의원학』(저술)
5. 『국회의원학』(저술)
6. 『교육정책학 상』(저술)
7. 『교육정책학 하』(저술)
8. 『산학협동교육학』(저술)
9. 『현대교육학실기론』(저술)
10. 『현대환경행정론』(공저)
11. 『행정사무관리론』(공저)
12. 『영재교육심리』(저술)
13. 『인사행정학』(저술)
14. 『행정복지론』(저술)
15. 『조직신학』(공저)
16. 『아다르마 성공비법』(저술)
17. 『동양환경행정』(저술)
18. 『교육학과 비서행정』(저술)
19. 『7만교인 교육론』(저술)
20. 『지방자치발전론』(저술)
21. 『CEO 지도자론』(공저)
22. 『NGO 행정론』(공저)
23. 『경영행정학』(저)
24. 『직업과 경제』(저)
25. 『실기교육방법론』(저)
26. 『전산실무』(저)
27. 『사회복지행정론』(공저)
28. 『대박마케팅』(공저)
29. 『행정학』(저)
30. 『멘토』(저)
31. 『모세오경의 교육론』(공저)
32. 『사회복지정책론』(공저)
33. 『금융재테크성공론』(공저)
34. 『사회복지법제』(저) 외 다수

• 연락처 •

doctor@skku.edu 010 - 4432 - 8561, 041 - 633 - 8561, 633 - 5741, 631 - 2094

Social welfare counselor

사회복지상담

초판인쇄 | 2009년 6월 15일
초판발행 | 2009년 6월 15일

지은이 | 한만봉
펴낸이 | 채종준
펴낸곳 | 한국학술정보㈜
주 소 | 경기도 파주시 교하읍 문발리 파주출판문화정보산업단지 513-5
전 화 | 031) 908-3181(대표)
팩 스 | 031) 908-3189
홈페이지 | http://www.kstudy.com
E-mail | 출판사업부 publish@kstudy.com

등 록 | 제일산-115호(2000. 6. 19)
가 격   47,000원

ISBN   (Paper Book)
        978-89-268-0032-4 18330 (e-Book)

이담 는 한국학술정보(주)의 지식실용서 브랜드입니다.